世界文化史【增订版】

A Cultural History of the World

裔昭印 主编
徐善伟 赵鸣歧 副主编

北京大学出版社
PEKING UNIVERSITY PRESS

图书在版编目(CIP)数据

世界文化史（增订版）/裔昭印主编；徐善伟，赵鸣歧副主编. —北京：北京大学出版社，2010.7

（博雅大学堂·历史）

ISBN 978-7-301-16181-4

Ⅰ.①世… Ⅱ.①裔…②徐…③赵… Ⅲ.①文化史—世界—教材 Ⅳ.①K103

中国版本图书馆 CIP 数据核字（2009）第 222811 号

书　　　名	世界文化史（增订版） SHIJIE WENHUASHI（ZENGDINGBAN）
著作责任者	裔昭印　主编　徐善伟　赵鸣歧　副主编
责 任 编 辑	岳秀坤
标 准 书 号	ISBN 978-7-301-16181-4
出 版 发 行	北京大学出版社
地　　　址	北京市海淀区成府路 205 号　100871
网　　　址	http://www.pup.cn　新浪微博：@北京大学出版社
电 子 邮 箱	编辑部 wsz@pup.cn　总编室 zpup@pup.cn
电　　　话	邮购部 010-62752015　发行部 010-62750672 编辑部 010-62752022
印 刷 者	三河市北燕印装有限公司
经 销 者	新华书店 965 毫米 × 1300 毫米　16 开本　32.75 印张　566 千字　18 插页 2010 年 7 月第 1 版　2023 年 8 月第 12 次印刷
定　　　价	78.00 元

未经许可，不得以任何方式复制或抄袭本书之部分或全部内容。

版权所有，侵权必究

举报电话 010-62752024；电子邮箱：fd@pup.pku.edu.cn

图书如有印装质量问题，请与出版部联系，电话：010-62756370

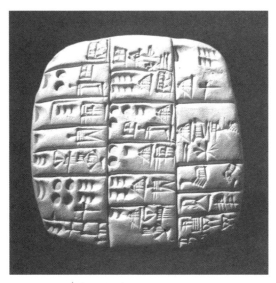

古代西亚的楔形文字

刻在石柱上的汉谟拉比法典

中国商代晚期青铜酒器

古埃及《亡灵书》

波斯国王大流士接见朝臣

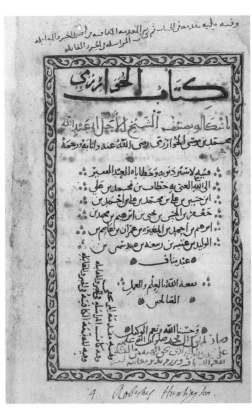

阿拉伯学者花拉子密的数学著作手稿

印度教三大神之一"毁灭之神"——湿婆

罗马共和国末期执政官恺撒

古罗马皇帝君士坦丁大帝

帕特农神庙

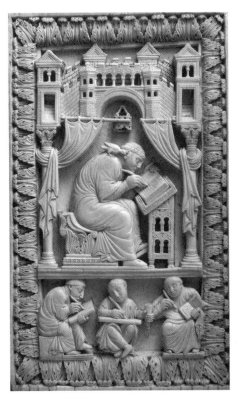

教皇格里高利一世（10世纪象牙书封）

欧洲中世纪修道院的活动场景

表现征服者威廉故事的巴约挂毯

欧洲中世纪大学授课场景

法国巴黎圣母院

黑死病肆虐中世纪欧洲

宗教改革先驱马丁·路德

文艺复兴时期意大利政治思想家马基雅维里

16世纪荷兰人文主义者伊拉斯谟

16世纪晚期绘制的美洲地图

18世纪广州码头的欧式建筑

18世纪晚期巴黎的沙龙

1851年的世界博览会

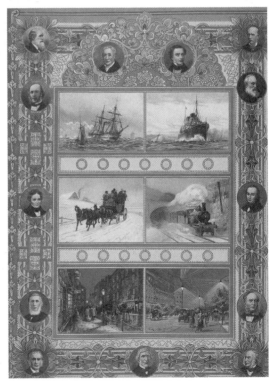

1897年英国《伦敦图画新闻》插页，对比第二次工业革命带来的社会变化，左侧为1837年，右侧为1897年。

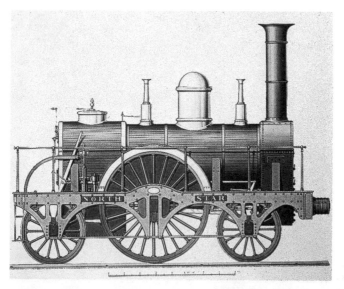

史蒂芬孙制造的最早的蒸汽机车

天才发明家托马斯·阿尔瓦·爱迪生

梵·高《割掉耳朵后的自画像》

高更《有偶像的自画像》

毕加索笔下的女人与和平鸽

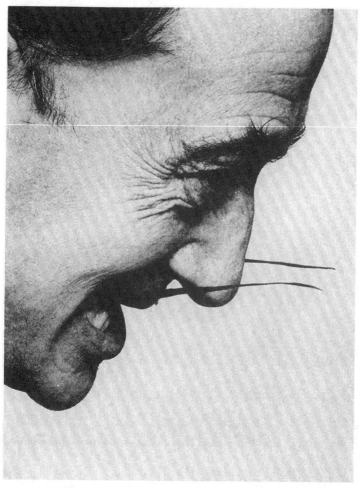

超现实主义绘画
大师达利

萨特和波伏娃合葬在巴黎蒙巴那斯公墓,与莫泊桑、波德莱尔为邻

米歇尔·福柯(1926—1984)

雅克·德里达(1930—2004)

1991年美国电影《末路狂花》海报。一部典型的女权主义电影。

英国科学家制造的克隆羊多利,1997年被评为世界十大科技进步的第一项。诞生于1996年7月5日,2003年死于肺病。

主　编：裔昭印

副主编：徐善伟　赵鸣歧

撰稿人（按姓氏汉语拼音排序）：

　　　　陈　恒（上海师范大学教授）
　　　　丁建定（华中科技大学教授）
　　　　巨永明（河南师范大学教授）
　　　　刘文明（首都师范大学教授）
　　　　倪稼民（上海师范大学教授）
　　　　王廷洽（上海师范大学教授）
　　　　肖华峰（南昌航空大学教授）
　　　　徐善伟（上海大学教授）
　　　　裔昭印（上海师范大学教授）
　　　　赵鸣歧（上海外国语大学教授）

目录

导　言/1

第一章　人类文化的黎明时期/7
　　一、原始物质文化/7
　　二、原始宗教/13
　　三、原始艺术/18
　　四、原始语言文字/22

第二章　文明的产生与古代世界多元文化的形成/28
　　一、古代美索不达米亚文化/28
　　二、古代埃及文化/39
　　三、中国三代文化/50
　　四、哈拉帕文化/57
　　五、希伯来文化/62
　　六、爱琴文化/69
　　七、拉美与黑非洲文化/74

第三章　古典文明时代与人类文化的初步发展/82
一、希腊古典文化/82
二、罗马古典文化/113
三、中华古典文化(东周时代)/138
四、印度古典文化/149
五、区域间的文化交流与人类文化的初步融合/158

第四章　中世纪人类文化的进一步发展与整合/169
一、东亚儒家文化圈/169
二、伊斯兰教的传播与阿拉伯—伊斯兰文化圈/185
三、南亚印度文化圈/210
四、基督教的传播与基督教文化圈/220
五、区域间文化交流的密切与人类文化的进一步融合/244

第五章　西方文化的近代化转型/264
一、西欧中世纪文化的衰落/264
二、文艺复兴运动/274
三、宗教改革运动/304
四、地理大发现与新的世界文化格局的萌芽/311
五、启蒙运动/314

第六章　近代西方文化的繁荣与突进/323
一、科技、工业革命及其对西方思想文化的影响/323
二、近代西方政治文化的演变/329
三、19世纪的西方哲学/342
四、近代西方文学/348
五、西方近代艺术/360

第七章　西方文化的扩张与非欧民族传统文化的近代化转型/372
一、近代西方文化冲击下的亚洲文化/372
二、苦难中成长的非洲文化/407
三、异军突起的近代美洲文化/415
四、融入世界的澳洲文化/427

第八章　资本主义文化的困境与苏联社会主义文化的兴起/432
　　一、非理性主义思潮的缘起及其冲击波/432
　　二、20世纪上半叶的西方现代派文学与艺术/440
　　三、苏联社会主义文化的形成/456

第九章　二战后科技革命与世界文化的新发展/467
　　一、战后科技革命的新浪潮/467
　　二、战后西方文化的新发展与新趋势/474
　　三、第三世界文化的勃兴与世界文化的多元化/490

主要参考书目/495

后　记/499

导　言

　　世界文化史是探讨世界文化进程的一门学科。它从全球观念出发，深入研究和比较各民族或地区在不同时代文化的特点及其相互间的联系和影响，以之对整个人类文化的变迁过程作出总体的考察，并努力探求人类文化变迁的本质与原因，以达到借鉴当代、嘉惠未来之目的。就学科归属而言，它属于专门史的领域。就研究方法而言，它是跨学科性的，诸如人类学、文化学、历史学等学科的方法都为它所用。至于它所研究的内容和对象，那就较为复杂了，因为它牵涉到人们对"文化"这一概念的理解。

　　那么，何谓"文化"呢？对此，学术界众说纷纭。1952年，美国人类学家克鲁伯和克拉克洪在他们合著的《文化：关于概念和定义的探讨》中列举了161种文化定义。及至今日，世界上出现的文化定义大约有300种之多。人类学家、社会学家等不同学术领域的学者和各类辞书都从不同的角度讨论了文化概念的含义。英国人类学家泰勒认为，文化"是包括全部的知识、信仰、艺术、道德、法律、风俗以及作为社会成员的人所掌握和接受的任何其他的才能和习惯的复合体"[1]。社会学家兰登贝格主张，"文化可以被定义为是一套从社会活动中习得并传递的判断标准、信念、行为，以及因此出现的行为的习惯模式，和其物质的和象征意义上的产物"[2]。美国学者赫斯科维兹指出，文化是个人适应其整个环境的工具，是表达其创造性的手段。[3] 在我国的权威辞书《辞海》中，文化被区分为广义和狭义的两种。它解释道，广义的文化指人类社会历史实践过程中所创造的物质财富和精神财富的总和；狭义的文化指意识形态以及与此相适应的制度和组织机构。英国的《枫丹娜现代思潮辞典》指出，文化是"一个共同体的'社会遗产'：由一个民族在他们特殊生活条件下不断发展的活动中创造并且从一代传向一

---

[1] 爱德华·泰勒：《原始文化》，连树声译，上海文艺出版社，1992年，第1页。
[2] 转引自何平：《中国和西方思想中的文化概念》，载《史学理论研究》1999年第2期，第73页。
[3] 转引自冯之浚：《科学与文化》，中国青年出版社，1990年，第107页。

代的物质手工艺品,集体的思想和精神制品,以及各种不同的行为方式的总体"①。学者们对于文化的解释尽管千差万别,但他们都承认文化是由人类创造的,它是人类自身的属性;所不同的主要是狭义文化和广义文化的差别。狭义文化论者仅把观念形态的精神文化视为文化,而广义文化论者则把人类创造的一切都纳入文化的范畴。近年来,国内外有些学者还把广义文化划分为不同的结构、层次或者类型。② 综观学者们的种种意见,广义的文化概念应包括任何社会的全部生活方式以及由语言和符号构成的全部世界,它大致可以分为如下几个层面的内容:其一为物质文化,它包括人类加工制造的生产、生活的器具及其相关的技术;其二为精神文化,它包括人们的思想、信念、价值观以及心态等;其三为行为文化,它指的是人们在社会交往中约定成俗的行为模式;其四为制度文化,它表现为人们在社会实践中确立的社会规范。建立在广义文化概念基础上的世界文化史一般把人类创造的物质、精神、行为和制度文化都作为研究的内容和对象。

广义的文化概念看似包罗万象,纷繁复杂,却是有序的,精神文化是文化内容的核心,它与其他层面的文化相互影响、相互作用。我们赞成广义的文化概念,同时也将精神文化置于文化系统的核心地位。有鉴于此,我们所撰写的这部世界文化史的内容以精神文化为主,也尽量兼顾到了物质文化、制度文化和行为文化,特别是对历史上重要的科技革命产生的文化影响进行了分析。人类文化的发展尽管有其独特性,但它却与人类的物质生产、政治活动等密切相关,并共同构成了一个整体。因此,我们在论述人类文化史时,尽力将它置于整个人类社会历史的大环境之中加以考察。

世界文化史描述的是全人类创造文化的历程,它包括贵族与平民、精英与大众、男性与女性、东方人与西方人等不同社会群体创造文化的全部活动。因此,不同的社会阶层、不同民族、国家和地区应当具有平等的史学话语权。我们既要注意社会精英在世界文化建设上的突出贡献,亦要关注普通民众的日常劳动和生活实践对技术、经济与文化革新的推动作用,使他们的日常生活状况成为文化史不可或缺的组成部分。在本书中,我们根据所掌握的资料,对东西方民众的日常生活做了概要的介绍。

作为探讨全球人类文化之变迁的世界文化史,它具有"多元一体"的特性。一方面,世界文化是"多元"的。历史事实证明,人类文化的起源是多

---

① 转引自刘跃进:《文化就是社会化》,载《北方论丛》1999年第3期,第47页。
② 如美国学者克鲁伯、克拉克洪和帕森斯以及我国学者庞朴、何晓明等人都对此进行了探索。

元的,它不仅发轫于欧亚大陆,而且也产生于中、南非洲和美洲。世界文化的源头除了西亚的两河流域、北非的尼罗河流域、南亚的印度河与恒河流域、东亚的黄河与长江流域以及欧洲的爱琴海地区以外,还包括美洲和撒哈拉沙漠以南的非洲。即便是在上述各文化源头的发生区,文化的发生也呈现出多元的特征。

世界各民族、地区和国家在各自发展过程中所形成的文化均具有自己的特色,并为人类文化的发展做出了独有的贡献。例如,古代两河流域人民在法律建设和天文学方面的成就,古埃及人在文字和建筑艺术上的成就,古代中国人的智慧与儒学思想成就,古印度人创立的佛教,古希腊人的哲学,古罗马的法律,古希伯来人的《圣经》,中世纪阿拉伯人的辉煌文化成就与伊斯兰教等,都以鲜明的地区文化特色丰富了世界文化。

那么,世界文化何以呈现出多元的特性呢?首先,这是由不同民族所处的不同地理环境造成的。文化地理学的研究已经证明,地理环境的差异不仅会对人的肤色、体质、性格产生影响,而且还会影响到各民族的文化特性。其次,这是由各民族文化的长期积淀造成的。一个民族,其文化特性的形成经历了一个长期的过程。在这一过程中,那些得到社会认同的文化因素就会得到不断的传承,并最终积淀为表征这个民族之精神的东西。例如,古代印度、希腊和中国在"轴心时代"(公元前800年至前200年)开始了人类精神的觉醒,并各自形成不同的文化特点。各具特色的文化传统经后人不断地继承和深化,遂积淀成为上述各民族的民族精神,并保留在各民族的现实文化生活中。再次,多样性是事物的属性,人类文化自然也不例外。不仅各民族、各地区或国家的文化呈现出多样性,而且一个民族、地区或国家内部也呈现出文化的差异性。正是由于这种多样性或差异性的存在,整个人类文化才呈现出多姿多彩的局面。

另一方面,世界文化又是"一体"的。所谓世界文化是"一体"的,是指人类文化发展的共性。随着人类历史在愈来愈大的程度上发展成为世界史或全球史,世界文化日益成为一个互相依存、不可分割的整体,成为世界各民族共享的文化财富。但是,这种共性和世界性却并不否认不同民族的文化在人类整体文化中能够彼此宽容、和谐共存。

为什么世界文化具有一体性呢?这是因为:其一,尽管世界各民族和国家的文化纷繁复杂,但是其演进过程却遵循着一种共同的规律。人类文化发展的规律性即文化发展的共性,是世界文化具有一体性特征的内在根源和基础。其二,人类本性或人性是一致的。这是由人类所具有的共同需要和共同的心理等因素所决定的。不管是何种肤色,何种民族,也不管身处何处和何时代,人类的需求和心理具有同一性。其三,人类文化由分散走向整体,由孤立走向相互联系与交往是一种必然的趋势。在上古文明早期时代,古代亚非欧文明地区之间尽管也发生了一定程度的交往,但是各地区的文化仍处于相对孤立和分散的状态。至古典时代,古希腊和罗马通过扩张使地中海地区的三个古老文明合而为一,导致了东西方文化的相互交融。在中世纪时代,各种宗教的传播使不同地区和民族之间的交往步入了繁荣阶段,更为庞大的文化共同体——文化圈由此形成。四大文化圈——东亚儒家文化圈、南亚印度文化圈、阿拉伯—伊斯兰文化圈、基督教文化圈的出现,不仅极大地改变了全球政治和文化的布局,而且还奠定了日后世界文明与文化发展的格局。而当今世界信息化的出现则为世界文化联为一体提供了更为便捷和快速的手段。

"和而不同"是"多元一体"之世界文化的本质。"和谐"是世界文化走向一体的过程中所应遵循的方式和途径。"不同"即承认事物的差别和个性,保持世界文化的多样性。多样性是世界文化的属性,"不同"的民族文化不应当"对立""对抗",而应当展开交流和对话。如此,各民族文化才会和睦共存,各民族、国家或地区内部不同种类的文化才会和睦共存。世界文化发展的历程表明,不同文化之间虽然不时会发生碰撞甚至冲突,但它们之间的相互交流、相互影响与相互融合从未间断,并成为文化进步的巨大动力。

面对多元一体的世界文化,我们需要处理好两个方面的关系。一方面,各民族国家必须精心保持自己文化的精华,维护文化的多样性。另一方面,各民族或国家应以积极的态度去应对日益频繁的文化交流与融合的趋势,切不可将自己的文化孤立起来,拒绝其他民族文化的优秀成果;也不可妄自尊大,将自己的文化凌驾或强加于其他文化之上。一般说来,善于学习、吸取异质文化的长处的民族和国家,进步往往最快,而那些处于闭塞状态下的民族或国家发展通常是最为缓慢的。抱着孤立主义态度的民族不仅会堵塞自己走向世界的道路,也会导致其生存空间的急剧缩小。因此,文化上的孤立主义和霸权主义对"多元一体"世界文化的形成和发展都是有害的。

总之,世界文化的发展是共性与个性、同一性与多样性的交织,它具有一体与多元的双重特征。在这种情况下,世界各民族应当在保持自己优秀文化传统的基础上,以更开放的心态,积极吸纳其他民族的优秀文化成果,共同建构多元共容的人类文化。

鉴于上述理由,本书一方面要叙述人类文化的纵向发展过程,另一方面还要阐明不同地区、民族和国家之间的横向文化交流与传播。我们认为,人类文化的发展一方面通过各地区或民族内部自身的文化传承和发展来实现,另一方面则通过各地区或民族之间相互的文化交流而实现。对于文化交流在人类文化发展过程中的重大作用,论者多矣。如美国著名的人类学家博厄斯就论道:"人类的历史证明,一个社会集团,其文化的进步往往取决于它是否有机会吸取邻近社会集团的经验。一个社会集团所获得的种种发现可以传播给其他社会集团;彼此之间的交流愈多样化,相互学习的机会也就愈多。大体上,文化最原始的部落也就是那些长期与世隔绝的部落,因而,它们不能从邻近部落所取得的文化成就中获得好处。"①因此,本书尤其注重各个时代不同民族或地区之间的文化交流及其相互影响。从本书的论述中,我们可以看出,各民族乃至整个人类文化的发展在很大程度上就得益于此。如游牧民族在与农耕民族的冲突与交往中加快了向文明迈进的步伐。希腊人通过吸收东方古国先进的科学和文化知识而走向了创造"希腊奇迹"之路,阿拉伯人通过吸收古波斯、印度、希腊人的文化成就而创造出了辉煌灿烂的阿拉伯—伊斯兰文化,正是在吸收阿拉伯和古典希腊文化的基础上,中世纪的西方人走出了"黑暗时代"而实现了科学和文化的复兴,近代东方各民族在先进的西方科学技术的冲击下逐步实现了向近代社会和文化的转变,如此等等。

没有中国文化的世界文化史不是完整的世界文化史,这也无助于我们对整个世界文化变迁的理解。所以,我们这本《世界文化史》将中国文化纳入了其中,并从宏观的史学角度对之进行了叙述。由于篇幅所限,加之中国读者大都对中国文化了解较多,而且各院校也有单独的"中国文化史"的课程,所以我们在书中对中国文化的介绍较为简略。尽管如此,我们仍然力图把中国文化中最重要、最有特色的文化成就,如先秦时代的名辩学等介绍给读者。

世界文化的发展走过了漫长的道路。原始文化是世界文化的黎明时期。在人类经历了无比艰辛的野蛮时代之后,文明之火相继在西亚、北非、南亚、东亚、克里特、拉美、南部非洲等地区点燃,各具特色的多元人类文化逐步形成。古典时代是知识和文化勃兴的伟大时代。在这个时代,古希腊

---

① 转引自斯塔夫里阿诺斯:《全球通史——1500年以前的世界》,吴象婴、梁赤民译,上海社会科学院出版社,1992年,第57页。

罗马、中国和印度等国家和地区的人民都表现出了非凡的创造力。

在中世纪,各地区、国家或民族内部的文化得到进一步发展,形成了东亚儒家文化、南亚印度文化、阿拉伯—伊斯兰文化和基督教文化等几大文化圈。同时,因交通的改善、贸易交往的繁盛、战争与殖民的加剧和各种宗教的传播,各地区、国家、民族之间的文化交流也进入到新阶段。

15世纪以后,经过文艺复兴、宗教改革与启蒙运动,欧洲文化完成了从中世纪向近代的转型。在其后两次工业革命的推动下,西方社会的政治学、哲学、文学、艺术等领域出现了繁荣发展的局面。地理大发现后,西方资本主义国家的殖民扩张和文化渗透对非欧民族的传统文化形成了严重挑战。它一方面破坏了广大非欧民族原有的社会秩序与发展进程;另一方面,也促使了非欧民族传统文化的近代化转型。在这期间,世界各地的相互联系空前加强,东西方文化之间的相互了解和影响不断加深。在吸取人类文化优秀遗产的基础上,马克思主义诞生,掀开了世界文化发展的新的一页。

19世纪末20世纪初,资本主义文化日益暴露出内在的矛盾与危机,理性主义受到怀疑,非理性主义思潮和精神分析学说风行。与此同时,在经历了"十月革命"后,俄国兴起了社会主义文化。二战后,在科技革命和由经济一体化趋势而带来的全球化浪潮的影响下,世界文化的发展日益呈现出全球化与多元化的趋势,第三世界文化的勃兴、后现代主义的盛行和女权主义文化思潮的滥觞突出地体现了当代人类文化发展多样性的特征。

全球各民族、各地区文化的发展既有共同之处,又有各自的特点,正是这些富有特色的地区文化共同构成了绚丽多彩的世界文化景观。本书试图以全球的眼光较为系统地论述世界文化自远古至今日的发展历程,描述世界各民族文化的特色以及它们对世界文化发展做出的突出贡献,探讨世界不同民族之间文化碰撞与交流的状况与影响,努力揭示多元一体的人类文化演变的内在本质。由于世界文化头绪繁多和我们学识水平的限制,在本书中必有不少疏漏和不当之处,恳请各位专家、学者和读者予以批评指正。

第一章 人类文化的黎明时期

约两三百万年前,地球上出现了人类,从此人类就开始了创造文化的伟大历程。原始社会是人类进化过程中最漫长的历史阶段,也是人类文化发展的黎明时期。黎明破晓时的朝阳并非耀眼夺目,但却是瑰丽多彩的。在长达数百万年的岁月中,原始人类倾注全力,顽强斗争,克服了无数令现代人难以想象的困难和迷惘,终于学会了掌握和控制自然力。在努力摆脱大自然束缚的艰苦劳动中,原始人类不但学会了使用工具、火和弓箭,发明了农业和畜牧业,取得了令人瞩目的技术成就,还懂得了使用语言,创造了最初的艺术和宗教,使人类文化获得了初步发展。无论原始文化在现代人看来是多么地单纯和幼稚,它都是人类文化发展史上必不可少的重要阶段。原始人类的文化成就不仅促进了当时社会的进步,也为以后人类文化的进一步发展奠定了坚实的基础。

一、原始物质文化

物质文化是精神文化得以产生发展的基础,技术是文化诸要素中关键的因素。原始人类在适应以及改造环境的生存斗争中,不断总结经验,以自己的智慧做出了许多技术发明,创造了内容丰富的物质文化。

1. 原始人类的重要技术成就

打制石器的出现、火的使用、弓箭的发明、原始农业和畜牧业的诞生是原始人类最突出的技术成就,也是原始人类生产和生活方式上的重大变革。

打制石器的出现　石器是人类最早创造的文化成果,它的出现是人类形成的标志。早在1000万年前,人类的祖先,也就是一种由猿到人的过渡性生物,就会使用天然的石块和木棒。大约在二三百万年前,人工制造的石器开始出现。当原始人类第一次从地上拣起一块石头,用另一块石头把它打击成最简陋的工具时,他们就与猿正式揖别,由正在形成中的人转变为完全形成的人。考古学家把人类使用石器的时代称为石器时代。他们又根据制作工具的水平,把石器时代分为旧石器时代和新石器时代。以打制的方法制造石器的旧石器时代相当漫长(约250万至270万年前到15000年前),原始社会的绝大多数时间都属于这个时代。

最初的石器是砾石打制的砍砸器,加工十分简单。1969年,考古学家在东非肯尼亚特卡纳湖东部的库彼·弗拉发现了一些砾石打制的石器,其存在的时间约为261万年前。粗看起来,砾石打制的砍砸器似乎与天然裂碎的石片很难区别,但这些工具却显示了早期人类的创造力量。后来,原始人类学会了制造手斧。在法国的阿布维利文化遗址,人们发现了用燧石结核打制的手斧。这种手斧一端尖锐,一端圆钝,可用以砍砸、切割、挖掘等多种用途,因而被称为"万能手斧"。除砍砸器和手斧外,旧石器时代的石器还有刮削器、尖状器等。制造和使用工具的劳动不仅改造了自然,而且创造了人类自身。在长期劳动的过程中,人类产生了不同于其他动物的两个重要器官,即进行体力劳动的手和进行思维活动的大脑。人类的体质与智力水平也不断得到进化。经过早期猿人(又称能人)、晚期猿人(又称直立人)和早期智人(又称古人)等几个阶段的发展,大约从四五万年前起,人类演化为晚期智人(又称新人),他们的体质已与现代人相差无几。

火的使用 火的控制和使用构成了原始技术史上饶有趣味的重要篇章。我们的祖先在与猿揖别组成人类社会之后曾经过了很长一段时间"茹毛饮血"的生活。在长期的生活和实践中,原始人类发现了火的妙用。原始人类对火的控制经历了从使用天然火到人工取火的漫长过程。早在170万年前,我国云南境内的元谋猿人就已经懂得使用火。在埋藏其牙齿化石的地层中,考古学家发现了许多炭屑,这是迄今为止所发现的人类最早的用火遗迹。在肯尼亚的切萨瓦尼亚,考古学家也发现了原始人类用火的证据,时间约为142万年前。在中国北京猿人居住过的洞穴中,人们发现了厚达6—7米的灰烬层,说明了他们已熟练地掌握了用火的技术。

在使用天然火和加工工具的基础上,原始人类进一步发明了人工取火的方法。中国自古就有燧人氏发明钻木取火的传说。在法国尼斯附近的特拉·阿马塔,考古学家发现了一个38万年前的灶头。原始人类根据他们在实践中观察到的"摩擦发热"的原理,用钻木、锯木、碰击石块等不同的方法取火。

火的发明和使用对人类的进步具有重要的作用。它使原始人掌握了一种强大的自然力,把人类从本身能量供应极有限的束缚中解放出来。火使原始人结束了"茹毛饮血"的生活,开始由生食转向熟食,食物的来源和种类扩大,这为人类的体质和大脑的进一步发展提供了物质条件。火帮助原始人御寒取暖,使人类可以移居到寒冷的地区生活,分散到全球各地,从而大大扩展了人类的活动空间。火为原始人提供了照明手段,使人们可以在夜间进行某些生产活动,延长了工作时间。火成为人类对付野兽和保护自己的武器,原始人不仅使用火来吓退野兽,还用火来围攻和猎取野兽。火还为原始人后来发明陶器和冶炼金属奠定了基础。因此,火的使用是人类文化史上的一次创举。

弓箭的发明 约15000年前,旧石器时代开始向新石器时代过渡,考古学上通常把这一过渡阶段称为中石器时代,它在全球各地出现和持续时间有所不同。中石器时代的技术进步主要表现在两个方面:一是出现了加工精细、形状美观、体积较小的打制细石器;二是发明了可供远射的弓箭。

原始人在狩猎过程中,逐渐发明了矛、渔叉、标枪等武器。到中石器时代,人类进一步发明了弓箭。弓箭有两种类型:一种是纯木弓,另一种是复合弓。在丹麦的霍尔姆加特,人们发现了一张原始人遗留下来的纯榆木弓,长度约为140厘米,中间刻有浅凹槽,射手可以用眼睛瞄准目标。在找不到适当材料制造纯木弓的地方,人们就制造复合弓。复合弓由木、骨、角三种材料黏合而成。原始民族使用的箭则分为箭头和箭杆。

弓箭是一种远射程的武器,比原始人以前使用的矛大大前进了一步。矛只能投出三四十米,而弓的射程可以达到80到100米,重弓的射程甚至可以达到四五百米。弓箭的命中率高、射杀力强,成为原始人具有威慑力的重要武器。民族学的材料告诉我们,爱斯基摩人的箭,在近距离时能把鹿身射穿。弓箭的发明提高了原始人类获取猎物的机会,增加了他们的劳动成果。因而有力地推动了狩猎业的发展。

农业革命 距今1万多年前,人类跨入了新石器时代。石器制作的技术有了重大改进,人们开始用磨制法来制作石器。与此同时,全球不少地区先后出现了陶器。然而,最能代表这个时代技术进步的文化特征是农业革命,所谓农业革命,是指原始人类由食物采集者转为食物生产者的巨大变革。其主要标志是原始公社的生活开始以农业或畜牧业为中心。

在原始农业和畜牧业产生以前数百万年时间内,原始人类的经济是一种狩猎采集经济。人们完全依靠自然生长的植物和动物生活。大约从1万多年以前起,由于冰期的结束,全球气候转暖,冰原地区被森林和草原取代,非洲的气候也由多雨转为干旱。气候的剧烈变动破坏了人类与自然界之间由来已久的平衡关系。与此同时,由于技术的进步和生产力的提高,地球上的人口急剧增长。据估计,到 1 万年前,即农业革命前夕,地球上人口数达到 532 万人,比旧石器时代初期增长 42 倍以上。[1] 在人口增长的压力下,一部分人从野生资源丰富的中心地区向边缘地区扩散。所有这些情况迫使原始人开始栽培植物和驯养动物,由此产生了原始农业和畜牧业。[2]

考古证据表明,西亚、中美洲和中国是人类最早的三个农业中心。西亚的扎格罗斯山区、小亚细亚南部、东地中海沿岸的约旦、巴勒斯坦、黎巴嫩等地,是世界上最早的农业发源地,也是大麦、小麦、小扁豆等栽培作物的原产地。考古学家在濒临约旦河的耶利哥遗址(约前8200—前7000年),发现了小麦和双棱有桴大麦种子,这些种子具有明显的人工栽培的特征。

早在公元前7000年左右,中美洲墨西哥中部的原始人就开始栽培玉米。后来,这个地区的居民又成功地培植了南瓜、苋、蚕豆等作物。

中国是世界上最早产粟的国家,也是栽培水稻的发源地之一。公元前5300多年的河北磁山遗址中已有厚达 2 米的粟类粮食堆积。公元前4900年左右,浙江河姆渡人已经开始种植水稻。在他们居住过的遗址发现了大量的稻谷和精制骨耜。

原始人类在栽培作物的同时,也开始驯养动物。畜牧业的产生几乎与农业同步。人类最早驯养的动物是狗和绵羊,接着驯养了山羊、牛、猪、马、骆驼和鸡等动物。根据发掘的证据来看,伊拉克的一些原始居民早在公元前8500年就开始驯养绵羊和山羊。公元前7000年前后,西亚和欧洲的希腊等地已经饲养了猪。约公元前4000年,乌克兰草原的初民开始养马。原始农业和畜牧业从萌芽到形成,前后大约经历了几千年的时间。在此期间,农业和畜牧业不断向全球各地传播。

新石器时代的农业革命对人类社会与文化的发展产生了深远的影响。首先,农业革命使人类由食物的采集者转变为食物的生产者。它改变了人与自然的关系,使人类由完全依赖自然转向通过自身的努力去利用和支配自然。其次,农业革命使人类开始了定居生活,它有利于文化的延续与沉淀。在定居的基础上,原始人类组成了许多农业村落。再次,农业革命促进

---

[1] 斯塔夫里阿诺斯:《全球通史——1500年以前的世界》,吴象婴、梁赤民译,1992年,第76页。
[2] 关于农业起源的原因学术界存在不同的看法,可参看 C. 恩伯和 M. 恩伯:《文化的变异》,杜杉杉译,辽宁人民出版社,1998年,第173—176页;朱龙华:《世界历史》(上古部分),北京大学出版社,1991年,第39—41页。

了人类对自然界的认识,使原始人类增长了天文、地理、数学和动植物等方面的知识,从而推动了科学技术和文化的发展。最后,农业革命导致了人口数量的增加和人类分布区域的扩大,形成了农业民族与游牧民族之间的相互交往与对抗,结束了长达数千年的种族平衡,确立了蒙古人种、高加索人种和黑人一直到今天的优势,并为人类进入文明社会奠定了基础。①

2. 原始人类的生活

原始人在与自然进行斗争的漫长岁月中,不仅做出了重要的技术发明,也一步步改善了他们的生活。从原始人衣食住行的变化中,我们可以看到其文化的进步。

饮食和烹饪的发展　"民以食为天"。饮食是人类生存最基本的需要。原始人类的食物范围甚广。甚至在许多文明民族看来是难以接受的食物,如毛虫、甲虫、大蝇、白蚁等也为原始初民当做美味佳肴。民族学的材料告诉我们,澳大利亚的土著居民把块根、块茎、嫩树叶、草籽、硬壳果、软质树心、蜗牛、蜥蜴、鼠、蛇、各种昆虫和鸟卵都作为食物。在这看似荒谬的饮食习惯中,我们窥见了原始人类为了生存而敢于尝试的勇气。

原始人类饮食的方法最初是生吃,无论动植物都不例外。爱斯基摩人名字的原意就是"食生肉者"。自从学会了使用和控制火之后,人类才逐渐知道熟食,也就产生了烹饪。原始烹饪先后有三种方法:一是烧烤,人们或者把肉直接放在火上烤,或者把食物放在原始的炉子(坑穴)里烘;二是煮食,人们或者把肉投放到沸腾的泉水中进行"水煮",或者把烧热的石头投到放有肉的水中,进行"石煮";三是用炊具烹饪,陶器发明之后,人们开始用炊具烧煮食物。②

服饰的起源　人类最初赤身裸体。一位旅行家在巴西穆卡拉的一家印第安人小茅屋里发现,女人们几乎没穿任何衣裳,而这些心地纯真的妇女根本不觉得不好意思。只有其中一个人穿着一件被称作"萨依阿"的小短袄,而这女人穿上这件小短袄时,就像文明人要脱下它时那样感到羞愧难当。③

为了抵御日晒雨淋和严寒的袭击,并满足自己装饰打扮以及得到图腾

---

① 参见刘家和、王敦书主编:《世界史·古代史编》(上卷),高等教育出版社,1994年,第16—18页。
② 参见林惠祥:《文化人类学》,上海文艺出版社,1991年影印本,第91—93页。
③ 布雷多克:《婚床》,王秋海等译,三联书店,1986年,第56页。

庇护的心理需要,原始人类逐渐发明了衣服。衣服的原料完全取之于自然界,人们用树叶、树皮遮身,用兽皮、鸟皮、鱼皮裹身。随着衣服的出现,缝纫技术也发展起来。人们以骨为针,以肠作线制作衣服。大量出土的旧石器晚期的燧石和骨头尖锥以及精巧的带孔骨针说明了这时人类已经学会了缝纫。

在新石器时代,纺织技术获得发展。原始织机的出现,标志着人类已经学会了用亚麻、大麻、棉花、毛和丝等原料纺纱织布。与此同时,人们还掌握了染色技术,色彩缤纷的花布给辛勤劳作的原始人带来了美的感受。原始人衣服的类别大致可以分为腰带、斗篷、裙子和围裙等几种类型。考古和民族学的资料说明了原始人衣着的情况。法国的"莱斯皮格的维纳斯"雕像,在人体的腰部画有一条围裙。南美印第安人的标准服装贯头衣,实际上是一种变相的斗篷。在护身和审美动机刺激下发展起来的服饰文化构成了原始文化的一个不可缺少的组成部分。

住所的演变与交通运输 人类脱离动物界组成社会后,先是住在自然界提供的天然住所内。树巢、树洞和洞穴都是原始初民喜爱的天然栖身处。中国古代文献《韩非子》上提到"构木为巢,以避群害",说明远古人类已会用树木筑巢。南非的布须曼人(bushman)之所以被人们称为布须曼人,是因为他们具有将较大灌木的树皮编结起来作为住所的习惯。1856年,考古学家在德国杜塞尔多夫域附近的尼安德特河谷发现了早期智人的代表尼安德特人,他们因住于洞穴或者石岩下而被称为典型的穴居人。洞穴是原始人类制造工具和使用火的地方,是原始人类的生活居处,还是原始人类进行宗教祭祀和艺术创作的场所。昏暗的洞穴中透露出的是人类文化的曙光。

大约在旧石器时代后期,人类开始建造住所。最初的人造住所是风篱、窝棚、天幕、地穴、土窑等简陋的遮蔽所。考古学家在法国尼斯河上的特拉·阿马塔地方发现了21间棚屋,它们被确定属于12万年前阿舍利文化遗址。天幕(tents)是原始民族的简便屋子,十分易于搭建和拆除,其建筑材料和形式多种多样。美国的平原印第安人常用柱子支成圆锥形的骨架,然后在上面覆盖缝好的兽皮。大约生活于5万至1万年前的欧洲晚期智人代表克罗马农人往往于春夏季节在野外架设天幕或窝棚。就是从建造这些简陋粗糙的住所开始,人类掀开了世界建筑史的第一页。

进入新石器时代后,人类学会了建造比较坚固、宽敞的房子,砖屋也开始出现。造房的材料则因地而异。北美易洛魁印第安人住的"长屋"是用树皮或木料建造起来的。史前时代瑞士居民的水上建筑称为"湖居室"。

他们把木桩打入水底或淤泥中,用木桩支起木板平台,然后在平台上建造小屋。考古资料证实,在公元前7000年左右,约旦河谷的初民已经用砖来建造房屋。中国河姆渡人建造了干栏式房屋,把木桩打入泥土中作为房屋的柱子,在梁柱间用卯榫接合,房屋分为两层,是世界上最早的较成熟的木结构建筑之一。房屋的出现为原始人类的定居生活和农牧业的发展提供了条件。

原始人类学会建造住所的同时,也发明了用曳叉作为陆上运输工具,用狗、牡牛、骆驼、鹿、驴、山羊、象和马作为牵引动物,制造木筏和独木舟当做水上交通工具,把树木搭在河两岸作桥,还发明了最初的车轮和帆。这些看似简陋的交通工具为原始人类的出行和交往创造了条件。

二、原始宗教

1. 宗教的起源

宗教产生的时间 宗教究竟发源于何时?在神学家们看来,宗教信仰是人的天性,宗教与人类同时存在。然而,考古学和人类学的研究却表明,人类历史的绝大部分时间没有宗教,宗教并非与人类相伴而生。

人类产生之初,并不具备宗教观念。他们对死者的尸体毫不在意,随意乱扔。只是到了几万年前的尼安德特人时代,人类才萌生了宗教思想,出现了最初的葬礼和宗教遗迹。尼安德特人的遗骸有一定的摆法,通常是头东脚西,周围还撒有红色的碎石片和工具。在法国的穆斯特累洞穴中发现的一个尼安德特青年的遗骸头枕在一块燧石上,身体周围摆放着74件石器,左侧还有一件石斧,头部和肩部还用石板保护着。生活在距今5万年至1万年左右的中国山顶洞人的洞室分为"上室"和"下室",前者是活人住室,后者则是死者的墓地。在死者的遗骸和周围,撒有含赤铁矿的红色粉末,还有随葬的燧石、石器、石珠、穿孔兽牙等物品。尼安德特人和山顶洞人的埋葬方式具有象征意义,它说明原始人这时已经产生了灵魂不死的思想和冥世观念,并产生了埋葬死者的仪式。大量的证据说明,宗教只是原始社会发展到一定阶段(约旧石器时代的中期和晚期)的产物。

宗教起源的探索 对于宗教产生的原因,学术界进行了长期而热烈的讨论,但至今还未达成一致的认识。学者们从不同的角度对宗教起源问题作出了探索。被人们称为"宗教学之父"的麦克斯·缪勒①开创了自然神话派,提出了太阳神话的理论。在他看来,神话的核心以及神的最初概念归根到底都是太阳。英国人类学家泰勒在其所著《原始文化》一书中,提出了万物有灵论的宗教起源学说。他主张原始人根据疾病、死亡、睡眠、梦境、幻觉等生理心理现象,得出了存在着与身体不同的灵魂的结论,然后把灵魂观念推及万物,形成了万物有灵论,而这种万物有灵论就是最早的宗教表现形式。英国人类学家马雷特一方面承认原始人信仰万物有灵这一事实,另一方面又认为万物有灵信仰不是人类最早的宗教形式。他认为最原始的宗教是一种由非人格的超自然力量——"玛纳"引起的敬畏感。英国学者弗雷泽主张宗教产生于巫术不能解决重要问题之际。法国人类学家列维—布留尔认为,宗教是原始人非理性思维的结果。法国社会学家杜尔凯姆从社会学的角度来探索宗教的起源。他在其名作《宗教生活的基本形式》中强调,宗教是人类群体借助象征实现自我认同的产物,并认为图腾崇拜是最早的宗教形式。奥地利心理学家弗洛伊德则用心理学的方法来研究宗教的起源。他指出,宗教源于一种自欺欺人的心理机制,人们借助宗教来控制自己的无助感和对犯罪行为的恐惧。② 这些理论和学说从不同方面对宗教起源做了极有价值的研究,为我们科学地认识这个问题开辟了道路。

在我们看来,宗教作为一种社会观念,是社会存在的反映。原始社会低下的生产力和极为有限的知识使人们在大自然面前感到无能为力,对它产生了敬畏感和神秘感,这是宗教产生的最根本原因。旧石器时代中期,人类的抽象思维能力的提高是宗教产生的必要条件。原始人逐渐萌发的灵魂观念则是宗教观念产生的思想前提。

2. 自然崇拜

原始宗教形式多样,自然崇拜是其最早的表现形式之一。原始人对强大的自然力量感到难以驾驭,就将大自然加以神化,于是便产生了自然崇拜。自然崇拜的对象主要是与人类生存密切相关的自然物和自然力,如土地、水、火、太阳、森林等等。崇拜的对象因地理环境而异,同时也由于生产

---

① 麦克斯·缪勒,19世纪英国语言学家、东方学家和神话学家,生于德国,中年后定居于英国的牛津。
② 参见吕大吉:《宗教学通论新编》,中国社会科学出版社,1998年,第451—458页;斯特伦:《人与神——宗教生活的理解》,金泽等译,上海人民出版社,1991年,第284—306页。

活动方式的变化而具有不同的形式。

土地崇拜 自然界诸多事物中,土地和人的关系最为密切,因此土地崇拜成为原始初民的普遍信仰。我国古代有"地母"的称呼,古希腊神话也把地神称为"地母"。原始人为了获得丰收,通过各种崇拜仪式来祈求地神的保佑,由此产生了播种节、丰收节等与土地崇拜相关的节日。人们用土地上收获的果实献祭,或用舞蹈、歌唱的方式向地神表示谢意和报答。由于担心翻耕土地会触犯地神,原始人就在耕地前先以牺牲献祭,甚至用人或动物的血作为祭品来祈求地神的宽恕。菲律宾的土著民族在播种之前必杀人献祭,孟加拉的康德人则把人杀死,将焚烧后的灰埋于土地,以表示对地神的补偿。①

天体崇拜 变幻莫测的日月星辰诸天体受到了原始人的广泛崇拜,其中最为普遍的是对太阳的崇拜。托尔蒂克人建造了高达60米的太阳金字塔和太阳神庙,古秘鲁人建有一座由整块巨石构成的太阳门,他们还相信酋长为太阳之子。英国有竖立石柱以祭祀太阳的习俗,北美印第安人黑足部落每年都有举行太阳舞的节日。所有这一切都是原始的日神崇拜的遗迹。

山石崇拜 原始人对山、石的崇拜颇为盛行。古希腊人把奥林匹亚山视为诸神和天使生活的圣地。我国云南班洪地区的佤族把阿佤山的最高峰"鹿埃姆"看做是最大的神。委内瑞拉的奥托马克部落相信他们的祖先是石头化身的人。秘鲁的原始部落认为石头是触犯神灵的人变的,故石头有灵魂,须供奉它。尼日利亚人有供奉神石以求治病的现象。

水火崇拜 水和火的威力使原始人感到恐惧,于是就产生了对火神和水神的崇拜。西非洲海岸的原始民族常由巫师献供物给海神以平息怒潮。古秘鲁人称海为"海母亲",把它当做食物供给者而加以崇拜。我国云南西盟马散寨的佤族每年用六天时间祭水神。从我国古代民间广为流传的"河伯娶妻"的传说中,我们可以看到原始人崇拜水神的风貌。在一些初民崇拜水神之际,另一些人更敬畏火神。古代印度人曾以火神阿耆尼为最高的神。古希腊人把火神叫做"赫斯提亚",每个家宅内都设有祭坛,祭坛上燃烧着永不熄灭的圣火。马来亚人有不能跨过火炉的民间习俗。这些崇拜仪式虽然已与原始的火神崇拜有了不小区别,但人们仍然可以从中追寻原始人火神崇拜的踪迹。

---

① 罗竹风主编:《宗教通史简编》,华东师范大学出版社,1990年,第13页。

3. 图腾崇拜

图腾制的概念与特征　图腾崇拜是原始宗教的一种重要形式,约与氏族制度同时发生。图腾(Totem)一词原是北美印第安人鄂吉布瓦氏族的方言,意思是他的亲族。原始人认为自己的氏族与共同尊崇的某种动物、植物或无生物之间有血缘亲属关系,这种东西就成了氏族的图腾。图腾制的特征主要表现为:以某种生物或无生物作为群体的名称,并相信其为群体之祖先,或与之有血缘关系。信仰所奉图腾,并有一套特殊的崇拜仪式。对作为图腾的动植物或其他东西一律不得毁伤或杀害。图腾是一个原始集团的标志或徽号,实行外婚制,同一群体内的男女禁止结婚,每个图腾集团都有关于图腾的神话传说。①

图腾的种类　根据摩尔根的分法,图腾可分为动物、植物和无生物三大类。动物类图腾在数量上居于首位。据有人在澳洲调查,在统计到的704种图腾之中,非动物的图腾只占56种。古埃及人曾奉鹰、猫、牛、蛇、山羊、狮子、鳄鱼等动物为图腾。古希腊布劳朗人崇拜熊,他们每四年举行一次熊的节日,届时年轻姑娘们身穿黄色长袍,并模仿雌熊的行为。古罗马人普遍尊崇母狼。印度的拉贾斯坦土著则奉鼠为神,还为老鼠建造了庙宇。这些都是原始的动物图腾崇拜留下的遗迹。《诗经·商颂》上记载的"天命玄鸟,降而生商"的传说,反映了我国古代商族以玄鸟为图腾的史实。龙是我国家喻户晓的圣物。据闻一多等人的研究,龙是在我国史前的一次部落大融合过程中,炎黄部落以自己原来的蛇图腾为基础,吸收了马图腾的头、鹿图腾的角、鱼图腾的鳞、虎图腾的掌等,综合成的新图腾形象。何星亮认为,我国太皞部落是龙图腾的诞生地,以虎为图腾的黄帝各氏族部落接受了龙图腾,并在龙的原形——蟒蛇体上加上了马的头,兽的角。② 他们的看法虽有差异,但都承认龙是在动物基础上塑造的图腾。

植物类图腾虽然不像动物类图腾那么多,但仍具有一定的普遍性。我国大凉山诺苏人的三个图腾都是植物:香竹、梨树和松树。云南碧江地区傈僳人的图腾差不多一半是植物,如紫柚木、竹子、麻、荞麦等。南美洲阿查瓜部落的韦列纳斯人以小树桩为图腾。希腊神话中达佛涅化为月桂树的故事

---

① 参见岑家梧:《图腾艺术史》,学林出版社,1986年,第1页。
② 《闻一多全集》(第1卷),《伏羲考》三联书店,1982年;何星亮:《中国图腾文化》,中国社会科学出版社,1992年,第370页。

和英格兰人以樱草、苹果树、玫瑰、桦树、榉树为姓的习俗都是植物图腾崇拜的遗迹。

无生物类图腾或者说非动植物类图腾,不仅包括日月星辰、风云雨雪、山岳河海以及土石水火等自然现象和自然物类,而且也包括刀斧、帽子、房舍等器物。印度迈素尔地区的库鲁巴部落的图腾种类五花八门,除了动植物图腾外还有以大车、杯子、打火石、手镯、棍子、尺子、毯子、织机、竹筒和彩色花边等为图腾的。我国哀劳山区的诺苏人,还有氏族以猪槽为图腾。①

图腾禁忌 原始人把某种生物或无生物当做亲属和祖先,并奉为图腾之后,就在内心对图腾产生了某种敬畏感,于是就对图腾物实行一些限制性的规定,这就叫做图腾禁忌。图腾禁忌是人们尊敬图腾的表现,也是氏族社会最重要的行为规范。在一定程度上,图腾禁忌也可以被看做是原始的习惯法。图腾禁忌可分为以下几种类型:

(1)言语禁忌。在原始人看来,被奉为图腾的动植物是神圣的,不能直呼其名,只能改用亲属称谓或其他名称来称呼与图腾同类的动植物。以狼为图腾的各部落对狼的讳称名目繁多:科里亚克人管狼叫"老爷"、爱沙尼亚人叫"叔叔"、斯摩棱斯克人叫"棒小伙子"、布里亚特人叫"天狗",瑞典的牧羊女则称其为"静默者""灰腿"和"金牙"。被世界各地不少部落奉为图腾的熊也有许多讳称:有的称为"大人",有的称为"祖父""祖母",有的称为"朋友",有的称为"森林之王"。

(2)行为禁忌。禁止伤害、碰触和诅咒侮辱图腾是行为禁忌的主要特点。我国青岛是古代东夷人的居住区,有些地方至今仍然存在着鸟图腾禁忌习俗。他们严禁伤害燕子,相信谁打了燕子谁就会瞎眼。曾经奉白象为图腾的老挝和傣等部族,除最高首领外,其他人是禁止碰触白象身体的。

(3)食物禁忌。禁止食用作为图腾的动植物。原始人类普遍相信,如果随便地食用作图腾的动植物,就是"不肖子孙",会遭到不幸。在大洋洲的马尔基兹群岛,人们把鲨鱼奉为祖先,严禁食用鲨鱼。不少印度人崇拜公牛,他们向公牛祈祷,并忌吃它的肉。我国白族的虎氏族严禁猎虎,更不准吃虎肉。这些都是原始的图腾禁忌的遗迹。

(4)婚姻禁忌。禁止同一图腾的男女发生性关系与结婚。澳大利亚的各部落普遍实行图腾群体外婚制。尤其是在库尔奈、阿兰达等部落中,违反图腾外婚的规定,会受到严厉的惩罚,甚至被处死。我国云南克木人至今仍

---

① 参见高明强:《神秘的图腾》,江苏人民出版社,1989年,第52—55页。

然遵循图腾外婚制的习俗,凡同一图腾氏族的人不得通婚。①

如果有人触犯了图腾禁忌,就会受到惩罚。不过,各原始部落实行图腾禁忌的宽严程度不同。有些原始部落可以吃作为图腾的动植物,或者不严格禁止图腾群体内的婚姻。图腾崇拜是氏族社会的伴生物,氏族制度衰落后,图腾禁忌也逐渐松弛。

原始宗教具有泛灵信仰的特征,崇拜仪式多种多样。除了自然崇拜、图腾崇拜以外,原始宗教还有巫术、鬼魂崇拜、祖先崇拜、灵物崇拜、生殖崇拜等形式。原始宗教虚幻地、歪曲地反映了原始社会人类生活与自然界之间的矛盾,它在满足人们的心理需要、巩固氏族团结和维护传统道德方面起到了一定的作用。

三、原始艺术

原始人类在与大自然做艰苦斗争的同时,也创造了令人赞叹的艺术成就。在文化的黎明时期,处于萌芽的艺术十分稚拙,与艺术对象保持着某种实用功利关系,并和图腾崇拜、巫术等原始宗教形式混为一体,难解难分。但是,原始艺术粗犷质朴,无拘无束,充满激情,显示了其特有的意蕴美和韵律美。

1. 艺术的起源

关于艺术的起源,众说纷纭。古希腊哲学家柏拉图、亚里士多德等人提出了模仿说,他们认为艺术来自对自然界和社会生活的模仿,而模仿又是人固有的本能。维隆、托尔斯泰和柯林武德等人主张情感说,他们把艺术看做情感的表现。席勒、斯宾塞等人提出游戏说,其主要论点是,游戏和艺术都是人类过剩精力的发泄,美感起源于游戏的冲动。泰勒和托马斯·芒罗提倡巫术说,他们认为艺术的形式被相信交感巫术的原始人用作保证巫术成功的工具。这种理论影响很大,已为许多学者所接受。沃拉斯切克、毕歇尔、梅森和恩格斯等人主张劳动说,他们强调劳动是艺术的源泉。当代美国考古学家马沙克首创季节变换说。他在用显微镜对3万年前的骨器刻纹进行研究后得出结论说,这些人类最早的刻画符号是原始人用来记录季节变换的符号,并依此来确定礼仪的日期。上述这些理论部分地揭示了艺术发

---

① 参见何星亮:《中国图腾文化》,第155—187页。

生的原因,但都不能被看做是唯一的解释。我们认为,艺术作为社会意识形态,是原始人类智力发展到一定水平的产物,它的起源与当时人们的社会与劳动生活有着密切的联系,多种因素的交互作用促成了艺术的发生。

关于艺术产生的年代问题,目前还没有定论。一种意见认为,艺术的种子萌芽于旧石器时代中期之末。到了旧石器时代晚期,各种造型艺术就出现了。还有一种意见认为,只有发展到晚期智人阶段,才可能产生造型艺术。这些看法还有待于考古资料的进一步证实。

2. 原始艺术的主要形式及其成就

原始时代的艺术可以分为静的艺术和动的艺术两种类型。前者包括绘画、雕刻、装饰等形式,后者包括音乐和舞蹈等形式。

绘画 最早的绘画比较简单,仅在岩壁上描画轮廓,可能是用手指沾着泥画出来的,画出轮廓后,用红色或黄色矿石颜料涂画。以后彩画大有进步,颜色增多,所画的动物也由先前的静态发展为表现它们的动态。

最引人注目的原始绘画是洞穴壁画,欧洲许多地区都发现了洞穴壁画遗址,其中以西班牙的阿尔塔米拉洞和法国的拉斯科洞最为著名。阿尔塔米拉洞穴是1879年由工程师索特乌拉和他的女儿玛丽亚发现的。长约46英尺的大壁画位于洞穴的顶部。画面上的20多只野牛、野猪、野马、母鹿、狼等动物神态各异,栩栩如生。经专家鉴定,该洞穴已有15000—22000年的历史。拉斯科洞是1940年由四个结伴游玩的少年发现的。洞中壁画把俯冲的猛犸象、奔跑着的野马和即将落入陷阱的野牛表现得惟妙惟肖,生动逼真。除欧洲外,考古学家在非洲、美洲、澳洲和南洋群岛等地也都发现了洞穴绘画。1993年,在我国内蒙古雅布赖山的洞穴中首次发现了据说是旧石器时代的手印岩画。经考古学家的考证,在三个洞穴的岩壁上留有39个手印。[①] 考古发掘的结果表明,史前绘画的这种形式分布的范围很广。

史前的绘画,尤其是洞穴绘画主要以动物为题材。据法国学者勒卢阿统计,在66个饰以史前壁画的岩洞中,共画野马610匹、野牛510头、猛犸象205只、赤鹿112只、驯鹿84只、熊36头、犀牛16头。[②] 这种现象一方面说明了狩猎劳动是原始艺术创作的重要源泉,另一方面也说明了原始艺术与宗教的密切联系,初民们把长矛和弓箭对准壁画上的猎物,用巫术"杀

---

① 朱狄:《艺术的起源》,中国青年出版社,1999年,第188页。
② 张延风:《西方文化艺术巡礼》,中国青年出版社,1998年,第14页。

死"它们,以求实际狩猎的成功。法国尼奥斯洞穴中的"野牛中箭图"就反映了原始猎人的这种心理状态。

雕刻 雕塑是人类最早的艺术形式之一,有人认为它们的出现比洞穴绘画还早。原始雕刻的重要题材仍然是动物。在德国南部的沃吉尔海德,人们发现了一件用猛犸象牙刻成的野马雕像,年代约在30000年前,这是迄今所知的最早的动物雕刻之一。1940年,法国出土了一个投矛器,它的一端是一只小羚羊雕像。雕刻这一塑像的原始艺术家传神地表现了羚羊这种弱小动物胆怯而又机敏的性格特征。北美西北岸印第安人的雕刻艺术十分著名,他们在房屋外面竖立木柱,木柱上雕刻着许多动物图腾的形象。

除了动物之外,人是原始雕刻的另一重要题材,而在人的雕像中,女性占大多数。欧洲的广大地区出土了许多女性裸体雕像。在法国南部的洛塞尔洞,考古学家发现了雕刻在石板上的一幅女性裸体浮雕,浮雕上的女子右手拿着牛角,乳腹部丰满,臀部肥大。该浮雕距今已有25000年的历史,它被称为"持角杯的少女",又被称为"洛塞尔的维纳斯"。在原苏联国土上发现了大量的史前女性雕像,其中一尊在乌克兰发现的女性裸体雕像被称为"科斯丹克维纳斯"。它描绘了一个乳房十分丰满的妇女形象。在中国的辽宁红山地区也发掘出了类似的女性裸体雕像。这些乳丰臀肥的女性裸体雕像是女性崇拜的表现。对生命现象不理解的原始初民直观地把女性的外部生理特征与孕育生命、绵延后代和丰饶多产联系在一起,因而把女性及其生育功能捧上了祭坛。从这些维纳斯雕像中,我们可以看到原始人类对生命的崇尚和对丰产的企盼。

装饰 原始装饰分为器物装饰和人体装饰两类。器物装饰体现了实用功能与审美表现的统一,它的范围既包括把饰物附加在器物上,也包括对器物进行修整。澳大利亚的土著居民喜欢在盾牌、棍子和飞去来器等器具上刻上表示袋鼠、蜥蜴、蛇、鱼等动物的线条。我国实用器物的装饰在新石器时代的陶器制作上尤其是彩陶的制作上达到了极高的成就,仰韶文化、龙山文化、青莲岗文化等遗址都发现了饰以图案的彩陶。彩陶上的装饰以动植物花纹和几何形图案为主。几何形图案花纹由直角三角形、直线、斜线、圆点和折波形线条等组成。动物花纹表现了奔驰的鹿、游动的鱼、飞翔的鸟、伸肢欲跃的蛙等多种动物的姿态,线条简洁而又形象生动。器物装饰中植物图案的大量出现是新石器时代农耕的产生在艺术上的反映。

原始的人体装饰也可以分为两类:一类是固定的,如绘身、文身、割痕、耳鼻唇饰;另一类是不固定的,如穿戴、悬挂在人身上的装饰。

原始部落普遍具有绘身的风俗。澳洲土著经常在他们的袋鼠行囊中装着白、红、黄等色的土块,平时只在颊边、肩上和胸前画几笔,遇有节日宴会便涂抹全身。布须曼人常常用红色矿土涂抹他们的颜面和毛发。由于身上绘画容易褪落,因而出现切痕和文身的装饰方法。切痕是用石片、贝壳或小刀割破皮肉,待伤口愈合后就露出一道颜色较浅的瘢痕。安达曼人不论男女都要施行割痕。托雷斯海峡邻近的男人两肩上有很厚的马蹄形切痕,看起来颇像肩章。文身是用尖锋刺皮做连续的点,然后用花粉一类的东西渗入皮下,待发炎过后便现出蓝色的花纹,永不褪色。1991年在意大利境内阿尔卑斯山的冰川中发现了距今5300年的"冰川人"古尸,身上就有美丽的文身图案。爱斯基摩女子自8岁就在脸、臂、股、胸等处施以刺纹。我国云南傣族男子也有文身的习俗。耳鼻唇穿塞小块骨、牙、贝、石、木片等物,或戴鼻环在一些原始部落中也是装饰的方式。

悬挂、穿戴在身上的饰物包括发饰、头饰、颈饰、腰饰等,它们具有宗教、图腾、社会地位等不同含义。原始人的头饰多用树叶、植物纤维等做成头带、涂上红、白泥土。澳大利亚土著男子特别注意发饰,他们常用红土脂油涂抹头发,有的人还将鸟羽、苔绒、蟹爪插在头上。塔斯马尼亚人喜欢在颈上戴碧绿的小贝壳,挂在用植物纤维或袋鼠的筋腱做成的绳子上。① 腰带、围裙是原始人普遍的腰饰。

音乐和舞蹈 原始的音乐和舞蹈经常结合在一起表演,形成一种综合的艺术。音乐分为声乐和器乐。最早的声乐,也就是单音节的喊叫声可能比语言的产生还早。原始人在获得丰收的欢乐场合或同伴遇难的悲伤场合,都要用歌唱来表达自己的感情。原始歌曲旋律单调,音符和歌词经常重复,但节奏强烈明快,不乏艺术感染力。有一首夸扣特尔人哀悼首领的挽歌这样唱道:

> 哈那,哈那,哈那!擎天柱折断了,
> 哈那,哈那,哈那!擎天柱倒在了地上,
> 哈那,哈那,哈那!我们伟大的领袖去休息了,
> 哈那,哈那,哈那!我们过去的领袖已经倒下去了。

打击乐器很早就出现了,而鼓是原始部落普遍使用的一种打击乐器。澳大利亚原始部落的男子跳舞时妇女敲的鼓是紧绷在两膝间的一张鼩鼠

---

① 参见格罗塞:《艺术的起源》,蔡慕晖译,商务印书馆,1996年,第43—83页。

皮。阿斯马特部族敲的鼓则是用蜥蜴的皮粘在软木上制成。原始吹奏乐器的考古发掘有了很大进展。在法国的下比利牛斯山旧石器时代的遗址中，发现了一根长108厘米的骨质笛管。在乌克兰境内，发现了6支用猛犸象骨骼制成的管乐器，它们被认为是目前所知道的最早的乐器。我国河南舞阳县出土了7000年前的骨笛，它可吹出七声音阶。[①] 一些原始部落还发明了哨、箫、笙、喇叭等乐器。简单的弦乐器在原始时代也产生了。琴瑟是中国最古老的弦乐器。布须曼人有称为"歌拉"的原始弦乐器。

舞蹈是原始时代最重要的艺术形式之一。许多部落每逢节日庆典、狩猎成功、作物丰收、欢迎客人、出发远征和举行宗教仪式时都举行跳舞活动。考古发掘为研究史前舞蹈提供了证据。考古学家在南非的洞穴中发现了史前舞蹈的绘画形象。1973年，我国青海大通孙家寨出土了舞蹈纹彩陶盆，证实了5000年前原始舞蹈的存在。原始舞蹈的一种形式是体操式的操练式舞蹈。常在月夜举行的澳洲土著的集体舞"科罗波里"即是这类舞蹈的代表，舞者多数是男子，妇女充当乐队伴唱。原始舞蹈的另一种形式是模拟动物的模拟式舞蹈，它在原始部落中流行最广。澳洲土著的袋鼠舞十分出色，他们的表演把袋鼠的动作模仿得惟妙惟肖。北美印第安人有模仿熊动作的舞蹈。他们认为，跳熊舞可以巩固人和熊的友谊，保证人的安全。非洲一些原始部落则喜欢跳鳄鱼舞。

原始的音乐和舞蹈反映了原始人的生产劳动和社会生活，并与图腾崇拜以及巫术有着十分密切的联系。在一定程度上，它们是原始宗教的附属形式。但是，音乐和舞蹈使原始人产生快感，调节了他们的心理，促进了氏族部落群体的团结，也体现了原始人的审美情趣。

四、原始语言文字

语言是人类特有的交流信息的工具，它与制造工具的劳动一样，是区别人和其他动物的最重要特征。人类的语言与思维相联系，它既是文化的基础，又是文化传播的载体。在原始社会，人们除了运用有声语言进行信息交流外，还借用手势、烟火、鼓声、口哨、结绳、刻木等副语言与前文字的形式进行沟通。在长期的语言实践基础上，人类创造了文字，为文明的诞生奠定了基础。

[①] 朱狄：《艺术的起源》，第216—224页。

1. 语言的起源

语言起源的探索 人类语言究竟产生于何时？这是学术界至今仍无法确切回答的问题。法国语言学家海然热把语言产生的时间估计为智人出现之后。前苏联语言学家墨山宁诺夫认为，有声语言产生于旧石器时代晚期。有的学者推断，尼安德特人已经能够发音，克罗马农人可以发出短促的声音。无论人类语言产生于何时，但有一点是可以肯定的，这就是，人类语言从产生到发展为流利语言是一个漫长的历史过程，原始人类曾经历了一个无完备口语的艰难时代。

对于语言的起源，学术界也存在几种不同的解释。前苏联语言学家马尔与德国心理学家冯特等人主张手势说，认为语言的源头是人的手势。法国哲学家孔狄亚克提出感叹说，主张人类的语言起源是表示情感的声音。德国哲学家赫尔德用摹声说来说明语言的起源，在他看来，语言是人们摹仿自然界动物的声音而来的。马克思和恩格斯倡导劳动说，他们认为，劳动在创造人类的同时，也创造了语言。由于史前时代文字资料的匮乏，上述种种说法只是学者们的推测。当代一些美国学者从研究哺乳动物和儿童的语言能力着手，对与人类语言起源相关的人类语言能力进化的原因问题进行了探索，并得出了两种不同的看法。以斯金纳为代表的学者强调语言发展的社会条件，主张语言是哺乳动物长期学习和运用符号表达方式的结果。以乔姆斯基为代表的学者则注重语言的生理基础，认为语言是人类特有的才能。[①] 在我们看来，原始人类为求生存而集体劳动、共同合作的社会因素是语言产生的关键，它与原始人大脑皮层组织发展的生理因素互相影响、互相作用，推动了人类语言能力的进化。

语言的产生与分化 在获得生存条件的共同斗争中，原始初民的交往需要日益迫切，当他们感到有话非说不可的时候，语言就产生了。语言或有声语言是原始人类最重要的交际工具。语言系统包括音素、词素和语法三个组成部分。由于早期人类的分散与隔绝，人类的语言产生了很大差异。即便是讲同一语言的人群集团因故分裂和迁徙后，也会在音素、词素和语法方面产生变化，从而形成不同的方言。语言的变化与文化的变迁更有着密切的联系。随着某种文化的兴衰，相关语言也会产生和消亡。有人估计，世界上各民族目前使用的语言总数约有 3000 种，另有约 3000 种语言随着时

---

① 童正恩:《人类与文化》，重庆出版社，1998 年，第 121 页。

间的推移已经消失。① 语言学家一般把世界上的语言分为印欧语系、汉藏语系、闪—含语系、乌拉尔语系、阿尔泰语系、南亚语系、马来亚—玻里尼西亚语系、伊比利亚—高加索语系和达罗毗荼语系等不同语系。

原始语言的特点 原始语言与以后的语言有很大区别,其特点是十分具体,缺乏抽象概念。原始语言在表示事物细节的专门用语方面十分丰富,而在表示事物类别的一般概念方面却十分贫乏。澳大利亚的土著居民没有树、鱼、鸟的属名,却有用于每种树、鱼、鸟等的专门用语。新西兰的土著居民毛利人能够分出树的性别,对某些树的雄性和雌性有不同的名称,对鸟、动物、鱼的尾巴也有各种名称。居住在北欧北部的拉伯人有 20 个词表示冰、11 个词表示冷、41 个词表示不同形式的雪、26 个词表示结冻和解冻。②阿拉伯人曾经用 50 个形容词来表达狮子,用 200 个词描述蛇。印度的卢舍人也有不同的形容词来表达不同种类的鹿,却没有一个词用于鹿的一般概念。在原始语言中,诸如物质、精神、灵魂、希望、恐惧、色彩之类的抽象词十分缺乏。原始语言的特点反映了原始初民形象直观的思维方式。

2. 其他信息交流手段

有声语言在原始初民的信息交流中虽然具有许多优点,但也有其时间和空间上的严重缺陷。因此,原始人采用了许多交际手段来弥补这些缺陷。

副语言 手势、烟火、鼓声、口哨等非语言交际手段被一些语言学家称为"副语言"。手势曾在原始人类的交际中扮演过十分重要的角色。澳洲阿兰达部落所用的手势语共有 450 多个符号。如果想表达"你的兄弟死了"这样的思想,他们就用三个手势符号,即:先给第一个符号:"兄弟",再给第二个符号"已经"(表示过去了),最后给第三个符号"死亡"。尼日利亚人见面时各自用大拇指在对方手上轻轻弹几下,表示问好。烟火是原始民族广泛使用的视觉信号。根据《荷马史诗》的记载,希腊人在特洛伊战争中大捷,胜利消息从伊利乌姆传到几百英里外的希腊,都是靠烟火为信号传递的。火地人用漩涡状的烟作为通知消息的信号,一个表示无意外,两个表示发生不寻常的意外,三个表示死亡,四个表示在路上捡到鲸鱼并邀请所有

---

① 威廉斯:《文化人类学》(Thomas Rhys Williams, *Cultural Anthropology*),新泽西,1990 年,第 207 页。
② 列维—布留尔:《原始思维》,丁由译,商务印书馆,1981 年,第 167 页。

的邻居欢宴。① 鼓声和口哨是原始民族较为普遍使用的听觉信号。非洲的许多部落常用鼓声来传递消息,不同的鼓声可以表达二三百种不同的意思。在法国一个叫做阿斯的村庄,人们可以在相距3公里的情况下,用口哨进行对话。我国广西环江县的毛南族和壮族青年,也善于用吹口哨的方法来相互表达感情。种种副语言交际手段有效地弥补了语言在空间上的缺陷。

前文字 结绳记事和契刻记事等交际手段在原始初民中十分流行,它们被原始部落用来帮助记忆和表达思想,是文字的先驱,常被人们称为"前文字"。结绳记事是一种用绳子打结来表意的方法。秘鲁的印第安人结绳记事的技术十分熟练,他们经常用不同的颜色、粗细长短不一的绳子打成各种各样的结来记录发生过的事情。古波斯人也常用结绳的方法来传达信息,在他们那里,黑绳表示死亡,白绳代表银子与和平,黄绳表示金子,绿绳代表谷子。我国高山族、独龙族、纳西族等也都不同程度地使用过这种方法来记事。契刻记事是指人们用刀子在木片、竹片、骨片或木棒上刻上或画上一定的符号来储存或传递信息。澳洲土著居民的传信刻木十分著名,他们把要传达的主要内容刻在木棒上,由送件人携带到各有关部落。在邀请人们参加宴会、成丁礼或围猎时,他们常常使用这种刻木。我国少数民族曾经普遍使用刻木的方法来记载重大事件或记日子和账目,他们还把刻木作为借贷或婚姻的契约凭证。佤族过去有一种记事的传世刻木,刻木的两侧刻着许多缺口,每个缺口代表一件事情。每年新谷收获后,村寨的头人都要召集全村老小一齐来"尝新"。活动期间,老人们就依据一块块刻木,讲述本村的历史。② 西安半坡仰韶文化遗址发掘的陶器上有许多刻画符号,它们的发现为原始初民刻木为契的说法提供了有力的旁证。结绳和契刻的记事方法在一定程度上克服了语言的时空限制,并为文字的产生创造了条件。

3. 文字的发明

图画文字 文字是记录和传达语言的书写符号。文字最初也是人们补充有声语言的交际手段,它的产生经历了一个长期的发展过程,它的雏形是图画文字。图画文字以图画的形式来表达思想或记载事件,它介于图画和文字之间,处于文字的萌芽状态。大约在新石器时代,原始初民就已掌握了图画文字。到目前为止,世界上已发现的最早的图画文字是由苏美尔人创

---

① 林耀华主编:《原始社会史》,中华书局,1984年,第437页。
② 龚友德:《原始信息文化》,云南人民出版社,1996年,第69页。

造的。公元前4000年,苏美尔人在石头或者黏土上刻画图像表意。他们用波浪线来表示水,用星的图像表示星星,画一块岩石表示一个人具有铁石心肠。考古学家发现了一幅公元前3400年左右的美索不达米亚页岩雕刻,描绘了两个人进行交易的情景,这幅具有记事表意性质的雕刻为图画文字的存在提供了有力证据。① 近代原始部落经常用图画文字来表意。1849年印第安人特拉华部落递交给美国总统一份以图画形式表达的请愿书,他们在桦树皮上画了湖和小湖以及通向湖的道路,还画有七只眼和心都用线相连的动物,意思是七个氏族一致请求总统允许他们在苏必利湖附近的一个小湖上捕鱼。印第安人鄂吉布瓦氏族的一个女子则在杨树皮上画了一封情书。这类民族学的资料生动地说明了图画文字的特点。

书写文字的形成 在原始社会向阶级社会过渡时期,社会生产力随着农业革命的发生而获得了较大的发展,人类的交际需要日益增长和复杂化,因此图画文字就进一步发展为书写文字。书写文字不仅具有比较固定意思的符号,还有一定的读音,是真正的文字。世界上历史最悠久的文字是两河流域的楔形文字、埃及的象形文字和中国的汉字。

文字的发明是世界文化史上具有划时代意义的事件。文字进一步打破了语言的时空限制,使语言能够传至远方并保持久远。有了文字,人们的思想感情交流不再局限于相互认识的少数人,而是扩大到了全社会。有了文字,人类的经验就不再因为个体的记忆衰退或死亡而耗散,因为人类可以借助符号,把知识和经验积累下来,后人可依靠文字记录,在前人成就的基础上进行新的创造。文字的发明与金属工具的使用、城市的出现以及国家政治权力确立等成为人类文明发生的重要标志,正是文字最早产生的地区孕育了世界上最古老的文明,文字的诞生宣告了人类历史时期的开始。

推荐阅读书目

1. 菲利普·李·拉尔夫等:《世界文明史》,赵丰等译,商务印书馆,1998年。
2. 杰里·本特利等:《简明新全球史》,魏凤莲译,北京大学出版社,2009年。
3. 林惠祥:《文化人类学》,上海文艺出版社,1991年影印本。

---

① 菲利普·李·拉尔夫等著:《世界文明史》(上卷),赵丰等译,商务印书馆,1998年,第49页。

4. 林耀华主编:《原始社会史》,中华书局,1984年。
5. 斯塔夫里阿诺斯:《全球通史》,吴象婴、梁赤民译,上海市社会科学院出版社,1992年。
6. 戈登·柴尔德:《历史发生了什么》,李宁利译,上海三联书店,2008年。
7. 格罗塞:《艺术的起源》,蔡慕晖译,商务印书馆,1996年。
8. 朱天顺:《原始宗教》,上海人民出版社,1978年。
9. Bulliet, Richard W. et al. *The Earth And Its Peoples: A Global History*, Second Edition, Houghton Mifflin Company, 2001.
10. Hawkes, Jacquetta and Sir Leonard Woolley, *History of Mankind*, Vol. I: *Prehistory and the Beginnings of Civilization*, Harper & Row, 1963.

第二章　文明的产生与古代世界多元文化的形成

人类在经历了艰难而又漫长的野蛮时代后,终于踏上了美好的文明之路。文明之火相继在西亚、北非、南亚、东亚、克里特、拉美、南部非洲等地区点燃。与多元的人类文明的诞生和初步成长相伴随的是各具特色的多元人类文化的逐步形成。于是,人类文化在其发展史上掀开了新的篇章。需要指出的是,各地区文化的发源虽然在时间上前后不一,有的甚至相当晚,但它们在世界文化史上都具有同等重要的地位。

一、古代美索不达米亚文化

迄今为止,考古挖掘已经证明美索不达米亚是人类文明的摇篮,而苏美尔人则是这一文明的奠基者。早在公元前4000年,苏美尔人就已使用金属工具——青铜和铜器,也发明了车轮运输[1],一些村落也转变为城邦,到公元前3000年左右,苏美尔地区大约出现了12个或更多的城邦国家,这些城邦之间彼此是独立的,由国王统治,崇拜城邦的保护神[2],苏美尔城邦社会组织发达,苏美尔人还发明了文字。

历史上的苏美尔人曾经做出众多的发明与创造,且大多为人类首创。美国学者克拉默(1897—1990)于1956年发表《历史发轫于苏美尔人》一书,列举这个民族最早发明、发现或创造的事物,达27项,如最早的学校、最

---

[1] Peter N. Stearns, *World History in Brief: Major Patterns of Change and Continuity*, Longman, 1999, p. 18.
[2] M. Cambers, R. Grew, et al. *The Western Experience*(I), Sixth Edition, McGram-Hill, Inc., 1995, p. 5.

早的两院制议会、最早的历史学家、最早的爱情歌曲、最早的图书目录等等。① 苏美尔人的这些成就为古代西亚文明奠定了基础,也深深影响了后起的古代地中海世界诸文明。不过,历史上生活在这一地区的并不只是苏美尔人,还有阿卡德人、阿摩利人、亚述人、迦勒底人、巴比伦人等,他们共同创造了古代美索不达米亚文明。因此,人们有时也将之统称为(古)巴比伦文明。

1. 宗教与法律

苏美尔人的宗教观念 宗教是两河流域人们生活的中心。他们的一切活动——政治的、经济的、军事的、社会的、法律的、文学的和艺术的——都服从于一个凌驾于一切之上的宗教信仰。宗教是两河流域人们理解自然、社会及其自身的思想纲领;宗教支配着其他一切文化表现和人类行为。譬如城邦之间的战争被解释为主宰城邦的神灵之间的冲突,而胜利则最终依靠神的恩赐,并非人的努力所致。② 苏美尔人的宗教观念,特别他们关于上帝从混沌的水中创世的观念、通过大洪水对人类进行惩罚的观念,影响到《旧约圣经》,从而也影响到犹太、基督教、穆斯林诸文化。从这个意义上看,古代美索不达米亚文明是一种母体文明。

美索不达米亚人相信安抚神就会给他们的城市带来安全与繁荣。每个城市隶属一个特殊的神——古代世界大体上都是多神教信仰,神才是城市和土地的真正统治者。人们为神及其家庭建立许多互相关联的庙宇。神在庙中被供以寝食所需及衣服,人们对神敬以虔诚之礼。为此,他们建起了可以拾级而登的多层塔形高坛,庄严的神龛就建在这个平台上。这种高坛,叫做"吉古拉塔"(Ziggurat)——我们称之为塔庙,这是人类历史上第一次修建这样的建筑纪念物。也许《圣经》中巴别塔的故事就是源于对塔庙的记忆。

塔庙是粮仓、账房、手工作坊、司法机关和档案机关的重地,塔庙周围有低低的围墙,有的围墙厚达 36 英尺,围墙内是祭司办公的地方和住所,还有各式各样的陶工、编织工和制革匠等都在这里。塔庙是城市文化与经济的

---

① 克拉默在该书的修订第 3 版中把这个民族最早发现扩展为 39 项。详见 Samuel Noah Kramer, *History Begins at Sumer: Thirty-Nine "Firsts" in Recorded History*, University of Pennsylvania Press, 1981。

② 佩里主编:《西方文明史》(上册),胡万里等译,商务印书馆,1993 年,第 17 页。

核心纽带。

美索不达米亚人相信,神统治着整个宇宙,人类生活也受至高无上的神意的控制。人被赋予生命仅是为了能在尘世实现神的意志。国王和祭司在做出重大决定之前,必先请求神的启示。这类活动种类繁多,最著名者当属占卜。古代美索不达米亚的占卜体系相当发达,祭司中有专事占卜者。占卜者为人解梦,其所依据,无非是牲畜之动作、禽鸟之飞翔、浮油之情状等。肝脏是最重要的观察对象,占卜者将牲羊的肝脏分为若干区间,每个区间都有一个特定的名称,如"驻地""路径""强权""平安"等。胆、肺、心脏、肾和肠也是用来观察的脏器。[①] 后来,此术通过赫梯人、伊特鲁里亚人传到罗马人那里。两河这种占卜活动其实就是一种通天术。这种旨在沟通上天与人世的巫术,起着神化王权的作用,以利于专制统治。

《汉谟拉比法典》 楔形成文法是古代美索不达米亚各国法律的总称,因以楔形文字镌刻于泥板、石柱之上而得名。由于各法之间相互承袭、彼此模仿,故被称为"楔形法系"。主要法典包括:《乌尔纳木法典》《俾拉拉马法典》《李必特·伊丝达法典》《苏美尔法典》《赫梯法典》《中亚述法典》等。该法系的最终形成以公元前18世纪《汉谟拉比法典》的制定为标志。《汉谟拉比法典》是迄今为止人类所发现的最早的比较完整的成文法典,其余法典仅存一些残篇。

《汉谟拉比法典》是古巴比伦王国第六王汉谟拉比颁布的一部著名法典。法典原文刻在高2.25米,底周长1.9米的黑色玄武岩石柱上。石柱上端雕刻有汉谟拉比从太阳神沙马什手中接受王权的浮雕画面。石碑原来树立在巴比伦城内马都克神庙中。公元前2000年代末,埃兰人入侵巴比伦,把它作为战利品运往苏萨。1901—1902年,法国考古学家在埃兰首都苏萨挖掘出土,使埋葬了几千年之久的法典重见天日,今藏法国卢浮宫。

在《汉谟拉比法典》序言和结语中,汉谟拉比吹捧自己为"公正之王",宣扬"为提高人民福祉,我汉谟拉比,虔诚的、敬畏上帝的国王,将把正义传遍大地,将毁灭邪恶与不义,不让强权凌辱弱小"等动听之词。但是,只要对照一下法典的条文便不难看出作为代表统治阶级意志的法律的本质面貌。

该法系具有如下特征:(1)皆以楔形文字镌刻;(2)形式上逐渐向序言、正文、结语的"三段式"结构过渡;(3)虽然多处提到神,但从所涉及的社会

---

① 李政:《神秘的古代东方》,中国青年出版社,1999年,第58页。

关系和调整方法上看都完全是世俗性的法律;(4)是习惯和审判实践的记录,缺乏抽象概念和普遍立法原则;(5)诸法合体,民刑不分,诉讼与实体不分。

2. 科学与技术

由于苏美尔地区缺乏优质木材、坚硬石头,为了获得建筑材料,他们必须进行贸易。这一方面使苏美尔人的贸易非常发达,另一方面,也使他们成为杰出的工匠,并因此发展出一套完整的计量系统。公元前2500年,巴比伦国王敕令中就出现这类规范。当时,人们已经认识到固定度量衡的重要性,于是就用王室权威,公布了长度、重量和容量的标准。

数学 60进位法是巴比伦数学的基础。美索不达米亚人比较偏爱60和它的倍数。人类已知的最古老的史诗《吉尔伽美什》是由12版泥板组成的;薛西斯把达达尼尔海峡痛鞭三百;大流士则因他的一匹神马淹死在河里,下令把金德斯(Gyndes)河挖成三百六十道壕沟[①];巴比伦人把他们的每一个神各配以一个60以下的数,这个数表明这位神灵在灵霄殿里的品位。时间量度创自巴比伦人,他们把1小时分成60分钟,1分钟又分成60秒。但是在巴比伦人那里也有十进位法,如有时他们把年数写成2me25,这里的me代表百,用我们的记号就是225。[②] 古巴比伦人已掌握四则运算和乘方开方,并能够解相当复杂的二元二次方程式,探讨直角三角形三条边的勾股关系,计算各种形体的面积和体积。[③] 巴比伦人没有零的符号,他们用留空穴的办法表示数字中间没有数。

天文学 与数学比较而言,古代美索不达米亚的天文学发展较晚。一般认为,占星术是天文学的基础,美索不达米亚似乎也不例外。在古代美索不达米亚人看来,天界和地上世界是相同的。凡地上存在的东西,天上也一定有。与人所居住的地上世界相对应,天上是神的世界。在此观念的指导下,古代美索不达米亚人取得了许多天文学成就。早在公元前2000年左右,他们就已能区分恒星与行星了。巴比伦人还绘制了星象图,把天上的星

---

① 波斯王薛西斯入侵希腊,要在达达尼尔海峡架桥,以渡大军。桥刚架好,立刻被风涛摧毁。他大怒,下令将海痛鞭一顿,还派烙印师给海加上烙印,把一副脚镣投入海里。这件事颇像《史记》上所载秦始皇的故事。秦始皇"逢大风,几不得渡",遂"大怒,使刑徒三千人皆伐湘山树,赭其山。"见丹齐克:《数——科学的语言》,苏仲湘译,商务印书馆,1985年,第31页。
② 克莱因:《古今数学思想》第1册,张理京、张锦炎译,上海科学技术出版社,1979年,第15页。
③ 《中国大百科全书·外国历史》(I),中国大百科全书出版社,1990年,第370页。

体按方位划分为星座，共12站，每站又分为30度，这便是我们今天黄道带的由来。公元前13世纪的一个界碑上已有黄道十二宫的图形。这些星座的名称一直沿用至今，例如天蝎座、狮子座、巨蟹座、双子座和天秤座等。与埃及人不同的是美索不达米亚人使用太阴历。早在苏美尔时代，人们就已根据月的盈亏制定了太阴历，他们把一年划分为12个月，每月各有29天或30天，每年354天，并用置闰的办法来弥足年历和太阳之间的差距。

医学 美索不达米亚人在医学、动物学、植物学、历史学、语言学等方面也取得不少成就。早在汉谟拉比时代，就出现了专业医生，如外科、眼科等。医生已能分辨出心脏、肝脏、肾脏等主要生理器官。第一篇苏美尔医学文献出现于公元前3000年代的乌尔城，这可能是世界上最早的"医书"。医生可以治疗诸如耳病、皮肤病、心脏病、水肿、泌尿生殖器病、妇科病和精神病等疾病。除使用各种药物治疗外，还掌握了体操疗法、按摩法、灌洗等医疗手段。女医生可能出现于古巴比伦时期。

美索不达米亚科学上的杰出成就（如天文、历法、数学和医学）对后来的希腊罗马的文化发展产生了深远影响。

3. 建筑与艺术

提起古代西亚建筑与艺术，人们自然会想到巴别塔、塔庙、空中花园、圆柱形印章这些代表西亚文明的华章。然而这些东西大多已成为传说中的东西了，变为一种文化符号而已。历史的朦胧方显现它的神奇的魅力，也许这就是一种艺术心理效应吧。

空中花园 在建筑艺术上，巴比伦人的成就引人注目，"空中花园""通天塔"是其中杰出的代表。空中花园又名"悬苑"，系新巴比伦国王尼布甲尼撒二世（约公元前605—前562年）为其爱妻所建。据希腊历史学家迪奥多罗斯说："她是波斯族人，思念连绵起伏的青青山岗，于是请求国王模仿她故乡波斯的独特风景，建造了这么一座设计精妙的花园。"

巴比伦人采用立体叠园手法，用石柱支撑极高的墙，分层叠造，层层遍植异国花草，墙内到处是树、果和阴凉，并设有供灌溉之用的水源和水管。远远望去好像山峦起伏，高悬于白云之间，故称"空中花园"或"悬苑"。可惜的是，这座凝结着古巴比伦想象力和创造力的伟大建筑在公元前3世纪遭到毁灭，迄今已荡然无存。人们只能根据古人的描绘而加以想象了。古巴比伦的空中花园虽然没有金字塔那样气势宏伟，但它以精巧的构思、丰富的想象以及独特的防漏水和灌溉技术而闻名于世，故被后人列为古代七大建筑奇迹之首。

通天塔　通天塔原名"巴别塔"（Babel），Babel 意为"神之门"（gate of God），也指巴比伦城。《旧约圣经·创世记》有专门记载，表示人类的自傲。"那时，天下人的口音言语都是一样。他们往东边迁移的时候，在示拿地遇见一片平原，就住在那里。他们彼此商量说：'来吧，我们要做砖，把砖烧透了。'他们就拿砖当石头，又拿石漆当灰泥。他们说：'来吧，我们要建造一座城和一座塔，塔顶通天，为要传扬我们的名，免得我们分散在全地上。'耶和华降临，要看看世人所建造的城和塔。耶和华说：'看哪，他们成为一样的人民，都是一样的言语，如今既作起这事来，以后他们所要做的事就没有不成就的了。我们下去，在那里变乱他们的口音，使他们的言语彼此不通。'于是，耶和华使他们从那里分散在全地上。他们就停工不造那城了。因为耶和华在那里变乱天下人的言语，使众人分散在全地上，所以那城名叫巴别。"这里的巴别是变乱的意思。据传，在古巴比伦王国时，就有几位国王先后建造过这座塔寺，古巴比伦陷落后，新国君尼布甲尼撒二世亲自督办修建塔庙，他曾以"加高庙塔，与天齐肩"为建塔宗旨，"通天塔"的称号大概就由此而来。遗憾的是，公元前 539 年，波斯占领巴比伦后，通天塔就被废置一边了。即便如此，希罗多德在公元前 460 年游览巴比伦时，还看到了基本结构。到公元前 331 年，亚历山大大帝再次攻陷巴比伦城时，通天塔已完全变成了一片废墟。

　　两河流域地处欧亚大陆往来的核心地带，这也是未来丝绸之路的必经之地。移民、贸易、战争促使这一地区不停地接受、吸纳各地的文明成就，使之成为名副其实的"百纳文化"。他们是烧砖能手、建筑大师、穹隆房顶的发明者，又是金银艺匠、镶嵌专家、首饰工艺师。由于两河流域缺少山石，无法制作出像埃及那样的大型雕刻，所以艺术家只好凭借贵重小巧的金、银、牙、玉等物质材料施展其才华，在陶土工艺上展露其智慧。

圆柱印章　圆柱印章是苏美尔文明传统的三项杰出成就之一（另两项是塔庙建筑、楔形文字）。所谓圆柱印章，就是在圆柱形小石块（材料多取名贵石料，最受重视的是来自阿富汗的青金石）的表面，刻以阴文，在胶泥上滚转以留下印记的一种印章。印章开始可能是作为护身符一类的东西，后来当做私有财产的标记。目前所知的最早圆柱形印章属于公元前 3400—前 2900 年。印章的内容丰富多样，有几何图形、符咒图案、动物图案、日常生活场景，还有宗教信仰或神话故事等。这种艺术在亚述帝国描述战争和狩猎场面的宫廷浮雕中得到了进一步发展。由于这种特殊印章在日后的苏美尔、巴比伦时期都很流行,却不见之于古代东方其他文明,所以它便成为表示两河流域文明的重要特色,按其踪迹所至,我们可以找到两河流域同各地文化与商业的往来。

音乐 两河流域的音乐早在公元前3000年就形成了,据楔形文字记载,在苏美尔王朝时期音乐就已是神庙祭神活动的重要组成部分,而乐器则被看成是神圣的祭器。公元前2000年以后,有些音乐家被命名为"王室仆从""神殿侍者"。因此,音乐很早就与魔法和宗教紧密地联系在一起。在苏美尔,音乐主要用于宗教仪式,同时也是筵席、凯旋、葬礼等仪式的一种特色。有位国王教导神殿乐师"要努力研习吹管的技术,使埃尼努的前院充满欢乐"[1]。乌尔国王舒尔吉(前2095—前2048)本人也是一个颇具音乐修养的人。在《舒尔吉颂歌》中,他曾对自己的音乐才能大肆吹嘘:对他来说,凡是涉及音乐的,诸如作曲、演奏等等,都一点也不感到困难。他可以凭音乐平息心头的怒火。他坚持不懈地练习演奏,并可以迅速掌握不熟悉的乐器,还可以自如地演奏弦乐器、弹拨乐器、吹奏管乐器。

4. 文字与文学

书写是文明出现的一个重要标志,文字的出现是一场非常重要的智力革命。像青铜武器一样,书写也由城市精英垄断着。在这种情况下,一些受过训练的书写阶层的服务对象主要就是祭司、国王和行政贵族。公元前3500年左右,由两河流域繁荣的乌鲁克(Uruk)神庙书记员所保存的记录是我们迄今所知的人类最早的楔形文字。书写让人类掌握了记录商业事务的方法,也让人类掌握了记录过去事件的方法,更加重要的是,书写带来了极其可靠的精确性。因此,我们可以恰当地把书写描述为人类所发明的、意义重大的智力工具。[2] 由于英国学者罗林生(George Rawlinson,1812—1902)等人的努力,人们已经成功地释读了楔形文字,从而为后人研究该地区的历史和文化打开了方便之门。

楔形文字 最初的苏美尔文字是刻在石头上的,由于刻写不太方便,以后人们逐渐用黏土制成的泥板作为"纸",通常以削尖的芦苇为笔,在上面书写,提笔处较窄,落笔处较宽,颇像木楔,故名"楔形文字"。书写者通常

---

[1] 亚伯拉罕:《简明牛津音乐史》,顾犇译,上海音乐出版社,1999年,第9页。
[2] Hollister,C. Warren,J. Sears McGee,and Gale Stokes, *The West Transformed: a History of Western Civilization* ,Fort Worth:Harcourt College Publishers,2000,pp. xiv-xlvii.

在泥板上划出格子,然后书写。有时只是在泥板一面写字,有时两面都写字。书写完后就将泥板拿去晒干,然后放到炉子中焙烧。这种楔形文字泥板既可以一块构成一篇独立的文献,也可以几块或几十块相连贯而组成一部书。通常每一块泥板的下端刻上顺序号码和手稿名称(此名称由手稿的前几个词组成,类似于《论语》中的篇目)。为了便于寻找和阅读,上、下两块泥板往往重复一行,以示衔接。需要保密的文件,另用一块泥板盖上,还可以在两块泥板的四边接合处用软泥封住,加盖印章,成为一个泥制的"信封"。起初,符号从上往下写;后来,转向从左向右写,类似汉字书法方法的变化。

这种奇特的文字比埃及的象形文字还要早,是当时两河流域地区的通用文字。大约从公元前4000年代初开始,它就向外传播。首先在公元前2500年左右传到阿卡德,形成阿卡德语,然后又传给埃兰人、胡里特人、巴比伦人、亚述人、赫梯人、加喜特人、乌拉尔图人、波斯人、乌加里特人以及小亚细亚的其他民族,从而形成了一个以苏美尔为中心的"楔形文化圈",犹如以中国为中心的东亚的"汉文化圈"。因此也有人把楔形文字称为"古代东方的拉丁语"。

《吉尔伽美什》 除了文字之外,两河流域的文学在世界古代文学史上也占有极为重要的地位。主要文学作品有神话、史诗、赞美诗、哀歌、记事文、辩论文、箴言和智慧文学等。19世纪70年代发现的史诗《吉尔伽美什》代表了古巴比伦文学的最高成就,同时也是目前世界上已发现的最古老的一部史诗,成书于公元前2000多年。《吉尔伽美什》大体上是古代两河流域神话传说精华的汇集。从其内容的丰富性和复杂性来看,显然不是出自一人之手,应是集体智慧的结晶。据研究,史诗最初的编辑本,可能是巴比伦第四王朝时编定的,而最完备的编辑本则是公元前7世纪亚述国王亚述巴尼拔的尼尼微图书馆编定的。该史诗共三千余行,用楔形文字分别记述在十二块泥板上。《吉尔伽美什》比《荷马史诗》早1000年左右,它不仅影响了两河流域各地文学,而且也影响了西方古典文学。

公元前21世纪,随着乌尔王朝的灭亡,苏美尔文学的黄金时代也告结束。但在那个动荡时代也产生了一些别具一格的文学样式,其中重要的一项就是"哀歌"。后来,它便成为美索不达米亚文人们所惯用的题材,并为希伯来人所借用。下面这首诗歌就是其中的典范之作,其内容是关于乌尔保护女神的:

噢,女王,你的心已到何方,

> 你怎么还活着！……
> 你的城垣已被毁灭，
> 你怎么还活着！……
> 你的城垣已成废墟，
> 你不再是城的女王
> 你的王官已为暴民所取代——你再也不能住在里面了，
> 你的人民已被屠戮——你再也不是他们的女王了。

多数美索不达米亚的文学作品在形式上是诗歌体裁的，这主要是为了便于配合竖琴、七弦琴、鼓、铃鼓之类乐器进行合唱。除此而外，巴比伦人还特别喜欢智慧文学。他们以之来表达对世界万物的看法，对生活的理解，对人生漂浮不定的嘲笑，可谓生动活泼，犀利睿智，一针见血，极类似于今日的名人箴言。它就像冰冷的解剖刀一样，深入到人生的方方面面。如下便是其中的一些片段：

> 在苏美尔，沉默者是穷人。
>
> 写作是雄辩之母，艺术之父。
> 好话，人人爱听。
>
> 友谊瞬逝，权力永存。
>
> 结婚是件让人高兴的事，
> 三思之后，还是离婚的好。
>
> 想吃肉就没有羊了，
> 有了羊就吃不上肉了。
>
> 鞋子是人们的眼睛，
> 行路增长人们的见识。

可以想象，随着亚述学者们对古代两河流域文明的深入研究，我们会知道更多的智慧文学。研究这一问题的重大意义也就在于使我们了解两河留给人类的遗产到底有多少。因为，在东西方世界的现实生活中有许多文化现象都可以在两河流域找到最早的"版本"。据此，我们可以追溯古代各民族的交往过程。

5. 美索不达米亚文化的世界影响

对于人类文明产生的标志，学界有各种不同的看法。但人们一般将金属工具、城市、文字和国家政权的出现作为衡量文明出现的要素。由此观之,美索不达米亚确是人类文明的摇篮。这里的人们首先创造和发展了一种城市的、文明的、等级复杂的社会,这里的人们分享共同的宗教信仰,有着共同的价值观,生活习俗也大致相同。

更加重要的是,美索不达米亚是一个"开放"的社会。他们已经意识到世界上有许多别的民族,并在有意无意之间与之交往。因此,他们在轻视与他们为敌的邻居的同时,也敬畏西方的埃及人和东方印度河谷地的民族。事实上,美索不达米亚对这两种文明的兴起都曾产生过不同程度的影响。如埃及艺术的特定主题明显受美索不达米亚的影响,埃及的建筑则更是如此。有些建筑所用砖的大小和形制显然是早期美索不达米亚所特有的;有些建筑的扶壁也像苏美尔的样式。埃及或许也从它的东方邻居那里学得了书写的概念,尽管这两个民族的文字并不完全相同。

早从公元前3000年开始,在巴比伦或美索不达米亚的商人和摩亨佐·达罗或哈拉帕的文明之间就已经存在商业关系了。① 事实上,赫尔(Hall)与伍利(Woolley)所领导的英美考察团,在迦勒底的基什(Kish)确曾发现一枚来自印度河的印章,年代属于公元前2500—前2350年,其上甚至刻有哈拉帕式的图画文字。这两位考古学家在迦勒底的乌尔(Ur)还发现一件约属于同一年代的冷石印章,上面的凹雕金牛全然是哈拉帕的式样,但文字却是楔形字了。②

处于这两者之间的一些文明可能是它们相互联系的中间人。位于印度和两河的文化都是一种城市文化,它们在诸多方面都具有相似性,并且彼此间相互了解,所以认为苏美尔文化影响了年轻的印度河谷地文化从逻辑上讲是可以成立的。据一个苏美尔人的传说,一个名为阿拉塔(Aratta)的伊朗城邦,它的政治机构和宗教信仰几乎和苏美尔人的一样。而古代埃兰王国尽管和苏美尔之间有着不断的战争,但它也深受苏美尔的影响。埃兰人的建筑、艺术、法律、文学和宗教在许多细节方面都是美索不达米亚的。如埃兰人所崇奉的最显赫的神中有一个甚至是苏美尔的名字。他们也采用美索不达米亚的楔形文字、教育制度和许多教育课程。

但是美索不达米亚对它同时代的埃及、伊朗和印度的影响却未能持久。相反,这种影响却在西方生了根。西方人的实证、实践和理性观都可在美索

---

① 安田朴:《中国文化西传欧洲史》,耿昇译,商务印书馆,2000年,第39页。
② 格鲁塞:《近东与中东的文明》,常任侠译,上海人民美术出版社,1981年,第8—9页。

不达米亚世界找到原型。经过希伯来一神教的改造和希腊哲学家的创造，美索不达米亚的观念逐渐深入到西方民族的头脑中。

美索不达米亚文化对希伯来人的影响既直接又迂回曲折。正如一些学者所言，假如《圣经》关于亚伯拉罕的传说具有一定的真实性的话，亚伯拉罕和他的家族在希伯来成为一个民族之前早就被同化了。很明显，希伯来人的祖先似乎很早就生活在美索不达米亚地区了。他们为巴比伦人做雇佣兵，也为亚述人、赫梯人、胡里特人做同样的服务。约从公元前2000年开始，希伯来人开始征服迦南地区。在那儿，他们和迦南人发生了联系。而迦南人也从美索不达米亚借用了许多东西。迦南人使用楔形文字，他们学校的课程安排仿效美索不达米亚，在他们的文化中深深地弥漫着美索不达米亚的思想和信仰。

公元前586年，希伯来人直接和美索不达米亚文化发生联系。那时，尼布甲尼撒王摧毁了耶路撒冷，并把它的居民俘获到巴比伦。巴比伦人的知识和学问逐渐侵入希伯来人的思想和文化之中。后来，当"巴比伦之囚"返回其家园并建立犹太王国时，他们也随之带来了大量的美索不达米亚的宗教仪式、教育方法和法律制度。这其中有一些渗入到了基督教中，又通过犹太—基督传统而传到西方文明之中。

美索不达米亚丰富而复杂的崇拜仪式和神话深深地影响着西方的宗教信仰——特别是犹太教和基督教。美索不达米亚关于水是万物之源的观念得到了传播，这反映在《旧约·创世纪》的创世叙述中。《圣经》也认为人是泥做的，且掩藏着"生命的气息"。《圣经》还认为，上帝造人主要是为了服务于上帝，而上帝的创造力在于他的言辞。灾难是罪行的神圣惩罚，必须心平气和地忍受苦楚的观念与美索不达米亚的观念也有惊人的相似之处。

同样，美索不达米亚的文学对整个西方世界也有着深刻影响。《创世纪》开头几章的主题——创世纪、伊甸园、洪水、该隐与亚伯之争、巴别塔语言——都有着美索不达米亚的原型；赞美诗中的许多诗是美索不达米亚崇拜诗的再现；哀歌模仿了美索不达米亚作家的写作手法；苏美尔的许多箴言成为《圣经》中箴言的前身，如此等等。①

当然，迄今为止我们所知道的美索不达米亚在各领域对人类文化的贡献如同冰山之一角。很多未知的东西仍然有待学者们去继续发现。把观念、技术、思想等这些历久而产生的东西追溯到其本源，是一件极其困难的

---

① Samuel Noah Kramer, *Cradle of Civilization*, New York Time-Life, 1967, pp. 172-174.

工作。因为传播的轨迹是极细小的游丝,时常扰乱探询者的眼睛和心灵。毫无疑问,未来的发现会使这一画面变得更为丰满。随着考古学家和东方学家年复一年地从失落的诸东方王国中更多地开拓耕植,我们变得能够更多更清晰地看到,希腊,无论好的与坏的,在很多程度上要归结于对那些高度思辨的城市文化(指古代近东)的不断模仿。①

二、古代埃及文化

古代埃及是人类文明的发源地之一,对后来的西方文明产生了极大影响。大约在公元前6000年,盛行的大西洋雨水发生了转移,把青翠的平原变成了沙漠,迫使人们迁移到靠近尼罗河的地方以便利用河水,发展农业,并逐步形成了一些被称为"斯帕特"(spt,希腊人称之为"诺姆",我国史书上称之为"州")的早期国家。各诺姆经过合纵联盟,逐渐形成南部上埃及和北部下埃及两个政治中心。公元前3100年,上埃及的美尼斯建立了第一王朝,开始统一埃及的事业。传统的王朝纪年大概从最初几个王朝相继建立以后就被采用了,以后各朝循例执行,直到希腊人统治埃及为止,先后分为早王朝时期、古王国时期、第一中间期、中王国时期、第二中间期、新王国时期、后王朝时期,计有31个王朝。从后王朝时期的第27王朝开始,外族入侵,先后有利比亚人、亚述人、波斯人、希腊人、罗马人、阿拉伯人统治过这一地区。

从古王国时期起,埃及形成了中央集权的君主统治。法老是国家最高统治者,统揽政治、军事、经济、司法、宗教等大权。法老被崇奉为全埃及最高神"拉"的儿子,他是"真理"之神玛特(ma'at)的化身。他的权力受古代法律的限制,他不是法律的凌驾者,而是法律的服从者。② 在法老之下,有一套专制集权的官僚行政机构,由国王直接掌握。古王国时期建筑的那些庞大的王陵——金字塔,就是君主专制的象征。

埃及文化的基本特点形成于古王国时期和中王国时期。埃及人习惯于回顾往事,相信他们祖先的遗风是最好的。在大约3000年的时间内,埃及文化一直谋求与创世以来就存在的自然秩序保持一致。由于相信宇宙不

---

① 维斯特:《希腊罗马文学中的近东因素》,白钢译,刊《思想史研究——希腊与东方》,上海人民出版社,2009年,第107页。
② 伯恩斯、拉尔夫:《世界文明史》(第1册),罗经国等译,商务印书馆,1987年,第40页。

变,埃及人并不推崇那种我们叫做变化、发展的进步。他们尊重制度、传统和权威——这些永恒的化身。①

1. 科学与技术

天文和数学在古埃及科学方面最早获得了发展。这有实际的原因,即计算尼罗河水泛滥的时间,设计金字塔和神庙等建筑。每年6月的河水泛滥(10月退去)使得埃及土地肥沃,但也给土地划分带来了麻烦。因田界每年被冲毁,他们便不得不想办法重新划定。正是在长期丈量土地的实践基础上,古埃及人发明了几何学。

古埃及人最先使用的是太阴历。后来他们根据尼罗河水上涨和天狼星出现之间的关系,制定出了较为准确的太阳历。这种历法以一年一度天空中最亮的一颗星——天狼星升起与太阳处于同一直线上时,作为"元旦"的开始,而尼罗河大约也是在这一天前后开始泛滥。这个历法大约在公元前4200年就开始实行了。天狼星升起的间隔为365天,古埃及人就把这段时间作为一年。一年分成12个月,每月30天,年终增加5天,作为年终宴乐之用。古埃及的太阳历较之古巴比伦的太阴历更为准确。不过,当时的埃及人还不知道用四年一闰的办法。古埃及人还绘制了天体图,认出了主要的恒星,并能准确地断定星球位置。不过,古埃及人不是理论科学家,他们很少研究自然和宇宙的性质。这大概就是他们在天文学方面未能取得进一步发展的一个重要原因。

古埃及人的算术、几何比较发达。他们很早就知道加、减、除的一般规律,但还不知乘法;他们的数字系统极为复杂,非常不方便。计算采取10位进制,但没有表示零的符号;他们已经懂得算术级数和几何级数。埃及的几何学相当发达。他们已能算出三角形、长方形、正方形、六边形、梯形和圆的面积,以及正方形底边的截头角锥体、圆柱体的体积,甚至能算出半球的体积,并求得圆周率为3.16。② 古埃及人已经了解一些物理定律,已经懂得杠杆、滑轮等原理。他们还用滴漏计时,创造了世界上最早的水钟,他们还发明了利用日影测定时间的日晷。

古埃及医学比较发达,那时已有内、外、妇等科之分,有眼科、牙科、外科、胃病等医生,《奥德赛》一书中将埃及的内科医生称为"佼佼者"。古埃

---

① 佩里主编:《西方文明史》(上册),胡万里等译,第25页。
② 伯恩斯·拉尔夫:《世界文明史》(第1册),罗经国等译,第50—51页。

及纸草文献提到900多种治疗疾病的方法,如医生开处方以蓖麻油作为导泻药,以搅拌过的鸵鸟蛋与龟壳和壳汁混合来治疗体内溃疡。① 因制作木乃伊之需,古埃及人常常进行尸体解剖,这使他们较早知道用心脏与血液循环的关系来诊断病情。同时,他们对脉搏的意义也有了某些认识。古埃及人记录了许多药物的治疗性能,并编纂了第一部《药物录》。他们的许多药物和治疗法由希腊人带到欧洲,至今还被若干闭塞地区的农民所采用。②现在仍为人们所沿用的药剂有丸剂和栓剂等。③ 与后来的某些民族不同,古埃及人认为疾病是由自然原因所引起的,试图通过自然方法来减轻痛苦和增进健康。另外,他们还发明了美容术,以各种方法染发,画眉毛,描眼角,涂嘴唇,做假发等,并设法消除皮肤皱纹等。

据推测玻璃的发明可能与釉的使用有关,在埃及人第一次有意识地制造玻璃之前,有证据表明它已在美索不达米亚使用。④ 但古埃及的玻璃制造技术相当发达。上釉的小珠在前王朝巴达里文化时期就有发现。至第五王朝,出现玻璃实物。第十八王朝开始兴起这种产业。古埃及的玻璃制品通常为彩色不透明的,主要用于念珠、镶嵌物和器皿,不常用于制碗、小塑像,他们还用彩色玻璃制成象形文字符号,并把它们嵌入木头或石头中,拼成铭文。古埃及的玻璃制造术从新王国时期起向外传播。约公元前700年后,被称作雪花石膏的多色玻璃瓶风靡整个地中海世界。腓尼基人经过潜心仿制,终于把这种瓶子的制作发展成一种工业。公元前1世纪,希腊的工匠们在其玻璃制造技术的基础上,创造了玻璃吹制术。亚历山大里亚是闻名遐迩的玻璃器皿制造中心,产品远销中国。公元5世纪,玻璃制造法传到了中国。

2. 建筑与艺术

英国政治家、哲学家埃德蒙·柏克(Edmund Burke,1729—1797)在《论崇高与美两种观念的哲学根源》(1757)中认为:"崇高具有那样巨大的力量,不但不是由推理产生的,而且还使人来不及推理就用它的不可抗拒的力量把人卷走。惊惧是崇高的最高度效果,次要的效果是羡慕和崇敬。"当我

---

① 勒纳等:《西方文明史》(I),王觉非等译,中国青年出版社,2006年,第63页。
② 伯恩斯、拉尔夫:《世界文明史》(第1册),罗经国等译,第51页。
③ 卡斯蒂格略尼:《世界医学史》(第1卷),北京医科大学医史教研室主译,商务印书馆,1986年,第58页。
④ 哈里斯:《埃及的遗产》,田明等译,上海人民出版社,2006年,第70页。

们看到金字塔或太阳神庙时,就会在心理上产生如柏克所说的这种效应。

古埃及人在建筑方面表现出了高度的智慧与娴熟的技巧。其建筑物的特点是规模宏大,这体现在诸如金字塔、阿蒙神庙等建筑上。如第四王朝的胡夫大金字塔为古代世界七大奇迹之一,[①]亦是19世纪巴黎埃菲尔铁塔建成以前世界上最高的建筑物。金字塔按其建筑形式的不同,可以分为阶梯式、角锥式、弯弓式和石棺式。在这四种形式的金字塔中,最有名气的是角锥式金字塔。

在古埃及,最早的墓葬是在沙地上挖一个长方形的坑,用砖在墓穴四周砌墙,盖上石板作顶。在墓穴的地面上堆些沙,在沙堆周围砌砖墙,再用石板盖平。这种既有地下墓室,又有地面建筑的坟墓,称为"马斯塔巴"(阿拉伯语意为"凳子",以其外形与凳子类似而得名)。最早的金字塔出现于第三王朝时期(约前2686—前2613),国王乔赛尔让人给自己建造了一个巨大的马斯塔巴。后来,又在此基础上,建造了五个一层比一层小的马斯塔巴。这样就出现了埃及历史上的第一座金字塔。因为这座金字塔是一层一层的,所以被称为"层级金字塔"。到第四王朝的斯奈夫鲁王用石块填平层级金字塔,从而形成了真正的金字塔。

金字塔分布在距开罗不远的尼罗河西岸。据最新统计,它们共有159座。[②] 在已知的金字塔中最著名的有两座。一座是胡夫金字塔,又称大金字塔,高146.5米,塔基每边长230米,用230万块平均重2.5吨的石材建成。它所用的石块都经过精工磨平,全部叠砌,缝隙密合,不施泥灰。据说,这座建于一块巨大的凸形岩石上的大金字塔,其东南角与西北角的高度误差只有1.27厘米。据希腊史学家希罗多德估计,仅仅修建胡夫金字塔就动用了10万劳工,费时20年。另一座著名的金字塔是胡夫之子哈夫拉的金字塔。它虽不及胡夫金字塔高,但设计之精确,风格之庄严,可媲美于胡夫金字塔。哈夫拉金字塔旁有用一整块天然巨石修建的狮身人面像,希腊人称之为"斯芬克司"。古埃及国王修建金字塔,有其双重目的:一为宗教的,即他们想在阴间继续享受荣华富贵;二为政治的,即用金字塔来神化王权,表示其君临一切的至高权威。第六王朝以后,金字塔越造越小,并逐渐走向了衰落,约在第十七王朝停建。这说明法老的专制权力在日趋式微。

在中王国和新王国时期,神庙取代金字塔成为主要建筑形式,神庙是祭

---

① 古代世界七大奇迹是由公元2世纪希腊诗人安提帕图斯(Antipatus of Sidon)提出的。
② 刘文鹏:《古代埃及史》,商务印书馆,2000年,第252页。

祀敬神的地方。建于新王国时期的卡尔那克神庙和卢克索神庙最为著名。卡尔那克神庙东、南墙长510米,北墙长530米,西墙长700米,门楼多达10座。其宏大的规模相当于欧洲最大的三座基督教教堂——罗马圣·彼得大教堂、米兰大教堂和巴黎圣母院的总和。而最大的太阳神殿可以把整个巴黎圣母院放入它的大厅。其圆柱头的形状或似荷花托或像棕榈叶。圆柱周身布满了浮雕,上面描绘有一些重大历史事件。其中最大的圆柱高70英尺,直径超过20英尺,顶端可站百人。卡尔那克神庙是世界建筑史上的杰作。

古埃及的雕像和绘画大都附属于建筑物。严明的等级制度、图案式的象形文字、规整的建筑等决定了古埃及艺术的第一个特点:明确的秩序。但这在一定的程度上也造成了其绘画在比例上的失调。如埃及绘画中人物的通常表现手法——"正胸侧面式"就是显例。另外,在埃及绘画中,人物间的比例主要依据人物的重要性来定,而不大考虑实际尺寸,大人物往往比例超大,形象逼真。比较闭塞的地理环境决定了古埃及艺术的第二个特点:稳定的形式。除了在公元前15世纪阿玛尔纳改革期间,艺术创作不再拘泥于传统的约束,追求自由的样式外,其他时期的埃及艺术在形式上基本为一种严格的理想化的装饰风格所左右。古埃及艺术家并不在自己的作品中致力于追求视感的真实性,而更注重形式的精神力量,并将之纳入严格的形式规范中,即是说,埃及艺术不是探讨如何真实地将人们所见到的世间万物再现出来,因而是非"现实主义"的。

3. 文字与文学

古埃及人认为"智慧之神"透特创造了文字,实际上,埃及图画文字最早见于涅伽达Ⅱ(甚至涅伽达Ⅰ)的陶器、印章上。它们主要用来表示器物的所有者或使用者的姓氏与身份等内容。这些图画不仅表现某一具体形象,而且还有一些特定的含义,传达某种信息,因此起着文字的作用。

后来,这种图画文字演变为复杂的象形文字(Hieroglyphic,意为雕刻的神圣)。同时,由于神庙祭司故意把文字的意义弄得相当晦涩,所以一般人看不懂它。如一个圆圈中间加一点代表"太阳",中间加一条线表示光芒四射。随着古埃及的消亡,其文字在公元4世纪左右也被人们所遗忘。直到1822年法国学者商博良成功译读古埃及文字,人们才真正打开古代埃及历史的大门,诞生了科学意义上的"埃及学"。

象形文字应用十分广泛,不仅用于宗教信仰,而且用来书写商业和官方文件;可以刻在石碑、石棺、墙壁、陶片上,也可以写在纸草上。纸草是埃及特产,其基干被剖为长条,彼此排齐连结成片,然后压平晒干,经过一番处理之后,便成了薄而光滑的纸张。数张纸连接起来便成了纸草纸卷。纸草具有平、轻、软、易于书写等优点。它对于象形文字向笔画简单、能够快速书写的祭司体、世俗体文字的发展起了很大的促进作用。在古代,埃及纸草流行于东部地中海地区,并成为希腊、罗马人以及后来的阿拉伯人所常用的书写用纸。古埃及人的书写工具有三样:字版、小罐和笔筒。一根细绳将它们连在一起,由书吏随身携带。而写字板上装有红、黑两种墨块。大约在公元前3200年,埃及人就把灯黑悬浮在植物胶的水溶液里以制造黑墨。后来埃及人又用红色氧化物来制造红墨。[①] 一般说来,红色的墨用于文章的起行或结尾,黑色的墨用于正文。古埃及人在撰写草稿或临时性文章时常用石灰石或陶器的碎片作为书写工具,但正规的笔则用芦管制成,它一般长15—25厘米,笔端部分用牙将纤维咬开,形同刷子。在树胶液中润过之后,即可用它蘸墨汁书写。

古埃及文字分为圣书体、祭司体和世俗体。在日常生活中,古埃及人的文书记录一般采用简便的世俗体,祭司体主要用来书写文学作品、正式的商业文书以及公文等,在石碑的铭刻上则采用圣书体。象形文字的书写可以横向,也可以竖向,可以从左到右,也可以从右到左,但祭司体和世俗体的书写无论是横向还是竖向,都只能从右到左。古埃及人就是用这种文学在金字塔内、棺椁上和纸草上,为我们留下了易让人遐想的丰富作品。

象形文字发明以后,古埃及人的文学作品就较为容易保留下来。但早期文学作品流传下来的很少,古王国以后的作品开始多了起来,到中王国时期埃及文学进入全盛期,通常称之为"古典时代"。

古代埃及文学在世界文学史上占有重要地位,早在前王朝和古王国时期,埃及就已产生了神话、戏剧、箴言和故事等各种体裁的作品,后来又出现了传记、教谕文学、诗歌、散文、亡灵书等文学体裁。神话反映了埃及人对宇宙起源、人类起源、生与死、善与恶等问题的探索。人们还把这些神话故事编成宗教剧上演。有时,国王和王后还亲自扮演其中的角色。古埃及诗歌除世俗诗(如民歌、情歌等)外,还有宗教诗、哲理诗和赞美诗等。赞美诗是歌颂神和法老的。尼罗河也是人们赞美的对象。古埃及的教谕文学特别发达。其中,有一些是统治者训示其子弟和臣下如何统治人民的教谕,有一些

---

① 德博诺主编:《发明的故事》,蒋太培译,三联书店,1986年,第124页。

则是宣扬立身行事原则的道德箴言,还有一些反映的是当时的社会矛盾及人民起义等历史事实,如《聂非尔胡箴言》《伊浦味陈辞》等。但埃及没有创造出与西亚类似的长篇史诗。

起源于民间口头创作的故事,则始终为埃及人所喜爱。其中不少作品反映劳动人民的实际生活,如《遇难的水手》《一个能言善辩的农夫》等,后者约写成于公元前2050年,叙说的是一位遭到拦路抢劫的卖粮农夫打官司的故事。该农夫凭借着自己的智慧和能言善辩最终打赢了这场官司。而抢劫者虽出身官宦之家也受到了应有的惩罚。这个故事赞扬了农民敢于斗争的精神,抨击了那些不公正的达官贵人,表达了君主必须为了臣民的利益施行仁政、主持正义的思想。诸如此类的作品甚多。传记也是埃及人重要的文学体裁之一,常被法老、贵族用来歌颂他们的丰功伟绩。新王国时期最突出的文学题材是写实的游记,同时也有不少对神和统治者的颂歌。另外,著名的《亡灵书》也是古埃及文学的重要组成部分。

《亡灵书》与古埃及宗教观念密切相关。埃及人相信,人死后亡灵必须在阴间经受考验,合格者方能得到再生的机会。因此,他们一方面十分重视尸体保存,另一方面也很重视对人死后的生活指导。为了使死者的亡灵能顺利通过下界的旅行,顺利地应付"真理殿堂"的审讯,往往为死者准备好读物,对他们进行指导,这就是《亡灵书》的由来。它于中王国时期出现,到新王国时期已十分流行。《亡灵书》还附有大量彩色插图,可谓图文并茂。这对我们了解古埃及的艺术源流也提供了丰富的资料。

总之,古埃及文学是人类最古老的文学遗产之一,其价值不仅在于它为我们研究古埃及文明提供了大量宝贵的资料,而且还在于它对古希伯来文学和古希腊文学产生了重大影响。因此,古埃及文学对整个世界文学的意义和影响是不言而喻的。

4. 宗教信仰

古埃及宗教具有多神崇拜的特点。埃及人认为,世界上各个领域都有一个或几个神在起主宰作用。古埃及具有明显特征的神有200多个,其中重要的神祇不下20个,如太阳神拉、水神努、智慧与司书之神透特、爱情女神哈托尔等。神被赋予各种各样的特征,如太阳神拉掌管田地秩序。在古埃及,统一的宗教思想和完整的宗教体系始终没有形成。十八王朝法老阿蒙霍特普四世(前1379—前1362)进行了宗教改革,企图建立对于太阳神——阿吞神的一神崇拜,但改革最终以失败告终。宗教渗透到埃及人生活的各个方面:文学和哲学中充满了宗教性的说教;艺术是宗教象征的一种表现;神话则形象地反映了古埃及人的宗教信仰;医学中也充满着宗教疗法;在某种程度上,当时就连科学也不能完全与古埃及人的信仰相分离。

我们可以通过寓意深刻的埃及神话来了解到他们的宗教信念,其中关于奥西里斯与伊西斯的神话最能说明问题。据说,仁慈者奥西里斯受上苍派遣,教民农耕及其他手艺,在人间实施公正统治。后来,奥西里斯带领一支队伍到各地巡游,教导人们如何春种秋收。当他凯旋回国后,其弟赛特杀了他,篡夺王位。伊西斯闻讯悲痛欲绝,沿河寻找丈夫的尸体。当找到尸体后,伊西斯把他埋葬了。但赛特仍不甘心,竟毁墓分尸,抛于各地。伊西斯再次去寻找丈夫残骸,并将找到的部分拼合起来,只是生殖器已被一条鱼吞食。伊西斯化为鸟形,伏于尸上,感而受孕,生下了鹰头人身的儿子荷鲁斯。她将荷鲁斯隐藏在地中海边的一片沼泽地里,以避开赛特的追杀。长大后,荷鲁斯将此事诉诸神的法庭。结果法庭判定赛特有罪,让荷鲁斯继承了王位。奥西里斯也得以复活,成了统治下界的冥王,并被尊为尼罗河、土地及丰收之神。

奥西里斯的死亡与复活预示着秋天尼罗河水的退落和春天洪水的到来。后来的人们赋予奥西里斯传说以更深的含义。这位神灵的性格——奥西里斯对子民慈父般的关怀,妻儿对他的赤胆忠心让埃及人开始明白,神灵的经历实际就是他们自己的现实生活,充满着苦楚与磨难。尤其重要的是,他们开始认为奥西里斯的死亡和复活说明活人也可能永存不灭,荷鲁斯对赛特的胜利预示着善必克恶。[1]

这就是古埃及宗教思想中独特的来世观。当然,它的形成受到尼罗河流域独特自然环境的影响。尼罗河每年泛滥期的到来与结束、植物的繁盛与枯亡、太阳每日的升起与落下,这些自然景物周而复始、反复无穷的生死循环使古埃及人形成了这样一种观念:世界是由无数反复的永恒组成,自然万物可以由死复生,人也是如此,而死后生活是现世生活的继续。在古埃及人的眼里,现世只是短暂的一瞬,来世才是永恒长存的。因此,他们在生前就开始为来世做准备,尽其所有修建和装饰坟墓,以便在来世有一个舒适而富有的家。尸体正是灵魂依存的基础,没有尸体,灵魂无所依,人也就无法再生。因此,尸体要制成木乃伊,以保证它保存久远。

巫术和迷信在埃及人的日常生活中也占有重要地位。生病求医,人之

---

[1] 伯恩斯、拉尔夫:《世界文明史》(第1册),罗经国等译,第46页。

常理。但古埃及的医术不但原始,而且还掺杂着浓厚的迷信色彩。如一则治小孩牙痛的偏方这样写道:"给小孩或小孩的母亲吃一只煮熟的小老鼠,将老鼠骨头用一块细亚麻布包好,打上七个结,挂在小孩的脖子上。"除治病之外,巫术还有其他用途,如辟邪、诅咒等。在古埃及,毒蛇、蝎子、鳄鱼分布极广。为防止它们的伤害,老百姓就在家里安放刻有咒语的石碑,上面还绘有荷鲁斯战胜猛兽的图案。同样,一些画有贝斯——一个容貌丑陋、足以使一切恶魔鬼怪望而却步的侏儒的图画被人们贴在"至关重要"的地方。有些男子甚至希望用巫术赢得一直蔑视他的女郎的爱情。而有些女孩子则希望借助巫术使自己长发如瀑、魅力无穷。还有些老人试图按照一本名为《如何使老人青春再现》中所说的,找回自己已逝的青春活力。

5. 日常生活

古埃及家庭与现代家庭十分相似。它通常由丈夫、妻子及尚未婚配的子女组成。妻子在家庭中享有很大的权利,法律也确认妻子享有同丈夫同等的地位。在埃及语中,称结婚为"建造一座房子"。普塔荷太普劝告他的儿子只要负担得起就可以开始一个家庭:"如果你兴旺了,你就应该建立一个家庭并且要深爱你的妻子……只要你活着就要使她心情愉快。"若夫妻离婚,法律也是允许的。男人们常常是惧内的。哪怕妻子已经去世,他也仍然心有余悸。这是因为埃及人笃信死人能长久地纠缠着生者。

在古埃及,女子在择偶方面具有较大的自主权。这可从一位年轻姑娘对哈托尔女神的祈祷词中看出。她讲道:"请赐给我一位城里的小伙子。他应体魄健壮、英俊潇洒、有钱有势。请赐福于我,让我得到他的爱情。"这些女人们的趣味还是挺现代的。而一旦结了婚,妻子们又虔诚地祈求众神让她儿孙满堂。如同中国人一样,埃及人也有"多子多福"的观念,尤其是男人们更是希望有个儿子传接香火。古埃及人常以动物来为小孩取名。如用青蛙、老鼠、猴子、狼、猎犬、鳄鱼和河马等等。

古埃及男人主要的衣着是缠腰布。偶尔,男人们也会穿得讲究点,比如加上一件遮着双肩、前胸开口的宽大外套。古埃及人女性衣着讲究,也使用化妆品,每个人都尽力通过首饰和化妆来充分展示自己的美。女人们常穿长及脚踝、低胸、有一根或两根背带的紧身裙子。在新王国时期,女人们更喜欢穿一种多皱宽松的无袖裙,外面加一件短外套。埃及人都佩带项链、护胸、坠子、手镯、戒指和耳环等饰品。

纵贯南北的尼罗河、无数的沼泽和靠近地中海的先天优势使埃及水上运输比较发达。以船代步在人们看来犹如日出日落一样自然。船的种类也很多。在水浅的沼泽水塘,一条无帆无舵、用纸草秆做成的小船就够了。在尼罗河上航行,就需要木制的大船。还有一种借助帆或桨的力量前进的船。由于有丰富的内河航行经验,埃及人很早就开始到海上冒险了。他们的海港建在尼罗河入海口的各支流上。在法老时代,运河已经把尼罗河与红海联结起来了。古埃及人用自己生产的布和其他物品从努比亚人那里换取黄金、象牙、乌木、宝石和芳香物质。有了多余的金属和谷物,埃及人可以从中东和更远的地方进口货物。除了纺织品之外,埃及人非常需要木材制造大的航海船只用于他们的贸易和海军。所有的这些工业为许多人带来了繁荣,在古王国,人们利用这些资源供养亲近的家庭。①

由于社会地位的差异,埃及不同阶层人的居住条件也十分悬殊。平民百姓的居住面积只有富人的五十分之一,有的甚至更少。他们的家具也很简单:床、凳子、盛衣物的箱笼等。夜晚,人们用油灯来照明。冬天,富人还使用火盆来取暖。显贵家的住宅通常是平房或两层楼房。门厅的前面是一个有石柱的游廊。各种用途的房间分布在住宅的最里面或楼上,厨房、守卫和仆人的房间则在地下室或附属房中。整个住宅掩映在花草树木之中。宅院中往往还有人工池塘。整个住宅布局幽雅,装饰华贵。

面包和啤酒是埃及人最基本的食物。由于逐渐有了蔬菜、水果、糕点、蜂蜜,古埃及人的传统饮食习惯有了改进。鱼和家禽慢慢地成为餐桌上的重要食品。有新鲜的鱼,埃及人就烤着吃。而且他们也知道把鱼用盐腌了保存起来,或者晒成鱼干。他们还用鲣鱼的鱼子加工成一种叫"布达格"的鱼子酱。但祭司们从来不食鱼,因为他们认为吃鱼是亵渎神灵,据说奥西里斯的生殖器被尼罗河里的一条鱼吞食了。②

古埃及每个星期有十天,每周工作九天。在每天上午辛苦地工作了四个小时后,吃完午饭,睡个午觉,下午再工作四个小时,算是十分努力地工作了。古埃及休闲活动十分多样,包含了角力、钓鱼、各式竞赛、特技杂耍、剑术、射箭、舞台剧、球类运动、斗牛等等,当然,还有最重要的一项——跟宠物玩。埃及人或许是最早把狗和猫当做宠物对待的人。坟墓上刻着猫的图案。猫死之后,其尸体被制成木乃伊,为永生做好准备。豢养猫的家庭成员也对猫的死亡表示哀悼,他们剃去眉毛以抒发悲痛之情。早在公元前2000

---

① Dennis Sherman, Joyce E. Salisbury, *The West in The World*, 2nd ed., McGraw Hill, 2006, p. 19.
② 金寿福:《永恒的辉煌——古代埃及文明》,复旦大学出版社,2003年,第79页。

年,埃及人就饲养灰狗,那些喜欢参与猎兔的人更是热衷于此。①

古埃及人也是一日三餐。用餐时他们坐在位子上,既不用刀,也不用叉,而是用手抓,甚至国王也不例外。一般人家在旁边放有一盆水供人们洗手。每当举行盛大酒会时,裸体的侍女就会给来宾戴上花环和涂有油膏的锥形饰物。这种油膏在周围的热气中很快就融化成液体,并散发出阵阵香气。丰富的菜肴使每一位客人都忘记了他们肠胃的承受能力,所以得有一位侍女捧一只盆子,随时准备去接哪位眼大肚子小的客人呕吐出来的食物。

6. 埃及文化的历史意义

当今埃及已失去昔日雄风。更有阵阵热风,卷起遍地黄沙,使得这个文明古国显得沧桑与悲叹。然而,今日风沙所侵蚀的只是埃及的躯体,至于埃及的灵魂,则滋润了后来者,从而与世长存。埃及灵魂系于她所创造的文化:象形文字虽然已成为死文字,但那类似字母的24个单音符号,则是腓尼基字母赖以产生的基础,腓尼基字母又繁衍出西方世界多种字母。古埃及人所创作的众多神话传说和神灵形象,早就越出了国界,进入地中海世界各地,比如在希腊神话中就常常见到埃及神话的影子。有人说,基督教中圣母玛丽亚怀抱耶稣的形象就源自伊西斯女神怀抱荷鲁斯。也有人认为,西方文化中对天堂、地狱的构思以及人临终前的祷告和忏悔习俗就受到了古埃及宗教的影响。诚如埃及学家巴里·肯普所说:"我们可以走入和走出(古埃及人的)思想世界,而不觉得他们的思维怪异,因为他们的语言和图像也是我们西方人自出生以来用以给现实世界分类的一种方式。"②

古埃及文化,经腓尼基、叙利亚、犹太、克里特、希腊、罗马人的辗转传递,早已变成人类文化遗产的一部分。埃及给人类所留下来的这笔文化遗产,虽饱经天灾人祸,但这些发明最后都汇入发展欧亚文明的主流中去了,可是这些发明几乎都是在埃及有史时期的头五百年中完成的。③ 古埃及已经死了。没有人能够声称在种族上或者语言上对它拥有与生俱来的特权。尽管经历了数千年时光的侵蚀,又有罗马人、科普特人、穆斯林、帝国军人、语文学家、市政工程师、游客等持续不断的毁损和掠夺,但是它的"亘古不变"以及怀旧的力量使埃及死而复生。尽管经历了这些劫难,埃及仍然存

---

① 布莱恩:《世界简史》,何顺果、张孟媛译,国际文化出版公司,2008年,第43页。
② 伊恩(Ian Shaw):《重构古埃及》,颜海英译,外语教学与研究出版社,2007年,第202页。
③ 拉尔夫·林顿:《文化树——世界文化简史》,何道宽译,重庆出版社,1989年,第145—146页。

留下来。①

三、中国三代文化

夏、商、西周通常称为三代,其实它们曾经是子部落而并列存在,并且联合成华夏部落联盟。禹在尧、舜时的部落联盟中担任司空,商的祖先契是掌天下教化之官,周的祖先后稷则为农官。而契本身是殷商人部落的首领,后稷则是周部落的首领。由于大禹治水的成功,天下人都拥戴其子启而不朝见原来确定的继承人伯益,具有原始民主性质的禅让制度遭到破坏,庞大的华夏部落联盟分裂了。后来殷商人强大起来,取代了夏,周人又强大起来,取代了商,三个子部落并列的关系变成了三代更替的历史。我们通常把夏代视为村落社会与国家、原始文化与文明时代的分野。夏代已经出现了以地区划分它的国民的行政区划,已经出现了较多的城市,拥有一支常备军,产生了初步的历法和法律,根据现有考古资料的推测,夏代可能已经使用文字。一般认为,夏、商、西周三代属于中国文明的早期阶段。三代文化既具有文明时代初期的共同特点,又取得了一代比一代更先进的文化成就。孔子说:"殷因于夏礼,所损益,可知也;周因于殷礼,所损益,可知也。"又说:"周鉴于二代,郁郁乎文哉!吾从周。"孔子道出了三代文化有继承有发展的基本规律。

1. 文字的使用

文字的熟练使用,无疑地是原始文化与文明时代分野的主要标志。在中国的传说时代曾经经历过结绳而治、契刻以记事的阶段,然后有仓颉造字之事。根据考古资料,属于母系氏族社会繁荣时期的仰韶文化的陶器上已经出现了刻划记事符号,继仰韶文化而起的龙山文化、马家窑文化、良渚文化、大汶口文化都出现了陶器刻划记事符号,而大汶口文化的记事符号更接近于文字。1993年有报导说,江苏高邮龙虬庄发现新石器时代的文化遗址,一些陶器口沿的残片上刻有原始文字。虽然这些陶器记事符号尚不能得到正确的破译,但已有不少学者注意到它们与巫术记事有关,有的甚至就是易卦。近来在河南省舞阳县又发现了同后来的甲骨文有联系的原始文字,其时代距今已有6000多年。鉴于这些考古资料的获得,学术界推测,甲

---

① 伊恩:《重构古埃及》,颜海英译,第202页。

骨文不是中国最早的文字,也不是中国人使用文字之始,应该存在比甲骨文更为原始的文字。

文字应当指在经历了手势、图画、刻划等阶段以后形成的有规律的、有一定数量的、能在比较宽广的空间中交流的、能与后世的文字接轨的、约定俗成的符号。数量、规则、接轨是区别文字与刻划、图画记事符号的分界线。就目前所获得的材料而言,中国最早的成熟型文字应该是甲骨文。说它成熟,是因为中国文字传统的"六书"构字法则已经具备;而且从卜辞中可能见到名词、单位词(或量词)代名词、动词、形容词、数词、副词、介词和连接词等9种词性,还有助动词和否定词;在使用文字的基础上,"主语—谓语—宾语"的基本语序固定,复杂句的基本语法结构已与周代及其以后的语法基本一致。稍晚于甲骨文的是金文(部分时间并行),继金文而起的是简牍、石刻、帛书文字(也有部分时间与金文并行);就字体的变化而言,则有大篆(泛指秦始皇统一以前的文字)、小篆、隶书以及流传至今的楷书。甲骨文与后来中国所使用的文字有密切的联系,是一种成熟型文字。

2. 学校教育制度的形成

由于国家权力机构的建立,需要更多的政府管理人员。"太古至春秋,君所任者,与共开国之人及其子孙,上士、中士、下士、府、史、胥、徒,取诸乡贤兴能,大夫以上皆世族,不在选举也。周单公用鹬,巩公用远人,皆被杀。古人身经百战而得世官,而以游谈之士加之,不服也。立贤无方,则古者继世之君又不敢得罪于巨室也。"①俞正燮的这段话深得三代选士之义。三代之所以产生官学教育制度,其目的也正是出于选拔贤能。相传夏代的学校称校,商代的学校称序,西周的学校称庠。《礼记·王制》曰:"天子命之教,然后为学,小学在公宫南,大学在郊,天子曰辟雍,诸侯曰頖宫";又曰:"有虞氏养国老于上庠,养庶老于下庠;夏后氏养国老于东序,养庶老于西序;殷人养国老于右学,养庶老于左学;周人养国老于东胶,养庶老于虞庠,虞庠在国之西郊。"由此可见,自虞舜以后,学校有上庠、下庠、东序、西序、右学、左学、东郊、虞庠、辟雍、頖宫等不同的名称。有些学校还见于青铜器铭文,如《麦尊铭》"在辟雍,王乘于舟,为大丰,王射大龚禽";《大盂鼎铭》有"余佳即朕小学"语;《静簋铭》则有"学宫"的记载。西周的大学还称为成均。《周礼·春官·大司乐》曰:"大司乐掌成均之法,以治建国之学政,而合国

---

① 俞正燮:《癸巳类稿·乡兴贤能论》。

之子弟焉。"《礼记·文王世子》则说:"于成均,以及取爵于上尊也。"根据古注,成均当为西周的大学生。不仅西周王朝建立了学校,而且各诸侯国也设有大学和小学。《诗经·鲁颂·泮水》提到泮宫,即颊宫,就是鲁国的学宫。郑国的执政子产不毁乡校,乡校当为郑国的学宫。齐国设有稷下学宫,也有悠久的历史。

既有学校,就应该有教育者和受教育者,以及教学的内容。国家主管教育者为西周政府中九卿之一的大司徒,其职事之一就是对全体民众施行"十二教"(即"六德""六艺"),在校的学士当然也应该接受这些学习内容。《周礼·地官》叙官有"教官之属",各级地方行政长官当身兼教官之职;还有小司徒、保氏、师氏、大司乐等,也是教官;此外,史官、礼官、军官也当参与教学,上文提及的被养于学宫的"国老""庶老"也应该在学校担任一定的教学工作和管理事务,因为当时的老者、长者往往积累了丰富的经验和知识,"老师"之名也因此而得。当时的受教育者,除了战俘和奴隶的子弟没有接受教育的权利外,从国王到庶民的子弟都能进学校接受教育。《礼记·内则》说一个人生下以后,"六年,教之数与方名;七年,男女不同席,不共食;八年,出入门户,及即席饮食,必后长者,始教之让;九年,教之数、日;十年,出就外傅,居宿于外,学书记……十有三年,学乐、诵诗,舞《勺》,成童舞《象》,学射御;二十而冠,始学礼,可以衣裘帛,舞《大夏》,惇行孝弟,博学不教,内而不出。"《白虎通义·辟雍》说:8岁入小学,15岁入大学。大概当时的入学年龄限制并不十分严格,10岁左右到20岁前入小学,20到30岁之间约在大学读书。"九年知类通达,强立而不反,谓之大成。夫然后足以化民易俗,近者悦服,而远者怀之,此大学之道也。"①大约经过9年的教育后,人才基本造就了。当时学习的内容主要有三类:一是知、仁、圣、义、忠、和"六德";二是孝、友、睦、姻、任、恤六行;三是礼、乐、射、御、数、书"六艺"。"六德"和"六行"属于道德品行的范畴,而"六艺"则是实用性的技能。

子夏曰"仕而优则学,学而优则仕"②,这是对三代教育目的和作用的最好概括。西周的教育制度与官员的选拔是结合的。《礼记·王制》云:"命乡论秀士,升之司徒,曰选士。司徒论选士之秀者而升之学,曰俊士。升于司徒者,不征于乡,升于学者,不征于司徒,曰造士。……大乐正论造士之秀者,以告于王,而升诸司马,曰进士。司马辨论官材,论进士之贤者,以告于

---

① 《礼记·学记》。
② 《论语·子张》。

王,而定其论。论定然后官之,任官然后爵之,位定然后禄之。"这与《周礼·地官·司徒》的职责是一致的,"掌群臣之版,以治其政令,岁登下其损益之数,辨其年岁,与其贵贱,周知邦国都家县鄙之数,卿大夫士庶子之数,以诏王治。以德诏爵,以功诏禄,以能诏事,以久定食。掌国中之士兵治,凡其戒令,掌摈士者,凡邦国,三年,则稽士任而进退其爵禄。"司士之职也是掌管官员之进退爵禄的。由此可见,"仕而优则学,学而优则仕"不是思想家的凭空想象,而是三代教育与选拔官员制度紧密结合的实际反映。

3. 史官与文献

文献的形成当为三代文化最杰出的成就之一。殷墟已经出现了编排龟甲的迹象,卜辞有册字,还有与册有关的龠、龢、典等字,《戍嗣鼎铭》有嗣字,这些字都反映了其时有简策之类的书籍,尤其是典字,其字形就是指供奉在宗庙里,被称之为祭典、祀典之类的典籍。《尚书·胤征》还提到其时有《政典》,夏王胤甲在处死羲和氏时,引其文曰"先时者杀无赦,不及时者杀无赦"。最初的书籍应该是比较简单的,基本内容系记录某某生某某,某某居某地,某某作某某,大体上像《世本》中的《帝系》《氏姓》《居篇》和《大戴礼记》中的《帝系》一类的作品。至西周,史官制度的完善,著述的风气已经形成。史官除了参与祭祀、掌管部分的刑法外,其基本的职事是记录、撰写文件,整理和保存文献。《周礼·秋官司寇》职责是:"凡邦之大盟约,莅其盟书,而登之于天府,大史、内史、司会及六官皆受其贰而藏之。"文中之"贰",指盟约的副本,也是一种典籍。《内史》职责是:"凡四方之事书,内史读之";"内史掌书王命,遂贰之"。《外史》职责是:"掌书外令,掌四方之志,掌三皇五帝之书,掌达书名于四方,若以书使于四方,则书其令。"都讲到西周有书籍。《国语·楚语上》说:"武丁于是作书,曰'以余正四方,余恐德之不类,兹故不言'。"商王武丁作书之事亦见于《尚书·说命》的记载。

在明白了西周著述风气已开、书籍的编撰已经成为可能的前提下,我们就会理解《山海经》《世本》《周易》《尚书》《诗经》《周礼》等典籍出现于西周,后经史官和历代知识分子传授的事实。兹介绍几种要籍如下。

《周易》 《周易》是一种筮占书。其名始见于《左传·庄公二十二年》,"周史有以《周易》见陈侯者,陈侯便筮之"。《周易》之周,郑玄《易赞》云:"《连山》者,象山之出云,连连不绝;《归藏》者,万物莫不归藏于其中;《周易》者,言易道周普,无所不备。"孔颖达《周易正义序》则认为"周"指周王朝之周。按《左传》称《周易》之义,周确指周王朝之周。《周易》是西周时代的书籍是没有问题的。相传夏易称《连山》，商易称《归藏》。《周易》的成书恐怕是在夏、商所积累的筮占经验和资料的基础上写成的，如《大壮·六五》"丧羊于易，无悔"，《旅·上九》"丧羊于易，凶"，系指殷王亥与有易部落进行牛羊贸易的事，当为殷人筮占的内容。又如《既济·九三》"高宗伐鬼方，三年克之，小人勿用"，《未济·九四》"震用伐鬼方，三年有赏于大国"，则为殷王武丁筮占的内容。又如《泰·六五》"帝乙归妹，以祉，元吉"，《归妹·六五》"帝乙归妹，其君之袂不如其娣之袂良，月几望，吉"，此为商王帝乙嫁妹于周文王的筮占，虽与文王有关，但从爻辞和卦名看，作者是站在殷商人的立场上写的。《周易》成书于西周，共64卦，384爻，卦有卦名，爻有爻辞。后来的筮占家也曾对它作过修改和完善的工作。孔子曾经对《周易》作过深入的研究，所作《系辞》《文言》等称为"十翼"。

《尚书》　《尚书》在先秦典籍中单称《书》，《汉书·艺文志》始称其为《尚书》，意思是上古之书。据孔颖达《尚书正义》所引《尚书纬》称："孔子求《书》，得黄帝玄孙帝魁之书，迄于秦穆公，凡三千二百四十篇。断远取近，定可为世法者，百二十篇，以百二篇为《尚书》，十八篇为《中侯》。"三代史官制度确立，"右史记言，左史记事"，虽然唐尧时代未必真有文字，出现了文字又未必真能写出像《尚书》这样的篇章，但由瞽史、巫觋凭记忆进行传承，文献的写成当在商周之际，或在西周。虽然《尚书纬》所云古《书》有3240篇，未必确实，但在孔子整理、删定《书》为102篇时，所据文献的数量较多，当是事实。从现存《尚书》而言，从尧至春秋，确实存在史官记事、撰写文件的传统。从《尚书》的文体来看，基本为典、谟、训、诰、誓、命6种，都是王公大臣的政事或言论的记录，在孔子编定为102篇《书》以前，大量的篇章已为周代的史官所写就。参以《逸周书》71篇文章（今存60篇），可知周代史官确实写就了诸如典、谟、训、诰、誓、命各体的篇章，藏在周府。至孔子观书于周，王子朝奉周之典籍以奔楚①，《尚书》逐渐传播到各诸侯国家。

《诗经》　《诗经》是我国最早的诗歌总集。主要产生于上至西周初期、下至春秋中期的五六百年间。原来仅称《诗》，汉武帝时始称《诗经》。《诗》的作者也很广泛，有王公贵族，如《小雅·节南山》"家父作诵"，《大雅》的《崧高》《烝民》皆为"吉父作诵"，《豳风·鸱鸮》为周公旦所作；有士阶层的作者，如《小雅·巷伯》"寺人孟子，作为此诗"；也有女诗人，如《鄘风·载驰》为许穆夫人所作。每篇《诗序》几乎都说明了作者，不可全信，不

---

① 《左传·昭公二十六年》。

可全不信。即使是民众口头传诵的作品,最终亦需由文化人写定。《诗》按所配音乐来分,有《风》《雅》《颂》各种音乐。《风》是各地方的乐歌,《雅》是周王朝宫廷、京畿一带王公贵族家庭的乐歌,周宫廷的乐歌为《大雅》,贵族家庭的乐歌为《小雅》。或说西周宫廷的乐歌为《大雅》,东周宫廷的乐歌为《小雅》。《诗》的表现手法有三种:赋,铺陈其情;比,借物喻志;兴,托物兴辞。依据传统的说法,《诗经》是经过孔子编定的。《史记·孔子世家》:"古者诗三千余篇。及至孔子,去其重,取可施于礼义,上采契、后稷,中述殷周之盛,至幽厉之缺,凡三百五篇。"《汉书·艺文志》也说:"孔子纯取周诗,上采殷,下取鲁,凡三百五篇。"孔子自己也说:"吾自卫返鲁,然后乐正,《雅》《颂》各得其所。"①我们现在读到的《诗经》系汉人毛亨作注并流传下来的,故又称《毛诗》。不管怎样,自商周以降,我国已经涌现了大批诗人,并创作了许多不朽的篇章,成为诗歌永不枯竭之源。

《周礼》 目前对《周礼》成书的时代存在七种意见②:(1)为周公旦所作;(2)作于西周后期;(3)成书于春秋;(4)作于战国;(5)作于秦汉之际;(6)刘歆伪造;(7)作于汉初。第二种意见最得其实,理由有三:其一,《周礼》反映了巫政结合的特点,符合西周君权神授、怀保小民的人神并重思想。春秋时代礼崩乐坏,君权神授的思想已经淡漠,民为神主的思潮明显抬头。《左传》所反映的思想意识已不同于《周礼》的体系。虽然各诸侯国都设置了一定的神职人员,但地位和作用显然不如《周礼》所记载的那样。其二,《周礼》的写作方法有与《逸周书》相似的地方,在叙述时多用数字来编排条理。朱右曾《周书集训校释》序云:"周室之初,箕子陈畴周官分职,皆以数纪,大致与此书相似。"其三,《周礼》中有七八十种官职已得到西周金文的证实。因此,《周礼》虽然不是周公旦所写,但他制礼作乐的内容必定在此书中有所反映,亦即《周礼》所记的内容就是西周的职官、政治制度和文化成就。它的作者应该是西周的史官,由史官作记录,又由史官修改和编纂。《周礼》分为《天官冢宰》《地官司徒》《春官宗伯》《夏官司马》《秋官司寇》和《冬官考工记》六个部分。

4. 青铜文化

青铜文化在帮助人们了解文明的起源、国家的形成、阶级社会等社会科

---

① 《论语·子罕》。
② 见彭林:《〈周礼〉主体思想与成书年代研究》,中国社会科学出版社,1991年,第1章第2节。

学的原则性、法则性问题上,具有重要的意义。中国的青铜时代与文明时代的开端是相合的,所以可以作为中国进入文明时代的标志,它象征着权力的集中,它的铸造技术凝聚了人类的智慧和才能,器皿的造型、纹饰、铭文又能反映其时的艺术、文学和史学的成就。

我国约于公元前 3000 年—前 2000 年进入青铜时代。考古资料表明,龙山文化、马家窑文化、二里头文化、齐家文化的遗址都出土过青铜器。龙山文化和二里头文化在时间上与夏代相当,学术界多以二里头文化为夏文化的代表。豫西、晋南的二里头文化已经出现青铜生产工具、兵器、乐器和礼器,这与夏代铸九鼎、已掌握青铜器铸造技术的记载相符,夏代开始进入了青铜时代。经过商代的发展,以至于西周,我国的青铜文化成为绽开在亚洲大陆的奇葩。

根据我们现在所获得的大量青铜器,大体上可以分成农具、工具、兵器、饪食器、酒器、盥水器、乐器等七类。农具有耒、耜、钁、锛、锸、锄、镰、鐯等九种。工具有斧、斤、凿、锯四种。兵器有戈、戟、矛、铍、钺(鏚)、刀、俞、匕首、殳、弩机、矢镞、胄等十二种。饪食器有鼎、鬲、甗、簋、簠、敦、豆、铺、盂、盆、铏、鉴、俎、匕等十五种。酒器有爵、觯、觚、鲜、饮壶、杯、尊、卣、方彝、觥、罍、罋、瓮、盉尊缶等二十三种。盥水器有盘、匜、鉴、汲壶、浴缶等五种。乐器有铙、钲、钟、铎、铃、鼓、錞于、征铿等九种。还有其他杂用器物如镜、钩、炉、灯、玺印等。在这七类器皿中,饪食器、酒器、乐器的品种和数量最富,铸造工艺复杂,纹饰繁多而优美,又多有铭文,所以这三类器皿是青铜文化的代表。

青铜器的铸造需要铜、锡、铅、锌等金属,因此必然有矿藏的开采、冶炼和铸造技术。已发现的湖北大冶铜绿山矿冶遗址、辽宁林西大井铜矿遗址和湖南麻阳古矿井遗址,反映了当时采矿、冶炼的技术。至于三代青铜器的铸造技术,也已经为专家们揭示,有分范浇铸法、分模制范术、陶范翻铸术等。青铜器铸造时最重要的问题是解决铜、锡、铅的合金配比,不同的器具需要不同的配比。《考工记》记载了六种器具的配比,称为"六齐":(1)钟鼎之齐,六分其金而锡居一;(2)斧斤之齐,五分其金而锡居一;(3)戈戟之齐,四分其金而锡居一;(4)大刃之齐,三分其金而锡居一;(5)削杀矢之齐,五分其金而锡居二;(6)鉴燧之齐,金锡半。

铜、锡的不同配比,不仅可以改变器物外表的精美度,而且主要在于获得不同的硬度、韧性和其他物理性能。根据对青铜器实物取样的科学化验,"六齐"的合金配比如下表所示:

配比名称	含铜量(%)	含锡量(%)
钟鼎之齐	6/7=85.71	1/7=14.29
斧斤之齐	5/6=83.33	1/6=16.67
戈戟之齐	4/5=80	1/5=20
大刃之齐	3/4=75	1/4=25
削杀矢之齐	5/7=71.43	2/7=28.57
鉴燧之齐	2/3=66.67	1/3=33.33

青铜文化还包括青铜器本身的造型艺术和各种纹饰，以及铜器铭文所体现的文学、史学成就。在殷商社会早期的器皿上青铜器铭文偶然出现，中后期渐多，但最长的铭文不超过50字。而西周在青铜器上作铭之风大盛，不仅带铭的器件多，而且铭文往往较长，有的甚至在500字以上。不少铭文的句子工整，用辞华丽，而且押韵。有的铭文还记录作铭者的姓名。因此青铜器铭文也是一种著述。《礼记·祭统》说："夫鼎有铭，铭者，自名也。自名以称扬其先祖之美，而明著之后世者也。为先祖者，莫不有美焉，莫不有恶焉，铭之义，称美而不称恶，此孝子孝孙之心也，唯贤者能之。铭者，论撰其先祖之有德善、功烈、勋劳、庆贺、声名，列于天下，而酌之祭器，自成其名焉，以祀其先祖者也。显扬先祖，所以崇孝也。身比焉，顺也；明示后世，教也。夫铭者，壹称而上下皆得焉耳矣。是故君子之观于铭也，既美其所称，又美其所为。为之者，明足以见之，仁足以与之，知足以利之，可谓贤矣，贤而勿伐，可谓恭矣。"可见，青铜器铭文的功用是颂扬先祖的功绩，使后世子孙永志不忘。墨翟把青铜器铭文的功能与书于竹帛的效用等同起来，《墨子·鲁问》曰："则书之于竹帛，镂之于金石，以为铭于钟鼎，传遗后世子孙。"总之，青铜器铭文在文学和史学方面价值毋须赘述。

四、哈拉帕文化

根据地理概念，南亚次大陆在古代称为印度，它包括今日的印度、巴基斯坦、孟加拉、斯里兰卡等国家。南亚次大陆在地理上同欧亚大陆基本隔绝，但其历史上充满着外族的入侵，这使古代印度文化呈现出别具一格的独特风貌。南亚次大陆最古老的文明是印度河流域文明，由于这一文明最早发现于哈拉帕(今巴基斯坦旁遮普省境内)，所以它也被称为哈拉帕文化。

1. 哈拉帕文化的发现

长期以来,学术界曾普遍认为,印度的文明史始于公元前 15 世纪,也就是雅利安人进入南亚次大陆的时候。然而,哈拉帕文化的发现震惊了世界,改变了人们的传统看法。1875 年,英国考古学家亚历山大·坎宁安在《印度考古年鉴》上发表文章,论述了他对哈拉帕遗址的考察结果,并绘出了他在哈拉帕发现的印章的图象。不过,他错误地把哈拉帕文化看做是外来文化。20 世纪 20 年代,担任印度考古局总监的英国学者约翰·马歇尔和印度考古学家拉·巴纳吉等人开始了对哈拉帕和摩亨佐·达罗(今巴基斯坦信德省境内)遗址的系统发掘,获得了大量出土文物。经过认真研究之后,1924 年,约翰·马歇尔向外界宣布他们的考古成果,指出哈拉帕文化是一种土生土长的文化,它比一般历史学家已知的印度文明还要古老久远。从那时起,考古学家们在印度进行了数十年的发掘工作,目前已发现了属于哈拉帕文化的遗址 250 余处。研究表明,哈拉帕文化并不局限于印度河流域,它分布的范围十分广泛,北起喜马拉雅山南麓的萨雷·科拉和坚戈,南至濒临阿拉伯海的坎吉塔尔,东达今日印度首都新德里附近的阿拉姆吉普尔,西抵今巴基斯坦与伊朗交界地区的苏特卡根·杜尔,自北到南纵深 1100 多公里,从西至东横跨 1600 多公里①,覆盖面积约 50 万平方公里,远远超过两河流域文明的地域。对于哈拉帕文化存在的年代,学者们看法不一。约翰·马歇尔认为它存在于公元前 3250—前 2750 年,惠勒把它估计为公元前 2500—前 1700 年,阿格拉瓦尔根据放射性碳 14 测定的年代为公元前 2300—前 1750 年,现在人们通常采用最后一种说法。② 哈拉帕文化从兴起到衰落经历了一个发展过程,公元前 22 世纪至公元前 19 世纪是哈拉帕文化的全盛时期。至于是谁创造了哈拉帕文化的问题,学术界也存在分歧。曾经有人把苏美尔人或者雅利安人看做哈拉帕文化的主人,现在大多数学者都认为印度的土著居民达罗毗荼人是这一文化的创造者。由于印度河流域地域广阔,族系复杂,原始的澳大利亚人和蒙古人等其他当地的土著居民可能也参与了哈拉帕文化的创造。哈拉帕文化的发现对南亚和世界文化史

---

① 邦加德·列文:《古代印度文明》(G. M Bongard-Levin, *Ancient Indian Civilization*),新德里,1985 年,第 28 页。
② 涂厚善:《哈拉帕文化的兴衰》,载《外国历史大事集》(古代史第 1 分册),重庆出版社,1986 年,第 133—134 页;张广智主编:《世界文化史》(古代卷),浙江人民出版社,1999 年,第 76 页。

的研究具有重要意义,它把印度历史时代和文明时代的开端上溯了1000多年,从而使古代印度进入了人类文明发祥地的行列。

2. 社会经济与城市建设

在哈拉帕文化时期,印度河流域及其周围地区社会经济有了很大发展。这时文明已进入了青铜时代,人们掌握了金属的冶炼、锻铸和焊接技术。虽然石制的刀、罐、秤砣等仍然在使用,但铜或青铜制的斧头、凿子、镰刀、矛头、箭镞、短剑、鱼钩、碗、盘、镜子、别针、指环等生产、生活用具和武器已属常见。农业是哈拉帕文化的基础和主要经济部门。考古发掘中大量谷仓的发现表明印度河流域有着发达的农业,当地充足的雨水和肥沃的冲积土壤为农业生产创造了有利条件。人们使用鹤嘴锄、耙子等耕种田地,木犁等耕地农具和水牛、耕牛等耕畜可能也被使用于农业生产。① 栽培的主要作物有大麦、小麦、豌豆、椰枣、棉花、胡麻、香蕉等。棉花的栽培是印度河流域古代居民最突出的农业成就,他们种植棉花要比埃及人早几个世纪。个别地区还种植水稻,考古学家在罗塔尔和兰格浦尔的黏土层和陶器碎片中发现了稻壳。由于印度河经常泛滥,当地居民在与洪水的斗争中掌握了修造拦河堤坝的农业水利技术。畜牧业也得到了较大发展,它在河间的灌木丛、草原地带和边远地区的经济中占有重要地位,当时人们已经驯养了牛、狗、鸡、绵羊、山羊、大象等牲畜。

在这个时期,印度的冶金、粮食加工、车船制造、首饰镶嵌等手工业行业达到了较高水平。纺织和制陶是当时最重要的手工业部门,在考古发掘过程中,人们发现当地许多家庭都有手纺车。古代印度河流域居民擅长制造一种颇有特色的红色陶器,这种陶器十分结实耐用,其中不少上有泥釉。工匠们常用黑色的颜料在陶器上画上各种花卉、动物、人物图形或者几何图案,形象十分生动逼真。

随着农牧业和手工业的发展,商业贸易也日趋活跃。哈拉帕文化诸城市与印度河流域各地区有着密切的贸易联系。考古学家在摩亨佐·达罗发现了一个二轮运货马车的玩具模型。据此,有专家推断,这种马车是用来在印度河流域内进行贸易时运送货物的。② 这时印度不但内部贸易兴盛,国

---

① 印度学者高善必否认犁耕在印度河流域农业中的重要性,他把耙子看做印度河会意文字的象征。
② 邦加德·列文:《古代印度文明》,第39页。

际贸易也特别频繁。大量的考古证据表明,它与伊朗、中亚、两河流域、阿富汗有着密切的贸易往来。人们在哈拉帕文化遗址发现了有螺旋头或动物头的别针、有插口的铜或青铜手斧等西亚的器物,还发现了玉、天青石、绿松石等宝石,它们不是印度的土产,而是通过与伊拉克、伊朗、阿富汗和中亚的贸易得到的。与此同时,人们在乌尔、苏萨、温马、拉格什等两河流域遗址也发现了具有印度风格的印章与印记。① 20 世纪 50 年代考古学家发现了罗塔尔和巴林两个重要遗址,它们的发现进一步说明了哈拉帕文化时期印度海外贸易的规模。坎贝湾附近的罗塔尔是属于印度河流域文明的一个港口城市,它有一座长 216 米宽 37 米的巨大船坞,还有一条长约 2.5 公里的水道,来自西亚、中亚、北非的商船把各种宝石、工艺品、矿产等运到这里再输往各地,而次大陆的木材、棉花、纺织品、象牙、香料等也从这里运往海外。位于波斯湾中部的巴林岛也是印度河流域与西亚之间进行海运贸易的中转站,在这里人们发现了一些印度河流域的产品。

社会经济的发展促进了城市的产生,城市的精心规划与建设是哈拉帕文化的重要特征。在印度河流域发掘的古城遗址中,最著名的是哈拉帕和摩亨佐·达罗。两个城市的面积和营造布局都很相似,大约各占地 85 万平方米,均由西面的上城(卫城)和东面的下城(居民区)两部分组成。这两个城市的街道都十分整齐,宽大的主街和狭窄的小巷纵横交错,街面由规则的方砖铺成,下有四通八达的排水沟,城里的房子一般用窑砖砌成。哈拉帕坐落于印度河的支流拉维河的南岸。它的下城内建有许多居民的房屋和不同店铺,上城由高达 13 米多的城墙围绕,城外有一个在升起的平台上建造的巨大粮仓,其人口大约在 3 万左右。摩亨佐·达罗位于印度河下游。该城城内有谷仓、浴室、餐厅等许多建筑物,其中给人印象最深的是位于上城北部的一个长 12 米、宽 7 米、深 2.5 米的露天大浴池。它的南北两边都有通向池底的阶梯,池底和池壁都砌了好几层砖,并涂了一层厚厚的沥青以防漏水。大浴池究竟是纯粹用于世俗的目的,还是兼有宗教的用途,对此学术界还没有定论。上城南部有一组厅堂建筑,其中的一个 28 米见方的平顶建筑尤其引人注目,它有 20 根砖砌的柱子,分成 4 行排列,显得格外气派,人们推断这可能是一个会议厅。该城大约有 4 万左右人口。从这两个城市遗址中,我们可以看到富人和穷人在居住条件上有较大差别。前者住在宽敞明亮、设备完善的两层或三层楼房中,后者则住在低矮简陋、十分拥挤的房舍

---

① A. L. 巴沙姆:《印度文化史》,闵光沛等译,商务印书馆,1997 年,第 22 页。

里,这说明当时社会已经出现了明显的财产不平等和阶级分化现象。除了上述两个城市外,考古学家还发掘了曼达、卡利班根、罗塔尔和苏尔戈达德等许多印度河流域古城的遗址,发掘的结果表明,哈拉帕文化的城市规划以及建设水平超过了同时代的埃及和巴比伦等国的城市。

3. 印章文字与雕刻艺术

在哈拉帕文化遗址中,考古学家发现了印度最早的文字。这种文字有的刻在陶器和金属制品上,但主要刻在皂石、陶土、象牙和铜制成的印章上,因此被称为印章文字。迄今为止,哈拉帕文化遗址出土的印章已有2500多枚,大多2.5厘米见方,也有呈长方形的。印章正面刻着铭文,反面有穿孔的突出物,便于人们悬挂。印章上的铭文很短,往往只有几个字,最长的不超过26个,多为单行,书写方向是从右到左,如有下一行则变换书写方向。据估计,印章上出现的文字符号总共约有500多个,但至今尚未完全解读成功,现在人们一般认为它属于古达罗毗荼语。

印章上的铭文通常伴有各种图案,其中刻画最多的是独角兽。据统计,在出土的1755枚有图像的印章中,1159枚刻有这种神秘动物的形象。[①] 当时印度常见的动物也是印章图表现的重要题材,如犁牛、水牛、犀牛、短角公牛、象、虎、羚羊、鳄鱼等。由于牛在哈拉帕人的生活中占有十分重要的地位,因此他们对牛的刻画也最为成功。牛的筋肉和骨骼被用不同的线条巧妙地雕刻出来。在一枚印章上,水牛微微地抬着头,仿佛在吼叫声中炫耀它那一对强大的牛角。有些印章表现了当时人们狩猎、航行和娱乐等生活内容。匠人们把猎人弯弓射箭、山羊奔跑逃命、船在水上漂流和人在牛身上翻跟头的情景刻画得惟妙惟肖,栩栩如生。还有些印章具有宗教神话含义。有一枚印章上刻有一位头上戴着牛角王冠的三面神的形象,它双足相抵,盘膝坐在一张矮几上,还有象、虎、犀牛、水牛等动物陪伴在其身旁,这就是以百兽之王形式出现的湿婆神的原型。眼镜蛇神和菩提树女神的形象也被刻画在印章上。

除了印章上的雕刻之外,人们还制作赤陶、石头和青铜等各类雕像。考古学家在卡利班根发现了有背篮式头饰的妇女赤陶小雕像。摩亨佐·达罗出土了两尊著名的雕像,其中一尊是祭司皂石像,他双目向内注视,表情肃穆宁静,似乎在沉思冥想;另一尊则是青铜舞女像,她身材苗条,右手叉腰,

---

[①] 刘欣如:《印度古代社会史》,中国社会科学出版社,1990年,第16页。

佩带手镯的左臂摆放在弯曲的左腿上,胸前晃动着一根项链,梳有秀美发辫的头向后仰着,充满了安详自若的神情。哈拉帕也出土了两尊高水平的砂石雕像,一尊表现的是一位身体健壮的青年,另一尊刻画了一个单腿盘绕的舞者的形象。① 印章和各种雕像的制作不仅说明哈拉帕人已经创造了文字,而且也表现了他们杰出的雕刻艺术才能。

4. 哈拉帕文化的衰落

大约从公元前18世纪起,哈拉帕文化的中心地区如哈拉帕和摩亨佐·达罗等就开始衰落了,城里建筑物破落,供水和排水系统失修,道路难以通行,贸易停顿,后来城址也被人们遗弃。同时,其他地区也先后走向衰落。于是,曾经十分灿烂辉煌的哈拉帕文化逐渐消失,甚至被人们完全遗忘。一度繁华喧闹的摩亨佐·达罗城变成了人迹灭绝的废墟,以至于被后人称为"死亡之丘"。

究竟是什么原因使哈拉帕文化衰落的呢?对此,学者们做了种种推测,提出了不同的假说,其中影响较大的有"外族入侵说""地质和生态变化说""内部阶级斗争说""大爆炸说"。但近年来,国内外学者倾向于一种综合因素说。他们指出,自然灾害加剧了哈拉帕诸城市的政治经济危机和阶级冲突,内部的削弱给外敌入侵造成了可乘之机,社会内部因素与外部因素以及自然因素与人为因素互相影响,最终导致了哈拉帕文化的衰亡。上述种种解释都还只是人们的假设,对这个问题的圆满解答有赖于进一步的考古发掘和对印章文字的完全解读。

哈拉帕文化虽然衰落了,但它对南亚文化发展与东方国家地区间的贸易文化交流所做出的贡献,特别是它在棉花种植及纺织、城市建筑规划和语言文字方面取得的杰出成就,成为世界文化史的重要篇章。作为印度文化的先驱,它在宗教、医药、耕种技术等许多方面对后来印度文化的发展发生了不可低估的影响。

五、希伯来文化

犹太人在古代被称为希伯来人,他们属于闪族的一支。公元前2000年,当传说中的希伯来民族的始祖亚伯拉罕率领族人从两河流域来到迦南

---

① A. L. 巴沙姆:《印度文化史》,第18—19页。

(即巴勒斯坦)的时候,当地人称他们为"哈比鲁人"(Habiru),意思是"渡河而来的人",这个词又转音为"希伯来人"(Hebrew)。后来,希伯来人开始自称为"以色列人"(Israel),因为他们相信,先祖雅各曾经与一位天使摔过跤。"犹太人"(Jew)是希伯来文"犹大"(Judah)一词的希腊文与拉丁文的翻译名称。起初,它是古希腊、罗马人对流离在外的希伯来人的蔑称,后来逐渐为世界各地通用,被用来统称希伯来民族留存下来的后代和信仰犹太教的人。希伯来民族是一个多灾多难的弱小民族。在古代历史上,它先后受到埃及、巴比伦、波斯、马其顿和罗马等外族人的奴役,长期过着受人歧视和颠沛流离的生活。公元135年希伯来人最后一次反抗罗马的起义失败后,他们被强行逐出巴勒斯坦,开始流散到世界各地。然而,在遭受种种磨难的艰苦岁月中,希伯来人以顽强的意志和不寻常的智慧生存下来,并创造了独具特色的宗教文化。希伯来文化在世界文化史上占有十分突出的地位,它不但是西方文化的重要源头之一,也对东方文化产生了巨大影响。

1. 犹太教的产生和发展

希伯来人能够历尽浩劫而不灭的一个重要原因是,他们把犹太教作为维系民族生存的精神支柱。犹太教是人类最早的系统一神教,它是犹太人的信仰、习俗、礼拜仪式以及宗教组织等方面的统一。犹太教从诞生到定型,经历了一个漫长的历史过程,它的形成和发展与希伯来民族的历史有着密切联系。

雅赫维 犹太教的一神信仰萌芽于久远的亚伯拉罕时代。在他率众进入迦南这片"流淌着乳和蜜"的土地之时,希伯来人的宗教具有明显的原始崇拜和多神崇拜的特点。他们不但崇拜日、月、星辰等天体和岩石、山峦、树木、河流等自然物,而且也盛行对动植物和祖先的崇拜。受当地文化的影响,他们还把迦南人的巴力神(农事神)和亚斯他录神(生殖女神)奉为尊神。不过,在众多的神中间,希伯来人把本部落的保护神"雅赫维"作为主神来崇拜①,并举行割礼作为与雅赫维订立神圣盟约的标志,这反映了希伯来人开始由多神信仰向一神信仰过渡。约公元前13世纪,传说中的希伯来人的另一祖先摩西率领受奴役的希伯来人逃离埃及,声称在西奈山接受了

---

① 雅赫维(Yhwh)即上帝,基督教兴起后将之误读为耶和华(Jehovah)。

上帝雅赫维赐予的"十戒"①，重申了与上帝的盟约，并砸碎了其兄亚伦令人铸造的金牛犊，从而初步创立了犹太教。无论历史上是否存在摩西其人，《圣经》上对这一事件的记载说明这时希伯来人已经产生了独尊上帝雅赫维一神的思想。

摩西死后，希伯来人历经艰辛终于返回了迦南。约在公元前10世纪，大卫率领希伯来人击败入侵的腓力斯丁人，建立起一个统一的希伯来人国家。在大卫之子所罗门统治（前972—前933）时，希伯来人的国家进入鼎盛时期。他下令在耶路撒冷的锡安山为雅赫维神建造了一所雄伟壮观的圣殿，它长50米，宽30米，整个工程历时7年才完成，从此这里就成了犹太教的崇拜中心。

巴比伦之囚 所罗门时代结束后，统一的王国分裂为北方的以色列和南方的犹太两个国家。两国不断进行争夺，力量逐渐衰弱。公元前722年，以色列被亚述吞并。公元前586年，尼布甲尼撒率领新巴比伦王国的军队攻陷耶路撒冷，焚毁所罗门圣殿，灭了犹太王国，并把大批犹太人掳到巴比伦，在那里度过了近半个世纪的囚徒般的生活，史称"巴比伦之囚"。国破家亡的不幸遭遇使希伯来人的一神观念进一步发展，并使他们萌发了期待"弥赛亚"（即救世主）的思想②，巴比伦的神话传说也被他们吸收到犹太教义中。在希伯来民族存亡受到亚述人和巴比伦人的威胁以及流亡巴比伦的时期，一些"先知"（意为预言者）在希伯来人中间传布神谕，以安慰备受奴役的同胞。亲眼目睹犹太王国灭亡的先知耶利米强调个人对雅赫维神的道德责任，号召希伯来人立即悔悟，改正不良行为。作为"巴比伦之囚"一员的先知以西结以归国复兴的美好前景来鼓舞希伯来人。活动于公元前6世纪下半叶的先知第二以赛亚不但肯定了犹太教的雅赫维宇宙一神观，而且充实了希伯来人在流亡时期萌发的"弥赛亚"思想，把降临施救的主描述为担负众人罪孽的受难者形象。先知们的宣传使犹太人的宗教思想不断丰富成熟，因而被称为先知革命。

公元前538年，波斯帝国皇帝居鲁士征服巴比伦，为铺平进攻埃及的道路而允许希伯来人返回故国。希伯来人把自己能够重返家园看做是上帝雅

---

① "摩西十戒"的主要内容是：除了雅赫维以外，不可信奉别的神；不可制作和崇拜偶像；不可妄称雅赫维之名；要守安息日；当孝敬父母；不可杀人；不可奸淫；不可偷盗；不可作假见证陷害人；不可贪恋别人的妻子和一切财物。

② 希伯来人称救世主为"弥赛亚"，原意是"受膏者"，希伯来民族的君王和祭司受封时，额上被敷膏油，其含义是上帝所派遣的人。

赫维对他们的拯救,更加坚定了其犹太教的信仰。他们在巴勒斯坦重建了城墙和雅赫维圣殿,建立了一个隶属于波斯帝国的政教合一的政权,并着手编订犹太教的经典《圣经》。除了在巴比伦带回的材料外,他们还吸取了波斯国教琐罗亚斯德教关于末日审判、天堂地狱等观念,使犹太教义、教规得到了补充和完善。至此,独尊雅赫维为宇宙唯一真神的犹太教最终建成和确定下来。

2. 希伯来《圣经》及其宗教思想

犹太教的主要经典是希伯来《圣经》。基督教兴起后,它在接受犹太教经典的同时还产生了新的经典。为了加以区别,基督徒把前者称为《旧约全书》,把后者称为《新约全书》,而犹太教徒并不接受这一说法。

希伯来《圣经》是一部百科全书式的著作。它不仅仅是希伯来人的宗教经典,还是古希伯来文献的汇编,它包括宗教、法律、历史、诗歌、格言、神话传说等多方面的内容。希伯来《圣经》反映了古代希伯来民族定居迦南和建国后的社会情况,其编订工作从公元前5世纪起至公元1世纪,前后持续达500年之久。

希伯来《圣经》共有39卷,由律法书、先知书、圣录三部分组成。律法书即狭义的《托拉》(Torah),是希伯来《圣经》的核心部分,指的是《圣经》的前5卷,由于相传为摩西所作,所以它又被称为《摩西五经》。①《摩西五经》包括《创世记》《出埃及记》《利未记》《民数记》和《申命记》等五卷。其中《创世记》讲述了上帝创造天地万物以及人类始祖亚当和夏娃、洪水方舟、巴别塔等神话传说;《出埃及记》介绍了摩西率领希伯来人逃出埃及,进入西奈半岛并与上帝订立盟约的经过;《申命记》记载了摩西对希伯来人的几次演说,并重申和补充了法律。《先知书》包括历史记载和先知言行录两方面内容。圣录收录了多篇希伯来文学作品,其中《雅歌》是十分优美动人的爱情诗集,《约伯记》则是一部描写人与命运之间悲剧性斗争的诗剧。该剧中的主人公约伯是一个"敬畏上帝、远离恶事"的正直人,但却遭受到丧失子女和家产等种种厄运,他与朋友展开了一场对于人生痛苦的根源问题的辩论,最后他在上帝的启示之下,认罪自责,重新获得了失去的一切。该剧是希伯来文学的伟大杰作,也是世界最佳文学名著之一。

---

① 《托拉》狭义上指希伯来《圣经》的前5篇,即《摩西五书》;广义上包括《圣经》和《塔木德》在内的所有犹太人的律法。

希伯来《圣经》具有许多不同的版本,其中最著名的版本有手抄本和"七十子译本"。最古老的《圣经》是用希伯来文或亚兰文抄写在羊皮或者纸草上的。1947年,由于一个阿拉伯牧羊人的偶然发现,人们在死海西北岸的库兰附近的山洞中找到了大量古卷,它们被称为《死海古卷》。这些古卷大约形成于公元前2世纪至公元1世纪之间,是世界现存的最古老的《圣经》抄本。西方学术界把《死海古卷》的发现称为文艺复兴以来最重大的文献发现。公元前3世纪左右,为了满足讲希腊语的犹太人的需要,希伯来《圣经》被译成希腊文,人们把这一译本称作"七十子译本"或"七十子希腊文本"。这些版本对研究犹太教和基督教具有重大价值。希伯来《圣经》是希伯来民族思想智慧的结晶,它不但为研究古代巴勒斯坦地区的历史提供了丰富史料,而且对西方社会的历史和文化产生了极为深远的影响。

《圣经》等犹太教的经典包含的宗教思想极为丰富,概括起来主要有以下四个特点:(1)一神观。只崇拜上帝雅赫维,认为它是宇宙间唯一的真神,它全知全能,永恒存在。它创造了宇宙万物,并主宰一切。(2)契约观。认为希伯来人与上帝雅赫维之间有"约"的关系。双方互利互助,互有责任义务。只要希伯来人忠心侍奉上帝,遵守与上帝立的约,就会得到上帝的赐福,而与人立约的上帝也会接受"应许"的约束。(3)神选说。坚信希伯来人是上帝雅赫维的"选民",因而是一个得到上帝恩宠的特殊民族,享有特别的荣耀。(4)救世主信仰。相信上帝雅赫维不会丢弃希伯来人,将派弥赛亚(救世主)来到人间拯救他们脱离苦难。

犹太教用一神崇拜来取代多神崇拜,这反映了当时希伯来人抽象思维能力的发展。犹太教虽有狭隘排他的弊病,却具有一定的积极意义,它成为希伯来人赖以生存的精神支柱和民族认同的重要标志,对维护希伯来民族的团结和文化传统起了巨大作用。随着希伯来人的流散,犹太教的影响远远越出了巴勒斯坦而传播到各地。它是基督教和伊斯兰教的"母亲宗教",在这两个世界宗教的兴起中扮演了重要角色。

3. 希伯来人的习俗与节期

在犹太教产生和发展的漫长过程中,希伯来人也形成了一系列与他们的信仰相关的习俗和节期。它们制约着希伯来人的日常行为,造就了这个民族与众不同的生活方式。希伯来人的习俗较多,这里仅叙述他们最突出的两个习俗。

割礼 割礼(Circumcision)是希伯来人的重要习俗。割礼就是在男婴出生后的第八天用石刀割破其阴茎包皮,以此来作为希伯来人和上帝立约的标记。割礼也是希伯来种族的标记,它在希伯来人传递生命和四处流亡的过程中强化着他们的民族意识。

可食 可食(Kosher)是按照犹太教的饮食规定可以食用的食品。希伯来人有自己特殊的饮食习俗,他们只吃犹太教律法允许吃的食物。《圣经》中将动物分成"洁净"和"不洁净"两类,只有"洁净"的食物方可食用。"洁净"的动物主要是分蹄并反刍的走兽,如牛、羊、鹿等。分蹄不反刍的动物,如猪等"不洁净"的动物不能食用;而反刍不分蹄的走兽,如马、兔等也因不洁而不可食用。希伯来人还不可吃无鳞、无翅的水生动物,如带鱼、黄鳝、虾、贝类等,并不可食用少数鹰类的鸟以及爬行动物,如鳄鱼等。犹太教对于可吃的动物亦有一些规定:可食动物必须无病、无疾、非畸形,不准食用非正常死亡的动物;不准吃生肉和动物的血;不准同餐食用牛羊肉与牛羊奶;不准吃牛羊蹄筋等。此外,犹太教对屠宰动物的方式也做了规定,如屠宰方法不当,即使是"洁净"的动物的肉也会变得"不洁净"而不可食用。[①] 现在世界上有不少地方设有专卖店和专卖货架来向犹太人出售这类食品。

安息日 希伯来人除了保持犹太教习俗外,还要庆祝许多圣日和节期。他们的节期与其宗教信仰有着密切的联系。安息日(Shabbath)是希伯来人的主要节日之一。安息日一词源于阿卡德语,意思是"七",在希伯来语中,其含义是"停止工作、休息"。守安息日是犹太教最重要的表征之一,《圣经》对之做了解释。《创世记》中记载:"神赐福给第七日,因为在这日神歇了他一切创造的工,就安息了。"[②]在《出埃及记》中,上帝雅赫维吩咐摩西说,希伯来人要世世代代守安息日为圣日,以此来作为他们和上帝之间立约的永远的证据。凡是在圣日做工者,均要被处死。[③] 在这里,安息日被赋予了神圣的意义,它不仅与上帝的创世联系了起来,而且被看做希伯来人与上帝立约的又一证据。希伯来人的安息日从每个星期五太阳落山时开始,到次日的同一时刻为止。一般说来,在这一天希伯来人不允许做任何工作,只能休息、祈祷和学习经文。安息日不但使希伯来人在一周繁忙的工作后在体力上得到恢复,而且也帮助处于逆境中的希伯来人解除精神上的紧张和压力,坚定战胜困难的信心。

---

① 参见徐新、凌继尧主编:《犹太百科全书》,上海人民出版社,1993 年,第 172 页。
② 《创世记》,2:3。
③ 《出埃及记》,31,12—17。

逾越节 逾越节（Pesach）是纪念希伯来人在摩西的领导下逃离埃及获得自由的节日。据《出埃及记》记载，上帝雅赫维为保护希伯来人逃出埃及，要杀死埃及人家中长子和头生牲畜，故命令希伯来人家家杀羊食肉，把羊血涂在门框上作为标记。上帝一见血印就逾越过去，以避免误杀希伯来人。逾越节从犹太历尼撒月（公历 4 月前后）14 日黄昏开始，为期 7 至 8 天。节日期间最隆重的活动是举行逾越节家宴，席间家中最年幼者提一些有关此节日缘由的问题，全家复述《出埃及记》中的有关故事。宴会上希伯来人要食用数种有象征意义的食品，其中苦菜代表希伯来人在埃及受奴役的苦楚，越烤越硬的烤鸡蛋表示希伯来人在苦难中变得越来越顽强，无酵饼则是希伯来人离开埃及走向自由途中吃的食品。每年一次的逾越节纪念活动成为希伯来人教育青年牢记本民族历史的重要手段。

赎罪日 赎罪日（Yom Kippur）是希伯来人一年中最庄严的节日，也是他们进行忏悔的圣日，时间为每年犹太历提斯利月（公历 9—10 月）10 日。这一天全体希伯来人要实行斋戒，停止一切工作，聚集在圣堂内向上帝认罪，祈求上帝赦免他们在过去的一年中所犯的罪过并洁净他们。在古代，希伯来人还要在这一天举行献祭仪式，身穿白色细麻衣的大祭司在祭坛上将一头公山羊杀死作为祭品献给上帝，为民众赎罪；然后把另一头活山羊送往旷野，让它带走希伯来人的一切罪孽。赎罪日在肃穆的乐曲和号角声中宣告结束。

住棚节 住棚节（Sukkot），又称结庐节，开始于赎罪日后第五天，即犹太历的提斯利月 15 日，整个节期持续 7 天。该节日在秋天举行，它起初是农民喜庆丰收的日子，后来用来纪念希伯来人在上帝的指引下逃出埃及，并在西奈旷野住棚安营的事件。过节时，希伯来人要将火祭、燔祭、素祭献给上帝，住在搭起的篷舍内，手持树上的果子和枝条尽情欢乐。现在，每逢住棚节，以色列政府还派人修剪树木，把剪下的枝条送给犹太教徒，以供他们搭棚之用。①

除了上述节日以外，希伯来人还有新年、净殿节、普珥节、五旬节等节日。希伯来人的节日都与他们的民族密切相关，并具有强烈的宗教色彩，这充分显示了希伯来文化重信仰的特点，它对西方人的精神生活产生了巨大影响。以信仰为主要特征的希伯来文化和以理性为主要特征的古希腊文化是西方文化的支柱和源泉，它们"各自依靠其精神实体中固有的特殊内质，

---

① 朱维之主编：《希伯来文化》，第 127 页。

一起构架了西方世界"①。因此,希伯来文化常与希腊文化一起被人们并称为"两希文化"。

六、爱琴文化

在一个多世纪之前,希腊远古文明对人们来说仍然是混沌一片,只有那些美丽动人的传说令人梦牵魂绕。19世纪英国杰出的希腊史家乔治·格罗特(1794—1871)在其洋洋洒洒的12卷本巨著《希腊史》中竟断言,《荷马史诗》根本是一种传说而已,"它是从未存在过的过去的记录"。然而,在19世纪70年代,自幼就醉心于《荷马史诗》的德国富商亨利·施里曼,却按照史诗的描绘在小亚西亚的特洛伊及希腊本土的迈锡尼等地先后进行了一系列的考古发掘,于是一个失落的文明便破土而出,格罗特先生的论点也随之成了无可挽回的陈词滥调。20世纪初年,英国学者亚瑟·伊文思又在克里特进行了发掘,传说中的米诺斯王宫出现在人们面前,这是一个比迈锡尼更为古老的文明。此后,爱琴海地区持续不断的考古发掘使这个失落文明的图景日益丰满。由于该文明的中心先后在克里特和迈锡尼,故而史学界又称之为克里特—迈锡尼文明,其存在时间为公元前3000年至前12世纪。与诞生于沃野千里的大河流域的文明相比,它是一个独具特色的蔚蓝色的海上文明,是欧洲文化的源头。

1. 米诺斯文化

克里特岛坐落于爱琴海南端,是爱琴海中的最大岛屿。当伊文思先生在该岛发现这个青铜文明时,就以传说中的克里特岛的第一位伟大国王米诺斯来命名它了。米诺斯文明的源头可以上溯到公元前3000年,但它究竟发源于何地呢?有的学者认为,米诺斯人的祖先来自于小亚细亚南部和叙利亚,还有的学者认为来自于北非的埃及和利比亚。而种种证据表明,米诺斯文化确实与亚非古文明有某种亲缘关系。

米诺斯文明在公元前2000年进入了它的繁荣期,并于公元前1700年—前1500年达至鼎盛。其中最突出的一个特点就是大大小小的宫殿在各地纷纷涌现,从而形成了一个以宫殿为中心的文化。其中尤以克诺索斯王宫的规模最为宏大。

---

① 林太、张毛毛编译:《犹太人与世界文化》,上海三联书店,1993年,第144页。

克诺索斯王宫 灿烂的克诺索斯王宫坐落于克里特岛北部离海不远的克法拉山冈上,它像一颗闪耀的明珠熠熠生辉。它不仅体现着米诺斯王朝的富足与强大,而且也体现了米诺斯人巧夺天工的高超建筑技艺。该王宫总面积达22000平方米,宫内厅堂房舍至少也有1500间。宫内建筑围绕中心庭院而展开,楼房密布,楼层迭接,高低错落,美妙奇特。无数迂回曲折的梯级和柱廊盘绕其中,将这些楼房连接起来。如果你贸然走进去,一会儿便会迷失方向,无怪乎在古希腊神话中将其称为"迷宫",并把它归之于传说中的能工巧匠代达罗斯的名下了。

王宫基本上以中心庭院为界分为东西两大部分。西边的楼房主要供国王办公、祭祀及王室贮存财物之用。在王家仓库之中,考古学家发现了众多存放油、谷物、橄榄等食用物品的大陶缸,这些陶缸都极为笨重,四五个人才能将其抬离地面。可见,王宫不仅是政治和宗教中心,而且还是经济中心。东边的楼房则是王家的生活区。这部分的住宅大都留存了下来。它们有四五层之高,其中包括王宫接待厅、国王和王后的寝殿、学校、王室作坊等。王宫建筑不仅使用了柱廊,而且还装饰着精彩纷呈的壁画,体现出米诺斯人高超的建筑艺术,尤为令人赞叹的是宫殿建筑内良好的采光、通风、供水、排水和卫生设施。在所谓的"寝殿"后面,设有一套小房间,其中的一间有陶瓷浴盆,而另一间则是厕所。当伊文思发现它时感到十分惊讶,认为在20世纪初也只有少数国家才使用这样的卫生设施。至20世纪50年代,当英国作家柯特勒尔先生游览该处之后,仍然发出如此的感叹:"对于那些到克诺索斯王宫参观的普通人来说,尽管王宫财富众多,艺术非凡,却没有哪一样像这个3600年之久的厕所给他们以更深刻的感染力,它是我们引以自豪的技术科学的典型产物,在把卫生与文明等同看待方面,克诺索斯确是当之无愧的先驱。"[1]

克诺索斯王宫中最引人注目的自然是壁画。这儿的壁画不仅数量众多,而且佳作纷呈。米诺斯人是一个喜欢调色作画的民族。他们用神奇的笔将王宫各处的厅堂廊房描绘得华丽悦目。这些壁画内容丰富,其中一些是反映米诺斯人举行公共仪式、祭礼和娱乐场面的,另一些描绘的则是大自然中的花草、树木、鸟兽等。如"牛戏祭礼图"就是一幅表现祭礼场面的佳作。画面上一头雄壮的公牛正在奋力奔跑着,一位皮肤白皙的女郎在前面用双手紧紧抓住奔牛的双角。牛身上,一位皮肤黝黑的青年男子正在头脚

---

[1] 列昂纳德·柯特勒尔:《爱琴文明探源》,卢剑波译,四川人民出版社,1985年,第209页。

倒立,试图翻过牛背,而后面的另一位女郎专注地盯着翻越的男子,伸着双手,似乎要接住他,或者在他落地时扶他一把。这种斗牛戏显然是从与牛有关的宗教祭祀当中发展而来的。若单从艺术角度来看,"牛戏祭礼图"也是一幅不可多得的艺术精品。明暗的对比,奋飞的四蹄,甩动的尾巴,打扮入时的女驯手,这一切都使整个画面栩栩如生,活灵活现。而另一幅名字为"观礼图"的壁画则更令人着迷。其上描绘的是一群打扮时髦的妇女正围在看台四周观礼的场面。无论从她们的发型,还是从其穿戴的服饰上来看,这群3600年前的米诺斯女士足以同现代最时髦的女郎相媲美。无怪乎发现此壁画的学者们称她们为"巴黎女郎"了。这些壁画并非仅仅是为了装饰王宫,更重要的是它们还有一种超出审美范围的社会含义,即昭示人们要敬畏神灵。同时,这些壁画所极力描绘的是人的举止和形象,因此很明显,在米诺斯人的世界中,现世的人间生活得到突出。这种现实主义的理想在其他的壁画中亦都有明确的体现。作为一个海上民族,米诺斯人对大海有一种无法割舍的深情。故而他们将海中的水草、生物作为其壁画的题材。这些情趣盎然的壁画不正是米诺斯人崇尚自然与现实生活的绝好写照吗!

米诺斯人的宗教 宗教在米诺斯人的生活中占有相当重要的位置。无论在山洞里还是在山坡上,无论在王宫中还是在私人住宅中,米诺斯人都设有无数庙堂或神堂。考古学家在其中就发现了大量米诺斯人祭祀所用的器物和贡品。在米诺斯人那里,女神崇拜极为普遍。在克里特出土的许多印章上就刻有女神的画像。直到米诺斯文明衰微之时,他们对女神的崇拜仍有增无减。在众多地方上的小神庙里,他们依然供奉其所崇敬的女神。女神不仅主宰着大地和天空,而且还主宰着农业的丰歉和狩猎、航海的成败,因此,她是一位自然女神。尤为奇特的是,在克里特的许多神堂里和印章上都可以看到持蛇女神的形象。从出土的实物来看,女神多以象牙雕刻或黏土塑成。这些女神雕像形态各异,有的双臂伸展,每只手各执一条蛇,有的则是女神的臂膀为蛇所紧紧缠绕。对于持蛇女神的职能,学者们还有不同的看法。伊文思先生认为,该女神是以"冥府女后"的面貌出现的"母亲女神"。但也有人推测,在米诺斯人那里,蛇是维护房屋安宁的神圣之物,故而对持蛇女神的崇拜应与之有关。此外,米诺斯人还崇拜神圣的动物(如公牛和蛇等)及圣物(如双面斧和八字形盾牌等)。米诺斯人为何崇拜公牛呢?对此,人们还不太清楚。这是否是米诺斯人图腾崇拜的痕迹呢?因为,克里特人所赋予公牛的重大意义是其他古代民族所罕见的,而"祭献的牛角"几乎出现于每一座神堂之上,它甚至出现于克诺索斯王宫的屋脊之上。同时,在壁画和印章中也常常出现此种标志。但伊文思认为,公牛可能不是被当做神明来崇拜的,它也许是地神的一种崇拜物,因为米诺斯人常常用牛来做祭品。也正是从这一祭献活动中发展出了一系列斗牛之类的宗教仪式。双面斧和八字形盾牌可能与战争有关。米诺斯人供奉它们可能是为了求得战争的胜利。后来,它们便慢慢发展成为一种崇拜的对象。

线形文字 A 当年,伊文思先生是为了探寻象形文字而来到克里特岛的。结果,他确实在此找到了他梦寐以求的文字,但他苦苦钻研了 30 多年也始终未能成功释读这种神秘的文字。不过,他已基本上弄清楚了克里特文字的发展阶段,并认出了其中的一些表示物品的"图画文字"和克里特人的精密记数法。后来的学者便在他研究的基础上将米诺斯文字划分为两大发展阶段,即象形文字和线形文字阶段。正是在米诺斯文化发展的鼎盛期,象形文字演变成为音节的线形文字,学者们通常将这种最早的线形文字称为"线形文字 A"。它盛行于新王宫时期,在克里特岛已普遍使用。遗憾的是,时至今日,人们仍然未能将它释读成功。

米诺斯文明是一个海上文明。它的航海业和商业贸易相当发达。正是凭着强大的海上势力,米诺斯人先后使基克拉底斯群岛、希腊本土和东部的罗德岛及小亚细亚海岸的各小邦俯首称臣、纳贡。他们甚至远涉西部地中海的意大利南部及其附近岛屿。可以说,在其极盛之时,米诺斯成了一个名副其实的海上霸国。同时,米诺斯人同西亚、埃及的交往也更加密切。在这两个地区都发现了米诺斯人的器物,而米诺斯人在印章、壁画、陶器等方面也无不受到埃及人的影响,以至于有的学者认为它只不过是埃及文化的支脉。正是大海塑造了他们开放的性格,给这个文明打上了独特的印记。

公元前 1400 年,辉煌的米诺斯文明迅即被毁灭。伊文思先生认为它可能毁于大地震,或地震之后的外族入侵。但后来的研究表明,米诺斯文明的毁灭并非地震所致,而是由于人祸。那么摧毁米诺斯文明的是何许人呢?那就是印欧语系的希腊人。

2. 迈锡尼文化

迈锡尼文化建立于青铜文明的基础之上,它以伯罗奔尼撒为中心,其创立者是希腊人。不过,在迈锡尼时代,他们并未获得这一称号,而是被称为亚该亚人。现代学者通过对古希腊地名语源学的研究断定,在希腊人到来之前的希腊本土居民确系非印欧语系的黑头发的地中海种族,而古希腊人也一直认为希腊本土及群岛上的原有居民不是他们的祖先,并在古文献中称之为皮拉斯基人、卡里亚人和勒勒吉人。

线形文字 B 亚该亚人的老家在多瑙河与顿河一带。大约在公元前2200年,这个野蛮的民族来到了巴尔干半岛,并由北向南步步入侵,至公元前1600年,他们最终征服了希腊本土。落后的亚该亚人在同米诺斯人的交往中迅速吸收他们的文化成果,并不断发展壮大,至公元前1400年,亚该亚人摧毁米诺斯人的各城市,随后迈锡尼文明便迎来了它的鼎盛期。正是在这个时期,迈锡尼修建了坚固城墙、壮丽的宫殿、威严的狮子门与宏伟的圆顶墓。此外,梯伦斯、派罗斯、雅典和底比斯等城市也修建起了迈锡尼式的建筑。在入主克诺索斯后,亚该亚人便在米诺斯王宫书吏的帮助下用线形文字字母记载其语言,从而产生了一种新型文字——线形文字 B。考古学家已发现了几千块这种文字的泥板。英国著名学者文特里斯已成功释读了这种文字。事实证明,它确实是印欧语系中的古希腊语的一支。在迈锡尼文明的盛期,线形文字 B 在希腊本土获得广泛应用,于是,具有统一文化样式的迈锡尼文明便在希腊大地形成了。亚该亚人不仅继承了米诺斯人的文化遗产,而且还继承了他们的海上霸权,成为爱琴海世界的新主人,其足迹遍及东至叙利亚,西至意大利南部及其附近岛屿,南至埃及的广大地区。考古学家在这些地区都发现了大量的亚该亚人的器物。

虽然亚该亚人是在米诺斯文化的沐浴下发展起来的,但他们的文化却有着自己鲜明的特色。米诺斯人喜好充裕、优雅、平和的生活,而亚该亚人则崇尚武力、冒险和奢华的生活;米诺斯人的建筑充满了分散性和流动感,而亚该亚人的建筑则显示出了一种集中性。巨石垒砌成的厚实高大的城墙将各个空间护卫起来。这完全是为了军事防御之目的。而米诺斯人的城市根本没有城墙,反映出他们开放的精神风貌。亚该亚人亦继承了米诺斯人的壁画装饰艺术,但其题材则主要是有关战争和狩猎场面的。无怪乎一些人把亚该亚人看做是不识精致优雅的米诺斯文化的野蛮人了。可见,这两个民族的性格特点亦反映在他们的文化与生活之中。

对于亚该亚人的宗教,我们还不甚明了,但出土的铭文中经常提到许多掌管神庙的男女祭司,而且他们还拥有众多的土地,可见,宗教在他们的生活中亦占有重要的地位。他们在神庙中供奉各种神明。铭文中就提到宙斯、波塞冬、雅典娜、赫拉等神的名字。同时,迈锡尼人也与米诺斯人一样相信冥府的存在,所以他们修筑了无数宏伟的坟墓。考古学家在迈锡尼等地发现了亚该亚人的墓地,并从中发掘出大量的金银随葬品。这一些成为我们研究迈锡尼文化的重要文物。

大约在公元前1200年—前1170年,走向衰落的亚该亚人发动了一场远征小亚细亚的特洛伊战争。虽然亚该亚人最终取得了胜利,但它却无法挽救其衰亡的命运。就当亚该亚人如同一位面容枯槁的老人在坟墓边徘徊的时候,一个充满活力的野蛮民族——多利亚人乘虚而入,摧毁了迈锡尼文明。

七、拉美与黑非洲文化

1. 古代美洲

一般认为,创造美洲古代文明的印第安人并非美洲土生的,而是从其他大陆迁徙到美洲的。因为,美洲至今未能发现猿人的化石,也没有发现任何属于人类近亲的猿类。那么,印第安人究竟从何而来?学术界存在着分歧。在各种不同的意见中,"亚洲移民说"较为可信。根据人类学家和考古学家的研究,美洲印第安人与亚洲蒙古利亚种人有着相同的外形特征和血型特征。大约在距今4万年至1万年之间,一批一批的亚洲移民先后通过西伯利亚与阿拉斯加之间的白令海峡到达美洲,然后由北向南扩散,散布到美洲各地。被西方殖民者称为印第安人的美洲居民,便是这些亚洲移民的后裔。他们在这块古老的大陆上生息繁衍,创造出了自己独特的文化。在15世纪欧洲殖民者到达美洲之前,美洲印第安人已创造出相当繁荣的文明,出现了玛雅文化、阿兹特克文化、印加文化等几大文明中心,特别是他们在农业方面的成就,为人类文明的发展做出了重要的贡献。

玛雅文化 大约从公元前2000年起,玛雅人就生活在今天的墨西哥东南部、危地马拉、洪都拉斯西部、伯利兹和萨尔瓦多西部,但其文明高度发达的中心在危地马拉的佩腾地区。玛雅人是创造美洲文明的先驱者,被誉为"新世界的希腊人"。大约从公元前1500年起,玛雅人开始有了宗教与社会组织,到公元250—900年间玛雅文明达到高度繁荣,为玛雅文明的古典时期。15世纪时,玛雅文明因内部政治动荡而全面衰落,随之而来又遭到西班牙殖民者的彻底破坏。

玛雅人的文化成就,对人类影响最大的莫过于农作物的培育方面。他们培育出来的玉米、西红柿、南瓜、甘薯、豆子、辣椒、可可、烟草等作物,后来经过欧洲殖民者传播到全世界。玛雅人的城邦社会也造就了城市建设与建筑艺术的辉煌。据估计,古典时期的玛雅人大概先后建立过100多座城市,最著名的是蒂卡尔(Tikal),它的人口达5万人之多。玛雅人的建筑成就突出表现在他们修建的金字塔神庙。金字塔神庙用石料修建而成,有的塔基周长达140米,高40米,塔面有台阶,拾级而上可达塔顶。玛雅人还在其庙宇、陵墓等建筑物上留下了大量的壁画,最著名的是博南帕克遗址中的壁画。这幅壁画大约作于公元8世纪,描绘了贵族的仪仗队、战争与凯旋、审判战俘、庆祝游行和进贡等场面,人物形象栩栩如生。

玛雅人创造了象形文字,这些文字主要刻在建筑物、石柱和陶器上,也有的写在用树皮、兽皮制成的纸上。据统计,玛雅人象形文字的词汇多达3万多个。玛雅人常在城里立石柱记事,大概每20年立一根石柱,上面用象形文字把一些重要事件记载下来。一些石柱上的象形文字已被释读出来,这就使得玛雅历史有确切的年代可考。但是,由于西班牙殖民者对玛雅文化的大肆破坏,玛雅文字变成了死文字,至今大部分文字仍无法释读出来。

玛雅人在天文历法与数学方面取得了巨大的成就。玛雅人共制定了四种历法,其中的太阳历,以365天为一年,一年又分为18个月,每月20天,年终剩下5天为"禁忌日"。玛雅人在数学方面采用20进位法,并且引进了零的概念,比印度人发明零要早得多。

玛雅人在宗教上是多神信仰,所崇拜的大多是与其物质利益紧密相关的自然神。在众神中,伊查姆·纳(Itzam Na)是最重要的神,他既是创造之神,又兼有其他诸神的本领,掌管火、雨水、丰收等。其他诸神有太阳神、月亮女神、雨神、玉米神等。玛雅人对于来世的观念,也有类似于天堂与地狱的思想。他们认为,有一个由13层构成的上界和一个由9层构成的下界,每一层都有神主管,最底层是由死神阿·普奇(Ah Puch)掌管的。为了取悦于众神,玛雅人的宗教仪式中常以人为牺牲,进行人祭。

阿兹特克文化 阿兹特克文化兴起于墨西哥谷地,它的繁荣在时间上稍晚于玛雅文化。阿兹特克人是大约在12世纪从北方迁徙到墨西哥谷地的,而此前,特蒂华坎人、特尔托克人、奇奇梅卡人等已在这里先后创造出较高程度的文明,这为阿兹特克文化的繁荣奠定了基础。大约从1344年起,阿兹特克人开始在特斯科科湖畔修建特诺奇蒂特兰城,并用武力逐渐征服周边部落,建立起一个强大的部落联盟,西方学者称之为帝国,著名的统治者是蒙特祖马一世(1440—1486)。事实上,阿兹特克人尚处于早期奴隶制阶段。

特诺奇蒂特兰城是阿兹特克人的首都,面积达13平方公里,6万多幢房屋，30万居民。它的建设体现了阿兹特克人建筑方面的卓越才能。这座城市建立在特斯科科湖的一些小岛上，各岛之间有堤坝相通，并以堤坝连接湖岸，堤坝宽可并行10至12人。城市中心有广场，家庭住宅有庭院和屋顶花园，最为壮观的是城内的40座金字塔神庙。其中在广场上为太阳神修建的太阳金字塔——特奥卡利神庙，用巨石砌成，高达50米，共分5层，有140级台阶，立于其上可俯瞰城内的大小建筑群。

阿兹特克人在农业生产上以种植玉米为主，并懂得人工灌溉和施肥技术。在手工业方面，他们所制作的陶器、石雕、木刻、金银首饰等精美手工业品，为后来的欧洲殖民者所惊叹。在科学文化方面，阿兹特克人也取得了很大的成就。他们已开始使用图画文字，也有表意与表音的符号，但尚未发展成为完整的象形文字。他们知道利用各种草药治病，并会使用叫做"亚乌特利"的草药做麻醉剂。在历法方面，他们把一年分为365天，每逢闰年加1天。阿兹特克人的宗教与玛雅人相似，也是多神信仰，但太阳神"维济洛波特利"占有最为重要的地位，他是首都特诺奇蒂特兰城的保护神，同时又是战神。阿兹特克人也相信来世中的上界与下界，最上一层居住着造物主，最下一层是死神之地。为了求得神的庇佑，他们常用战俘作牺牲来祭奠神灵。

阿兹特克帝国是靠武力征服建立起来的，也是靠军事力量来维持的，征服者与各部落间的矛盾很大，结果很快被西班牙殖民者征服，阿兹特克文化被摧毁。

印加文化 印加文化以今秘鲁为中心，包括从哥伦比亚南部到智利北部的南美广大安第斯地区。印加帝国的建立者克丘亚人原居住在库斯科谷地，13世纪时向外扩张，15世纪时征服周边地区而建立起一个庞大的奴隶制帝国。"印加"一词本意是"首领"或"大王"的意思，是克丘亚人对其统治者的称呼，他们所建立的国家本名叫"塔万廷苏龙"，意为四方之地。但由于西班牙殖民者误认为"印加"就是这个民族和国家，这一名称也就由此误传了下来。由于印加帝国疆域辽阔，印加人因此被称为"新世界的罗马人"。

印加人的文化成就，突出表现在建筑方面。印加帝国出于巩固统治的目的，修筑了以库斯科城为中心的驿道网。其中的两条主干道纵贯南北，长达1500至2000英里，宽4至5米。有的道路依地形而盘旋曲折，还有桥梁。在神庙建筑方面，最杰出的是库斯科的太阳庙。这座宏伟的建筑全部用巨石彻成，墙面用金板贴角，门也是黄金制成的。

印加人在农业方面的成就，主要表现在他们培育出了玉米、马铃薯等40多种作物，而且还修筑了许多梯田和灌溉水渠。手工业方面，印加人已懂得金、银、铜、锡等金属的冶炼和加工，加工中的铸造、锻压、模制、镶嵌、焊接等工艺已广泛使用。此外，他们的纺织与制陶业也达到了相当高的水平。

在医学方面，印加人会使用麻醉剂，能进行人体解剖，制作木乃伊，尤其是开颅手术，居于当时世界领先地位。印加人在文字与历法方面不如玛雅人与阿兹特克人，他们尚处于结绳记事阶段，这种结绳记事在克丘亚语中叫"基普"。其方法是在一条主绳上结许多小绳，小绳的颜色和长度表示不同事情的类别，如人口、税收、军事、行政等，用结节数表示数量。他们在首都库斯科设有5座天文观象台，根据地球运行周期和对月亮的观测，分别制定了太阳历和阴历，太阳历一年为365天，阴历一年为354天。

印加人自称是太阳神的子孙，因为在他们中间有这样一个神话传说：太阳神在的的喀喀湖上创造了一男一女，这对夫妻就是印加人的祖先。太阳神然后又把他们送到库斯科谷地，分别封他们为"王"和"王后"，建立起了以库斯科城为中心的国家。因此，太阳神是印加人崇拜的最主要的神灵。此外，月亮神也是印加人崇拜的重要神祇，她被认为是太阳神的妻子。与农业生产紧密相关的地母神也受到印加人的青睐。

印加帝国大约经历了3个世纪的发展历程，到1533年被以皮萨罗为首的西班牙殖民者征服，印加文明遭到破坏。

2. 黑非洲文化

非洲大陆的文化呈现出多样性和发展极不平衡的特点。北非是世界古老文明发祥地之一。中部和南部非洲（即撒哈拉沙漠以南的热带非洲，因其居民主要为黑人，故被称为"黑非洲"），各文明发展则相对迟缓。这大概与其特殊的地理环境有关，因为炎热的气候、撒哈拉大沙漠的阻隔、内陆河流的稀少等不仅阻碍了各地区间的相互联系和影响，而且还使它同外部世界先进文明无法发生密切的联系，从而造成其文化发展的缓慢。

东非诸国的文化 在黑非洲，东非地理位置最为优越。它北与古老的埃及文明接壤，而东非印度洋沿岸是发达的国际贸易区，所以在古代东方文明和其后的阿拉伯等文明在向中南非洲的传播中，它最先受益。因此，东非较早地踏上了文明发展之路，其文化也较为发达。其中著名的文化中心有库施、埃塞俄比亚、索马里及其以南印度洋沿岸诸城邦。

库施王国(即古努比亚)地处埃及和埃塞俄比亚之间。早在公元前300年,古埃及的文献上就有努比亚人的记载。大约在公元前12世纪末,他们建立了独立的国家,即库施王国,并先后经历了两个时期:纳帕塔(约前12世纪末—前6世纪中叶)和麦罗埃(前6世纪中叶—4世纪前期)。纳帕塔时期的文化深受埃及宗教和文化的影响。在建筑、艺术各方面都表现出强烈的埃及色彩,他们甚至采用了埃及的文字。麦罗埃时期的文化一方面则继续模仿埃及,另一方面则融入了西方文化的某些成分。这在建筑艺术方面就有所体现。该时期文化上的最重要成就则是努比亚人文字的发明。他们采用古埃及简化了的俗体字母,创造了自己的文字。不过,这种文字至今仍还没有完全解读。在公元6世纪,基督教自埃及传入库施地区,并成为该地区的占统治地位的宗教。公元13世纪,阿拉伯人最终征服努比亚全境,从此努比亚走向了伊斯兰和阿拉伯化。

埃塞俄比亚文化发展亦比较早,但直到公元前后形成阿克苏姆国家后,其文化才开始发展。在公元4世纪时,该王国达于鼎盛。埃扎那国王不仅自己皈依基督教,而且还大力推进基督教在各地的传播,从而使其成为非洲大陆唯一的基督教文明古国。基督教对它的影响极为广泛。埃塞俄比亚人的道德行为规范和司法以《圣经》为准,其哲学和文学的也是在《圣经》的基础上发展起来的。同时,在建筑、艺术等方面也体现出基督教文化和当地文化相互融合的特点。在公元3世纪时,埃塞俄比亚就已经有了比较系统的文字。埃扎那在位时推行文字改革,从而奠定了现在埃塞俄比亚文字的基础。

在索马里及其印度洋沿岸地区,由于发达的国际贸易,出现了索马里、桑给巴尔等一系列极为繁荣的城邦。他们通过海上贸易,同东方的印度、中国等保持了密切的交往。由于阿拉伯人、印度人和波斯人等(其中主要是阿拉伯人)因贸易而来此定居下来,所以他们与当地人民互相融合,从而发展出了一种独特的文化:阿拉伯—班图文化。

西非诸国文化 在西非的历史舞台上,自公元8—16世纪,加纳、马里和桑海三个文明国家先后登台亮相。它们的文化发展都有一个共同的特点,那就是通过与北非的贸易交往而走向文化发展之路。因为发达的商业不仅促进了这些国家的经济繁荣,而且还增强了它们同北非文明发达的地区的文化交流。正是在北非先进文化的影响下,西非的文化一步步走向繁荣。

大约在公元3世纪,加纳建立国家,在公元10世纪,该帝国达于鼎盛。

它控制了撒哈拉西段的贸易路线,并由此成为南北非食盐和黄金贸易的中心。加纳的首都有两个城:即王城和商城。王城有一些圆顶茅屋和一座伊斯兰教清真寺,城外有圣林。祭司、监狱和王陵分布其内。商城为来自北方的穆斯林商人的居住区,城内清真寺有10多座。同时,在这两座城之间还布满了住宅。公元1240年,在加纳南方兴起的马里王国灭了加纳。

在14世纪上半叶,马里帝国进入繁盛期。当时,它与北非的埃及、摩洛哥、马格里布等都有极为频繁的贸易往来,许多城市呈现出一派繁荣的局面。同时,帝国的文化教育也欣欣向荣。著名国王曼萨·穆萨还从国外聘请众多穆斯林学者,兴办学校,建立清真寺,其中廷巴克图成为帝国的文化中心。该城中的桑科尔清真寺是著名的学术中心,而桑科尔大学是一个拥有数千人的大学,它拥有藏书丰富的图书馆,埃及、摩洛哥的学者也都应邀来此讲学,它甚至吸引了来自欧洲的学子来此留学。北非穆斯林对于马里文化教育的发展以极大的推动作用。至14世纪中叶,马里已伊斯兰化。

公元9世纪,桑海国家建立。国王索尼·阿里在位时期(1462—1492)走向强盛。东马里的大部分地区为其所占。廷巴克图等许多商业、文化中心城市也落入其手中。在阿斯基亚·穆罕默德一世统治时期(1492—1529),桑海达到极盛,国内文化教育事业也蒸蒸日上。由于穆罕默德一世是在穆斯林商人支持下夺取政权的,所以他上台后极力保护穆斯林商人和学者。他大力发展教育,重视学术研究。在他统治时期,廷巴克图的各类学校已发展到了150所。同时,他还延揽各地文人学者来帝国任教。在1492年格拉那达陷落后,许多穆斯林学者、科学家、艺术家纷纷逃亡外地,穆罕默德一世趁此机会聘请他们来桑科尔大学就职。在当时,该大学已发展成为包括《古兰经》研究、地理、历史、文学、法律、数学、天文学、医学等学科门类较为齐全的著名大学。同时,穆罕默德一世还不惜重金从外国购买许多珍本图书,以充实图书馆。廷巴克图由此成为了穆斯林世界的文化中心之一。

中南非洲诸国的文化 中南非洲是指赤道非洲及其以南的国家。自公元1世纪开始,班图人由赤道附近的故乡向南部非洲迁徙。这一迁徙过程一直持续到了19世纪。班图人的迁徙不仅促进了民族间的融合,而且还促进中南非洲的文化发展,并形成了一些文明国家。其中,位于沿海的刚果和津巴布韦因与外部世界联系较多,其文化发展也较快。

在15世纪末和16世纪初,刚果发展成为一个强盛的国家。其部落的语言与文化也迅速传播于其所统治的地区。刚果王国的文化相对原始,但是其传统手工艺业极为发达。其中,象牙雕刻和木雕艺术具有很高的艺术价值。

1868年,津巴布韦文化遗址被发现。通过其后不断的考古发掘,它显露出了真实面目。它是一个巨大的石头建筑群。在该建筑遗址的山顶是所谓的"卫城",而在山下平地则是所谓的"寺庙"或"椭圆形建筑"。它们都由坚固的城墙所防卫,城墙既高大又厚重,是由当地的花岗岩砌成,其间没有黏合剂。同时,在该遗址中还发现了中国的瓷器、阿拉伯与波斯的玻璃器皿和印度的串珠、贝壳等。这说明,它曾积极参加印度洋的国际贸易。这一巨石建筑群并非一时所建。据考古学家鉴定,自公元6世纪前后,就已开始修建,但其中的主要建筑则建成于公元13—14世纪。有些西方学者认为,该建筑群是由外来的波斯或阿拉伯人等建造的,但大量事实说明,它确实是非洲的杰作,是非洲人文化的结晶。

总之,处于恶劣自然环境中的黑非洲各族人民创造出了令人赞叹的文化成就,成为古代世界文化的一个重要组成部分。

推荐阅读书目

1. 布罗代尔:《文明史纲》,肖昶等译,广西师范大学出版社,2003年。
2. 刘文鹏主编:《古代西亚北非文明》,中国社会科学出版社,1999年。
3. 金寿福:《永恒的辉煌——古代埃及文明》,复旦大学出版社,2003年。
4. 伊恩:《重构古埃及》,颜海英译,外语教学与研究出版社,2007年。
5. 张光直:《商文明》,辽宁教育出版社,2002年。
6. 杨宽:《西周史》,上海人民出版社,1999年。
7. 朱维之:《希伯来文化》,浙江人民出版社,1988年。
8. 巴沙姆:《印度文化史》,闵光沛等译,商务印书馆,1997年。
9. 王以欣:《寻找迷宫:神话·考古与米诺文明》,天津人民出版社,2000年。
10. 晏绍祥:《荷马社会研究》,上海三联书店,2006年。
11. 雅各布·布克哈特:《希腊人和希腊文明》,王大庆译,上海人民出版社,2008年。
12. 金计初:《美洲文明》,当代世界出版社,1999年。
13. Kramer, Samuel Noah. *Cradle of Civilization*, New York Time-Life, 1967.

14. Sherman, Dennis and Joyce E. Salisbury, *The West in The World*, 2nd. ed., McGraw-Hill, 2006.
15. Willetts, R. F. *The Civilization of Ancient Crete*, Phoenix Press, 2004.

第三章　古典文明时代与人类文化的初步发展

经过早期文明时代洗礼的人类,在进入古典时代后便迅速走向了知识和文化的勃兴。在这个令人瞩目的时代,人类蓄积已久的智慧和创造力在一种不曾有过的自由环境中突然迸发出来,如古希腊罗马、东周时代的中国、列国时代的印度。而该时代人类所贡献于世的各项文化成就则成为了以后各时代文化发展的源泉和动力,它也因此而获得了所谓的"元典"或"古典"的意义。我们所说的"元典"或"古典"就是"独创性的、一流的"意思。当然,我们只是借用学术界的这些词汇以概括该时代的文化特征。我们所指的"古典文化"时代,从时间上来说大致以公元前8世纪至公元3世纪为限,从地区上来说主要指该时期欧亚大陆的文明。同时,各文明(尤其是地理上相邻近的文明)之间也发生了相互的联系和相互的影响,并促进了整个人类文化的进步和发展。

一、希腊古典文化

1. 希腊文化的东方渊源

19世纪中叶之前,欧洲一般受过良好教育的人都持这样的观点:西方文化是古希腊哲学、文学、艺术,罗马法律、技术,基督教伦理道德的自然延伸,并没有东方的因素。① 随着19、20世纪的考古挖掘,象形文字、楔形文字的释读,泛巴比伦主义、泛埃及主义的盛行,迫使西方世界重新认识引以为豪的西方文化起源,重新评估美索不达米亚文明的历史地位。

其实,与近代欧洲人不同的是,古希腊人认为他们文化中的许多重要因

---

① 如德国哲学家策勒(E. Zeller,1814—1908)1856年的著作便公开反对希腊哲学的东方起源说;维拉莫维兹(Ulrich von Wilamowitz-Moellendorff)在1884年宣称:无论是闪族人还是埃及人都没有对希腊文明做出什么贡献,'东方乃是希腊人的死敌'"。转引自叶舒宪:《"东方"概念的话语建构之根——〈东方化革命〉读后》,刊《东方文化》2002年第5期。译名有改动。

素都是从近东闪米特诸文明中借用来的,尤其是从埃及文明中借用来的,而不是源自欧洲自身。① 希罗多德认为希腊的许多神名来自埃及,他也承认,"希腊从巴比伦那里借用了日晷、指时针以及把一天分为 12 部分的知识";柏拉图也持有类似的观点;普鲁塔克指出希腊哲学家依赖早期埃及人的智慧。美国学者伯纳尔(Martin Bernal)教授把这种观点称之为"古代模式"(Ancient Model),自古代一直到启蒙时代几乎所有的民众、学者都接受此种观点。但在这之后人们逐渐改变了这种看法,代之而起的是所谓"雅利安模式"(Aryan Model),强调来自北方说印欧语言的入侵者对希腊文化形成起着决定性的作用,也就是说希腊文化中决定性因素来自欧洲本身,这种观点至今在一定程度上仍笼罩着西方学术界。希腊文化"的闪米特或非洲根基或是被有意识地清除了,或者是被掩盖起来了……欧洲语文学家为了保持雅典的纯洁,养成一种意识形态上的习惯,对这些使他们难堪的部分只字不提"②。美国历史学家伯纳尔(M. Bernal,1937—)引起争议的著作《黑色雅典娜》的核心就是重倡那种为人所抛弃的"古代模式",人们抛弃这种观点并不是建立在历史事实之上,而是因为这种观点强调了"东方"尤其是"埃及"对古代希腊历史的影响,这是那些对 19 世纪欧洲文化抱有优越感的人所绝对不能忍受的,不管浪漫主义者也好,民族主义者也好,激进主义者也好,历史主义者也好,都是如此。假如人们接受伯纳尔的观点的话,就会把伯纳尔的希腊文明起源理解为一种"修正的古代模式"(Modified Ancient Model),这就是说,强调在纪元前 2000 年代的希腊文化形成时期,近东文明尤其是埃及文明对其决定性的影响。对古希腊历史进行如此大规模地修正,可谓空前绝后,所以人们在伯纳尔教授著作中发现了一些不足之处也并不奇怪,因而遭到了学术界主流学者的批判,但这也正说明了人们对西方文化起源的重新思考。

因此,从文化交流角度来看,不是西方影响东方,而是东方影响西方,尤其是古代近东文明深深影响着希腊文化,特别是从公元前 750 年到公元前

---

① 不过,在多数情况下,希腊人借用两河文化的路径与起源都是模糊的,包括法律问题也是这样。见 *Encyclopædia Britannica*,"History of Mesopotamia"辞条。
② 爱德华·萨义德:《文化与帝国主义》,李琨译,三联书店,2003 年,第 19 页。

650年的一个世纪里,①希腊文化深受近东文化的影响。早在20世纪初期,人们就提出东方化时代(The Orientalizing Period)②的概念,指这个时期的希腊艺术深受东方世界的影响:一是来自美索不达米亚、安纳托利亚的影响,一是来自腓尼基、埃及的影响。这主要是因为战争、贸易、旅行以及希腊人对东方艺术主题与风格的喜爱而造成的后果。③ 结果这使先前几何风格时期(Geometric Period,约前1000—前700)整洁的艺术手法变得更加有活力,形状也变得更加富有表现力。以人物、动物为主题的画面充满了以往的空洞的画面,并伴有其他装饰性的因素。

大约从公元前700年起,希腊人从他的东方邻居那里学习如何使用铸模来大批量生产泥板浮雕装饰版。这种风格后来被称为代达罗斯风格(Daedalic style),这是第一次东方化。从公元前640年左右开始,开始了第二次东方化。埃及人的巨大建筑物深深震撼着希腊人,比普通人还要大的埃及塑像给希腊人留下了深刻的印象。这时在材料方面也发生了重要的变化,以前希腊人习惯于石灰石、黏土或木材,现在则向埃及人学会了雕刻石头的技巧,开始倾向于使用基克拉迪群岛上的白色大理石了,特别是这其中的帕罗斯岛(Paros)和纳克索斯岛(Naxos)上的大理石。也就是在这一时期,希腊世界出现了真正意义上的纪念碑建筑物。风格与比例仍旧是代达罗斯风格的。大约在公元前630年,首先在岛屿后来在希腊本土,希腊人开始雕刻裸体的、站立式的人物塑像,先前只是在小的艺术品上才可以看到这一风格,这种风格在比例、动作的细节方面都从埃及塑像那里加以借鉴。这种与实物大小一样的或更大的大理石年轻人塑像(kouroi)揭示了希腊人在技巧、风格方面的快速发展:向自然主义风格的快速发展。④ 值得注意的是

---

① 这一时代的起讫点有不同的说法,比如前750—前625、前730—前580、前725—前650、前720—前625、前720—前575、前700—前650、前700—前640、前700—前620、前700—前625、前700—前600、前8世纪—前6世纪等不同的说法,大体上可以说整个公元前7世纪都属于东方化时代。
② 一般认为,随着考古学的发展,促使许多学科取得了很多成就,东方化时代就是希腊艺术史领域内出现的一个概念,后来这个概念才逐渐引入到其他领域。笔者查了许多材料,难以查考是谁最早提出这一概念的。以笔者目前所掌握的材料来看,应该是英国学者霍尔(Harry Reginald Hall,1873—1930)在 *The Oldest Civilization of Greece: Studies of the Mycenean Age* 一书中提出的(London: David Nutt Philadelphia: J. B. Lippincott Co. 1901,p. 43)。现在史学界也越来越多地使用这一概念了,比如英国学者 Oswyn Murray 的 *Early Greece*(Glasgow, Fontana Press,1980年第1版、1993年第2版)一书的第6章就名为"The Orientalizing Period"。
③ Laurie Schneider Adams, *Art across Time*, McGraw-Hill,1999,p. 142.
④ 参见 *Encyclopædia Britannica*,"Western Sculpture"辞条。

经过东方化洗礼之后,希腊人形成了自己的特性,并没有被同化,而是大大影响了周边民族。希腊人大约在公元前675年①在埃及建立的第一个希腊人殖民地诺克拉底斯(Naukratis)非常明显地表明希腊文化在那些更古老民族中的力量。②

由此我们可以知道,在古代地中海世界,原先就存在过一种希腊因素和东方诸因素相汇合的文化。当然,这种汇合并不是简单的"合并",双方的关系是互动的,并不是始终一方对另一方一边倒的强势影响,究竟是谁对谁的影响大,是由不同时期各种具体而复杂的因素决定的。诚如论者所言:"东方与西方在文化发展方面为各自将要在新联合体中扮演的角色而做准备……当彼此的思想充分地从具体的领域、社会与民族条件中解放出来,采取某种程度的普遍有效性,从而变得可以传播与交流时,文化之间的最佳融合就能实现。于是人们就不再约束于诸如雅典城邦或东方等级社会之类的具体历史事实,因而进入到在形式上更为自由的抽象原则,这些原则可以宣称适用于所有人,不但可学习,而且可以由论证加以支持,更可以在理性讨论的领域内彼此相互竞争。"③

也许正是这种相互交流、竞争,最终导致了所谓"轴心时代"(The Axial Age)的出现。这是德国心理学家、哲学家雅斯贝斯(Karl Jaspers,1883—1969)提出的概念。④ 他认为公元前800—前200年间(一说前600—前200年间)在印度、伊朗、巴勒斯坦、希腊、中国等地出现了哲学的突破,人类有了自我意识,精神生活得到质的飞跃。文明基本形态成型,文明早期格局由此而奠定,而且自此以后,人类历史上就再从没有出现过这种类似的现象。希腊哲学思想为西方政治打下了深厚的基础,此外,通过柏拉图思想与基督教教义发生了联系,而继承希腊文化衣钵的罗马则把希腊文化加以发扬光

---

① 参见 The Crystal Reference Encyclopedia, Quotations Ltd.,2005,"Naukratis"辞条。
② 参阅 Alan E. Samuel, The Greeks in History,Toronto,University of Toronto Press,1992,"We Know How to Be Greek"这一章。
③ 约纳斯:《诺斯替宗教:异乡神的信息与基督教的开端》,张新樟译,上海三联书店,2006年,第2页。
④ 参见雅斯贝斯:《历史的起源与目标》,魏楚雄、俞新天译,华夏出版社,1989年,第7—8页。值得注意的是,余英时认为这个概念"并不是雅斯贝斯个人的新发现。他的真正贡献毋宁是把问题提得更尖锐、更集中。……雅氏的新说法基本上是在韦伯(Max Weber)的比较宗教史的基础发展出来的"。余氏随后又说闻一多早在1943年发表的《文学的历史动向》就描述过雅氏这一"轴心突破"现象,比他早六年。详见余英时:《轴心突破和礼乐传统》,载《现代儒学的回顾与展望》,三联书店,2004年,第392—413页。

大。生活在这一时期的佛陀、孔子奠定了东方思想的两种类型。在中国出现了儒教、道教,以孔子、老子为代表,在印度出现了婆罗门教、佛教、耆那教,以佛陀为代表;在伊朗出现了索罗亚斯德教,以索罗亚斯德为代表;在巴勒斯坦出现了犹太教,以以利亚(Elijah,前875—前848)、以赛亚(Isaiah,前740—前681)、耶利米(Jeremiah,前627—前586)等先知为代表。在希腊则出现了智者运动与各派哲学,以荷马、巴门尼德、赫拉克利特、苏格拉底、柏拉图、亚里士多德、修昔底德、阿基米德等为代表。

2. 城邦政治文化

当希腊人从黑暗时代苏醒之后,以氏族制度为基础的原始公社组织开始让位于新型的政治单位——城邦(polis)。这种政治组织最早诞生于小亚的爱奥尼亚和伊奥尼亚希腊移民中间。城邦一词源于"卫城"(acropolis, acro 是"高"的意思)。卫城指与不设防的乡村相对应的有设防的居民点。起初,卫城设在山头,人们在遭到敌人攻击或海盗威胁时,就以那里为庇护所。经过很长时间,卫城及周围一片地区才变成经济、政治、宗教和文化中心。从公元前8世纪始,城邦才具有政治意义,成为一种特殊形式的国家组织。它也是古典时代唯一的国家组织形式。[1]

从外在形态上看,城邦的特征是小国寡民。在地理上,这种希腊共同体通常是由居住在易于防守的山坡上的城市居民及其附近的土地组成,这个山坡靠近海,但也不是离海太近,这一地区由海或山围绕,超越这一地区就是另外一个希腊共同体了。[2] 在城市中心地带有神殿、法庭等建筑物,以及可作为集市和用来举行政治集会的广场。这种城邦既不同于古代东方那种包括众多城市和地区的领土广袤的国家,也不同于近代意义上的国家。居住在城邦领土上的人并不都是公民。在一些城邦(如斯巴达)中,只有极少数人享有全部公民权。在所有希腊城邦中,奴隶都被排除在公民之外。而外邦人也无公民权,除非他获得特许。城邦的规模不大,规模最大的斯巴达强盛之时不过8400平方公里,多数城邦的男性公民不足5000人。[3]

从本质上看,城邦的特征是一个以公民权概念为核心的政治集体。公民大会在各城邦都是最重要的权力机构,城邦的一切重大问题必须由公民

---

[1] 丛日云:《西方政治文化传统》,大连出版社,1996年,第24页。
[2] J. W. Roberts, *City of Sokrates: An Introduction to Classical Athens*, Routledge, 1998, p. 9.
[3] 佩里主编:《西方文明史》(上册),胡万里等译,第70页。

集体决定。由于绝大多数公民实际上都参与公共事物,所以这种团体格外具有凝聚力。各城邦政治制度的区别主要在于公民范围的大小,公民参政的广度和深度,政治生活是否活跃,公民内部集团事实上对城邦的影响力等。

城邦对外独立,对内享有完全的自主权。在经济上,它以自给自足为目标;在政治上,城邦之间没有隶属关系,它们都是独立的主权国家。城邦之间常处于你争我夺的状态之中,战争是最常见的解决方法。虽然在历史上不断出现若干城邦结成的联盟,但联盟一般并没有使入盟各邦丧失独立,相反,各邦的独立和平等一般都是联盟的基础,并且所有的联盟都非常的脆弱、松散。城邦的这一特征不同于我国春秋时期林立的小国。因为这些小国有一个凌驾于它们之上的神授的最高王权的政治权威。古希腊在政治上不曾出现过君临一切城邦的专制皇帝。城邦本位主义和多中心是古希腊政治上的一个特点。

古希腊城邦的政体多种多样,有民主制、贵族制、君主制和僭主制。这些都是奴隶主阶级专政这一国体的不同形式。雅典和斯巴达是古希腊最著名的两个城邦。雅典是民主制的典型,而斯巴达是贵族制的典型。它们都对希腊诸城邦产生了巨大而深远的影响。考古证明,早在公元前1500年左右,雅典就有居住者了。[①] 斯巴达是青铜时代的一个主要中心。大约在公元前1200年,斯巴达毁于一场大火,拉哥尼亚(Laconia)——环绕斯巴达的周围地区——衰落了。黑暗时代的拉哥尼亚几乎没有什么遗址,只是到了公元前900年左右,新的居民点才开始出现。[②]

雅典民主政治具有许多特点。伯里克利在阵亡将士葬礼上的演说中说:"我们的制度之所以被称为民主政治,因为政权是在公民手中。解决私人争执的时候,每个人在法律上都是平等的。"城邦的主权属于它的全权公民。公民们直接或间接地参与城邦的管理,而不同于后世的"代议制"那样通过选举代表来管理国家。"凡享有政治权利的公民的多数决议无论在寡头、贵族或平民政体,总是最后的裁断,具有最高的权威。"[③]雅典当时最重要的国家权力机构有公民大会、五百人会议和陪审法庭。

---

① Candice Goucher, Linda Walton, *World History: Journeys from Past to Present*, Routledge, 2008, p. 58.
② Ian Morris, Barry B. Powell, *The Greeks: History Culture, and Society*, 2nd ed., Prentice Hall, 2009, p. 199.
③ 亚里士多德:《政治学》,吴寿彭译,商务印书馆,1981年,第199页。

公民大会是雅典的最高权力机关。公民的参政是直接的,全体 20 岁以上的阿提卡男性公民均可以参加公民大会。公民大会每月召开三、四次,听取一切官吏的重要报告,进行辩论和通过各种提案,选择官吏,制定法律,决定宣战与媾和、结盟等国家大政方针。公民大会是实施直接民主的最重要机关,人民可以借此表达自己的愿望。

五百人会议是雅典实际上的政府。它除了为公民大会准备议程和预审提交公民大会讨论的议案外,主要执行公民大会的决议,负责日常行政事务。它由雅典 10 个区各选出议员 50 人组成。五百人会议的常设机构是五十人团,由五百人会议成员分组轮流执行,每组轮值一个月。由抽签产生一名主席,他又是国家的最高元首。五百人会议和陪审法庭都对公民大会负责。然而,公元前 429 年之前的民主派领袖似乎都是贵族出身。[①]

陪审法庭是雅典城邦的最高司法机关,每年选举一次由十名法官和全体公民抽签选出 6000 名陪审员组成,从中再选出 201 到 1001 人组成的规模不等的陪审团,专门受理特殊案件。除凶杀案和少数重大的特殊案件由公民大会审判外,其他一切刑事和民事案件均由陪审法庭做出判决。陪审法庭实行司法权,此外还有很大的立法权和行政权。它还有权审查、监督官吏,裁决五百人会议或公民大会的决议和法案是否违背法律等。

此外,还有"十将军委员会"。它由雅典十个区每年各选出一名将军组成,负责统帅军队。军事长官可以连任。起初只管理军务,后来逐渐涉政,并成为雅典主要的司法、行政首领。

为了捍卫民主制,遏制个人独裁,早在公元前 6 世纪克利斯提尼就制订了著名的陶片放逐法(*ostracism*)。一年一次,雅典人表决放逐一个他们认为对城邦最具危害性的人。如果一个人得到了 6000 票,则会被放逐 10 年,但保留其财产。其他城邦也有使用这一方法的。尽管雅典民主不尽完美,但毕竟揭开了意义非凡的新篇章。

雅典民主制度在当时是最进步的政治形式。每个公民在公民大会都有选举权、被选举权和发言权,都有可能被选为五百人会议的代表,都要轮流参加陪审法庭。除十将军外,几乎所有的行政官员都是抽签选举的,任期都是一年,在司法审判中执行的是服从多数原则。城邦还实行有报酬的公职制度,以确保无生活保障的公民也能参与国事。毫无疑问,这些措施对雅典经济、文化的繁荣起了巨大的推动作用。

---

① 麦克尼尔:《西方文明史纲》,张卫平等译,新华出版社,1992 年,第 64 页。

另一方面，我们又必须看到雅典民主制的历史局限性。尽管公民大会为古代世界的人提供了一种前所未有的广泛参政形式和一种被广为传颂的政治代表制的模式，但它不是一种绝对完美的民主制度。能参与政治的人数仅占雅典总人口中的少数，妇女与奴隶完全被排除在外，被拒之雅典民主政治大门之外的人还包括一些在雅典从事手工业和商业的外邦人。"到了雅典全盛时代，自由公民的总数，连妇女和儿童在内，约为9万人，而男女奴隶为36.5万人，被保护民——外地人和被释放的奴隶为4.5万人。"①此外，最近的学术研究成果表明，仅有极少数有资格的公民才能在规定的时间出席公民大会——大约仅有6000人能进入会场，即一个倾斜的小山坡。当会场人满时，其他任何人都不能进入，并指定了法定人数。因此，可能只有一些同道之人（毗邻而居者）才会定期出席公民大会。②

斯巴达是与雅典有巨大区别的另一类型典型城邦。其政治机构——据说是由半传说型人物莱库古在约公元前600年创立——具有浓厚的保守性，长期保持贵族寡头专政，管理权牢牢掌握在年长者手中。在这种贵族寡头制政权中，公民代表权严格由年龄和经验来支配，许多局外人称赞斯巴达的这种"混合型政治制度"，它似乎使民主制与寡头制保持平衡。③

斯巴达在国家形成之后，还保留着原始部落时代的长老会议、全民会议及其他制度的残余。长老会议由年逾60岁的28名贵族组成，任职终生，为全民大会准备议题。全民大会的成员包括斯巴达全体成年公民。全体会议不定期举行，遇有问题则召开特别会议。其职能是宣战媾和，制定法律，但不投票，而是通过欢呼来表示支持。全民大会每年改选一次，由5人组成的常务委员会是监督政府的重要机关。国王有两人，权利完全平等，仅有一定的审判权。他们有执行祭祀权和作为军事首长的统帅权，名义上是政府军事和宗教的最高长官，但无实权，要受选举出来的监督官的监察。二王制的形成大概是斯巴达各部落联合成国家时不得不共戴两个地位匹敌的部落酋长的结果。这都说明，斯巴达城邦还保留着军事民主制时代的一些制度残余。

---

① 恩格斯：《家庭、私有制和国家的起源》，《马克思恩格斯选集》（第4卷），人民出版社，第115页。
② Dennis Sherman, Joyce E. Salisbury, *The West in The World*, 2nd ed., McGraw Hill, 2006, pp. 60 – 61.
③ Ibid., p. 62.

3. 宗教与公民日常文化生活

神话与宗教　由于当时的客观环境，希腊人仍需要宗教的力量保国佑民，需要神话来解释自然、人生以及自然与人世之间的关系。但是，在自由民主的城邦气氛中，希腊的神是人的朋友而不是对立者，神间是人世的倒影而不是地狱和天国。所以希腊人对神敬而不畏，把神看做和他们相似的存在，即所谓"神人同形同性"。人与神的区别仅仅在于神长生不老，美丽非凡，法力无边。因此，希腊人觉得自己生活在一个由熟悉的、可以理解的力量统治的世界里，故感到无忧无虑，安适自在。希腊人把自己的欢乐、烦恼、痛苦、悲伤、希望、想象编织到神话故事中，而诗人和艺术家们则通过神话建立起一套神谱。诗人对神灵观念的发展主要采用人格化的手段，以之沟通神性和人性。在这样做的同时，他们也把大量凡人的属性直接转移到神灵的身上，从而导致了神灵道德缺陷的出现。生活于公元前 6 世纪的哲学家色诺芬尼曾戏谑地讲道："人认为，神也是生出来的，会说话，有形体，穿戴和人相同。假如牛、马和狮子都有手，而且像人一样能画画、雕像，它们就会各自照着自己的模样，马画出或雕出马形的神像，狮子画出或雕出狮子样的神像。"尽管《荷马史诗》和《神谱》都涉及到流行的宗教思想，但希腊宗教从未提出过系统的宗教教义或编出一部宗教法典，也没有主教一职。各神庙的祭司并不传教，祭司阶层也不很发达。不像古代东方那样，祭司们尽力统一意识形态和观念。希腊祭司仅仅是神庙中的执事，处理有关宗教仪式的事物，并未伸展其势力于宗教观念之上。只有需要统一的民族才需要统一的宗教教义，而希腊民族认为强行统一只会妨碍自由。

一般而言，希腊宗教同希腊文明一样，主要起源于迈锡尼和克里特。经过不断改造，它最终迎合了讲求理智、具有较少神秘气质的希腊人的需要。希腊人信奉的也不是一种单一的宗教，而是许多种宗教。分为正统宗教（以奥林匹斯教为代表）和传统或民间宗教（以俄耳甫斯教为代表）两种。这些宗教也不是保持着始终如一的面貌，而是在历史长河中不断嬗变。从早期自然崇拜经过神话和寓言时代，发展为荷马时代的奥林匹斯山神，随后又逐渐演变为希腊戏剧所表现的更加抽象、成熟和更强调道德性的宗教，直至基督教兴起以后逐渐消亡。在这一系列变化的过程中，宗教的各个观念有时富有理智，有时则神秘莫测，但至公元前 5 世纪，宗教信仰便发展为理智与情感、伦理道德与神秘主义的综合。

希腊人把世界的产生解释为神造。最初从混沌中产生了大地女神该亚,该亚创造了群山,生了天神乌拉诺斯。然后,该亚与乌拉诺斯结合产生了巨人族提坦,他们就成了宇宙间第一批主人翁。名为克洛诺斯的巨人吞食了自己所有的子女,只剩下为母亲所救的宙斯。成人后的宙斯也背叛了父亲,强迫他吐出所吞食的子女。于是,兄弟姐妹们联合作战,打败巨人族提坦,成为胜利者,宙斯就成了诸神之王。根据另一则神话:一个名叫普罗米修斯的提坦用泥土和水塑造了人。12位主要的神祇住在希腊的最高山——奥林匹亚山上。他们生活在由天神宙斯主管的大家庭里。宙斯周围生活着他的妻子赫拉及他们所生的众多的子女:智慧神雅典娜、太阳神阿波罗、爱神阿芙洛狄忒、战神阿瑞斯、狩猎神阿尔特弥斯及神的使者赫尔墨斯。其他的神则是宙斯的兄弟姐妹:火与工匠之神赫菲斯托斯、海神波塞冬、冥神哈德斯。神与神之间经常吵架,也经常举行宴会。宴会上都是奇珍佳肴、琼浆玉液,吃了可以长生不老。

此外,希腊神话也包括相当一部分英雄传说。英雄往往是神与人的后代,其特点是体魄健美、力大无穷、英勇绝伦而又品德高尚,总是能在历尽艰险后取得胜利。他们是智勇双全的冒险家,斩妖除怪的侠客,威震四海的大家族的奠基者,也是人类文明发展史上的壮士。

跟中东地区对待古代宗教的态度一样,对希腊人来说正确的崇拜方式就是给神祭献一部分人类产品。但与美索不达米亚人相反,希腊人献祭一些相对不太重要的东西,如肥肉缠绕的大腿骨或是被献祭动物的内脏,而把最好的部分留给他们自己享用。大家族、行政长官和公民大会负责督促公民以正确的方式崇拜神。与埃及和美索不达米亚不同,在古代希腊社会从未产生过一个有权势的宗教机构。虽然每座神庙里有一个男祭司或女祭司,但是这些人通常只负责一些不需要训练的、简单的兼职工作。[①]

古希腊宗教重视伦理道德,而不强调神秘主义和教条主义。希腊青年从小就学习一定的道德标准。希腊的文学和思想也始终贯穿着伦理道德意识。希腊人热爱生活,寻求世间的幸福,不愿为未来而烦恼,但他们对生活的热爱、他们的幸福观以及平静的心灵,都以严格的正义和正直原则为基础。希腊不是文明金字塔的顶点,可是希腊文明的确比较节制,不受贪婪奢华、繁文缛节所污染,而且希腊人在战争中表现出更高度的理性与训练有素

---

① Dennis Sherman, Joyce E. Salisbury, *The West in The World*, 2nd ed., p. 53.

的勇气。勇气与理性常会因节制、朴实而强化。①

宗教节日庆典 无论是民间的生丧婚嫁，还是城邦的节日庆典，希腊人都有祭祀神和英雄的风俗。其中最具特色、对日常生活和社会文化影响最大的就是祭神时举办的各种泛希腊运动会。希腊世界比较著名的运动会有：纪念阿波罗的皮提亚运动会(the Pythian Games)，在德尔斐举行；纪念宙斯的尼米亚运动会(The Nemean Games)，在尼米亚举行；纪念波塞冬的地峡运动会(the Isthmian Games)，在科林斯举行。其中最著名的当属奥林匹克运动会了，它每四年举行一次。一般认为，希腊人举办第一届奥运会是在公元前776年，这一年就成为希腊人公用的纪年。据说，它是由希腊大力神赫拉克勒斯为祭祀宙斯和他的妻子赫拉而创办的，除体育运动外，还包括音乐和文艺竞赛，以便于各邦之间的文化交流，产生共同的民族认同感。会前一个月就宣布停止各城邦之间的战争，因此从各地赶来的参赛者不会有任何风险。成人组有十项竞赛，包括赛跑、摔脚、拳击、五项全能和赛马车。少年组三项：赛跑、摔脚和拳击。妇女既不能参加竞赛，也不准到场观看。优胜者被奖给一顶用橄榄枝做的花冠，被认为是城邦的最大荣耀，到家时还会受到城邦的盛大欢迎，甚至可以立像纪念。编年史家攸西比戊斯(Eusebius of Caesarea,约260—339)记录了自公元前776年到公元217年历届奥林匹克运动会获胜者名单。

古代奥林匹克运动会具有鲜明的宗教色彩。参加运动会的每个竞技者，不仅必须是纯希腊血统的自由男子，而且还必须是从未受过刑罚的自由人。大会的这一规定在奥运会漫长的历史中，一直被人们当做最重要的原则之一。希腊人注重奥运会中的"竞争"(agon)，他们感兴趣的是赢家，所以古代奥运会是不设第二、第三名的。公元393年，罗马基督徒皇帝提奥多西(Theodosius the Great)废除希腊世界各种异教运动会。他的继承者提奥多西二世(Theodosius II)下令摧毁位于奥林匹亚的神殿，从此古代奥运会就结束了。直到1896年，在法国教育家顾拜旦的努力下才恢复了奥运会。

泛雅典娜节(Panathenaic Festival)是全雅典人的宗教节日庆典，除奴隶外，城邦全体公民都可参加。泛雅典娜节每年7月都举行，为纪念雅典娜的诞生，节日期间举行赛车、竞走、合唱、舞蹈、音乐和朗诵比赛。雅典娜是雅典的庇护神，在帕提农神庙里有她的雕像，这座神庙是为取代波斯战争期间

---

① 维克托·基尔南：《人类的主人——欧洲帝国时期对其他文化的态度》，陈正国译，商务印书馆，2006年，第3—4页。

被波斯人毁坏的旧神庙而于公元前480年建造的。为了庆祝这个节日,一些小姑娘用很长时间给雅典娜织一件长袍(peplos)。节日中,盛大的游行队伍捧着这件长袍,从市里向卫城进发,直到雅典娜神庙。走在最前面的是地方长官和祭司们,其次是手执橄榄树枝的年长市民,再次是头顶盛供品之篮子的妇女,最后面的是骑马的男子。节日活动在盛大的动物献祭后结束。除了泛雅典娜节之外,雅典人还举行纪念酒神狄奥尼索斯得庆典。

日常生活习俗 家庭是古希腊城邦的基本单位,它通常由一个男性公民、他的妻子和孩子、他们的奴隶组成。这种结构形成了乡村和城市经济的基础。公民不在乎与奴隶并肩工作,差别在于他可以暂时中工作去参加公民大会,而奴隶却不能。①

除了农业外,希腊手工业和商业也比较发达。城邦中的工匠在作坊里干手艺活或者在早市时兜售他们的货物。在下午饱餐一顿后,他们会打个盹,然后要么返回店铺,要么去体育馆搞搞锻炼或者跟其他公民聊聊天。希腊人建造体育馆与他们对美和健康体魄的追求有关,在他们看来,一位技艺娴熟的工匠或者一位博学的哲学家也需要培养自己的勇敢以追求卓越。体育馆显示了地中海城邦生活的持久性。对男性公民来说这是一种极具享受性的大众生活;工作、锻炼、聊天就是男性生活中的全部重要活动。

在家庭内,关于家庭义务有着明确的性别分工。公元前4世纪早期的一篇文字讲述了一位丈夫是如何教他那位15岁的妻子怎么管理家庭事务。他告诉她说男人属于外面的世界:"对一个男人来说整天待在家里……是一件很耻辱的事情。"相反,妇女则应该待在家里,教女奴一些必要的技能,管理好放进家里仓库的货物,安排处理一些纺织方面的事务。当男人跟他的同事或访客同桌用餐时,"令人尊敬的"妇女连同女仆和她们的孩子应自觉地退出他们的视线之外(斯巴达妇女的生活与此不同,是个例外)。②

希腊人在饮食方面是相当简朴的,以面包、橄榄为主。橄榄是人类发现的最好最新鲜的水果之一——希腊诗人认为是给孩子的最好的食物。③ 在节庆之夜,希腊人举行盛大的宴会。席间,他们大量地饮酒。雅士们则热烈地交谈,宾客们卧在褥垫上,左臂支撑在靠垫上尽情享用着宴会的美食。最富裕的人还安排了乐师和舞女的演出。

---

① 基托:《希腊人》,徐卫翔、黄韬译,上海人民出版社,2006年,第237页。
② Dennis Sherman, Joyce E. Salisbury, *The West in The World*, 2nd ed., pp. 56–57.
③ T. R. Glover, *The Ancient World*, Penguin Books, 1961, p. 20.

古希腊人对于死亡非常重视,常要准备好几种程序。首先是沐浴礼,假如临死者自己不能进行沐浴的话,也要由临死者最近的亲属如妻子、母亲来帮助其进行沐浴;第二件要完成的事情是临死者把孩子托付给别人看管;第三件事情是临死者自身事物的安排;第四件事情是向灶神赫斯提(Hestia)祈祷;第五件事情是向冥王哈德斯祈祷以获得通向冥间的一条安全道路;最后是向亲人和朋友告别。这些步骤只是当一个人知道自己的死是不可避免的时候才采取的,意外死亡则不采取这些步骤。

希腊人的葬礼分为三个阶段:守丧、葬礼行进、埋葬。守丧是准备埋葬死者的时期。在这一过程中女性起着重要的作用。葬礼行进是把死者从家中转移到墓地的一个过程,一般是在死者去世之后的第三天进行。男性领头,女性紧随其后。梭伦曾颁布法律把葬礼限制在早晨街边进行,并且禁止在这一过程中恸哭。埋葬死者之后,就在墓地边举行简单的仪式,种些果树,确保死者得到安宁。古希腊人没有天堂地狱的观念,冥府是死者安息的地方,不是惩罚罪犯的地方。人死后,灵魂渡过西海,安息于冥王哈德斯和冥后珀尔塞福涅主管的冥府。传说在西海上有个乐土岛,贤哲死后方可入内。埋葬之后是举行一种被叫做 perideipnon 的丧宴。这种丧宴为女性提供了恸哭和进行社交的机会。

希腊传统认为,死者得到适当的安葬是非常严肃的事情。事实上,儿子如果没有适当地安葬生养父母,就要负法律责任。与安葬同样重要的是安葬要由适当的人来履行义务。这种义务是由直系家族来履行,在正常情况下,如果死者是由不相干的人来埋葬被认为是极端不妥的。然而,如果死者没有家庭或死者家庭不能支付费用的话,这种义务也可以由死者的亲属或城邦履行。

早期希腊大多数时间盛行的墓葬的形式是单个的坟墓(希腊语 necropolis 就是"尸体之城"的意思,nekros→corpse + polis→city),坟墓是由上面刻有线条的箱形石坟构成的,或在地面下挖一个坑,或在岩床上开一个凹。希腊人实行火葬和土葬。火葬和土葬可以追溯到公元前11世纪的迈锡尼文明晚期,火化后用陶瓶盛骨灰。随着时间的推移,坟墓越来越多样化。到古风时代,埋葬的形式就更复杂了,有各式各样的地下坟墓、隆起的土墓、石建的墓地等等。在希腊化时代,规模庞大的、纪念碑式的坟墓十分普遍,如哈里卡纳苏斯的摩索罗斯王陵就是其中的杰出代表,该王陵被后人称为世界七大奇迹之一。这样的坟墓遍布在小亚细亚、马其顿和北非各地,坟墓表面都有绘画的石雕。在实际埋葬的时候,也会把盛着食物和饮料的陶瓶放在遗体或骨灰旁。那时陪葬的物品对于男性还有诸如武器、刀剑、工具之类的东西,对于女性还有饰品、衣服和手纺车的小飞轮,对于小孩则还有玩具等物品,大部分坟墓都有陶人来陪葬。葬礼宴会是伴随献祭动物开始的,首先是在墓地举行丧宴,随后到家里和最亲近的亲属进行丧宴。已经证实了的在丧宴上吃的食物有动物骨头、鸡蛋、各种贝壳和坚果等。在公元前470—前400年间,在葬礼上使用细颈有柄的酒瓶、水瓶,并把这类瓶子献给死者作为礼物,以免死者饥渴。把这两种瓶子放下之后就标志着整个葬礼的结束。那时的陶人都是红色或黑色的,而白色的石头则代表女性的肌肤。陪葬的衣服则具有各种各样的颜色,如紫色、褐色、红色、黄色、玫瑰色、朱红色和天蓝色等,并饰以各种细节以达到真实的效果。

大多数希腊人把他们的墓地放在城墙外面的主干道边,也许是为了避免浪费有限的城邦空间。例如,公元前500年左右的雅典法律禁止把墓地设在城邦内。公元前6世纪到前4世纪之间墓地上盛行的标志是石柱,上面刻有或画有各种画面以及铭文。有时,希腊人还用独立式的塑像来代替石柱。雅典最著名的墓地位于城邦的西北角。

4. 古希腊哲学

古希腊哲学从公元前7世纪爱奥尼亚的泰勒斯探询世界的"本原"开始,直到公元476年西罗马帝国的灭亡为止,其间约一千多年。它经历了早期自然哲学、中期人本主义和体系化,以及晚期道德哲学和神学唯心主义等几个阶段。古希腊哲学丰富多彩,以后各种哲学观点的胚胎和萌芽几乎都可以在古希腊哲学那里找到。

早期自然哲学 由于宗教的自发性,使得人们难以用它来解决由自然界所产生的各种疑问。因此,人们开始从理性的角度来思考自己所处的环境,自然哲学便由此产生了。

希腊人在小亚细亚海岸所建立的殖民地爱奥尼亚,因其地处欧亚非海陆交通要冲,便于吸收东方各文明古国的成就,遂在公元前7世纪—前6世纪成为"希腊世界"中最先进的地区,被称为"七贤"之首的第一位真正意义上的古希腊哲学家泰勒斯出生于爱奥尼亚的米利都。他曾猜测水是万物的始基,世界是有生命的,并且充满了神。后来,他的弟子阿那克西曼德和阿那克西美尼发展了他的这一学说,前者认为始基是"无限",后者认为空气是一切物体的最单纯的始基。这三位哲学家的思想虽不尽相同,但他们都把世界的本源归结为某一物质,具有朴素的唯物主义思想。

此外，其他智慧爱好者也相继提出了各种不同的有关地球和天空起源、结构和命运的假设。其中著名的有以弗所的赫拉克利特、克洛丰的色诺芬尼、萨摩斯的毕达哥拉斯。他们都是爱奥尼亚人，只有毕达哥拉斯后来移居意大利南部。

这些思想家的哲学思想只是片段的或以释义的形式保存下来。但他们显然采用了理性主义的思维方法，而且他们的理论也很大胆。例如，色诺芬尼就反对有关众神的神话，称"凡人们幻想着的神是诞生出来的，穿着衣服，并且有着与他们同样的声音和行貌"，"荷马和赫西俄德把人间认为是无耻丑行的一切都加在神灵的身上：偷窃、奸淫、彼此欺诈"。①

毕达哥拉斯的思想与其他学派相去甚远。他在意大利南部克罗顿建立了一个秘密宗教团体，传授和阐述一种可能与俄耳甫斯教有关的半宗教性的学说，特别强调研究数学。他认为"万物的始基是'一元'……从完满的'一元'与不定的'二元'中产生各种数目；从数目产生出点；从点产生出线；从线产生出平面；从平面产生出立体；从立体产生出感觉所及的一切物体，产生出四种元素：水、火、土、空气。这四种元素以各种不同的方式互相转化，于是创造出有生命的、精神的、球形的世界，以地为中心，地也是球形的，在地面上都住着人"。②

人本主义哲学 城邦民主生活促使哲学家将探询的目光从自然和宇宙转向了人类与社会本身。于是一批被称为智者学派的教师便应运而生了。有了智者学派的活动及竞争，思想方法、辩论方式自然也日趋精细。而苏格拉底（前470？—前399）以能驳斥智者学派的诡辩而著称，于是一群青年都聚集在苏格拉底周围。

苏格拉底是古代西方世界伟大的哲学家。德尔斐的神谕称："没有比苏格拉底更聪明的人"了。于是苏格拉底漫步雅典街头，试图找到比他更聪明的人，然而苏格拉底最后得出结论：自己的确是最聪明的人。因为只有他承认自己一无所知，只有他知道智慧来自对知识无止境的追求。苏格拉底没留下著作，我们只能从他学生的言论中得知他的观点。苏格拉底认为世上存在绝对的真理、公平和完美。这些绝对事物存在于每个人的心中。苏格拉底自称"牛虻"，原因在于他紧紧叮住人们不放，促使雅典其他人不断重新审视他们自己的观点。然而，那些被牛虻叮得很痛苦的人们却并不

---

① 北京大学哲学系外国哲学史教研室编译：《古希腊罗马哲学》，商务印书馆，1982年，第46页。
② 同上书，第34页。

领情。公元前399年,苏格拉底因为犯了莫须有的不敬神和腐蚀青年之罪而被判处死刑,他的学生们仍继续着他的学说。

在这些学生中,成就最大的就是柏拉图(Plato,前427—前347),其名Plato含"宽"之意,指他非常智慧,或者是笔法多变,文风很宽。他创造了一套完整的哲学体系,其核心是"理念论"。主要特征是:(1)本原性。柏拉图认为理念是本体,是万物的本原,而具体事物则是现象,前者派生后者,后者依赖于前者。(2)超感性。理念像巴曼尼德的"存在"一样不同于感觉世界的具体事物,只能为理性所把握。(3)不变性和永恒性。感觉世界的东西都是运动不息、变幻不定的,理念世界则是不生不灭、永恒不变的。(4)绝对性。柏拉图在《斐多篇》中讨论什么是美时,以苏格拉底的口吻说:"如果有人向我说,一件东西之所以美,是因为它有美丽的颜色、形状之美,我是根本不听的,因为这一切把我闹糊涂了。我只是简单、干脆、甚至愚笨地认定一点:一件东西之所以美,是由于美本身出现在它上面。"①可见,柏拉图眼中的美不同于我们经验中的美丽事物,"美本身"是美的根源,这种美不受环境、时间和视角的左右。不同于我们经验中美丽的人和物,美本身永远是美丽的。②(5)客观性。他认为理念客观存在,不依赖人们的意志、想象。和转瞬即逝的感性事物不同,理念乃是永恒的、绝对的、真正的实在。柏拉图把这个理论应用到社会政治领域,因而提出理想国的设想。他认为民主制是一种危害,因为它无需专门知识也可以治理国家,如此一来便不能鼓动人民更多地为公益着想。在民主制中,有才之士被迫向平庸之辈看齐。另一方面,在现实社会中,一些自诩为治国良才者往往自行其事,无法无天,而民主制所推重的官僚体制和权力分割的确可以防止对权力的滥用。在《理想国》的幻想世界中,最高权力被交给完美无瑕的人。③

亚里士多德 亚里士多德(前384—前322)是古希腊哲学集大成者,在其短短一生中为人类写下了400多卷(一说1000卷)的著作。其范围涉及逻辑学、形而上学、自然科学、哲学、政治学、历史学、心理学、伦理学、修辞学、美学、诗学、物理学、天文学、动物学、植物学等领域。而且,他在某些领域的研究还具有开创性的意义。公元前343年,亚里士多德应马其顿国王

---

① 柏拉图:《斐多篇》,载《西方哲学原著选读》(上卷),商务印书馆,1981年,第74页。
② 朱莉亚·安纳斯(Julia Annas):《古典哲学的趣味》,张敏译,译林出版社,2008年,第82—83页。
③ 朱莉亚·安纳斯:《解读柏拉图》,高峰枫译,外语教学与研究出版社,2007年,第168页。

腓力二世的邀请,前去担任其子亚历山大的老师。至于亚里士多德究竟在多大程度上影响了亚历山大,并不太清楚。不过两人在征服世界的气概上是一致的,差别只是一个用科学,一个用战争罢了。

亚里士多德就读于柏拉图学园,很受柏拉图的器重和赏识,尽管后来师徒分道扬镳了。亚里士多德的哲学在许多方面都与柏拉图讲授的观点不同,不仅针对柏拉图的理念论,也针对他的政治学说。从某种意义上说,柏拉图是往上趋向理念,亚里士多德则注意众多的特定现象。①

与柏拉图相比,亚里士多德更注重经验与现实。他承认现实世界的客观存在,并认为一般只能存在于个别之中,不能离开个别而存在。他认为形式永远不能独立存在,它们始终以质料——第二因——来表示存在。和形式一样,质料是真实、永恒的,也不能单独存在,它总是与形式联系在一起的。② 他还提出一个一切事物运动的最终的根源,即所谓"纯形式","一个永恒的不动的实体"③,实际上就是神。在政治上,亚里士多德拥护奴隶制,认为奴隶只是会说话的工具,在本性上就是从属于主人的。

柏拉图和亚里士多德的学说与著作影响了后来二千多年的西方哲学与科学。在希腊化时代和罗马帝国时代,那时的哲学家、修辞学家、植物学家、医生、天文学家、占星家、教师等都开始研究亚里士多德的著作。地理学家托勒密主要依靠亚里士多德的地球、天体概念进行研究。亚里士多德的运动理论以及他的演绎推理吸引了中世纪欧洲的大量信徒。中世纪的穆斯林信徒也接触到亚里士多德的著作,并把这些著作翻译为阿拉伯语,在整个穆斯林世界进行传播,著名学者阿威罗伊(Averroes)也成为亚里士多德的信徒。大约在公元1100年后,欧洲知识分子又把这些著作回译为拉丁文,引起了诸如托马斯·阿奎那(Thomas Aquinas)等神学家的注意。阿奎那有关哲学、神学、科学的大量论文,尤其是他的《神学大全》深受亚里士多德的影响。

5. 史学奇葩

古代地中海世界汇聚着众多的民族。一些民族没有保存纪录,因此也就没有可以发现的历史;另一些民族比如苏美尔人、埃及人、赫梯人和亚述

---

① 希尔贝克等:《西方哲学史》,童世骏等译,上海译文出版社,2004年,第76页。
② 卡特里奇主编:《剑桥插图希腊史》,郭小凌等译,山东画报出版社,2005年,第292页。
③ 北京大学哲学系外国哲学史教研室编译:《古希腊罗马哲学》,第259页。

人等虽然流传下来了文字材料(其中有些材料可以追溯到公元前三千、二千纪):征服者想为他们的后代记录自己胜利的材料;对消逝的过去也有着兴趣,特别是对谱系感兴趣,以歌颂王室祖先及其成就的材料。但这些文字材料大多缺乏批判意识,不是真正意义上的历史,对西方史学发展影响不大。

往昔事件的记录与解释开始于口口相传的民间传说,《荷马史诗》实际就是口述史,虽然它并非史学著作,荷马也不是严格意义上的历史学家。但他笔下的人物深藏历史意识:有一种强烈的动力驱使他们想把辉煌留给后代。因此,阿喀琉斯要唱颂英雄们业绩,而且诗人本人也深知要把现在的人与他所描述世界的人相比较。

古希腊最早的一批历史学家是公元前6世纪在爱奥尼亚出现的那些史话家(logographers)①,就是讲故事的人。这些史话家像早期自然科学哲学家一样认为通过自己的调查(historia,希腊语含义就是"通过探询发现知识",可见这是科学的而不是诗性的调查)就可以为人们提供一份关于人类活动的可靠叙述。史话家中最著名的是米利都的赫卡泰戊斯(Hecataeus of Miletus),他著有《谱系》《寰宇旅行》。赫卡泰戊斯公开宣称知识的独立性:"我写的东西在我看来是真实的,因为在我看来许多希腊人的传说是荒谬的。"②这种精神为希罗多德(Herodotus)、修昔底德(Thucydides)所继承。他们发动了一场"知识革命",以理性解释过去,对现象进行理解,追求历史的客观性。古希腊人公正的历史记录是一个巨大的贡献。它只有在经历了长期的城邦生活的体验后,才能形成。在城邦中,公民们在极为广泛的范围内,同其他人交流着意见。在这不断的交流中,他们发现:共同拥有着的世界通常是被无数不同的立场和观点理解着的。③希罗多德作为希腊史学传统的奠基者,他对历史编撰的贡献是不容置疑的:首先,他对材料进行批判以区别历史时间;其次,他介绍帝国延续的观念,这就为直到19世纪欧洲的世界史提供了基本框架;再次,希罗多德认为所有民族都有自己的独立历史,并建立了要依靠各自民族材料来撰写各个民族历史的原则。尽管希罗

---

① 见 M. C. Howatson and Ian Chilvers eds.,*The Concise Oxford Companion to Classical Literature*,Oxford University Press,1996,"logographers"辞条。
② 见 John Roberts ed.,*Oxford Dictionary of the Classical World*,Oxford University Press,2007,"Hecataeus"辞条。
③ 汉娜·阿伦特:《历史的概念——古代的和现代的》,陈恒、耿相新主编:《新史学——观念的历史》(第9辑),大象出版社,2009年,第11页。

多德的实践并不总是等同于他的原则,但他的《历史》一直是整个古代世界历史编撰的范式。① 修昔底德熟知希罗多德,两者之间也有相似性,比如两者在演说辞方面都模仿了荷马,都具有求真精神。但是,两者之间的差异也十分明显。希罗多德关注的是社会与文化,视野广阔,但在对资料的运用方面不够严谨;修昔底德关注的内容比较狭隘,主要集中在战争和政治方面,然而他能够用批判的眼光对待史料。有人认为:希罗多德的风格是平易、流畅而有说服力;修昔底德的风格是粗硬、造作而令人反感的。②

西部希腊世界,也就是意大利和西西里地区也发展出自己的历史学,这里的历史学从东部希腊世界借鉴了不少东西,并与之发生相互影响。叙拉古的安条克(Antiochus of Syracuse)的历史著作就补充了希罗多德对西部世界的遗漏;反过来,安条克的著作又被修昔底德所利用;修昔底德后来又成为叙拉古的菲里斯图斯(Philistus of Syracuse,约前430—前356)的楷模,古代批评家认为他是修昔底德的模仿者。尽管西西里是一个不小的地方,安条克和菲里斯图斯的眼光也不狭隘,但他们实际上都是地方史学家。

与此类似,一些地方史学家也研究那些伟大的城邦,而且编撰了阿提得斯(Atthides)或雅典史这样的著作。第一位雅典年代史家(Atthidographer)不是雅典人,而是莱斯博斯岛上米提林的赫兰尼库斯(Hellanicus of Mytilene)。但公元前4、前3世纪伟大的雅典年代史家安德洛提昂(Androtion)、斐洛克鲁斯(Philochorus)都是雅典人。③

然而,修昔底德之后的希腊史学主流是那些见多识广、云游四方作家的著作,比如被放逐的雅典人色诺芬(Xenophon)的著作。他的《希腊史》虽然关注的是伯罗奔尼撒半岛,但他的视野是广泛的,不能被称为地方史。虽然他从修昔底德那里汲取养料,但他的宗教观念和他游离主题的叙述手法让人想到希罗多德的著作。《远征记》表现出了他作为一个社会史学家的天赋。

修昔底德的影响从没有消失。卡里斯提尼(Callisthenes)讨论了修昔底德的演说。欧弗洛斯(Ephorus)的通史在古代世界非常流行,他主要是利用公元前5世纪的修昔底德、奥克西林库斯历史学家(Oxyrhynchus historian)、

---

① 见 William H. McNeill ed., *Berkshire Encyclopedia of World History*, Vol. 3, Berkshire Publishing Group, 2005, "Herodotus"辞条。
② 柯林武德:《历史的观念》,何兆武、张文杰译,中国社会科学出版社,1986年,第33页。
③ 见 John Roberts ed., *Oxford Dictionary of the Classical World*, "Androtion"辞条。

卡里斯提尼等人的著作。西西里的狄奥多洛斯(Diodorus Siculus)的著作保存了欧弗洛斯的历史记载。欧弗洛斯对西西里做了详细的描述，其作品在某种程度上对提麦欧(Timaeus)产生了影响。提麦欧是公元前4世纪古希腊著名的历史学家，其著作为人们了解地中海西部世界提供了重要的资料。另一位修昔底德的继承者、模仿者(模仿修昔底德的葬礼演说)是提奥庞培斯(Theopompus)，他撰写马其顿国王腓力二世的历史。那个时代的伟人是亚历山大大帝，这位在历史学家心目中的当代阿喀琉斯开创了历史上著名的希腊化时代。[1]

希腊化时代的史学，在前人成就的基础上向前迈进了一步，出现了许多新的特点，这些特点对未来的西方史学产生了极大影响。比如，这时的历史学家开始注意探讨人与自然之间的关系。希腊史学开始之日就把记载和解释同自然环境密切结合起来，亚历山大的远征更拓宽了希腊史家对人与自然之间关系的认识，因此也出现了像墨西拿的凯尔库斯的(Dicaearchus of Messine，约前350—前285)《希腊生活》这样的著作(已佚失)。凯尔库斯是亚里士多德的学生，他运用老师的初步生物进化思想解释人类文化的产生与发展。他认为人类在不停地进化，不断地增强征服自然的能力，但社会却在退化，出现了战争之类的邪恶。这本著作实际上是西方史学史上第一部专门性的社会文化史。[2] 再如，波里比阿(Polybius，约前200—前118)也把地理、气候问题当做解释历史的基本原则。波里比阿认为，社会是不断经过成长、衰退、消亡这一循环的，低下的出生率会造成社会的衰落，因此，他警告罗马贵族注意人口的不断下降。西西里的狄奥多洛斯(Diodorus Siculus，约前90—前21)也注意环境问题，他注意到尼罗河的源头以及她的神秘泛滥，这一切都影响着埃及人的意识。[3] 而斯特拉波(Strabo)则是这方面的集大成者，他把地理和气候作为历史研究基础的推动者。

希腊化时代的史家不仅仅停留在古典时代的访问目击者证词的方法上，而是进而编纂，从以前史家的著作中摘录出所需要的材料，进行必要的考证、判断，然后按照自己的史学观念撰写成书。换言之，这时的史学出现了学术化的倾向，即历史从创作走向编纂。作为学术研究事业的历史学开

---

[1] Simon Hornblower and Antony Spawforth eds. , *The Oxford Companion to Classical Civilization*, Oxford University Press,1998,"Greek historiography"辞条。
[2] 郭小凌:《西方史学史》,北京师范大学出版社,1995年,第65页。
[3] 凯利:《多面的历史》,陈恒、宋立宏译,三联书店,2003年,第64页。

始了,历史研究者人人都要成为博古通今的学问家。① 希腊化时代史学的专业性具体表现为以下五个方面:(1)对文献版本的编辑与注释;(2)搜集各个城邦、地区、圣殿、神祇、公共机构的早期传统;(3)对纪念碑、铭刻进行系统的复制与描述;(4)编辑内容丰富的人物传记;(5)编辑年表。②

从这一时期史学专业化的趋势来看,表现在希罗多德、修昔底德身上的求真、探索精神确实衰落了。但波里比阿是个例外,他把希腊史学的优良传统输入到了罗马世界。

6. 美的追求——文学与艺术

文字与文学 希腊文化的发展与传承依赖文字的创制,希腊的字母文字又是当今欧洲诸种字母文字的来源。古代希腊有几种文字,线形文字 A(约公元前 1700—前 1450 年)和线形文字 B(约公元前 1450—前 1200 年),其中线形文字 B 已经释读,证明是希腊语言的前身。希腊人虽然不是字母的首创者,但经过他们的创造性改进,使字母文字成为完备的语言记录工具。相传希腊字母是从腓尼基带来,经过修改和增补,成为希腊人自己的文字。底比斯的卡德摩斯曾由腓尼基字母中采用了 16 字母,书写希腊语言。后来帕拉墨德(Palamedes)和西摩尼德(Simonides)又分别各增加了 4 个字母,从而形成了包含 24 个字母的希腊字母表。希腊人把他们的字母称为腓尼基字母或卡德摩斯。③ 依据近代学者的考证,希腊人的确在约公元前 1000 年左右④通过借鉴、改造腓尼基字母(派生于北闪米特字母),重新创制了自己的文字。早期希腊文字也和腓尼基字母一样,是从右向左书写的。但到了公元前 5 世纪以后,希腊字母也改为由左向右书写了。为了书写方便,希腊人将一些字母反转了方向来写,并对腓尼基字母做了某些改变,从而形成完善的拼音文字。这种文字最早的碑铭曾在雅典和爱琴海的锡拉岛发现。希腊字母及其书写规则逐渐通行于整个希腊语世界。最初,希腊的拼音文字大都用于商业交易和宗教。至公元前 7 世纪左右,它才被应用于

---

① 布伦萨赫就认为,希腊化时代的历史学是学术研究。见 Ernst Breisach, *Historiography: Ancient , Medieval & Modern* ,2nd ed. ,The University of Chicagao Press,1994,p. 30。
② Arnaldo Momigliano,*The Classical Foundations of Modern Historiography*, University of California Press,1990,p. 67.
③ 周有光:《世界文字发展史》,上海教育出版社,1997 年,第 349 页。
④ 希腊字母具体的创制时间,学术界存有争议。有人认为是公元前 15 世纪,也有人认为是公元前 7 世纪。

政治上。至于它被应用到学术文化上的时间,可能还要更晚一些。

文字的出现是文化发展到一定程度的产物。它反过来又会对社会生活的各个方面产生强烈的影响,丰富了人们的精神世界,在文学方面尤其如此。希腊文学作品体裁繁多,先有荷马的史诗、赫西俄德的农耕诗,后有萨福、品达等人的抒情诗,接着便是辉煌的戏剧,其形式主要是悲剧和喜剧。

根据亚里士多德《诗学》的阐释,悲剧起源于祭奠酒神狄奥尼索斯的赞颂(dithyramb)。他说:"悲剧起源于狄苏朗波斯歌队领队的即兴口颂,喜剧则来自生殖崇拜活动中歌队领队的即兴口占……悲剧缓慢地'成长'起来,每出现一个新的成分,诗人便对它加以改进,经过许多演变,在具备了他的自然属性后就停止了发展","埃斯库罗斯最早把演员由一名增至两名,并削减了歌队的合唱,从而使话语成为戏剧的骨干部分。索福克勒斯启用了三名演员,并率先使用画景"。① 戏剧的演出是整个公共宗教庆典的组成部分,而且演出的费用由国家指定的有钱人担负。在这个节日里,一切事务停办,法庭闭庭,大多数公民以及一些妇女、儿童、奴隶都能看戏,甚至囚犯也可以出来看戏。据说,妇女只能看悲剧,不能看喜剧,因为喜剧,特别是旧喜剧,不大雅致。②

古典时代的雅典出现了三大著名悲剧家。埃斯库罗斯(前525—前456)被称为"悲剧之父",他生前得过13次奖,完整流传下来的悲剧有7部,其中最有名是《被缚的普罗米修斯》。该剧刻画了一位为了人类幸福而受苦,为进步的理想而奋斗的英雄形象——普罗米修斯,马克思称他为"最高尚的圣者和殉道者"。著名悲剧家索福克勒斯(公元前496—前406)一生获得24次奖,其完整流传下来的悲剧有7部。他的名作是《俄狄浦斯王》。该剧的情节是,俄狄浦斯王命中注定要弑父娶母,但他为竭力逃避这不幸的命运作出了种种努力。悲剧歌颂了他不屈不挠地同命运进行拼搏的精神,塑造了一位不屈服命运的悲剧英雄形象。伟大的悲剧作家是欧里庇得斯(前480—前406)擅于思辨,被称为"舞台上的哲学家",流传至今的作品有18本悲剧,代表作是《美狄亚》。他生活在伯里克利时代,但终身不参加政治活动而专门从事编写剧本。他的作品反映时代的呼声,注重人的生活,尤其关注当时处于社会底层的人,他同情穷人、奴隶及受人蔑视的妇女。

总的来看,古希腊悲剧几乎都取材于希腊神话。但悲剧家们却是在借

---

① 亚里士多德:《诗学》,陈中梅译,商务印书馆,1996年,第48—49页。
② 罗念生:《论古希腊戏剧》,中国戏剧出版社,1985年,第8页。

助神话传说去叙说受命运摆布的人类的悲惨故事。因此,他们所极力表达的仍然是古典艺术的一个普遍主题——人本主义。索福克勒斯的《安提戈涅》就借合唱队之口,表达了这一主题:

> 天下奇事虽然多,却没有一件比人更奇异。他要在狂暴的南风下渡过灰色的海,在汹涌的波浪间冒险航行。那不朽不倦的大地、最高的女神,他要去搅扰,用变种的马耕地,犁头来回年年耕耘。他用多眼的网捕那快乐的飞鸟、凶猛的走兽和海里的游鱼——人真是聪明无比!他用技巧制服了住于旷野的猛兽,驯服了鬃毛蓬松的马,使它引颈受轭,还把不知疲倦的山牛养驯。他学会了怎样用语言和快疾如风的思想,怎样养成社会生活的习性,怎样在无法露宿之际躲逃霜风雨箭。什么事他都有办法,对未来的事也样样有准备,甚至难以医治的疾病他都设法避免。

古希腊最杰出的喜剧家是生活在伯罗奔尼撒战争时期的雅典人阿里斯托芬(前451—前385),其流传下来的有《鸟》《骑士》等11个剧本。当时的雅典政治非常混乱,贵族派与民主派斗争十分激烈。阿里斯托芬在喜剧中嘲笑雅典民主政治,讥讽欧里庇得斯和克里昂这样的人物,恩格斯称之为"有强烈倾向的诗人"。阿里斯托芬交游甚广,苏格拉底、柏拉图等人都是他的朋友,在与苏格拉底讨论爱情起源时,是这样叙述的:"最初的人是球形的,有着圆圆的背和两侧,有四条胳膊和四条腿,有两张一模一样的脸孔,圆圆的脖子上顶着一个圆圆的头,两张脸分别朝着前后不同的方向,还有四个耳朵……宙斯把人全部劈成了两半……那些被劈成两半的人都非常想念自己的另一半,他们奔跑着来到一起,互相用胳膊搂着对方的脖子,不肯分开。"[①]这就是阿里斯托芬所特有的风格。

建筑与艺术 不同于两河文明、埃及文明,希腊人特别重视"人"的作用。在这种思想的指导下,希腊人不仅努力追求现实之美,而且还积极探索美的本质。许多希腊先贤曾就"什么是美"提出各自的看法。其中,柏拉图和亚里士多德的美的观念影响最大。柏拉图认为"美是永恒的,无始无终,不增不减";"通过美,美的东西才美"。亚里士多德认为"美是一种善,其所以引起快感,正是因为它善";"一个美的事物——一个活东西或一个某些

---

① 柏拉图:《会饮篇》,见《柏拉图全集》(第2卷),王晓朝译,人民出版社,2003年,第227—228页。

部分组成之物——不但它的各部分应有一定的安排,而且它的体积也应有一定的大小"。古希腊一直有"艺术模仿自然"的观念,在这种思想影响下,古希腊艺术贯穿着两个要素:"自然"和"理想"。亚里士多德认为"人是世界上最善于模仿的动物,他们最初的知识就是靠模仿得来的。人们从模仿的作品中能获得快感,这也人的天性,这点已被经验所证实:尽管有些事物本身看上去可能引起痛感,但这些事物在艺术中惟妙惟肖的再现却给我们快感,比如低等动物和死尸的形象。原因在于下述事实:求知不仅对于哲学家是最大的快乐,对其他人也一样,无论他们感受这种快乐的能力多么低下。我们之所以在看到绘画时产生快感,是因为在观看的同时也在求知,即推知事物的意义"。① 亚里士多德认为,有三种方式可以临摹自然:按事物本来的样子去模仿,按人们所说事物的样子去模仿和按事物应当有的样子去模仿。他认为艺术当属于第三种,也就是说要把自然理想化,可见表现理想化的自然,便是古希腊艺术的核心。

希腊艺术的法则与理想是在漫长的岁月中逐步发展成熟起来的。其饱满的状态当在公元前5世纪的古典盛期。美术史家一般将古希腊艺术分为几何风格时代(前11世纪—前8世纪,主要体现在陶瓶艺术)、古风时代(前8世纪—前5世纪,这一时期开始出现石头塑像,人物成为主题,深受埃及艺术影响)、古典时代(前5世纪—前4世纪,这一时期是希腊艺术成熟的时期,受希腊本土精神主宰)。在它之后则是东西方文化融合的希腊化时代艺术(前4世纪—公元前后)。

希腊古典艺术到公元前5世纪时形成了以雅典为主要的创作中心。但在此之前,它经历过较长的发展,逐渐以石灰岩、大理石取代了木材等比较容易腐蚀的材料。在建筑方面,希腊人善用柱廊,创造了多利亚、爱奥尼亚、科林斯三种形式,对日后建筑产生极大影响。在这三种形式中,主要的是多利亚式和爱奥尼亚式,前者朴实,后者秀丽。现存最早的多利亚式神庙是公元前7世纪的位于奥林匹亚的赫拉神庙,公元前5世纪的雅典卫城则把这两种形式完美地结合在一起。卫城建于雅典城中高耸的山岩上,主要建筑物为神庙,其中帕提农神庙为多利亚式,伊瑞克先神庙(Erechtheum)被认为是最华美的爱奥尼亚式。位于哈利卡纳苏斯的科林斯式的摩索拉斯陵墓(前350年)被认为是古代世界七大奇迹之一。它们的共同特点是高贵、庄

---

① 拉曼·塞尔登:《文学批评理论——从柏拉图到现在》,刘象愚、陈永国译,北京大学出版社,2000年,第44—45页。

严、和谐、质朴,是古代艺术的精品。

帕提农神庙可称得上是体现希腊艺术理想的典范之作,建于公元前447—前438年之间。神庙位于雅典卫城中心,是整个卫城建筑群的主体。全部建筑物用精美的云石建成,主要为白色。在檐部则有彩色云石作装饰。人们称它是一座伟大、庄严、和谐的建筑。无论是建筑细部的处理,还是雕刻装饰都是那么得精致和富有魅力。柱廊的运用使得建筑的内外融为一体。阳光射来,明朗而温煦,给人以亲切感。自由和民主的精神,在这里得到了形象的体现。

希腊古典雕刻的主要题材是神灵、英雄与运动优胜者的纪念像。由于希腊人把神看做是理想中的完美之人,因此他们也力求将神像表现为生动逼真的人的形象。运动优胜者的纪念像更要求真实刻画健美的人体。这一些使希腊雕刻逐渐走上了完美表现人体的现实主义道路。到公元前5世纪时,希腊雕刻家已娴熟地掌握了人体结构的艺术表现技巧,创作了许多卓越的雕像和浮雕,其中大多数希腊艺术品是无名的。

当时最著名的雕塑家有米隆、波利克里托斯和菲迪亚斯等人,现在我们只能通过罗马时代的复制品来了解他们的成就。前两位以竞技者雕像闻名,菲迪亚斯擅长制作神像。米隆以表现运动中的人体而著称,他的"掷铁饼者"(前460—前450)是体现和谐的典范之作,极为生动地表现出运动员在掷出铁饼前一刹那间的紧张姿态。波利克里托斯的艺术特点是形象而坚实有力,其作品"持矛者"(前450—前440)表现了人体之美。菲迪亚斯的主要作品是帕提农神庙的雕像和浮雕。他创作的雅典娜女神像高达12米,用黄金象牙镶刻表面,极为庄严、豪华,是伯里克利当政时雅典城邦繁荣的外在体现。此外,雅典还有不少技艺精湛的雕塑家,如吕西普斯(Lysippus)、斯科帕斯(Scopas)等。

到了希腊化时代,希腊雕刻艺术发生了巨大变化,比例夸张,强调宏大。除现实主义表现技巧更加成熟外,还比较注重表现个人心理状况和体现女性之美。这时期著名的雕刻家是普拉克西特列斯,他创作了许多以美神阿佛洛狄忒为题材的雕像,都以优雅秀美著称。他的作品"赫尔墨斯神像"于19世纪末发掘出土,是仅存的一件希腊大雕刻家的原作,它惊人地表现了雕刻技艺的完美。与他同时的雕刻家斯苛巴斯,风格沉郁悲壮,反映了没落自由民的心理,也是当时的一个重要流派的代表。

希腊艺术还包括绘画、镶嵌画等类型。但绘画作品难以存留,所以我们无法准确解释。在公元前5世纪的后几十年中,明暗法被采用,绘画技巧获得巨大发展。另一方面,瓶饰画在公元前5世纪初叶达到艺术发展的顶峰,后来逐渐衰落。

7. 希腊化时代的文化

古代希腊文化伴随亚历山大大帝东征(前334—前323)的步伐,跨出希腊城邦世界,传播于地中海各地,甚至远达印度北部以及中亚各地,并隐约影响到东亚地区。这一新的、国际化的城市文明(Urban Civilization)在东部地中海世界蓬勃发展。和希腊时代相比,此时的大都市从属于一种新的文明,而这些大都市是通过贸易和商业相连接的。在这一时期,希腊世界的种族更加混杂,成分更加不同。长久以来,人们习惯于把这一新文明称为"希腊化",因为希腊因素在其发展过程中起着重要作用。实际上,希腊化文化是一种折中文化,一些关键因素起源于东方,如统治者神圣不可侵犯的概念、世俗王权的观念等。[1] 各被征服地区的文化在不断地反作用于征服者,尤其在宗教信仰和政治制度方面对希腊人产生了极大影响。

这一时期的文化是在先前希腊文化基础上的深化与发展。语言简化了,出现了古希腊共同语柯因奈语(Koine),这也是新约圣经所使用的语言。当时,不但上层社会热衷于希腊文化,而且下层群众能接受一些希腊文化,以讲希腊语为荣。希腊人注重逻辑思辨的倾向在希腊化时代哲学中表现出来。古典时代的希腊科学成就,也为希腊化时代的科学革命提供了理论基础。不过,政治、社会和经济的领域与先前相比出现了较大的变化。古典时代的民主思想现在被专制王权所代替。希腊城邦只保留了其形式,寡头统治盛行各地。古典时代所欣赏的朴素和中庸,让位于铺张奢侈和放荡夸张。古典时代的文化成就主要体现在人文科学方面:公元前6—前5世纪是文学的黄金时代,公元前5—前4世纪是哲学的黄金时代;而希腊化时代的文化成就则主要反映在自然科学方面,科学越来越走向实践。先前时代的科学成就主要是科学和哲学一体化的自然哲学。古希腊自然哲学包含了许多合理的科学观念,其中最有价值则是留基伯、德谟克利特提出的原子论。这一学说对以后的科学思想产生了很大的影响。集希腊时期自然科学之大成者是亚里士多德。在他之前,人们力图提出一个完整的世界体系来解释自然现象和社会现象,而他则是最终完成这一任务的人。在他之后,人们开始放弃完整体系的构筑,转而研究具体问题,而他又是首先着眼经验活动来研

---

[1] Roy T. Mathews, F. DeWitt Platt, *The Western Humanities*, 5th ed., Mc Graw Hill, 2004, p. 87.

究具体问题的人。因此我们有充分理由做出这样的结论:希腊化时代与先前希腊时代完全有别,它是一个新的文明时代。①

自然科学的繁荣及其原因 古代世界精确的自然科学始于希腊化时代。正如英国马克思主义史学家本杰明·法林顿所说:"希腊化时代的科学发展已步入现代世界之开端,现代科学从 16 世纪开始发展,是以那时的基础为起点的。"②实际上,假如没有亚历山大里亚、叙拉古和希腊化世界其他大城市里科学家的发现,现在的许多成就也许是不可能的。

世界历史上曾不止一次发生过这样的情况:在人类智慧和首创精神达到鼎盛之后,紧接着出现的则是这样的一个时期:即人们更关心的是把新近积累起来的知识加以分类整理,而不是继续调查研究。亚历山大身后的时代正是这样的一个时代。③ 亚历山大及其后继者都十分重视科学文化的发展。亚历山大大帝本人就具有把其帝国建成世界性文化帝国的雄心。在远征中,他都随军带着工程师、地理学家和测量师。这些人绘制了被征服国家的地图,记下了这些国家的资源,搜集了大量关于自然、历史和地理的资料。狄奥弗拉斯图斯在他的植物学等著作中就利用了这些观察资料。而亚里士多德的另一个学生第凯尔库斯(约前 355—前 285)则利用了这些地图绘制了一张已知世界的地图。他也是第一个在地图上划了一条纬度线的人。④ 这样,亚历山大军队所搜集的资料,不仅为自然科学从注重思辨转入注重经验考察提供了条件和可能,而且还为后世自然科学的发展打下了坚实的基础。

这种繁荣局面的出现是古希腊文化和东方文化相接触、碰撞的结果。

---

① 爱德华·伯恩斯等:《世界文明史》(第 1 卷),罗经国等译,商务印书馆,1995 年,第 264 页。不过西方世界对马其顿一直抱有偏见,比如新近出版社的一本世界史是这样描述这个时代的:"公元前 5 世纪以后,希腊史很快就变得越来越没意思了。重要性也减少了。所保留的重要性是希腊文明的历史,荒谬的是,这种文明的形成是由希腊北部的一个王朝决定的,一些人认为这个王朝根本不是希腊人,而是马其顿人。公元前 4 世纪上半叶,马其顿创造了一个比以往所知都要大的帝国,继承了波斯和城邦国家的遗产。它所组织的世界,我们称之为希腊化世界,因为在这个世界里起主动作用和凝聚力量的是希腊文化与语言。然而,马其顿是蛮荒之地,在生活质量和文化品质上或许要落后雅典几个世纪。"见 J. M. Roberts, *The New Penguin History of the World*, 5th ed., 2007, Penguin Books, p. 212。
② B. Farrington, *Greek Science*, Baltimore, 1961, p. 301.
③ 汤普森:《历史著作史》(上卷第 1 分册),谢德风译,商务印书馆,1988 年,第 63 页。
④ 梅森:《自然科学史》,上海外国自然科学哲学著作编译组译,上海人民出版社,1977 年,第 37—38 页。

"东方的各种影响,具有持久和深刻的作用"①,"古希腊人的科学成果极少是纯由他们创造的,很多是直接从巴比伦人和埃及人那里引进来的。例如,希腊人的天文学成就就是在别人进行几百年有系统的观察的基础上取得的,而在那几百年中,他们还仅是毫无教养的野蛮人"②。当希腊人征服美索不达米亚之后,巴比伦人的天文学和数学知识就全部被希腊人所吸收。如在解二次方程时,希腊人显然采用了巴比伦人的方法。他们又从巴比伦人那里得来了关于地球外围天体正确次序的知识。早期的希腊人认为月亮离地球最近,其次是太阳,而后才是各个行星。后期的希腊人知道月亮最近,其次是水星,然后是金星、太阳、火星、木星和土星,最后是许多恒星。西塞罗告诉我们,斯多噶派的巴比伦人第欧根尼是第一个教人以上述次序的学者。而这是他从美索不达米亚学来的。另一方面,托勒密王朝又积极组织博物院,使原来只熟悉希腊科学的学者们,有机会直接接触到亚非的科学和技术,这不只限于埃及文化和美索不达米亚文化,还多少包括某些印度文化因素在内。结果,在希腊化世界出现了亚历山大里亚、叙拉古、帕加马这样的科学新中心。

对奢华舒适生活的追求,对实际知识的需要,促使人们去解决眼下所遇到的各种现实问题。此外,希腊化国家之间不断战斗,在所谓的和平时期也几乎一直处于武装和平状态之中,需求先进的武器,这就增添一种对新技术的需要。当然亚历山大所采取的民族融合政策也为科学发展提供了宽容的社会背景,更加重要的是他的继承者大多采纳了这种政策。亚历山大的老师亚里士多德告诉他,不要把人类分成希腊人和蛮族,人类是大生物圈的一个分支,他们与所有民族占据了生物圈的顶端。这一思想深刻地影响了亚历山大,让他铭记于心。③

文化中心亚历山大里亚和帕加马 希腊化时代的文化中心在亚历山大里亚,它是公元前331年亚历山大大帝下令修建的。到公元前4世纪末至公元前3世纪初,该城已成为地中海东部世界最大的商业、手工业、科学技术和文化中心。亚历山大里亚是希腊化世界最重要的城市,其网格状设计体现着希腊城市建筑的先进水平。处于北部地中海和南部马里奥提斯湖

---

① H. Koester, *Introduction to the New Testament*, Berlin and London, 1984, p. 116.
② 贝尔纳:《科学的社会功能》,陈体芳译,商务印书馆,1995年,第54页。
③ 依迪丝·汉密尔顿:《希腊的回声》,曹博译,华夏出版社,2008年,第93页。

(Mareotis)之间,两条宽达100英尺并有火炬照明的大街①把城市分为四个大地区:埃及人区、犹太人区、希腊—马其顿人区和皇家区。在城外法罗斯岛的东南部,矗立着古代世界七大奇迹之一的法罗斯灯塔(约建于公元前280年,约毁于公元1300年的地震),一条人造的防护堤向北延伸,连接了法罗斯岛,因此形成了东、西两个港口,东港是主要港口,被称为"大港"。城内最繁华之处皇家区就面临大港,皇家区有著名的图书馆和缪斯宫,是托勒密王朝庇荫下的学术研究机构。该城很快吸引了大约100位希腊化世界各地著名的学者来此从事学术研究,其中有诗人、剧作家、哲学家、语言学家、天文学家、地理学家、技术人员、医生、艺术家以及当时著名的数学家,如文学家卡里马库斯、阿波罗尼戊斯、提奥克里图斯,数学家欧几里德,发明家克塔斯布斯(Ktesibius),以及博学者埃拉托色尼等。亚历山大里亚成为当时国际性的学术中心,引领风骚几百年。

所谓博物院(Muses,缪斯宫),实际上是一个进行科研、教学的学术机构。博物院托托勒密王宫的一部分,包括一座宏伟的图书馆,供科学研究的动物园和植物园,以及展览厅、演讲堂和供学者工作起居的建筑物等等。斯特拉波曾对之做过如下描述:"王宫也包括博物院,博物院里有一个散步的场地,一个会议室和一个大厅,博物院的语言学家在大厅里一起用餐。有一笔总的资金供养全院人员。"可见,学者在这里无杂事干扰,食宿无忧,可全力从事研究工作。院的组织很像现在的大学,只有一点不同,那就是住院的学者不必讲课。从传统上看,这个"缪斯宫"源于古代东方王室和神庙的研究机构。② 但经过希腊精神的陶冶,它有了自由研究、充分讨论、广泛交流的特色。托勒密王朝把它视为展示统治业绩的橱窗,给予大量资助,从四面八方应聘而来的学者常达百名,享有优厚待遇。由于希腊文化已达较高水平,有这样一个机构作集中奖掖之助,也就能在学术研究上取得较突出的成就。当然,在政治上所有学者仍须对国王表示忠顺,若有批评反对就难脱惩罚。如托勒密二世就曾下令将嘲笑其婚事的一个诗人淹死。这也就是为什么会在此时掀起一股浓厚的考古热和考据热。亚历山大里亚图书馆庋藏之富,为古代之冠。其藏书量按不同的说法在40万至100万卷之间。它不仅

---

① Robert T. Howe, Helen Howe, *The Ancient World*, Longman, 1988, p. 191.
② 之所以这么讲是因为学术在古典希腊城邦是出自私门,在东方各国则是受庇于王室。这一区别的意义是历史性的,凡论希腊文化都不容忽视。参见《吴于廑学术论著自选集》,首都师大出版社,1995年,第474页。

收藏了当时已知的一切希腊著作,还收藏了地中海、中东和古代印度等地的典籍。亚历山大里亚图书馆馆长都是大名鼎鼎的学者,这些学者大多是人文学者,在目录学、语言学方面尤有贡献。

亚历山大里亚图书馆事业的发达,使得亚历山大里亚成为古代书籍贸易的垄断者。不过希腊化时代科学技术的活动中心,并不局限于亚历山大里亚。从公元前2世纪初开始,拥有巨大图书馆的帕加马,在文化事业方面与亚历山大里亚发生竞争。

帕加马图书馆可与亚历山大里亚图书馆相匹敌。该馆搜集了无数名家的手稿,达20万卷,以供各方学者从事学术研究。该城在文艺、美术、雕刻等方面成就尤其巨大。例如,西方美术史上有名的"垂死的高卢人",就是帕加马艺术家的杰作。所以帕加马被称为"希腊文化的避难所"①。该城文化菁华主要集中在"卫城"上。卫城建在一个丘陵上,山麓居住的是原居民,山腰居住的是希腊人,山顶建有豪华的王宫、神殿、竞技场、图书馆,从而形成了一个典型的希腊化大都市。据说,有不少于300座的雕像装饰着街道和公共建筑物。帕加马卫城也和雅典卫城一样,上面有公民会和元老院等政府机关。因此卫城既是帕加马王国的学术文化中心,也是王国的政治、军事中心。所以当时的帕加马城有"小雅典"之称。而且它也是希腊化时代各诸侯王国中唯一具有"卫城"的一个国家。

托勒密王朝为了阻碍帕加马文化事业的发展,严禁向帕加马输出埃及的纸草纸。于是帕加马就发明了羊皮纸。至今,英文里还把羊皮纸叫做parchment,而这个词则是从pergamon演变而来的。羊皮纸两面光滑,书写方便,比纸草更加适用,但价格昂贵。帕加马图书馆的一些藏书就是羊皮纸做成的。这样从公元前2世纪起,羊皮纸与纸草纸同时被普遍使用。在公元3到13世纪,欧洲各国就主要用羊皮纸书写文件。

文学与艺术 古典希腊文学比较朴实,因而能被一般平民大众所理解。而希腊化时代的文学则越来越学究气,脱离民众,除了少数有教养的学者外,其他人则难窥其奥。同时,由于希腊时代的文学题材已经用尽,所以希腊化时代的文学就得开辟新领域。民间传说、传奇故事、哀怨的恋爱故事以及天方夜谭式的罗曼史就成为希腊化时代文学家猎取题材的对象。总的来看,希腊化时代的文学显示出希腊人在文学方面的创造力已经枯竭。其"活力"与"原创性"处于低潮,所增加的只是"世俗化"和"自我意识"。因这些东

---

① 韦尔斯:《世界史纲》,吴文藻、谢冰心等译,人民出版社,1982年,第400页。

西有害于文学的纯真,故有人称这个时代是希腊文学的"白银时代"。

希腊化时代韵文的主要类型是戏剧、田园诗及拟剧。戏剧几乎全是喜剧,以出生于雅典的米南德(约前342—前281)为代表,他被称为"荷马第二",可见其地位之高。其戏剧的特色是自然主义的,而不是讽刺的;是关注生活黑暗面的,而不是关注政治或文化问题的;主要题材是浪漫的爱情,被称为是家庭戏剧风格的奠基者。因此他的喜剧不同于阿里斯托芬的喜剧。一生创作作品达100多部,但大多只有残片存世,完整存留的只有《恨世者》(1906年发现于埃及)。罗马诗人普劳图斯(Plautus)、泰伦斯(Terence)改编了他的喜剧。勒奈亚戏剧节举行到公元前150年为止。酒神大节举行到公元前120年为止。至此,古希腊喜剧的历史便告结束。

希腊化时代田园诗人中最具意境、成就突出、影响最大的是提奥克里图(约前310—前250),现存30首田园诗,但有人怀疑其中一些作品的真实性。他生于叙拉古,在科斯岛长大,后来去了亚历山大里亚,并成为托勒密二世的宫廷诗人。他跟中国的田园诗人陶渊明一样,不愿为五斗米而向托勒密王折腰,因此退隐科斯岛,过着田园生活,专心从事诗歌创作。他的诗以描写英雄传说、乡村农夫、牧人的生活为主,刻画入微,技巧高超,是希腊田园诗歌中的上品,后为罗马诗人维吉尔所取法,并对近代欧洲文学产生了很大的影响,比如湖畔诗人斯宾塞(Edmund Spenser,1552—1599)就有提氏的风骨。

所谓拟剧(Mimes,源自希腊语mimos)就是滑稽剧,起源于民间的滑稽剧,不同于悲剧、喜剧。起先模仿的是神话人物,后来模仿的是现实生活。拟剧的演出方式完全是大众化的,它不受宗教教条的约束,穿着普通服装登台表演。它以富有个性的对话描写大城市的浮华、有产者的争吵。埃匹夏姆斯(Epicharmus,约前530—前440)的拟剧充满双关语,赫罗达斯(Herodas)的拟剧点缀着日常社会的细节,他所塑造的教师、疯狂购物者和江湖医生等成为日后典型的人物形象。

以今天的标准来审视希腊化时代的艺术,所得出的印象是当时人们的口味越来越世俗化了。古典时代的高贵、庄严、和谐、质朴让位于现实、激情、夸张、怪异;质朴的神庙为奢华的皇宫、高贵的官邸和象征权力与财富的公共建筑和纪念碑所取代了。雕刻也同样表现出华奢与伤感。许多雕像和浮雕不仅庞大,而且还很古怪。当然,并非所有的希腊化时代的雕刻都呈夸张之势,也有不少作品具备了安静、肃穆等特色,而且创作手法更加丰富。例如,老妇人像、胜利女神像、米洛的维纳斯、拉奥孔群像等。希腊化时代的艺术中心分布非常广泛。从埃及的亚历山大里亚、叙利亚的安条克、小亚细亚的帕加马,一直到安息、大夏甚至印度都有希腊样式的建筑和艺术,并对当地艺术产生极大影响,如印度的犍陀罗艺术就有很多希腊成分。公元前2世纪中叶罗马征服希腊后,希腊成为罗马人的艺术市场,罗马人的口味越来越希腊化了。

总之,希腊化时代是人类历史上东西方文化首次大碰撞、大交流、大融合的时代。它承前启后,继往开来,具有划时代的意义。从此,人类进入了欧亚非大陆间文化大交流的新时代。后来的罗马帝国、阿拉伯帝国、蒙古帝国以及十字军东征等都以这样或那样的方式在不同程度上推动了各民族或地区间的文化交流。[①] 人类就是在逐步突破空间所造成的藩篱的前提下进入文化上的大融合、大发展的。

二、罗马古典文化

罗马文化是西方文化的源头之一,它与"两希文化"一起汇成了西方文化之河。罗马文化也是西方古典文化的重要组成部分,它与希腊文化有着不可分割的历史联系。罗马文化是希腊文化的继承者,它在文化的诸多领域中受到了希腊文化的巨大影响。然而,罗马文化绝不是对希腊文化的简单模仿,在罗马人开拓疆土和建设国家的过程中,它根据自身发展的需要,对希腊文化进行了吸收和改造,形成一种具有自己特点的文化。史家常说:"光荣属于希腊,伟大属于罗马!"的确,崇尚智慧的希腊人和讲求实际的罗马人各以自己的才干为世界文化的宝库增添了宝贵的财富。如果说,在文学、史学和哲学领域中,罗马人的原创性要比希腊人稍逊风骚的话,那么,在政治、法律和建筑等方面,罗马的创新和成就则比希腊人更胜一筹。罗马文化在希腊文化和中世纪及近代西方文化之间起着承前启后的作用,因而在西方文化史上有着不容忽视的重要地位。

1. 罗马文化的缘起

古罗马文化兴起于意大利半岛的台伯河畔,它是在拉丁民族文化的基础上,吸收伊达拉里亚和希腊文化的因素逐步形成的。

[①] 杨巨平:《"希腊化文化"是人类历史上第一次文化大交流大汇合》,刊《山西大学学报》1994年第2期。

早在邈远的石器时代,意大利半岛就有人类居住。约从公元前 2000 年开始,操印欧语的一些部落陆续越过阿尔卑斯山,进入意大利各地区。他们主要从事畜牧与农耕,广泛用青铜来制造工具和武器,并掌握了纺织和制作陶器的技艺。约在公元前 900 年左右,他们学会了冶铁,开始进入铁器时代。这些印欧部落逐渐成为意大利半岛的主要居民,在台伯河流域定居下来的拉丁人是这些部落中的一支。由于拉丁族人数较多并逐渐成为古罗马居民的主体,其文化比其他部族发展得更早一些,所以拉丁文化就成了罗马文化的同义词。

公元前 8 世纪左右,伊达拉里亚人开始进入意大利。对于伊达拉里亚人的来源,史学界尚无定论。有人根据狄奥尼索斯的说法,推断伊达拉里亚人是意大利的土著居民,但也有人根据希罗多德的叙述,认为他们来自小亚细亚,后一种看法得到了多数学者的赞同。无论伊达拉里亚人来自何处,他们的文明程度肯定高于原来的意大利居民。他们创造了以希腊字母为基础的伊达拉里亚字母,具有熟练的手工业生产技术和非凡的建筑艺术才能,并且与东方保持着密切的贸易联系。他们把自己信奉的男女诸神,弓架结构和拱门知识,威武气派的王权仪仗和为胜利举行的凯旋式,通过观察动物内脏和鸟类飞翔而占卜的习俗,以及举行公共赛会和体育表演(包括残酷的角斗)的传统留给了罗马人。[①] 他们把罗马建成了一个初具规模的城市,并曾一度统治罗马。这一切不但推动了罗马社会经济文化的迅速发展,而且也给罗马早期文化打上了伊达拉里亚文化的烙印。

在伊达拉里亚人入主意大利以后不久,希腊人也来到了这块富有魅力的土地,他们主要定居在意大利南部和西西里,并在那里建立了叙拉古、他林敦、那不勒斯等许多殖民城邦。他们把希腊人的社会制度、字母符号、葡萄和橄榄的栽培技术、军事战略战术、建筑雕刻艺术、精美的希腊青铜器和陶器、大量的宗教观念和神话传说都带到了意大利,使希腊文化在那里扎根。希腊字母介绍到罗马后,罗马人借鉴希腊字母创造了拉丁字母。希腊诸神和神话传入罗马后,所有的希腊神也都有了相应的拉丁名字,成了罗马的神或与罗马原有的神合二为一。天神宙斯与朱庇特相对应,天后赫拉与朱诺混为一体,诸神的使者赫耳墨斯叫做墨丘利,对爱情女神阿佛洛狄忒的崇拜与对维纳斯的崇拜相结合,狩猎女神阿尔忒弥斯与罗马的月神狄安娜化成一体。希腊人在意大利建立的殖民城邦是希腊化的城市,因此,常被通

---

① 菲利普·李·拉尔夫等:《世界文明史》(上卷),赵丰等译,第 312—313 页。

称为"大希腊"。

罗马人虽然从伊达拉里亚文化和希腊文化中获益匪浅,但是他们对这两种文化并没有全盘接受,而是根据罗马的实际情况,吸收它们的积极成果,摈弃它们奢侈浪费和艳丽浮华等消极的东西,使罗马文化后来居上,成为一种更有气势的文化。

根据传统的说法,罗马建城的时间是公元前753年,在拉丁文化、伊达拉里亚文化和希腊文化互相影响交融的过程中,罗马文化逐渐形成,并走向成熟。

2. 民族精神与罗马文化的特点

公元前509年,罗马共和国建立。在这以后几个世纪的时间内,罗马由台伯河畔的一个小国寡民的城邦发展成为地跨欧、亚、非三洲的大帝国,把地中海变成了"罗马人的内湖"。罗马人能够奇迹般地迅速称雄于地中海是有诸多原因的,其中罗马民族精神是罗马人取得成功的重要保证,这种精神主要形成于罗马发展的早期阶段。

民族精神是一种深层的文化形态,它表现的是文化共同体,也就是民族的群体心态,这种心态是一个民族的体质结构、自然环境与文化积淀诸种因素综合作用的产物。

罗马人与希腊人虽然同是西方古典文化的创造者,但在心态和品格上却有很大差异。前者严肃、质朴、坚忍、勇敢、虔敬、爱国、守纪,但又有些固执、粗暴、缺乏想象力;后者活泼、奔放、善辩、崇尚智慧、爱好自由和理想之美,但又有点多情、散漫和不切实际。前者忙于文治武攻的实践,后者长于创造性的理论思考。德国学者蒙森在其名著《罗马史》中,对希腊人和包括罗马人在内的意大利人的精神差异作了阐述。他指出:"古代文明在这两个民族中都达到登峰造极,可是,这两个民族既渊源相同,又发展悬殊。希腊人的优胜之处比意大利人易被人们较为广泛了解,其余辉较为壮丽;但是,普遍性寓于特殊性的深切情感,个人的献身和牺牲精神,对自己的神祇的笃信不移,这些是意大利民族的瑰宝。这两个民族都获得片面的发展,而达到各自完满的地步。"[①]一般说来,罗马人的民族精神可以包括以下几个方面[②]:

---

① 特奥多尔·蒙森:《罗马史》(第1卷),李稼年译,商务印书馆,1994年,第27页。
② 参见张广智主编:《世纪文化史》,古代卷,第270—277页。

第一,质朴务实的传统美德。

罗马人是一个农业民族,在很长的时间内,他们一直保持着一种浑厚质朴、勤恳务实的民风。共和早期的罗马人生活节俭,不事奢华。人们衣着朴素,饮食简单。元老们在议事厅开会时,坐的是硬板凳,冬天也不生火。身穿美观的衣服和使用豪华的桌子的人会受到监察官的谴责。当时的罗马人,无论贵族还是平民,皆以在农田上辛勤劳作为荣。西塞罗和李维等古代作家都提到过公元前5世纪罗马贵族肯奇那图斯的故事。当元老院宣布他被推为狄克推多(独裁官),并命他率军出征时,他正在自己的田地上辛勤耕作。第一次布匿战争时,利古路斯被任命为罗马对非洲作战的指挥官。战役胜利后,他希望立即回到自己的农庄上料理农事。但是事与愿违,元老院没有派新的指挥官来接替他,这使他感到十分失望和恼火。①

早期罗马人不仅淳朴节俭,而且大多保持着诚实清廉的美德。根据罗马历史学家的报道,科弗斯在做过21个辖区的地方官之后,归回田园时,依然贫穷如故。邓塔图斯曾夺获敌人的许多战利品,他自己一无所取。皮克顿和他身边的人在得到大量礼物后,把它们全部献给国家。罗马统治时期的希腊历史学家波里比阿在他的著作中把罗马人描写成勤勉诚实的人,他说,希腊人无论有多少职员监视着他,还是不能阻止他盗用公款,而罗马人虽然使用许多公款,但是很少发觉不名誉的事件。② 从这些报道中,我们能够看到当时罗马人诚实守信的特点。

第二,热爱祖国的强烈情感。

爱国主义是罗马民族精神的最主要特征。米诺格指出:"希腊政治的基石是理性,罗马政治的基石是爱——爱祖国,爱罗马。"③罗马人对祖国有着深厚的感情,在他们看来,祖国的利益高于一切,为了祖国,他们不惜牺牲个人的利益和生命。罗马诗人贺拉斯曾经说过:"为祖国而死便是死得其所。"这句话集中表达了罗马人的爱国精神和勇敢的性格。罗马历史学家记载了许多爱国者的故事。据说,在罗马人对克路西乌姆城的国王波尔谢那的战争中,只身潜入敌人营地的贵族少年穆克优斯,被抓住后大胆地宣布自己来此的目的就是为了杀死国王。当国王用拷打来威吓他的时候,他勇

---

① 黑特兰德:《农夫》(Heitland, *Agricola*),剑桥,1921年,第134—139页。
② 威尔·杜兰:《恺撒与基督》,《世界文明史》(第3卷),幼狮文化公司译,东方出版社,1999年,第98—99页。
③ 肯尼斯·米诺格:《当代学术入门政治学》,龚人译,辽宁教育出版社和牛津大学出版社,1998年,第19页。

敢地把自己的右手放到火上,其英雄气概使国王大为震惊,因而下令把他放了回去。① 不但罗马男性怀有这样挚热的爱国热情,罗马妇女也同样热爱自己的祖国。根据李维的报道,一个名叫科尔丽亚的女子曾经带领着一大群被伊达拉里亚人作为人质的罗马姑娘,离开敌人的驻地,在呼啸的箭雨下渡过台伯河,回到了罗马。公元前390年,高卢人占领了罗马,他们要求得到一笔巨款才肯离开城市,当发现国库里的金子不足以支付这笔款项的时候,妇女们纷纷慷慨解囊来帮助危难中的祖国。② 为了弘扬爱国主义精神,古罗马作家的记载难免有夸大失真之处,但它们仍然可以说明,热爱祖国是罗马人普遍的情感。

第三,虔诚敬神的宗教态度。

宗教在古罗马人的生活中扮演着重要角色,虔诚敬神是他们的特点。在罗马人心目中,神无处不在,无时不有。每一座山、每一条河、每一条道路、每一片树林、每一座房屋、每一道门坎都有不同的神来庇护,人无论走到哪里都有神与他同在。大地女神(Tellus)既是掌管生死的女神,也是丰收和婚姻女神。家神(Lares)负责保佑住宅和家庭,门神(Janus)是司出入口之神,一切大小门户都属于他管辖。生产的每一个部门和每一个阶段都有神来相助。森林和田野之神(Faunus)是畜群和田野的保护者,果树女神(Pomona)掌管果园。播种之神(Saturnus)管理撒入田地的谷物,谷神(Cares)职司谷物的成熟。人们从出生到死亡,从蹒跚学步到结婚生子,生活中的每一个阶段似乎都离不开神的保佑。维斯塔(Vesta)女神是灶神,她在古罗马人的生活中占有重要地位,被看成是家庭和社稷的保卫者。古罗马每个家宅内都设有祭坛,祭台上燃烧着永不熄灭的圣火。罗马国家也建有维斯塔女神庙,庙内始终有6个处女祭司负责照料国灶上的圣火。她们通常不到10岁就被挑选入庙,并需连续服务30年。她们受到人们的尊敬,享有许多特权。但是,一旦她们失去贞操,就会受到严厉惩罚,被关在地下室里活活饿死,因为罗马人认为,她们的贞操关系到国家的安危。为了向众神表示敬意,罗马人经常举行各种宗教仪式,创立了不少宗教节日,还建立了许多神庙,以求得到神的帮助。公元前509年,罗马人在他们最神圣的卡彼托林山上建造了一个大神庙,来供奉朱庇特、朱诺和米涅瓦三神。它不仅是罗马人举行重要宗教仪式的场所,而且具有了代表国家中央政权的意义。

---

① 科瓦略夫:《古代罗马史》,王以铸译,三联书店,1957年,第84页。
② 李维:《罗马史》(Livy),2,13;5,50.

罗马人对神的虔诚信仰一度增强了民族团结,帮助他们在争霸地中海的战争中取得胜利。波里比阿曾经指出:"我认为,罗马共和国最明显与众不同的特点是罗马人对宗教的信仰。我相信,正是这种执着认真近于迷信的信仰——它在其他民族可能被视为一种耻辱——保持了罗马国家的凝聚力。"①这句话准确地说明了宗教信仰对当时罗马政治的作用。

第四,遵纪守法的习惯风气。

罗马人以纪律严明而著称。在罗马军队中,凡是不服从命令者,无论官职大小,情况如何,都要处以死刑。在公元前4世纪的拉丁战争中,罗马执政官曼里乌斯发布命令,禁止罗马官员单独与敌人作战。当他的儿子违反这一命令后,他当着全体将士的面,处死了儿子。对因胆怯而临阵逃跑的战士,指挥官有权对他们处以重刑,甚至死刑。②

对权威的服从是罗马人严明纪律的基础,而它首先是通过对家长的服从培养起来的。古罗马的家庭由男人(家长)、他的妻子和未婚嫁的子女组成,通常家中的奴隶也包括在内。家长掌握着家庭的宗教、法律及经济等各种权力,对他的妻子、儿女和奴隶具有绝对的权威,掌握着对他们生杀予夺的权力。他可以把子女卖为奴隶,或者把他们置于死地。他有权惩罚犯错或饮酒的妻子,如果妻子与人通奸而被当场抓获,他可以把她杀死。罗马人的家长在家庭中至高无上的权力,被称为家长法权。通过对家长法权的不断强调,罗马人逐渐形成了崇拜祖先、服从权威和遵纪守法的习惯。罗马人重视法制,他们在罗马社会发展过程中创制的法律,也为严明纪律提供了保证。

质朴务实、忠勇爱国、虔诚敬神和遵纪守法构成了罗马民族精神的核心,它们是罗马崛起的重要秘诀。然而,随着公元前2世纪中叶罗马在地中海世界霸权的建立,奴隶制的发展和社会关系的变化,罗马的社会风尚发生变化,奢侈享乐之风开始流行,传统道德观念逐渐解体,罗马精神的失落成了罗马由盛转衰的催化剂。罗马帝国的统治者奥古斯都等人曾经先后采取过一些措施来修复罗马人精神的堤坝,但收效甚微。不过,正如一位学者所说:"决定一个民族基本文化传统的,是它在民族文化兴起定型的早期所遭遇的一系列事变……民族的命运也像个人的遭遇,在其传统或基本性格趋

① 波里比阿:《历史》(Polybius, The Histories),6,56。
② 杨共乐:《罗马史纲要》,东方出版社,1994年,第96页。

于定型的年代,所经历的事变与感受,将留下最深刻的记忆、最久远的烙印。"①虽然,罗马的传统道德观念逐渐崩溃,但罗马人在其早期几百年历史过程中形成的民族精神不会马上统统消失,它在较长的时期内对罗马人仍然具有很大影响,并在罗马文化上打下其烙印,使之呈现出与希腊文化不同的特点。

在罗马民族精神的影响下,现实主义和求实致用成为罗马文化最重要的特征。在建筑艺术中,罗马人极力体现自己国家的伟大,并把"实用"放在了建筑原则的首位。在雕刻艺术中,他们着力追求真实地表现人物的本来面貌,甚至不惜把刻画对象的丑陋之处也显示出来。在文学上,他们欣赏便于群众接受的简明扼要而又清雅纯净的文风。在科学上,他们积极发展与人们生活密切相关的实用科学技术。在政治上,他们吸取了君主制、贵族制和民主制的优点,创造出符合罗马现实情况的政治体制及行省和自治城市制度。在法律上,他们以务实的态度,在司法实践中不断探索,不断积累案例,逐渐制定出符合当时社会经济政治生活需要的法律,与此同时也丰富了罗马的法学思想。尽管罗马人在哲学、文学和史学等领域中的成就不如他们的希腊老师那样突出,但他们以求实致用的态度继承了希腊文化的遗产,并以现实主义的风格创造了堪称"伟大"的文化,从而吸引着后人去追踪他们的足迹。

3. 罗马法与法学

罗马人以崇尚法制而著称,罗马法律和法学思想是他们留给人类最宝贵的精神文化遗产,也是他们对西方和世界文化作出的最主要贡献。当代美国学者赞恩指出:"当今世界对其法律的划分、一般理论和实施方法都应归功于罗马。如果罗马法理学家几个世纪以来没有刻意研究逐渐形成罗马法的一般原理和特殊规则,那么就无法想象我们今天的法律体系会是何种模样……正如罗马的古老神庙和公共建筑成为后来的建筑的材料储藏室,罗马法律成为现代世界法律推理和原则的永不枯竭的宝库。"②这段话生动地说明了罗马法对世界文化的建树。

罗马法的产生和发展 罗马法从萌芽到发展为完备的体系经历了一个长期的发展过程。罗马的历史分为王政时代(约前753—前509)、共和时代

---

① 谢选骏:《神话与民族精神》,山东文艺出版社,1986年,第289页。
② 约翰·麦·赞恩:《法律的故事》,刘昕、胡凝译,江苏人民出版社,1998年,第142—143页。

（前509—前30）和帝国时代（前30—公元476）三个时期。在王政时代和共和初年罗马人主要靠习惯法来调整社会关系，解释习惯法的权力掌握在贵族手中，他们借助这一权力来欺压平民，引起了平民的不满与抗争，要求制定成文法来保障自己的合法权益，结果迫使元老院成立了以克劳狄为首的10人立法委员会，于公元前450年左右起草颁布了《十二表法》。该法分为十二表，内容包括诉讼程序、债权、所有权、家长权、继承权、宗教法以及犯罪和刑罚等方面。《十二表法》主要汇集了以往罗马的习惯法，其实质仍然是维护私有制和贵族利益的。如法典规定，债务人到期不能还债，债权人可给他戴上足枷手铐，甚至可以把他卖为奴隶或者杀死。法典也禁止平民与贵族通婚。《十二表法》还保留了同态复仇、巫术惩罚等原始公社习惯的痕迹，它规定，倘伤害他人而未与受害人取得调解时，应给予肇事者以同样的伤害。此外，它还保留着在数名债权人之间分割债务人的躯体这样残酷的原始规范。尽管如此，《十二表法》还是适应了当时罗马社会经济文化发展的需要，限制了贵族的专横，打破了他们对法律知识的垄断，因而在一定程度上保障了平民利益。《十二表法》是罗马第一部成文法典，被人们赞誉为罗马法发展史上"独一无二"的立法里程碑。

《十二表法》颁布后，罗马平民为取得平等权利进一步开展反对贵族的斗争，促使了一系列新法律的通过。公元前445年的卡努利乌斯法案允许平民与贵族通婚；公元前367年的李锡尼—绥克斯图法案肯定了平民担任执政官的权力；公元前326年的波提利阿法案废除了债务奴役制，使平民免除了沦为债务奴隶的威胁；公元前287年霍腾西阿法确认平民大会的决议对全体公民具有法律效力，使平民大会成为罗马最主要的立法机关之一。至此，平民与贵族在法律上的差别被取消。

自罗马建国至公元前3世纪中叶，罗马产生的法律被统称为市民法，也称公民法。它适用的范围比较狭窄，仅限于罗马公民。市民法注重形式，程序繁琐，缺乏灵活与变通性，内容上比较侧重公法，在私法方面的规范不完善。随着罗马领土的不断扩大和社会经济关系的日益复杂，尤其是没有罗马公民权的异邦人大量增加，单靠市民法已无法满足统治这样一个地域辽阔、人口众多的奴隶制大帝国的需要。早在公元前367年，罗马政府就设置了最高裁判官一职，通过发告示和命令的方法来处理罗马公民之间的民事诉讼案件，这在一定程度上弥补了市民法的缺陷。公元前242年，罗马政府又设立了外事最高裁判官，专门负责受理罗马公民与异邦人以及异邦人之间的诉讼，调整他们之间的权利、义务关系。外事裁判官在处理案件时，除了参照罗马市民法的规范外,也吸取了地中海区域其他民族的法律规范,并注意贯彻"公平合理"的原则。在长期的司法实际中,外事裁判官和其他高级长官的告示与案例形成了不同于市民法的新的法律体系——万民法,其含义是"各民族共有的法律",它适应于罗马人和异邦人。万民法克服了市民法的狭隘性,具有简易、灵活和不拘形式等优点,更加适应意大利和各行省奴隶制经济发展的需要。这样,罗马私法便出现了市民法和万民法的两个体系共存的局面。在帝国时代,罗马的公民权逐步扩大到异邦人。212年,为了扩大罗马国家的社会基础和增加国库的收入,卡拉卡拉皇帝颁布敕令,给予帝国的全体自由民以罗马公民权,市民法和万民法的差别消失。

公元1—2世纪,在罗马帝国兴盛之际,罗马法进入了蓬勃发展的黄金时代。在法学史上,它被称为罗马法的古典时期。这时,罗马法学家掀起了研究法律的热潮,形成了百家争鸣的局面。随着皇帝权力的日益加强,皇帝的敕令也成了罗马法的重要内容。

公元3世纪以后,罗马帝国开始走向衰落,但罗马法的研究工作并没有停止,这时罗马法进入了整理和编纂的阶段。[①] 西罗马帝国灭亡之后,雄心勃勃的东罗马帝国皇帝查士丁尼(527—565在位)对罗马法进行了全面的整理和系统的编纂工作,在他的主持下,以特里波尼安为首的法学家编纂了《查士丁尼法典》《学说汇纂》《法学阶梯》《新律》等四部法典,它们被后人合称为《民法大全》或《国法大全》。

罗马法学家与法学 古罗马人曾经说过:"法学家创造了罗马法"。罗马法学家在罗马法与法学理论的发展过程中扮演了重要角色,他们通过解答民众的法律问题、办案、为诉讼当事人拟定契约和撰写法律著作等方法,推动了法律的完善和法学的发展。在他们的不懈努力下,法学真正从政治学中分离开来,成为独立的学科。

西塞罗(前106—前43)是罗马共和晚期著名的政治家和法学家。他出身于罗马阿尔皮努姆的一个骑士家庭,曾做过律师,后步入政界,出任过财政官和执政官等职,其政治法律著作主要有《共和国》《法律篇》等。西塞罗继承并发展了斯多噶学派等古希腊哲学家的理论,提出了以自然法理论为基础的法律思想。在他看来,"真正的法律是与自然协调一致的健全的理性,它扩及所有人之中,始终如一,永恒不变。颁布有违这一法律的条例,是宗教所禁止的,即便部分地废除它也不可以,同时我们也无法通过元老院或

---

① 参见林榕年主编:《外国法制史新编》,群众出版社,1993年,第158—164页。

人民摆脱它的约束。"①他认为,自然法在人类社会中具有高于一切人定法和权力的意义,它是衡量一切人定法的标准,只有与之相符的法律才是"真正的法律"。他还以自然法则为前提推导出人类自然平等和世界国家的理论。他指出,人类社会应将成为世界性的国家,在这个世界国家的大家庭中,只要是共同服从自然法的人,不论其原来的国别、种族、社会地位如何,都共同具有理性,都具有成为人类一分子的尊严。在此基础上,西塞罗进一步提出了靠法律的力量,发挥共和政体中执政官、元老院和平民大会三个机关的制衡作用的思想,论述了它们各自的权力和义务。② 西塞罗的自然法理论为罗马的万民法以及整个法律科学奠定了思想基础,他的人类自然平等的思想和"分权制衡"理论对后来资产阶级革命时期的思想家产生了很大影响。

帝国时代,罗马法学进一步发展。法学家们思想空前活跃,纷纷著书立说,总结共和以来罗马法制建设的经验。公元1—2世纪,罗马形成了普罗库路斯派和萨比努斯派两大法学派别。在政治观点上,前者留恋共和政体,后者则拥护帝制。在法律观点上,两者并无原则性的差别,只是在如何确定婴儿死产、先取遗赠和加工物的所有权等一些具体问题上持有不同看法。不过,两派在对法学理论的长期研究、阐述和论战的过程中,互相促进,有力地推动了罗马法和罗马法学的发展。

公元2—3世纪之交,罗马先后出现了盖尤斯、帕皮尼安、乌尔比安、保罗、莫德斯丁等五大著名法学家,时称"法学五杰"。他们撰写了不少法学著作,为后世留下了丰厚的法学遗产。盖尤斯的主要法学著作是《法学阶梯》,全书分为四卷三编,对罗马私法体系中的人法、物法和诉讼法分别进行了阐述。该书失传已久,直到1816年,德国历史学家尼布尔才在意大利维罗纳教堂的图书中发现了一本5世纪的手抄本。帕皮尼安最重要的著作是《问题集》37卷和《解答集》19卷,它成为其后法律学校的主要教材。这五大法学家在对罗马法的分类方面有一些不同看法。但是,他们的法学思想在两个方面具共同之处:第一,他们都继承了古希腊法理学家的思想,把法律和正义、道德看做是一回事。乌尔比安就说过,法学是正与不正的学问。第二,他们一致承认,人民是政治和法律权力的来源,并把其权力委托或让渡给了皇帝,从而为罗马皇帝加强中央集权统治提供理论根据。鉴于

---

① 菲利普・李・拉尔夫等:《世界文明史》(上卷),赵丰等译,第351—352页。
② 参见张宏生:《西方法律思想史》,北京大学出版社,1983年,第58—68页。

五大法学家对于罗马法所作的突出贡献,东、西罗马帝国的皇帝颁布法令来肯定他们享有的法律解答权。426 年,瓦伦提尼亚努斯三世和狄奥多西二世颁布的《引证法》规定,五大法学家的法律解答具有法律效力,只有他们的意见才可作为法官判案的依据;如五人意见不同,可依照多数的主张;如各家意见势均力敌,则以帕皮尼安的意见为准。经数代法学家之手,罗马法与法学日趋完备与系统化,为后来罗马法的全面编纂与总结打下了坚实的基础。

罗马法的基本内容和历史影响　　罗马法学家从不同的角度把罗马法分成不同的类别。根据法律的形式,他们把法律分为成文法和不成文法。前者是指以书面形式发表的各种法律,后者是指习惯法。根据法律所调整的不同范围,他们把罗马法分为公法和私法。前者是保护国家和社会利益的法律,后者是保护个人利益的法律。根据法律适用的范围,他们又把罗马法分为自然法、市民法和万民法。自然法只是一种理性观念,不是实体法律。如前所述,市民法适用于罗马公民,而万民法则适用于罗马境内的各族人民。罗马法以私法发达为特征,所以人们所说的罗马法,通常是指罗马私法。因此,在这里,我们仅在私法的范围内讨论罗马法的内容。

罗马私法通常分为人法、物法、诉讼法三部分。人法是关于人的权力能力和行为能力、法律地位、权力的取得和丧失以及家庭婚姻等方面的法律。在罗马法中,生物学上的人包括自由人和奴隶在内,而作为法律主体的自然人,只包括自由人,不包括奴隶。自然人的权力能力称为人格,只有同时享有自由权、市民权和家长权的人,才具有完全的人格,才能作为完全的权力义务主体。物法又称物权法,它主要包括物权、债权和继承权三方面的内容,是罗马法的核心与主体。罗马法上物的概念泛指财物,能够满足人们的需要,又可以用金钱来评估的东西才是物。奴隶作为权力义务的客体,也被看做是物。在罗马法的物权中,所有权表述得最为清楚,它具有绝对性、排他性和永续性的特征。罗马法通过各种规定来维护私有财产权。对于债的定义、契约、担保、遗嘱、信托、法定继承等有关债权和继承权方面的问题,罗马法做了详细的规定,适应了当时罗马社会商品经济发展的需要。诉讼法是关于诉讼程序的法律的总称,罗马的诉讼程序有法定诉讼、程式诉讼和非常诉讼三种形式。在法律诉讼中,罗马实行了陪审制度,并在诉讼代理和辩护制度的基础上形成了律师制度,还确立了公开审判、不告不理和一事不再理等基本诉讼原则。

罗马法内容丰富、体系完整、法理精深,是古代世界最为完备的法律。

恩格斯指出:"罗马法是纯粹私有制占统治的社会生产条件和冲突的十分经典性的法律表现,以至一切后来的法律都不能对它作任何实质性的修改。"①罗马法在世界法制史上占有十分突出的位置,它对后世的深远而持久的历史影响是任何古代法都无法相比拟的。早在12世纪,由于查士丁尼的《国法大全》在意大利被发现,罗马法就开始在欧洲复兴。在西欧文艺复兴运动中,人文主义者进一步掀起了研究罗马法的高潮。世界步入近代之后,罗马法成为资产阶级法律和法学的重要渊源以及近现代法律的先驱。罗马法的分类方法以及私人权力平等、契约自由、遗嘱自由、私有财产不可侵犯、不告不理等原则被近代资产阶级接受,其陪审制度、律师制度、法人制度、成年制度和时效制度等也为近现代司法制度树立了榜样,其名词术语成了现代民法术语的重要来源。世界各国的立法都不同程度地受到过罗马法的影响。现代西方的两大法系——大陆法系和英美法系,都打上了罗马法的烙印。拿破仑领导制定的《法国民法典》是以《法学阶梯》为蓝本制定的,英国法则吸收了罗马法的基本思想和原则。20世纪初,罗马法以德国和日本的法律为媒介传入中国,对中国的民法也产生了重要影响。

4. "作为世界统治者的世界建筑"

罗马建筑艺术的特点　　罗马人不仅在法律方面为后世留下了珍贵的遗产,而且在建筑方面也取得了令人赞叹的成就,他们的创造能力在建设帝国的宏伟工程中得到了最好的发挥。雄伟壮观的罗马建筑是罗马民族精神的艺术表现,正如威尔·杜兰所说:"它们是石造的罗马灵魂。"②罗马的建筑艺术有以下特点:

第一,注重实用价值。与刻意追求美感的希腊人不同,质朴务实的罗马人在从事建筑活动时,首先想到的是建筑物的实用和坚固,然后再考虑它的美观问题。公元前1世纪罗马杰出的建筑家维特鲁威撰写了《建筑十书》,书中提出了"实用、坚固、美观"的设计思想和原则,这实际上是对罗马建筑艺术原则的归纳和总结。罗马的种种公共事业工程——设计合理的污水排放系统、令人瞩目的引水道、规模宏大的公共浴场无不是首先为了达到实用的目的。

第二,讲究整体规划。希腊人的建筑物布局随意、独立自由,缺乏整体

---

① 《马克思恩格斯全集》第21卷,人民出版社,1974年,第454页。
② 威尔·杜兰:《恺撒与基督》,《世界文明史》(第3卷),幼狮文化公司译,第466页。

性与规划性。著名的雅典卫城没有一条明显的中轴线,其中最大的建筑物——帕提农神庙与卫城的入口显然不是同轴连接。希腊建筑艺术的特征体现了希腊人自由奔放的性格。与希腊人形成鲜明对比的是,严肃守纪而富有组织才能的罗马人注意建筑物的整体规划和空间统一,强调正面中轴线的效果。公元前1世纪,罗马人建造的普里内斯特命运之神圣殿布局严整,精确的对称轴与曲线和矩形结合巧妙,为人们登高远眺作了周密的考虑。在它的第四层平台上,有着剧场般的半圆形墙,似乎给圣殿加了顶冠,堪称是整体规划的典范。①

第三,追求宏伟壮观。罗马成为地中海世界的主宰后,罗马精神中又增添了威严的气势和兼容并蓄的特点,朱龙华先生曾经把"质朴务实、坚定开阔"作为对帝国时期罗马文化精神的概括。② 这时罗马的统治者和建筑家们着力在建筑中表现的是帝国的权力和荣耀,而帝国的财富也为宏伟的工程提供了物质基础。遍布各地的宏伟宫殿和神庙、炫耀胜利的凯旋门与胜利纪念碑表现出了罗马人追逐宏伟的热情。

第四,努力开拓创新。作为地中海区域的统治者,罗马人必须具备广采博收的宽阔胸怀;作为文明起步较晚的民族,罗马人也不得不向希腊和其他被征服地区的人民学习先进文化。然而,罗马人在吸纳希腊等民族建筑文化遗产时,根据自己民族的特点对它们进行了改造。罗马建筑是对希腊建筑的继承与发展,它在许多方面都有创新之处。在空间创造方面,罗马人重视空间的层次、形体与组合,使之达到宏伟的效果。在结构方面,罗马人在伊达拉里亚和希腊的基础上,发展了综合东西方各种优点的梁柱与拱券结合的体系,圆拱、拱顶和圆穹的普遍运用被人们称为拱式的建筑革命。在建筑材料上,罗马人除了运用砖、木、石外,还运用火山灰制成的天然混凝土,混凝土的运用被看做是罗马人的重要发明。在柱式体系方面,希腊建筑原有粗壮牢实的多利亚式、秀丽灵巧的爱奥尼亚式和雍容华贵的科林斯式三大柱式体系,罗马建筑承袭了这些体系,并创造了托斯堪和组合柱式两种新柱式,把古典柱式由三种发展为五种。在理论方面,前面提及的维特鲁威的《建筑十书》是唯一完整保留下来的西方古典建筑经典,其理论卓越,资料丰富,自文艺复兴后300余年一直被作为建筑学的基本教材。总而言之,罗

---

① 苏珊·伍德福特等:《剑桥艺术史》(第1卷),罗通秀、钱乘旦等译,中国青年出版社,1994年,第129—130页。
② 朱龙华:《罗马文化与古典传统》,浙江人民出版社,1993年,第95页。

马的建筑在结构、材料、空间创造、整体规划、类型的多样化等方面都超过了希腊，形成了自己独特的建筑风格。

形式多样的罗马建筑 古罗马的建筑大体上可分为住宅、城防建筑、宫殿、宗教圣地、娱乐场所、公共设施和纪念物等几类。罗马人的传统住宅是按照严格不变方案建造的四方形建筑物，屋顶上有长方形的天窗，以便阳光射入。屋内前厅中央设有泄水池，用来接住雨水。城防建筑是古罗马早期的建筑，由城墙和城市要塞等组成。罗马帝国时代的宫殿富丽堂皇，罗马皇帝尼禄的"金屋"是有名的宫廷建筑群，它是尼禄在罗马城发生大火后为自己建造的新皇宫，尼禄命人用黄金、象牙、名贵石料等把它装饰得金碧辉煌。

宗教圣地的建筑特色主要表现在神庙上，罗马最著名的神庙建筑是万神殿，它最初建于公元前27年，后遭火毁。公元2世纪，罗马皇帝哈德良统治时，重建了这座庙宇。万神殿的门廊正面由8根科林斯式的柱子支撑，正殿则是带有罗马式穹顶的圆形大厅，其直径与高度均为43米。穹顶正中开了一个直径8米多的圆洞，人们抬头就能看见蔚蓝的天空，在洞口射入的光线的映照下，正殿内部显得宏伟壮观而又高深莫测。在建筑史上，万神殿首次采用了如此大跨度的穹顶，它在技术上的创新和结构上的完美和谐使它成为古代穹顶建筑的典范，对后世产生了深远的影响。

娱乐场所主要有剧场和竞技场。巍峨高大的哥罗赛姆竞技场是这类建筑的最杰出代表。这是一座椭圆型的建筑物，长188米，宽155米，外墙高48.5米，可容纳5万多观众。它建于1世纪，主要用于角斗和斗兽，也可以灌水成湖进行海战表演。罗马的公共设施有道路、桥梁、公共浴场、水道、会堂和广场等。道路建设是罗马人的一大成就，四通八达的大道把罗马与帝国的各个地区连接了起来，故有"条条大路通罗马"的传世名言。著名的阿庇乌斯大道由罗马经坎佩尼亚至他林敦，大道宽4.1米，车辆可以对开。路面上铺着玄武岩石块，是当时最为壮观的大道。罗马人十分喜欢沐浴，各地建立了不少公共浴场。卡拉卡拉浴场是一个庞大的复合建筑群，其占地面积达12公顷，内部设有冷水池、温水池、热水池、更衣室、阅览室、演讲厅、运动场和商店等，罗马人不仅能够在此沐浴，还能从事健身、文娱和社交活动。

凯旋门和纪念柱是罗马帝国时期颇有特色的纪念物，它们是为了纪念皇帝对外战争的胜利而修建的。第度的凯旋门是罗马现存最古老的凯旋门，它的檐壁上装饰着反映凯旋时人们向神献祭时情景的精美浮雕，拱门两侧则是两对建立在台基上的圆柱，显得十分庄严。矗立在图拉真广场上的图拉真纪念柱是这位皇帝为了炫耀他征服达奇亚的战功而建造的，柱身上螺旋状地环绕一条长达650英尺的浮雕带,生动地表现了每一次战役的场面,柱顶立有图拉真的雕像,后来这一雕像被圣彼得像所取代。①

行省中的建筑 帝国的首都罗马城是大规模建设活动的样板,罗马皇帝奥古斯都曾经自豪地夸耀说,他把泥砖的罗马城变成了一座大理石的城市。作为地中海世界的统治者,罗马人在帝国的各行省都掀起了建筑的热潮。他们在欧洲、北非和西亚等地建立了许多罗马式的城市,并在这些城市中广建神庙、剧场、竞技场、广场、浴池、引水道等建筑物,罗马的拱顶技术和混凝土的建筑也随之传播开来。在雅典,重建巨大的奥林匹亚宙斯神庙的工程在罗马皇帝哈德良统治时得以完成。坐落在赫里奥波利斯的宏大的朱庇特神庙始建于奥古斯都时代,庙前竖立着10根圆柱。法国人在非洲的提姆加德发现了一个模仿庞培城建筑风格的罗马化城市。② 罗马殖民地奥古斯塔·埃梅里达是由奥古斯都建立的,在这个城市中有一座精美无比的剧院,其舞台正面的建造工艺令人叹为观止。

罗马人在行省大兴土木的过程也是他们把城市文化和罗马的生活方式扩展到帝国全境的过程,一些原先住在山顶要塞和村庄里的凯尔特人和日耳曼人开始移居到城市的舒适住宅中,他们学习拉丁语言文字,朗诵文学作品,选举地方官员,还去泡公共浴池和观看戏剧表演,这一切都促使了他们从氏族文化生活转向了先进的都市文化生活。因此,罗马人的建筑活动加速了地中海世界古典文化区的形成。

5. 拉丁文学与史学

文学 罗马文学是在吸收、模仿希腊文学的基础上逐渐发展起来的,不过,它并不完全是希腊文学的复制品。古罗马文学家根据本民族的特点,创作了许多出色的文学作品。他们采用的语言工具是拉丁语。

拉丁字母源于希腊字母,古代罗马人是通过伊达拉里亚字母的媒介熟悉希腊字母的。在此基础上,他们于公元前7世纪创造了自己的拼音文字——拉丁字母。它最初只有21个字母符号,后来增添到26个。拉丁字母形体简单、匀称、美观,便于阅读和书写,因而在世界各地区的文化交流中起了十分重要的媒介作用。在罗马时代和中世纪,拉丁文是欧洲的通用文

---

① 里辛格和瓦格纳:《古希腊和罗马的文化》(F. P. E. Reisinger and R. Wagner, *The Culture of Ancient Greece and Rome*),波士顿,1926年,第168页。
② 同上书,第170页。

字。文艺复兴时期,欧洲许多民族采用拉丁字母创造了自己的民族文字。地理大发现后,西欧国家把它传播到拉美、非、亚殖民地。直至今日,拉丁文仍是医学和生物学的重要语言工具。

古罗马虽然较早就产生了文字,但是,直到公元前3世纪,罗马文学才初露端倪。从这时至公元前2世纪的100多年时间里,罗马文学由萌芽走向成熟,尤其是在诗歌和喜剧方面取得了较大的成就。

安德罗尼库斯(约前280—前204)是生于意大利南部城市他林敦的希腊人,在战争中被俘,以奴隶的身份进入罗马城,不久获释,做过家庭教师、演员、舞台经理。公元前240年,他根据希腊戏剧的原型,创作并演出了第一部拉丁喜剧和拉丁悲剧,人们一般把它看做是拉丁文学的开端。安德罗尼库斯首次把荷马史诗《奥德赛》译成拉丁文,还创作了一首祭神的赞美诗,这首诗是第一首真正的拉丁抒情诗。因此,安德罗尼库斯被称为罗马的第一个诗人和剧作家,但是他的作品只留下了一些残篇。

普劳图斯(约前254—前184)是罗马著名的喜剧作家,也是罗马第一个有完整作品传世的作家。他是意大利北部翁布里亚地区的萨尔西那人,出身于平民家庭。相传,普劳图斯一生著有130部剧本,加图等古典作家认为只有21部出自他的手笔,其余多是他人的伪作。其主要的作品有《一坛金子》《孪生兄弟》《商人》《俘虏》等。《一坛金子》生动地描写了一个名叫尤克里奥的贫穷老人得到一坛金子后人性丧失与复得的心路过程,此剧对莫里哀创作《悭吝人》有很大影响。《孪生兄弟》通过讲述一对自幼失散的孪生兄弟屡屡被人错认的滑稽故事,反映了罗马社会现实生活,它成为莎士比亚的《错误的喜剧》的题材来源。普劳图斯的喜剧受到了希腊新喜剧作家米南德等人的巨大影响,但舍弃了古希腊戏剧中的歌队,只用生动诙谐的对话来展开剧情。他从平民的观点出发,讽刺了社会恶习,刻画了众多的人物形象,其中描写得最精彩的是一些聪明机智的奴隶的形象。普劳图斯喜剧的这种贴近人民生活的民间文化创作倾向,使他成为深受罗马群众欢迎的剧作家。

罗马另一个重要的喜剧作家泰伦斯(约前190—前159)出生于北非的迦太基,曾是罗马元老泰伦斯·路卡努斯的奴隶,后被主人释放并得到了良好的教育,凭借自己的文学才华进入了罗马贵族的文学圈子。他写过《婆母》《两兄弟》《安德罗斯女子》《自责者》等6部喜剧,大多是翻译改编米南德的作品,它们全部都保存了下来。《婆母》是泰伦斯最有影响的喜剧之一,该剧通过描写一对年轻夫妇之间因为孩子父亲身份不明而产生的家庭矛盾,赞扬了家庭成员之间互相宽容、忍让的精神。《安德罗斯女子》是一部有关爱情的作品,讲述的是西蒙安排儿子与雅典公民帕姆菲鲁斯的女儿订婚,而他的儿子却爱上了一个看来贫苦的来自安德罗斯的姑娘,这遭到了西蒙的反对,最后,人们发现这个姑娘原来是帕姆菲鲁斯的另一个女儿,该剧深刻地反映了当时社会的不平等。泰伦斯的剧作在语言上不如普劳图斯生动幽默,但其文风却更纯净高雅,因而他的作品也同样对后世产生了重要影响,直到19世纪,他的作品始终是西欧学校的重要教材。特别值得一提的是,他在《自责者》一剧中,通过剧中人物发出了"我是一个人"的呐喊[①],这被后世作家看做是古典人本主义思想的体现。

罗马共和末期由于政治斗争的激烈和希腊化文化的影响,雄辩术在罗马获得了很大发展,被人们称为"拉丁散文泰斗"的西塞罗不仅是当时著名的政治家和法学家,而且也是杰出的演说家和散文作家。他的散文作品十分丰富,为后世留下了900封书信和58篇演说辞。其中最著名的演说辞有《反对卡提林》《反对安东尼》《菲力匹克》等。西塞罗具有非凡的文才,其作品结构严谨,句法考究,文字典雅,音韵和谐,被誉为拉丁散文的典范。

奥古斯都时代是罗马文学的黄金时代,屋大维为了巩固其统治,十分重视文化建设,他大力扶植文学的发展,并利用自己的亲信麦凯纳斯延揽文人墨客,使罗马文坛出现了人才辈出、空前繁荣的局面。维吉尔、贺拉斯和奥维德都是麦凯纳斯文学集团的重要成员,他们也是奥古斯都时代最著名的三大诗人。

有罗马桂冠诗人之称的维吉尔(前70—前19)出身于意大利北部曼图亚城附近的一个农民家庭。他是一个博学多才的诗人,其诗作既吸取了古希腊和罗马诗人的精华,又有许多创新之处;既充满着浓郁的乡土气息,又蕴含着深刻的哲理。维吉尔的主要作品是《牧歌》《农事诗》和《埃涅阿斯记》。《牧歌》由10首小诗组成,它是维吉尔早年的作品,诗人采用牧羊人独歌和对歌的形式,描写了美丽的田园风光,表现了乡村生活的乐趣,还歌颂了牧人的纯洁爱情。《农事诗》共4卷,每卷500余行,诗人在赞美大自然的同时,详细描写了种植葡萄、橄榄、放牧牛马,养蜂等农事的细节,对人们从事农业生产给予了具体指导。这两部抒情诗反映了当时罗马人对和平的热爱以及对恬静的田园生活的向往。

---

① 约翰·波德曼等:《罗马世界》(John Boardman, *The Roman World*),牛津大学出版社,1986年,第71页。

维吉尔的代表作是他晚年创作的长篇史诗《埃涅阿斯纪》。全诗共 12 卷,近万行。史诗通篇洋溢着爱国的热情,叙述了罗马祖先历尽艰辛建立国家的光辉业绩,并把恺撒和奥古斯都说成是特洛伊战争中神话英雄埃涅阿斯的后裔,以说明罗马皇位系出"神统"。史诗歌颂罗马帝国,极力展现罗马的光荣和罗马民族肩负的历史使命,诗中写道:

> 毫无疑问,别人
> 会把青铜像铸造得精美无比,
> 会把大理石刻得栩栩如生,
> 会在法庭诉讼上说得头头是道,
> 会用规尺计量天体的运行,
> 会预告星辰的升起。
> 但你们,罗马人呵,
> 却要牢记以威力统辖天下万民。
> 这正是你的天才所在——
> 在世界推行和平之道,
> 对顺从者宽宏大量,
> 对桀骜者严惩不贷。①

这部史诗虽然在结构和艺术手法上有模仿《荷马史诗》的倾向,但与《荷马史诗》也有明显的区别。与起源于民间口头创作的《荷马史诗》不同,它是世界文学史上最早的"文人史诗",史诗在人物的刻画、情节的开展和韵律的抑扬等方面都取得了突出的成就,对欧洲文艺复兴时期的文学产生了巨大的影响。

贺拉斯(前68—前8)是奥古斯都时代杰出的诗人和文艺批评家,他出身于意大利南部维努西亚的一个被释奴隶的家庭。贺拉斯的主要作品有《颂歌集》《诗艺》《长短句集》和《闲谈集》等。抒情诗《颂歌集》是贺拉斯的代表作,共有 4 卷,百余首。它歌颂乡村的恬静生活、友谊与爱情以及屋大维的功绩,宣扬乐知天命、适度享受的生活哲学。贺拉斯的诗歌构思巧妙、诗意清淡,语言优美,被古罗马修辞学家昆体良誉为罗马抒情诗的"最上乘之作"。

奥维德(前43—公元17)是奥古斯都诗坛的第三位著名诗人。他早年

---

① 转引自朱龙华:《罗马文化与古典传统》,第 4 页。

致力于爱情诗的创作,写有《恋歌》《爱的艺术》和《古代名媛》等作品,被人们称为"情诗奇才"。可能是由于其放荡不羁的行为和对爱情的过分渲染,违背了奥古斯都重塑道德的政策,奥维德被奥古斯都流放到黑海之滨的托米城。奥维德的代表作是他在被放逐前写完的神话诗《变形记》,全诗共 15 卷,包括 250 多个故事。诗人以古希腊罗马的神话为题材,用六音步诗句的形式,讲述了神如何把人变为飞禽走兽、花木神怪的奇异经过。奥维德的诗作想象丰富、心理刻画细腻、结构技巧高超,对乔叟、莎士比亚、莫里哀等后世文学家产生了重要影响,为他们提供了创造的材料和灵感。

在屋大维死后的 200 多年时间内,罗马的文学逐渐颓废,宫廷趣味日趋浓厚。尽管如此,罗马文坛上还是出现了朱文纳尔、琉善和昆体良等一批文学史上的精英。

史学 像文学一样,罗马的史学起步也比较晚,并继承了希腊的传统。然而,罗马从城邦到帝国的漫长历程为史学创作提供了丰富的材料,而罗马人的爱国传统也使他们十分注重对本民族历史的编纂。因此,罗马史学的星空也像希腊一样群星璀璨,众多的史学家为我们留下了丰富的史学遗产。

公元前 3 世纪中叶,在希腊史学的影响下,罗马产生了自己的史学。费边·毕克托(约生于公元前 254 年)是罗马第一位历史学家。他用希腊文撰写了《罗马史》一书,叙述了从神话时期到公元前 3 世纪末罗马的历史,其中有关王政时代和第二次布匿战争的描述较为生动翔实。

老加图(前 234—前 149)是罗马史学的真正奠基者。他出生于意大利图斯库鲁姆地区的一个农民家庭,曾担任过罗马的执政官和监察官。老加图是一位多产的作家,他对罗马史学的贡献是用拉丁文写了一部《罗马历史源流》。该书共有 7 卷,主要讲述了意大利各城邦的起源和第一次、第二次布匿战争的过程。这部著作开拉丁史学之先河,从此,罗马史学家极少用希腊文来写作,他们在史书写作的题材和方法方面也开始体现出罗马特色。

恺撒(前 101—前 44)不仅是罗马共和末期政治舞台上的风云人物,而且也是当时最出色的散文家和历史学家。出于政治斗争的需要,恺撒在戎马倥偬之际,撰写了两部重要的历史著作——《高卢战记》和《内战记》。前者记载了恺撒征服和统治高卢的始末,后者叙述了他战胜庞培及其党羽的过程,为我们研究古代日耳曼人和凯尔特人提供了珍贵史料。恺撒的历史著作写作手法巧妙,语言简洁明快,文风朴实无华,受到了罗马人的普遍喜爱,因而长期以来一直被看做是拉丁文的范文。

进入帝国时代后,罗马史学更加兴盛,出现了李维和塔西陀等杰出的史学家。

李维(前59—17)是罗马帝国初期最著名的历史学家,出生于意大利东北部的帕塔维乌姆城,后定居罗马,与屋大维过从甚密。他以毕生的精力,撰写了鸿篇巨制《罗马史》(全名为《罗马建城以来史》)。全书共142卷,叙述了自罗马建城到公元9年罗马的历史,开创了西方史学的通史体例。李维写史旨在通过追述罗马的历史和对罗马民族英雄人物的赞颂,激发罗马公民的爱国热忱,启发他们吸取历史的教训。他是一个博学多才的学者,兼有文学家和史学家的长处,其《罗马史》行文流畅、文辞华美、描写生动,对人物的评价也比较客观公允。不过,李维治史不够严谨,缺乏求真的历史批判精神,对史料比较马虎,有时把神话传说与真实史实混为一体。然而,瑕不掩瑜,李维以其感人的爱国精神和华丽的文采在罗马史学发展史上树起了一座丰碑。

塔西佗(约55—120)曾任罗马财务官、司法官、执政官等职,他在政治立场与治史风格上与李维有所不同。塔西佗是贵族共和派,他怀念昔日的共和制度,反对君主专制,因而在其著述中,毫不留情地揭露了罗马专制政体的黑暗,描述了尼禄等几个皇帝的昏庸残暴。塔西佗是一位严肃的学者,他对历史记载抱着求实的态度,对史料能够进行认真核查。他虽然像李维一样讲究文辞,但他摒弃了后者文风中的浮华,其历史著作文笔含蓄凝练,言简意远。此外,塔西佗也十分重视历史的赏善罚恶的道德职能。其主要著作有《历史》《编年史》和《日耳曼尼亚志》等,前两部著作主要记述帝国早期的历史,《日耳曼尼亚志》则记载了公元1世纪日耳曼人各部落的情况,为后人研究日耳曼人的早期历史提供了极有价值的史料。

在罗马帝国统治下的希腊语地区,史坛也十分兴盛,出现了普鲁塔克、阿庇安、阿里安等著名史学家。普鲁塔克著有《希腊罗马名人传》(又称《传记集》),是西方最早的传记体历史著作。阿庇安用纪事本末体方法写的《罗马史》利用了许多第一手资料,具有很高的史料价值。阿里安写有《亚历山大远征记》一书,对这位马其顿王的扩张活动作了翔实的描述。

6. 罗马哲学与科学技术

哲学 古罗马哲学是在希腊化文化的直接影响下发展起来的,它继承了古希腊哲学的成果,接受并发展了伊壁鸠鲁派、斯多噶派等学派的学说,还出现了折衷主义等新学派。在思想与智力活动逐步活跃的过程中,罗马思想界产生了一些著名的哲学家。

西塞罗是一个博学多才的人,他对罗马哲学的发展也做出了自己的贡献,西塞罗以斯多噶派的思想为主体,根据政治和伦理道德等方面的需要,从希腊各派哲学中拾取他认为最合适的东西,把它们加以综合和折衷,形成了自己的思想,成为罗马折衷主义哲学的思想代表。他的主要哲学著作有《论神的本性》《论善与恶之定义》《论目的》和《论义务》等。他相信神的存在和灵魂不死,认为人的美德在于发扬理性和控制欲望。西塞罗在哲学上虽然没有什么创新之处,但是他第一次把许多希腊哲学的专门术语译为拉丁文,并以通俗易懂的拉丁语传播了希腊的哲学思想,从而推动了罗马自身哲学的发展。

卢克莱修(约前99—前55)是罗马共和末期的唯物主义哲学家。他用优美的诗句,把深奥的哲理形象地表达出来,其主要著作是6卷长诗《物性论》。在该诗中,卢克莱修承袭并发展了德谟克利特和伊壁鸠鲁的原子论思想。他认为,世界万物都是由不能再分解的物质微粒——原子构成的,即使是灵魂与精神也不例外。他主张,人类社会的产生和文明的发展是进化的结果,而非神的安排。《物性论》是古希腊罗马世界流传至今的唯一完整而系统的哲学长诗,对后来欧洲唯物主义哲学的发展有较大影响。

塞内加(前4—65)是罗马帝国早期新斯多噶派哲学的代表人物。他宣传宿命论和禁欲主义思想,认为命运决定一切,听从命运是人的美德;肉体上的快乐是不足道的,人类追求的终极目标是内心的宁静。他提倡平等的人道主义思想,认为主人和奴隶都是自然所生,相互之间应该友善,他的思想对基督教教义产生了影响。

科学技术 罗马人讲求实际、不喜玄想的性格使他们在理论科学方面鲜有创造,但是,富有组织才能和纪律意识的罗马人又以其出色的综合能力和熟练技巧而见长。由于罗马人对实用性的注重,使得与人们生活密切相关的农艺、建筑、军事、医学、测绘等实用科学技术在罗马得到了发展,取得了较大成就。另一方面,罗马帝国广袤的领土包括希腊、埃及等古代文明中心地区,这有利于它吸收境内各民族的先进科学文化成果,并对这些成果进行综合与总结。

罗马实用科技的发展在农业方面表现得最为突出。以农为本的罗马人十分重视农业科技的发展,出现了不少农学著作。老加图的《农业志》、瓦罗的《论农业》和科路美拉的《论农业》是罗马三本著名的农书。它们不但阐述了农业生产技术和经营管理农业的方法,而且也论及社会的经济关系,为我们研究公元前2—公元1世纪的罗马社会提供了丰富资料。

从老普林尼、托勒密和盖伦等科学家的著作中，我们就能够窥见古罗马人的综合能力。罗马科学家在天文学、地理学和医学等方面总结性的著述，架起了连接西方古代与近代科学的桥梁。

普林尼(约23—79)出生于意大利北部的科莫。他勤奋好学，十分热爱自然科学研究。79年，意大利维苏威火山爆发时，普林尼亲自前往险区考察，不幸中毒窒息而死，其献身科学的精神令人感佩。普林尼最重要的著作是《自然史》37卷。这部百科全书式的巨著虽然没有多少作者本人的创见，却对古代自然科学知识作了较为完整的总结。书中论及天文、地理、动物学、植物学、农业、医学、冶金等多方面的内容，作者在写作时参考了近500名学者的2000多本著作，为后人研究科学史提供了珍贵的资料。

托勒密(约85—168年)是罗马统治下的希腊化地区的著名天文学家、地理学家和数学家，生于埃及。他著有《天文学大成》13卷，对希腊人的天文知识进行了系统的总结，成为当时天文学的百科全书。该书描述了天体结构和天体运行的特点，提出了地球中心说，确立了地心体系。托勒密的地心体系是对古典天文学优秀成果的综合，它反映了人类童年对宇宙的认识，在天文学史上占有重要地位。但是，托勒密的地心说被基督教会用来维护其统治，并使之僵化，这一学说直到16世纪才被哥白尼的太阳中心说所推翻。除了在天文学方面的著述外，托勒密还总结前人地理学研究的成果，撰写了8卷本的《地理学》。

盖伦(129—199年)是罗马统治下的希腊化地区的杰出医学家，生于小亚细亚的帕加马。曾在许多地方行医，后来被召聘为马可·奥里略皇帝的御医，在罗马宫廷中供职。在行医的同时，盖伦笔耕不辍，据说共撰写了药物学、治疗学、生理学、病理学、解剖学等方面的著作131部。他系统地总结了希腊医学自希波克拉底以来的成就，还作出了不少新发现。在大量解剖和临床实践的基础上，盖伦对人体的结构和器官的功能作了比较正确的描述。他还提出了血液循环学说，认为血液在肝脏中形成，一部分经静脉送到全身，另一部分经右心室、左心室、动脉，流向全身各个部位并被吸收。17世纪时，他在血液循环说方面的错误被英国生理学家哈维所纠正。

盖伦的著作集古希腊医学之大成，内容涉及医学的理论和实践的各个领域，在16世纪以前一直被西方医学界奉为经典。这些著作还被译成阿拉伯文，对穆斯林世界的医学也产生了重大影响。

7. 西方古典文化的衰落与基督教的兴起

古典文化的衰落 公元3—5世纪,罗马帝国进入后期阶段。这是罗马奴隶制社会陷入全面危机进而崩溃灭亡的时期,也是西方古典文化日渐衰弱的时期。

在帝国后期,罗马的奴隶制已经走到了它的尽头。奴隶来源枯竭,生产技术落后,奴隶制生产方式不再有利可图,自由人则鄙视生产劳动,罗马的农业和手工业严重衰落,而这又进一步引发了商业与城市的危机。为了逃避为市民欠税抵债的命运,市议员们纷纷逃离城市,更使城市呈现出一片萧条景象。在罗马社会面临着深刻的经济危机的同时,政治上也出现了混乱的局面,军人权利不断上升,甚至把皇帝也变成了士兵手下的傀儡,此时罗马人的法治政府观念几乎消失殆尽。

由希腊人开创并经罗马人继承和发展的西方古典文化,也在罗马社会危机中走向衰落。西方古典文化中的理性主义和人本主义传统逐渐消失,这种情况在文学、艺术、史学和哲学等领域中表现得尤为突出。帝国后期的文学作品内容空虚,雕琢藻饰,充满着怀古的情绪。诗歌的声音逐渐沉默,代之而起的是为宗教服务的作品。艺术水平下降,公共建筑以保护帝国各城的防御工事为主,雕塑形象呆板、彼此相似,失去了古典艺术的自然主义和个性特征。历史书变成了干巴巴的教条,既无趣味,也无教益作用。在哲学领域中,新柏拉图主义大肆泛滥。新柏拉图主义是罗马帝国后期影响较大的一个唯心主义哲学派别,它是以柏拉图的理念论和神秘主义思想为基础,吸收各派哲学思想形成的一种神秘主义哲学,其思想代表是普罗提诺(205—270年)。普氏在他的代表作《九章集》中,阐述了其哲学思想。他认为,世界的本原是"太一",也就是神,世界万物是从它那里流溢出来的。在他看来,既然人的灵魂源于神,那么,人生的目的便是要回到神那里去。要达到此目的,必须消除一切肉体的欲望,使灵魂得到净化,达到灵魂与神的合一。这种神秘主义哲学的产生标志着西方古典哲学中理性主义和人本主义精神的衰落,它反映了罗马帝国没落的社会现实,具有强烈的否定现实世界和向往彼岸世界的倾向。

伴随着社会危机和文化衰落发生的是人们的精神和信仰的危机。帝国后期,罗马人完全丧失了传统的精神。他们一方面沉溺于观看奴隶角斗、斗兽、海战、骑术等感官享受之中,另一方面却思想极度空虚,心中充满了忧虑和悲观失望的情绪。人们把尘世生活看做虚幻,而把希望寄托于来世。罗马官方的多神信仰和皇帝崇拜已不再能够满足人们抚慰心灵的需要,具有神秘主义色彩的东方宗教填补了罗马人的信仰真空,早先传入罗马的波斯的密特拉(Mythra)崇拜、埃及的伊西斯(Isis)崇拜和小亚细亚的库伯勒(Cybele)崇拜等吸引了更多的信徒。这些宗教向信徒许诺,只要他们能够净化有罪的灵魂,就能得到拯救,因而容易激起人们的宗教热情。东方神秘宗教并不主张它们的神是世上唯一的神,但它们都只崇拜一个神,这种集中信仰单一神的宗教为主张一神教的基督教的发展铺平了道路。在古典文化风雨飘摇之际,基督教却不断发展壮大,最后在百孔千疮的罗马帝国站稳了脚跟。

基督教的产生和发展 基督教在公元1世纪时产生于罗马帝国统治下的巴勒斯坦地区的犹太人中间,它的兴起是犹太人反抗罗马统治的群众运动的产物。犹太民族是一个灾难深重的民族。在古代历史上,它曾一次又一次地受到外族的奴役,备受歧视和压迫。公元前63年,罗马侵入巴勒斯坦,将其纳入了帝国的版图,受到罗马统治者残酷剥削压迫的犹太人不断起来反抗。公元66—70年,犹太人掀起了反抗罗马帝国统治的大规模起义,史称"第一次犹太战争"。起义失败后,罗马军队把被俘的犹太人全部钉死在十字架上,以至于"没有地方再立十字架,没有十字架再钉人"。屡次起义失败使犹太人对现实感到绝望,于是,他们便从宗教中寻求精神安慰,企盼"弥赛亚"(意为救世主)降临,拯救他们脱离苦难。

基督教是从犹太教的母体中孕育产生的,它从犹太教的一个教派发展而来,其神学思想主要渊源于犹太教。犹太教是人类最早的系统的一神教,它信奉宇宙的唯一真神上帝雅赫维(基督教兴起后将之读为耶和华),并把犹太人看做是上帝的"选民"。除此之外,基督教还吸收并改造了其他的东方神秘主义宗教的神学思想和崇拜仪式。

从哲学思想来看,基督教在其形成和早期发展过程中受到了古希腊罗马哲学,尤其是斯多噶派哲学、犹太——希腊哲学派和新柏拉图主义的深刻影响。斯多噶派哲学产生于希腊化时期,具有宿命论、博爱和世界公民等思想。犹太——希腊哲学派的思想代表是被鲍威尔称为"基督教的父亲"的犹太学者斐洛(约前30—约45)。他力图把希腊哲学和犹太教宗教观念融为一体。他认为,上帝是绝对超越的存在,是万物的基础和源泉,它以"逻各斯"为中介创造了万物。这些思想和新柏拉图主义的神秘主义都对早期基督徒具有重要影响。

相传,基督教是由加利利的拿撒勒人耶稣创立的,他诞生于伯利恒城,为童贞女玛利亚所生。长大后,他在巴勒斯坦地区传教,由于其门徒犹大的出卖,被罗马当局逮捕并钉死在耶路撒冷郊外各各他山冈的十字架上。对于是否确有耶稣其人,学术界分歧很大。不过,这并不至关重要,因为基督教的产生是当时社会历史条件的产物。人们一般把公元1世纪到公元325年尼西亚会议期间的基督教称为早期基督教或原始基督教。

由于基督教的犹太教思想渊源,它兴起后接受了犹太教的经典《圣经》,但它也产生了自己的新经典。为了加以区别,基督徒把前者称为《旧约全书》,把自己的新经典称为《新约全书》,两者合称为《圣经》,作为基督教的经典。

从《圣经》记载的耶稣和使徒的言论来看,原始基督教教义主要有以下几点:(1)它认为上帝耶和华是宇宙唯一真神,选民可以扩大到一切民族,不局限于犹太人。(2)信仰耶稣救赎与因信得救,宣扬任何人只要坚信基督降临,就会得到上帝的拯救与赐福。(3)把"爱"作为信仰的核心内容,主张把对天父耶和华神的爱作为一切爱的基础,并做到爱人如己。(4)废除犹太教各种献祭和烦琐的仪式,简化仪礼,并鼓励信徒团结互助。从这里我们可以看到,基督教在继承犹太教传统的同时,也克服了犹太教的民族狭隘性与排他性,因而成为一种超民族的世界性宗教。

基督教在其产生的初期是下层人民的宗教,参加者多为贫民、手工业者、奴隶或半自由人。因此,初期的原始基督教的政治思想具有比较强烈的反抗意识。它反对罗马统治,仇视富人,号召人民用暴力来推翻罗马的统治,在现实世界上建立起理想的"千年王国"。《圣经》上记载道,耶稣对门徒说过,财主进天堂要比骆驼穿过针眼还难。他还表示,他来世上是要叫地上动刀动兵。由于这个原因和人们的误解,基督教产生后罗马当局对它进行了多次迫害。然而,随着基督教的广泛传播以及帝国危机的显露和加深,许多富人、官吏和知识界人士也加入了基督教,他们对教会的影响不断增强,基督教义的反抗色彩淡化,由主张斗争转为提倡忍耐和顺从,这就使基督教发生了演变,开始与统治阶级合流。德尔图良、奥古斯丁等教父和护教士在促成这一合流中扮演了重要角色,他们极力向皇帝说明,基督教与帝国的利益是一致的。313年,君士坦丁皇帝和他的共治者李锡尼共同颁布"米兰敕令",宣布宗教自由,承认基督教的合法地位。392年,狄奥多西一世皇帝下令严禁一切异教崇拜和献祭活动,把基督教确立为罗马国教。至此,基督教在罗马世界获得胜利并成为统治阶级的统治工具。基督教成为罗马国教是西方文化发展的重要转折点,从此,基督教文化取代古典文化成为帝国文化的主流,这为西方文化向中世纪的过渡奠定了基础。

三、中华古典文化(东周时代)

东周从周平王迁都洛阳(前770)开始,至秦始皇统一六国(前221)结束。它又分春秋、战国两个不同的时期。东周时代"礼崩乐坏","社稷无常奉,君臣无常位"①,周天子的地位下降,诸侯国发展为独立的主权国家,霸主、群雄主宰了天下。人们从神权的统治下解放出来,并且创造了弥足珍贵的文化。其中私学兴起,百家争鸣,诸子的思想文化是东周时期最卓越的文化成就。而诸子中以儒家、道家和名辩家所取得的成就最为重要。《左传》《楚辞》分别为历史学和文学界的瑰宝。

1. 孔子和儒学

孔子(前551—前479)是儒学的奠基人,他有弟子3000人,其中贤者72人。儒学是以伦理为核心的思想体系,并由这一核心为基点,提出了仁政、德政的政治思想。孔子是一位伟大的思想家和教育家,故为人们尊奉为圣人。

家庭是社会的细胞,可是人类社会并非一开始就有固定的家庭。在甲骨文的时代,中国社会还具有多子女、多父母、多夫多妻的现象,夫妻关系并不确定。《孟子·滕文公上》说:"契为司徒,教以人伦:父子有亲,君臣有义,夫妇有别,长幼有叙,朋友有信。"契为司徒是在传说的尧、舜时代,家庭处在萌芽状态,伦理的问题也开始提出来了。经历了三代的发展,婚姻关系确定,家庭基本稳固,人与人之间的关系明朗,处理人间各种关系的道德标准得到了合理的概括。《礼记·礼运》说:"何谓人情?喜、怒、哀、惧、爱、恶、欲,七者弗学而能。何谓人义?父慈、子孝、兄良、弟弟、夫义、妇听、长惠、幼顺、君仁、臣忠,十者谓之人义。"称慈、孝、良、悌、义、听(即顺从)、惠、顺、仁、忠为10种"人义",可以说是对于人类关系的高度概括,并且强调"讲信修睦,尚辞让,去争夺"。类似的论述在《左传》《论语》中经常出现,提法有同有异,但思想大体是一致的。孔子经常同弟子们讨论仁、义、礼、智、信、忠、孝等问题,在诸多表述伦理道德标准的文字中,孔子讲得最多的

---

① 《左传·昭公三十二年》。

是"仁",孔子释仁为"人"①,实即个人与社会性的人之间的关系和所应该遵循的道德标准,《孟子》《荀子》释仁为"爱",故仁有"泛爱众"的意思。《论语》中还有许多解释仁、实现仁的论述,如"己所不欲,勿施于人";"己欲达则达人";"为仁由己,而由人乎";"我欲仁,斯仁至矣"等等。这些伦理道德充斥于春秋后期,逐渐形成、定型于战国时代的《左传》《论语》《仪礼》《礼记》《孝经》,以及出现于战国后期的《孟子》《荀子》等几种儒家典籍。这些伦理道德本来客观地存在于社会,而由孔子及其同道者加以总结和演说推广,在社会上造成了很大的影响。因此有理由认为儒家的思想体系是以伦理为核心的,而且是以"仁"为最高的标准。

孔子的政治思想也是从仁政展开的。他对自己最优秀的弟子颜回寄予厚望,说:"一日克己复礼,天下归仁焉。"颜回问怎样实现它时,孔子回答:"非礼勿视,非礼勿听,非礼勿言,非礼勿动。"②孔子自己在鲁国担任司寇时,所实践的就是这一目标。孔子去职后周游列国,到处奔波,也是在为实现这一理想而奋斗。仁是一种抽象的道德标准,要实现仁政,却要靠礼,礼是政府的规章制度,也是个人修养的行为规范,容易理解和实行,仁和礼相辅相成。我们不能简单地把"克己复礼"理解成保守的、倒退的,而孔子也曾说过:"殷因于夏礼,所损益,可知也;周因于殷礼,所损益,可知也。其或继周者,虽百世,可知也。"③历史的发展总归是有所继承、有所改革的。因此,孔子所想恢复的是西周稳定的社会秩序,或者说是经过"损益"的周礼,而不是全部的西周礼仪制度。在强调礼治的同时,孔子也主张用刑,"礼乐不兴,则刑罚不中;刑罚不中,则民无所措手足"④,首先应该兴礼乐,才能做到刑罚适中、公正。总之,孔子主张仁政、德政,礼治和用刑兼之,礼治为先,用刑要适中公正。

孔子的教育实践也多有可取之处。"有教无类",认为每一个人都应该接受教育,都有接受教育的权利和义务。正是在这一思想的指导下,孔子兴办私学,吸收各种人物入学,当时就有人说孔子门人的情况比较复杂:"南郭惠子问于子贡曰:'夫子之门何其杂也?'子贡曰:'君子正身以俟,欲来者不拒,欲去者不止。且夫良医之门多病人,檃栝之侧多枉木,是

---

① 《礼记·中庸》。
② 《论语·颜渊》。
③ 《论语·为政》。
④ 《论语·子路》。

以杂也。'"①这正是实行"有教无类"的教育所产生的情况。《论语·阳货》说:"性相近也,习相远也",阐明了教育的功能。人的本性原来就比较接近,但由于受教育和学习的情况不同,可使人的知识和才能出现很大的差别。"因材施教"是孔子的教学方法之一。由于孔子门人的年龄大小不一,智力层次也不尽相同,孔子就针对各人特点施行教学,"中人以上,可以语上也;中人以下,不可以语上也"②。其弟子问仁,孔子作了不同的回答;弟子问知、问孝等,也作了不同的回答。孔子善于向学生学习,教学相长。"吾与回言终日,不违,如愚。退而省其私,亦足以发,回也不愚。"③他从颜回如愚的情态中得到了启发。子夏同孔子讨论《诗》,孔子说:"启予者商也!始可与言《诗》已矣。"④原来是子夏向老师提问,两人进行了讨论,结果孔子也得到了启发。孔子经常同在身旁的学生讨论志向、为政、礼乐等问题,孔子也不隐瞒自己的想法。另外,孔子的学习方法论、诲人不倦的精神和十分明确的教育目的等,也都是值得称道的。

孔子去世后,他的弟子分裂成8种学派,在战国时代同其他思想家进行争辩,是当时的"显学",其中最有成就的是孟轲和荀况。

2. 老子、庄子与道家思想

《史记·老子列传》对于老子的生卒年、籍贯、姓名都采用了以疑存疑的办法,可见已经不可确考。一般认为他姓李,名耳,字聃。楚国人。先秦的著作《庄子》《韩非子》《礼记》等一概称他为老聃或老子。老子是道家学派的奠基人,著作有《老子》5000言,是一种哲理诗。

《老子》分道经和德经两篇,也可以称上篇和下篇。1972年长沙马王堆西汉墓出土了帛书《老子》甲本和乙本。甲本的字体在篆书与汉隶间,不避刘邦讳,当为秦朝或先秦的抄本;乙本的字体为汉隶,避刘邦讳而不避汉惠帝刘盈讳,可知抄成于吕后时。甲乙两种本子都是德经在前而道经在后,不同于传世的本子。1993年湖北荆门市郊郭店战国楚墓中又出土了一种《老子》,数量仅相当于传世本的五分之二,是一种残本。但从竹简本的编排痕迹看,《老子》原来分成上中下三篇,所分的章节也多与流传本不同,文字和

---

① 《荀子·儒行》。
② 《论语·雍也》。
③ 《论语·为政》。
④ 《论语·八佾》。

句子也有差别。流传本中一些较难理解的文句,是在转抄过程中产生的讹误所致,如王弼本"天下多忌讳,而民弥贫",简本"贫"作"叛";王本"未知牝牡之合而全作"之"全作"简本为"怒";王本"多藏必厚亡",简本作"厚藏必多亡";等等。尽管存在不少差别,但传世的《老子》和竹简本的主旨和行文风格还是一致的。

作为哲学家的老子的伟大之处就在于提出一个超乎天地万物之上的"道"。道便成了纯理性的概念。什么是道呢?老子说:"道,可道,非常道;名,可名,非常名"(第1章)。他主张最好不要去解释这个"道",一旦把它说出后,那就不是永恒的"道"了。可是老子还是勉强地为道作了解释:"有物混成,先天地生。寂兮寥兮,独立不改,周行而不殆,可以为天下母。吾不知其名,字之曰'道'。强为之名曰'大'。大曰逝,逝曰远,远曰反"(第25章)。又说:"道生一,一生二,二生三,三生万物"(第42章)。按照这两段话的意思,"道"就是世界万物的本源。它除了如第25章所说的特点外,还有以下内容:"道之为物,惟恍惟惚。惚兮恍兮,其中有象;恍兮惚兮,其中有物;窈兮冥兮,其中有精"(第21章)。道确实是一种恍惚不定的东西,但其中有物、有象、有精,物可以理解为事物、实物;精可以理解为精气、精神;而象呢?他的弟子文子说:"虚无、平易、清静、柔弱、纯粹朴素,此五者,道之形象也。"①此五种品质也许是对"象"最恰当的解释,象就是形象。《老子》中的"道"有许多指意,有时指无,有时指无为,指大道、天道、正义等,而作为哲学概念的"道",以上举数语最能表达老子哲学的核心。

《老子》虽然只有5000言,但所涵的哲理是极其丰富的。有生动的辩证法,如"有无相生,难易相成,长短相形,高下相倾,音声相和,前后相随"(第2章);有主张和平、反对战争的警句:"师之所处,荆棘生焉;大军之后,必有凶年"(第30章);还有"损有余以补不足"的经济思想等等。

庄子名周,宋国蒙城(今河南商丘)人。在家乡任漆园吏,不应楚国的聘用,终身隐居。现存《庄子》33篇,分内、外、杂3个部分,一般认为内篇7篇系庄周自著,外篇、杂篇系参有其门徒或后人的作品。另一种意见是西汉在整理文献时,将藏于金匮石室的部分称内篇,将另外所得的部分称外篇、杂篇。要之,《庄子》全书的思想和行文风格基本一致,现在我们把它视为一个整体。

庄子也主张"道"是万物的根源。《大宗师》有一段表述道论精华的文

---

① 《文子·道原》。

字:"夫道,有情有信,无为无形,可传不可受,可得而不可见;自本自根,未有天地,自古以固存,神鬼神帝,生天生地;在太极之先而不为高,在六极之下而不为深,先天地生而不为久,长于上古而不为老。"这一段简短的论述包含了三层意义:第一,"道"是一种幽隐无形的东西,但确实是存在的;第二,"道"在天地、鬼神、帝王以前就存在,是一种"自本自根""自古以固存"的事物,能使鬼、帝神化,能生成天地;第三,"道"是超乎时间和空间的东西,"高""深"为空间概念,"久""老"是时间概念,道则超乎高深、超乎久老。这些内容实际上是继承老子的道论,而比老子的表述更为清楚、更加哲理化。

庄子哲学中最可贵的是"齐物",即万物可以齐平为一的相对主义。《齐物论》曰:"可乎可,不可乎不可,道行之而成。物谓之而然,恶乎然?然于然。恶乎不然?不然于不然。物固有所然,物固有所可。无物不然,无物不可。故为是举莛与楹,厉与西施,恢恑憰怪,道通为一。其分也,成也,其成也,毁也,凡物无成与毁,复通为一。"因此,"天下莫大于秋毫之末,而太山为小;莫寿于殇子,而彭祖为夭。天地与我并生,而万物与我为一。"这是庄子相对主义的主要内容。

庄子的美学成就也是值得称道的。他那种恣肆汪洋、放荡不羁的文风得自于"万物齐平为一"的思想。《寓言》说:"寓言十九,重言十七,卮言日出,和以天倪。"寓言者,寄之他人之语;重言者,与世之所言相重者;卮言者,施之于言,无常主也。庄子主要运用这三种语言的表现方法,尤其是"卮言日出",是经常性的手法。《天下篇》评论庄子说:"芴漠无形,变化无常,死与?生与?天地并与?神明往与?芒乎何之?忽乎何适?万物毕罗,莫足以归。古之道术有在于是者,庄周闻其风而悦之。以谬悠之说、荒唐之言、无端崖之辞,时恣纵而不傥,不以觭见之也。以天下为沉浊,不可与庄语。以卮言为曼衍,以重言为真,以寓言为广。独与天地精神往来,而不傲睨于万物。不谴是非,以与世俗处。其书虽瑰玮,而连犿无伤也;其辞虽参差,而諔诡可观。彼其充实,不可以已。上与造物者游,而下与外死生、无终始者为友。其于本也,宏大而辟,深闳而肆。其于宗也,可谓稠适而上遂矣。虽然,其应于化而解于物也,其理不竭,其来不蜕,芒乎昧乎!未之尽者。"此论庄子语言艺术的成就和特点,深得其要领。

庄子的思想甚为丰富,不能逐一地介绍。道家的思想文化成就也十分丰富多彩,除了老子和庄子以外,还有文子①、列子,《汉书·艺文志》还著录了30余种先秦道家著作,多达237篇,出土的简牍帛书中,也有不少鲜为人知的道家著作。

3. 名辩学成就

中国先秦的名辩学、古希腊的逻辑学和印度的因名学鼎足而成为古代逻辑学的三大流派。名辩学不仅以讨论概念问题,而且于思想规律、判断、推理诸方面都取得了杰出的成就。先秦的墨翟、惠施、公孙龙和荀子于名辩学方面的贡献甚大。

墨翟名辩学成就 墨翟是战国前期的滕国人,在宋任司城,是墨家的创始人。现存《墨子》53篇(原本有71篇),其中《经》上下篇和《经说》上下篇都是关于自然科学、自然哲学、逻辑学等方面的论断,有很高的学术价值,被墨家子弟奉为经典,称为《墨经》。墨家不仅在思想律、概念、判断和推理等名辩学方面取得了珍贵的成就,而且发名家之先声。

墨子指出"同"分成四种:"同,重、体、合、类",并对它们作了解释:"二名一实,重同也;不外于兼,体同也;俱处于室,合同也;有以同,类同也。"重同就是重复相同;体同相当于同一律的 A = A;合同相当于 A > A;类同是指各种事物有相同的性质而同一。总的思维方式应该"法同则观其同","法取同,观巧转",虽然思维过程婉转曲折,但前后应该一致。《经上》还说:"法异则观其宜止";"必,不已也"。《经说上》则说:"取此择彼,问故观宜";"一然者,一不然者";"是非,必也";"不两可,两不可";等等。这些都是有关思想规律的论述。

墨翟也十分重视"名"的问题。《经上》说:"声出口,俱有名",名(概念)是普遍地存在的。名又分为"达、类、私"三种:"物,达也,有实必待文多也命之;马,类也,若实也者必以是名也命之;臧,私也,是名也止于是实也"。物这个词所表达的是一种"达名",它所包含的物体必须有更多的文字去命名它们;马这个词所表达的是一种"类名",这同一类的物体必须用这个"类名"去命名它;臧这个词所表达的是一种"私名",这个名词仅指这

---

① 《文子》曾被认定为晋以后的伪作,由于1973年河北定县40号汉出土了《文子》的残简,证明它是先秦著作。而且被疑古派怀疑的多种先秦著作已为考古资料证明并非后人的伪作,证明疑古派的方法是错的。《列子》也曾被怀疑为伪书,现在看来,它也有可能是先秦的书籍。

匹取名"臧"的马。达名、类名、私名的关系,相当于种概念、属概念、个别概念的关系。墨子还说"言,出名者也",名是通过语言表达出来的。他还指出"非名不当"。墨子有关概念问题的丰富思想,构成了我国古代名辩学的主要特色。

我们应该把《经上》"举,拟实也"和《经说上》"以之名举彼实也"中的"举"理解为判断。拟实为举,对实体通过"举"才能获得"名",举是动词,当为判断。《经下》每一条界说都用"说在"两字,可理解为"指的是",故《经下》就是大量性质判断的实例。

《墨经》中有关于三段论推理的论述。《经上》说:"故,所得而后成也。"《经说上》:"故,小故,有之不必然,无之必不然;大故,有之必然,无之必不然。若见之成见也。"意即:只有得到了正确的理由(即前提)才能推出正确的结论。而理由分成小的和大的两种,如果只有小理由,那么所推得的结论不一定正确;如果没有小理由,那么必定不能推出正确的结论。如果有大理由(再加上小理由),那么推论就必定正确;如果没有大理由,必定不能获得正确的结论。就像我们在观察事物时所以能获得视象那样,首先得有视觉器官,其次得有事物,然后才能获得视象。虽然墨子对三段论推理的研究不如亚里士多德那样详细,但他确实是三段论推理的创始者之一。

惠施的"历物十事" 惠施是战国中期宋国人,在魏惠王后元元年至十三年(公元前334—前322年)间任魏相。是庄子的好朋友,两人曾争辩于濠梁之上。《汉书·艺文志》著录有《惠子》一篇,已佚。《庄子·天下篇》记录了惠施的"历物十事":(一)至大无外,谓之大一;至小无内,谓之小一;(二)无厚不可积也,其大千里;(三)天与地卑,山与泽平;(四)日方中方睨,物方生方死;(五)大同而与小同异,此之谓小同异;万物毕同毕异,此之谓大同异;(六)南方无穷而有穷;(七)今日适越而昔来;(八)连环可解也;(九)我知天下之中央,燕之北、越之南是也;(十)泛爱万物,天地一体也。其中(一)、(二)两项是在为"大一"和"小一"作界定,并认为任何厚的物都是由"小一"相积而成。既属于宇宙观的问题,也为他的"合同异"的学说树立前提。(三)(四)(五)(六)(七)(九)为八对反论,在同、异之间,惠施主张"合同异",故(十)曰"天地一体也"。这些情同诡辩的论调,会导致人们作深层次的探讨。

公孙龙的"白马非马"和"离坚白" 公孙龙是战国后期赵国人,今存其著作《公孙龙子》,共《迹府》《白马论》《指物论》《通变论》《坚白论》《名实论》六篇。"白马非马"和"离坚白"是他最主要的逻辑命题。他继承《墨经》的名辩思想,而与惠施相左。

"白马非马"论其实就是分清了种概念"马"与属概念"白马"的区别。属概念的"白马"当然不是种概念的"马"。可是在语句的表达上不够完整,在现实中给他造成了麻烦。如表达成"白马非全体之马",则无误。

"离坚白"判明了坚与白两种不同的内涵本质。《坚白论》说:"无坚得白,其举二也;无白得坚,其举二也。"意指坚、石为二,白、石为二。当发问者问:"坚、白、石不相外,藏三可乎?"公孙龙答曰:"有自藏也,非藏而藏也。"藏就是隐含、本身具备之意。接着公孙龙解释坚、白、石三者相离的原因:"得其白,得其坚,见与不见离,一一不相盈,故离。离也者,藏也。……于石一也,于坚白二也,而于石。故有知焉,有不知焉;有见焉,有不见焉。故知与不知相与离,见与不见相与离,藏故。孰谓之不离?"坚、白、石三者相离,是根据它们的"自藏"(即内涵本质)决定的。他用人的感觉器官手、眼睛得到的感知来论证:坚可知,石可知,故为二;白可见,石可见,故为二。而坚可知,白不可知;白可见,坚不可见。故知与不知相离,见与不见相离,白应该同坚相离。这是公孙龙"离坚白"的主要内容。

荀子的名辩学成就 荀子是战国最后一位大思想家。赵国人,名况。在稷下学宫曾经三为祭酒,是当时最杰出的老师。《荀子》中《正名》和《解蔽》两篇是有关名辩学的专论,除了讨论名(概念)的问题外,还论述了"统类""类不可两""以疑决疑,决必不当"和"辩必中理"等问题。

荀子把名分成单、兼(大别名)、共(大共名)三个等级,不过荀子对它们的论述不如墨子那样清晰。他对于制名的方法、名实问题的思想倒是比较突出的。《正名》曰:"名无固宜,约之以命,约定俗成谓之宜,异于约则谓之不宜。名无固实,约之以命实,约定俗成谓之实名。名有固善,径易而不拂,谓之善名。物有同状而异所者,有异状而同所者,可别也。状同而为异所者,虽可合,谓之二实。状变而实无别而为异者,谓之化;有化而无别,谓之一实。此事之所以稽实定数也,此制名之枢要也。"名实关系并非一开始就固定的,而是约定俗成地用此一名称命名此一事物,就产生了名实相副的实名。事物有形状相同而性质相异者,有形状相异而性质相同者,是可以分类的。形状相同而性质相异者,虽然把它们合在一起,却是性质不一致的二实。形状变化而本质没有差别,就是性质一致的一物。制定"名"的关键在于辨明事物的本质,而不能依据表面现象。

荀子在论辩时十分强调"类"和"统类"。《非相》曰:"类不悖,虽久同理,故乡乎邪曲而不迷,观乎杂物而不惑,以此度之。"事物的种类不相互抵触,虽然有时间的跨度,但是它们的性质是一致的,以此去面对各种是非曲直,去考察杂乱的事物,就不会迷乱。文中提到了"久"的时间概念,显然是指思想上的前后一致,可以理解为同一的思想规律。《性恶》说:"多言则文而类,终日议其所以,言之千变万举,其统类一也,是圣人之知也。"虽然成天讨论各种事物和现象,言辞很有文采,千变万化,但是思想始终是一致的。"终日"也是时间概念,要求前后一致。《解蔽》说:"法其法,以求其统类。"效法原有的法,为了求得一致。也是同一律的思想。《解蔽》又说:"类不可两也,故知者择一而壹",即同一种事理不能既认为是又认为非,既为可又为不可,所以有智慧的人择取其一而使自己的思想不矛盾。当属矛盾律的思想。《解蔽》还说:"凡观物有疑,中心不定,则外物不清;吾虑不清,则未可定然否也。……彼愚者之定物,以疑决疑,决必不当。夫苟不当,安能无过乎?"大凡用疑的眼光去观察事物的人,心中无法确定,对于外界的事物也看不清楚;自己的思虑不清,当然就无法断定是非。愚蠢的人就是用疑虑的思维方式决定事物的,以疑决疑,其结果必然不恰当、不正确。大体上与排中律相当。这些是荀子有关思想规律的论述。

荀子的名辩思想是丰富的,可是由于他的论述与现实政治结合得过分紧密,影响他在名辩学方面的成就。

4. 史学和文学

中国具有悠久的史学传统,早在传说时代,人们就以口耳相传的方式传承英雄们创史的业绩,担任传承工作的是各部落的瞽史。在甲骨文的时代,已经产生了专门负责记事的贞人和史官,西周社会的史官制度已经完善,右史记事,左史记言,积累了丰富的记录,产生了文献。春秋战国时代在前代的基础上,于历史学和文学方面取得了斐然的成就。

《左氏春秋》(或称《春秋左氏传》,简称《左传》)是一种优秀的史学著作。相传孔子曾根据鲁国旧史改写成《春秋》,这是一种十分讲究记事体例和修辞的、大事记形式的史书,全书不足两万字。由于过分简略,先后有数人为《春秋》作传。传就是注释。鲁君子(或认为是史官)左丘明依据鲁国原有的历史记录,以及当时所能读到的其他邦国的史著,写成了《左氏春秋》,是其中最杰出的一种。且不论它与《春秋》的关系,《左氏春秋》事实上是一种能独立存在、自成体系的编年体史著。

《左传》的特点是记事客观而真实、叙事完整而生动。孔子作《春秋》是站在统治阶级的立场,为尊者讳,为贤者讳,比如大臣杀死国君,就不管其中的是非曲直,一概用"弑"字来记载。而《左传》却如实地写出事件的因果,楚成王之被杀,是因为他无端地想废太子而立幼子,而引发了王位之争的。晋灵公之被杀,是因为他做了许多坏事,太不像国君了。齐庄公的被杀,是由于他同大臣崔杼的妻子通奸,而为崔杼所杀……要不是《左传》如实地写来,后世真不知道这些事件是为什么发生的。《左传》叙事一般都会把起因、过程、结果、时间、地点、人物交待清楚,对于春秋时代发生的城濮之战、泌之战、鞌之战、鄢陵之战等重大战争的记载和描述,更是作者的擅长之处,无一不是成功之作。记录对话、描绘场景、刻画性格,则是《左传》叙事的生动之处,公元前627年秦晋战于崤山(在洛宁、渑池、陕县间,为陕、豫之通道),以晋胜告终,并俘获了秦军的三位将帅。晋文公的夫人文嬴请求襄公把三位将帅放回,襄公同意了。晋国的中军统帅先轸上朝,问及战俘的情况,晋襄公如实以告。以下一段叙述相当生动:

> 先轸怒曰:"武夫力而拘诸原,妇人暂而免诸国。堕军实而长寇,亡无日矣。"不顾而唾。公使阳处父追之,及诸河,则在舟中矣。释左骖以公命赠孟明,孟明稽首曰:"君之惠,不以累臣衅鼓,使归,就戮于秦。寡君之以为戮,死且不朽。若从君惠而免之,三年将拜君赐。"

作者用了简短而又生动的文字刻画了三位将帅的性格和智慧。先轸以国家为重,竟然对国君"不顾而唾";阳处父甚具应变能力,知道追赶不及,就急中生智,解下驾车之马,"以公命"相赠,企图骗回孟明视、西乞术、白乙丙三名秦将;孟明视虽是败军之将,仍不愧为名将,识破阳处父的诡计,谢绝阳处父赠马所说的一席话,颇具外交家的风度。同时,作者还为读者描绘了一幅壮丽的图画:在奔腾黄河中,一只颠簸的小船上载着三个败将,正急急地向西划去。在黄河东岸,奔驰而来的一队人马战车,为首者解下驾车的马,扬手高喊。船上的孟明视则双手作话筒状回答。结果则毋需赘言了。历史本来就是生动的,《左传》的叙述既生动又壮丽,且不失为实录。

《左传》大概成书于春秋战国之际,但流传并不广泛。西汉史学家司马迁在写《史记》时,曾大量地利用过《左传》,而且治史的方法和行文风格也颇受《左传》的影响。后来《左传》成为儒家经典之一,编年史的传统也为后代史学家所继承,北宋司马光作《资治通鉴》,就是很好的例证。由于《左传》叙事生动而完整,人物性格的刻画栩栩如生,场景描绘壮丽,文字简洁而优美,具有很高的文学价值。

春秋战国时代的文学,除了史著、诸子成为后世散文写作的典范以外,在诗歌方面也取得了彪炳千秋的成就,《楚辞》堪称代表,屈原则为最优秀的辞赋作家。

屈原出生于楚国的旧贵族——屈氏家族,任左徒之职,同时也是巫师。自幼受过良好的教育,具有相当高的文化素质。他见闻博洽,才思神奇,情操高洁,性格耿直,所作《离骚》《天问》《九歌》等是楚辞中的优秀作品。作品的构思往往忽而天上,忽而地下;忽而处于鬼神之间,忽而又回到凡俗之界。他极尽铺张扬厉之能事,敷成华词丽句之辞章。其《离骚》曰:

> 驷玉虬以乘鹥兮,溘埃风余上征。
> 朝发轫于苍梧兮,夕余至乎县圃。
> 欲少留此灵琐兮,日忽忽其将暮。
> 吾令羲和弭节兮,望崦嵫而忽迫。
> 路漫漫其修远兮,吾将上下而求索。
> 饮余马于咸池兮,总余辔乎扶桑。
> 折若木以拂日兮,聊逍遥以相羊。
> 前望舒使先驱兮,后飞廉使奔属。
> 鸾皇为我先戒兮,雷师告余以未具。
> 吾令凤鸟飞腾兮,继之以日夜。
> 飘风屯其相离兮,帅云霓而来御。
> 纷总总其离合兮,班陆离其上下。
> 吾令帝阍开关兮,倚阊阖而望予。
> 时暧暧其将罢兮,结幽兰而延伫。
> 世混浊而不分兮,好蔽美而嫉妒。

诗人有正确的政治主张而不能采纳,多次进谏,反而遭遇疏远和放逐。眼见这偌大的楚国在战国后期的地位每况愈下,群雄竞争已经为统一战争所取代,而昏庸的楚怀王和襄王无所用心。诗人要向祖宗陈述实情,欲向古圣王重华(舜)倾诉衷肠,此时他的神思突然飞向了天上的神仙界。"世混浊而不分兮,好蔽美而嫉妒",又回到凡俗的世间,面对这混浊之世、嫉妒之风,他毫无办法,唯有用诗歌来发泄怒气怨情。

楚辞是散文诗。《文心雕龙·辨骚》说:"固知《楚辞》者,体宪于三代,而风杂于战国,乃《雅》《颂》之博徒,而词赋之英杰也。观其骨鲠所树,肌肤所附,虽取熔经旨,亦自铸伟辞。故《骚经》《九章》,朗丽以哀志;《九歌》《九辩》,绮靡以伤情;《远游》《天问》,瑰诡而惠巧;《招魂》《大招》,耀艳而深华。《卜居》标放言之致,《渔父》寄独往之才。"刘勰先论楚辞的渊源,认为《诗经》和战国的文风促成了楚辞的产生。而现代研究者认为除此之外,楚地的民歌和巫风也是楚辞形成之源。刘勰对各篇作品特点的简要评价,深得其旨。楚辞对中国文学影响甚巨,首先是直接影响了汉赋的创作,其后各代也都有赋作。

楚辞作品可能由屈原的弟子宋玉、唐勒、景差等它们汇编成集,淮南王刘安、刘向、班固也曾重新编集过。现在我们能读到的最早的《楚辞》,是东汉王逸的注本。

四、印度古典文化

约公元前1500年左右,属于印欧语系的雅利安人的部落,从中亚细亚经由印度西北方的山口,以迅猛之势侵入南亚次大陆,印度的历史进入了所谓的吠陀时代(前1500—前900年为早期吠陀时代,前900—前600年是后期吠陀时代)。从这个时代到公元4世纪笈多帝国兴起,印度人民创造了别具一格的文化。由于雅利安人的入侵,印度也产生了种姓制度这一对其文化发展主要起负面影响的制度模式。

1. 种姓制度的形成与演变

种姓制度是印度文化中颇有特色的一种社会等级制度。"种姓"一词在印度的梵文中称"瓦尔那"(Varna),意为肤色、品质。中国古籍称之为"族姓"或"种姓",16世纪来到南亚次大陆的葡萄牙人则称其为"卡斯特"(Caste),意思是种、出身等。

种姓制度的产生 种姓制度是在雅利安人由部落向阶级社会过渡的过程中产生的。最初的两大瓦尔那集团的出现是征服战争的直接后果。征服次大陆的雅利安人皮肤白皙、头发金黄、个高鼻挺,自称为"雅利安人"(意为"高贵的人")。他们把身材矮小、皮肤黝黑、鼻子扁平的被征服土著居民称为"达萨"(意为"敌人")。于是种姓制开始萌芽,产生了"雅利安瓦尔那"和"达萨瓦尔那"这种根据肤色来划分居民等级的做法。种姓制度的产生也是雅利安人内部分化的结果。雅利安人侵入印度之时,处于原始社会解体阶段,内部已经有了贵族和平民的区分。雅利安人进入印度后由游牧生活转入农业定居生活,随着社会经济与劳动分工的发展,雅利安人内部的贫富分化也日益加剧,出现了婆罗门、刹帝利、吠舍和首陀罗四大瓦尔那集团的划分，终于形成了等级森严的种姓制度。第一等级为婆罗门，由主管宗教祭祀的僧侣贵族组成，他们掌握神权和教权。第二等级为刹帝利，由王族、官吏和武士构成，他们执掌军事和行政大权。第三等级为吠舍，由雅利安的一般公社成员组成，他们是从事农、牧、工、商等业的平民大众。第四等级为首陀罗，是被征服的土著居民，他们中有雇工、奴隶，也有各行各业的独立生产者。

在四个种姓之外还有被称为不可接触者的贱民，他们处于社会的最底层，最受人们鄙视。贱民只能住在与世隔绝的村庄或城镇外面的住房里，只能从事被认为是最低贱的"不洁"职业，如充当屠夫、刽子手、掘墓人、承办丧葬者、皮革工人、清道夫等。他们必须穿破旧的衣服，用别人遗弃的破容器吃饭。贱民只能使用他们自己的寺庙和水井，并小心避免玷污其他高种姓的人。走在路上时，他们要在身上挂一个响铃，或敲击某种器物，以告知高种姓的人及时躲避。人们把接触贱民甚至看到贱民都视为极为不幸的事。

种姓制度的特征　职业世袭和实行内婚制是印度种姓制度的最重要特征。各种姓的人都有与自己的地位相应的传统职业，并逐渐固定下来，父子世代相传。随着社会的发展，职业世袭的规定有所松动，高级种姓的人因为贫困可以去从事农耕和经商等原来低级种姓的职业，但低级种姓的人却不能从事高级种姓的职业。每个种姓成员一般只能在本种姓内寻找配偶，各种姓之间原则上禁止通婚。在社会分化加剧和杂婚难以避免的情况下，出现了允许"顺婚"，禁止"逆婚"的变通办法，这就是高级种姓的男子可以娶低级种姓的女子，但低级种姓的男子不能娶高级种姓的女子，违者将沦落为最卑下的贱民。此外，种姓制度在饮食等社会生活方面也有严格的规定，高级种姓的人不能从低级种姓的人手中接受任何食物和饮料，而作为高级种姓婆罗门所享用的食物，其他种姓的人都可以吃。许多印度人宁肯饿死，也不愿食用较低种姓准备的食物。

维护种姓制度的婆罗门教和《摩奴法典》　统治阶级利用婆罗门教给种姓制度披上一层宗教的外衣。婆罗门教是由雅利安人的原始宗教演变而来的，它把《吠陀》作为经典。婆罗门教崇拜的三大主神是最高主宰和创造神梵天、保护神毗湿奴和毁灭神湿婆，它主张"三神一体"，"梵我同一"。该教宣称，人分为四个种姓完全出于神的意志，是天经地义的。它引用《梨俱吠陀》中的神话说，诸神分割了原人普鲁沙的身体，他的口转化为婆罗门，双手转化为罗阇尼亚(后来称为刹帝利)，双腿转化为吠舍，两脚则变为首陀罗。与此同时,婆罗门教也极力主张业报轮回说,宣扬凡循规蹈矩、安分守己者,来生可升为较高种姓,否则,必将降为较低的种姓,甚至畜生。例如,首陀罗犯上作乱,下世就会变成粪蛆,要轮回120转才能变为人。婆罗门教还将前三个种姓称为"再生族",承认他们有权参加入门式,从而在宗教上获得新生。它把首陀罗称作"一生族",不允许他们学习吠陀经典和参加宗教祭祀活动。

为了维护种姓制度,统治阶级还制定了种种法律,其中最典型的是《摩奴法典》(亦称《摩奴法论》)。根据印度神话的说法,摩奴是创造神梵天的孙子,也是人类的始祖。假托摩奴名义制定的这部法典,其目的是为了在应有的次序上确定婆罗门和其他种姓的义务。各种姓的不平等关系在法典中表现得十分明显。在诸如侮辱、伤害、盗窃和杀人等刑事罪方面,四种姓之间有着截然不同的规定。法典规定:低级种姓用肢体的一部分伤害了高种姓的人,就须将那一部分肢体斩断。动手的要斩断手,动脚的要斩断脚。如果首陀罗向婆罗门傲慢吐痰,国王可叫人切去他的双唇。如果他辱骂前三个种姓(再生族)的成员,会被割掉舌头。如果首陀罗胆敢对婆罗门的义务提出意见,国王可派人将沸油灌在他的口内和耳朵内。但是,如果婆罗门辱骂了首陀罗,他只要付12钵那的罚金就可以了事。当其他种姓犯奸应处死刑时,婆罗门则可以用剃发来代替死刑。① 从中我们可以看出,《摩奴法典》的一切规定都是维护高级种姓,尤其是婆罗门的利益的。

印度自古代至近代,经历了几种社会形态,但是种姓制度一直延续下来,成为其社会结构的最重要组成部分。种姓制度经过长期的演变,越来越复杂,在四个种姓之外,又出现了许多种姓和亚种姓,印度独立前,种姓的数字达到了3000以上。直至今日,印度仍然存在着种姓制度的残迹,受压迫最深的贱民达几千万人。种姓制度在一定程度上向种姓内成员提供了保护,但它制造种姓隔离,维护社会不平等,对印度社会的发展和强盛起了消极的阻碍作用。

2. 佛教的产生与发展

列国时代的印度社会 印度文化是一种充满浓厚宗教色彩的文化,印度人以善于内省和沉思而著称。在次大陆辽阔的土地上,多种宗教长期共存,作为世界三大宗教之一的佛教就发祥于这个被称为"宗教王国"的地

---

① 《摩奴法典》,马香雪译,商务印书馆,1982年,第196—197、206页。

方。佛教大约产生于公元前6—前5世纪,它的兴起是列国时代印度社会政治经济的巨大变化在宗教和思想领域的反映。

公元前6世纪初,次大陆北部主要有摩揭陀等16个国家,史称列国时代,它一直延续到公元前4世纪末孔雀王朝兴起之时。在列国时代频繁的争霸和兼并战争中,刹帝利种姓的军事行政贵族获取了大量财富,并得到了可观的国内赋税收入,政治经济实力急剧增强,他们对享有种种特权的婆罗门心怀不满,更不甘心长期屈居于婆罗门之下。

在列国时代,印度的社会经济有了很大发展。铁器广泛使用,农业生产水平提高,质地细腻、表面抛光的"黑精陶"出现,城市繁荣,工商业兴盛,行会组织产生,商品货币关系发展,公元前6世纪印度产生了铸币。这时印度与海外的贸易也十分活跃,商人们组成商队用车船把印度的产品运向远方,从中获取丰厚的利润。随着城市和商品经济的发展,吠舍中崛起了一个拥有巨资财富的大商人阶层,他们构成了吠舍种姓的上层。和刹帝利一样,吠舍上层要求打破婆罗门的特权以及它对宗教和知识的垄断,取得与自己的财富相适应的社会地位。而吠舍下层和首陀罗生活状况恶化,不时群起反抗。社会矛盾日趋尖锐。

在这社会动荡不安的时代,印度思想界空前活跃,出现了各种反对婆罗门正统思想的思潮,当时统称为"沙门思潮",兴起了许多新的哲学派别和新的宗教。据佛经记载,当时有"六师""六十二见""九十六外道",各派竞相表达自己的学说和见解,在思想领域形成了"百家争鸣"的局面,并产生了耆那教和佛教两个重要宗教,掀起了一场宗教革新运动。据说,耆那教由筏驮摩那(后被称为耆那大雄,意即"战胜情欲的伟大英雄")创立,该派反对婆罗门的权威,认为灵魂解脱之路在于奉行正智、正信和正行"三宝",提倡苦行主义和非暴力,相信万物皆有灵魂,其教徒行走时要清道,以防踩到小虫,饮水前先要过滤,以免某些生物遭到毁灭。佛教则以更重实际、更有组织的方式向婆罗门的地位进行挑战,对印度社会产生了巨大影响。

释迦牟尼和佛教的产生　佛教创始人是乔答摩·悉达多(约前565—前485),系古印度北部迦毗罗王国(在今尼泊尔王国境内)的净饭王之子,自幼过着养尊处优的生活,也曾娶妻生子。据说,他在出游时遇到老者、病者、死者和修道者等四种人,感到人生皆苦,试图找出一种摆脱诸种痛苦的办法,在29岁时毅然弃家修行。此后,他到处访师求道,还在尼连禅河畔的森林中苦修了6年,但一无所得,于是决定放弃苦行,选择一条在自我放纵和肉体苦行之间的道路,终于在当时的宗教城市菩提迦耶附近的一棵菩提树下得道成佛,创立了佛教。佛是佛陀的简称,意为"觉者"。他还被人们尊称为释迦牟尼,意思是释迦族的圣人。释迦牟尼成佛后即开始向人们宣说自己证悟的"真理",在北印度许多地方说法,吸引了众多的信徒,80岁时在拘尸那迦的娑罗树林中逝世。

原始佛教的基本教义和特点　从释迦牟尼创立佛教到公元前4世纪为早期佛教(又称原始佛教)时期,这是佛教的初创阶段。原始佛教吸取了婆罗门教的业报轮回思想,创造了一套具有自身特点的宗教哲学和社会伦理思想,其基本教义可以概括为:四谛、八正道、十二因缘和三法印。

四谛说是原始佛教的根本教义之一。"谛"是实在和真理的意思,"四谛"即苦谛、集谛、灭谛、道谛。苦谛说明世间充满着痛苦,认为人生有八种苦:生、老、病、死、求不得、怨憎会、爱离别、五阴盛(色、受、想、行、识),可谓"一切皆苦"。集谛探讨造成痛苦的各种原因或根据,指出苦的根源是人的欲望。灭谛讲述断灭世俗诸苦得以产生的一切原因,其中最关键的是消除欲望,才能达到理想的无苦境界,也就是摆脱轮回、不生不灭的涅槃之境。道谛阐明进入这一境界所应遵循的途径和方法。

八正道主要解释道谛所遵循的八种途径,即正见(正确的见解)、正思维(正确的思维)、正语(正确的语言)、正业(正确的行为)、正命(正确的生活)、正精进(正确的努力)、正念(正确的思念)、正定(正确的修习禅定)。

十二因缘说(也称缘起说)是原始佛教的哲学基础。佛陀认为,世上各种现象的存在都依赖于相互作用的因缘,事物随因缘合和而产生,又随因缘离散而消亡。他把人生分成十二个环节,即无明、行、识、名色、六处、触、受、爱、取、有、生、老死等。它们之间互为因果,互为生灭的条件。例如,"无明"(无知、不懂佛教"真理")是产生"行"(造业)的条件,"生"是产生"老死"的条件;而如果没有"无明"则"行"也随之消失,没有"生"也就没有老死。归根到底,只有消除"无明",才能得到解脱。

三法印即"诸行无常","诸法无我","涅槃寂静"。"印"就是"印玺",国王的印玺是证明文件真实的一种标记。这里用来比喻佛教的教义,要以这三种标记来证明其是否为真实佛法。"诸行无常"是说世界万有变化无常;"诸法无我"是指一切现象皆因缘和合,没有独立的实体或主宰者;"涅槃寂静"是说超脱生死轮回,进入涅槃寂静的境界。

提倡"众生平等"是原始佛教区别于婆罗门教的重要特点。佛教反对婆罗门关于四种姓是从原人普鲁沙身体不同部位产生出来的说法,创造了自己的四姓本缘说。根据佛经的说法,四个种姓都是由生活在大地上的光音天众发展起来的,他们同为一色,同为一种。社会上的不同种姓是不同职业分工的结果,没有贵贱之分。

原始佛教是当时具有改革思想的重要宗教之一,它以"无我"说来反对婆罗门教的"梵我同一"论,以"众生平等"说来反对种姓制度,适应了正在迅速扩张势力的刹帝利和上层吠舍的需要,也反映了备受压迫的下等种姓的某些要求;它重信仰和修心,反对苦行和杀牲献祭,并用通俗的语言传教,因而获得了比较广泛的社会支持。但它接受并发展了婆罗门教的业报轮回说,引导人们抛弃现实世界,也有其消极的一面。

佛教的发展和弘扬　释迦牟尼去世后,佛教进一步发展。公元前4世纪至公元1世纪在佛教史上称为部派佛教时期。由于各地政治、经济和文化差异较大,加上各僧团对教义的理解不同,公元前4世纪中叶,佛教分裂为上座部和大众部,以后又在这两部中分裂为18部或20部,这些不同的派别形成了自己不同的思想体系。公元前3世纪印度孔雀王朝国王阿育王在位时,积极扶持佛教,大力弘扬佛法。为了统一佛教的教义和戒律,阿育王召集各地僧人在华氏城举行第三次集结,议定了佛教经典,使佛教的经、律、论三类经典基本齐备。① 除此之外,他还派遣高僧到斯里兰卡(锡兰)、缅甸、克什米尔、尼泊尔、马其顿、埃及、叙利亚等地去传教,使佛教不仅在次大陆内部影响日广,而且越出印度国界,逐渐成为世界性的宗教。

公元1世纪,佛教出现了一个新派别,称为大乘佛教。"乘"是"乘载"或"道路"的意思,大乘佛教自称能运载大量众生从生死大河之此岸到达菩提涅槃之彼岸,故名"大乘",而把原始佛教和部派佛教贬称为"小乘"。大乘佛教主要有两派:中观派(空宗)和瑜伽行派。大乘佛教和小乘佛教的基本教义相同,但在宗教实践上和理论上也存在较大的分歧。小乘仅把佛陀看做是圣贤、伟人和现实的教祖,而大乘则把佛陀尊奉为威力无比、全能全智的神。小乘主张修三学(戒、定、慧)和八正道,大乘则兼修六度(即布施、持戒、忍辱、精进、坐禅、智慧)和四摄(即布施、爱语、利行、同事)的菩萨行。小乘追求个人自我解脱,把证得阿罗汉果作为最高目标,大乘则以普度众生、修持成佛、建立佛国净土为最高目标。小乘主张"我空法有",大乘则认为"法我皆空"。小乘认为要修行非出家不可,大乘则允许在家修行。标榜"度他"的大乘佛教比强调"自度"的小乘佛教得到了更多的追随者,逐渐在

---

① 佛教的经典由经、律、论三部分组成,总称三藏。"经"是佛陀关于教义的说教,"律"是为僧众制定的戒条和生活规则,"论"是对教义的解释和论述。

印度佛教中占了主导地位。因此,佛教史把公元 1 世纪至 7 世纪称为大乘佛教时期。

3. 文学艺术的繁荣

文学 印度最古老的文学作品是以诗歌为主要形式的《吠陀》,吠陀的原意是"知识",后来转化为对婆罗门教、印度教经典的总称,包括《吠陀本集》《梵书》《森林书》和《奥义书》等。《吠陀本集》包括《梨俱吠陀》《娑摩吠陀》《耶柔吠陀》和《阿闼婆吠陀》等四部,其中以《梨俱吠陀》最早,约形成于早期吠陀时代。其余三部产生于后期吠陀时代。《梨俱吠陀》主要是祭祀时诵读的颂神诗,也包括一些世俗诗、格言诗和对话诗等。在该诗集中,诗人不仅怀着无比敬畏的心情歌颂因陀罗(雷雨神)、阿耆尼(火神)和苏摩(酒神)诸神,而且还以朴素的语言和鲜明的色彩讴歌太阳、朝霞、雨云等自然现象。《娑摩吠陀》是一部歌曲集,《耶柔吠陀》是祭祀时祈祷用的文词,《阿闼婆吠陀》则是一部巫术诗歌集,由驱邪禳灾用的咒语组成。《吠陀》反映了雅利安人侵入次大陆后印度的社会情况,对于人们了解和研究古代印度的社会经济文化和风俗习惯具有重要的史料价值。作为宗教经典,它影响了古代印度人的生活。作为文学作品,它的文体形式和各种神话传奇对印度后来文学的发展发生了较大影响。

古印度文学中最珍贵的遗产是著名的两大史诗《摩诃婆罗多》与《罗摩衍那》,它们被誉为世界文化宝库中的两颗明珠,其文学价值完全可以与古希腊的《荷马史诗》相媲美。相传前者为广博仙人(毗耶娑)所作,后者的作者是蚁蛭。但不少人认为史诗并非一人所作,可能最初源于民间的口头创作,代代传诵,最后由宫廷歌手和民间吟游诗人加工整理而成。根据现代学者的研究,前者的成书年代约从公元前 4 世纪至公元 4 世纪,后者的成书年代约从公元前 4—3 世纪至公元 2 世纪。①

《摩诃婆罗多》的书名意为"伟大的婆罗多族的故事",全诗共有 18 篇,长达 10 万颂,是古代文明世界最长的一部史诗。它主要描写婆罗多族的两支后裔俱卢族和般度族之间为争夺王位而进行的战争,结果般度族获胜,取得了王位,但也遭受了惨重损失,最后俱卢族兄弟和般度族兄弟在天国相遇。除了这个核心情节外,该史诗中也穿插了许多神话传说、寓言故事、宗教、哲学、政治、伦理等方面的内容,堪称是一部早期印度历史和文化的百科

---

① 黄宝生:《印度古典诗学》,北京大学出版社,1999 年,第 190 页。

全书,它反映了雅利安人由军事民主制向国家过渡时期的社会情况。

《罗摩衍那》的书名意为"罗摩的漫游"或"罗摩传"。全诗分7篇,共有24000颂。该诗以罗摩和其妻子悉多悲欢离合的故事为主线,描写了古印度宫廷内部和诸国间的斗争,并反映了雅利安人向南印度扩张的过程。罗摩原是阿逾陀城十车王长子,因遭小王后的嫉妒而与妻子悉多及弟弟罗什曼去森林中过流放生活。此间,魔王抢走了悉多,把她带到了楞伽城(在今斯里兰卡)。罗摩与神猴王哈奴曼结盟,率猴兵打败魔王,救出悉多,归国为王。这部作品结构新颖巧妙,故事生动曲折,人物性格鲜明,对自然景色的描写也十分细腻,达到了情景交融的境地,因而被视为长篇叙事诗的典范,对后来印度和世界文学发生了深远的影响。

古印度的小说以《佛本生经》和《五卷书》最为著名。前者通过讲述佛陀前生的经历的形式,将500多个故事、寓言、童话汇集成册,其编集年代约在公元前3世纪至公元1世纪之间。后者是一本寓言故事集,作者以许多启人智慧的寓言教导三个厌烦正规教育的王子,帮助他们掌握统治术,并表达了自己对生活和人生的观察思考,其成书年代大约是公元前1世纪。这两部作品都具有寓意深刻、语言生动的特点,是印度和世界文学中的瑰宝。

古代印度人在戏剧方面也取得了突出的成就。首陀罗迦的十幕剧《小泥车》是现实主义文学的珍品,大约创作于公元2—3世纪。该剧以穷婆罗门商人善施与首陀罗妓女春军的爱情故事和阿哩耶迦领导的人民起义为线索,批判了不合理的种姓制度,反映了当时城市中下层人民的生活,表达了他们对美好社会的向往。剧中情节起伏跌宕,人物角色个性鲜明,是十分难得的文学佳作。

约生活在公元4—5世纪的迦梨陀娑是古印度最杰出的诗人和剧作家,他的七幕剧《沙恭达罗》是闻名世界的不朽之作。该剧主要描述了国王豆扇陀和净修女沙恭达罗恋爱以及团圆的故事,其剧情生动曲折,风格自然淳朴,具有浪漫色彩与现实因素相结合的特点。后来,它被译成英、法、德等多种文字,并被搬上了不少国家的舞台,受到了人们的高度评价,作者也因此被称为"印度的莎士比亚"。

艺术 古代印度的艺术以建筑、雕刻与绘画最为突出,这些艺术形式都与宗教尤其是佛教有着密切的联系。阿育王在位时,在各地建立了30余根大石柱,柱身刻有他的诏谕铭文,弘扬佛法并宣扬自己的功德,其中最著名的是鹿野苑(相传为释迦牟尼最初说法之地)的石柱,石柱包括柱身和柱头两部分,柱头的底部是钟形的倒置莲花,其上为刻有四法轮和象、马、牛、狮四兽的圆形浮雕饰带,饰带之上刻着4只昂首挺立的合体雄狮,这一造型图案现已成为印度的国徽图案。

自孔雀王朝时起,佛教盛行在各地建佛塔(亦称"窣堵波")来供奉舍利(佛骨)、经文等圣物,其中以桑奇大佛塔最为著名,它始建于阿育王统治时期,完成于公元前1世纪。该佛塔是一座半圆形建筑物,直径约120英尺,顶部是带有三层伞盖的轮杆,它代表插入苍穹的地轴。[①] 在它的周围有四座塔门牌坊,上面刻着以佛本生故事为主要题材的动植物和人物雕像。其中,庄严的菩提树、贤淑的佛陀母亲、精巧的莲花卷涡纹和美丽的天鹅、孔雀等浮雕给人们留下了最为深刻的印象,它们充分显示了古代印度工匠的艺术才能。

阿旃陀石窟是古印度佛教艺术的宝库,它巧妙地将绘画、雕刻和建筑艺术融合为一体。该石窟位于德干高原马哈拉施特拉邦一个幽静的环形山谷之下,约始凿于公元前2世纪,至公元7世纪最终建成,古印度的佛教徒把它用作佛殿和僧房。阿旃陀现存29窟,里面保存了大量清雅精美的雕刻和绚丽多彩的壁画,它们不但描绘了佛陀的生平事迹,而且也表现了尘世间帝王与平民的生活。这些作品气势宏伟,构思巧妙,匀称自然,令人叹为观止。佛教衰落后,阿旃陀石窟曾一度湮没在茂密的山林之中,直到19世纪初,才被英国驻印度的军人发现。

贵霜王朝时期,犍陀罗地区(相当于今巴基斯坦的白沙瓦及其毗连的阿富汗东部一带)成为印度佛教艺术的一个中心。公元1世纪大乘佛教兴起后,犍陀罗艺术开始致力于佛像的塑造,形成了与早期佛教艺术不同的特点。这一艺术也受到了古希腊、罗马艺术的很大影响,其雕塑品吸取了西方古典造型艺术的某些特征。例如,佛陀雕像酷似高额通鼻的希腊阿波罗神的形象,而佛陀身披的衣服则与罗马市民穿的褶皱状宽外袍相类似。犍陀罗艺术实际上是东西文化交融的产物,而它对中亚、中国、朝鲜和日本的佛教艺术也产生了重要影响。

除了文学艺术和宗教方面,古代印度人民在语言文字、哲学伦理、音乐舞蹈和自然科学等领域也取得了令人瞩目的成就。他们使用的古典梵语是其进行文学创作的重要工具,他们创造的多姿多彩的舞蹈是世界艺术的珍宝,而他们发明的1—0的数字和十进位计算方法,更是他们对人类文化的伟大贡献,这一切共同谱写了印度古典文化的光辉篇章。

[①] 菲利普·李·拉尔夫等:《世界文明史》(上卷),赵丰等译,第420页。

五、区域间的文化交流与人类文化的初步融合

人类自身的历史就是各种不同文化相互接触、碰撞、交流的整体史。这种不同的文化用文化地理学家的话来说就是不同的文化圈(亦称文化区或文化地域),即人们根据生产方式、语言、宗教、政治形态、日常生活、房屋构造、风俗以及对自然适应的各种文化现象的差别所划分的地域。① 伴随地理大发现而来的殖民大扩张,使得欧洲人对自身以外的诸文化研究热心起来,尤其是第一次世界大战的爆发,惊醒了西方人关于进步的高贵梦想,打破了他们的自信,使他们不得不以新的眼光与态度对待欧洲以外的历史与文明。思考诸如人类文明是如何起源的,每个文明自身的发展过程如何,各文明之间是如何交流的,等等问题。

实际上,人类各共同体之间的交往早在史前社会就已存在,伴随着文明的出现,以各古老文明为中心的文化扩散和传播,各文明区之间的文化交往,促进了人类文化进步的过程。伟大的历史诸文明之间,尽管后来发生了尖锐的分歧,开始时已形成不同程度的承上启下的亲缘联系。② 新石器时代的农业革命使人类社会形成了农耕世界和游牧世界。在农耕世界与游牧世界的冲突和交往中,许多游牧民族加快了向文明迈进的步伐。从公元前第二千纪中叶起,迄公元13世纪,游牧世界各部落先后对农耕世界掀起了三次历时长久的移徙和冲突浪潮。最初的一次断续绵延到公元前第一千纪,进入农耕世界的主要是来自偏西北方的印欧人,东至印度河、西达爱琴海、中部到两河流域和小亚细亚。也有闪米特人进入两河流域和埃及,他们带来马驾的双轮战车,稍后南下的还使用了骑兵。③ 游牧各族一旦进入农耕地带,就迅速融入到农耕文明之中。于是,农耕世界把入侵的游牧或半游牧的部族吸收到自己的经济文化体系中来。

可见,古代欧亚大陆内部各地区或民族间的文化交流最为繁盛,也最为引人注目。其中西亚和中亚不仅在东西方文化交流事业中起着桥梁的作用,而且在传播其他民族或国家的文化的同时,它们也发展了自身独特而灿烂的文化。因此,我们要想探明古代东西方文化交流的真实情况,就不能跳

---

① 张文奎主编:《人文地理学概论》,东北师范大学出版社,1993年,第326页。
② 格鲁塞:《近东与中东的文明》,常任侠译,第1页。
③ 吴于廑:《世界历史》,刊《中国大百科全书·外国历史》,第11页。

过或忽略这些文化的存在。这些"桥梁"将东方文明传到西方,又将西方文明传到东方。而作为"桥梁"的西亚和中亚自身独特的文化,对东西两面又各自产生了很大的影响。交往的过程也就是不同的文化在这里汇聚、碰撞、升华的过程,从而形成了世界历史上独特的文化现象:人类物质文明和精神文明的创造可以随着时代的演进而络绎不绝地往返。

以西亚、中亚为中介的古代世界的文化交流过程是极其复杂的。我们姑且将之分为几个时期,这样便于了解各时期内文化交流的大致情况。有关古典时期之前的东西方文化交流,前文已论述过了[①],下面主要看看以下几个时期东西方文化交流的情况。

1. 古典时期的东西方文化交流

在西方,"古典"一词有广、狭两种含义。广义上的西方古典时代,是介于两次大规模的蛮族入侵的历史事变之间,亦即古欧洲第一次和第二次黑暗时代之间。狭义上的古典时代是指介于古风时期(公元前8—前6世纪)和希腊化时期之间的那个时期。本节所考察的对象就是狭义上的古典时期。

这一时期西方文化对东方文化的吸收主要因希波战争的爆发而得到加强。这场战争在世界历史上的影响是深远的。此后,世界文明发展的格局便逐渐形成东西方并立、共存之势,并一直延续至今。这次战争使希腊人的视野得到进一步的扩大,从而有力地促进了希腊人海纳百川的雅量,增强了其自信心。

希波战争期间,一些波斯物种传入希腊世界。比如苜蓿就是在大琉士一世时期传入的。斯特拉波说苜蓿是马类的主要食料,希腊人称之为Mēdikē,因为盛产于米底(Media)。大约于公元前2世纪中叶到公元后1世纪中叶传到中国,中国音译为苜蓿,可能出自波斯境内靠近里海一个地方的土语 būso。[②]

这一时期古埃及的文化对于古典时期希腊文化的影响也很大。许多伟大的希腊学者曾前往埃及并在那里学习过,如泰勒斯、毕达哥拉斯、德谟克利特、希罗多德、柏拉图等等。第一位到埃及访问的是地理学家赫卡泰戌斯。当然,因年代久远,该时期东西方文化交流的许多史实已无从可考,这

---

① 参阅前文"希腊文明的东方渊源"。
② 劳费尔:《中国伊朗编》,林筠因译,商务印书馆,2001年,第31、36页。

主要是因为公元前 47 年亚历山大里亚图书馆的焚毁造成的。

2. 希腊化时期的东西方文化交流

亚历山大东征以后所建立起的地跨欧亚非的大帝国,第一次统一了地中海东部世界,并由此开创了人类历史上辉煌的希腊化时代。亚历山大帝国几乎囊括了当时地中海世界的主要文明——两河文明、犹太文明、埃及文明、中亚文明,甚至印度文明。因此,整个欧亚大陆的交通就被打通了,东西方诸文明不断在此碰撞、融合。这一时期地中海世界文明中心发生了转移,雅典只是文学、哲学意义上的中心了,其他地方涌现出各种文化中心,最卓越的有四个:埃及的亚历山大里亚、小亚细亚的帕加马、叙利亚的安条克和小亚细亚海岸外的罗得岛。

随着亚历山大帝国的建立,希腊化时代的文明交流空间大大拓展了,也更加便捷了。从西西里到印度,从咸海、里海到印度洋、麦罗埃(Meroe),各个不同的民族、不同的传统、不同层次的文化都渗透到希腊化的过程。[1] 梵语中的词汇"书""笔""墨水"等源自希腊语。这表明,通过与希腊化地区的书籍贸易,印度人才学会了书写。据说,水力磨房是由希腊人米特罗多鲁斯传入印度的。印度在香料、珍贵物品贸易方面对西方是非常重要的,塞琉古王朝和托勒密王朝都对保护这些物品的安全并从中获利感兴趣。来自印度的主要商路是海路,从印度河出发、沿俾路支斯坦(Baluchistan)海岸、上波斯湾、到底格里斯河上的塞琉西亚(Seleuceia-on-the-Tigris),这个地方也是沙漠商队的终点站,沙漠商队从西方通过现在被称为北部伊朗的印度库什(Hindu-Kush)和巴克特里亚的城市和赫卡东比鲁(Hecatompylus)来到这里。[2] 在帕提亚的尼萨宫廷,酒杯上刻着酒神故事,宫中装饰有阿佛洛狄忒、赫拉克勒斯、赫拉的雕像,还上演希腊的戏剧。小亚细亚的卡帕多西亚、本都、比提尼亚及亚美尼亚的小君主也对希腊文化一见倾心。他们接受希腊的崇拜名称,宫廷中使用希腊语言,修建希腊式神庙,用自己的名字命名

---

[1] 希腊化世界的地理边疆就是那些直接受希腊——马其顿人统治的地区。而希腊化世界的文化边疆除了这些地区外,还包括受其影响的周边地区。在一段时间里,它曾扩展到从印度边境到不列颠的广大地区。参阅杰弗里·巴勒克拉夫主编:《泰晤士世界历史地图集》,毛昭晰等译,三联书店,1982 年,第 69 页。

[2] Walbank, *Hellenistic World*, Harvard University Press, 2nd ed., 1993, p. 199.

新建的城市等。他们都力图与希腊—马其顿君主国同列。① 波斯货币上已见有 Basileus(王)的文字,可见希腊文化对其影响之深。

在人类历史上,犹太人或许是最能抵抗外来文化影响的民族了,但在希腊化时代,他们却深受希腊文化的影响。生活在亚历山大里亚的一些犹太人甚至不能用本民族语言进行阅读,只好把《旧约》翻译为希腊语,这就是历史上第一本圣经外文译本。据《马加比传》中记载,耶路撒冷教堂中一个名叫耶孙的高级教士引导同胞们接受希腊生活方式。他们追求希腊生活方式和外国风俗习惯的潮流达到了疯狂的程度,以至就连祭司们都对圣制和祭品失去了兴趣。只要一见信号,他们马上就冲出去参加律法所禁止的运动会。② 犹太人频繁取希腊名字,这种情况不仅发生在流散地,而且也见于犹太地区……通常犹太人拥有两个名字,希伯来名字用于共同体内部,而希腊名字则用于外部交往。③

早期罗马是通过伊达拉里亚人接触到希腊文化的,伴随罗马在地中海世界的扩张,罗马人开始直接接触并大量吸收了希腊文化,但罗马人直接接触和吸收最多的毕竟是希腊化时代的希腊文化。这时的罗马城像地中海世界东岸的许多港口一样,欢迎来自希腊、小亚细亚、叙利亚、犹太和埃及的文人学者,不过对罗马文化影响最深的还是希腊文化。罗马哲学、文学、史学、戏剧、美术、科学、医学等,无一不是继承了希腊文化的衣钵。就是本来跟希腊宗教毫无关系的罗马诸神,后来也都分别被他们对应比作希腊奥林匹斯诸神,所以自古"希腊—罗马神话"就被混为一谈。古希腊有一句名谚:"光明来自东方",它本来是形容古老亚非文化对古希腊文化影响的,可如今被原封不动地移用到希腊文化对罗马文化的影响上。

希腊化文化的涌入自然会引起罗马民族主义者的反抗。老加图(公元前234—前149)和瓦罗(公元前116—前27)是其中的主要代表,他们都极力反对希腊文化。据老普林尼记载的加图对希腊人的看法,"那些希腊人……是最为邪恶和桀骜不驯的民族,而且你可以把我的话作为预言家的预言。只要那个民族把文学作品传给我们,它就将败坏所有的东西;如果他们把医生派来,腐败会更快。他们曾经密谋用药杀死所有外国人。他们之

---

① 杨巨平:《"希腊化文化"是人类历史上第一次文化大交流大汇合》,刊《山西大学学报》1994年第2期。
② 希腊人的运动会是裸体参加的,有悖犹太人的律法。参见张久宣译《圣经后典》,商务印书馆,1994年,第347页。
③ 芬利主编:《希腊的遗产》,张强等译,上海人民出版社,2004年,第349—350页。

从事这种勾当,是为了谋取钱财,以便他们可以取得我们的信任,更容易地杀死我们"。① 实际上,大多数罗马人是欣赏并吸收希腊文化的。诚如罗马大诗人贺拉斯所颂:"被征服者希腊反而战胜了征服者罗马,使粗野的拉丁民族迈向文明开化。"确实,罗马人继承了希腊文化遗产,接着再由罗马远征军把希腊文化传遍世界各地,使罗马人在人类文明史上建下不朽之功。

中国和希腊—马其顿人在这一时期也很可能发生过接触。公元前3世纪—前2世纪之际,塞琉古将领欧斯底姆斯(Euthydemus)和他的儿子狄米特里戊斯(Demetrius)向四周扩张势力。斯特拉波根据阿波罗多鲁斯(Apollodorus)的话说,"他们把自己的帝国甚至扩张到塞勒斯和弗里尼"。② 如果这话可信的话,这时的希腊人应该知道古代中国了。更为具体的记录是公元前1世纪的材料。公元前53年克拉苏进犯帕西亚。在卡雷(Carrae)受到后者抵抗,帕西亚人使用的丝制军旗竟使罗马人眼花缭乱,最终克拉苏大败而归,帕西亚获得决定性的胜利。说罗马人的战败是由于见到神奇的丝绸,未免夸大其词,但丝绸通过双方交战而大量传入欧洲,则是可能的,因为丝绸早在公元前4世纪的西方典籍中就有记载。③ 西方一些学者普遍认为塞勒斯(Seres)即指中国。④ 日本学者及川仪右卫所著《东洋史》中说:"Seres者原由中国丝字一音推演而成,即丝商人之意,于是常称中国人为Senica。"可见,在希腊化时代,西方关于中国知识的最初来源之一便与中国的丝绸有关。发现于塔里木地区的一枚中国人的陶土印章,呈现出希腊式的图案。有的学者据此认为,希腊的影响在希腊化时期就已达到中国境内。如果这一论点成立,那我们就可以说,在希腊化时期,希腊文化与包括中国文化在内的欧亚非大陆的各主要古老文化,都或多或少地发生了接触。⑤

大约与亚历山大东征的同时,中国文化也处于开放期。中国自西周、东周之交就开始了对北方少数民族的抵抗和征战。这直接和间接地开辟了东西方文化交通的道路,并将以"丝"或"秦"为代表的中国文化传播到近邻远友中(早在亚历山大东征以前,中国丝就传印度)。这样,华夏文化的西渐和希腊文化的东渐便构成了第一个世界性的文化开放期。没有这次世界性

---

① 沃尔夫:《剑桥插图罗马史》,郭小凌等译,山东画报出版社,2008年,第80页。
② Strabo, *Geography*, Loeb Classical Library, London, 1961, II, 11-1.
③ 丘进:《中国与罗马——汉代中西关系研究》,黄山书社,2008年,第137页。
④ 李约瑟:《中国科学技术史》(第1卷第2分册),科学出版社,1975年,第363页。
⑤ 杨巨平:《"希腊化文化"是人类历史上第一次文化大交流大汇合》,刊《山西大学学报》1994年第2期。

的文化交往,就不会在后来出现罗马、中亚、西域、汉朝之间的更广泛、更深入的交汇。

希腊文明伴随亚历山大的步伐也直接来到印度,两种古典文明逐渐碰撞、融合,一个重要的成果便是艺术史上著名的犍陀罗艺术(Gandhara Art,以印度河和喀布尔河之间的白沙瓦为中心,现在属于巴基斯坦)。印度佛教原来是不崇拜偶像的,自希腊文明传入后,佛教仪式里逐渐有了偶像崇拜,偶像塑造也富有希腊色彩。伴随佛教的传播,犍陀罗艺术影响了东亚、东南亚的佛教艺术。比如新疆早期佛教壁画就是犍陀逻艺术的移植。

中印文化交流在秦以前就已经开始。长沙战国(前475—前221)古墓出土了玻璃。云南晋宁石寨山滇王墓发现大量琉璃、玛瑙、玉石和海贝。这些域外奇珍异宝是中国与缅甸、印度已有交通的物证。到两汉时代,这一交流又得到了进一步扩大。这一时期的中国与印度的文化交流也相当兴盛,汉语文献中身毒和天竺是专门称呼印度的。张骞第一次出使西域时已在大夏得知身毒。张骞返回后,汉武帝曾企图打通从中国西南到身毒的道路,但未能成功。后张骞第二次出使西域,即遣副使去身毒等国。中印之间的海上通道也已在汉代开通。① 两汉时期,中印文化交流的重点是在物质文明的交流和交流渠道的探索上。东汉时期,中印文化交流的一个重要事件是佛教传入中国的中原地区(详见第4章第2节)。

3. 罗马帝国与汉帝国的文化交流

自从有些文明中心演变成庞大的帝国以来,人类各共同体间的交往一般是通过帝国的盛衰、更迭而获得进一步的扩展和深化的。帝国仿佛是人类各共同体间交往的凝聚点。希腊化时代的结束也就是亚欧大陆三大帝国建立的时期:西方的罗马帝国、东方的汉帝国、南方的贵霜帝国。而欧亚大草原就是联系这三种古代文明的通道,即所谓的"欧亚大陆的动脉"。公元2世纪,在世界的东西方分别耸立着两个庞大的帝国:汉代帝国和罗马帝国。而当时人类各共同体之间的重大交往活动几乎都与这两个帝国有着直接或间接的关系。地跨欧亚非的罗马帝国之庞大在世界文明史上是十分罕见的。当时,作为帝国一个内陆湖泊的地中海把亚洲海岸、非洲海岸和欧洲海岸连成一个统一的世界。② 地中海沿岸各省形成了一定发展程度的专业

---

① 黄时鉴主编:《解说插图中西关系史年表》,浙江人民出版社,1994年,第46—47页。
② 克洛德·德尔马:《欧洲文明》,郑鹿年译,上海人民出版社,1988年,第18页。

分工,稠密的海陆商业贸易网维持着整个帝国的经济生活。如作为帝国中心地区的意大利几乎所有的产品都不在本地消费,而罗马本土则需要埃及每年供给它4千万加仑的麦子。尤其值得一提的是,西方制陶涂釉方面的技术就是在罗马帝国时期传入中国的。罗伯特·路威曾以制陶技术为例系统地阐述他关于"文明是一件东拼西凑的'百衲衣'"的思想。他说,在中国也和他处一样,简单的手制陶器可以追溯到石器时代。公元前3000年前后,陶轮从近东传入中国。在其后的岁月里,中国人在他们的制陶术上又加进了另一种西洋花样,即涂釉。但他们又不是简单的模仿者。这一情况后来又由日本学者三上次男作了进一步的考证。他把涂釉技术分为灰釉技术和绿褐釉技术,并认为后者"可能是由罗马地区传来的"。因为在公元2世纪,"西方的罗马地区和东方的中国之间有了通商关系"。①

汉以来,大秦(罗马帝国)和中国官方的、民间的、直接的、间接的交往日渐见于西方、中国的典籍。罗马人仰慕中国的丝绸,在罗马文献留下了不少有关支那国、赛勒斯国的记载。斯特拉波、老普林尼等都记载过赛勒斯的位置。公元1世纪,一位佚名者在其撰写的《厄立特里亚海的航行》中较为详细地记述了中国。他指出,到了秦国(This,即中国),大洋就止于此。他还记载,秦的北方有一座大城市,叫做秦尼(Thinae,也许他指的就是长安),秦尼的丝所织成的绸缎则经大夏而达印度。托勒密在《地理志》中说,亚洲最东边有两个国家,一名塞勒斯(Seres),一名秦尼(Sina)。两国相邻,塞勒斯在北,秦尼在南。古代波斯、印度和希腊等称中国为"支那"(Chin Sin Sinae)。据考证,"支那"就是"秦"的对音,塞勒斯是汉语"丝"的音译。一般认为,秦论是到达中国且留下姓名的第一位大秦商人。史载孙权(公元222—252)于3世纪时曾接见大秦商人秦论,"权问方士谣俗,论具以对"②。

在汉代,张骞也先后两次率队出使西域。历经大宛(中亚费尔干纳盆地)、康居(乌兹别克、塔吉克)、大夏(阿富汗)、安息(伊朗)、身毒(印度)等地,并得知条支(伊拉克)、大秦(罗马)等国情况。张骞通西域开辟了中西经济文化交流的新时代。在西汉以前,中国灿烂的丝织品就经陆路销往印度、罗马等国家。但在张骞以后,这种交流呈高潮之势。中国特产丝绸是沿此路输出西方的最重要的商品,而西方商旅沿此道东来,要寻求的第一种的东方产品也是丝绸。被德国学者李希霍芬(F. Richthofen,1833—1905)首称

---

① 三上次男:《陶瓷之路》,文物出版社,1984年,第12页。
② 夏德:《大秦国全录》,朱杰勤译,大象出版社,2009年,第96页。

的"丝绸之路"联系着东西方,是"远东和地中海西欧各地经济交往的重要途径,而帕西亚的国家财富全靠控制和盘剥经过其国境的商路而来。贸易交往所起的作用如此之大,以至于由阿姆河到幼发拉底河一线的和平安宁完全依赖于中亚商旅的正常经营。反之,这条通往远东的道路上发生的任何骚扰和阻滞,都会导致足以动摇帕西亚王位的大动荡"①。这是一条联系世界文明主轴的文化桥梁。

当时的丝绸之路已经使汉帝国与罗马帝国之间的交往达到一定水平,所以《后汉书》中有关大秦国的记述已较《史记》《汉书》更为详细。大秦之名首见于《后汉书·西域传》:"大秦国一名犁鞬,以在海西,亦云海西国,地方数千里,有四百余城。"《后汉书·西域传》还这样记载了甘英前往大秦的情况:"和帝永元九年,都护班超遣甘英使大秦。抵条支,临大海欲渡,而安息西界船人谓英曰:'海水广大,往来者逢善风,三月乃得度。若遇迟风,亦有二岁者,故入海人皆赍三岁粮。海中善使人思土恋慕,数有死亡者。'英闻之,乃止。"虽然这次交通没有成功,但甘英毕竟带回了有关西方的情况,重要的有:罗马帝国(大秦)经海路同帕西亚(安息)和印度(天竺)进行贸易,并可获利十倍;大秦王一直期盼同汉朝建立通商交往,却因帕西亚之阻碍而未成。因为帕西亚企图垄断同罗马的中国丝绸贸易。②

我国史书记载了大秦使节来访这一重要事件。公元166年,罗马皇帝马可·奥里略·安东尼(Marcus Aurelius Antoninus,120—180,即中国史书上所称的安敦王)的使者取道日南抵达中国。所带礼品不过是些象牙、犀牛角和乌龟壳,并非是罗马帝国的特产,而且不见于拉丁文献的记载,他们可能是些地中海东部沿岸的狡猾的商人,冒充派遣的使者,以期为他们自己的生意打开方便之门。中国文献还记载,公元280至289年间又有使节抵达中国,很可能也属非官方性质。③

总的说来,古代世界的东西方文明交流的一个特点是彼此之间的认识还比较朦胧,看法也不够客观,掺杂许多传说,主要是因为这时的人们所知道的有关对方的信息主要是通过中东地区诸古国辗转而来的。例如,波斯人和印度人相信,水老虎是世界的征服者——伟大的亚历山大变来的。波斯人的许多著作就称亚历山大为"双角的亚历山大大帝"。而印度的巫师

---

① 梯加特:《罗马与中国》,丘进译,大象出版社,2009年,第91页。
② 同上书,第108页。
③ 白佐良、马西尼:《意大利与中国》,萧晓玲等译,商务印书馆,2002年,第2—3页。

则相信,亚历山大前生是一只熟悉亚洲热带丛林生活的老虎,所以,他闻名世界的远征,注定了要到达那里。在印度某边远地区的圣林中有二棵神树可以预言未来,其中一棵说的是印度语言(也许是汉语、广东话),另一棵就把前一棵的话译成希腊语给站在二棵树之间的亚历山大听。而这些传说又通过各种途径传到了中国。不过到了宋代,人们对西方的认识就比较清晰了。赵汝适在《诸蕃志》中的"遏根陀国"说道:"相传古人异人徂葛尼,于濒海建大塔,下凿地为两层,砖结甚密,一窖粮食,一储器械,塔高二百丈,可通四马齐区驱而上,至三分之二,塔心开大井,结渠透大江以防他国兵侵,则举国据塔以拒敌,上下可容二万人,内居守而外出战。其顶上有镜极大,他国或有兵船侵犯,镜先照见,即预备守御之计。近年为外国人投塔下。执役扫洒数年,人不疑之,忽一日得便,盗镜抛沉海中而去。"①这里的"徂葛尼"便是亚历山大的阿拉伯文音译,"大塔"就是号称世界七大奇迹之一的法罗斯灯塔。赵汝适在"遏根陀国"中所记述的事情,大概是根据阿拉伯人所谈的材料写的,而马苏第在《黄金草原》一书上也曾谈到类似的事情,可见赵汝适的记载并不是虚构的。② 这一时期文明交流的另一个特点是资料比较少,也比较分散,就是对同一资料也是见仁见智,得出不同的结论,以致争论不休。如关于黎轩就是学界争论不休的一大公案,这里就不赘述了。

从以上所论可以看出:一种文明要想永葆青春,就必须以开放的心态积极吸收各种外来文明,因为文明之间的交流会大大促进人类的进步。如果一定要讲究文化的"纯正性",反而会因世代近亲交配而有退化淘汰之虞。比如希腊、希伯来隶属两种不同的文化传统,分别以哲学、宗教为其精神特征,然而亚历山大东征后的统一的地中海世界却使这两种不同文化走到了一起,从冲突到融合,虽然其间充满了军事冲突、政治斗争、宗教折冲、文化碰撞和哲学争论,但最终产生了世界性的基督教。故不同文明间的适当融合往往会产生一种和谐文化,给社会成员带来安全感和满足感。当然,社会群体对交流、融合会持不同的态度,有自由派、保守派之分。一般说来,文化素养高、受过教育的人往往比文盲和未受教育的人更乐意接受文明间的融合。③ 可见,一种文明的成长、发展并不是在封闭的状态下进行的,它总是在与各种外来文明的冲突中来调整、改良自身不完善的地方,从而具有更强

---

① 赵汝适:《诸蕃志》,杨博文校释,中华书局,1996 年,第 123 页。
② 参见马苏第:《黄金草原》,耿昇译,青海人民出版社,1998 年,第 33 章。
③ 瓦戈:《社会变迁》,王晓黎等译,北京大学出版社,2007 年,第 192 页。译文有改动。

的生命力。

对待文明交流我们要有虚心的态度、博大的胸怀,要反对各种狭隘的民族主义,特别是要反对各种形式的中心主义,不仅反对西方中心论,也要反对东方中心论。近年来盛行的东方主义,这个概念一般指西方作家、设计家、艺术家对近东、远东和大部分亚洲国家文化诸方面的描述,亦指西方学者对这些地区社会、文化、语言和民族的研究。就后者而言,巴勒斯坦文学批评家萨义德(Edward Said,1935—2003)的著作《东方主义》(1978 年)引起了人们对这一问题的关注。萨义德认为,欧洲人创造了"欧洲"和"东方"两个对立概念:在他们看来,欧洲是一个积极、强大的形象;东方则是没有活力、令人不悦的负面形象——柔弱、颓废、腐败、奢侈、专制、缺乏独立发展与创造能力。不少欧洲人持有的这种偏见决定了其研究东方的基调。尽管萨义德的研究主要侧重于 18—20 世纪,但他认为,这种根深蒂固的东方观念在很大程度上源自早期希腊文献所塑造的形象,比如希罗多德的著作、埃斯库罗斯的《波斯人》。① 他的观点引起了一些古典学家重新关注这一领域的研究,特别是对希腊文化的东方化时代、波斯帝国时代、希腊化时代的研究。极端的代表就是前文所提到的伯纳尔的《黑色雅典娜》,这是西方近几十年来所发表的有关古代历史最有争议的著作,其著述目的、方法、逻辑、假设都遭到人们的置疑(作者甚至认为希腊是非洲黑人和腓尼基人的殖民地)。虽然,他提出的古代希腊文化受西亚、北非诸古代文明影响的重大命题是无法置之不理的,但其缺欠也显而易见。我们应该反对各种形式的自我中心论,防止文化研究中从一个极端走向另一个极端的做法。

推荐阅读书目

1. 芬利主编:《希腊的遗产》,张强等译,上海人民出版社,2004 年。
2. 莱昂·罗斑:《希腊思想和科学精神的起源》,陈修斋译,广西师范大学出版社,2003 年。
3. 吉尔伯特·默雷:《古希腊文学史》,孙席珍等译,上海译文出版社,1988 年。
4. 裔昭印:《古希腊的妇女——文化视域中的研究》,商务印书馆,2001 年。

---

① 见 Simon Hornblower and Antony Spawforth eds., *The Oxford Companion to Classical Civilization*, "Orientalism" 辞条。

5. 陈恒:《希腊化研究》,商务印书馆,2006年。
6. 格雷格·沃尔夫:《剑桥插图罗马史》,郭小凌等译,山东画报出版社,2008年。
7. 理查德·詹金斯编:《罗马的遗产》,晏绍祥、吴舒屏译,上海人民出版社,2002年。
8. 朱龙华:《罗马文化与古典传统》,浙江人民出版社,1993年。
9. 冯天瑜:《中华元典精神》,上海人民出版社,1994年。
10. 葛兆光:《中国思想史》(第一卷),复旦大学出版社,1998年。
11. 渥德尔:《印度佛教史》,王世安译,商务印书馆,1987年。
12. Bongard-Levin, G. M. *Ancient Indian Civilization*, New Delhi, 1985.
13. Cary, M. *A History of the Greek World*, London, 1972.
14. Cary, M. and H. H. Scullard, *A History of Rome*, New York, 1979.
15. Hammond, N. G. L. *A History of Greece*, Oxford, 1959.

第四章　中世纪人类文化的进一步发展与整合

进入中世纪,文化在继续发展,同时,各地区、国家或民族间的文化交流也因交通的日益发达、贸易交往的愈加繁盛、战争与殖民的加剧、各种宗教和政治思想的急剧传播而步入了空前繁荣的阶段。尤其是各种宗教的传播给该时期不同地区的人类文化的进一步整合以极大的推动,因为宗教所具有的超强凝聚力是任何其他因素所无法比拟的,它可以使人们超越民族、地区或国家的界限,而导致一个更为庞大的文化共同体——即文化圈的出现。而它的出现可以说是各种族、各种文化在宗教和政治思想的旗帜下走向进一步融合的产物,是人类文明与文化走向成熟的体现。我们将该时期的世界文化约略地划分为如下几个文化圈:东亚儒家文化圈、南亚印度文化圈、阿拉伯—伊斯兰文化圈、基督教文化圈。当然这种划分只是一种尝试,而且也可能有疏漏,但各文化圈的兴起基本上奠定了日后世界文明与文化发展的格局。

一、东亚儒家文化圈

汉朝是继秦后建立的统一的、多民族的、中央集权的专制主义国家。两汉统治的时间长达400余年,社会稳定、经济繁荣,文化发达。唐朝则是在经过了魏晋南北朝的动乱、分裂以后再度建立的统一王朝,是当时世界上最强盛的国家。汉唐在史学、文学、艺术、宗教、中西文化的交流等方面都取得了光辉灿烂的成就。然而,在中华文化史上起主导作用的乃是儒学。儒学在汉代取得了独尊的地位,儒家的重要书籍成为经典,在唐代则完成了儒家经义的统一。同时,先进的中国文化也有力地辐射到了周边国家,尤其是发源于中国的儒学在秦汉之时传入周边的朝鲜和日本,并逐渐成为这些国家的主流文化,于是一个以儒学为主导的东亚儒家文化圈由此形成。

1. 汉唐儒学

罢黜百家，独尊儒术 西汉的建立，结束了长期的战争。可是社会经济凋敝萧条，民众离乡背井、卖妻鬻子；生活资料奇缺，物价腾贵，"自天子不能具钧驷，而将相或乘牛车，齐民无盖藏"。[①] 面对这种情况，汉初的统治者采用了"无为而治"的黄老之术，统治者无为，而民众有为。经过一个阶段的休养生息，出现了"文景之治"的繁荣局面。可是，由于秦朝苛法的废除和刑罚的减轻，则奸邪萌生，民易犯法；由于国君无为，则群臣难驭，地方势力坐大；由于经济的繁荣，豪强横行乡里……罢黜百家，独尊儒术的建议就应运而生了。

汉武帝即位的第一年(建元元年，公元前140年)就下诏求贤良方正直言极谏之士。儒者董仲舒应征对策。他认为应该用儒学取代黄老之术："窃譬之琴瑟不调，甚者必解而更张之，乃可鼓也；为政而不行，甚者必变而更化之，乃可理也。当更张而不更张，虽有良工不能善调也；当更化而不更化，虽有大贤不能善治也。故汉得天下以来，常欲善治而至今不可善治者，失之于当更化而不更化也。"对策的结束语称："诸不在六艺之科、孔子之术者，皆绝其道，勿使并进。邪辟之说灭息，然后统纪可一而法度可明，民知所从矣。"[②]董仲舒的建议正好与丞相卫绾"所举贤良，或治申、商、韩非、苏秦、张仪之言，乱国政，请皆罢"的奏请[③]一致。可是当时崇尚黄老之术的窦太后尚健在，未能施行。建元六年，窦太后去世，汉武帝任命爱好儒术的田蚡为丞相，"绌黄老、刑名百家之言，延文学儒者数百人"[④]。这样，就在朝廷官员中罢黜了非崇尚儒家的学者，保证在思想上确立儒术为独尊的地位。儒学的五种书籍《易》《书》《诗》《礼》《春秋》被奉为经典，并在朝廷设立五经博士。此后，朝廷选用官员，主要出自儒生。为了确保儒术独尊的地位，为博士官增补弟子(每个博士置50员弟子)，以提高官员的文化素质，公卿士大夫多彬彬文学之士。

儒家之所能取得独尊的地位，是因为它具有大一统政治的实质。董仲舒在对策时，反复强调《春秋》大一统、正名分、明等级的学说："《春秋》谓一

[①] 《汉书·食货志上》。
[②] 《汉书·董仲舒传》。
[③] 《汉书·卫绾传》。
[④] 《汉书·武帝纪》。

元之意,一者,万物之所从始也;无际得,辞之所谓大也。谓一为元者,视大始而欲正本也。《春秋》深探其本,而反自贵者始。故为人君者,正心以正朝廷,正朝廷以正百官,正百官以正万民,正万民以正四方。四方正,远近莫敢不壹于正,而亡有邪气奸其间者。……《春秋》大一统者,天地之常经,古今之通谊也。"这些思想当然很容易为雄才大略的汉武帝所接受。儒家在汉代取得独尊的地位后,对中国文化的影响是极其深远的。

经今古文之争　由于汉代独尊儒术,将五种重要文献尊奉为经典,故可以认为西汉是儒学经学化的时代。儒家经典有古文经、今文经的区别,由此而产生古文经学派同今文经学派之争。所谓今文经,是指用汉代通行的隶书书写的典籍,古文经则指用大篆或战国古文字写成的典籍。秦始皇焚书坑儒,禁止民间收藏儒家的书籍,禁止儒生谈论《诗》《书》。然而熟读《诗》《书》的儒生尚存,即使在楚汉相争的年代,"鲁中诸儒尚讲诵习礼乐,弦歌之音不绝","齐鲁之间于文学,自古以来,其天性也。故汉兴,然后诸儒始得修其经艺,讲习大射乡饮之礼"。① 秦末汉初在民间传授儒学,并由此而产生的文献当为今文经。民间大胆收藏书籍者也大有人在,连秦朝的博士、官员也暗中对抗焚书令。汉惠帝废除"挟书律",号召民间向朝廷献书,所获之书藏于秘府,后来进行整理,发现了一些古文经(还有其他发现)。客观地说,今文经实脱胎于古文经。今文经与古文经的情况如下。

今文经:

一,《易》在汉初由齐人田何、梁人丁宽传授,后有施雠、孟喜、梁丘贺、京房四家《易》立于学官。

二,《书》在汉初由秦博士伏生传授,后有欧阳高、夏侯胜、夏侯建三家《书》立于学官。

三,鲁申培、齐辕固生、燕韩婴所传授之《诗》立于学官,即《鲁诗》《齐诗》《韩诗》三家。

四,《礼》分《仪礼》和《礼记》,《礼记》又分《大戴礼》(戴德)、《小戴礼》(戴圣)。此三种为西汉立于学官的今文经。《大戴礼》又有两种,一为85篇本(今佚);一为39篇本(今存)。原因是戴圣从85篇本中选取了49篇(即今本《礼记》)后,85篇本遂不传于世,而出现了39篇本的《大戴礼记》。另有后苍传授的《后氏曲台记》、庆普传授的《庆氏礼》也都是今文经。

五,《春秋》有《公羊春秋》《谷梁春秋》。

---

① 《史记·儒林列传》。

古文经主要有两个来源：一是鲁恭王刘余营造王府而拆除孔子家宅时，在墙壁中发现，通常称"孔壁古文"，有《尚书》(45篇)、《礼记》(或称《逸礼》)、《论语》《孝经》等；二是河间献王刘德修学好古，采用以金帛赐献书者，并认真抄写后，留其真，将抄写本还与民，从民间得到许多好书，数量与朝廷相当。主要有《周官》(后称《周礼》)、《尚书》《仪礼》《礼记》《孟子》《老子》等，还有一些孔子弟子的文章。可以肯定，河间王也会将所得书认真抄写后献给朝廷。刘德在封国内立《毛诗》博士和《左氏春秋》博士。此外，民间向朝廷所献书中也应该有古文经，比如费直传授的《费氏易》、毛亨(大毛公)和毛苌(小毛公)传授的《毛诗》《左氏春秋》(由张苍、张敞、贾谊、太中大夫刘公子等人传授，贾谊作《左氏传训诂》，授赵人贯公，贯公为河间王博士)等。今《十三经注疏》中的《易》《诗》《尚书》《周礼》《左氏春秋》《孟子》为古文经。

儒家经典的今古文问题相当复杂，不仅书写的字体不同，而且字句、篇章也有所不同，因此引起经学家的激烈斗争。首先是今文经《谷梁春秋》同《公羊春秋》之间的斗争，然后是其他经典也存在一定的差异。汉宣帝甘露三年(公元前51年)亲自主持石渠阁会议，出席的对象为诸经的代表人物，讨论五经(都是今文经)的同异问题。结果是梁丘贺《易》、大小夏侯《尚书》《谷梁春秋》皆得立于学官，增设博士。

今文经的争论暂告结束，今古文之争又起。汉成帝时，刘向、刘歆、任宏、尹咸、李柱国等人校书于秘府，发现了《尚书》《周礼》《左氏春秋》《毛诗》等古文经，由刘歆奏请朝廷立于学官，增设博士。刘歆的上奏对于今文经学家是一个重大的冲击。于是那些经学博士群起而攻之。由于西汉的危亡，其事遂寝。王莽建立新王朝后，尊刘歆为国师，立《左氏春秋》《古文尚书》《周礼》《逸礼》诸经博士。东汉时，诸古文经或立于学官，或不立于学官，而同今文经学的争论一直是很激烈的。汉章帝于建初四年(79年)在白虎观召开经学会议，讨论五经的同异问题。这次会议与石渠阁会议的不同之处是规模更大了，争论更激烈了，争论的双方是今文经学家和古文经学家。双方壁垒分明，攻评如仇。今文经学家以古文经学家为变乱师法，古文经学家以今文学家为"党同妒真"。结果并未能解决什么问题，诸古文经也未得立于学官。但汉章帝信任古文经学家贾逵，派高才生向贾逵学习古文经，贾氏的弟子皆擢为高第讲郎。著名的史学家班固也出席了这次会议，并将会议的内容整理成《白虎通义》。由于今、古文经学家的争论不休，东汉朝廷在熹平、正始年间先后两次刻制石经，公布在太学，供学生们抄写诵读，企图统一五经的文字,平息争论,进而统一思想。

儒家经典的今古文之争涉及到文字、篇章、经义等方面的问题,最主要的当为治学方法的差异。周予同教授说:"今文学以孔子为政治家,以《六经》为孔子致治之说,所以偏重于'微言大义',其特色为功利的,而其流弊为狂妄。古文学以孔子为史学家,以《六经》为孔子整理古代史料之书,所以偏重于'名物训诂',其特色为考证的。而其流弊为烦琐。"①这是我们理解今古文之争的关键。

通学大儒郑玄 东汉的统治者和学者都有统一今古文之争的想法,公布石经是一种办法,许慎作《说文解字》也有这种企图,最后却为郑玄大规模的、融会贯通的注释实现了统一。

郑玄(127—200)字康成,高密(今属山东高密)人。少年时曾担任乡啬夫,边为吏边去学官读书。及成人,已经通读了《京氏易》《公羊春秋》《三统历》《九章算术》《周官》《礼记》《左氏春秋》《古文尚书》《韩诗》等。不满足于在家乡所学的知识,遂西入关,从当时著名的古文经学家马融学,学成回到家乡,马融说:"郑生今去,吾道东矣"②,给予了很高的评价。此时的郑玄已经学贯今古文之学了。郑玄回到家乡后,一面遍注群经,一面收徒讲学。据《后汉书》本传所载,郑玄所注的书有《周易》《尚书》《仪礼》《礼记》《论语》《孝经》《尚书大传》《毛诗》等,撰写著作有《天文七政论》《毛诗谱》《六艺论》《驳许慎五经异义》等,据王利器《郑康成年谱》的统计,各种著述和注释多达80余种。由于郑玄融通渊博的学识,注经时融会今古文之义,兼采众家之长,遂使众论翕然归之,学者不复舍此而趋彼。皮锡瑞在《经学历史·经学中衰时代》说:

> 郑《易注》行,而施、孟、梁丘、京之《易》不行矣;郑《书注》行,而欧阳、大小夏侯之《书》不行矣;郑《诗笺》行,而鲁、齐、韩之《诗》不行矣;郑《礼注》行,而大小戴之《礼》不行矣;郑《论语注》行,而齐鲁《论语》不行矣。……汉学衰废,不能尽咎郑君;而郑采今古文,不复分别,使两汉家法亡,不可考,则亦不能无失。故经学至郑君一变。

皮锡瑞所说的"汉学衰废",指的是今古文之壁垒被毁灭了。这既是好事,又是环事,好在使争论不休的局面平息了,负面的作用却使后人不甚了解两

---

① 为皮锡瑞《经学历史》所作序。
② 《后汉书·马融传》。

汉今古文的"家法"。但儒学至此而发生了一大变化，是毫无疑问的。

唐代注经概况 儒学在魏晋间出现了异化的现象。由于社会的动荡，不少知识分子接受了道家思想，以玄道对待儒学；佛教在中国传播开来以后，儒学又遭到佛教的冲击。南北朝的分裂，使儒学出现了南北不同风格的流派。隋唐再度统一中国后，儒学也再一次成为统治阶级的需要。科举制度的确立，儒学成为科举考试的内容。唐朝是当时世界上最强盛的帝国，周边的国家和地区的知识分子纷纷到长安学习儒学。为了适应新时代的需要，唐太宗诏令儒学大师颜师古、孔颖达等考定《五经》，重加注释，颁行天下。

首先是由宰相房玄龄主持诸儒者讨论决定《五经》定本。颜师古援引各种古文、今文，随言晓答，使所有的学者都叹服。于是在贞观七年（633年）颁布新定的《五经》，令天下郡县教习之。接着唐太宗又诏令国子祭酒孔颖达和诸儒在新定《五经》的基础上撰述义训。于是在孔颖达的组织和主持下，撰成《五经正义》（初名《义赞》，太宗定名为《正义》）180卷，先后参与者有司马才章、王恭、王琰、于志宁等数十人，从撰写、修定到颁行，历时16年，至高宗永徽二年（651年）正式颁行天下。唐朝的科举考试都以《五经正义》为准。唐朝官定的《五经》定本和官修的《五经正义》对儒学的影响甚巨，从此儒家的经典不再有今古文之异，对经义的解释也达到了统一，"注不违经，疏不破注"（对经文所作的注释称"注"，对各种经注所作的注释称"疏"，有疏通各种经注的意思）奠定了后世经学的治学方法。当然也由此而禁锢了知识分子的思想。

《五经正义》的注释情况如下：

《周易正义》以晋代的王弼注为主，兼收《子夏易传》、京房、郑玄、王肃、韩康伯、张讥、卢景裕等学者的注，由孔颖达作疏，称正义。

《尚书正义》以西汉孔安国所传《古文尚书》（东晋梅赜所献）为主，兼采巢猗、顾彪、刘焯、刘炫等诸家之注，由孔颖达作疏。

《毛诗正义》以郑玄的《毛诗》笺注为主（毛亨传保存于郑笺中）为主，兼采刘焯、刘炫的《毛诗述议》，由孔颖达作疏。

《礼记正义》以郑玄注为主，兼采皇侃、熊安生两家注，由孔颖达作疏。

《春秋左氏传正义》以杜预《集解》为主，兼采沈文阿、苏宽、刘炫诸家注，由孔颖达作疏。

除了以上官修的《五经正义》外，唐代还出现了数种重要的经注。其一是陆德明的《经典释文》。陆氏由陈入唐，为国子博士。《经典释文》始作于陈,把《老子》和《庄子》同《易》《诗》《尚书》、三《礼》《春秋》三传、《孝经》《论语》《尔雅》等12种儒书合在一起,作音义方面的注释,反映了他的玄学倾向。虽然未为唐朝官修正义所采用,但《经典释文》对唐朝及后来的儒学也有很大的影响。其二是贾公彦的《周礼注疏》50卷和《仪礼注疏》40卷。贾公彦曾参与孔颖达《五经正义》的撰写,后依此体例作成《周礼注疏》和《仪礼注疏》,都以郑玄的注为主,得到经学家的普遍好评,后来收入《十三经注疏》中。其三是杨士勋的《春秋穀梁传疏》12卷,以范宁的《春秋穀梁传集解》为主。《春秋穀梁传疏》后来也收入《十三经注疏》中。其四是唐玄宗亲作的《孝经注》,北宋邢昺作《孝经正义》时,则以唐玄宗之注为主,后来收入《十三经注疏》中。

自中唐以后,有些学者开始不满意《五经正义》,出现了纠正其偏失的新注,较有代表性的是李鼎祚的《周易集解》和啖助的《春秋集传》。

2. 宋明理学

儒家学说自形成以后,经历了诸子百家争鸣、两汉的经学化、唐代注经的官方化等阶段,在两宋便发展成为理学。可以说理学是儒学发展的另一个里程碑。理学的特点是:仍以儒家的伦理纲常为核心,但使经子合一;吸收佛教、道教的宇宙观和诸子思辨方法,建立起思辨的新儒学理性体系。宋代的理学可以分开创、奠基、集大成三个时期,又有濂学、关学、洛学、闽学等建树。由于朱熹之学呈独霸的趋势,则出现了阳明心学的新潮。

周敦颐和张载 理学开创期的学者有孙复、石介、胡瑗、邵雍等人,而周敦颐、张载的影响较大。

周敦颐(1017—1073)字茂叔,号濂溪,营道(今湖南道县)人。他在《太极图说》和《通书》中阐明了他的思想。他解释万物化生的规律是:最初为无极而太极;由于动静而产生阴阳;阴阳变合而产生五行;无极之真、二五之精,妙合而凝,于是乾道成男,坤道成女;然后二气交感,化生万物。人是万物之中最得灵秀者,人有神智,能辨善恶,能与天地合德,能行仁义。而"圣人定之以仁义、中正而主静,立人极焉"。圣人是至高无上的人,周敦颐由圣人"主静"而导出他伦理观念的核心——"诚"。人的心性要诚,圣人也不过就要做到诚而已,诚是"五常之本,百行之源"。[①] 仁、义、礼、智、信是汉代儒家总结的五种恒常不变的伦理道德标准,五常之中"仁"是最高的,而周

---

① 《通书·诚天下第二》。

敦颐则以"诚"为最高的。他主张人可以成为圣人,条件是内心无欲,行为慎动。他进而论及政治,主张大顺大化,顺就是顺应天地万物之道,化就是化正万民。他要求统治者纯心(即诚)、用贤;认为礼乐、刑罚是治世的工具,主礼乐而慎刑罚。《太极图说》是周敦颐理学的纲,《通书》是进一步阐发《太极图说》的著作。他"无极而太极"之说在宋代的理学家中引起了广泛的争论。

周敦颐晚年在庐山莲花峰下建濂溪书堂讲学,他的学说被尊称为"濂学"。

张载(1020—1077)字子厚,本为大梁人,后迁居凤翔(今陕西眉县)。由于他长期在关中书院讲学,弟子也多为关中人,故张载的学说被称为"关学"。张载的著作较多,现存《正蒙》《横渠易说》《经学理窟》和其弟子整理的《张子语录》。

"气一元论"是张载理学的核心。他反对道家有生于无、佛教虚空之说。提出"太虚即气"的本体论,万物必须在本质上同"有"或"气"保持一致,不可能不同或相反,不可能是"无"或"空",而只能是"气"。气有散有聚,不可是一种"客形",而本质上的气是无形的。"天地之气虽聚散攻取百涂,然其为理也,顺而不妄",气又是不断变化、运动的,可是其中的"理"却是顺而不悖的。理就是阴阳两端、循环不已的运动。出于他以气为万物的本体,进而认为"性"是万物的"一源",这"一源","非有我之得私"。可见"源"并非指起源、本源之源,而是客观的属性。他把人性分成"天地之性"与"气质之性"两种。天地之性犹如火性热、水性柔之类;气质之性是"善反之则天地之性存焉",由于天地之性有欲、有恶的一面,故需善反之,通过攻取而获得气质之性。《经学理窟·义理》说:"故学者先须变化气质,变化气质与虚心相表里。"气质之性是可以变化的,变化之道就是虚心学习,读圣贤的书,知礼行礼。张载的政治思想中有典型的大同理想。他为官不顺,就退居家乡横渠著书讲学。在讲堂置两牖,为西牖作铭曰《订顽》,后称《西铭》,东曰《砭愚》,后称《东铭》。《西铭》集中反映了他的大同思想,其中有语云:"凡天下疲癃残疾,茕独鳏寡,皆吾兄弟之颠连而无告者也。于时保之,子之翼也。乐且不忧,纯乎孝者也。"有此思想感情固然可贵,其心确实仁慈,而事实上是做不到的,属空想、乌托邦之列。

理学开创期的重要学者邵雍(1011—1077)的学术比较艰涩,又属于洛学,还限于篇幅,故不述。

二程 北宋的程颢(1032—1085)、程颐(1033—1107)兄弟从河北迁居河南洛阳。颢字伯淳,号明道先生;颐字正叔,号伊川先生。他们既是洛学的代表,又是宋代理学理论体系的奠定者。周敦颐是二程的老师。张载同二程有姻亲关系,在思想上相互影响。后来的朱熹则是二程学说的继承者。由此可见,二程的学说在宋代理学中占有重要地位。

所谓理学,实因二程提出了"天理",并以此为二程哲学的核心,换言之,二程的全部学说建立在天理的基础上,并成为宋明理学的理论体系。程颢说:"吾学虽有所受,天理二字却是自家体贴出来。"①他如此注重这两字,是要维护他提出的天理论。二程说:"万物皆只是一个天理";"天下只有一个理"。这一个天理"推之四海而皆准","质诸天地、考诸三王"而不易。这个理就是实,就是本。道家所主张的"虚"、佛教主张的"空"是不对的。天下虽有万物,万物虽有万变,但是其中总有一个"理"存在。这些便是二程"天理论"的基本精神,可以认为是一种宇宙本体论。

他们用天理去解释人性,于是"性即理"。"性即理也,所谓理,性是也。天下之理,原其所自,未有不善。喜怒哀乐未发,何尝不善?"天理存在于人的本性中,人的本性是善的。这就回到孟子的性善论方面去了。他们有时又不得不承认性恶,"有自幼而善,有自幼而恶,是气禀有然也。善固性,然恶亦不可不谓之性也"。他们在解释人性善恶的问题时,为了能自圆其说,而提出了"性即气,气即性,生之谓也"的命题,结合他们"性即理"的主张,这样就可以理解为人性即天理,二程主张理有善恶。可是他们在解释善恶形成时,却说人性就像水,流到后来才有清浊之分一样。人的善恶是由"才"决定的,"才"则有偏正,正则为善,偏则为恶。由此"人不可以不加澄治之功",②要求人加强自身的修养。修养之道为定性、主敬、格物致知。定性就是"圣人之喜怒,不系于心而系于物也";主敬就是心诚、主一,无适之谓一,无适就是不到东也不到西,也就是中;格物致知一语出自《礼记·大学》,格物有对事物进行分类的意思,意即分类恰当,才能获得正确的知识。

以上是二程理学的主要精神。他们还主张《礼记》中的《大学》《中庸》两篇应该同《论语》和《孟子》并重,这四种文献同六经并重。"四书"的概念便形成了。其实二程的理论多立足于四书。

朱熹　朱熹(1130—1200)字元晦或仲晦,号晦庵。祖籍婺源(今属江西),出生于尤溪(今属福建)。是闽学的代表,也是两宋理学的集大成者。

---

① 《二程外书》卷12。
② 《二程遗书》卷1。

作为集大成的成就主要表现在他完善了理学的体系和理清了理学家的学术渊源。

朱熹的理学体系主要由理气论、心统性情论和格物致知三个方面的理论组成。如上所述，张载提出了"气"和"理"命题，二程则提出了"天理"论，朱熹则兼讲理气："天地之间，有理有气。理也者，形而上之道也，生物之本也；气也者，形而下之器也，生物之具也。是以人物之生，必禀此理，然后有性，必禀此气，然后有形。"①理和气是相辅相成的，"天下未有无理之气，亦未有无气之理"；"有是理，便有是气"；"但有此气，则理便在其中"。②朱熹有关理气关系的言论甚富，大体上可以认为他主张理中有气，气中有理，气是有形之器，理为无形之道。两者孰先孰后？他认为理在气先，甚至认为如果没有理，也就没有天、地、人和万物了。理又有一和万的分殊，一物一理，万物万理，但万理最终将归于一理。朱熹的心统性情说有两义，一是心兼性情，一为心主性情。他说："心统性情，统犹兼也"；"性其理，情其用，心者兼性情而言，兼性情而言者，包括乎性情也"。这是他认为性、情为心所兼而有之的。"性是体，情是用，性情皆出于心，故心能统之。统，如统兵之统，言有以主之也"。③ 他有时把性释成理，有时把性说成体，性、情皆出于心，故心能统之。心统性情之说与他极尽心之全体以穷理的格物致知论有关。朱熹很推崇程颐的格物致知论，而朱熹的格物致知论要比他的前人完善。他解释《大学》中的"格物"为"至物"，就是接触事物之意，然后获得知识。然而"知"应该做到"穷其理"，因为万物都有理，千头万绪终归一理，一理也好，万理也罢，大小精粗，上下四方，都要看到，都要领会。这等于说要全面地思考问题。怎样进一步地穷理呢？他说"推极吾之知识，欲其所知无不尽也"。④ 这一提法类似于推理，将已经知道的理，去进一步推知未知的知识，求知就要达到穷尽其极，获得至高、至真的知识。以上是朱熹由理气论、心统性情、格物致知组成的理学体系的主要精神。

朱熹还总结了理学的传授道统，写作了《伊洛渊源录》。他特别尊崇二程，亲自编了《二程遗书》和《二程外书》。他还为《大学》《中庸》《论语》《孟子》四种文献作注，合编在一起，称《四书章句集注》，成为元明清三代科举

---

① 《晦庵先生朱文公文集》卷85。
② 《朱子语类》卷1。
③ 《朱子语类》卷98、20、98。
④ 《大学章句》"致知在格物"注。

考试的诠释标准。总之,朱熹的理学对于当时和后世的学者都产生了重大的影响。

阳明心学 明朝初期的思想界,几乎全是程朱理学的天下,这种情况反而促使了它的衰退。程朱理学强调的格物致知、致知穷理,会导致学者的涵养主敬的倾向,诱发心学兴起的内在因素。外在的原因则是学者不满朱学独霸的局面而产生的抵触情绪。陈献章、湛若水师徒则是理学的背道者,而提倡心学。一般认为陈氏是王阳明心学的先驱,而从思想渊源来说,王阳明是继承和发展了南宋陆九渊的心学。

王阳明(1472—1528)名守仁,字伯安,因创办阳明书院,学者称阳明先生。浙江余姚人。王阳明心学的主要命题是"心即理",而这一命题最初由陆九渊提出:"心,一心也;理,一理也,至当归一,精义无二,此心此理,实不容有二。"[①]王阳明主张"心即理",是为了"知行合一""致良知"的成圣目标的。出于"心即理"的理念,他又认为"心外无物""心外无事""心外无理"。下面是一段关于心物问题的精彩对话:他和友人一起游于南镇,友人指着山崖上的花树问他:"天下无心外之物,如此花树,在深山中自开自落,于我心亦何相关?"先生曰:"你未看此花时,此花与汝心同归于寂;你来看此花时,则此花颜色一时明白起来,便知此花不在你的心外。"[②]王阳明对于心有一个定义,心不是一块血肉,而是人的知觉之所在,如眼睛能视,耳朵能听,皮肤能感知痛痒,这些感觉都是通过心而得到的,因此心也就是知,无心即无知。在这一前提下,在心以外当然就不可能有什么事、有什么物了。任凭山花是如何地盛开,眼未见,心不知,则心归于寂,花也归于寂,因此心外无物。王阳明主张"心物一体",同他强调"知行合一"的知行观有关,或者说"心物一体"是他的"知行合一"的前提。他说:"知者行之始,行者知之成。圣学只是一个功夫,知行不可分作两事";"知是行的主意,行是知的功夫;知是行之始,行是知之成"。[③] 王阳明十分强调知行合一,把人的"行"视为真知的掌握,在实践中能够正确无误,即为真知的体现,因此知行"合一并进"。王阳明在晚年还提出了"致良知"的学术宗旨:"良知是造化的精灵,这些精灵,生天生地,成鬼成帝,皆从此出,真是与物无对";"先天而天弗违,天即良知也;后天而奉天时,良知即天也";"圣人只是顺其良知之发用,天地万

[①] 《陆九渊集》卷34。
[②] 《阳明全书·传习录下》。
[③] 《阳明全书·传习录上》。

物,俱在我良知的发用流行中,何尝又有一物超于良知之外,能作得障碍"①。王阳明关于良知的论述相当丰富,他强调致良知,在于希圣希贤,要求人们成为圣人、贤士。王阳明的心学体系大体上由以上的"心物一体""知行合一""致良知"三大部分构成。

3. 儒家文化向周边的传播

儒学在朝鲜半岛的传播 朝鲜半岛与中国自古有着一衣带水的邻邦关系。自秦汉始,中朝之间出现大规模的文化交流,儒家思想随同中国的文字典籍输入朝鲜半岛,对朝鲜文化产生了巨大影响。

早在秦汉时期,汉字就开始广泛使用于朝鲜半岛的高句丽、百济和新罗,尤其是半岛北部的高句丽,汉文甚至流行于一般民众之中。随着汉字在三国的传播,中国儒学也传入朝鲜半岛。最先接受儒学的是高句丽,儒家思想成了高句丽统治者用来维护其封建统治的工具。372年,高句丽仿效中国东晋王朝的儒家教育体制,建立了太学,向王族和高级贵族子弟传授儒家"五经"和《史记》《汉书》《三国志》《后汉书》四史,目的是培养国家官吏。在太学中还设立了五经博士制度,授以学习成绩优异者以五经博士的称号。百济也设立了太学,并且曾派王仁去日本传播儒家学说。半岛南部的新罗接受中国儒学要稍晚些,大概到6世纪时,儒学才得到国家的认可,成为官方的统治思想。当然,在三国时代,各国虽接受了儒家思想,但其本土的原始宗教仍在统治阶级意识形态中占重要地位,儒学并未取得独尊的地位。

新罗统一朝鲜后,崇尚中国儒学,学习唐朝的典章制度与礼仪,使儒家思想与儒学教育制度在新罗得到进一步推广,儒家思想开始成为朝鲜封建王朝占统治地位的政治思想。在儒学取得统治地位以前,在新罗占统治地位的思想是花郎道,由贵族青年组成的"花郎",以国王为中心结成一个关系亲密的团体,通过共同的军事、政治与文化活动来培养他们对国王的忠诚和牺牲精神。然而,新罗统一后开始用儒学来巩固统治。682年,新罗仿效唐朝设立国学,讲授儒学的五经三史。747年,又改设太学监,设立博士助教讲授儒学,规定《论语》《孝经》为学生必修的科目。788年,新罗又仿效唐朝行科举,设读书出身科,以儒家的五经三史为考试内容,把过去的"以弓箭选人"改为科举取士。这就极大地促进了儒学及其教育在新罗的发展,中国儒家政治思想与伦理思想在新罗广泛传播。

---

① 《阳明全书·传习录下》。

高丽王朝(935—1392)统治时期,虽然佛教在朝鲜半岛流行一时,但儒学仍得到了进一步的巩固。992年,高丽王朝创办了国子监,向贵族子弟提供儒学教育。据记载,仁宗王(1122—1146)在位时,国子监员生人数达900人左右。这一时期,研习儒经的私学也在高丽蔚然兴起。以崔冲为首的一些儒臣竞办私学,大力宣扬儒家学说。此外,在高丽各州还有州学(乡校)12所。12世纪初,高丽仿宋朝设立经筵制度,国王与近臣共聚阁中,听儒学大臣讲授儒经并开展讨论。高丽睿宗(1105—1122)"置清讌、宝文两阁,入与文臣讲论六经,偃武修文"。文宗时则置书籍所,"以听政之暇与诸学士讲学"。经筵讲授的内容,主要是《尚书》《礼记》《诗经》和《易经》这四经。高丽的科举制度也在中国宋朝的影响之下得到了进一步的发展。1271年,元朝使臣赵良弼在看了高丽的科举放榜之后,对高丽以儒学取士大加赞叹,称之为"盛事","可嘉"。

13世纪末,高丽儒家学者安珦和白颐正将程朱理学介绍到朝鲜,经过他们的授徒传播,至14世纪中叶出现了一批著名的理学家,如李谷、李穑、郑梦周等。朝鲜理学在其自身的传播与发展过程中,逐渐形成了不同于中国理学的特点,对于理性问题尤为重视,因而又被称为"性理学"。郑梦周(1337—1392)是第一位较为全面研究理学的朝鲜学者,他对理学的教义与学说进行了哲理研究,而在此前的朝鲜儒家学者,仅限于注释儒经和对中国文化与文学的字义研习。郑梦周也是第一个把《大学》和《中庸》用作儒家正统教学内容的朝鲜儒士,他主张"每日读此二书,察明其理,反躬自省"。他对于朱熹《四书集注》的掌握,更是使朝鲜儒学界"尤加叹服"。郑梦周主张排佛,斥佛教为"教人离亲人,绝男女之伦"。这些主张,促进了朝鲜理学的发展,也为后来朝鲜儒士的排佛铺垫了道路。

李氏朝鲜取代高丽之后,著名儒家学者郑道传、权近等人积极主张尊儒排佛,奠定了李氏朝鲜儒学繁荣的基础。郑道传(?—1398)著有《心气理篇》和《佛氏杂辨》等,对佛教的哲学和宗教信条进行了批驳。他指出:"儒学以理统气、心。儒学存一而生二。道与佛存一而失二:道教存气而失理与心;佛教存心而失理与气。"①权近(1352—1409)著有《五经浅见录》《入学图说》等,从正面阐述了朱熹理学的理论构架与思想精要。在他们的影响之下,理学成为李氏朝鲜的官方哲学,李朝也完全成了一个儒教国家。16

---

① 黄秉泰:《儒学与现代化:中韩日儒学比较研究》,孙尚扬等译,社会科学文献出版社,1995年,第361页。

世纪时,儒学在朝鲜半岛出现了繁荣的局面,出现了徐敬德、李滉、李珥等一些理学大家。徐敬德(1489—1546)是第一个把程朱理学作为思想体系进行系统研究的朝鲜学者,在朝鲜确立起了与程颐的道德哲学及朱熹的方法论相配合的宇宙论和本体论框架,为朝鲜程朱理学体系的建立准备了理论和哲学基础。李滉(号退溪,1501—1570)是朝鲜理学的集大成者,有"海东朱子"之称。他在体用、理气、动静、性情、知行等许多方面对朱子理学作了新的发挥,使理学具有普遍意义并适应于朝鲜社会。他的著述被后人汇编为《退溪全书》。李珥(号栗谷,1536—1584)在理气观方面与李滉有分歧,他通过对朱熹思想体系的评注性阐释,构建了一套有自身特色的哲学体系。他的著作被汇编为《栗谷全书》。李滉与李珥在朝鲜儒学界都影响巨大,由于他们之间的分歧也使得朝鲜儒学在学术上分成了两大学派,即重"理"的退溪学派和重"气"的栗谷学派。这两个学派之间的争论从 16 世纪开始,一直持续到 20 世纪早期。

儒学在日本的传播　　儒学最初是通过朝鲜半岛传入日本的。5 世纪初,百济儒学博士王仁到日本,把 10 卷《论语》和 1 卷《千字文》献给大和朝廷,这些书成了日本宫廷教育的教科书,王仁也成了皇太子菟道稚郎子的老师。一般认为,这是儒学传入日本之始。6 世纪时,百济五经博士段杨尔、汉高安茂、马丁安、王柳贵等人先后到日本,儒家五经由是在日本影响日增,儒学教育也由皇室扩及宫廷官吏。圣德太子时,以儒学运用于日本的政治改革,主要以五经等儒家思想为依据,制定了《十七条宪法》,其中许多条款的语言甚至是直接从五经和《论语》中搬过去的。圣德太子还派人到中国留学,一些学者在中国居留长达二三十年之久,如高向玄理、僧旻等,他们回国后在大化改新中起了重要作用。

7 世纪中叶的大化改新,仿效唐律唐制,强调儒家的德治教化,在日本文化史上具有重要的意义。为了使儒学作为日本国家的政治学说而确立起来,天智天皇建立了大学寮,以《易经》《礼记》《尚书》《诗经》《左传》《春秋》等为教科书,使之成为对国家官吏进行儒学教育的中心。至此,中国儒家关于上下之别、尊卑有序、君臣之义、父子之亲等政治伦理思想逐渐深入日本上层社会。然而,在江户时代之前的日本社会,儒学只是统治阶级的学问,一般人不得随意讲说儒家经典,使得儒学未能在民间广泛传播,这就为佛教在民众中的流行开启了方便之门。平安时期(794—1192),儒学的传播受到了来自佛教的挑战,并且渐渐让位于佛教。

镰仓时代(1184—1333),新儒学——程朱理学传到了日本。这一时期,由于在日本思想界占统治地位的是禅宗佛教,儒学成了佛教的补充,从事儒学研究的人也大多是主张儒佛一致的僧人,他们以儒学为副业,把程朱理学介绍到了日本。镰仓时代中日之间僧人的交往颇为密切,朱子理学就是在这种交往中传入日本的。例如,日本僧人俊芿到宋朝学习佛教,同时也学习朱子理学,并在回国时带回儒家典籍256卷。另一日本僧人辨圆从中国带回了大量宋儒著作,如朱熹的《大学或问》《中庸或问》《大学注》《孟子注》以及《论语精义》等。首先在日本朝廷讲解宋朝理学的是玄慧法师(1269—1350)。他曾做后醍醐天皇的侍读,向天皇讲解《四书集注》,把宫廷经筵中所讲授的内容由过去的以五经为中心的汉唐儒学发展为程朱理学,由此"程朱二公之新释遂成至学",开了日本程朱理学之先河。玄慧之后在程朱理学研究方面颇有影响的是五山禅寺(日本五大禅寺)的禅僧学者,他们的研究为江户时代日本朱子学派的形成奠定了基础。

江户时代(1603—1867)是日本儒学的全盛时期,儒学作为一种独立的意识形态发展了起来。首先使儒学脱离禅宗佛教而成为独立学派的人是藤原惺窝(1561—1619)。他是五山禅寺之一相国寺的禅僧,在学佛之余读儒家经书,受到启发,认为佛教"既绝人种,又灭义理",而对儒学则"信而不疑",因而还俗专门从事儒学研究,成为日本朱子学派的开山祖。藤原惺窝尊崇程朱理学,但并不排斥陆王学说,并且主张神儒合一。他认为,"日本之神道,亦以正我心、怜万民、施慈悲为奥秘。尧舜之道亦以此为奥秘也。唐土曰儒道,日本曰神道,名变而心一也。"①因此,藤原惺窝不仅把儒学从禅宗寺院中解放了出来,而且开始了儒学日本化的历程。当时的幕府统治者德川家康以儒学作为其统治的思想文化工具,重用藤原惺窝和他的弟子林罗山(1583—1657),藤原惺窝曾给德川家康讲授《贞观政要》,而林罗山则直接参与幕府政事,"起朝仪,定律令,大府所颁文书,无不经其手者",对幕府政治影响很大。德川家康起用儒家学者作为政治顾问,也就确立起了儒学的官学地位。林罗山虽承袭师业,但他排斥陆王学说,也不赞成程朱理学的理气并存二元论,而是主张理气合一、忠孝合一、神儒合一。他在促使儒学日本化与官学化方面继承了藤原惺窝的事业,进一步发展了日本朱子学。

藤原惺窝与林罗山的朱子学以京都为中心,被称为京师朱子学派。此外,山崎暗斋(1618—1682)、贝原益轩(1630—1714)等人在日本的朱子学

---

① 魏常海:《日本文化概论》,世界知识出版社,1996年,第34页。

研究中也影响很大。山崎暗斋为代表的一派称海南朱子学派,贝原益轩一派则称海西朱子学派。山崎暗斋也曾是一位禅宗僧人,后来还俗学儒。他一方面力排佛老陆王,维护朱子理学的纯粹性,并且主张对朱子学身体力行,通过日常生活中的实际体验来体验朱子学说的意义。另一方面,他又对朱子学与神道进行折中调和,以儒学理论来充实日本神道体系,创立了"垂加神道",进一步促使了中国儒学的日本化。贝原益轩也是一个儒学日本化的倡导者,为了实现儒家道德与伦理的日本化与大众化,他对朱子学中的一些问题提出了怀疑与批评,并在其《大疑录》一书中提出了解决这些问题的答案。他把朱子理学细分成一套有用的道德和伦理原则,以便使它能够内化于日本民众的日常生活当中,使它在日本民众的土壤中扎下根来,为儒学的日本化与大众化作出了重要贡献。日本朱子学派在促使儒学日本化方面的贡献,如果说藤原惺窝与林罗山在政治上实现了儒学的日本化,那么,山崎暗斋与贝原益轩则在道德与伦理方面实现了儒学的日本化。

在日本儒学中,随着中国阳明学的传入,也形成了日本阳明学派,其开创者是中江藤树(1608—1648)。中江藤树最初也是一位朱子学的信奉者,但当他读了《王阳明全书》后,观点发生了变化,转而信奉阳明学。他遵循王阳明的致良知之说,宣传王阳明的心学,把"心"看做是天地万物和万理的本原。他在发挥王阳明的心本论的同时,提出了孝本论,认为"万劫无始无终,无时无孝,无物无孝",而"孝以太虚为体"。这就把孝提高到了与心等同的地位,而且以"太虚"为体,似乎具有无限性。中江藤树的弟子熊泽蕃山继承师业,成为日本阳明学派的又一重要代表人物。熊泽蕃山之后,阳明学在日本曾一度衰微,直至德川幕府末年才又出现了复兴,这种复兴主要应归功于佐藤一斋。在他的影响之下,日本阳明学派声势日大,阳明学也成为尊皇倒幕的重要思想动力。佐久间象山、吉田松阴、西乡隆盛等人都是怀着"致良知"的精神,以阳明学的"心外无理"来否认封建幕府的精神权威。

日本朱子学派与阳明学派的争论,使得一些人对宋明儒学产生了怀疑甚至持否定的态度,他们试图从先秦儒家中寻求儒学的真谛,主张回复到周孔之道,因而形成了另一重要儒学派别——古学派。古学派的开创者是山鹿素行(1622—1685)。山鹿素行认为,"战国之诸子,汉唐之训诂,宋元之理学,皆非周公孔子之道",因而提出"予师周公孔子,不师汉唐宋明诸儒"。他排斥朱子学中形而上的"理",提出"理"只是"万物之间"的"条理",天地

"无始无终",阴阳之气才是天地万物的本原。在道德论上,他把儒学与日本武士之道结合起来,要求"士必须具备文武之德知",使儒学变成一套实用的武士阶级的伦理准则。

伊藤仁斋与荻生徂徕是古学派的另外两个代表人物。伊藤仁斋(1627—1705)非常尊信《论语》和《孟子》,并以之为根据与标准来批评宋明理学。他在宇宙观上继承了山鹿素行的气一元论,视阴阳之气为万物之本,提出"盖天地之间,一元气而已",在促进古学的兴起与发展方面作出了重要贡献。荻生徂徕(1666—1728)著有《辨道》《辨名》等著作,他通过古文辞学研究来解读儒学"六经",提出"六经"中所谓的道是指先王之道,先王之道就是用来"平治天下"和"陶冶天下"的礼、乐、刑、政。这实际上将儒学变成了一种实用的政治学说。在他看来,儒学作为一种政治之道,是用来维护社会秩序与政治和平的实用准则。他还主张把"天道"与"人道"区别开来,即把自然之道与先王之道区别开来,这种把儒学界定为政治之道及其与自然之道区分开来的观点,实际上就是把道德、宗教、学术、艺术和文学从儒学之"理"的控制下解放了出来,对于日本文化的近代化是有利的。

二、伊斯兰教的传播与阿拉伯—伊斯兰文化圈

在中世纪早期,一个伟大的民族在阿拉伯半岛迅速崛起——那就是阿拉伯人。它不仅建立起了一个横跨亚非欧三洲的大帝国,而且还创立了一种宗教——伊斯兰教,并将之传播于帝国以至世界各地,伊斯兰教也由此成为世界三大宗教之一。同时,阿拉伯人广采博收其他民族的优秀文化,创造出了辉煌灿烂的阿拉伯文化。于是,以阿拉伯语和伊斯兰教为纽带的具有统一文化样式的阿拉伯—伊斯兰文化圈最终形成。它的出现极大地改变了整个世界的政治和文化布局,其影响延绵至今。

1. 伊斯兰教的诞生

前伊斯兰教时代 在伊斯兰教诞生之前,阿拉伯民族还是一个默默无闻的落后民族。他们中的绝大部分人仍然过着"逐水草而居"的游牧生活。这些游牧民族又被称为贝杜因人,阿拉伯语的意思为"草原居民"。中世纪阿拉伯杰出的历史学家伊本·卡尔敦又将之细分为两类:以放牧牛羊为生的"牧羊人"和深入沙漠以饲养骆驼为生的"沙漠中的阿拉伯人"。而后者

则是其中"最为野蛮的民族"①。他们的生活相当简朴,但体格健壮、坚韧耐劳、勇敢忠诚、慷慨豪爽。而"团体精神"('asabiyya)则是他们最基本的一种精神状态。由于贝杜因人的血缘关系相当浓厚,而崇尚血缘则是人的本性,这就使得血亲之间产生一种相互帮助,相互爱护,荣辱与共的情感。"团体精神"即源于此。它既增强了贝杜因人的民族凝聚力,同时也导致宗派主义的盛行。好战是游牧民族的特性,贝杜因人也不例外。其基本的体现就是从事经常性的劫掠。在贝杜因人那里,劫掠已成为他们的一种民族风俗和高贵的事业。

在伊斯兰教诞生之前,阿拉伯人在半岛南北部曾建立一系列的国家。它们都有一个共同的特点,那就是靠商业而兴盛。因为在阿拉伯半岛西部海岸与红海平行的狭长地带,自古以来就是欧亚海上丝绸之路的一条重要的商道。这无疑为阿拉伯人开通了一条谋生和致富之道。所以阿拉伯人自古就形成了重视商业的习惯。传统农业文明往往具有浓厚的"重农抑商"的观念,如中世纪的西欧和中国,但阿拉伯人却似乎是一个例外。这自然与阿拉伯人长期以来所形成的重商传统密切相关。也正是通过贸易往来,阿拉伯人与古老的埃及和西亚文明发生接触。其后,伴随着希腊人、罗马人、拜占庭和萨珊波斯王朝的入主西亚和北非,阿拉伯人又不断接受他们的文化和宗教,如基督教、犹太教、袄教等都曾在阿拉伯半岛的许多王国中流行。可见,早在伊斯兰教诞生之前,阿拉伯人就受到了各种外来文化的影响。这无疑有助于阿拉伯民族的文明开化及其文化的发展。当然,阿拉伯民族也有自己的宗教——即拜物教。从地上的泉水、树木、山洞、石头、动物等,以至天上的日月星辰都成为他们崇拜的对象。

由于喜好用诗歌来表达自己的情感,故而贝杜因人的诗歌创作相当发达。这是贝杜因人在文化上的又一特点。流传到现在的著名诗篇仍然不少,如《悬诗》(7篇)、《穆法德勒诗选》(120多篇)、《坚贞诗集》和《乐府诗集》。在贝杜因人那里,诗人就是本部族的智者。他不仅是一位诗人,还是预言家、历史学家和科学家。因而他是部族中堪与武士相匹敌的宝贵财富。在《乐府诗集》中,就有一首诗道出了这一真义:

> 谁敢与我的部族抗衡?
> 它有众多的人民,

---

① 伊本·卡尔敦:《历史学导论》(Ibn Khaldun, *The Muqaddimah*, Translated from the Arabic by Franz Rosenthal),伦敦,1958年,第1卷,第2章,1—2。

还有杰出的骑士和诗人。①

而标准的阿拉伯语也在公元 5 世纪末形成并迅速得到流行。标准阿拉伯语的出现则为未来伊斯兰教的传播、半岛的统一和文化发展奠定了坚实的基础。

总而言之,在伊斯兰教诞生之前,尤其是在蒙昧时代(公元 5—7 世纪),阿拉伯文化就已有了初步的发展,并为未来的文化发展作了铺垫。不过,阿拉伯民族的崛起、文化上的兴盛是伴随着伊斯兰教的兴起和传播而出现的。正是在此之后,阿拉伯文化走向了它的启蒙和兴盛的时代。

伊斯兰教的诞生 公元 6—7 世纪是阿拉伯历史上的一个转折期。因商业危机所带来的社会危机弥漫着整个阿拉伯半岛。于是,要求实现半岛统一和社会稳定的呼声极为高涨。在这紧要关头,一位杰出的人物登上了历史的舞台,那就是穆罕默德。他适应整个社会的要求,创立了伊斯兰教,并领导阿拉伯人基本上实现了他们梦寐以求的愿望——半岛的统一。

穆罕默德(570—632)出生于麦加城古老而显赫的古莱氏族。在他童年时代,父母就先后去世,是他的祖父和伯父将其抚养成人。12 岁时,他曾跟随伯父的商队到叙利亚经商。据说,在这次旅行中,穆罕默德获得一些有关基督教和犹太教的知识。25 岁时,他与比他大 15 岁的富孀赫底澈结婚。赫底澈亦是古莱氏人,其丈夫也是商人。她丈夫去世后,赫底澈便独自一人处理商业事务。据说,她意志坚强,品德高贵。穆罕默德曾经为她打工,并由此相识。结婚之后,穆罕默德在经济上富裕了,也就有闲暇去研究他所关心的社会问题了。他经常到麦加城外的希拉山的一个山洞里,坐在那里昼思夜想。在他 40 岁那年,即公元 610 年,穆罕默德突然宣布得道,并创立伊斯兰教。

穆罕默德在一开始采取秘密传教的方式。先是其家人、亲戚和朋友入教,后来许多贫苦人民和奴隶也纷纷入教。三年后,穆罕默德为了扩大其影响,便公开传教,并携其门徒深入到麦加城附近的各古莱氏部族传教。他还针对当时的一些社会问题,公开提出反对斗富和高利贷剥削。这引起了古莱氏贵族的激烈不满,并扬言要加害穆罕默德。于是,他被迫于公元 622 年带领其门徒逃往叶斯里卜,并将此城改名为麦地那,意思为"先知城"。这就是历史上所谓的"希志来"(逃亡的意思)。而回历即以"希志来"发生的

---

① 希提:《阿拉伯通史》(上册),马坚译,商务印书馆,1979 年,第 110 页。

这一年为纪元。

迁往麦地那是穆罕默德事业上的一个转折点。他不仅使当地的阿拉伯人皈依了伊斯兰教,而且还以安拉之名建立了一个政教合一的国家,并组织了一只穆斯林军队。从此,穆罕默德便以麦地那为基地展开了征服麦加古莱氏人的活动,并于公元 630 年,彻底征服麦加城。穆罕默德由此声威远扬。在回历 9 年(即公元 630—631 年),远近各部落纷纷派代表团前往麦加,向穆罕默德表示归顺。这在历史上称为"代表团之年",也是阿拉伯半岛走向统一之年。当公元 632 年 6 月穆罕默德去世时,阿拉伯半岛已基本上获得统一。

伊斯兰教的教义与礼拜仪式 "伊斯兰"在阿拉伯语中是"顺从"的意思,即顺从唯一的神安拉的旨意。"安拉"即上帝。中国的穆斯林又称之为真主。因此,伊斯兰教在中国又被称为"回教"或"清真教"等。信仰伊斯兰教的人被称为"穆斯林",其意思为"服从者",即服从真主安拉和先知的人。伊斯兰教的经典为《古兰经》。"古兰"的意思为"诵读"。它是先知穆罕默德的言论集。但按照穆斯林的观点,它是真主安拉通过天使传达给穆罕默德的,所以它是真主的言论。第一任哈里发艾布·伯克尔即位两年后,便下令搜集《古兰经》,并编定成册。第三任哈里发奥斯曼在位时,下令将编定的《古兰经》抄写多份,以便于收藏。从此之后,穆斯林都以奥斯曼抄本为标准本不断传抄。

伊斯兰教的教义和礼拜仪式在《古兰经》中都有明确的规定。其信条共有六项。(1)信安拉。除唯一的神安拉之外,别无其他的神灵。他是天地万物的创造者。这是伊斯兰教最根本的信条。(2)信天使。相信在安拉与先知之间有一个中介,那就是天使。(3)信经典。相信《古兰经》以及犹太教和基督教的经典《旧约》与《新约》。不过,穆斯林实际上只信仰《古兰经》,因为他们认为《旧约》和《新约》都已遭到后人的篡改。(4)信先知。相信并服从穆罕默德和在他之前的历代先知,如易卜拉欣(即亚伯拉罕)、尔撒(即耶稣)。唯有信先知者才被称为穆斯林。(5)信前定。相信善恶等一切事物皆由真主安拉预先定下来了。(6)信末日和来世。相信末日审判,相信死后复生。

伊斯兰教的宗教仪式主要有五项,即所谓的"五功"。(1)念功。每一位穆斯林一生中都应当时时不忘背诵"信仰证词"——即"除唯一的神安拉之外,别无其他主宰。穆罕默德是安拉的使者"。(2)礼拜。所有的穆斯林每天都必须面向麦加的克尔白天房礼拜五次,此即所谓的晨礼、午礼、晡礼、昏礼和宵礼。而在每个礼拜五,信徒们都要到清真寺聚会做礼拜。同时,在重大的节日里(如开斋节和古尔邦节),信徒们也要聚会做礼拜。(3)斋戒。在回历的每年9月,全体成年穆斯林必须斋戒一个月。在该月中,每天自清晨日出前至日落,不能饮食,夫妇亦不可行房事。日落后,斋戒方除。到10月初,即新月出现的第二天,为时一个月的斋戒终结,并举行开斋节。(4)天课。亦即"济贫税"。每一位穆斯林应将其财产的2.5%上缴,以作天课。原先规定自愿捐献,后来国家按照法令统一征收。(5)朝圣。每一位穆斯林,若身体健康,经济上宽余,一生中都应当到麦加朝圣一次。

《古兰经》并非仅仅涉及宗教问题,而且还几乎涉及到了所有的世俗问题,如国家政体、商业与金融、契约与债务、遗嘱、手工业、战争、刑法、道德品质、学问、礼仪、卫生、婚姻及对待儿童、奴隶和动物的方法等。可以说,《古兰经》既是一部宗教法典,也是一部社会政治、经济、伦理、法律等的法典。

2. 阿拉伯文化的启蒙时代

四大哈里发和倭马亚王朝统治时期是阿拉伯文化的启蒙时代。在这个时期,阿拉伯人通过一系列的"圣战",至8世纪前期建立起了一个横跨欧亚非三洲的大帝国。阿拉伯人,这个从沙漠、帐篷中走出来的粗野民族,踏入了古老而悠久的文明沃土。许多伟大的民族——如古埃及人、古巴比伦人、古波斯人、古希腊人和罗马人、拜占庭人等都曾在这片广袤的土地上培育出绚丽的文明之花,创造出辉煌灿烂的文化。作为征服者的阿拉伯人,在知识上却犹如一个蒙童,所以他们也甘愿拜倒在所征服的民族的膝下,做其学生。

在政治体制上,他们仿效拜占庭帝国建立起世袭的君主专制政体。同时,在一些具体制度方面如财政、币制等,他们也借鉴或采纳了拜占庭、波斯等被征服地区或国家的现成经验,并逐渐使之阿拉伯化。

在建筑艺术上,他们以被征服地区的建筑传统为基础,初步创立出了别具一格的伊斯兰建筑样式。如在叙利亚,伊斯兰建筑就深受当地的叙利亚—拜占庭建筑样式的影响;在两河流域和波斯,它深受波斯建筑样式的影响;在埃及,它除了受希腊—罗马建筑样式影响之外,还加上了当地科普特人的痕迹。而许多清真寺就是在当地基督教等教堂的基础上,聘请各地建筑师加以改建而成的,如大马士革著名的倭马亚清真寺。该教堂原是基督教徒献给圣约翰的教堂。公元705年,哈里发韦立德接受了它后,就聘请波斯、印度和拜占庭的工匠,从埃及输入建筑工人和建筑材料,在它的原址上重新加以改建。它既保留了该建筑原有的某些部分,同时又增加许多新的东西。其中最富伊斯兰特色的就是教堂北面的望楼尖塔。它成为后来帝国各地伊斯兰教堂建筑中所建尖塔的模范。在这个时期,阿拉伯人在伊拉克的巴士拉和库法城、埃及的开罗、叙利亚的大马士革和耶路撒冷等地建立起了许多清真寺。同时,倭马亚王朝统治者还在大马士革建立了富丽的皇室宫殿。

在这个时期,阿拉伯人的各项学术文化活动业已肇始。与伊斯兰教的传播相关联,阿拉伯语言学和圣训学相继产生。为了帮助穆斯林们正确地诵读《古兰经》,尤其是便于新入教的外国人学习《古兰经》,同时也是为了保持阿拉伯语的正确性,从公元7世纪开始便出现了对阿拉伯语法的研究。至公元8世纪末,阿拉伯语法研究的基础已初步奠定下来。圣训学是研究先知及其弟子言行的学问。它亦在公元8世纪初出现。与圣训学的出现相伴随,阿拉伯历史编纂也开始了。可以说,在一开始,编纂历史也就是编纂圣训。同时教义学的研究也在这个时期出现了。

在刚刚征服的土地上,阿拉伯人也展开了学习外国科学和哲学的活动。一些古希腊的哲学和逻辑学著作、拜占庭的医学化学著作等都通过西亚当地的基督教徒翻译成为了阿拉伯文。同时,波斯萨珊王朝的典章制度也被翻译成了阿拉伯文。虽然倭马亚王朝时代的翻译活动还比较微弱,但却是阿拉伯人掀起学习外来科学文化热潮的开端。通过翻译活动,阿拉伯人不仅学习到了外国先进的科学文化知识,而且还激发了他们进行学术探索的积极性。如古希腊的哲学和逻辑学就曾促进了伊斯兰教义学的发展。许多宗教哲学派别相继产生,如倡导理智主义的穆尔太齐赖派、主张意志自由的盖德里叶派、主张宿命论的哲卜里叶派等。这些派别都运用希腊人的逻辑方法来阐述自己的观点,并与其他教派展开争辩。尤其是穆尔太齐赖派,它率先倡导研究希腊哲学,并主张将哲学的思辨引入到伊斯兰教义学的研究中去,从而开启了阿拉伯历史上的唯理智主义运动。

伊斯兰教也大力提倡诗歌创作,但事实上,在一开始它似乎不利于阿拉伯诗歌的发展。阿拉伯人在征服战争中连续不断的高奏凯歌似乎也没有激发起诗人们的灵感。直到倭马亚王朝时代,阿拉伯诗歌才重新走向繁荣。歌颂爱情的抒情诗和标榜党派之见的政治诗纷纷涌现。音乐歌唱与诗歌的发展相得益彰。而波斯歌唱家则在阿拉伯抒情诗的兴盛中扮演了重要的角色。

虽然频繁的内外战争和动荡不安的社会环境妨碍了这一时期阿拉伯人

的文化发展,但是它却在各个方面为阿拔斯王朝时代的文化繁荣打下了基础。可以说,阿拉伯文化的启蒙时代也是阿拉伯文化的孕育期。

3. 阿拉伯文化的全盛时代

至阿拔斯王朝时代(750—1258),由于政局的稳定,经济的繁荣和国力的强盛,阿拉伯文化也进入了它的全盛时代。它一方面表现在各项学术文化活动走向鼎盛,另一方面则表现在整个帝国的各地区的文化发展都蒸蒸日上。在这个时期,阿拉伯帝国出现了三大文化中心:即巴格达、科尔多瓦和开罗。兹分别叙述如下。

巴格达文化中心 在帝国的前期,阿拔斯王朝所掀起的文化建设运动高潮迭起,哈里发则是这场文化运动的积极推动者。曼苏尔在位之时,就大力提倡医学和星占学的研究,鼓励各流派的哲学家进行争辩。据说,他曾派人到拜占庭,请求拜占庭皇帝赠送给一些数学书籍,拜占庭皇帝于是将欧几里德的《几何学原理》和一些物理学著作送给了他。[①] 拉希德在位之时,帝国达至鼎盛阶段。不仅他本人富有远见卓识,而且他还提倡人们学习波斯、印度、希腊和罗马的古典文化,从而造就了一大批醉心于研究和介绍外来文化的学者和翻译家。同时,他还建立了巴格达图书馆,以收藏搜获到的书籍。至麦蒙时代,阿拉伯学术与文化终于开放出了绚丽的花朵。

麦蒙在文化上的突出贡献就是主持了名垂青史的"百年翻译运动"。为此,麦蒙于公元830年在原先巴格达图书馆的基础上修建了著名的"智慧馆"。这是一个集图书馆、研究院和翻译中心于一体的综合学术机构。同时,他还派人到君士坦丁堡等地去搜求希腊典籍。于是从各地运来的古籍不断充实着智慧馆。在此之前,阿拉伯人的翻译活动还是散漫的,麦蒙则是将学者和翻译家们组织起来,进行大规模和有计划的翻译活动,从而使"百年翻译运动"步入了鼎盛阶段。

阿拉伯人的翻译运动不仅时间长,而且所涉及的范围甚广。其一是波斯典籍的翻译。阿拔斯王朝深受波斯人的影响。不论是在生活方式上,还是在国家的管理体制和文化上,阿拉伯人无不仿效波斯人。皈依伊斯兰教并掌握了阿拉伯语的波斯人不仅成为学术领域的先锋,而且还担当了将波斯典籍翻译成阿拉伯语的重任。翻译为阿拉伯文的波斯典籍主要集中在文学作品方面。其二是希腊典籍的翻译。在希腊化时代,希腊人曾将希腊

---

① 伊本·卡尔敦:《历史学导论》,第3卷,第6章,18。

文化播撒于西亚和北非的广大地区。直到阿拉伯人征服这些地区之时,在这些地区仍然存在着许多传播希腊文化的城市,其中著名的有波斯的军迪沙浦尔、伊拉克的哈兰、叙利亚的埃德萨和安条克、埃及的亚历山大城等。在翻译运动中,精通希腊文化的聂斯托里派的基督教徒成为将希腊典籍翻译成阿拉伯语的中坚力量。在阿拔斯王朝前期,数以百计的翻译家不辞辛劳,几乎将所有重要的古希腊科学和哲学著作都翻译成了阿拉伯文。可以说,在科学和哲学方面,阿拉伯人深受希腊人的影响。其三是印度典籍的翻译。印度典籍之译介到阿拉伯,一方面通过直接的渠道,另一方面则通过波斯译文再翻译成阿拉伯文。印度人对阿拉伯文化的影响体现在数学、天文学、医学和文学等诸领域。"百年翻译运动"是阿拉伯人全面吸收外来文化的一次规模巨大的文化运动,它为阿拉伯文化的繁荣与昌盛奠定了坚实的基础。

正是在"百年翻译运动"(约750—850)之后,阿拉伯人在科学与文化上进入了独立发明和创造的时期。尽管阿拔斯王朝后期出现了小国分治的政治局面,但阿拉伯科学与文化发展仍然蒸蒸日上。阿拉伯人在天文学、医学、数学、炼金术、地理学、物理学、化学、哲学和宗教学等方面都有独创性的成果问世。在政府的倡导下,阿拉伯天文学家在巴格达、大马士革等地设立天文台,进行天文观测,并利用所获得的精确数据纠正了托勒密《天文学集成》中的一些错误。同时,他们还测量了子午线的长度,编制了天文历表,撰写了众多天文学著作。在数学方面,最重要的成就是印度—阿拉伯数字的传入和普及。正是通过阿拉伯人,印度—阿拉伯数字传入到了西方,并对西方数学发展产生了极大的影响。在医学上,阿拉伯医学家在眼科学、解剖学、药物学和普通医学方面都有突出的贡献,并出现了一大批杰出的医学家,如拉齐、阿里·麦朱西、伊本·西那、伊本·伊萨等。阿拉伯医学在中世纪传入拉丁西方后,其对西方医学的影响甚至延续到近代初期。同时,阿拉伯人还建立了许多医院。在9世纪初巴格达医院建立后不久,伊斯兰世界就先后建立了34所医院。而从事医学事业的人也相当多,如在巴格达有营业执照的医生就达860多位。[①] 医院本身还是医学的研究机构,它设有图书馆,并有著名医学家在此讲授医学课程,培养医学人才。在化学方面,阿拉伯人的主要成就是在研究中推广科学实验的方法。我们今天所运用的苏打、酒精等化学药品名称就源于阿拉伯语。当然,在光学、地理学方面,阿拉

---

① 参见希提:《阿拉伯通史》(上册),马坚译,第427页。

伯人也有超出前人的成就。古希腊哲学和科学之输入阿拉伯，引起了阿拉伯思想家在思维方式上的变革，从而导致思想界出现广泛的信仰与理性之争。这不仅促进了教义学、教律学的发展，而且还导致一大批著名的以纯哲学问题为探讨对象的哲学家的出现，如肯迪、伊本·西那、安萨里等。

此外，在阿拔斯王朝时代，文学方面也呈现出欣欣向荣的景象。散文、诗歌、小说等各种体裁的文学作品争奇斗妍。历史学也开始从圣训学中独立出来，成为一门专门的学科。可以说，阿拔斯王朝的文化繁荣是全方位的，首都巴格达则成为文化和学术的中心。一位巴格达人曾自豪地说："巴格达地处世界中心，地域宽广，是整个阿拉伯世界无与伦比的大都市……居民的品德高尚，面目清秀，心灵聪慧。他们的学术水平、文学造诣、对学问的理解力、观察力、辨别力较其他地方的人胜过一筹。外地学者、说书人、教义学家、语法学家、读经人、医生、歌手、工匠均难望其项背。"来自各地的学者文人云集巴格达。当时的一位历史学家所撰写的《巴格达志》就记载了7831位学者隐士和文学家的传记。[①] 实际上，除巴格达外，库法、巴士拉和叙利亚也都是重要的学术文化中心。

阿拔斯王朝的教育事业也相当发达。一种类似于中国古代私塾的书院遍及各地。而清真寺仍然是普及宗教和文化知识的主阵地。许多学者、文人在清真寺设坛讲学。由于清真寺相当普遍（仅巴格达就有1万所），故而阿拉伯人的教育普及率也比较高。麦蒙时代还建立起了阿拉伯世界第一所科研结构——"智慧馆"。至1067年，塞尔柱王朝建立起阿拉伯——伊斯兰世界的第一所大学，即米采尼亚大学。该大学主要从事伊斯兰教的研究。同时，各地的独立王朝也先后建立各种学校。至12世纪末，仅大马士革的高等学校就达20多所。阿拔斯王朝时代教育事业的发达由此可见一斑。

同时，作为教育和文化发展之基础的图书馆业也相当兴盛。在阿拔斯王朝时代的巴格达，图书馆就达30多家。藏书最丰富的自然是"智慧馆"。此外，大马士革、巴士拉、木鹿等地也有众多图书馆，私人藏书也十分盛行。上自哈里发、王公大臣，下到文人学者甚至普通的百姓都争相设立私人图书馆。如历史学家瓦迪基的藏书要用120头骆驼运载，巴格达的学者伊本·阿巴德的藏书则要用400头骆驼运载，10世纪的一位巴格达居民在去世时

---

① 参见艾哈迈德·爱敏：《阿拉伯——伊斯兰文化史》（第3册），纳忠等译，商务印书馆，1991年，第78页。

留给儿子的图书竟多达 600 箱。① 所藏书籍的种类也多种多样:既有《古兰经》和宗教学方面的,也有科学、哲学、地理、历史和文学等世俗方面的。中国造纸术的引进自然为图书事业的发展和文化的传播提供了极为有利的条件。以经营图书为业的书商也应运而生。书店遍及各城市的街头,仅巴格达就有书店 100 多家。这一切都充分说明阿拉伯帝国教育的普及和文化的昌盛。

科尔多瓦文化中心 在罗马帝国和西哥特人统治时期,西班牙还是相当落后的。它在中世纪迅速发展成为一个经济繁荣、文化昌盛的地区则是阿拉伯人的功劳。虽然在公元 715 年阿拉伯人就征服了西班牙,但是直到阿卜杜拉·拉哈曼在西班牙建立独立的倭马亚王朝(756—1031),西班牙文化才最终走向发展之路。

西班牙倭马亚王朝的统治者为了在政治上与东方的阿拔斯王朝相抗衡,在文化上与之相媲美,他们竭力扶持该地区的文化发展。他们将帝国东方的学者聘请到西班牙进行讲学,并不断派人到东方及其他地区搜求书籍。上至国王大臣,下至平民百姓都养成了好学的习惯。哈里木二世就是一位酷爱读书和藏书的君主。在他幼年时代,其父阿卜杜拉·拉哈曼三世就从东方聘请著名学者教育他,后来他果然成为一位学识渊博的人。他的图书馆藏书达 60 万册,仅图书目录就有 44 册之多。这些书都是他派人从大马士革、巴格达和亚历山大等地搜集、购买的。至 10 世纪,穆斯林东方的思想和文化几乎完全移入到了西班牙。在 11—12 世纪,西班牙穆斯林在学术和文化上进入了独创性发展的阶段。虽然在该时期,穆斯林西班牙在政治上处于动荡之中,但是学术文化仍然在继续向前发展。许多东方的学者也为之所吸引,纷纷来此游学,学习那些他们在东方所无法学到的东西。可以说,在 12 世纪,当阿拉伯世界东方的学者们江郎才尽的时候,西部的西班牙却是人才辈出,名著如林,尤其是在科学和哲学的发展上。

穆斯林西班牙的文化繁盛状况主要体现在如下几个方面。穆斯林西班牙的图书馆众多。仅科尔多瓦就有图书馆 70 多所。其中尤以皇家图书馆最为宏大,藏书最多。同时,私人藏书也十分盛行,图书市场也极为活跃。学校教育也相当普遍。哈里木二世在位时期,他下令建立的免费学校,仅在科尔多瓦就有 27 所。同时,高等学校也几乎遍及各个城市。最负盛名的则是科尔多瓦大学。它不仅开设教义学和法律学系,而且还设有数学、医学和

---

① 参见纳忠等:《传承与交融:阿拉伯文化》,浙江人民出版社,1993 年,第 209—210 页。

天文学系。该大学聘请东方的学者来此任教。它吸引了欧亚非三大洲的基督教和伊斯兰教学生来此求学。

虽然在纯语言学的研究方面，穆斯林西班牙不及东方的叙利亚，但是在文学方面却是成绩卓著。他们发展了双韵体和民歌体等新的韵律形式的诗歌。据现代学者考证，此种体裁的诗歌则对拉丁西方游吟诗人的抒情诗的出现以极大的影响。在科学和哲学上，穆斯林西班牙的成就尤为突出。阿拉伯世界最伟大的地理学家易德里西，穆斯林和犹太天文学家合作制定的著名的托莱多天文历表，盖伦之后最伟大的医生伊本·佐胡尔，阿拉伯最伟大的犹太医学家伊本·麦蒙，最伟大的阿拉伯哲学家伊本·鲁士德，伊斯兰苏菲派最伟大的思辨天才伊本·阿拉比等等。这些著名学者和取得的成就不仅对阿拉伯学术和文化，而且对拉丁西方学术和文化也产生了巨大影响。当基督教西班牙展开"收复失地运动"后，西班牙便成为阿拉伯文化传播到落后的拉丁西方的重要通道。阿拉伯的科学和哲学著作纷纷被译介到拉丁西方，从而有力地促进了中世纪西方文化的复兴。这当然得益于穆斯林在西班牙的文化创造。

穆斯林西班牙的建筑艺术也别具特色。在阿拉伯人统治西班牙之初，建筑艺术多受拜占庭影响。但是随着时间的流逝，穆斯林西班牙逐渐摆脱其约束，走向独立发展的道路，于是，希腊—罗马式风格和阿拉伯风格相互融合，从而发展出具有当地独特风格的建筑艺术。在众多建筑中，尤以科尔多瓦大寺、托莱多的高塔、塞维利亚的皇宫和格拉纳达的"红宫"最为著名。

我们完全可以说，穆斯林西班牙在文化上的许多创造毫不逊色于东方的阿拔斯王朝。在当时文化暗淡的西欧大地，它就像一颗耀眼的明珠熠熠生辉。

开罗文化中心　　埃及这个文明古国在"法蒂玛哈里发王朝"时代重新焕发出了青春。在这个时期，不仅工商业开始发达，而且文化也在11世纪走向繁荣。哈里发则是文化发展的扶持者。正是在这个时期，爱资哈尔清真寺发展成为伊斯兰世界一所著名的大学。该大学设立了许多学院，并建有图书馆，图书馆里收藏自伊斯兰世界各地搜集来的各种图书，以供教师和学生研读。自西班牙、北非、叙利亚、伊拉克、阿拉伯半岛等地慕名而来求学的学生络绎不绝。大学则为学生免费提供图书和食宿，同时还从帝国各地聘请著名的学者来此讲学。时至今日，爱资哈尔大学仍然是伊斯兰世界著名的文化中心。另一个著名的科学研究机构则是1005年建立的"科学馆"。虽然其主要目的是为了研究伊斯兰教什叶派教义的，但是它还同时设有医学和天文学等学科,因而它有力地推动了该地区科学研究的发展。

统治者也极为重视图书馆的建设。在法蒂玛王朝的首都开罗,各种图书馆的藏书总数已达 120 万册之多,其中仅王家图书馆的藏书就达 20 万册。同时,私人藏书也极为盛行,尤其是犹太人。现代的一位学者专门收集了中世纪埃及犹太人的藏书目录,发现他们的藏书相当丰富,既有宗教方面的,也有阿拉伯语法、语言学、文学、医学等自然科学、哲学等方面的,甚至还有希腊古典著作。[①] 而犹太人走上科学研究的道路,也正是在阿拉伯帝国时代。这也从另一个侧面反映出法蒂玛王朝时代埃及文化的繁盛状况。

在这个时期,埃及也出现了许多著名的学者。他们在医学、天文学、数学、哲学、历史学和文学等方面都取得了不少的成就,但是相对于阿拔斯和西班牙穆斯林王朝来说,埃及的文化成就稍显逊色,学者们在独创性的研究方面较为单薄。埃及法蒂玛王朝成就最为显著的是在建筑艺术方面。法蒂玛王朝的历代统治者将新都开罗建设成为了一个富丽堂皇的大都市。壮观的皇宫、高耸的清真寺、整洁的街道、宏大的广场构成开罗一道道美丽的风景,其中最著名的要数艾资哈尔清真寺和艾格麦尔清真寺。

繁荣昌盛的文化使埃及的开罗成为了伊斯兰世界一个与科尔多瓦和巴格达相鼎立的著名的文化中心。至 11 世纪中叶,法蒂玛王朝开始走向衰落,但该地区在文化上却仍然在缓慢发展。

4. 阿拉伯—伊斯兰文化圈的形成

伴随着阿拉伯人的对外扩张,伊斯兰教也迅速传播开来。阿拉伯人中,凡是能够背诵《古兰经》和伊斯兰教教义的穆斯林,多数应召随军出征,从事伊斯兰教的传播和《古兰经》的教育。

同时,大规模的阿拉伯人的移民活动也随之开始。自公元 7—11 世纪,大批阿拉伯人自半岛迁移到了帝国的各个地区。其中移民最多的地区是伊拉克和埃及。如伊拉克的巴士拉和库法就是阿拉伯移民新建的两座城市。在公元 633 年,自半岛北部各部落迁往埃及的阿拉伯人就达 1.2 万人,在埃及的阿拉伯驻军和随军家属也有 4 万人之多。至公元 750 年,仅移民到埃

[①] 参见 M. J. 齐艾特和 K. L. 雷耶松编:《中世纪的地中海世界:跨文化接触》(*The Medieval Mediterranean: Cross Cultural Contacts*, Edited by M. J. Chiat and K. L. Reyerson),北极星出版社,1988 年,第 97—98 页。

及的阿拉伯盖斯族人就达到了 3000 户。① 可以说,阿拉伯人的这种大规模的移民活动在世界历史上也是罕见的。从前的希腊人和罗马人的移民大都局限于大城市,民族融合也仅仅局限于上层社会,而阿拉伯移民则不仅居住于大城市,而且还逐渐向农村转移,因此民族融合的程度也更为深入。

在大多数情况下,帝国被征服居民改信伊斯兰教是通过和平与自愿的方式。而阿拉伯统治者的政策无疑也有助于帝国居民的伊斯兰化。欧麦尔时期就规定,新穆斯林,即改信伊斯兰教的居民可以免征一切贡税。这一政策为后来许多统治者所沿用,从而极大地增加了改教者的数量。同时,要想在政治上有所作为,在社会上出头露面,要想享受到更多的自由和安全,也只有在改信伊斯兰教后才会实现。这种关乎个人利益的因素也是促使被征服居民改教的重要原因。当然,强制性改教的事件也是存在着的。

宗教上的征服要比军事上的征服更为艰难。虽然在扩张时代,已有许多被征服地区的居民改信了伊斯兰教,但是直到阿拔斯王朝建立后,宗教征服活动仍然在如火如荼地进行。不过,这也是阿拉伯帝国伊斯兰化的最后阶段。一个世纪后,亦即公元 9 世纪中叶,帝国境内的绝大部分居民都改信了伊斯兰教。当然,在帝国的某些地区,伊斯兰化一直持续到了 12 世纪,甚至更晚的时期。

与帝国的伊斯兰化相伴随的是帝国的阿拉伯化。与伊斯兰化相比,它所受到的阻力更大,进程也更为缓慢。因为被征服民族宁愿在政治上臣服征服者,在宗教上改信伊斯兰教,也不愿放弃本民族的语言。

在阿拉伯帝国建立之初,各被征服地区仍然在使用本地语言。如在埃及,官方语言是希腊语,日常生活语言是当地的土著语言科普特语;在叙利亚,官方语言是希腊语,日常生活语言是古叙利亚语,即阿拉马方言;在伊拉克及其东部各省区,官方语言是古波斯语,即帕莱威语,日常生活语言为阿拉马语;在北非的马格里布地区盛行的语言则是希腊语和当地的柏柏尔语、布匿语;在西班牙盛行的是拉丁语和罗曼方言(它源于下拉丁语系,并在后来逐渐演变为现代的西班牙语)。由于在当时,粗野无知的阿拉伯人刚刚从大沙漠中走出来,对新的纷繁复杂的被征服地区,他们无法采用行之有效的办法去加以管理,所以只好沿用了当地的管理制度,并继续留用当地的旧官员担任管理工作,国家文件也仍然采用当地原来的官方语言来撰写。直到倭马亚王朝的第 5 任哈里发阿卜杜拉·麦立克当政之时,此种状况才有

---

① 参见纳忠等:《传承与交融:阿拉伯文化》,第 3 章,第 5 节。

所改观。

麦立克在位之时(685—705)便开始推行阿拉伯化。他先后于公元699、700、705年三次颁布法令,规定阿拉伯语为帝国的官方语言,一切官方档案、法令、文件、公簿等一律用阿拉伯语来撰写。至8世纪80年代,倭马亚王朝所推行的国家机关的阿拉伯化基本上完成。与此同时,麦立克还推行币制的阿拉伯化,将印有阿拉伯语的金币作为帝国通用货币,以代替原先帝国各地所流行的多种货币。帝国的阿拉伯化政策有力地促进了阿拉伯语在被征服民族中的推广。同时,伊斯兰教的传播及阿拔斯王朝时代的"百年翻译运动"也加速了阿拉伯语的推广。至9世纪末10世纪初,阿拉伯语不仅完全成为帝国的官方语言和宗教语言,而且还成为各级各类教育和学术语言。阿拉伯语也由此成为阿拉伯文化的表征。

随着时间的推移,阿拉伯化也不断向纵深发展,其主要表现就是阿拉伯语逐渐成为各地区人民的日常生活语言。这一过程当然也更为艰难。在叙利亚和伊拉克地区,由于居民的日常生活语言是闪族语的阿拉马语,所以同样是闪族语的阿拉伯语就较为容易替代它。至10世纪,亦即在阿拉伯语成为该地区的官方、宗教和学术语言后不久,阿拉伯语也成为了当地人民的日常生活语言。在埃及和北非的马格里布,阿拉伯语的传播就不那么顺利。直到11世纪,阿拉伯语才代替当地的科普特语而成为埃及人的日常生活语言。阿拉伯语成为马格里布的通用语言则是在12世纪之后。不过,在帝国的极少数偏远山区,如在黎巴嫩山区的某些乡村,阿拉伯语始终未能代替当地土语。即便在阿拉伯化完成后的西班牙,拉丁语和罗曼方言也仍然大有市场。在首都科尔多瓦,几乎所有阶层甚至在法庭和皇宫中,罗曼语也为人们所使用。而西班牙的大多数穆斯林(既包括改信伊斯兰教的当地人也包括阿拉伯人)既懂阿拉伯语也懂罗曼语。① 但不可置疑的是,阿拉伯语之于阿拉伯帝国,正如拉丁语之于拉丁基督教世界,它成为传播伊斯兰文明的强有力工具。

伴随着帝国的"伊斯兰化"和"阿拉伯化"的实现,阿拉伯—伊斯兰文化圈得以最终形成。在这个庞大的文化圈中,虽然生存着各种各样的民族,但是统一的标准语——阿拉伯语和共同的信仰——伊斯兰教就像两条无形的纽带将他们紧密地联结在一起,从而产生一种文化上的认同感。只要是在

---

① 托马斯·阿诺德和阿尔弗雷德·吉永编:《伊斯兰教之遗产》(Thomas Arnold and Alfred Guillaumeed, *The Legacy of Islam*),牛津,1931年,第7页。

这个帝国之内,不论相隔多么遥远,人们相见时都不会有陌生感。因为他们的心灵是相通的,在交流上是不存在语言障碍的。这自然为帝国内部各地区之间人们的相互交往奠定了基础。而帝国内四通八达的道路,发达的商业和频繁的贸易往来则又进一步促进了帝国内各民族的交往。宗教是一种比民族或国家更强有力的凝聚力量,因为它可以使人类超越种族和地区的界限,形成一个更为庞大的文化共同体——即文化圈,而共同的语言则是维系这个文化共同体的另一强大力量。总之,文化圈的出现是人类各种族与各种文化在宗教的旗帜下走向更深入的融合的产物,是人类文明走向更为成熟阶段的表现。

阿拉伯—伊斯兰文化就是融合各个时代、各种文化而形成的。在广袤的帝国大地上,两大古老的文明——美索不达米亚和古埃及文明曾在此发源;许多伟大的民族——波斯人、希腊人、罗马人等曾在此播撒其文明与文化的种子;两大杰出的宗教——犹太教和基督教在此诞生……后继的阿拉伯人在军事上征服了这里的人们,但在文化上却被他们所俘虏。正是在原有的波斯、希腊、罗马、埃及、印度等各种文化的基础上,在哈里发政府的扶持和保护下,各种族的穆斯林或非穆斯林不断将之加以吸收与融合,从而创造出了辉煌灿烂的文化,并借助阿拉伯语将之表达出来。

阿拉伯—伊斯兰文化圈的形成不仅有力地促进了该地区文化的繁荣,而且还极大地改变了整个地中海以至全球的政治和文化布局,其影响极为深远。时至今日,在西亚和北非,仍然有20多个讲阿拉伯语的伊斯兰国家。

5. 阿拉伯文化成就面面观

阿拉伯人是一个好学上进的民族。先知穆罕默德就鼓励人们追求学问,他讲道:"哲理是穆民失去的骆驼,必须不遗余力地去寻找,哪怕它远在中国。"此类的圣训甚多,如"求学要比礼拜更善","学者的墨汁等于殉道者的鲜血","守财者死,有学问者生"等等。正是在这种思想的激励下,阿拉伯人在数个世纪里广采博收其他民族的文化精华,不断加以创造,从而使阿拉伯文化由简到繁,并蔚为大观。他们在哲学、科学、文学、艺术等各个领域都取得了令世人瞩目的成就。本节将择其要者而加以介绍。

科学与哲学 自蒙昧时代至文化启蒙时期,阿拉伯人的知识散乱而又不成体系。虽然在倭马亚王朝时代,人们对一些学科的研究有所深入,但占主导地位的学科仍然是宗教学,而且各门学科仍然糅合在一起,并没有走向分化。至阿拔斯王朝时代前期,伴随着阿拉伯人知识积累的增长,尤其是对古希腊、波斯等民族文化介绍和吸收的加大,各门科学才逐渐走向分化,并出现了两种学术研究:其一是围绕着《古兰经》和圣训学的宗教学研究;其二是围绕着医学的世俗科学研究。① 于是,阿拉伯人的知识体系也逐步建立起来。在中世纪晚期,阿拉伯杰出的学者伊本·卡尔敦对这一知识体系做了系统的总结。他认为,在其所处的时代,所有的科学可以分为两类:"一是依赖于人的理性思维的自然(tabi'iyya)科学,一是得自于其创始人的转述(naqliyya)科学。"卡尔敦又将前者称之为哲学(falsafiyya)学科,它包括逻辑学、物理学、形而上学(即哲学)和数学。当然这四大学科又包括诸多分支学科。如物理学包括医学、矿物学、植物学、动物学;数学则包括几何、算术、音乐和天文学。同时这些分支学科又包括更细的分支学科。卡尔敦所谓的转述科学实际上就是宗教学。它包括经注学、圣训学、法律学和思辨神学,及其辅助学科语言学(包括词典编纂、语法、句法、文体)和文学。② 这种系统的知识体系的出现也恰恰是阿拉伯学术与文化发展的一个结果。

　　阿拉伯哲学和自然科学的产生和发展奠基于"百年翻译运动"的基础上。阿拉伯学者大都是一些通才。他们既在哲学上有所成就,同时又在各门科学上有所作为。各门科学包容在哲学的宏大体系中,这几乎是古代科学发展的一种突出现象,同时也反映出哲学与自然科学间密切的亲缘关系。就哲学发展历程而言,穆斯林先是翻译古希腊人的哲学著作,之后便引发了运用哲学方法去阐释其信仰问题的讨论,从而产生了各种教义学派。从公元9世纪起(以肯迪为标志),阿拉伯哲学逐渐与教义学相分离,从而产生了以纯哲学问题研究为己任的哲学家。他们虽然都是伊斯兰教徒,而且他们的研究也受伊斯兰教义的影响,但是他们的兴趣和研究方向不再是宗教信仰问题。于是,阿拉伯作家们便将那些不受宗教束缚而进行独立、自由思考的学者称为哲学家或贤人(falasifah,hukama'),而将那些以宗教信仰问题为研究的终极目标的学者称为演说家或辨证学家(mutakallimun,ahl al-kalam),即后来的教义学家。可以说,教义学是宗教和哲学相互携手以阐述信仰问题,而哲学则是科学和哲学相互携手以阐述哲学问题。可见,与中世纪拉丁西方的哲学相比,阿拉伯哲学具有较大的独立性。基督教经院哲学相当于穆斯林的教义学。

　　中世纪阿拉伯著名的哲学家甚多,其中最有影响的是肯迪、法拉比、伊

---

① 参见艾哈迈德·爱敏:《阿拉伯—伊斯兰文化史》(第3册),纳忠等译,第11—14页。
② 参见伊本·卡尔敦:《历史学导论》,第2卷,第6章,第9节;第3卷,第6章,第18节。

本·西那、伊本·鲁士德、伊本·麦蒙等。前三位是东方阿拔斯时代的,后两位则属于西部的穆斯林西班牙。这些哲学家都有一个共同的特点,那就是他们又都是科学家。在各自然科学领域中,他们所取得的成就并不逊色于他们在哲学上的贡献。如肯迪对光学、数学、天文学、医学、音乐等都有深入的研究,伊本·西那和伊本·麦蒙都是伟大的医学家,同时还精通天文学、数学等学科。他们的哲学研究都深受希腊哲学家,尤其是亚里士多德和柏拉图的影响,故而人们往往将阿拉伯哲学称为"穆斯林的亚里士多德主义"。当然,这并不是一个确切的概念。

肯迪(801—865)是纯粹的阿拉伯人。他出生于库法,先后在巴士拉和巴格达求过学。他致力于亚里士多德哲学的研究,并试图依据新柏拉图主义者的方法去调和亚里士多德和柏拉图的学说。他关于宇宙的理论与亚里士多德的观点十分类似。他认为神的智慧是世界得以存在的原因。它通过中介——即天国对尘世施以影响。而世界灵魂(world-soul)则是上帝和肉体世界的中介。世界灵魂创造了天国,人的灵魂也发自于世界灵魂。因此人具有二元性:只要灵魂依附于肉体,那么人就会受天国的影响;但同时人的灵魂又是独立的和自由的。而自由和永恒只有在理智世界才会实现,所以假若人要获得自由和永恒,他就必须通过获取正确的上帝和宇宙的知识以发展自己的智力。

法拉比(约870—950)也曾对亚里士多德和柏拉图的著作做过注释,并撰写了有关这两位希腊哲人的论文。他的哲学体系也是在融合了这两个学派和神秘的苏菲派的基础上而形成的。同时,他还撰写了政治学、形而上学等方面的著作。尤其是他的"理想之城"的政治理论对后世影响甚大。他的这一理论显然受到了亚里士多德《政治学》和柏拉图《理想国》的启发。此外,法拉比在医学、数学和音乐理论方面也有所建树。

伊本·西那(拉丁文名为阿维森那,980—1036)在医学上的巨大成就似乎掩盖了他在哲学方面的贡献。他也曾深入研究过希腊哲学,尤其是亚历山大著名的犹太哲学家斐罗的学说,并结合伊斯兰教信仰以通俗易懂的文字对之做出阐发,从而有助于在普通的受教育者阶层中的传播。在形而上学问题上,他具有柏拉图主义倾向。他认为真主是第一存在,其他所有事物都发源于真主,并从真主那里获得现实的本质和潜在的存在。不过,他将本质和存在的区分等同于现实和潜在之区分的做法,显然是受柏拉图主义者普遍高于个别之理论的影响。

在12世纪,当东部穆斯林的哲学研究走向衰落的时候,西部穆斯林西班牙的哲学研究却走向兴盛。伊本·鲁士德（拉丁文名为阿维罗伊，1126—1198）即是其中最著名的代表人物。他在天文学和医学方面造诣颇深。但他在哲学上的杰出成就却使他在科学方面的贡献黯然失色。他以对亚里士多德的著作进行详尽评注而闻名天下，故被人们称为"伟大的注释家"。他所系统提出的"双重真理说"对后世产生了极大的影响。他认为真理有两种：一是通过理性思维和逻辑推理所获得的哲学真理，一是通过天启和信仰所获得的宗教真理。这一理论旨在将哲学和神学加以分开，从而使人类理性从宗教信条的束缚下得以解放，以推动哲学研究的独立发展。尤其是，伊本·鲁士德认为哲学真理高于宗教真理，这无疑是对宗教神学的蔑视。也正因为如此，他的学说在穆斯林世界备受非难。

亚里士多德有关"主动理智"的性质问题一直是阿拉伯哲学家关注的焦点。肯迪首次弄清了"理智"这个概念的意义。法拉比则对"理智"这个概念的意义做更为细致的区分。伊本·西那从宇宙论、本体论和认识论等方面更为深入地探讨了理智的性质。伊本·鲁士德则本着恢复亚里士多德哲学真义的原则出发，对之做出了令人震惊的结论。他认为，在人的灵魂中发生作用的理智并不受个人肉体和灵魂的影响，它不会伴随着个人的死亡而消失，因此不仅主动理智而且被动理智也是全人类统一的。这样，伊本·鲁士德的理智论也就否认了宗教神学所谓的灵魂不朽的观念。

伊本·麦蒙（拉丁文名为迈蒙尼德，1135—1204）是一位犹太教哲学家。他出生于科尔多瓦，后来因受到西班牙穆斯林政府的宗教迫害而随家庭迁往开罗。他在哲学上致力于调和犹太教义和穆斯林亚里士多德主义的关系，并力图说明宗教经典和哲学的基本精神是一致的。其思想不仅对犹太人而且对基督教徒都产生了广泛的影响。

阿拉伯哲学通过中世纪西方的翻译运动而传播到拉丁基督教世界，并对基督教经院哲学产生了不可估量的影响。①

在自然科学方面，穆斯林学者在吸收古希腊、波斯和印度等民族科学成就的基础上做出了自己的巨大贡献。如在数学上，他们引进并推广了"印度—阿拉伯数字"；系统地研究了二次方程问题，并提出了三次方程的几何解法，从而使代数学发展成为一门完全独立的学科；他们解决了三角学、几何学等方面的许多问题，从而大大推进了这两门学科的发展。重要的数学家有花拉子密、艾布·卡米尔、欧麦尔等。

---

① 参见徐善伟：《中世纪盛期西方理性主义的盛行及其意义》，《史学理论研究》2004年第2期。

在天文学方面,穆斯林学者不仅在天文学理论方面提出了自己的见解,而且尤为重要的是他们进行了大量卓有成效的天文观测实验,并取得了一系列杰出的成果。如通过天文观测发现了太阳系各行星的运行情况并以之制作有关的图表;测量出了地球的体积和圆周长;进一步论证了地圆学说;发现了太阳黑子活动以及日蚀和月蚀的规律等等。在今天,人们所熟知的许多星宿的名称就源于中世纪的阿拉伯,如蝎子、大猩猩、尾巴、小山羊等。同时,他们还制作了许多精密的天文仪器。

医学是阿拉伯世界的显学之一,因而他们在这方面取得的成就也最显赫。他们不论在疾病诊断的方法上,还是在临床的治疗技术上都达到了很高的水平。如他们在医学史上首先采用酒精消毒法,还有独特的手术麻醉法、大动脉捆扎止血法等等,在眼科学、外科学、传染病的防治、药物学以及医学理论方面都有独到的贡献。尤为引人注目的是,阿拉伯医学家还注重医疗保健学和心理疗法。著名的医学家甚多,如拉齐、伊本·西那、宰哈拉维、伊本·左胡尔、伊本·麦蒙等。

在物理学上,阿拉伯学者也取得了不少的成就。其中伊本·海赛姆在光学上的研究成果最为重要。在《光学论》一书中,他详细论述了人眼的构造、光的折射和反射、球面镜和抛物镜等问题。阿拉伯化学的发展与炼金术是密切相关。正是在炼丹房里,查比尔等进行了大量的化学实验,改进了诸多科学实验的方法,如蒸馏、升华、溶解、结晶等,并制造出了大量的化合物,如酒精、苏打、硫酸、硝酸、硝酸银、盐酸和氧化汞等。其中的许多药品名称和术语至今仍然为人们所沿用,如酒精、苏打等。

文学与艺术 阿拉伯人在文学方面的成就集中体现在诗歌和散文方面。热爱诗歌、崇敬诗人,这是阿拉伯民族的一种传统。早在伊斯兰教诞生前,就出现了著名的悬诗诗人派。但伊斯兰教诞生后,诗歌创作曾一度沉寂。至阿拔斯时代,诗歌创作重新走向兴盛。在这个时期,阿拉伯诗人结合时代的需要,在诗歌的形式和主题上都进行了革新。各种诗歌体裁争奇斗妍——如抒情诗、赞美诗、讽喻诗、哲理诗、苦行诗等,诗歌创作的主题也甚为宽广,几乎涉及到了社会生活的方方面面。一大批富于个性的杰出诗人纷纷登台亮相。豪放诗人艾布·努瓦斯(757—814)尽情歌颂爱情与酒,鼓吹享乐主义。他唱道:

纵欲放情乐开怀,猥词俚语信口来。
夜半更深乐不尽,歌美弦妙配佳音。
何时想听歌女唱,何时帐篷夜栖身。

及时行乐春难久,朝朝暮暮醉醺醺。

艾布·阿塔希亚(748—825)则宣扬静修和苦行主义,为劳苦百姓的不幸呐喊。他唱道:

谁人替我尽忠言,百姓购物价上天。
收益进项日日少,众人需求时时添。
孤儿寡妇守空宅,艰难困苦常相伴。
果腹遮体靠谁助,何人解忧排灾难。①

如果努瓦斯的诗反映了当时阿拉伯世界奢侈浮华的生活的话,那么阿塔希亚的诗则反映了普通大众的贫困无助的生活。确实,与文明的发达、社会的繁荣相伴随的则是各种文明病的发生。其中,人们生活上的放荡就是最为显著的一种。阿拉伯著名历史学家伊本·卡尔敦将之看做是导致文明衰亡的重要原因之一,并认为宗教及其与之相适应的律法政体可遏制人们的纯粹肉体享乐,引导人类走向真正的善。在当今的西方世界,人们对救治处于困境中的西方文明也开出许多药方,其中许多学者就主张用宗教尤其是东方的禅学来加以医治。可见,古今思想家在这方面是有共识的。

阿拔斯时代的诗人甚多,收获也颇丰。仅至10世纪,阿拉伯学者所编辑的诗歌集就达20卷。同时,在穆斯林西班牙,诗人也发明了新的诗歌体裁,创作出了大量的佳作。

发端于蒙昧时代后期的阿拉伯散文文学则在伊斯兰教诞生后获得了突飞猛进的发展,并在阿拔斯时代达于鼎盛。在倭马亚王朝时代,散文创作最高成就便是《古兰经》。它不仅是一部宗教经典,也是一部杰出的散文佳作。无论在文体、语言还是在文学素材上,它对后世文学创作都产生了广泛的影响。在阿拔斯时代,散文作家辈出,佳作如林。其中伊本·穆加法、查希兹、百迪阿、艾布·杜拉等最为著名。当然,备受人们喜爱并留传最广的则是民间故事集《一千零一夜》(又称《天方夜谭》)。许多阿拉伯散文著作都体现出融合各种外来文化因素的特点。而《一千零一夜》就是最好的说明。其中的故事就来自波斯(从波斯的民间故事翻译来的)、伊拉克(阿拔斯时代的流行的民间故事)和埃及(马木鲁克王朝的民间故事)。可见,阿拉伯文化的兼容性极强。

这一特点也体现在阿拉伯建筑艺术中。在广袤的阿拉伯帝国的大地

---

① 以上两首诗均转引自纳忠等:《传承与交融:阿拉伯文化》,第217—219页。

上,各地区的自然条件不同,建筑技术和文化传统各异,从而产生了许多建筑艺术的流派:(1)叙利亚—埃及学派,以希腊罗马建筑样式和当地科普特人建筑样式为范例;(2)伊拉克—波斯学派,以萨珊波斯、古迦勒底和亚述建筑样式为基础;(3)西班牙—北非学派,受当地基督教和哥特人的影响。[1] 也正是在融合各流派的建筑艺术要素的基础上,阿拉伯人创造出了独具一格的阿拉伯—伊斯兰建筑艺术。其代表就是清真寺。它的突出特征是:雄伟壮观的圆顶,高耸入云的尖塔,宽阔神秘的大殿,遮风避雨的廊檐,精美华丽的装饰,指示礼拜方向的圣龛等。这些特征将宗教的意义和帝国的威严全部体现了出来。如俯瞰全城的圆顶象征着宗教的至高无上,高耸的尖塔似乎指示着通向天国的路径,宽阔的大殿增强了宗教的神秘感,富丽的装饰和壮观的建筑展现出帝国的富足与强大。清真寺遍布帝国的各个角落,其中每个城市都有一个大的清真寺。著名的清真寺也甚多。当然,原先的清真寺完整遗留到今天的已寥寥无几,现在所见到的清真寺大都是经过历代的重修或重建。如麦加的清真寺就经历代扩建,如今已成为了伊斯兰第一大圣寺。它的建筑面积为18万平方米,可同时容纳50万穆斯林做礼拜。伊拉克的萨马拉清真寺是阿拔斯时代建筑艺术的杰作。它的尖塔高52米,而塔上的圆屋顶则高6米。该寺不仅具有浓郁的萨珊波斯建筑艺术传统,而且还在许多方面受到印度的影响。除清真寺外,中世纪阿拉伯人遗留下的建筑还有许多世俗性的宫殿,是历代哈里发修建的。

　　由于伊斯兰教认为描绘人与动物是真主所独有的特权,所以在建筑中禁止以人和动物作装饰。正是由于这一禁令,阿拉伯绘画和装饰艺术的题材则集中于人和动物以外的事物上。其中以植物、几何和文字为图案的装饰艺术最为发达,并形成了一种独特的装饰风格,西方人通常将之称为"阿拉伯式"。

　　在音乐方面,阿拉伯人不仅在音乐理论上有所创新,而且还在乐器方面也有所发展。在乐理上,他们在继承古希腊乐理的基础上,创造出了中立三度、中立六度,并在后来将之扩展为17律与24平均律。音乐的节奏样式也由此发展到50多种,调式则增加到100多种。在乐器方面,不仅种类繁多,如管、弦、打击、皮革等乐器,而且旧有的乐器也得到改进。正因如此,阿拉伯音乐成为世界上最富影响力的音乐体系之一。而且它还对中世纪西方的音乐发展产生了影响。

---

[1] 参见希提:《阿拉伯通史》(上册),马坚译,第301—302页。

神学与教法　在穆罕默德去世后,围绕政治权利之争,伊斯兰教内部分化为许多教派,如逊尼派、什叶派、哈瓦立及派等。同时,随着伊斯兰教的发展及各教派在宗教学说研究上的不断深入,又从中分化出了许多的支派。这种教派林立、学派丛生的状况无疑也促进了伊斯兰教神学的发展。我们所谓的伊斯兰教神学是指利用哲学方法来阐释、论证宗教信仰的教义学。它主要有两个派别,穆尔太齐赖派和艾什尔里派。

穆尔太齐赖派深受新柏拉图主义的影响,反对正统派神学的真主与人同形同性论,并提出了其所恪守的两条基本原则,即"真主统一性"和"真主的公正性"。前者否定真主具有多种属性的观点,意在对《古兰经》做出理性的阐释;后者则否定"预定论",意在强调人具有"自由意志"。穆尔太齐赖派开启了伊斯兰教神学中的唯理智主义传统。在崇尚哲学的哈里发麦蒙当政时期,该派得势,凡是反对其教义"《古兰经》乃被造之物"的人大都受到了严厉的迫害。至848年穆台瓦基勒上台后,该派失势,并逐渐衰落。

艾什尔里派的创始人是艾什尔里(873—935)。他本是穆尔太齐赖派教义学家祝巴义的门生,后因不满该派的"意志自由"说而另起炉灶,以重构正统派教义。当然,他是利用从其先生那里学来的新方法,即逻辑和辩证法来进行论说的。该派认为真主是绝对自由的,并不受所谓的"公正性"的束缚。人的命运及世上的所有事物都由真主所决定和支配。该派的学说经著名学者安萨里的系统阐释而达到登峰造极的地步。在10世纪,艾什尔里派取得正统地位。可见,穆尔太齐赖派和艾什尔里派间的争论实际上就是伊斯兰神学中理性与信仰之争。此外的教义学派还有神秘主义派别——苏菲派。它也是伊斯兰教中反理性主义的派别。

所谓的教法就是阿拉伯—伊斯兰世界的法学。由于穆斯林的立法基础是《古兰经》和圣训,因此它具有相当浓厚的宗教性,类似于拉丁基督教世界的教会法。此外,伊斯兰教法具有如下几个方面的特点:其一,包容性极强。由于帝国疆域辽阔,民族众多,风俗习惯和法律制度各异,所以在立法之时不能不考虑这种实际状况。各地的教长(也就是教法学家)则以伊斯兰教为基本依据,将各地的不同习惯和法律进行比较,并加以吸收,从而使之伊斯兰化。于是伊斯兰教法的来源甚广——包括波斯、罗马、埃及等各民族的法律和习惯,其包容性也极强。这也是阿拉伯文化的兼容性特征在法学领域的体现。其二,研究范围广泛。伊斯兰教法的研究范围涉及到了法学的各个方面,如民法、刑法、商业法、宗教信仰等。同时,它几乎对每一个细小问题都做了明文的规定。其三,学派林立,法学研究兴盛。穆斯林世界的法学研究相当活跃,法学家甚多。在阿拔斯时代,各教法学派开始形成,当时著名的派别就达十几个。后经大浪淘沙,只剩下四大教派:哈乃飞、马里克、沙斐仪和罕百里。而普通穆斯林的法律意识也相当浓厚,他们每遇事端都去求教法学家。可以说,在阿拉伯—伊斯兰世界,宗教与法学携手并进,规范着其子民的种种行为。

地理与史学 阿拉伯帝国的地理学相当发达。这是由帝国内的各种因素所决定的。首先是统治上的需要推动了地理学的兴起与发展。当阿拉伯人建立起一个幅员辽阔的大帝国后,为了加强对各地区的有效统治,他们派遣专门人员考察并记录下各地的地理状况,城市、村庄和人口的分布,以便修整道路,设立驿站,制定税制。其次是宗教的因素。伊斯兰教鼓励其信徒进行朝圣,于是无数的穆斯林遵照圣训离开其家乡踏上朝圣之路。在这朝圣大军的行列中也有许多文人和学者。沿途秀美的山川风光、奇异的风土民情激发了他们的写作欲。各种游记见闻于是得以问世。再次,商业和学术旅行的兴盛导致了地理学的大发展。阿拉伯帝国的商业贸易极为发达。西至大西洋沿岸,东到遥远的中国,南至东非的桑给巴尔和南非,北到伏尔加河与波罗的海,都曾留下了阿拉伯商人的足迹。他们中的许多有心人将其所到之处的见闻录之于册,从而为后人留下了大量的地理学著作。从公元10世纪后,阿拉伯学者的学术旅行大兴,并延续了几百年的时间。他们不仅考察各地的地理状况,而且还考察那里的历史、风习、宗教、民族、学术等,从而撰写出有价值的地理学著作。此外,古希腊的地理学也对阿拉伯地理学的发展产生了很大的影响。如托勒密的《地理学》曾被翻译成阿拉伯文,并一直被他们奉为经典著作。

阿拉伯地理学在许多方面都有突破性的发展。如记载的范围空前扩大,中国、黑非洲、俄罗斯草原等都纳入到了其中;制图技术先进,地图制作(尤其是世界地图)也更为准确;区域地理和人文地理学有较大发展等。阿拉伯地理学家层出不穷,著名的有公元9世纪的伊本·库尔达才白,著有《省道志》,是一部详尽的省区地理志;阿拔斯王朝前期的叶尔古卜,他一生喜欢旅游,足迹遍及西亚、中亚、北非、印度,并用阿拉伯语撰写了第一部地理学著作《地方志》;亚古特(1179—1229),著有多种地理学著作,其中尤以《地名辞典》最为著名;伊本·白图泰(1304—1378)是一位法学家和大旅行家,其足迹遍及阿拉伯半岛、东非、印度、马来群岛、中国、西亚、黑海、里海等地,一生行程达75000里,并留下了大量的游记;易德里希(1099—1154),出生于西班牙,曾在各地游历,后为西西里基督教国王弗里德里克二世聘用,为之制作了地球仪和地图,编写了《世界地理志》。如此等等。

阿拉伯历史学发端于公元7—8世纪,在阿拔斯王朝前期(即公元8至9世纪)最终形成并有了初步的发展。但在早期,阿拉伯历史学几乎完全依附于圣训学,并未获得独立。直到塔巴里(838—923)时代,它才从圣训学中分化出来,成为一门独立的学科。阿拉伯历史学也从此进入了其鼎盛时代(公元10—15世纪)。在这个时期,阿拉伯史学也逐渐形成了两种撰述传统。其一是以塔巴里(其名著是《历代先知与帝王史》)为代表,主张历史学就是依据历代传述者之记载,按照年代之顺序,对历史事件进行忠实的叙述,无需对其进行理性的探求。"如实直叙"就是这一撰述传统的最高准则。同时,该派史学家在史学观念和史学方法上仍然沿袭了圣训学家的路数。而绝大多数阿拉伯史学家就是按照这种传统进行历史研究和历史著作的写作的,从而成为阿拉伯史学中的主流。其二是以马苏第(?—956)为代表,主张历史研究不能仅仅依赖于权威的传述,还要有赖于理性的探求,因为历史学并不单单是一门史料编纂学,还是一门对人类社会及其文化进行哲学思考的学科。马苏第的名著《黄金草原》就鲜明地体现了他的这一史学观念。① 这一撰述传统的遵循者有米斯凯维(?—1030)、比鲁尼(973—1048)、塞义德(?—1070)等,并在伊本·卡尔敦(1332—1406)那里达到了顶点。卡尔敦在其名著《历史学导论》中就遵循马苏第的史学撰述传统,批判了以塔巴里为代表的正统史学观念,并对历史学的性质、方法和客观历史发展的本质及其规律进行了前所未有的探讨。他也因之获得了"中世纪阿拉伯最伟大的历史学家"的称号。不过,这一史学撰述传统只是阿拉伯史学中的潜流。

中世纪阿拉伯史学成就巨大,仅从事历史写作者就达5000人之多,撰写史书达10000—12000万部。可谓史家辈出、史著如林。著名史学家除前文中提到的外,还有十字军战史家伊本·艾西尔,著名传记史家伊本·哈里康,地方志家阿布·海退布和伊本·尔撒基尔,国别史家马格里基等等。

6. 多样性的社会文化生活

阿拉伯帝国的繁荣与昌盛,境内多种民族、风习与文化的并存,使得其社会文化生活呈现出多样性的特征。在饮食上,从前的阿拉伯人是不讲究的。当走出沙漠,来到文明发达的地区后,他们也就慢慢地变得奢侈了。在

---

① 参见马苏第:《黄金草原》,耿昇译,1998年。

这方面，他们深受波斯人的影响。美味的炖肉、香甜的蜜糕等波斯食物成为他们最喜爱的东西。各种不含酒精的饮料如蔷薇露、紫香地丁露、桑葚露等成为他们招待客人的上等饮品。至15世纪，咖啡又广泛流行。本来，穆斯林还遵循圣训，不沾酒。但到了哈迪和拉希德时代，饮宴开始盛行。上至哈里发下至王公大臣都乐此不疲。他们中的许多人都成了嗜酒之徒。饮宴离不开歌舞助兴，于是歌手、舞女、乐师也成为其中的一个不可缺少的部分。这自然也促进了阿拉伯诗歌与音乐的发展。

阿拉伯帝国内各民族的服饰丰富多彩。一位普通绅士的通常打扮是：头戴黑毡帽，上身着一长衫、一马甲、一短上衣，下身着一波斯式灯笼裤，外加一斗篷作外套。哈里发和王公大臣的服饰自然更为讲究。至于平民百姓，他们则穿一仅及膝的粗布上衣，脚穿一皮拖鞋。上层社会的妇女在穿戴上极为讲究。她们身着黑色的外套，头戴镶满珠宝的黑帽，面罩黑纱，耳环、项链、戒指、手镯、脚镯佩戴于身体的各部位。可谓极尽装饰之能事。中世纪穆斯林的服饰习惯有许多一直延续到了现在。

今天的穆斯林妇女的地位是比较低的。这导源于中世纪。实际上，在阿拔斯王朝初期之前，妇女仍然有着较大的自由。不仅上层社会的女性中多才多艺的甚多，她们地位优越，在国家事务中颇具影响力，而且普通的女性也常常戎装上阵，指挥作战，她们甚至在社交场合和各种文艺活动中与男子一争高低，可谓巾帼不让须眉。但至10世纪末，女性地位一落千丈。她们被禁锢在狭小的生活圈子内，深居闺阁，不许抛头露面，不许与男子接触。于是，森严壁垒的两性间的隔离就成了一种普遍的社会现象。女性的职责被严格限定在生育、服侍男子、照顾家庭、管理家务、纺织的范围内。那些作为歌女的女奴却成为了女性之中的佼佼者。她们虽为奴隶，但却不受常规的束缚。她们容貌美丽，性情温柔，多才多艺，常常出入公开场合，以其智慧和才能博得贵族和诗人的青睐。所以，她们对于阿拉伯诗歌和音乐的发展做出了很大的贡献。可见，不论是古希腊、还是古代的中国和阿拉伯等，女性的命运大致是相同的。而艺妓则反倒成为个中翘楚。

宗教节日自然是穆斯林社会文化生活中最重要的方面。在开斋节、古尔邦节、圣诞节（即穆罕默德诞生之日）等重大节日，穆斯林举行盛大的宗教仪式，同时还进行各种宗教和社会活动。如在开斋节这一天，全体穆斯林都放下手中的工作，探亲访友，相互交流。在古尔邦节，全世界的穆斯林若有能力都纷纷到麦加进行朝圣活动。这不仅仅是一种宗教活动，而且还促进了各地穆斯林间的友好交往和各地间的文化交流。

穆斯林的闲暇生活也丰富多彩。穆斯林的上层贵族十分讲究闲暇娱乐,他们玩乐的方式也甚多,诸如室内游戏象棋、掷骰子和室外游戏狩猎、赛马、射箭、马球、掷标枪、赛鸽、斗鸡、走犬等。至于平民百姓,他们自然无缘上述高贵的娱乐,但也有自己的娱乐方式,如耍猴、耍羊羔、说书、口技等。当然,在闲暇之时,到澡堂里放松放松也是一大享受。穆斯林爱洁净,这是伊斯兰教的功劳。澡堂遍及城市和乡村,如在公元10世纪的巴格达就有6万家澡堂,穆斯林西班牙的科尔多瓦也有300—600家澡堂。澡堂功能颇多,人们既可以在其中享受沐浴的快乐,也可以享受各种饮料。同时,遍布各地的澡堂还是人们进行社会交往和思想交流的好场所。

三、南亚印度文化圈

从文化地理学的角度看,印度文化圈的范围主要包括整个南亚次大陆。但印度文化的辐射力极强,其中,尤以东南亚诸国受其影响最深。因此,一些学者甚至将它们列入印度化国家的行列。事实上,对东南亚诸国影响最大的当属佛教,而在中世纪,佛教在印度已逐渐衰落因此,将之完全划归于印度文化圈是不甚妥当的,但仍可以将之看做是印度文化圈的附属地带或亚文化区,把它们纳入佛教的传播中加以讲述。

在中世纪,印度历史动荡多变,分多合少。尤其是外族势力不断侵入南亚次大陆,外来的宗教与文化不断给其原有的文化形态带来极大的冲击,所以中世纪印度文化呈现出多样性的色彩。但深深扎根于印度文明之沃壤的印度教,却作为其文化的守护神始终在维系着印度民族与文化的统一性与独特性。所以在印度,宗教的强大凝聚力是任何其他因素无法比拟的,这也是它虽历遭外族征服却始终保持其文化特质,而未被同化的一个基本原因。印度文化大都是在宗教的旗帜下进行的,所以我们以宗教为纲来概述这一时期的文化。

1. 印度教

印度教的兴起 在公元4世纪的笈多王朝时代,一度陷入低潮的婆罗门教重新得以复兴。不过,它不是对古代婆罗门教的简单重复,而是以其基本教义为基础,吸收了佛教、耆那教的诸多思想,融合进了各种各样的民间信仰而形成的,所以它被称为新婆罗门教,亦即印度教。

公元9世纪,吠檀多派大师商羯罗(约788—820)为消除吠陀哲学的晦涩和矛盾之处，使之能为一般民众所普遍接受和理解，对吠檀多派做了新的阐释。他认为，我们所感觉到的现实世界只是一种"幻觉"，是不真实的，而个人的精神"我"与宇宙的精神"梵"则是同一"不二"的真实存在。他还主张简化印度教的朝拜仪式，清除其中的一些繁琐的、不必要的典礼。商羯罗的改革适应了日益变化着的社会形势的需要，应答了来自其他宗教派别的有力挑战，从而使新兴的婆罗门教建立在一个坚实的理论基础之上。印度教也由此确立了它的基本形式。商羯罗不仅自己穿梭于南亚次大陆各地，宣传其学说，而且还鼓励其追随者四处传达他的教导，从而有力地促进了印度教在各地的传播。

新兴的印度教既符合了上层社会的要求，又迎合了下层民众的心理，所以它一经复兴便得到迅速的传播。在其咄咄逼人的扩张气势之下，南亚次大陆的其他宗教纷纷趋于衰落或萎缩。自它兴起以至13世纪初期德里苏丹王朝的建立，印度教在南亚次大陆一直是占统治地位的宗教，所以学者们通常将该时期称为印度教文化的时代。其后，虽然伊斯兰教的到来使其受到了巨大的冲击，但作为一个有着深厚印度传统文化基础的宗教，它却始终存在下来，并成为印度最主要的宗教。在今天，印度教徒约占整个印度人口的83%。由此可见，土生土长的印度教具有强大的生命力。

复杂的信仰体系 印度教不像基督教和伊斯兰教那样有唯一信奉的经典。除了古老的四部吠陀经典外，它还信奉种类繁多的《奥义书》《往事书》《法典》，以及两大史诗《摩诃婆罗多》和《罗摩衍那》。

印度教的神明体系极为庞大，神多得像中国卢沟桥的狮子一样数不清，因为在印度教徒的眼里，宇宙万物皆有神明。但概而言之，他们所信奉的神基本上可以分为三个层次。

其一是"梵"。它是一个没有任何属性，没有任何形式，而又无所不在的"绝对实在"或"宇宙灵魂"。它超越于此岸与彼岸世界之上，但又主宰着它们。总之，"梵"就是隐藏于宇宙万物和神明世界幕后的操纵者。因此，它与基督教中的上帝和伊斯兰教中的真主是不同的。

其二是"梵"的具体形态的显现者，即印度教中的梵天、湿婆、毗湿奴三大主神以及他们的化身、配偶、子神、守护神。梵天是"创世主"。它既创造了美好的东西，也创造了恶的东西。根据传说，它原先有五个头，后来为湿婆砍去了一个。而剩下的四个头则分别面向东南西北四个方向。据说，它还有四只手，分别持有吠陀经、莲花、匙子、念珠或神钵。它坐在莲花宝座或天鹅拉的车上。其妻是文艺女神，人称"辩才天女"。湿婆是"毁灭之神"。

据说,当罪恶在宇宙中肆虐横行之时,它最终将宇宙摧毁。它居住于喜马拉雅山或曼陀罗山,骑一白色牡牛,手持各式武器。其崇拜者还将它雕刻成三头、十臂、四面、手持各种武器的形象。当然,在印度教中,它并不仅仅是一位毁灭之神,而且还具有其他不同的性格和形象,如再生之神、苦行之神、舞蹈之神,其中作为生育之神的湿婆则最受教徒的青睐。其最主要的象征形式就是男性生殖器崇拜。在今天印度著名的贝拿勒斯印度教大学的校园里,就矗立着一个高大的石雕——男性生殖器,这是湿婆的形象。毗湿奴是"守护神"。它也长着四只手,分别握着轮宝、法螺、莲花和神仗。它骑在金翅大鹏身上或卧在七头巨蛇身上。它具有降妖除魔,保护万物的神奇法力。每当世界面临灭顶之灾之时,它就会挺身而出拯救它。它亦有十多种化身。

其三是人格化的自然物。如太阳、月亮、大地、莲花、菩提树、牛、蛇、牛、猴等等都成为他们崇拜的神灵。这些神大多来自于民间,是最普通的神灵。这也是印度教得以广泛流行的一个重要原因。

印度教的神可谓无所不在,无处不有。因此,它既非多神教,亦非一神教,而是一种泛神教。但不同的印度教徒又往往信奉不同的神,于是其内部又形成了不同的教派。大体说来,印度教主要有四个派别:尸摩多派、湿婆派、毗湿奴派和坦陀罗派。尸摩多派又被称为传统主义派。在信仰和礼拜仪式上,它极力遵循古婆罗门教的传统。这一派的信徒在印度教中占多数。毗湿奴派和湿婆派各自将毗湿奴和湿婆看做是自己的最高神。坦陀罗派又被称为性力派,是从湿婆派分化而来的,同时它又受到了民间女神崇拜的影响。它以女性生殖崇拜为特点。该派认为,最高神湿婆并不具有活动的能力,相反,其妻子则有着巨大的力量——性力,而女性的性力是世界的根源,所以要想获得拯救就只有依靠性力。它崇拜的女神主要是梵天、湿婆和毗湿奴这三位主神的妻子等。该派奉行秘密的宗教仪式,以酒、肉、鱼、谷物以至人身来供奉女神,其目的在于通过性爱的亲身体验来靠近并证明神,以达到超验的境界。它不相信业报轮回之说,反对种姓制度、反对歧视女性。当然,印度教中还有许多其他未入流的宗派。

在宗教仪式上,印度教也是多种多样。印度教的仪式虽然已大大简化,但与其他宗教相比,其仪式仍然相当繁多。大体而言,其宗教仪式可分为公共和家庭两类。当然还有其他种类的仪式。而按教规,一位印度教徒从出生前一直到去世,一般要经历16种礼仪,如受胎礼、出生礼、命名礼、哺养礼、成年礼、分发礼、出游礼、结发礼、剃发礼、入法礼、归家礼、结婚礼等。同时,每一种礼仪的过程也相当繁琐。可以说,印度教的礼仪如同日本的鞠躬一样令人目不暇接。

总之,印度教是一个复杂多样,包容性极广的宗教。它一方面要人们追求苦行,另一方面又要人们追求享乐;它一方面要求人们禁欲,另一方面则强调纵欲。但这一切却又互不矛盾。因为,它们最终融入印度教所追求的最高目标中。

印度教与印度的社会和文化 印度教虽然缺少其他宗教那样严密的组织,但它却与印度社会有着深厚的关系。它为种姓制度的合理存在提供了理论基础,而种姓制度则成为其强大的后盾。可以说,种姓制度就是它的组织形式,两者相得益彰,从而维系着印度的社会与文化传统。

在中世纪,印度的种姓制度更加复杂化。婆罗门和刹帝利依然保持着他们在社会中的统治地位,吠舍已专门指从事商业的居民,而首陀罗专门指从事农业的依附农民。在四种姓之外,还形成了一个按行业组成的各种集团,即阇提。阇提内部职业世袭,互不通婚,相互隔离。由于手工业分工的不断加剧,各种阇提的数目也急剧增加。印度社会就是一个由无数种姓所组成的世界。从政治和经济制度、社会生活、文化艺术、哲学与伦理道德以至人们的衣食住行、婚丧嫁娶等各方面都无不受到它的影响。而每一个印度教徒就像一列有轨电车,他几乎就是按照种姓法规所制定好了的路线走完其人生旅程的。因为他的出身、他出生时应举行的仪式、他的吃穿居住、他的职业、他的人际交往、他的结婚与丧葬的形式等都是由其种姓所决定的。正是由于它与印度教密切相连,所以它得以延续数千年而不朽。它既是印度文明在不断的外族入侵的情况下得以保持其独特性并延续下来的主要原因,也是印度在未来发展缓慢的主要原因。

印度教在其兴盛之时还逐渐独占了印度的教育。学校大都附属于印度教的寺庙。由于寺庙几乎遍及每一个大的村落,所以印度教的学校也相当普遍。作为高级学问的学院则是由王室和大贵族等通过捐赠而建立起来的。这些正规的教育机构主要以传授神学及其相关的知识为主。从理论上来说,每一位印度教徒的学龄自幼年一直延续到36岁。公元8世纪后,印度还出现了一种私塾学校,即"古鲁"。它由学问高深的印度教士在家中设立学堂,招生对象主要是贵族子弟。这种私塾亦主要传授吠陀经及相关的知识,同时,它还传授文法、诗学、历史、数学、星象学、伦理学、因明学、灵魂学、军事、美术、瑜珈等学科。此外,各行业中也存在着专业培训的制度。

印度教的出现还导致了各种哲学派别间的争论。发源于公元初的印度教哲学的六大派,在该时期的辩论极为活跃,其中吠檀多派的影响最大。它围绕着梵(宇宙精神)与我(个人灵魂)间的关系展开讨论,并形成了诸多不同的流派。其中较重要的有商羯罗提出的"不二论",罗摩奴提出的"殊胜不二论"。此外,还有"二论""二不二论""纯粹不二论"。数论派也受吠檀多派哲学影响,强调神我的决定性作用,从而走向二元论。胜论派则与正理派结合,日益走向神秘主义。哲学派别间的争论有力地促进了印度哲学的发展。

印度的艺术亦附属于宗教,从而成为其中的一个部分。印度教的艺术也有其鲜明的特点,正如论者所言:"这种艺术的基本特质中有一些内容,与西方宗教上极端拘谨的概念大相径庭——它的形式华而不实,它的极端耽于声色,它的鲜明的实体感的存在,以及它习以为常不害羞地关切性爱。"[①]确实,综观印度教的艺术,我们可以看出,它的极为突出的特点主要体现在两个方面:其一,它具有一种强烈的律动感和极强的色彩刺激感;其二,对性力(尤其是女性)的过分渲染。崇拜性力是印度教的特点。因为在它看来,性力是一种无限的驱动力,它是生命力的源泉,也是人生欢乐的艺术,所以无论是在哲学还是在文学、艺术中,他们都毫不隐讳地谈论和表现性,这在其他宗教中是不可想象的。除了男性生殖崇拜的林伽庙外,印度教寺庙中,对女神和女性的雕刻也相当多。仅从艺术的角度看,这些雕刻都是不可多得的艺术品,如在南印度出土的毗显奴的妻子雪山神女的铜雕像就十分精美。其创作年代为公元10世纪,雕像高92厘米,略微扭转的体形呈现出一种动态的美,苗条的身材、丰满的乳房显现出曲线美,整座雕像极为和谐。在北印度性力派的中心,许多神庙雕刻的主题所表现的是女性及性爱的场面,体现出人们对生殖的极力崇拜。可以说在中世纪,这种女性人体艺术是其他文化圈所罕见的。此外,印度教的文学作品、音乐和舞蹈艺术也相当丰富。它们也以感性的方式,从不同的角度去描绘和体现教徒的信仰,实现与神的交流和沟通。

2. 佛教在印度的衰落及其外传

佛教在印度的由盛而衰 在笈多王朝时代,印度教虽然已兴起,但佛教在印度仍然相当兴盛。闻名于世的那烂陀寺就是在该时期兴建的,后经历代国王的扩建,至公元7世纪末,它的食邑达200多处,大寺院有八处,可谓规模宏大。那烂陀寺由此成为了佛教的学术文化中心,它吸引了来自国内

---

① A. L. 巴沙姆主编:《印度文化史》,闵光沛等译,1997年,第308页。

外的僧徒来此学习和从事各种学术研究。中国唐代的玄奘、义净等高僧就曾来这里访学。据义净在《三藏法师传》记载,来此寺学习的僧徒常常达万人,每日还举行近百来人次的演讲。仅次于那烂陀寺的另一个佛教学术文化中心是西印度的伐腊毗寺,此外的著名佛教寺院还有许多。在这些佛教学术中心,佛教徒们不仅潜心研究佛教经典,而且还从事语言学、文学、天文学、数学、音乐、绘画、雕刻等学科的学习和研究,从而推动了印度科学、文学和艺术的发展。佛教寺院也成为教育和文化传播的有力工具。

确实,笈多王朝和戒日王朝时代是印度文化史上的一个重要时期。无论在文学、艺术、建筑,还是在哲学和科学方面都出现了令人瞩目的成就。据说,在笈多王朝时代的超日王的宫廷里共有"九宝",即九位杰出的学者。迦梨陀婆就是其中著名的梵文诗人和剧作家。他流传至今的作品共有七部,在世界文坛上也备受赞誉。而戒日王不仅极力扶持学术研究和文学创作,而且他本人就是一位博学的诗人和剧作家。他创作的三部剧作,即《妙容传》(又称《钟情记》)、《珠璎》和《龙喜记》,皆以宫廷中的各种风波和恋爱为主题,宣扬佛教所提倡的普度众生、舍己为人的教义。戒日王宫中的波那跋陀则是古代印度杰出的三大古典小说家之一。他的主要作品有历史小说《戒日王本行》和故事诗《伽旦波利》。在科学上,笈多王朝时代也取得了许多重要成就。其中,最著名的当属数学家和天文学家阿耶婆多(476—550)准确地计算出了圆周率的值为3.1416。在其著作《圣使集》中,他打破传统的观念,提出了地球自转的理论。此外,他还对代数学和天文学中的许多问题进行了探讨。在艺术上,笈多王朝的主要成就则是阿旃陀石窟和爱罗拉石窟。笈多王朝被学者们看做是印度文化史上的"古典时代"。也正是在这一时期,印度文化逐渐走向成熟和定型,从而奠定了日后印度文化传统的基调。

伴随着印度教的兴起和急剧传播,佛教也开始吸收印度教和民间信仰而进入所谓的密教时期,或金刚乘阶段。其主要经典为《大日经》《金刚顶经》《密集经》《喜金刚经》《胜乐轮经》《时轮经》等。在教义上,密教基本上继承了大乘中观派和瑜伽行派的观点,在修行的方法上,它形成了一套高度组织化的咒术、坛场和仪轨。在这个时期的印度社会,"有一种强烈的倾向,影响一切宗教,想用有形的而且那么多通俗的祭祀仪式代替过去抽象的禅定思维"。密教迎合了这一社会趋势,对祭祀仪式尤为看重,这也成为密教不同于以前之佛教的特点,正如论者所言:"然而现在仪式的本身成了'道',而且取代了契经;教义理论必须用一种摸得着的形式表现出来,而不是单纯心灵上的理解(这里我们措辞必须谨慎,无论那种情况,道是要实行或照着生活的)。"① 这也是佛教针对当时印度社会的情势而做出的一种改变。公元8—9世纪后,印度佛教便日趋衰落。其后,伴随着伊斯兰教在印度的大力扩张,佛教寺院多遭毁灭,佛教徒也四散,至13世纪初,它最终在印度慢慢地沉寂下去,直到19世纪末,印度佛教才重新走向复兴。

佛教的北传 佛教在阿育王时代就开始急剧向外传播。进入中世纪,当印度佛教走向衰落之时,它在东南亚却得到了迅速的传播。总的来看,佛教的外传大致分为两条路线,即北传和南传。

大约在公元前后,即东汉时代,佛教传入中国。在南北朝时期,佛教传播于中国各地。至隋唐时代,由于统治者的大力扶持,佛教进入鼎盛阶段。在以后的历代王朝,佛教继续在中国发展,并与儒、道相鼎立,成为中国传统文化中的一个重要组成部分。

在公元7—8世纪,佛教传入我国的西藏地区。藏传佛教是从中国内地和印度分别传过去的,并在10世纪中期之后形成独特的藏语系佛教。其后,该系佛教传入四川、青海、甘肃、蒙古、俄罗斯的布利雅特蒙古族居住区。

大约在公元7世纪中叶以后,缅甸的上座部佛教陆续传入中国云南,从而在该地区形成巴利语系佛教。这样,在整个中国便形成了三大语系佛教:汉语系佛教、藏语系佛教和巴利语系佛教。

大约在公元2世纪末,佛教从中国传入越南,至4—5世纪,佛教在越南各地广泛传播,公元10—14世纪,越南佛教呈现一派兴盛的景象。当然,泰国和缅甸的佛教也对之产生了很大的影响。在公元4世纪后期,佛教还陆续从中国传入朝鲜半岛,6世纪,中国佛教经朝鲜传入日本,并在日本获得流行,佛教也由此成为日本历史上的一个主要的宗教派别。

佛教北传后便逐渐融入儒家文化圈之中,并成为其中的一个重要组成部分。佛教的北传不仅有力地促进了儒家文化圈各国的哲学、建筑、艺术和文学等方面的发展,而且还加强了南亚印度文化圈和东亚儒家文化圈之间科技方面的交流,并对东亚地区民间的风俗和文化以极大的影响。在今天的这些国家中,佛教文化的影响仍然清晰可见。

佛教的南传 南传佛教以上座部为主,其经典属于巴利语系大藏经。印度佛教南传的第一站是斯里兰卡(锡兰)。早在阿育王统治时期,他就曾派其儿子到斯里兰卡传授上座部佛教,至公元3世纪,斯里兰卡的佛教派别

---

① 以上引文见渥德尔:《印度佛教史》,王世安译,商务印书馆,1987年,第459页。

有大寺派、无畏山寺派和南寺派。公元5世纪初,高僧觉音用巴利语对南传三藏加以整理和详细注释,从而确立了上座部教义的完整体系,大寺派也成为南传佛教的正统派,斯里兰卡则成为了巴利语佛教的中心。在公元5世纪至6世纪,斯里兰卡的佛教十分盛行。7世纪初佛教曾在斯里兰卡一度衰落,8世纪后印度密教传入该地。由于受到王室的支持,密教尤盛,并在民间也极为流行,上座部佛教则趋于衰落。11世纪后半叶,上座部佛教又从缅甸重新传入,其他派别则随之消失。其后,斯里兰卡因外族的不断入侵和内部的混乱,佛教受到极大的打击。16世纪末,维摩罗达磨苏里耶王及其后继者先后从缅甸和泰国迎请佛教,上座部佛教渐次复兴。

东南亚诸国的佛教也以南传上座部佛教为主,并视斯里兰卡的大寺派为法统。早在公元前后,上座部佛教就已传入该地区。公元2—6世纪,佛教在东南亚已相当兴盛。当然印度文化对东南亚的影响是相当广泛而深刻的。除佛教外,婆罗门教及后来的印度教也传入到了该地区。婆罗门教传入东南亚的时间甚至比佛教还要早。后来,它们逐渐为佛教所融化和取代,但其影响在当地的佛教文化中仍然依稀可见。10世纪后,上座部佛教逐渐为东南亚大多数国家的统治者所青睐,佛教也由此成为这些国家的国教。所以,东南亚诸国是不折不扣的佛教文化国家。

泰国是当今东南亚地区佛教最为盛行的国家,有"僧侣之国"的美誉。早在公元以前,上座部佛教就已传入泰国(暹罗)。其后,婆罗门教和大乘佛教才传入泰国南部。至11世纪,缅甸的蒲甘王朝逐渐将其势力扩张到泰国中部和北部,并将其国教上座部佛教带到了泰国。于是,上座部佛教在泰国北部地区流行开来。1238年,泰族人攻占吴哥高棉帝国首都,建立起速古台王朝。其后,该王朝逐步向南扩张,斯里兰卡的上座部佛教随即传入泰国南部地区。速古台王朝的第三代国王当政后,便邀请斯里兰卡僧团来泰国整顿佛教事务,弘扬佛法,上座部佛教在泰国广为流行,大乘佛教不再受重视。其后,在封建统治者的极力扶持和保护下,泰国逐渐形成了独具特色的僧王制度,佛教也几乎为全体国民所信仰。

早在公元前后,伴随着印度东南部至缅甸航路的开通,斯里兰卡的上座部佛教也传入缅甸。至公元5世纪时,上座部佛教已在该地区流行开来。6世纪末,印度密宗的一支传入缅甸的蒲甘地区。11世纪中期,蒲甘王朝的阿奴律陀王统一缅甸全境,并将上座部佛教定为国教,尊阿罗汉长老为国师。1058年,以巴利文为基础创立缅甸文字母,并将上座部佛教三藏加以音译,从而奠定了缅甸上座部佛教的基础。以后历朝历代都一直信奉佛教,始终未变。13世纪后,缅甸建立了大量的寺院佛塔。尤其是仰光大寺经以后历代扩建而变得金碧辉煌、宏伟壮观,成了闻名世界的佛教圣地。

据说,在公元前后,婆罗门教传入柬埔寨(早期称扶南,后称真腊),并使其建立起了一个印度化的王朝。婆罗门教的僧侣体制在柬埔寨得以确立,梵文也被定为宗教文字。公元5世纪,来自印度的婆罗门陈如统治柬埔寨。他将印度的法律制度移植过来,并崇奉湿婆教,于是柬埔寨进入了第二次印度化时期。与此同时,大乘佛教也传入该地,并与印度教并存。公元6世纪,大乘佛教得到较大的发展。公元7世纪早期,北方的吉蔑人国家真腊崛起,并征服了扶南。9世纪初,真腊建立吴哥王朝,重新统一柬埔寨。该王朝定大乘佛教为国教,柬埔寨也成为东南亚的一个佛教中心。但印度教在柬埔寨也并行不衰。闻名世界的吴哥寺窟就是由该王朝在12世纪初建成的,其中佛教与印度教的特征在这座寺窟中都有所体现。13世纪之后,因外族的入侵,大乘佛教和印度教走向衰落。14世纪后半叶,泰国征服吴哥王朝,其上座部佛教也随即传入柬埔寨。如同泰国一样,柬埔寨也实行僧王制度,上座部佛教被定为国教。在14世纪,上座部佛教从柬埔寨传入老挝,亦被尊为国教。在16—17世纪,老挝还一度成为东南亚的佛教中心。当然,在公元1世纪初,大乘佛教和婆罗门教也曾流行于老挝的南部地区。此外,越南的中南部地区也流行上座部佛教。

印度尼西亚亦是南传佛教的重要中心。由于它处于海上交通的要冲,所以印度人很早就来此进行殖民,而该地区的居民也大多为印度人,印度文化亦随之传入印度尼西亚,并成为该地区占主导地位的文化,婆罗门教则成为其居民的主要信仰。据史料记载,早在公元1世纪,婆罗门教就流行该地。至5世纪初,佛教传入了印度尼西亚,但还比较微弱,婆罗门教依旧十分盛行。5世纪中期至6世纪前期,佛教已在苏门答腊、爪哇和巴厘等地广为流行。中国史籍对此多有记载,因为中国僧人自海上去印度大都在此停留歇脚。7世纪末,在苏门答腊东部地区出现了室利佛逝王国,义净在去印度的往返途中曾在此停留。据他记载,该地区佛教盛行,大乘和小乘并举,此外密教也占有一席之地。8—9世纪,兴起于爪哇和苏门答腊的夏连特拉王朝逐渐取代室利佛逝王朝,并将其势力扩展到马来半岛,佛教也随之传入该地区。该王朝在爪哇的中部建立了著名的婆罗浮屠寺。它规模宏大,雕刻众多而精美,从而成为世界建筑艺术史上的杰作。10世纪后,印度尼西亚的历代王朝也都信奉大乘佛教、密教和印度教。15世纪,伊斯兰教开始在该地区流行。①

佛教不仅对东南亚各国的政治、文化产生了深刻的影响,而且还广泛而深刻地影响到了该地区人们的风习、礼仪等日常社会文化生活。可以说,东南亚构成了一个纯正的佛教文化区。

3. 伊斯兰教对印度文化的影响

自公元 8 世纪,伊斯兰教传入印度的西北部和西部沿海,10 世纪后,伴随着加兹尼和古尔王朝的入侵,伊斯兰教逐步向印度内地传播。德里苏丹王国(1206—1526)时期,伊斯兰教被定为国教,并在印度得到广泛传播。

古老的印度文化虽然极具亲和力,但由于印度教与伊斯兰教有着巨大的差异,所以侵入印度的穆斯林在文化上并未被印度人同化。同时,作为征服者的穆斯林虽然在印度极力推行伊斯兰化,但也无法消除印度人的传统信仰,所以原有的印度文化得以继续存在与发展。其结果是:一方面,两种宗教的对立导致了伊斯兰教徒和印度教徒间尖锐的冲突,从而对当时及以后的印度社会以极大的影响;另一方面,伊斯兰文化与印度文化在许多层面上发生了相互的渗透,从而在一定程度上导致了两种文化的相互融合。

这种文化融合的最显著的实例是印度的穆斯林建筑艺术。两种不同风格的建筑艺术——伊斯兰式与印度式发生融合,从而导致一种新型的建筑艺术的出现:印度—伊斯兰式。之所以在这一领域出现较大的融合,是因为穆斯林统治者在建立清真寺时不得不雇佣大批的印度工匠和雕刻匠,他们在工作中自觉或不自觉地将印度传统的工艺运用到了其中。同时,许多清真寺本来就是在当地的印度教和耆那教寺庙的基础上改建而成的,所以两种建筑风格的融合也就变得较为容易了,如德里的古瓦特清真寺就是早期印度—伊斯兰建筑中的一个范例。它建立在一所印度教寺庙的基础上,该庙的中央圣殿被拆去,但四侧的回廊则被保留了下来。在庙的西翼另建一伊斯兰式的圣龛,以供朝拜之用,但回廊上的雕刻则基本上是印度教式的。此外,穆斯林还建立一道横跨西翼的五拱门屏饰,这些拱门的结构及其装饰

---

① 关于印度佛教的传播,参见《佛教》,中国大百科全书出版社,1990 年。有关中国佛教的研究著作相当多,读者可参看任继愈主编:《中国佛教史》,中国社会科学出版社,1981 年;汤一介:《佛教与中国文化》,宗教文化出版社,1999 年;吴焯:《佛教东传与中国佛教艺术》,浙江人民出版社,1991 年。

也具有明显的印度特征。因为装饰图案是传统的印度莲荷涡旋和阿拉伯书法的混合样式。古瓦特清真寺也开创了印度—伊斯兰建筑风格的先河。在整个穆斯林统治的印度，建筑艺术都体现出了这种特征。

由于改宗穆斯林的印度人大都属于低级种姓，所以他们在习俗上既采纳了伊斯兰教的仪式，也保持了印度的传统。上层的穆斯林在衣食以至风俗上也逐渐接受了当地的传统，而城镇中从事商业或手工业的阿拉伯或波斯人出身的穆斯林，在生活方式上的印度化则更深。同时，一些伊斯兰教的礼仪也渗入到了印度教的仪式中。

在学术上，穆斯林学者学习印度的哲学、医术和星占学等，而印度教学者在天文、历法、医学和化学等方面接受了穆斯林的研究成果。在语言上，一种融合波斯语、阿拉伯语、突厥语和梵文而成的新语言——乌尔都语得到发展。在宗教上，也出现了相互的影响。如印度的伊斯兰派别苏菲派的神秘主义显然就受到了印度教的影响，而印度教中的巴提克教派也曾吸收了苏菲派的教义。

但从总体来看，两种文化间的融合大多停留在表面上，深层次的文化融合因宗教上的尖锐对立而无法实现，这也是导致以后印度教徒和伊斯兰教徒发生不断冲突的原因。虽然印度教传统文化在后来仍然成为印度文化的主流，但伊斯兰教对印度文化产生的影响至今犹存。

四、基督教的传播与基督教文化圈

在中世纪，基督教会继续以坚韧不拔的毅力在各地传播基督教，于是一个巨大的基督教文化圈形成了，其范围囊括了现在的整个欧洲。同时，由于东西教会的彻底分裂，加之拉丁基督教世界和拜占庭帝国所处的地理、社会和文化环境的不同，所以在基督教文化圈内又逐渐形成了各具特色的两个文化区：拉丁基督教文化区和东正教文化区。

1. 拉丁基督教文化

拉丁基督教文化的形成　中世纪西方文化是罗马天主教、希腊与罗马文化和日耳曼文化相互冲突和融合，逐渐形成的一种新的文化类型。早在罗马帝国晚期，这一过程就已开始了。奥古斯丁—新柏拉图主义的出现就是基督教神学与古典思想的第一次大融合。同时，基督教的异端派别阿里乌斯派则在日耳曼人的许多部落中得到广泛传播。处于罗马帝国周边的日耳曼人也不断受到了罗马文化的侵染。伴随着日耳曼人的大规模入侵,这种冲突与融合的过程大大加速了。建立在罗马帝国废墟上的各日耳曼王国将他们的自由、民主观念及其社会习俗带了进来。同时,落后的日耳曼各王国也大多承袭了罗马人的政治机构,如东哥特王国就保留了罗马的行政机构、政府官员和学校,西哥特和勃艮第王国则继续沿用罗马人的法律等,他们中的许多人接受了罗马人的生活方式,拉丁语亦取代了日耳曼人的方言。这种文化融合最典型的实例当然是法兰克王国。

早在公元496年,法兰克人首领克洛维率3000士兵皈依基督教,开始与罗马教会和信奉基督教的高卢罗马人结盟。法兰克王国的封建化过程也是日耳曼文化、罗马文化相互融合的过程,而基督教则在其中担当了一个极为重要的角色。它将前两种文化加以整合,从而确立了其在文化上的统治地位,基督教文化也因之成为中世纪西方文化的主流。这种文化上的融合因查理大帝的推动而获得了迅速发展,并奠定了未来西方文化发展的基础。

查理曼(768—814)是法兰克王国加洛林王朝的统治者。他在位之时不仅通过东征西讨建立起了一个庞大的帝国,而且还致力于帝国在教育和文化方面的建设。在公元5—8世纪的时期里,西欧在文化上处于极度衰微的状态。虽然在高卢、东哥特王国、英格兰也不时喷射出几点文化的火花,但其文化的落后状况却始终没有得到改观。就加洛林帝国而言,不仅广大民众几乎都是文盲,而且大多数统治者也是目不识丁之人。作为当时文化人的教士,其文化水平也相当低下。查理曼对此深感忧虑,因为他清楚地认识到文化教育对于国家发展的重要性,为此,他采取一系列措施,力图实现教育的复兴。首先,他多次颁布法令,要求全国各教区和修道院设立学校。如在公元787年,查理曼下诏各修道院,批评修道士们语言表达粗鄙,缺乏才识,并认为这是由于他们忽视学习、缺乏教育而致。次年,他再次颁布诏书:"要设立学校教孩子读书,要在每一个主教区和每一个修道院里教授赞美诗及其曲调,教授圣咏、计算和语法,要让教士们都有一丝不苟订正过的书。"公元805年,他又下发诏令给帝国的监察官们,再次强调学校应致力于教授"阅读。歌咏。书写,以使他们文通字顺。法律。其他学科。计算。医术"①。正是由于查理大帝的倡导,在中世纪早期西欧业已衰败的学校教育重新兴起。其次,他还设立"宫廷学校",致力于培养高层贵族,查理曼本

---

① 以上引文均见菲利普·沃尔夫:《欧洲的觉醒》,郑宇建、顾犇译,商务印书馆,1990年,第25—27页。

人及其子女也添列其中。为此,他广招欧洲各地著名学者来此任教,如来自英格兰的阿尔琴、来自意大利的保罗、来自西班牙的狄奥多尔夫和法兰克人艾因哈德等。其中尤以阿尔琴贡献最为卓著。他不仅出任"宫廷学校"的校长,而且还帮助查理曼筹划重振帝国各地的学校教育,恢复各修道院的学术研究。

正是在查理大帝振兴教育和学术政策的推动下,中世纪早期西欧文化的落后状况有所改观。不仅学校在帝国的各主教区和修道院建立起来,而且与之相关联的书籍抄写和图书馆也随之兴起。离开了书籍,任何知识上的进步都是不可能的。在查理曼推行教育和学术复兴之初,书籍极为匮乏。对此,主教们曾不断地抱怨。当公元796年,阿尔琴来到图尔时,他曾上书给查理曼,"您谦卑的仆人在这里没有发现任何在他自己的国家中并不罕见的那种杰出的学术著作,而这一点就他对于主人的忠心和他自己的研究而言是亟待弥补的"[①]。于是,搜求书籍之风蔚然盛行。许多珍贵的书籍从遥远的英格兰、爱尔兰和意大利等文化相对发达的地区运来。教士们不辞劳苦地将它们加以抄写、复制。为了加快抄写速度,人们逐渐发明了一种易于书写的"加洛林小字体"。这种字体不仅在中世纪普遍流行,而且现代西方的印刷体也仍然保留着它的基本形式。正是由于这些有识之士的努力,一批图书馆重新在西欧大地上出现了。当然,它们几乎都隶属于修道院等宗教机构。这些图书馆多则藏书上千册,一般也有二三百册。也正是由于他们的努力,不仅宗教经典得以广泛传布,而且古罗马作家的典籍也得以留存下来。确实,今天我们所看到的大部分古典拉丁著作都是依据该时期的复制本而来的。也正是在抄写、复制古典拉丁著作的过程中,修道士们与古典文化(当然是古罗马文化)建立了一种联系。有些教士甚至迷恋于古典拉丁著作而不能自拔。也正因于此,现代西方学者将这次文化和学术复兴称之为"加洛林文化复兴"。虽然在这次"文化复兴"中,并没有出现令人赞叹的学术上的创新,而且文化复兴的范围也是有限的,但这确实是西方人为走出"文化荒芜"的中世纪早期所作的一次巨大努力,而且它也确实为西方文化的进一步发展奠定了坚实的基础。

西方文化的复兴与繁荣　在所谓的"黑暗时代"(即公元5—10世纪),拉丁西方虽然出现了令人称道的"加洛林文化复兴",但其在文化上的落后状况并未有根本的改观。然而,也正是在这一时期,拉丁西方历经几个世纪

---

① 以上引文均见菲利普·沃尔夫:《欧洲的觉醒》,郑宇建、顾犇译,第41页。

的积累而出现了生产力提高、人口增长、城市兴起、基督教新秩序的确立。同时,刚刚复苏的西方人也在 11 世纪走向了扩张之路。他们不仅恢复了一度被阿拉伯人所占领的西班牙、西西里和地中海诸岛屿的统治权,而且还将其势力扩展到了西亚。这一系列的活动一方面最终实现了他们重新控制地中海的愿望,另一方面则打开了他们同外部世界联系的大门。在此种新的社会形势下,西方社会出现了学习和吸收古希腊和阿拉伯文化的热潮,从而导致了"12 世纪文化复兴"和 13 世纪文化繁荣的出现。[①]

在 11 世纪末至 13 世纪末,拉丁西方掀起了一场规模宏大的翻译运动。这是落后的西方人主动学习古典文化和外来文化的一次热潮。来自西欧各地的学者云集于基督教统治的西班牙、西西里、南意大利、南部法国等地的翻译中心,不遗余力地从事翻译活动。据笔者统计,在这两个世纪的时间里,参与翻译的学者共有 93 人,他们通过各种语言渠道将 470 多部阿拉伯文和希腊文典籍翻译成了拉丁文等西方文字。[②] 这些译作主要是希腊和阿拉伯人的科学和哲学著作。可以说,古希腊和阿拉伯的重要科学和哲学大家的著作几乎全被翻译成了西方文字。

翻译运动有力地促进了西方文化的复兴。[③] 在此之前,西方人在科学方面的知识极为贫乏。在从公元 6 世纪后期至 10 世纪后期的 4 个世纪里,拉丁基督教世界除了阿尔琴及其弟子、比德、吉尔伯特和萨莱诺医校的医生外,再也没有可值得称道的学者。正是通过翻译运动,西方近乎空白的知识版图才变得丰富起来。代数学、几何学、印度—阿拉伯数字体系、天文学、力学、光学、水利学、机械工程学、内科学、外科学、药物学、化学、自然史等重新在这个时期得以复兴,同时,大批著名的科学和哲学家也在西方大地涌现出来。不仅如此,历经一个多世纪对古希腊和阿拉伯科学文化的吸收和融合,西方人于 13 世纪在许多方面进入了独立的科学发明和创造的时期。这主要表现在经验科学的发展上。

在英国,于 12 世纪由莫尔文的瓦尔歇和翻译家巴斯的阿得拉德所通力形成的重视观察和实验的科学精神最终于 13 世纪达到了顶峰,其代表人物

---

① 关于"12 世纪文艺复兴"的概况,参见查尔斯·霍默·哈斯金斯:《12 世纪文艺复兴》,夏继果译,上海人民出版社,2005 年。
② 资料来源见乔治·萨顿:《科学史导论》(George Sarton, Introduction to the History of Science),纽约,1975 年,第 2 卷,第 1—2 部分。
③ 关于此次"翻译运动"的详细情况,参见徐善伟:《东学西渐与西方文化的复兴》,上海人民出版社,2002 年。

是罗伯特·格罗斯特(约 1168—1253)和其弟子罗杰·培根(1214—1292)。格罗斯特是牛津大学的第一任校长,他将自然哲学建立在了数学和实验的基础之上,并依据阿拉伯人的科学方法制定出了一套比亚里士多德更为严密的实验程序。14 世纪的科学家弗赖堡的狄奥多里克就运用他的实验方法基本上解决了彩虹现象的问题。培根是一位不幸的天才,一位百科全书式的学者。他不仅将格罗斯特的经验科学传统进一步发扬光大,而且还力图以之去改造经院哲学。针对经院哲学家热衷于烦琐的逻辑推理的毛病,培根尖锐地指出,理性无法解释科学问题,只有通过大规模的实验才能奏效。培根的思想太尖锐、太超前了,以至于屡遭守旧的教会的囚禁。培根对经验科学的重视是前无古人的。在他的主要著作《大著作》中,就有一部分是专门论述经验科学问题的。同时,他本人还亲自做过光学实验,并设想发明潜水艇、飞机、望远镜等军事武器。培根也因之被誉为"经验科学的先驱"。英国近代的经验主义传统便奠定于牛津大学的这种自然哲学的传统之中。

此外,在阿尔丰索十世统治下的西班牙,法国南部的马赛、蒙特彼利埃和北部的巴黎形成了重视天文观测的传统;在意大利波隆那法律学校形成了人体解剖学的传统;在西西里,弗里德里克二世对学术的提倡养成了调查、实验精神。由于观察与实验是科学赖以发展的前提,所以中世纪盛期的这种经验科学精神的形成不仅有力地促进了当时的科学发展,而且还为西方科学脱离神学和经院哲学的束缚,走向近代科学之路打开了通道。

伴随着希腊和阿拉伯人的科学和哲学著作被大量译介到西方,在中世纪时,经院哲学也走向繁荣。所谓的"经院哲学"(来源于拉丁文 Scholasticus)一词的原意为"学院中的人的思想"。由于中世纪学院的学术研究既包括哲学也包括神学,故而其确切含义应为:"在教会学校传授的、以神学为背景的哲学。"概括起来说,经院哲学有两大基本特征:一是它以教会学校为生存环境,二是它以辩证法为操作原则。① 一般认为,经院哲学诞生于 11—12 世纪,在 13 世纪达于繁荣,至 15 世纪走向衰落。

经院哲学在其诞生之初虽然取得了一定的成就,并为它后来的发展奠定了基础。但是由于在那时的西方,希腊科学和哲学资料大部分已丧失,所以致使早期的经院哲学家无法直接从古希腊哲学中吸取更多的养料,因而它的内容显得比较贫乏。经院哲学的发展是与古希腊和阿拉伯哲学的输

---

① 参见赵敦华:《基督教哲学 1500 年》,人民出版社,1994 年,第 222—223 页。

入,尤其是与亚里士多德学说的输入密切相关的。在 12 和 13 世纪,亚里士多德的著作全被翻译成了拉丁文,同时一股研究亚里士多德的热潮也在拉丁基督教世界迅速蔓延开来。于是,在如何对待亚里士多德学说的问题上产生了三个派别。保守主义者(如圣安瑟伦、圣波那文等)将之视为异端邪说,仍然坚持传统的奥古斯丁—柏拉图主义。激进主义者(如拉丁阿维罗伊主义者)主张全盘接受亚里士多德学说。阿维罗伊(阿拉伯文名字为伊本·鲁士德)是阿拉伯杰出的哲学家。其哲学成就奠定在他对亚里士多德著作的详尽评注上。虽然他的哲学在穆斯林世界遭到了强烈的抵制,但在欧洲却有无数的追随者,从而以巴黎大学文学院为中心形成了所谓的"拉丁阿维罗伊主义"。该派继承阿维罗伊的"双重真理说",完全放弃对信仰和理性的调和,认为以理性为基础的哲学和以信仰为基础的神学各司其职,各有自己的研究对象、方法和达到真理的途径。它们之间不存在从属的关系。理性不能解决信仰范围内的问题,同样信仰也不能解决哲学领域的问题。这种将理性与信仰分离,从而赋予哲学以独立地位的做法必然导致对传统基督教权威和正统神学的否定。

以托马斯·阿奎那(1224 或 1225—1274)为代表的学者所走的则是折衷调和的道路。他既反对保守派武断地将亚里士多德学说拒之门外的做法,也反对阿维罗伊主义者将哲学与信仰彻底分离的立场。在他看来,信仰和理性并非水火不容,而是能够相互协调一致的。他将基督教所宣扬的真理分为两种:一为通过自然理性加以证实的哲学真理,一为通过信仰而获得的信仰真理。但是由于自然理性只能达到关于上帝的有限数量的真理,所以有一些只能靠信仰去获得。总之,在阿奎那看来,哲学真理和信仰真理只不过是人类获得同一真理——即上帝真理的两条不同认识途径而已。这样,他一方面坚持神学高于哲学的传统观念,试图以之防止人们用哲学去批判神学的做法,另一方面又肯定哲学在探索真理中的巨大作用,从而赋予哲学以相对独立的地位。同时,阿奎那运用亚里士多德的思想范畴和逻辑推理方法对所有的神学、哲学、伦理学、政治学等一系列问题都进行了卓有成效的研究,从而实现了基督教神学和古希腊哲学的第二次大融合。托马斯主义亦因之成为中世纪经院哲学最庞大的体系。

亚里士多德学说在西方的广泛传播引起了教会的恐慌。巴黎教区理事会和巴黎大学的章程先后于 1210 年和 1215 年明文规定:禁止传授亚里士多德的自然哲学。即便是温和的托马斯主义也遭到了保守派的谴责。但这一些都无法阻止亚里士多德学说的传播。至 13 世纪中叶,"这些禁令似乎已成了一纸空文。在 1255 年,文学院的成员实际上都已必须研究他们所知道的所有亚里士多德的著作"①。托马斯主义也取代奥古斯丁—柏拉图主义而成为新的理性化的权威神学体系。亚里士多德学说的输入不仅使辩证法成为经院哲学的操作原则,有力地刺激了经院哲学的发展,而且还使西方人在才智上的敏捷性和思想上的准确性大大提高了,从而为近代科学发展铺平了道路。正如论者所言,经院主义使我们"相信理性的力量和宇宙的理性,舍此近代科学就不可能产生"②。因此,那种认为经院哲学是繁琐的、堵塞人类才智的哲学的看法是不妥当的。

中世纪盛期西方文化的复兴还促进了西方教育组织形式的变革,即大学教育机构的兴起。大学在 12 世纪出现,至 13 世纪末发展到 24 所,其中意大利 10 所,法国 5 所,西班牙 5 所,英国 2 所,葡萄牙 2 所。至今仍极为著名的巴黎大学、牛津大学、剑桥大学等就是在这个时期诞生的。美国著名学者哈斯金斯在谈到大学的兴起时论道:"在这纷乱扰攘的岁月里,西方人却创造了一种更高级的学校,这恰恰是由于学术复兴而致……大学自然随着这一时期知识的扩张而产生。知识革命与知识机构的革命手挽手地前行。"③假如没有翻译运动所导致的知识上的革命,知识机构的革命又何以会发生呢!

"大学"这个词源于拉丁文的 universitas,这也是后来西方各国语言中"大学"一词的来源。该词是从罗马法中借用过来的,原意为经法律认可的社团或同业公会。在中世纪,这个词用途广泛,可适用于任何一个社团,后来才专用于大学。它是由学生或教师为共同利益而正式联合起来所形成的,类似于中世纪城市中的行会或同业公会(guild)。中世纪大学在管理方面形成了两种模式:一是由教师组成一个同业公会以管理大学,并由大学校长(chancellor)具体负责;一是由学生组成一个同业公会以管理大学,并最终取得对教师的控制权,即有权聘请教师和有权处罚、解雇不称职的教师。前一种模式为巴黎大学所创始,并为北部法国、英国和北欧绝大多数大学所施行。后一种模式则为意大利的波罗尼亚大学所创始,并为意大利、南法和西班牙的绝大多数大学所施行。

---

① 安东尼·肯尼:《阿奎那》,黄勇译,中国社会科学出版社,1987 年,第 32 页。
② 克里斯托弗·道森:《基督教世界的形成》(Christopher Dawson, The Formation of Christendom),纽约,1967 年,第 230 页。
③ C. H. 哈斯金斯:《12 世纪文艺复兴》(C. H. Haskins, The Renaissance of the Twelfth Century),剑桥,1927 年,第 368 页。

大学兴起后不久便出现了学院(college)。它最初是为那些需要资助的学生提供食宿的居处,后来逐渐发展成为大学内一个独立的自我管理的教育机构。一些西方学者认为,中世纪西方的学院是从阿拉伯人那里引进来的。早期的大学一般设有四个以学科为基础的学院(faculty):人文学院、神学院、医学院和法学院。各大学的学制和学位制基本上以1215年经教皇特使批准的《巴黎大学章程》为准。人文学院学制为6年。它基本上是从事基础性的人文科学教育的。大学的所有学生都必须通过该学院的本科课程,并且年龄满20岁后方可进入其他学院深造。医学院和法学院的学制亦为6年,但神学院的学制则为8年。各学院的学生在获得各科的学士学位后,经授课实习阶段方可获得硕士学位。硕士学位是对各学院教师资格的确认,那些获得教席的教师才是教授。

中世纪大学的兴起既是西方文化复兴的结果,同时它又成为培养人才、传播文化和知识的摇篮和基地。如巴黎大学是中世纪盛期欧洲的哲学研究中心,新输入的亚里士多德学说广泛传播的最重要阵地。而波罗尼亚大学则是欧洲的法学研究中心,"罗马法"复兴的基地。有志于法学的各国学子云集于此,研读罗马法,学成归国后则致力于罗马法传播。于是罗马法复兴的浪潮遍及西方大地,并以之为基础逐步形成了民法法系,即大陆法法系。可见,该时期的文化复兴是多方面的。众多著名的哲学家大都出自于巴黎大学,而众多著名的法学家则大都出自于波罗尼亚大学。中世纪的大学培养出了一批为各国宫廷服务的官员,一批为社会各阶层服务的律师,一批献身于理性思考的哲学家,一批献身于宗教的教士,如此等等。可以说,新兴大学所培养的无数优秀人才基本上满足了当时社会各方面的需要。

基督教与西方的日常文化生活 在西方中世纪早期动荡不实的社会环境中,天主教继续在各地传播,不断发展壮大,并最终成为中世纪西方占主导地位的思想意识形态。它不仅主宰了人们的精神世界,控制着教育和文化的发展,而且还左右着世俗的社会和政治生活。

天主教的基本观念主要包含在《圣经》之中。它主要包括"三位一体说""原罪说""救赎论""天堂地狱观"和"世界末日论"。这些信条围绕着这样一个观念而展开:人生来就是有罪的,而人类依靠自身是无法消除其罪恶的,只有依赖上帝才会得救,因此人们必须虔信和遵循上帝,在尘世刻意修行和多行善事,那么在世界末日到来之时才会进入天堂,否则就会进入地狱。天主教所宣扬的这种深深的负罪感,以及所刻画的恐怖的地狱景象牢牢地攫住了人们的心,而朦胧但又充满美好希望的天堂则又召唤着人们毫无条件地去坚信上帝,遵从其意志和教诲去行善事。可见,宗教虽然是对人的一种终极的关怀,但它的信义和教条却对人的日常行为规范做出了无形的限定,使之在充满希望和信心的道路上前行。

中世纪西方是一个信仰至上的时代,大多数人都信奉天主教的基本教义。为了真正获得上帝的拯救,人们虔诚地信奉上帝的教诲,遵从天主教所规定的"摩西十戒",即承认上帝的唯一性,不准妄称耶和华的名,守瞻礼主日,孝敬父母,勿杀人,勿偷盗,勿奸淫,勿妄证,勿贪他人之妻,勿贪他人之财物。同时,人们还应积极参加各种圣礼。概括起来说,天主教的圣礼主要有洗礼、坚信礼、告解礼、圣餐礼、婚配礼、授职礼和临终涂油礼。洗礼是一种入教仪式,其目的是祛除原罪罪污,将一新生命正式接纳为基督教徒。坚信礼是当一位孩童至7岁时所举行的一种仪式,其目的是为了使孩童坚定学习基督教的基本教义。告解礼是教徒定期向神甫忏悔自己罪过的一种仪式,其目的是为了清洗自己的灵魂,以求上帝的赦免。圣餐礼又称弥撒,它源于耶稣与其12位门徒所举行的"最后的晚餐"。在这次晚餐上,耶稣将一块饼分给其门徒并讲道:"这是我的身体。"他又将酒分给其门徒并讲道:"这是我的血,是为赦免众人的罪而流出来的。"故而在做弥撒时,领圣餐就成了主要的内容。其目的是为了加深神人之间的交流。而圣饼也就有了能治病、驱魔、避火等的神奇功效。婚配礼即为信徒结婚举行的仪式,其目的是为了增强婚姻的神圣性和恒久性。授职礼是为即将担任圣职的人举行的一种仪式,只有通过此种仪式,他方可有资格主持圣事。临终涂油礼则是教徒在临死时举行的一种仪式,其目的是为了赦免教徒一生的罪恶,以求为来世作准备。可以说,这些礼仪涉及到了人从出生直至死亡的整个人生旅途中的重要阶段。仪式是每一种宗教的重要组成部分,从某种程度上来说,它与信条一样重要。它不仅培育了人们的信仰,而且还培育了一种包括思维方式、生活原则、崇拜秩序以及文学艺术等在内的文化传统。基督教自然也不例外。

在中世纪西方,人民的日常文化生活也大多围绕着宗教节日而展开。在一年当中,天主教有众多的节日,其中最重要的有圣诞节、主显节、圣枝主日、复活节、圣灵降临节、耶稣升天节、圣母升天节、圣母诞生日。此外,还有许多其他礼拜圣徒的节日。在这些重大节日里,各种礼拜仪式和庆典活动也随之举行。如圣诞节不仅是全家团圆的日子,而且也是民众娱乐消遣的日子。众多地方为此专门设立一位事务总管,主持群众性的庆典活动,喜剧演员们戴上假面具,穿上滑稽可笑的服饰,在街头变把戏,或演戏剧、唱圣诞歌。在那些礼拜圣徒的节日里,也大都有一些群众性的娱乐活动。同时,许多商品交易会就在这些节日里进行,所以人们在节日里还常常光顾市集,进行休闲和购物。同时,从宗教庆典中还派生出了另外的一些节日,它们大多具有幽默或讽刺感。如法国许多城镇盛行的"驴子节"即是。其过程是一位漂亮的女孩骑在驴子上,象征圣母玛利亚逃往埃及,当驴子被牵到教堂时,就让它走近祭坛,屈膝跪拜,并聆听弥撒及赞颂它的圣诗,最后牧师及众人学三声驴叫,以示对这个救圣母和耶稣至耶路撒冷的动物的敬意。在割礼节(又称愚人节),法国许多城镇中的低级教士可以主持圣事,以报复平日里受神父和主教的管制。他们身穿女人的服装或反穿教士服。其中一人被选为愚人主教。他们朗诵粗俗的赞美诗,在圣坛上吃香肠,在下面玩骰子,在香炉里烧破鞋。可见,在严肃的宗教节日,人们也不失时机地寻找快乐,以发泄日常的郁闷和压力。此外,朝圣也是人们宗教活动中不可缺少的一部分。那些虔诚的善男信女们为了获得救赎,为了寻求神奇的疾病治疗纷纷踏上朝圣之路。朝圣地点也相当多。据统计,在13世纪末,经教会认可的朝圣地就有近1万个,其中最著名的有三个:即西班牙的孔波斯特拉的圣詹姆斯大教堂、罗马的圣彼得大教堂和耶路撒冷各圣所。当然朝圣的目的也具有世俗的因素,那就是离开乏味的出生地,摆脱日常狭隘的生活圈子,去外地观光旅游,寻找奇遇,这自然也促进了各地之间的文化交流。总之,这一系列的宗教节日不仅是民众祈求永生、祈求幸福与理想实现的日子,而且也是民众进行相互交流(既包括物质的也包括思想的)、休息和娱乐的日子。它们不时打断人们的那种固定而又单调的生活模式,从而调节着他们的生活节奏。宗教的和世俗的戏剧、音乐、歌舞等文学形式也由此而得以繁衍。

所有这些宗教活动都是在天主教会的主持下展开的。教会通过自上而下的教阶制度,建立起一种独立于世俗统治的神圣体制。它不仅占有大量的地产,成为西欧最大的封建主,而且还在欧洲树立起了罗马教廷的最高权威,并成为一个国际神权政治的巨大中心。不论是在城市还是在最偏远的乡村,它都有专门的神职人员在从事宗教活动。同时,教会还设立修道院,专门接纳从事隐居修行的人士。修道院不仅是集体修行的场所,而且还起着文化传承和教育的功能。所以道森将修道院制度视为西方文化传统形成的重要因素之一。① 可以说,在西欧,教权成为了一种独立的与俗权相抗衡的东西。教会不仅通过其统治网络控制着人们的行为和思想,而且还通过教会法对之加以约束。在中世纪,教会法逐渐形成了一种独立的法律体系。其内容不仅涉及宗教事务本身,而且还涉及世俗事务如婚姻、财产、继承、契约、诉讼程序等。它与世俗的法律(尤其是罗马法)并行不悖,成为中世纪西方重要的法律体系,并对后世西方的法学理论、法律观念和原则等产生了深刻的影响。

贵族骑士文化 不同的社会阶层各有自己喜爱的生活方式,由此也就产生了风格各异的文化。骑士制度源于中世纪西欧的采邑制和封君封臣制。骑士既是一位封臣也是一位战士,但其主要职业就是进行军事训练和打仗。

一个人要成为一名合格的骑士,他需要一个长期的训练过程。一般来说,一位贵族往往将自己的儿子(年龄大约在七八岁)送往较高级的贵族家中做侍从。平时,他主要做贵妇人的侍童,侍奉贵妇人,学习众多礼仪,尤其要学习如何讨女主人的喜欢,并树立起甘愿为女主人而献身的精神。当男主人外出时,他便追随左右,学习如何打仗。到21岁时,经过隆重的授封仪式,他才成为一名真正的骑士。正是这种特殊的社会环境和生活方式塑造了一种所谓的"骑士精神"。其核心就是效忠主人、勇敢顽强、注重荣誉、保护弱者、护卫基督教、尊崇女性。所以论者认为,骑士精神这种封建贵族的生活方式是封建的、宗教的和宫廷的三种精神的总和。其封建性的特征在于骑士的好战品质,其宗教性的特征在于骑士伦理的宗教影响,其宫廷性的特征在于骑士所追求的浪漫的爱情理想。②

骑士是以战争为职业的。但在平时无仗可打时,参加军事训练就成为其生活的主要内容。后来它逐渐演变成骑士"比武大会"。据文献记载,最早的比武大会发生在1127年。当然,其实际发源的时间肯定比这还要早。比武大会就是一种军事竞技,有类于今日的"国际军事五项"。同时,比武大会也是一个重大的世俗节日,它为贵族骑士提供了一种社交和运动的机会,也为群众提供了一个观赏和娱乐的机会。贵族的休闲活动自然要更为

---

① 参见克里斯托弗·道森:《宗教与西方文化的兴起》,长川某译,四川人民出版社,1989年,第3章。
② D. J. 基那克普罗斯:《中世纪西方文明和拜占庭及伊斯兰世界》(D. J. Geanakoplos, *Medieval Western Civilization and the Byzantine and Islamic World*),来克星顿,1979年,第353页。

丰富多彩,狩猎是他们极为喜欢的运动之一。在法国,这种狩猎活动还发展成为一种复杂的典礼和社交礼仪。此外,赛马、射箭、拳击、摔跤及各种球类运动也受贵族喜爱。

对于从事战争职业的骑士,教会也极力将其行为纳入到基督教伦理的轨道上来,使其为上帝而战。早在加洛林王朝之时,就开始形成为骑士布道的传统,即在开战前,教士为其做弥撒,而骑士则随身携带圣物。同时,教会也极力宣扬那些为保卫基督教和反对异教徒而战的骑士,将获得永生。这样,骑士也就顺理成章地成为了"基督教战士"。而延续近一个世纪的"十字军东征"就是在教皇的鼓动下展开的。

追求浪漫的爱情这一骑士精神的出现则相对较晚,大约出现在 11 世纪末。人们通常将这种爱情称之为"骑士之爱"或"典雅之爱"(courtly love)。其不同于以往爱情的特点就是专注于对已婚贵妇人的爱。那么这种骑士之爱何以会产生呢?骑士自小所处的环境和所受的训练是骑士之爱产生的社会基础或根源。因为,自幼便侍奉贵妇人,并学习效忠和尊崇妇人之道,这很容易使他们形成一种特有的对女性的爱的观念。当他们成长为一名合格的骑士之后,这种爱便往往步入骑士之爱的轨道上。但这只是其所产生的土壤,若无人对骑士之爱这朵爱情之花进行适时的培育和浇灌,那么它也难以开放。而游吟诗人(troubadour)就是这朵爱情之花的培育者。

游吟诗人最早于 11 世纪末出现于法国南部的普罗旺斯地区。他们所创作的抒情诗有一个普遍主题,那就是讴歌骑士对贵妇人的爱,即骑士之爱。这种抒情诗的出现一方面是受阿拉伯抒情诗的影响,另一方面则是普罗旺斯地区那种开放的和充满生机与活力的社会文化环境所致。这种抒情诗伴随着游吟诗人的外流而传播到了欧洲大陆的各拉丁基督教王国。可以说,游吟诗人既是骑士之爱的培育者也是其传播者。

作为骑士爱情理想的代言人,游吟诗人对这种爱做了广泛的阐释。首先,这种爱是建立在相互的爱和男女平等的基础之上的。一位游吟诗人在自己的诗歌中唱道[①]:

> 完全一致和同意,
> 这便是真正的爱者之爱。
> 两人会发现完全相同的旨趣。

---

① 下面两首诗转引自柯劳迪·马卡斯:《香客、异教徒和求爱者》(Claude Marks, *Pilgrims Heretics and Lovers*),纽约,1975 年,第 169、223 页。

另一位游吟诗人也讲道：

你为何声称爱我，
然后将所有的痛苦留给我？
因为我们没有平等的爱。

在骑士看来，一位男士不能凭借其权势强求一位女士爱他，同样一位贵妇人也不能蔑视向她求爱的身份较低的骑士。被誉为"第一位游吟诗人"的古尔汉姆七世是阿奎丹的公爵和普瓦捷的伯爵，但他向一位妇人求爱时则谦恭地称她为"我的主人"。而阿拉冈国王阿尔丰索二世也认为，权贵不可为了征服一位有品德的女士而夸耀其权势。可以说，在骑士的心目中，爱就是一场公平的竞技比赛，它在两位平等的男女之间展开。

其次，骑士之爱是一种掺杂着适度肉欲的理想化的爱。这在抒情诗中体现为对远方贵妇人(faraway lady)的爱。对于其所爱慕已久的贵妇人，年轻的骑士甚至不曾谋面。古尔汉姆七世唱道："我有一位女主人，我不认识她……虽然我从未见过她，但我却爱她。"[1]这种歌颂远方贵妇人的爱已成为其中的一个主题。确实，骑士之爱不是以婚姻为目的的，它不可能发展为实际的婚姻。因为在中世纪西方的现实生活中，婚姻往往基于政治或经济利益而不是相互的爱。所以当时的一位贵妇人香槟的玛丽就指出："这种理想的爱不曾存在于已婚夫妇之间。"可以说，骑士之爱只不过是年轻骑士和贵妇人寻求精神上满足的爱情港湾而已。

骑士阶层不仅创造了自己的一种独特的生活方式，而且还造就了一种独特的文学形式——骑士文学。除了抒情诗之外，骑士文学还包括骑士传奇。在早期，它主要描写骑士的冒险生活，但后来其内容亦以描写骑士的爱情经历为主。于是在13世纪，恋爱的信仰似乎已代替了宗教信仰。

在中世纪那种对女性存有极端偏见的社会文化环境当中，骑士之爱却造就了一种尊重女性、保护和帮助女性的风气，并使其成为骑士阶层的一种道德规范。这不仅有助于中世纪女性地位的改善，而且还有助于将一个举止无礼、言谈粗鲁的骑士阶层塑造成讲文明礼貌的阶层。这一些对于近代那种基于相互的爱为基础的婚姻观和绅士道的形成都产生了深远的影响。[2]

---

[1] 柯劳迪·马卡斯:《香客、异教徒和求爱者》,第69页。
[2] 关于"骑士之爱"或"典雅之爱",参见徐善伟:《典雅爱情的特征及其社会影响》,《上海师范大学学报》2003年第6期。

市民文化 中世纪西欧特殊的政治环境使城市获得了不同程度的自由或自治。这种自由或自治城市的出现及其繁荣则导致了西欧社会一种独特的文化样式——市民文化的出现,尽管它并不超脱于统一的西欧基督教文化之外。

作为一个独立自主的政治单位,西欧城市发展了一种独特的政治文化。城市的政治体制基本上类似于希腊化时代和罗马帝国时代的自治城市。它设有市政长官、市民大会或市民代表大会、市议会、市法庭等。市民大会或市民代表大会拥有选举市政官员、市议员和参与立法权。从理论上来说,每个市民都享有一定的选举权和被选举的权利。而且为了避免城市政权长期落入最富有的城市上层人手中,许多城市还规定了市长任职的年限。可以说,西欧自由城市在新的历史条件下继续了西方自古典时代以来所创立的民主制度,而市民也在这种政治文化氛围的熏染下,将一种民主传统保存了下来。伴随着西欧封建制度的衰落和资本主义的兴起,市民逐渐发展成为一股外在于封建社会的力量,从而成为西方民主政治生活中的一支生力军。

作为一个以工商业为主的经济中心,西欧城市还促进了西欧学校教育(尤其是大学)的兴起和发展,促进了西欧文化向世俗化方面的发展。工商业者所需要的是受过实际训练的能写会算的雇员,而不是宗教人员,所以他们提倡一种世俗教育。许多不受教会控制的世俗学校应运而生,其中大多是私立学校。在12世纪,佛兰德尔就出现了世俗学校。工商业发达、城市繁多的意大利的世俗学校最多。在13世纪后期,仅佛罗伦萨就有6所珠算学校,在校学生达1100多人。不久,这种趋势就迅速扩大到了西欧各个城市。城市学校和大学的出现及发展无疑是城市经济发展的一个结果,是城市革命的一个重要组成部分。它们成为传播新的知识的中心,从而对传统的知识中心——修道院提出了强有力的挑战。而在城市学校和大学中以写作和传授知识为业的知识分子也应运而生。作为城市市民中的一个特殊的阶层,他们有自己鲜明的性格特点,正如论者所言:他们"作为一种性格执拗的人,冒有陷入冥思苦索的危险。作为科学工作者,等待他们的是辛劳憔悴……在理性背后有对正义的激情,在科学背后有对真理的渴求,在批判背后有对更美好事物的憧憬"①。正是他们开动着学校和大学这艘巨大的航船,为知识的传播和文化的进步不懈地工作。

正如贵族骑士阶层造就了骑士文学一样,独特的城市生活也造就了别

---

① 参见雅克·勒戈夫:《中世纪的知识分子》,张弘译,商务印书馆,1996年,第3页。

具一格的市民文学。它包括散文或诗歌形式的寓言故事。其显著的特点是具有浓郁的讽刺性和批判性。其中《玫瑰传奇》和《列那狐的故事》最为有名。它们曾经在12至13世纪广为流传。《玫瑰传奇》的前半部分为德·罗利斯所作,着重描写的是贵族式的典雅爱情。后半部分为德·杰恩所作。杰恩的续作已超出了罗利斯狭窄的爱情题材,着重表达的是反教权主义、反贵族主义的思想。他以隐喻、梦幻的手法,揭露并嘲弄了那些不学无术的肥胖的纨绔子弟、沉湎于酒肉而到处以谎话骗人的修士、为取悦男人而整日留恋于梳妆打扮的妻子等等,表现出他不受权威左右的反传统个性。《列那狐的故事》则几乎完全致力于讽刺封建国王、贵族和教会的劣迹。象征市民的列那狐周旋于强大的狮王(象征国王)与熊和狼(象征贵族)、笨驴(象征教会)之间,以其机智、狡猾和智慧处处得胜。此外,在公元12世纪末至14世纪初流行于法国的散文小故事,则以短小精悍的篇幅,讽刺和嘲弄的笔法,描绘了教士、骑士、法官等的丑恶德行,以及城市上层分子的贪婪、冷酷和自私。市民文学既反映了城市市民的性格特征:即狡猾、机智,同时又赋予其一种合理的地位加以肯定。可以说,市民文学的主题普遍具有一种反传统的精神。而这种反传统的精神被"哥利亚德"这个特殊的城市知识分子团体推向极致。

"哥利亚德"的绝大多数成员是贫穷的流浪学生。他们不受任何约束,以求知为目标,为追随自己所喜爱的老师而在各个城市间穿行。他们用拉丁文创作了大量的诗歌。与教会的宗教诗歌不同,他们的诗歌被称为"世俗的拉丁诗歌"。也正是通过他们的诗歌,我们了解了这些流浪学生。哥利亚德具有一种叛逆的特性,他们站在市民的立场上,将批判的矛头对准传统社会秩序的所有维护者——教皇与僧侣、国王与贵族甚至农民。他们对前两个阶层的批判,其激烈与深刻程度可与文艺复兴和宗教改革时代相媲美。他们严厉谴责天主教会:

> 天主教教士的制度,
> 遭到了世俗的鄙视;
> 修女沦落作婊子,
> 贵妇人变成了卖淫妇。

他们严厉谴责贵族们与生俱来的等级特权:

> 贵族是美德使他高贵的人,
> 卑贱者是不带一点美德的人。

他们还针锋相对地提出了一种作为高贵者的新的标准,那就是人们的实际功绩。他们也厌恶那些粗野的农民。这一切都充分反映出他们是一群"离经叛道"的批判现实主义者。因而,他们被当时的人们看做是"流浪汉""浪子""花花公子"。①

哥利亚德不仅对社会持激烈的批判态度,而且在道德上也表现出放荡不羁、玩世不恭的反叛精神。他们以玩乐、酒和赤裸裸的爱情为伴,并对之极尽歌颂。其中,最具代表性的一首诗歌唱道:

> 美丽的姑娘使人心醉,
> 我日思夜想不能入眠;
> 即使我不能与她相见,
> 也要天天将她来思念。
>
> 第二,我是个冒险家。
> 一旦我无衣受冻寒,
> 我心中温暖似火烧,
> 因为我有诗和歌。
>
> 第三,我想到的是酒馆。
> ....
> 我想就死在酒馆,
> 酒滴沾在嘴唇上;
> 天使高唱欢乐颂:
> 上帝怜悯这醉汉。
> ....
> 我需要的是享乐,
> 当然远不是拯救;
> 我的心已经死去,
> 还是先满足肉体。②

在中世纪的盛期(尤其是12世纪),自由的城市生活的日益复杂化,外来文化(阿拉伯和古希腊文化)的强烈冲击,在市民阶层(尤其是城市中的

---

① 以上引文及哥利亚德对社会的批判,参见雅克·勒戈夫:《中世纪的知识分子》,第1章中的"社会批判"一节。
② 菲利普·沃尔夫:《欧洲的觉醒》,郑宇建、顾犇译,第189—190页。

青年学子)中导致了一种大无畏的反传统精神。这种精神虽然伴随着中世纪盛期的结束而逐渐告终,但它却成为中世纪社会和文化发展的一股强劲动力。而有着鲜明特色的市民文化也反映出中世纪西欧社会在文化上是多元的和多样的。

基督教艺术 中世纪的基督教艺术以诉诸人们感官的方式传达着基督教的理念。不论是庄严耸立的教堂,还是纷繁各异的雕塑和壁画,肃穆凝重的音乐都传达着有关上帝的信息。概括起来说,中世纪的艺术和建筑风格分为罗马式和哥特式两种。

罗马式建筑发源于中世纪早期,并在 11 世纪晚期和 12 世纪达至繁荣。由于它在许多方面采用了古罗马的建筑样式和风格,故而 19 世纪的艺术史学家便将该时期的建筑艺术称为"罗马式",意思是"与古罗马建筑相似"。罗马式建筑的主要特征便是:拱顶或穹隆的广泛采用、厚实的墙壁和支柱、狭小的窗户。从外部看,它粗重、朴实,但内部幽暗的光线、袭人的凉气则使每一位进入其中的人顿时产生一种神秘感和敬畏感。著名的罗马式教堂甚多,其中比较典型的是意大利的比萨大教堂(建于 1063 年)和米兰的圣安布罗斯教堂(建于 1098 年),法国图卢兹的圣塞南教堂(约建于 1080—1120 年)和摩塞克的圣彼得教堂(建于 12 世纪初),德国的美因茨大教堂(建于 987 年)和沃姆斯教堂(建于 1110 年),英国的达勒姆教堂(完成于 1133 年)等。附属于教堂的雕刻和绘画一方面起着美化和装饰的作用,但尤为重要的是它还起着一种宗教教育的功能。因为它们大都以圣经为题材,描绘的是圣迹,如基督升天、末日审判等。在图卢兹的圣塞南教堂的米耶日维勒大门的门楣中心,其上的雕刻所描绘的就是基督升天的故事。处于画面中心的基督高举双臂,在两位天使的帮助下,正在向上升起,而在他两边的一对天使则手握十字架向基督致敬。在文盲遍地的中世纪,雕刻和绘画则成为教会向信徒进行宗教教育的生动教材。雕刻主要出现于教堂正门、柱头和祭坛,而壁画、镶嵌画和玻璃窗画则用来装饰教堂巨大的内部空间。不过,在罗马式教堂中,镶嵌画主要局限于意大利。除了教堂内的装饰性绘画外,在圣书中也往往绘有彩色的插图,即所谓的彩锦画。从艺术的角度来看,这些罗马式的雕刻和绘画作品具有程式化和概念化的缺陷。正如论者所言:"忽视正常人体的各部位而强调精神上的特质的作法,是这个时期的艺术的风格。"[1]

---

[1] 苏珊·伍德福特等:《剑桥艺术史》,罗通秀、钱乘旦等译,第 230 页。

在12世纪,一种新的建筑风格悄然兴起,它与罗马式建筑争奇斗妍,并逐渐取代后者成为其后建筑艺术的主流。它就是哥特式建筑和艺术。哥特式建筑最早兴起于法国巴黎附近地区,其后才逐渐流行于西欧各地,故而在开始时这种风格被称为"法国式"。在文艺复兴时代,崇尚古典文化而贬低中世纪的人文主义学者便轻蔑地称之为"哥特式",即野蛮的哥特人的拙劣艺术。在今天,人们虽然仍沿用该名称,但已不含贬义了。哥特式建筑的突出特征便是:尖拱、棱状穹隆、复杂和华丽的装饰、较薄的墙壁、宽大而明亮的窗户和彩色玻璃的运用等。这些变化更增加了教堂作为集体宗教情感表达场所的作用。新的建筑技艺的运用既改进了原有的建筑结构,同时又取得了意想不到的宗教效果。如尖拱的使用不仅解决了工程学上的难题,而且还因其延伸向上而使它获得了一种上升的动势,从而使入内者产生一种空幻的感觉。宽大的窗户增加了教堂内的明亮感,而其上的大块彩色玻璃则更能传达信徒的宗教观念。因为,在他们看来,鲜明的色彩会引导他们接受神的启示,导致他们对上帝的理解。哥特式建筑的杰出代表是法国的夏特尔教堂(始建于1145—1155)、巴黎圣母院(始建于1163)、兰斯教堂(始建于1210),英国的坎特伯雷大教堂(始建于1174)、索尔兹伯里大教堂(1220—1260)、威斯敏斯特大教堂(1245),德国的科隆大教堂(1235—1283)、乌尔姆教堂(1377),意大利的米兰大教堂(1386)等。

哥特式建筑的一个最大特点便是装饰艺术的极为发达。除了雕刻、壁画和镶嵌画外,彩色玻璃画尤为引人注目。它已经成为哥特式建筑中一个必不可少的组成部分。可以说,它是哥特式建筑艺术的一个表征,如夏特尔主教堂的圣母彩色玻璃画就是其中的杰作。该画位于内殿的窗子上。它以红色和蓝色为基调,圣母头戴冠冕,其上闪着光轮,如同天国的王后。耶稣坐在她的膝上,两侧则是手握烛台并摇动着香炉的天使,而圣母的头上有一只白鸽飞过,这便是圣灵的象征。

哥特式雕刻和绘画开始突破罗马式的那种程式化和概念化的缺陷,将理想化的表现和写实主义加以融合,从而使人物更富于个性化和逼真性。尤其是在哥特式艺术的后期,艺术题材的世俗化也不断增强。上述这些方面的转变则为文艺复兴时期艺术上的根本变革打下了基础。

2. 拜占庭—东正教文化

当西罗马帝国在蛮族入侵的浪潮中土崩瓦解并陷入所谓的"黑暗时代"的时候,东罗马帝国(即拜占庭帝国)则因成功地抵御住了蛮族的进攻而保持了社会与文化的繁荣和发展,并在新的社会条件下形成了独具一格的文化传统,而拜占庭文化也伴随着东正教在东欧广泛传播,从而形成了东正教文化区。

拜占庭文化的渊源与特征 自从公元395年东、西罗马帝国分道扬镳之后,两者便开始走向各自独立发展的道路。由于拜占庭地处原罗马帝国东部的希腊语区,加上长期以来该地区东西方各民族及其文化的相互融合,因而其文化渊源除了希腊和罗马文化、基督教文化之外,东方文化影响也是一个极为重要的方面。因此,与拉丁西方文化传统相比,拜占庭文化有其独特的方面。概括起来说,它主要有如下几个方面的特征。

首先,拜占庭帝国承袭了原罗马帝国的政治体制和法律系统。在专制政体之下,皇帝将一切都纳入自己的控制之下,东正教自然也不例外。这种将宗教置于国家政权掌握之中的做法便因袭于罗马帝国的政治传统。而在拉丁西方世界,教会则成为一种独立的与世俗政权相抗衡的力量。教权、王权和诸侯这三种势力相互制约,从而为后来西方政治体制的发展产生了极大的影响。拜占庭帝国不仅完全继承了罗马法,而且还不断将之加以完善,从而最终使其成为一个完备的法律体系。拉丁西方的罗马法复兴也有赖于此。而拉丁西方的法律体系则是蛮族习惯法、教会法和罗马法三者的混合物。

其次,拜占庭帝国有着浓厚的希腊文化传统。虽然拜占庭的统治者以罗马帝国的继承者自居,但是由于自希腊化时代以来所形成的希腊文化传统已在该地区扎下了根,所以随着岁月的流逝,希腊文化已渗入到了拜占庭帝国的方方面面,成为拜占庭文化的一个源泉。早在罗马帝国时代,希腊语就一直在东部地区流行。在公元7世纪,它不仅取代拉丁语成为帝国官方和学校教育的通用语言,而且还成为文人、宗教礼拜以至普通大众的日常生活语言。众多古典希腊作家的著作亦广为人们所诵读。当阿拉伯人和拉丁西方人重新燃起对古希腊学问的热情时,他们都曾派人到拜占庭搜求古希腊人的书籍。可以说,拜占庭成为中世纪地中海世界古典希腊文化的堡垒或基地。而在拉丁西方,拉丁语则成为通用的语言。在公元6世纪末,当拉丁语不再为拜占庭人所青睐时,希腊语亦几乎完全为拉丁西方人所遗忘。从此,这两个地区的人们在文化上的隔阂也因之而不断加大。

再次,拜占庭文化的东方化亦十分明显。拜占庭帝国处于东西方文明的交汇点上,加之境内东方民族众多,所以各民族和各种文化相互融合的现象也极为突出。实际上,希腊和罗马人在向东方推行其文化的同时也不知不觉地东方化了。拜占庭帝国则犹有过之而无不及。可以说，拜占庭文化的东方化是全方位的。从文学、建筑、音乐，以至衣食和风俗习惯等都无不打上东方民族的烙印。如拜占庭建筑在风格和装饰艺术上都受到了东方各民族(如叙利亚人、波斯人和阿拉伯人)的影响。拜占庭音乐大都出自叙利亚乐师之手，而许多宗教赞美诗虽然是用希腊文写成的，但其韵律则是叙利亚式的。即便是最高统治者——皇帝也有一些是具有东方民族血统的人。如利奥三世就是叙利亚血统的人，而希拉克略和巴西尔则是亚美尼亚血统的人。他们对于拜占庭文化的东方化无疑起了推波助澜的作用。而拉丁西方的文化则深深地打上了日耳曼人的印记。

第四，拜占庭文化深深打上了基督教的烙印。作为帝国之国教的东正教，其影响可以说是无孔不入，从思想观念、文学艺术，以致人们的日常社会和文化生活。在拜占庭帝国的那种特定的社会历史环境之下成长起来的东正教，也形成了有别于罗马天主教的一些东西。如在经典和教义方面，东正教只承认公元325—787年间的7次基督教大会的决议，至于其后罗马天主教大会所做出的决议，它则一概不予承认。此外，在"三位一体说""炼狱说"、童贞女玛利亚受孕及其肉体升天之教理等方面，东正教亦与天主教存在着分歧。在礼拜仪式、宗教节日、教阶制度，乃至教历、教士服饰、教堂建筑样式等方面，东正教亦与天主教存在着差别。长期以来所逐渐形成的这些差别也是导致两者最终分道扬镳的根本原因。①

文化上的差异使得拉丁基督教世界和拜占庭世界相互间的隔阂也逐渐加深。在公元10世纪后期，德意志皇帝鄂图一世为了争夺"罗马皇帝"的称号，曾派克雷蒙主教柳德普兰德出使君士坦丁堡。当这位主教离开君士坦丁堡时，竟在其下榻宾舍的墙壁上留下了这么一首打油诗：

希腊人啊，不可信；他们天生就是些背叛鬼；
不要留意他们的诺言，不论他们说得多么天花乱坠。
若谎言能助之，他们会指天发下弥天大谎，
一旦时机到来，他们会不顾一切违背从前的诺言。

而当他于969年返回德国之时，他即刻上书鄂图一世。书中讲道："在受到可怜的欢迎之后，我们就被安排到了最糟糕、最令人恶心的寓所中。软禁我们的宫殿自然又宽敞又明亮，但它既不能挡风避寒又不能遮阳驱

---

① 详细情况参见乐峰：《东正教史》，中国社会科学出版社，1999年，第3章，第6节。

热……更为糟糕的是,希腊人的酒令人难以下咽,因为里边掺杂了树脂、石膏……"①至于酒里到底添加了何种佐料,他也搞不清楚,只觉得它味同树脂、石膏。而拜占庭人也根本看不起拉丁西方人,认为他们是一些头脑简单、四肢发达的野蛮人。这种因文化上的差异所造成的东西方基督徒间的隔阂由此可见一斑。当然,这种局面的形成一方面归咎于他们各自不同的社会文化环境,另一方面则归咎于两地区长期以来相互交往的减少。因为自日耳曼民族入侵以后,两地区的联系便逐渐疏远。尤其是在阿拉伯人兴起之后,作为从前连接东西方之纽带的地中海则完全为其所控制,拉丁西方人几乎完全被局限于欧洲内陆。此种状况一直延续到11世纪。这无疑是导致拜占庭与拉丁西方出现互不理解的一个重要原因。

拜占庭文化发展的两次高峰 拜占庭帝国的文化发展经历了两次高峰。其一是在查士丁尼时代,其二是在公元9世纪至11世纪。查士丁尼皇帝统治时期(527—565),拜占庭帝国不仅经济繁荣、政政显赫,帝国的版图也通过对外征服而得以扩大,而且在学术和文化上也趋于高涨。也正是在该时期,拜占庭帝国内的各种文化因素才最终熔为一炉,从而形成别具一格的文化传统。在查士丁尼时代,拜占庭帝国的文化成就集中体现在法典的编纂和圣索菲亚大教堂的建立上。

查士丁尼即位之初,便命令以特里波尼安为首的10位法学家,去搜集、整理罗马帝国所遗留下来的司法案例、法学理论和帝国法令,并最终编纂成四种:即(1)公元529年颁布的《查士丁尼法典》(共10卷),内容包括自哈德良皇帝至查士丁尼时代(止于公元534年)历代皇帝所颁布的法令,至公元534年,该法典又被作了修订;(2)公元533年编定的《学说汇纂》(共50卷),是罗马历代著名法学家言论的汇编;(3)亦于公元533年编定的《法学阶梯》(共4卷),是一本简明的法学教科书;(4)《新律》,主要收集了公元534年之后查士丁尼所颁布的法令,并不断随时加以增补。这四部法律文献后来被人们统称为《民法大全》或《国法大全》。《民法大全》将散乱的罗马法律文件加以系统的收集,并且还结合时代的需要不断予以增补,从而成为西方历史上第一部系统、完备的法典。1135年,意大利的法学家在本土发现了《民法大全》的原稿手抄本,由此引发了拉丁西方12世纪的罗马法复兴。在近代,大多数的西欧国家、巴尔干半岛各国、拉丁美洲各国、俄罗斯等在制定宪法或法令时都曾参考过该法典。它对后世的巨大影响是显而易

---

① D. J. 基那克普罗斯:《中世纪西方文明和拜占庭及伊斯兰世界》,第125—126页。

见的。

在查士丁尼时代,拜占庭艺术进入了所谓的"第一个黄金时代"。自然主义的希腊—罗马艺术似乎已对它丧失了吸引力,而推崇象征主义的东方艺术则为之所青睐。可以说,拜占庭艺术正是这两者相互糅合而产生的,当然它还加上了基督教的特质。圣索菲亚大教堂则是其最好的体现。

尼卡起义(532年)使帝国首都的众多建筑物遭毁坏,这看起来似乎是坏事,但却为查士丁尼重建新都提供了一个绝好的机会,同时也为新的建筑艺术的出现打开了方便之门。圣索菲亚教堂是以献给上帝的名义修建的。为了重建该教堂,查士丁尼从小亚西亚召集来两位最有名的建筑师安提米乌斯和伊西多进行设计和监督,动用了1万名能工巧匠,耗资32万磅黄金(相当于1.34亿美元),历时5年10个月才最终完成。在结构上,该教堂不再沿用传统的大厦形式,而是采用新的样式——"集中式",即采用穹顶。在内部装饰上,圣索菲亚大教堂更是令人瞠目结舌。五颜六色的大理石、精雕细琢的石刻、华丽无比的镶嵌工艺使教堂内灿烂辉煌。希腊—罗马和东方的艺术与基督教的情感有机地融合在这座杰出的建筑当中。圣索菲亚大教堂既是拜占庭艺术发展的开始和一个高峰,也是拜占庭帝国繁荣昌盛的一种体现。

拜占庭式的绘画艺术也极为发达。壁画、镶嵌画和彩色插图等都达到了相当高的艺术水平。如镶嵌画色彩绚丽,极富感染力,彩色插图则起着装饰和美化书籍的作用。这些艺术品的题材大多是宗教性的,但也有些是世俗性的。彩色玻璃的使用则成为拜占庭式建筑的一大特征。拜占庭建筑和艺术中这种追求艳丽的色彩、华丽的装饰和永恒既体现了人们的宗教情感,也体现着拜占庭统治者崇尚奢华的品性。

公元7至8世纪是拜占庭历史上的一个内忧外患的时期,也是学术和文化上的暗淡期。然而自公元9世纪开始,拜占庭文化又重新走向复苏,并迅速达至繁荣,从而形成了拜占庭文化发展的第二个高峰。正是在这个时期,拜占庭文化走向了成熟。

在阿莫里亚王朝时代(820—867),拜占庭帝国的教育步入正常发展的轨道。著名的拜占庭宫廷大学就在该时期建立,并在马其顿王朝时代走向兴盛。该大学的招生对象为贵族子弟,成绩合格者则免收学费。众多著名学者被招聘到该校任教,由政府支付给高薪。拜占庭大学不仅汇集了许多著名学者,如大数学家利奥、大学问家佛提乌斯和"哲学家之王"色卢斯等,而且还吸引了来自各地的学子。具有"斯拉夫使徒"之美誉的里西尔和"贤君"称号的利奥六世都曾就学于此。当然,该时期拜占庭教育的兴盛与统治者的提倡是分不开的。利奥六世和君士坦丁七世不仅都是君王学者,而且都以潜心向学,厚待学者,扶持教育而闻名天下。他们的文化政策无疑有助于一种尊师重教、崇尚学问的良好社会风气的形成。教育和学术的发展离不开书籍。在该时期,各种公、私图书馆普遍出现,其中还保存了大量的古典著作。所有这一切都为学术和文化的兴盛提供了有力的保障。

在该时期,拜占庭的学术发展以综合见长。学者们大都是一些博学家,他们精通多种学问,所以他们的学术旨趣也大都集中在综合性著作的编纂上。如佛提乌斯不仅精通神学、哲学、法学、史学、文法、修辞学,而且还通晓医学等自然科学。正是凭着这种广博的学识,他编纂了《群书摘要》一书。此书共包括280多种图书的摘要,内容涉及各类学科。此外,君士坦丁七世倡议编纂的《历史学家的世界史》(是马其顿王朝时代历史学家们的著作汇编)、康士坦丁·西法拉士编纂的《希腊诗集》、修达斯编纂的百科全书式的希腊字典、爱及那的保罗编纂的医学百科全书等都是该时期重要的学术成果。

在这一时期,拜占庭艺术又获得了新的发展,从而导致"第二个黄金时代"的出现。不仅首都君士坦丁堡成为地中海世界最为繁华和美丽的国际性大都市,而且帝国其他地区的城市也按照首都的建筑艺术样式装扮起来。同时,拜占庭艺术出现了一些新的特点。其一,艺术风格上的东方化色彩更为浓厚。如亚美尼亚血统的皇帝巴西尔一世就将亚美尼亚式的艺术广泛引进到拜占庭。其二,在题材上,拜占庭艺术的世俗性更为增强。一些反映历史和现实的作品代替了原先的宗教题材的作品。

自12世纪开始,拜占庭国势渐衰,但在文化方面却仍然有所发展,并出现了一种新的气象,那就是复古主义的盛行。古典希腊作家成为文人墨客极力追逐和效法的对象。尤其是从13世纪后期开始,拜占庭绘画艺术越来越专注于情感的表达,更富于动感和个性化,即更富于现实性和人性化。这无疑是复古主义所带来的一个后果,同时还直接给意大利文艺复兴早期现实主义艺术的出现以巨大的启示。

东正教传播及其东正教文化区的形成 野蛮、落后的斯拉夫人走向文明开化,显然有基督教的一份功劳。在公元9—10世纪,斯拉夫人陆续接受了基督教文明。具体说来,西斯拉夫人(即今日的捷克、斯洛伐克和波兰人)与南斯拉夫人中的保加利亚和斯洛文尼亚人接受了罗马天主教,而东斯拉夫人与南斯拉夫人中的塞尔维亚和克罗地亚人则接受了东正教。

公元 862 年，摩拉维亚国王为避免罗马天主教会的侵蚀，主动遣使到拜占庭，请求派一名懂斯拉夫语的希腊教士到其王国帮助传教，于是君士坦丁堡大教长派里西尔及其兄弟麦索迪亚斯前往。公元 865 年，保加利亚大公鲍里斯率其臣民皈依了东正教。大约与此同时，塞尔维亚人也接受了东正教。公元 988 年，基辅罗斯大公弗拉基米尔率领其臣民在第聂伯河受洗，皈依东正教，使东正教在基辅罗斯公国的传播速度大大加快。至弗拉基米尔之子雅罗斯拉夫统治之时，东正教在该公国极为盛行，并且传播到了北方罗斯。至 11 世纪末，东正教已传播到基辅罗斯全境。

东正教在斯拉夫人中的广泛传播，不仅使他们放弃了原先的多神崇拜而全面接受了东正教的教义、宗教组织、礼拜仪式等，采用了拜占庭式的正教合一的政治体制，而且还奠定了他们在文化教育方面发展的基础，从而有力地促使他们走向文明开化。斯拉夫人原先并无自己的文字，当里西尔及其兄弟来到摩拉维亚时，为了传教的方便，就依据希腊文字创立了一套字母。随后，它便为保加利亚人、塞尔维亚人和罗斯人所采用，并一直延续至今。文字的诞生直接推动了斯拉夫文学及文化的迅速发展。里西尔也因之获得了"斯拉夫之使徒""斯拉夫文化之父"的称号。

基辅罗斯在接受东正教之后，也开始大量吸收拜占庭的文化和艺术成果，从而引起罗斯人社会文化生活的重大变化。正规的学校教育得以确立，以里西尔字母拼写的斯拉夫文被用于教学当中，大量的希腊文书籍被翻译成为斯拉夫文，尤其是拜占庭式的建筑和绘画艺术迅速在该国蔓延。雅罗斯拉夫统治时期，拜占庭样式的教堂在各地建立起来，许多希腊工匠也应邀参与其中。其中尤以基辅的圣索菲亚教堂最为著名。它不仅与君士坦丁堡的圣索菲亚大教堂重名，而且在建筑风格和装饰艺术上它几乎就是后者的翻版。拜占庭式的壁画、镶嵌画和彩色玻璃等将这座教堂装扮得富丽堂皇。同时，拜占庭的教堂音乐也随东正教而传入进来，从而促进了古罗斯教堂音乐的发展。

正如罗马天主教在西欧的传播带来了日耳曼民族的文明开化，从而导致拉丁基督教文化区的形成一样，东正教在东欧的传播则直接导致斯拉夫民族的文明开化，从而导致希腊东正教文化区的最终形成。其所带来的影响和所造成的文化上的差异，我们仍然可以从今日东西欧的文化中领略到。

五、区域间文化交流的密切与人类文化的进一步融合

在历史上,尤其是在古代,各民族、各地区或国家间的文化交流主要通过战争与殖民、商业与贸易、宗教与朝圣而实现。至中世纪,伴随着交通工具的日益改进,各地区间的商业和贸易往来的更为频繁,特别是佛教、基督教和伊斯兰教的急遽传播,以及以宗教为名所进行的一系列扩张战争,人类文化交流于是进入了一个新的阶段。它不仅导致了大的文化区域——文化圈的形成,带来了文化圈内部各民族和地区间的文化上更为深入的交融,而且还使得各文化圈之间的交流也日渐加深。这无疑为15至16世纪地理大发现的出现做了准备。

1. 萨珊波斯帝国、拜占庭帝国与东西方文化交流

在公元5世纪至7世纪中叶,拉丁西方处于动荡不安的状态,阿拉伯帝国则刚刚于7世纪初期崛起,于是,强盛的萨珊波斯和拜占庭帝国便控制了丝绸之路的西端。在这个时期,东方中国也逐渐结束分裂而进入隋唐盛世。丝绸之路,这条贯通欧亚大陆的交通、商贸和文化交流的大动脉又出现了繁盛局面。

波斯与中国隋唐的交通 在隋唐时代,波斯与中国交往频繁。隋炀帝曾派遣云骑尉李昱出使波斯,而波斯随即派遣使者随李昱来隋朝贡。在唐代,两国间的使者往来更加频繁。仅唐太宗贞观年间,波斯遣使来唐就达五次之多。萨珊王朝灭亡后,波斯王子曾逃到长安,向唐朝寻求保护。许多波斯人也曾入仕唐朝。

在其强盛之时,波斯几乎完全控制了丝绸之路西端的贸易。大量中国商品就是经过波斯市场而进入欧洲的。尤其是中国的丝绸,波斯人一直在进行垄断性的经营。对此,罗马帝国及其后的拜占庭帝国极为不满。除丝绸之外,中国的樟脑、肉桂、姜黄、生姜、麝香、大黄等通过丝绸之路传到波斯。而作为东西方之中介的波斯则又将它们传到西方。[①] 而波斯的一些宝物如祖母绿、琥珀、香药、犀牛、狮子等也传入中国。此外,在音乐、舞蹈、绘画、饮食等方面,中国都受到了波斯的直接或间接的影响,如起源于波斯的

---

① 参见阿里·玛扎海里:《丝绸之路——中国—波斯文化交流史》,耿昇译,中华书局,1993年,第3编。

波罗球戏在唐太宗时传入中国,并在宫廷中得以流行。玄宗、穆宗、敬宗、宣宗、僖宗皆好打这种球。同时,波斯人还最早从印度将甘蔗种植引进到了美索不达米亚,伊朗西南部的胡泽斯坦则成为中东地区的甘蔗种植中心。

袄教与摩尼教传入中国 袄教在中国历史上又称为波斯教、火袄教、拜火教等。它是琐罗亚斯德创立的。早在波斯帝国皇帝大流士统治时期,它就成为波斯的国教。波斯灭亡后,它仍然在流传。萨珊波斯王朝兴起后,袄教又成为其国教,并在中亚一带广为流行。袄教崇奉善恶二元论。善是火、光明与正义,其最高神是阿胡拉·马兹达。恶是黑暗、污浊与邪恶,其最高神是阿胡拉·曼尼。袄教主张,人们应站在善神一边,同恶进行坚决的斗争。

袄教在北朝时传入中国,至隋唐时代得以流行。唐政府依北朝和隋旧制,评定袄教首领为正五品官阶。袄教在中国设立寺院,仅唐都长安就有袄寺4所,东京洛阳则有3所。同时,袄教徒也将其丧葬习俗带入了中国,如人死即饲鸟兽的习惯就是袄教徒所特有的。在开元年间,太原袄教徒的这种丧葬习俗曾屡禁不止。当然,也有许多袄教徒已改其旧习,转而采用了汉人的丧葬习惯。

唐武宗会昌五年(845),朝廷宣布罢黜佛法,并毁外来诸教,袄教随即遭禁止。宣宗时又复兴佛法,袄教也得以流传,但已大不如前。

摩尼教又称明教、明门,为波斯人摩尼所创立。萨珊波斯王朝皇帝沙卜尔在位时(242—271),摩尼教获得国家的认可和保护,从此便传播开来。摩尼在创立其宗教时曾吸收了袄教、基督教、佛教、太阳教、诺替斯教的某些教义,并试图使摩尼教成为世界上各民族与国家所共同崇奉的宗教。它亦提倡明暗二元论,主张善恶之间的矛盾是永远存在的,其最终目的是将善与恶分离开来。

唐武则天延载元年(694),波斯人拂多诞携二宗经来朝,摩尼教始传入中国。但这只是中国官方史籍中的最早记载。在民间,摩尼教传入的时间可能会更早一些。

摩尼教传入中国后,一方面继续在内地广泛传播,另一方面则向西北地区扩展。其中,回鹘人就完全皈依了摩尼教。回鹘也由此成为内地摩尼教徒的靠山。同时,回鹘人之皈依摩尼教也有助于丝绸之路东西两方的交往和文化上的交流。摩尼教在中国各地广设寺院,并建立其严密的组织机构和教规。公元840年,唐武宗下令禁止摩尼教,但它仍然在民间广为流传,并一直持续到明清时代。中国各地所出现的秘密宗教组织如明教、白莲教等都与之有关联。而在公元 920 和 1120 年,摩尼教徒还发动了毋乙起义和方腊起义。可见,摩尼教在中国的兴盛程度及其对中国的影响远远超过了祆教。

摩尼教徒中有许多博学多才之人。他们不仅赋诗著文,而且还多通天文历法。他们将吐火罗国等中亚地区的天文历法传入中国,从而促进了两地间的文化交流。

拜占庭与中国的文化交流 拜占庭地处欧亚的交汇处,地理位置极为重要。在查士丁尼统治时期,帝国的疆域得到了空前的拓展。西亚、北非、意大利、西班牙等都为它所统治。在公元 5—12 世纪,它一直是地中海世界的一个繁荣发达的帝国,也是整个基督教世界的领头羊。特殊的地理位置,使它成为欧亚大陆东西方贸易交往和文化交流的一座桥梁。

拜占庭与中国的外交往来极为密切。仅在公元 643—742 年,拜占庭派往唐都长安的使者就达 7 次之多,中国与欧洲的官方外交往来也由此真正开始。同时,沿着丝绸之路,中国的丝绸、香料等商品也源源不断地运抵君士坦丁堡,尤其是丝绸贸易在其中占有极为重要的地位。众所周知,早在罗马帝国时代,中国的丝绸就通过波斯而大量地进入罗马市场,从而引起罗马帝国的巨额入超。至公元 4 世纪,在新都君士坦丁堡,穿丝绸服装再次成为一种十分流行的时尚,并且逐渐普及到了社会下层。查士丁尼统治时期,为了打破波斯帝国对丝绸贸易的垄断,拜占庭帝国设法获取中国的养蚕技术和丝织品加工的工艺。据拜占庭史学家普罗科比乌斯记载,几位来自印度的僧侣听说查士丁尼想方设法减少丝绸贸易中的赤字,摆脱对波斯人的依赖,便主动来到宫廷,请求将蚕卵偷运到帝国来。查士丁尼听后,便允诺事成之后将给他们重赏,于是他们就回到印度将蚕卵偷运至拜占庭。另据拜占庭作家提奥法尼斯记载,偷运蚕卵到拜占庭的是某位波斯人。① 但不论是何人偷运来的,至公元 6 世纪中叶,发源于中国的丝织业,从原料生产到纺织成品这一整套技术便完全传入了拜占庭帝国的统治区。养蚕业首先在叙利亚发展起来,许多丝织工场也因之蓬勃兴起。养蚕与丝织技术的西传十分典型地说明了丝绸之路在东西方物质文化交流中的突出作用。

景教传入中国 景教在我国历史上又称为波斯教、大秦教等。这是我国唐朝对基督教聂斯脱里派的称呼。至元朝,人们才称之为聂斯脱里。它是君士坦丁堡大教长聂斯脱里(任职时间为公元 428—431 年)创立的一个

---

① 戈岱司编:《希腊、拉丁作家远东古文献辑录》,耿昇译,中华书局,1987 年,第 96、97、116 页。

基督教派别。在拜占庭帝国,它遭到禁止,于是它便向东方发展。最盛时,其教徒遍布自西亚到中国沿海的广阔区域内。

据《大秦景教流行中国碑》所记,贞观十二年(635),大秦国主教阿罗本来到唐都长安,唐太宗派宰相房玄龄出城迎接,礼遇有加,并特令其在中国传教。公元638年,太宗再次下诏,认为该教"济物利人,宜行天下",并资助其在长安义宁坊建立大秦寺一所。当然,在未得到唐政府正式认可前,阿罗本等人肯定已在中国西北部地区开始了传教活动。高宗时,景教逐渐发展到长安以外的地区。据碑文所记,景教"于诸州各置景寺……法流十道,寺满百城"。唐朝在全国共设十道。据之,在高宗时,景教就已传布全国。这似乎有些夸大,但也说明景教的传播是相当迅速的。以后的历代皇帝也对景教予以扶持。伴随着唐武宗禁止诸外教法令的出台,景教随即在内地衰落下去。但各地仍然有景教徒在活动。

至唐朝末年,景教在中原几乎完全绝迹,但在北部,它却得到快速传播。在辽金时代,蒙古族的克烈部、汪古部、乃蛮部等先后改信景教。在元代,西北地区有众多景教徒。其中尤以畏兀尔、阿力麻里、海押力、虎思斡耳朵、可失哈尔和鸭尔、撒马尔罕的景教徒最为集中。同时,景教也迅速重新传入内地。不仅大都成为景教徒的活动中心,而且江南的镇江、扬州、杭州也成为景教徒的活动中心。此外,东北的辽东、西南的押赤(即今天的昆明)也有不少景教徒。元政府还设立专门机构以掌管全国的景教的传教活动。可见,在元代,景教在中国传播甚广。

拜占庭与拉丁西方的文化交流 在中世纪,拜占庭帝国不仅是欧洲东部一道坚固的屏障,阻止了波斯、阿拉伯等民族向欧洲内地的进攻,而且还是地中海世界古典文化的一个壁垒。在中世纪,阿拉伯帝国的百年翻译运动和拉丁西方世界的文化复兴都曾得益于拜占庭所保留的古典希腊文化。

在中世纪早期,拉丁西方与拜占庭之间的联系虽然处于低潮,但意大利在文化上却始终受到拜占庭的影响。有的学者认为,在中世纪,意大利是拜占庭的一个艺术领地。尤其是在十字军东征之后,拜占庭对拉丁西方的影响愈益加剧。君士坦丁堡成为拉丁西方翻译运动的一个中心。许多古希腊典籍和拜占庭新柏拉图主义者的著作通过它译介到西方。

拉丁西方的罗马式建筑艺术和哥特式建筑艺术都受到了拜占庭的影响。如标志哥特式建筑之特征的彩色玻璃就发源于拜占庭,拜占庭的镶嵌画和壁画在意大利和法国的教堂中也广泛存在,而自13世纪后期拜占庭绘画艺术中出现的现实主义倾向,也给意大利文艺复兴时期的现实主义艺的出现以极大的影响。许多西方学者认为,意大利文艺复兴初期现实主义绘画艺术的开拓者乔托和杜西奥曾深受拜占庭艺术的启发。

在君士坦丁堡被奥斯曼帝国攻陷后,大批拜占庭学者来到意大利。他们将大批的希腊古典书籍带到意大利,并在各地教授希腊语,传播古希腊文化,从而有力地促进了意大利文艺复兴的开展。

2. 阿拉伯人的扩张与东西方文化交流的繁盛

阿拉伯帝国的崛起不仅有力地促进了阿拉伯—伊斯兰世界内部各地区间的往来与文化交流,而且还使东西方各国间的交往和文化交流达到了空前繁盛的状态。尤为重要的是,伴随着航海技术的进步,唐代中期以后陆上丝绸之路暂时衰落,一向沉寂的海上丝绸之路因阿拉伯人的崛起而进入了大发展的时期。这就为东西方贸易的往来、文化的交流开辟更为广阔的渠道。

中国与阿拉伯贸易和交往的频繁　阿拉伯帝国兴起后,作为东西方贸易之枢纽的西亚便基本上为其所控制。从此,唐宋时代中国与阿拉伯帝国的贸易和交往便日渐频繁。仅在唐代,阿拉伯帝国就向唐朝遣使达 37 次之多。两国间的商旅往来不绝。许多阿拉伯商人自海路和陆路来到中国。据统计,来中国经商的阿拉伯、波斯商人不下 10 余万。[①] 阿拉伯商人多集中在东南沿海的广州、泉州、杭州、明州、扬州等港口城市,在唐都长安和东都洛阳为数也不少。众多阿拉伯人还留居中国,并逐渐中国化了。在广州和泉州等地,阿拉伯人还有自己专门的商贸和居住地,中国史书上称之为"蕃坊"。他们选出自己的"蕃长",经中国政府任命后,便具有管理蕃坊内部事务的权利。同时,许多阿拉伯旅行家也来到中国,并将他们的所见所闻记录下来。其中,最著名的有苏来曼、伊本·白图泰等。阿拉伯人的地理知识、对中国的认识与了解已远远超过了罗马人、拜占庭人。

早在唐朝之前,中国人就曾航行到波斯湾,从而与阿拉伯地区发生直接的交往。唐中期后,从广州经海路到波斯湾以至巴格达的航线完全开通,两地间于是有了定期的贸易往来。同时,通达东非的海上丝路也开辟了出来。中国商品由此源源不断地运抵巴格达。在公元 8、9 世纪的巴格达,就有专门销售中国丝绸、瓷器等商品的"中国市场"。公元 9 世纪的阿拉伯史学家阿布·宰德·哈桑曾讲道,在波斯湾的西拉夫港,他发现有中国的铜钱在流

---

① 陈炎:《丝绸之路与中外文化交流》,北京大学出版社,1996 年,第 16 页。

通。而现代的考古研究也证实了这一点。这说明,中国在波斯湾的贸易占有极为重要的地位。

伊斯兰教的东传　伴随着阿拉伯帝国向中亚的扩张,伊斯兰教逐渐沿陆上丝绸之路向东方传播。中亚地区随之伊斯兰化了。至今,我国西北地区仍然是穆斯林最为集中的地区。这无疑是它沿丝路向东传播的一个结果。同时,伴随着中国与阿拉伯帝国间的外交与贸易往来的加剧,自海、陆来到中国的穆斯林商人也将他们的宗教带了来。伊斯兰教随之传布于中国大地。在外来的诸宗教中,除佛教外,对中国宗教与文化影响最大的当属伊斯兰教了。

至于伊斯兰教最早于何时传入中国,学术界还存在争论。但一般认为,其起始年代应为唐永徽元年(650)。伊斯兰教先是在西北流行,继而扩张到中原。在唐宋时代,东南沿海诸城市的"蕃坊"中,穆斯林商人都可以自由地从事宗教活动,并设有自己的清真寺,还有教长负责宗教事务。中国史籍中所记载的穆斯林清真寺为数不少,如广州的怀圣寺、泉州的清静寺、扬州太平桥北的礼拜寺等等。南宋时,因哈里发帝国的分裂,众多阿拉伯商人东行到中国,并在中国居住下来。于是,伊斯兰教的传播更加广泛。一些华化的穆斯林还逐渐成为当地的大户人家,甚至在政府中做大官。最有名的当属广州的蒲寿庚。据现代学者考证,其先祖为阿拉伯商人。因为"蒲"姓是从阿拉伯名字中的"阿布"(Abu)一词转化而来的。在南宋末年,蒲寿庚因平海寇有功,被升为福建安抚沿海都制置使。后来,他又被擢至福建、广东招抚使,管理海舶事务,并任该职达30年之久。①

至元代,伴随着蒙古人的西征,阿拉伯人入华的人数大增,在政府中担任官职的人则更多,伊斯兰教在中国之传播也随之益盛。伊本·白图泰在其游记中讲道:"中国各城中,皆有回教人居留地,建筑礼拜寺,为行礼之所,而中国人于回教徒亦表尊重。"他还谈道:"回教商人至中国各地贸易者,可随意栖宿于已定居其地之回教商家或旅舍;商人保管客人之钱财货物,至为妥慎。"②确实,在元代,不仅原有的伊斯兰教中心有了更大的发展,而且还进一步扩展到了更为偏远的地区,如西南地区的云南。在昆明,回教徒就建有清真寺两所。同时,回教徒对于西南的经济与文化发展都做出了很大的贡献。

---

① 参见方豪:《中西交通史》(上),岳麓书社,1987年,第21章,第2、5节。
② 方豪:《中西交通史》(下),第556页。

文化上的交流及其相互影响 强盛的阿拉伯帝国与中国的频繁交往，不仅使东西方相互间的贸易往来和相互了解达到了一个新的高度，而且还带动了沿海上和陆上丝绸之路各地区、民族间的文化交流的活跃。阿拉伯与中国的文化交流呈现一派繁荣的景象。

阿拉伯科学技术不断传入中国，并对中国产生了很大的影响。阿拉伯人的医术相当发达。而穆斯林入中国者，也多以卖药为业。早在唐朝时，阿拉伯药物就已传入中国。如胡黄连、芦荟、没药、安息香、乳香、金钱矾、绿盐等。至元代，阿拉伯药物在中国则更为流行，并有众多穆斯林医生在中国行医。元政府还专门设立广惠司，掌管"修制御用回回药物及和剂，以疗诸宿卫士及在京孤寒者"。其中的任职者也多为穆斯林。元朝的太医院则下设"回回药方院"和"回回药物院"。穆斯林医术和医药在民间也十分流行。在中国史籍中，对回回医生的高明医术也盛赞不已。他们多是行医，但也有开办医院的。如在杭州，就有他们开办的医院。阿拉伯著名的医学家伊本·西那的《医典》也在元朝末年被编译成汉语，名为《忒毕十三经》，现藏北京图书馆。

在天文历法方面，中国也受到了穆斯林的广泛影响。元太祖时，大臣耶律楚材曾参照伊斯兰历法，先后制定了《庚午元历》《麻答把历》。而耶律楚材曾在撒马尔罕与阿拉伯天文学家共同工作过至少一年半的时间，对于阿拉伯的天文历算极为熟悉。元世祖在位时，穆斯林学者扎马鲁丁编制了《万年历》，并在大都设立天文观测台，制造了浑天仪、地球仪、观象仪、经纬仪等天文仪器。元政府还专门设立回回司天台，由穆斯林掌管，以观测天象，制定天文历法。据记载，在1273年，司天台有阿拉伯文书籍32部，其中有关天文历法的书籍就有8部。可见，穆斯林天文学在元代的中国自成一体，并备受政府的重视。元代著名的天文学家郭守敬就深受穆斯林天文学影响。他不仅参照伊斯兰历法编制了《授时历》，而且还参照伊尔汗国马拉格天文台的天文仪器，革新了旧有的仪器，并制定了一些新的仪器。

在数学方面，阿拉伯的代数、几何、三角学、历算的知识也在元代传入中国。古希腊著名数学家欧几里德《几何原理》的阿拉伯文本也被翻译成为汉语，从而使中国人第一次接触到古希腊的数学知识。

此外，元政府还在大都设立回回国子学，专门讲授阿拉伯语。这极大地促进了阿拉伯文化在中国的传播。

同时，中国的科学技术也传入阿拉伯，并对之产生了深远的影响。其中最引人注目的则是四大发明之传入阿拉伯。伴随着丝绸和瓷器的西传，中国的艺术也对穆斯林产生了不小的影响。如在公元9世纪,伊拉克的一些城市便能仿造中国瓷器了。埃及的法蒂玛王朝仿制中国瓷器之风更盛。阿拉伯在丝织品的制作上不仅极力模仿中国的工艺,而且在装饰上也是如此。他们往往在面料上绣上中国式的花卉图案。由于受中国绘画的影响,穆斯林在人物与花卉的创作上改变了以往呆板、不合自然的现象,而且逐渐趋于工整和生动。在绘画中,穆斯林画家还取中国的龙、凤、麒麟、太极图、仙桃等为题材。在13、14世纪,穆斯林建筑中用于装饰的方形或长方形库法字体,即是模仿中国的印章和篆体字而成。而穆斯林地毯、陶器上装饰图案的题材也有许多取自于中国。① 可以说,中国文化对阿拉伯的影响也是多方面的。

3. 十字军东征、蒙古西征与东西方文化交流的新时代

自中世纪以来,欧亚大陆东西两端的距离伴随着人类视野的扩大而日益拉近。阿拉伯与唐王朝的扩张使西亚、北非与唐宋时代中国的直接联系有了突破性的发展,同时也为日后欧亚大陆东西两端建立更广泛的直接联系打下了坚实的基础。而十字军东征与蒙古西征则打通了拉丁西方与中国进行直接联系的渠道,从而使欧洲与中国的交往也有了突破性的发展。东西方的文化交流也随之进入了一个新的时代。

东西方交通的新时代 十字军东征最终实现了拉丁西方人控制地中海的愿望。这不仅使他们重新回到了充满生机与活力的地中海世界,打开了他们与地中海世界发达的拜占庭、阿拉伯帝国交往的大门,同时也打开了它与中国进行直接交往的大门。而蒙古人不仅通过东征将欧亚大陆最东端的中国吞并,而且还通过西征横扫中亚、西亚、东欧的部分地区,并在西亚与东征的十字军碰头。横跨欧亚大陆的蒙古帝国的出现将自波罗的海至太平洋,自西伯利亚到波斯湾的广大地区统一起来,从而使欧亚大陆各个文化圈的联系得到了空前的加强,东西方交通于是进入了一个空前繁荣的时代。

在这个时期,不论是陆上还是海上的丝绸之路都比以前有了更大的扩展。尤其是自唐中期后走向衰落的陆上丝绸之路又重新活跃起来,并且达到了前所未有的繁荣局面。商旅往来络绎不绝,外交使者频繁出访。其中拉丁西方与蒙元中国的直接交往最为引人注目。

公元1241年,拔都率蒙古大军攻入东欧,欧洲各王国统治者与罗马教

---

① 关于中国艺术对阿拉伯人的影响,参见方豪:《中西交通史》(下),第11章,第6节。

廷震惊万分。他们想法寻求与蒙古朝廷的和解,并试图通过宗教的力量来同化蒙古人,使其皈依基督教。公元1245年,罗马教廷派圣方济各教士伯朗嘉宾出使蒙古。他于该年4月从里昂出发,取道波兰与俄罗斯,并于1246年7月22日到达目的地。是年冬,元定宗召见了他。他呈上罗马教皇的书信,而定宗也将一封复函交由他带回。1247年11月,伯朗嘉宾回到里昂复命。之后,他将这次出访过程写成了报告。① 但此次外交活动并没有达到其预定目的。

公元1248年,法国国王路易九世在发动第7次十字军东征前,驻波斯的蒙古军大将遣使去谒见路易九世,声称大汗及其全家准备改信基督教,并期望与十字军联合攻打埃及。法国国王积极响应,他随即派安德·龙如美去蒙古大汗朝廷进行谈判。龙如美经陆路来到大汗在准噶尔的御营。当时,贵由大汗刚刚去世,皇后摄政,谈判未果。由于传说拔都之子金帐汗皈依了基督教,所以当路易九世在入侵埃及失败后,便于1253年再次派使者圣方济各教士威廉·鲁布鲁克出使蒙古朝廷。他先是来到伏尔加河下游的撒莱拜见拔都,后又继续东行来到蒙哥大汗的御营。蒙哥大汗友好地接见了他,并建议在蒙古人完全征服阿拉伯人之前,两国和平相处。1254年7月,鲁布鲁克携带蒙哥大汗致法王的国书回国。后来,他将此次出使经过记载了下来。②

伯朗嘉宾与鲁布鲁克的记载将有关中国的信息传达到了拉丁西方,如发达的丝织业,中国人用米酿酒,用毛笔书写,汉字的特征等等。但是他们都没有到达中国内地。而马可·波罗父子在中国的旅行则为西方人了解中国开辟了一个新纪元。《马可·波罗行记》既出,便很快风行西欧大地。它甚至对日后西方人开辟新航路都产生了极大的影响。这已是众所周知的事了。

与此同时,西行的蒙古使者也接连不断,如耶律楚材、长春真人丘处机、常德等。但他们都未到达拉丁西方。约公元1275年,畏兀尔聂斯托里教士列边·扫马与汪古部人马儿忽思从大都出发到耶路撒冷朝圣。他们先是到达伊尔汗国,后至波斯、亚美尼亚,并朝拜了当地的一些基督教圣迹。由于战争,他们没能到达耶路撒冷。1280年,伊尔汗国的聂斯托里大教长任命马尔忽思为大都与汪古部教长,列边·扫马为巡视总监,一并回东方。但由

---

① 参见《伯朗嘉宾蒙古行记》,中华书局,1985年。
② 参见《鲁布鲁克东行记》,中华书局,1985年。

于战乱未能成行。次年,伊尔汗阿鲁浑派扫马出使欧洲。他先到达罗马谒见教皇。但因教皇空位,他又继续西行至巴黎,向法国国王腓利普四世递交了伊尔汗国书。之后,他来到法国南部的波尔多拜见了英国国王爱德华一世。1288 年,当他在回途中得知新教皇尼古拉四世即位时,扫马随即返回罗马谒见教皇。教皇修书一封令他带给伊尔汗。该书信至今仍藏于梵蒂冈档案馆。

罗马天主教的东传 十字军东征开始后,罗马天主教传教士便致力于向东方传播其宗教。尤其是从 13 世纪开始,伴随着圣方济各和多米尼克修会的产生,向东方的传教活动更加频繁。许多天主教士还深入伊斯兰教地区内地传教,如多米尼克修会的洪伯特、利科多、威廉等。威廉曾给 1000 多名阿拉伯人洗礼。同时,为了有效地在东方地区传教,天主教会还设立"东方学院"以传授阿拉伯语,并规定各大学建立传授阿拉伯语、希伯来语、叙利亚语的学院。这种传教活动无疑也促进了东西方各民族间的文化交流。

罗马教廷欲使蒙元中国皈依天主教的愿望始终都十分强烈。而修会的出现则使其愿望成为了现实。公元 1289 年,一直在叙利亚传教的圣方济各传教士蒙德维高诺,带着罗马教廷致伊尔汗和忽必烈的信,取道海路去中国。公元 1292 年或 1293 年,他抵达大都,并获准在此传教。他在大都建立了一座教堂。1303 年,另一修士科隆的阿诺德来此帮助他传教。当教皇获知他在中国取得成功的消息后,便于 1307 年任命他为大都的大主教,并派 7 位主教前去协助他,但他们均未到达中国。1312 年,教皇再次派 3 位副主教前往。因人手增多,不仅大都的传教活动有了较快的发展,而且他们还在泉州建立了一个新的传教点。当 1328 年蒙德维高诺去世时,中国的天主教徒已达数千人。

之后,教廷又派遣主教来中国,但他们未至中国便中途罹难。公元 1338 年,元朝皇帝派遣使团 15 人抵达阿维农,并带来阿速贵族的信函,请求教廷派人接替虚位 8 年的大都主教一职。是年,教皇派马黎诺里等四人前往。1342 年,马黎诺里等到达上都,受到元顺帝的接见,并将教皇的书信及法兰克骏马献上。与矮小的蒙古马相比,法兰克马体形高大。它的出现在宫廷上下引起了轰动,元顺帝及其廷臣甚为喜欢,并誉之为天马,画师为之作画,文人则作诗赞颂。马黎诺里在大都居留三年,后去泉州,并由此经海路归国。至 1353 年,他回到了阿维农。随着元朝的覆灭,天主教也随即在中国衰落。

物质文化交流的鼎盛 伴随着十字军东征及对地中海的完全控制,拉丁西方人大规模地参与到与东方的直接贸易交往中。在拜占庭、西亚和北非海岸、黑海地区都有他们的贸易区。于是,一个整体性的贸易网络体系建立起来。正是通过这个网络,外部世界的各种信息也传入拉丁西方各个角落。从此,拉丁西方与东方物质文化交流就进入了一个新的阶段。本节择其要者而加以介绍。

在该时期的东西方贸易中,香料无疑占有最为重要的地位。香料包括胡椒、肉桂、丁香、肉豆蔻和生姜等。早在罗马帝国时代,西方人就迷上了东方的香料。在中世纪初期,虽然零星的犹太和叙利亚商人也在西方贩卖香料,但西方人似乎已对之变得陌生了。自十字军东征后,香料再次成为东西方贸易的首要商品。于是,西方人"以更大的热忱来欢迎香料的到达。香料迅速恢复了在上等社会食谱中的地位"①。在12世纪,西方人已完全养成了对香料的嗜好。这一习惯的形成在很大程度上应归功于十字军人。因为他们自落后的家乡来到东方,亲眼目睹东方人的生活,亲口尝到用香料烹调的美味食物,他们自然要极力模仿。而大量运抵西方市场的香料则为之提供了保障。在13世纪的香槟市集上,来自东方的香料占有重要的地位。它们不仅数量大,而且种类也繁多。仅一份中世纪的货品单上就列有香料288种。当然,在那时,香料还是一种奢侈品,其价格昂贵。其中,胡椒最受西方人青睐,价格自然也高。当时西方所流行的一则谚语"贵如胡椒"即是证明。所以香料主要在上层社会流行。但普通百姓的饭桌上也有香料,那是当地出产的。尤其是随着社会的发展,这些奢侈品也会逐渐进入普通人的饭桌上。从此,东方的香料便成为西方饮食中不可缺少的一种佐料,成为其饮食文化中的一部分。正如一位西方学者所言:"丁香和胡椒等芳香调味料,在12世纪开始成为西方人所嗜好的佐料,如果没有几盘带佐料的菜,大宴会就不像样子。"②不仅如此,香料还是诱发西方人开辟新航路的一个重要因素。

特殊的地理位置使阿拉伯帝国在东西方文化交流中扮演了一个中介和桥梁的作用。不仅波斯、中国、印度等东方发达国家的科学与文化通过阿拉伯而传入拉丁西方,如中国的四大发明、印度的数字体系等等(我们在前面的章节中已经论及),而且东方的物质文化也大多通过它而传入西方。一些新的农作物、植物、蔬菜自阿拉伯传入西方。重要的有芝麻、谷子、稻子、

---

① 亨利·皮雷纳:《中世纪欧洲经济社会史》,乐文译,上海人民出版社,1987年,第129页。
② 希提:《阿拉伯通史》(下册),马坚译,第801页。

甘蔗、杏、甜瓜、石榴、桃子、冬葱和青葱等等。而中国人所栽培的菊花、山茶花、杜鹃花、茶香玫瑰、翠菊、柠檬、桔子等也大多由阿拉伯人传播至西方。稻子种植是从印度传入西亚的,穆斯林则将之传入西班牙。至15世纪,意大利开始种植稻子。其中最重要的则是甘蔗种植传入西方。

前面已谈到,萨珊波斯将甘蔗种植自印度引进到了胡泽斯坦。当阿拉伯人侵占该地区后,不仅继续在此种植甘蔗,而且还改进了原先的制糖技术。至10世纪,甘蔗在叙利亚广泛种植。制糖业也扩展到也门和伊拉克南部,巴格达成为了一个重要的制糖业中心。8世纪初,甘蔗种植又从西亚传至埃及。尼罗河谷的东部地区成为甘蔗种植的中心。同时,许多制糖厂也在该地区建立起来。从此,蔗糖生产成为埃及的一项支柱产业。此外,穆斯林还将甘蔗种植和制糖业传播到了北非的摩洛哥、地中海的塞浦路斯、穆斯林西班牙和西西里岛。当拉丁西方人重新占领它们后,又将甘蔗种植和制糖业引入西班牙北部、意大利南部。

十字军东征对于甘蔗种植和制糖业的传播起了巨大的促进作用。虽然在东征之前,一些西方贵族就已通过贸易接触到了糖。但对绝大多数人来说,糖仍然是一种新生事物。所以当他们来到西亚后,才真正知道了甘蔗为何物,并继续经营当地的甘蔗园和制糖业。从15世纪开始,葡萄牙与西班牙人把甘蔗引进到新发现的东大西洋的一些岛屿上种植。新航路开辟后,西方人又将之引进到美洲。从此,美洲也成为甘蔗种植和制糖业的重要基地。而西方语言中的糖字便发源于阿拉伯语。甘蔗种植与制糖业不仅给西方人带来巨大的经济收益,而且还对他们的饮食习惯产生了不少的影响。可以说,蔗糖是传入西方的第一美食。从此,各式各样的含糖饮料、糖食和糖果也就随之出现。西方人也迅速形成了喜爱甜食的习惯。

在东西方贸易中,东方的丝绸也占有重要的地位。前已谈到,拜占庭将东方的养蚕与丝织业引入叙利亚。阿拉伯人占领该地区后,叙利亚的丝织业落入其手中。拜占庭丝绸生产中心转移到了希腊中部地区。而阿拉伯人则将之继续传播到西班牙和西西里。11世纪,诺曼人征服西西里,并继承了该地的养蚕与丝织业。诺曼人还把底比斯和科林斯的希腊丝织技工掳掠到西西里,从而推动了当地丝织业的发展。之后,丝织技术又从西西里传入意大利。至13世纪初,丝织业已成为意大利一些城市如威尼斯、弗拉拉、比萨等的重要产业。他们在这里仿造西西里的丝织品,然后销往欧洲其他地区。后来,丝织业经意大利传入欧洲大陆。西班牙丝织业的传播也经历了类似的过程。

棉花种植也是经阿拉伯传入西方的。大约在10世纪,阿拉伯人将棉花种植从印度引入地中海地区,并通过西班牙和西西里传入西欧。自12世纪末起,由于西方羊毛短缺,棉花种植受到重视。于是棉纺织业首先在意大利发展起来,后经意大利传入法国与佛兰德尔地区。

丝与棉是该时期东西方文化交流中传入西方的最重要的纺织原料。它不仅对西方的纺织业增添了活力,而且还对西方人的服饰产生了深刻的影响。一位西方学者论道:"对于东方织品的需要是如此之大,以至于有一个时期,一个欧洲人,如果不是至少有一套东方服装,就会觉得自己不是真正的衣冠齐楚。"[1]正如今日的中国人,若没有一套西服,他们就会感觉没有正式的服装一样。从今日中国人之西化可以想象那时西方人的东方化。当然,在行与住方面,东方也给予西方人以很大的影响。于是,在该时期,在拉丁西方也形成了一种"东方热",即一种追求东方物品的时尚。尤其是阿拉伯对拉丁西方的影响最为广泛。在中世纪盛期的拉丁西方世界,从饮食到服饰、从科学与哲学到文学与艺术等各方面都出现了一股"阿拉伯热"。可以说,西方人在跨出"黑暗时代"走到世界前列的过程中,也出现过一个向发达的东方文明学习的时代。

四大发明的西传 在中世纪的东西方文化交流中,最激动人心的当属中国四大发明的西传。自文艺复兴时代以来,无数哲人曾论述过其对改变整个世界之面貌的巨大作用。17世纪的英国著名哲学家弗兰西斯·培根在《新工具》中论道:"我们应该注意各种发明的威力、效能与后果。最显著的例子便是印刷术、火药和指南针……这三种东西曾经改变了整个世界事物的面貌和状态。第一种在文学上,第二种在战争上,第三种在航海上,并由此产生了无数的变化。这种变化是如此之大,以至没有一个帝国,没有一个教派,没有一个赫赫有名的人物,能比这三种技术的发明在人类事物中产生更大的动力与影响。"19世纪的德国哲人卡尔·马克思则把火药、罗盘、印刷术看做是预告资产阶级社会到来的三项伟大发明。如此等等。

大约在北宋末年,中国人就开始将指南针用于航海。至12世纪下半叶,与中国进行贸易活动的阿拉伯商人学会使用这种仪器。通过阿拉伯人,指南针传入了欧洲。可以说,指南针的西传与东西方贸易的繁盛密切相关。指南针传入西方,对日后的地理大发现起了巨大的作用。正如16世纪法国的哲人博丹所言:"再没有比指南针的发明更值得人们赞叹的了,它使我们

---

[1] 希提:《阿拉伯通史》(下册),马坚译,第736页。

能够进行环球航行,在新的世界通商拓殖,整个世界由此成为一家。"①

中国的造纸术在 8 世纪中叶始传入阿拉伯帝国。据《新唐书》和《旧唐书》记载,唐天宝十年(751),唐与阿拉伯帝国在中亚的怛逻斯交战。唐朝军队战败,一些士兵被阿拉伯人俘虏,并被押解到撒马尔罕。这些中国俘虏中有通造纸术者,于是阿拉伯人便利用他们在撒马尔罕建立造纸厂。许多阿拉伯作家曾对之有过记载,如 9 世纪中叶的阿拉伯作家裘希得曾讲道,撒马尔罕的纸与西部的埃及莎草纸闻名于世。11 世纪的阿拉伯作家塔利比的记载尤为详尽。他提到,纸是撒马尔罕最有名的特产,而且由于纸更为美观、适用和简便,因此它已取代了先前的埃及莎草纸和羊皮。他还提到,纸是由中国俘虏传入撒马尔罕的。

此后,造纸术继续向西传播。公元 793 年,巴格达兴建了造纸厂;10 世纪,大马士革、埃及的开罗也兴建了造纸厂;1100 年,北非的摩洛哥建立了造纸厂。自 12 世纪中叶开始,造纸术又通过阿拉伯传入欧洲。1150 年穆斯林西班牙建立了造纸厂。1180 年,造纸术又从西班牙传入法国。1271 年,造纸术从埃及经西西里传入意大利。同时,造纸术还经拜占庭的君士坦丁堡传入西欧。进入 14、15 世纪,造纸术进一步传播到德国、瑞士、英国、俄国等。17 世纪,造纸术又从欧洲大陆传入北欧。实际上,在一开始,西方人因纸不易保存而不太愿意使用。随着印刷术在西方的出现及其发展,造纸业才进入蓬勃发展的阶段。

中国的造纸术还传播到了日本、朝鲜、东南亚和南亚等地区。造纸术在全球范围内的传播不仅引起了人类书写材料史上的一次革命,导致了书籍成本造价的降低,加速了文化教育的社会化和平民化进程,而且还引发了与纸相关的一系列的社会和文化活动的展开。其对人类社会之发展的意义尤为重大。

中国印刷术的外传自近及远,历时几个世纪。它先是传播到了中国的邻国日本、朝鲜和越南。同时,它还向西北传入新疆。在 20 世纪初,考古学家在吐鲁番地区发现了许多雕版印刷的汉、维吾尔、蒙、西夏、藏、梵文的材料,其年代约为 1300 年。即是说,雕版印刷大约在 14 世纪初已在吐鲁番地区流传开了。值得注意的是,考古学家还在敦煌发现了一套维吾尔木活字,年代大约为 1300 年。这说明拼音文字可以由雕版印刷转向活字版。伴随

---

① 博丹:《史学易知法》(Jean Bodin, *Method for the Easy Comprehension of History*),纽约,1945 年,第 302 页。

着蒙古人的西征,印刷术传到了波斯。而波斯学者拉施德丁在1301—1311年撰写的历史著作中也对中国的印刷术做了详细的记录。之后,印刷术传入阿拉伯帝国。

直到14世纪末,欧洲才出现雕版印刷的纸牌、宗教画像和宗教书籍。在蒙元时代,随着东西方教俗使者的频繁往来,西方人接触到了中国的雕版印刷品。可能一些东游中国的传教士或其他人士在中国居留期间学会了雕版印刷,因此欧洲人的雕版印刷知识是从中国学来的,这已为大多数学者所认可。因为,欧洲雕版印刷的一切技术工序完全与中国的传统相符合。

在15世纪中叶,西方又出现了金属活字印刷,是由德国的约翰·谷腾堡首先完成的。欧洲的金属活字是欧洲人的一项独立发明,还是受中国影响而产生的呢?对此,学术界还存在着争论。在16世纪,许多欧洲作家都一致认为,中国的印刷术或者是经陆路从俄国传入德意志,或者是经海路从阿拉伯传入到欧洲。当时的一些记载还谈到,一位出生于威尼斯的意大利雕刻家卡斯塔迪,在看到马可·波罗从中国带回的书籍后曾进行过活字印刷。他在1426年印过的一些折页还保存在威尼斯的费尔特雷镇的档案中。还有一种传说,谷腾堡的妻子出生于威尼斯的孔塔里尼家族,所以谷腾堡在威尼斯看到过从中国带来的印刷雕版。这使他大受启发,并在此基础上发明了活字印刷。虽然这些记载是否可靠还有待进一步的证实,但它却包含着这样一则信息,即欧洲的活字印刷肯定受到了中国印刷的启示。当然,欧洲的这项发明是一种再发明,或如李约瑟先生所说,它是"激发性传播"的一个重要事例。至于那些认为欧洲活字印刷是一种独立发明的学者,他们或者偏执一词,或者缺乏有说服力的证据,从而遭到了大多数学者的否定。东南亚和南亚(越南和菲律宾除外)的印刷术则是在16世纪之后由欧洲人传入的。①

印刷术的发明及其传播不仅极大地降低了书籍的成本,使图书的发行量激增,有利于教育的普及与文化的传递,而且还有力地支持了思想文化领域的革新运动。如印刷术对西方文艺复兴和宗教改革的展开以极大的支持。德国宗教改革的领袖马丁·路德在谈到印刷术时就激动地说:"它是上帝无上而终极的恩典,它使福音得以遐迩传播。"虽然当今的信息革命使其他更为便捷的传播媒介问世,但千姿百态的印刷品仍然是最基本、最永久

---

① 有关纸与印刷术的西传,可参看李约瑟:《中国科学技术史》,袁翰青等译,科学出版社、上海古籍出版社,1990年,第1卷、第1分册:"纸与印刷"。

的大众传播媒介。

中国的火药也是通过阿拉伯而传入西方的。在8、9世纪的唐代,随着中国与阿拉伯交往的频繁,中国的炼丹术传入阿拉伯帝国。而硝是炼丹术中所必备的药料,也是名贵的药品,它也应在此时期一并传入阿拉伯世界。阿拉伯人称硝石为"中国雪"就是明证。

大约在13世纪前期,中国的火药制造法传入阿拉伯。由于阿拉伯人对火药的一些成分早已熟知,所以他们很快就掌握了制造火药的奥妙。而火药武器则是在战争中传入阿拉伯的。在13世纪后期至14世纪初,蒙古人大举西征,并将火药武器运用于同阿拉伯人的作战中,阿拉伯人由此掌握了火药武器的使用和制造。在该时期的阿拉伯兵书上也出现了"契丹火枪""契丹火箭"的记载。这类武器可能是阿拉伯人从蒙古士兵手中缴获的,也可能是依照中国火器仿制的。列宁格勒博物馆所藏的一份1300年的阿拉伯文手抄本中,就有一幅阿拉伯人手持"马达法"的画。"马达法"是中国火枪的一种仿制品。另据德国人哥尔克的《火器史》记载,在14世纪时,阿拉伯人就使用了与中国一样的火器"马达法"。可见,阿拉伯从中国人那里学会了火器制造当属无疑。

欧洲人的火药知识与火器制造则是从阿拉伯传过去的。大约在13世纪后期,中国的火药知识经西班牙传入欧洲。最早记载火药的则是德国的大阿尔伯特(1206—1280)和罗杰·培根。他们在自己的著作中都提到了火药的配方。大阿尔伯特还引用了阿拉伯人的火药著作。大约在13世纪末至14世纪初,也是在与阿拉伯人的作战中,火药武器传入欧洲,但直到14世纪30年代,火器才在欧洲各国得到发展。在英法百年战争中,两国军队已使用火药武器。在14世纪中叶,欧洲人还将阿拉伯的"马达法"加以改进,并制造出了欧洲式的管形射击火器——手枪(英文名为handgun,德文名为handbüchsen)。1343年的意大利壁画中就描绘着手持这种火器的军人。在14世纪70—80年代,欧洲人还制作了一种铜制的手枪,据专家推测,它与中国明洪武十年(1377年)凤阳府制作的铜铳十分相似。这种手枪可能是西方人将阿拉伯"马达法"或中国元明时期的火铳加以仿制或改进而成的。西方人在火药和火炮的制造方面进展迅速。当1517年葡萄牙人首次来到中国时,中国人才知道西方火炮之精良已超过了我们。可以说,西方人在这方面也是后来居上。

火药的和平利用曾给人类的日常生活增色不少。尤其是到了近代,火药还广泛用于采矿、开山筑路等方面,成为人类的一个有力的帮手。当然,火药应用最突出的领域则是军事方面。它的运用不仅使整个世界的作战方式和军事技术发生了根本性的变革,而且也为西方社会的变革起了巨大的推动作用。时至今日,火器已经有了极大的改观,而且还出现了更为先进的化学和核武器。但武器也常常给人类带来无尽的灾难,给人类留下痛苦的记忆。但愿人类能从历史中吸取教训,用磋商而不是武器去解决国与国、民族与民族之间的一切纠纷。

当然,在该时期的东西方文化交流中,还有其他各种各样的技术进入了这一传播的浪潮中,如中国的船尾舵、马镫等,阿拉伯的单桅帆船、三桅帆船、地中海之象征的拉丁帆(即三角帆)、发源于伊朗的风磨等也都传入西方,并对之产生了很大的影响。如三桅帆船在后来的新航路开辟中起了很大的作用。而风磨在 10 世纪由穆斯林传入西班牙,在 12 世纪英格兰和佛兰德尔已有风磨,13 世纪风磨已传遍了法国。风磨的维修费用虽然比水磨高,但它的用途却较水磨更广,它的西传成为西方人利用自然力为人类造福的一个重要手段。

此外,阿拉伯文化及其所保存的古典希腊文化也通过拉丁西方世界的翻译运动而传播到了西方,从而有力地促进了中世纪西方文化的复兴和繁荣。可以说,整个人类文化的发展与进步在很大程度上就是通过不同地区、不同国家或民族间的文化交流而实现的。

4. 东西方文化交流的中继站——印度

印度地处丝绸之路的交汇处,是东西方交通的一个重要的中继站。它西通中西、西亚、阿拉伯和欧洲,东通东南亚和中国。这种优越的地理位置使它在东西方文化交流中扮演了一个特殊的角色。一方面,它从东西方文化中获益甚多;另一方面,它又将其文化传播到东西方各地。因此,印度在东西方文化的交流和沟通中的作用极为重大。

中印文化交流的昌盛　在中国的隋唐宋时期,中国与印度的文化交流进入了繁荣昌盛的时代。中印教俗使者往来不断,仅从唐贞观十五年(641)至乾元元年(758),来华的印度使者就达 16 次之多。而中国的王玄策等奉唐王之命曾三次出使印度,中国僧人至印度求佛法的更多,其中以玄奘、义净最为出名。在北宋初,中国政府派出以沙门为首的 300 人的庞大的公费僧团赴印度求舍利和贝多页书。[①] 这种频繁的交往使中印之间的文化

---

① 参见方豪:《中西交通史》(上),第 323 页。

交流也出现了前所未有的繁荣局面。

印度的天文历算早在南北朝时期就已流行于中国。在唐高宗时,来自印度的天文学家瞿昙罗奉旨修历。武后圣历元年(698年),瞿昙罗又奉诏撰《光宅历》。在玄宗时,又有名为瞿昙谦的印度人因精于历法而被提升到司天台任职。同时,唐宋时代,印度的天文书籍也传入中国。因此,印度的天文历法对中国产生了很大的影响。

印度的医学也随着佛教传入中国。在《隋书·经籍志》的医方部中,所收有关印度的医书就有5种。印度的长生术和长生药亦在唐代传入中国,并在中国迅速流行开来。唐高宗还从印度请来高僧,并委以大将军之职,命其到各地求长生药。同时,众多的婆罗门医生也来中国行医。印度的眼科医术相当发达,眼科医生在中国则备受欢迎。著名唐朝诗人刘禹锡曾就治于印度的眼科医生。

此外,印度的建筑艺术、音乐和舞蹈也给中国带来不同程度的影响。唐朝宫廷乐舞——"天竺乐"和"霓裳羽衣舞"就是从印度引进的。同时,中国的文化也传入到了印度。老子的《道德经》由玄奘翻译成为梵文,中国的歌舞、造纸术传入了印度。在制糖技术方面,中印两国相互学习。唐朝时,中国从印度引进制糖术,并结合实践不断加以改进,从而制出了白砂糖。后来,这种技术又重新传入印度,至今印度人仍然将白砂糖称为"支尼",即"中国的"。至于佛教对中国文化的广泛影响,已是有目共睹的事实了。

印度与阿拉伯、欧洲的文化交流 早在上古时代,印度同中亚、西亚以及希腊和罗马就有密切的往来和文化上的交流。在中世纪,伴随着海上丝绸之路开始活跃、阿拉伯帝国的崛起,印度与阿拉伯帝国的交往和文化交流也进入了繁盛的阶段。同时,西欧商人也开始直接参与到海上丝绸之路的贸易中来,并对未来西方人开辟新航路产生了极大的影响。

由于中世纪印度在政治上长期处于分裂的状态,导致信奉伊斯兰教的突厥人、阿富汗人的入侵。伊斯兰文化对印度历史产生了深刻的影响。这在前面已做过论述。阿拉伯帝国不仅征服了印度的西北部地区,而且大批阿拉伯人商人和旅行家也通过海路来到印度、斯里兰卡从事经商和贸易。这一切都有力地促进了阿拉伯和印度的文化交流。印度文化对阿拉伯帝国的影响表现在诸多方面,其中尤以数学、天文学、医学和文学领域最为显著。

在770—771年间,一个印度的代表团曾访问阿拔斯王朝。当时的哈里发曼苏尔接见了他们。其中一位精通天文和数学的成员向曼苏尔介绍了印度著名学者婆罗摩笈多(598—660)的著作《梵明手册》,曼苏尔极为感兴趣,他便让这位成员写出这本书的大意,并诏令阿拉伯天文学家法扎里将其翻译成阿拉伯语。从此,阿拉伯人便掌握了运用数学方法计算星体的原理。笈多王朝时代的著名天文学家圣使的《圣使集》也被翻译成为阿拉伯文,并对阿拉伯天文学以极大影响。至于印度数字体系的西传及其影响已是众所周知的事了。

在医学方面,阿拉伯人曾将印度两部杰出的医学著作翻译成为阿拉伯文。同时,印度医生还在阿拉伯行医,并在当地享有很高的声誉。在巴格达、军迪沙浦尔等地的医院里都可看到印度医生的身影。阿拔斯王朝的宫廷御医在遇到一些疑难病症时,就曾请来印度医生进行会诊。

印度的故事、格言等对阿拉伯文学也产生了很大的影响。同印度人一样,阿拉伯人也十分喜爱警句和格言,所以当他们接触到印度人的格言后,便根据其习惯将之加以润色,并为他们所用。同时,印度人的许多文学作品也被翻译成为阿拉伯文,如著名的阿拉伯故事《辛巴德历险记》就源于印度。此外的翻译作品还有《亚伯的智慧》《杀人成性的印度国王》《印度男人和女人的歌舞》《拜依德巴格言》等。阿拉伯语中还有许多来自印度语言的词汇。可见,印度文化对阿拉伯的影响是极为广泛的。

印度文化对拉丁西方的影响主要通过阿拉伯帝国这一中介。西方的基督教很早就传入到了印度。在公元13世纪末,当蒙德维高诺来中国时,曾在印度落脚,他发现当地有许多基督教堂。最有意义的是西方的商人和旅行家直接来到印度和印度尼西亚。他们也由此知道了香料的产地和价格。由于香料已成为西方人饮食中不可缺少的部分,所以当奥斯曼帝国将他们通往东方的商道控制以后,西方人也就千方百计探寻到达东方的新航道于是便导致了地理大发现的发生。

推荐阅读书目

1. 克里斯托弗·道森:《宗教与西方文化的兴起》,长川某译,四川人民出版社,1989年。
2. 黄秉泰:《儒学与现代化:中韩日儒学比较研究》,孙尚扬等译,社会科学文献出版社,1995年。
3. 艾哈迈德·爱敏:《阿拉伯—伊斯兰文化史》,纳忠等译,商务印书馆,1987—1991年。
4. 纳忠等:《传承与交融:阿拉伯文化》,浙江人民出版社,1990年。

5. 尚会鹏:《印度文化史》,广西师范大学出版社,2007年。
6. 赵敦华:《基督教哲学1500年》,人民出版社,1994年。
7. 唐逸:《理性与信仰:西方中世纪哲学思想》,广西师范大学出版社,2005年。
8. 雅克·韦尔热:《中世纪大学》,王晓辉译,上海人民出版社,2007年。
9. 雅克·勒戈夫:《中世纪的知识分子》,张弘译,商务印书馆,1996年。
10. 徐善伟:《东学西渐与西方文化的复兴》,上海人民出版社,2002年。
11. 沈福伟:《中西文化交流史》,上海人民出版社,1985年。
12. 查尔斯·霍默·哈斯金斯:《12世纪文艺复兴》,夏继果译,上海人民出版社,2005年。
13. Benson, Robert L. ed. *Renaissance and Renewal in the Twelfth Century*, Oxford, 1982.
14. Grant, Edward. *God and Reason in the Middle Ages*, Cambridge University Press, 2001.
15. Lach, Donald Frederich. *Asia in the Making of Europe*, University of Chicago Press, 1970.
16. Watt, W. Montgomery. *The Influence of Islam on Medieval Europe*, Edinburgh University Press, 1982.

第五章 西方文化的近代化转型

14至18世纪是欧洲从封建社会向资本主义社会过渡的时期,社会经济与政治结构发生了显著的变化,由此在文化领域也发生了革命性的变革。总的来说,经过文艺复兴、宗教改革与启蒙运动,欧洲文化完成了从中世纪向近代的转型。文艺复兴把人们从中世纪神学的桎梏中解放出来,确立了西方文化中的人文主义传统。宗教改革打破了罗马天主教的一统天下,实行了教会的民族化,建立了适应资本主义发展的新教,完成了对西方基督教文化传统的近代化改造。启蒙运动则高举理性主义的旗帜,用理性的眼光来观察国家与社会,最终瓦解了欧洲封建统治的理论基石,全方位确立起资产阶级的思想文化体系。

当然,中世纪的衰落与近代资本主义社会的兴起,是一个过程的两个方面。文化的变革与思想观念的变迁并不是一夜之间能够完成的,在14至18世纪的欧洲社会文化中,中世纪的封建残余仍大量存在,如骑士精神与君权神授等观念,像幽灵一样长时间徘徊于欧洲社会。但是,本章所要强调的是欧洲社会文化变革的一面,正是这种变革改变了欧洲社会发展的方向,实现了欧洲社会与文化的近代化。

一、西欧中世纪文化的衰落

从11世纪开始的城市复兴给西欧社会注入了一种新的生命活力,基督教笼罩下的西欧中世纪文化,也由此增添了一缕世俗文化的光明。正是以城市文化为代表的世俗文化的进一步发展,从内部侵蚀与瓦解着以信仰为特征的西欧中世纪文化,使得14至15世纪的西欧社会呈现出新的特征——中世纪封建文化的衰落与近代资本主义文化的萌芽。经济上,一方面是庄园制度走向解体,经济衰退与瘟疫流行,另一方面又出现了资本主义生产方式的萌芽。政治上,封建政治结构开始发生质的变化,教皇权威衰落,君主权力加强,贵族地位下降,市民阶级上升。思想文化上,服务于封建秩序的神学与经院哲学出现了危机,要求改革教会的异端运动与神秘主义思潮蓬勃兴起;另一方面,新的生活方式逐渐在西欧社会形成,适应新生活需要的世俗文学、教育与法律得到进一步的发展。这种变化,表明西欧社会正面临着巨大的变革,一个新时代即将来临。文艺复兴、宗教改革与启蒙运动便在这种时代背景之下应运而生了,西方文化由此走上了近代化的历程。

1. 封建经济与政治结构的变化

庄园制度解体与资本主义萌芽 14世纪初至15世纪中叶,对于西欧来说是一个经济萧条与社会动荡并存的时代。1315年之后,欧洲多次发生大灾荒,1347—1350年的黑死病(鼠疫),更是给饥荒连年的欧洲雪上加霜,进一步造成了欧洲经济的萧条与人口的锐减。据估计,西欧总人口在1300—1450年间减少了一半以上。与此同时,欧洲社会动荡不安,如1337—1453年的英法百年战争、1358年的法国扎克雷起义和1381年的英国农民起义。

经济的萧条与社会的动荡破坏了西欧的生产力,日益衰落的庄园经济进一步走向解体。由于欧洲人口的减少,造成了劳动力价格的普遍提高以及城乡之间劳动力价格的差异。庄园的农奴纷纷逃往报酬较高的城市,大批土地被抛荒,导致粗放型的庄园制经济难以维持。在这种情况下,一些封建领主不得不改变农业经营方式,变庄园制的直接经营为租佃制的间接经营。这样,领主的自主地变成了出租地,农奴的劳役地租变成了货币地租,庄园农奴也逐渐被解放为自由民。由庄园制向租佃制的转变是西欧经济发展中的一大变化,使农村经济进一步卷入到了日益发展起来的商品货币关系之中,也为城市资本主义萌芽提供了大批的自由劳动力。

14世纪的经济危机对欧洲城市也带来了消极的影响。战争、瘟疫和东方贸易的中断,使得城市人口减少,工商业萎缩。但是,由于城市经济比农村经济具有更大的灵活性,能够根据社会的需求较快地调节经济活动,并且凭借自己的经济实力用高报酬吸引农村劳动力。这样,在这种变化着的经济环境中,欧洲城市的经济虽然在量上出现了收缩,但在质上却发生了新的变化。在意大利的威尼斯、热那亚、米兰、佛罗伦萨等城市,工商业活动中出现了复式簿记、保险契约等新的因素,银行业也进一步发展起来。更为重要的是,在佛罗伦萨的纺织业中,出现了欧洲最早的资本主义性质的手工工场,并由此扩展到其他行业。14世纪时,控制佛罗伦萨经济命脉的七大行会中,都开始出现了具有资本主义性质的企业。从事资本主义生产的作坊主和银行家形成了最初的资产阶级,以出卖劳动力为生的工匠则成为最初的雇佣工人。由富裕市民发展而来的新兴资产阶级是封建社会内部的革命因素,他们希望冲破封建束缚,大力发展资本主义,因而要求变革社会。文艺复兴、宗教改革与启蒙运动,正是在这一阶级力量的推动之下发生发展起来的。因此,中世纪后期社会经济的新变化,是西欧文化近代化转型的物质条件。

政治结构的变化 中世纪西欧政治结构一个非常重要的特征就在于它的多元性。自843年法、德、意三国雏形产生以来,国王只是多元权力中的一极,王权受制于地方贵族,而教皇则成了欧洲政治权力的国际中心。14世纪西欧的经济萧条与社会动荡,从本质上来说是西欧封建制度走向衰亡时所表现出来的封建性危机,它表明以分封制为基础的领主附庸制及其所导致的地方主义与多元政治秩序,已不能适应社会经济发展的需要。因此,到中世纪晚期,随着西欧经济结构的变化,政治结构也随之发生了变化。这种变化主要表现在:君主权力加强,教皇权威衰落,贵族地位下降,市民阶级上升。

从12世纪开始,与中世纪城市一道成长起来的西欧市民阶级,不仅通过城市自治等形式成了城市的主人,而且成了西欧社会生活中一支举足轻重的力量。他们要求发展工商业,消除封建壁垒,建立国内统一市场,因而与国王结盟,支持王权,反对地方封建割据。市民阶级的这一要求正好与日益成长的王权不谋而合。这样,市民阶级与各国君主在结盟中发展壮大起来。到13世纪末,随着以英、法为代表的西欧各民族君主国的开始形成,各国民族语言与民族意识也逐渐形成。在这种条件下,作为天主教世界国际统治中心的罗马教廷,与日益兴起的各民族君主国之间的矛盾便逐渐尖锐起来。各国君主在市民阶级的支持下,开始了教会民族化的历程,同罗马教皇进行了不妥协的斗争,这促使了教皇权威迅速走向衰落。

13世纪末14世纪初,法王腓力四世(1285—1314)为增加收入,向法国教会征税,导致了与教皇卜尼法斯八世(1294—1303年在位)的冲突。腓力四世为取得全国各阶层的支持,于1302年召开了由世俗贵族、神职人员和市民代表参加的三级会议。三级会议一致支持腓力四世,反对教皇对法国事务的干涉。1303年9月,法王派人拘捕了教皇,并对其凌辱殴打,致使教皇因此一命呜呼。这一事件表明,教权高于王权的时代一去不复返了,教皇权威开始衰落。此后,连续七任教皇(1309—1377)都住在法国南部的阿维农,受制于法王,史称"阿维农之囚"。从1378年开始,天主教世界出现了教皇权大分裂,两个教皇长期并存,到 1409 年又出现了三个教皇并立的局面。这种分裂一直持续到 1417 年。并存的教皇之间互相攻讦,使得教皇威信扫地。与此同时,一些王权维护者撰文反对教皇至上论,从理论上否定教皇权威。如帕多瓦的马尔西略,在其《和平的保卫者》一文中论述了国家产生的原因以及王权与神权的关系,提出国家根据自己的原则处理事务,与教规无关;宗教涉及的范围是超自然的世界,而政治涉及的是自然的物质世界,不能以宗教信仰来指导国家政治。从 15 世纪下半叶开始,法、英、西班牙等国君主先后摆脱教皇的控制,确立了对本国教会的征税权,并且不再向教皇纳贡。这种教会民族化的趋势,为各国的宗教改革提供了条件。

地方贵族是中世纪西欧一个非常重要的特权阶级,他们在自己的领地拥有经济、政治、军事和司法大权,长期与中央王权相抗衡。然而,从 14 世纪起,随着地方主义在西欧的衰落和君主权力的加强,贵族制度也开始走向衰败。西欧贵族在其末日来临之际,曾不顾一切地进行垂死挣扎,由此加剧了这一时期西欧政局的动荡,但在以下三个方面因素的影响之下,贵族的衰败已成历史的必然。首先,中世纪西欧的经济萧条与经济变革导致了贵族经济的崩溃,经济上的贫困化使得西欧贵族走向了没落。其次,贵族的政治特权在日益强大的王权面前逐渐丧失,中央政府的强大促使了地方领主向朝臣化的地主转化。第三,中国的火药与火药武器传到欧洲,使骑士在战争中的作用越来越小,这样,军事技术的发展促使了贵族军事职能的衰退。代表地方主义和传统势力的封建贵族的衰败与没落,表明西欧政治结构正经历着划时代的变革,封建制度已开始走向它的末日。

2. 教会的世俗化与异端运动

教会的世俗化　随着基督教在欧洲的发展,教会的职能渗透到西欧社会生活的各个方面,精神性的教会便逐渐世俗化了。教会不仅拥有大量的财产,而且还有自己的法庭、军队和税收机构,它实际上成了西欧社会中的世俗封建主。在罗马的教皇国,教皇俨然一国之君。这种情况实际上是对早期基督教理想的背叛。

到中世纪晚期,罗马教廷与各地教会更是因世俗化而变得腐败和龌龊不堪了。罗马教皇过着奢侈糜烂的生活,为了维持罗马教廷穷奢极欲的开支,把向基督徒征收的什一税变成了常规税收,规定每个主教把第一年任职所辖教区的全部收入上交罗马。到 15 世纪下半叶,由于英、法、西班牙等国君主逐渐摆脱了教皇的控制,各国教会的税收也转而上交给国王,德意志部分诸侯也相继仿效,使得教皇收入大减。为此,教皇设立各种名目巧取豪夺,如出卖神职与"圣物",到各国兜售赎罪券,收取法庭审理费等等。所谓上梁不正下梁歪,各地主教也是如此,用各种手段来聚敛钱财。教士收取财物、蓄妾宿娼等腐败行为更是司空见惯。

教会的世俗化所造成的一个直接后果,就是教士威信的丧失。教会的腐败使教士成了贵族、市民和农民嘲笑的对象,他们憎恨教士的挥霍无度与大吃大喝,指责教士的恶行。在中世纪晚期,只要是痛斥教士腐败的布道就会博得人们的满堂喝彩。当时的一些文学作品常以托钵修士为嘲讽对象,如挨饿的随军教士为了两三个小钱而埋首书堆,告解教士用承诺保佑他人来换取食宿,等等。

教皇与教会神职人员的腐败与荒淫,引起了包括部分神学家在内的社会各阶层的反对。在新兴资产阶级的领导和推动下,一方面出现了抨击教会的人文主义思潮,另一方面又出现了改革教会的"异端"思想和各种宗教虔诚活动,这些都为大规模宗教改革运动的到来奠定了基础。

经院哲学的衰落　当罗马教皇与教会因世俗化而威信日减之时,基督教统治的理论基石——经院哲学也走向了衰落。中世纪末的瘟疫与灾难所带来的悲观主义渗透到神学中,便是对人们自身理解力的怀疑。从13世纪末起,以司各脱和奥卡姆为代表的一些思想家,开始怀疑理性与信仰结合的可能性,认为理性不能用来证明信仰,并对经院哲学的权威阿奎那神学体系提出了批评。这表明中世纪的经院哲学开始走向衰落。

约翰·邓斯·司各脱(1265—1308)是一位英国方济各会修士,曾在巴黎、科隆、牛津等大学任教。他认为,人们对基督教教义只能通过生活中的"沉思"和神的启示来"确信",而不能通过哲学来论证。神学与哲学、信仰与理性各有其对象和作用,二者互不统属,也互不冲突。这种把信仰与理性分开为两个不同领域的思想,打破了阿奎那以理性来证明信仰的综合理论体系,同时也为哲学摆脱神学的桎梏而独立发展奠定了基础。

威廉·奥卡姆(1285—1349)生于英国伦敦附近,曾加入方济各会,晚年移居德国。他继承和发展了司各脱的思想,认为神学与哲学、信仰与理性之间有着确定的界线,关于上帝的存在等神学问题,不应以理性来证明,信仰的教义不是理性的思维所能达到的。他指出,国家与教会各有其职权范围,国家处理人世间的各种公共事务,教会负责拯救人的灵魂,因此教会不得干预国家政治,教会与政治应该分离。奥卡姆还进一步发展了唯名论哲学思想,认为"一般概念"只是一个标志符号,个别事物才是真实存在的,人类的知识是从认识个别事物开始的,一切知识的源泉是经验。奥卡姆强调理性与信仰的分离和知识源于经验,进一步瓦解了阿奎那的经院哲学体系,有利于人们用理性思维去理解自然和探索自然,用经验和观察的方法去研究自然,对宗教改革和近代经验哲学的产生都有巨大影响。

教会之外的宗教虔诚活动　14世纪,西欧的经济萧条与社会动荡给人们的心灵蒙上了一层恐怖的阴影,人们把瘟疫肆虐说成是"上帝的鞭子"对人类腐败的惩罚,死亡的意象长期存留在人们的心里,衰落的中世纪的精神充满着悲观主义的情调。这一时期,人们的死亡观可从当时流行的"死亡之舞"中反映出来。这些"死亡之舞"的主题往往是:死神攫走一切,不分年龄,不分阶层。这些观念也可从当时托钵修士关于死亡的传道与到处流行的表现腐烂的木刻中反映出来。死亡的恐惧感迫使人们比过去任何时候都热衷于寻求宗教的慰藉。因此,中世纪晚期人们的宗教热情并未减退,相反,出现了形形色色的宗教虔诚活动。

基督教是一种注重精神与彼岸世界的宗教,它要求基督徒摆脱尘世的欲望,使精神超越于肉体,最终达到灵魂的救赎。然而,在中世纪西欧,"教皇掌管着进入天国的钥匙",灵魂得救的途径是"行为称义"。神学家们宣称,人们只有参与宗教圣事与礼仪,通过教会这一上帝与人类的"中介",灵魂才能够得到拯救。这实际上把教会神职人员放在了灵魂救赎中的中介地位。教会及其神职人员这一神圣的使命,就要求他们本身必须是廉洁的、超世俗的。但是,恰恰相反,中世纪晚期教会的世俗化与此背道而驰。基督徒所看到的,并不是他们所期望的那种廉洁的教会,而是已经深深陷入世俗事务之中的腐败了的教会。而且,这种腐败是教会自身无法解决的。这样,中世纪晚期的基督徒,一方面迫切需要从宗教虔诚中获得心灵的慰藉,另一方面又对教会及教士的腐败怀有强烈的反感情绪,由此导致了一部分人撇开教会这一传统的救赎途径而去寻求新的渠道,从而出现了各种教会之外的宗教虔诚活动。

神秘主义是在教会之外的宗教虔诚活动中影响较大的一种思潮。神秘主义者在寻求灵魂的救赎时,注重内在修炼而非外在的仪式,试图通过"脱离凡世"、默祷或精神修炼来达到与上帝的交融。代表人物是德意志多明我会修士马斯特·爱克哈特(约1260—1327)。爱克哈特提出"存在即神性",认为宇宙万物都充满着上帝的神性,人的灵性隐藏于每个人的心灵深处,并且是与神性相通的。人们只要抛开各种欲念,就可以在自己的心灵深处找到神性。因此,他认为宗教信仰是一种内心生活,信徒通过自己的虔诚就可以直接与上帝"交通"而达到神性,无需神职人员作中介,也无需外在的宗教仪式。到15世纪时,神秘主义有所变化,其目的并不在于完全醉心于与上帝的交融,而在于日常行为中时时感受到上帝的存在。《效法基督》这本当时流行的手册,就是以这种神秘主义为指导思想的,既要求人们参加圣餐仪式,又强调内在虔诚的重要性。神秘主义思想的广泛传播,成为16世纪宗教改革神学理论的重要来源之一。

中世纪末的宗教虔诚,还表现在人们热衷于教会之外的祈祷行为。瘟疫肆虐与社会动荡所带来的精神抑郁使人们热衷于频繁的弥撒,不仅为已故的亲人,而且也为自己死后的灵魂做弥撒。赤足前往圣地朝圣也是当时一大宗教景观。人们甚至用鞭笞自己的办法来达到垂怜于上帝的目的。从1348—1349年黑死病第一次肆虐欧洲之时,就有成群结队的人徒步穿过北欧,一边唱歌,一边用带有金属包头的鞭子互相抽打,希望这样能够平息上帝的愤怒,免于上帝的惩罚。[1]

中世纪晚期教会之外的宗教虔诚活动,表明天主教会的精神统治已出现了危机,教会的改革已势在必行,否则,一些虔诚的基督徒将在组织上与思想上从教会中分离出去。

异端运动 教会的世俗化与腐败,也引起了部分神学家的反对。当新兴市民阶级开始走上历史舞台的时候,便在城市中出现了代表市民阶级利益的异端教派。所谓异端,是指基督教内部不符合正统神学理论的观点和学说,信守这些非正统教义的教派则被视为异端教派。早在12世纪,以法国南部阿尔比城为中心的阿尔比派就非常活跃。他们反对教会的特权和教会拥有大量财富,主张教士保持清贫、独身和纯洁。教皇英诺森三世发动了反阿尔比派的十字军,镇压了这一异端运动。1229年,教皇格里高利九世设立了异端法庭,即宗教裁判所,以秘密审讯、秘密证人、严刑拷打、禁止被告寻找辩护人等残酷手段来迫害所谓的"异端"分子。然而,这并没有阻止异端运动的发展,14—15世纪,又出现了颇具影响的威克里夫与胡斯的"异端"思想。

约翰·威克里夫(约1320—1384)是牛津大学的神学教授,后被任命为英国皇家神学顾问。他对教会的腐败极为不满,提出由世俗统治者没收教会的财产,让教会保持贫穷与纯洁,让那些行为符合教徒标准的人担任神职。他还提出,《圣经》才是教会的法律与权威,反对教皇干涉世俗政治,主

---

[1] 菲利普·李·拉夫尔等:《世界文明史》(上卷),赵丰等译,第676页。

张英国脱离罗马教廷。这些主张得到了英王和一些贵族的支持,威克里夫也因此得到他们的庇护,免于教皇的迫害。但是,在他死后的1415年,他被教会以异端罪起诉,其尸体被挖出来焚烧。威克里夫是16世纪大规模宗教改革的先驱者,他提出的以《圣经》为信仰权威的思想,对胡斯和后来的宗教改革家都产生了很大的影响。

约翰·胡斯(约1369—1415)是波希米亚(捷克)布拉格大学校长,并担任了波希米亚王后索菲亚的解罪神父。他在威克里夫思想的影响之下,抨击教会的腐败,提出只有彻底改革才能挽救教会。因此他主张,把天主教会在波希米亚的财产收归国有,建立民族教会,取消教会的特权,废除豪华繁琐的宗教仪式。他与威克里夫一样,也把《圣经》当做最高权威和教义的唯一源泉。这实际上也是对教皇权威的否认。胡斯的主张得到了波希米亚贵族与人民的拥护,并赢得了大批的支持者。但是,1415年,他被以"异端"罪处以火刑。胡斯的死引起了其支持者的公开起义,爆发了"胡斯战争"。起义者多次打败前来镇压的德意志军队,保持了较长时间的独立,为建立一个纯洁的新教会做了很好的尝试。

中世纪后期的神学异端运动,从本质上来说是民族国家与市民阶级日益兴起条件下的反封建斗争,是16世纪大规模宗教改革运动的先声。

3. 世俗文化的发展

从骑士精神到田园理想 中世纪晚期,随着贵族制度在西欧的崩溃,骑士制度也无可挽回地走向了衰落,骑士的经济、政治与军事地位大大降低了。然而,正如基督教信仰渗透于人们的思想之中一样,骑士精神与观念也长期驻留于中世纪欧洲社会的上层阶级之中,并对中世纪晚期的政治仍有一定的影响,诸侯之间政治分歧的解决办法,也还有人采取私人决斗的方式。在火药武器与新兴战略战术的冲击之下,骑士精神作为军事原则已不再有效,但它所形成的一套荣誉规则,在某种程度上影响了战争规则的变革。骑士的荣誉感所衍生出的牺牲精神、仗义行侠与正义感,成为西欧民族国家兴起过程中爱国主义的精神土壤。

文艺复兴时期的个人主义和性爱观,也与中世纪的骑士精神有着渊源关系,近代早期的绅士风度更是直接源于中世纪的骑士理念。文艺复兴时期人们对于荣誉的追求,那种渴望自己能饮誉天下与彰显后世的个人主义,在某种程度上可以说只是为骑士的荣誉感与英雄主义披上了古典的外衣。12世纪兴起的骑士之爱——典雅爱情,到文艺复兴时期的诗歌中进一步发扬光大起来,世俗的性爱成了文学的主题。

当然,中世纪的骑士精神与骑士爱情到 14 至 15 世纪已落伍于时代,尤其是典雅爱情中的那种注重仪式与礼节及其形式主义倾向,逐渐使人们厌烦腻味起来。在厌倦了骑士爱情的繁文缛节之后,贵族们转而指斥爱情中那种神经质的做作的英勇,而将田园生活誉为一种解脱。一些贵族摆脱了骑士幻想,转向了另一种简单、静谧的理想,希望从田园生活中获得尘世的幸福。此时的宫廷文学也出现了对骑士理想的讥讽与批评,转而赞美简朴的田园生活。当时的诗人艾斯塔什·德尚在一首诗中说到:

> 我只求上帝准予此世
> 我能效忠他,赞美他,
> 准予我自给自足,一件外套
> 或紧身上衣足矣。一匹马
> 协我劳作,我会平静地治理
> 我的庄园,满怀善意,毫无忌妒。
> 既不过分富裕,亦无需为食求乞,
> 这是最稳妥的生活。

实际上,"对乡村生活和田间劳作的称颂大多并非是真正向往简朴与劳作本身,也不是向往它们所带来的安全与自由,这一理想的真正内容是对自然的爱情的向往。田园理想只是性爱思想采取的田园形式。……它体现出变革生活的渴望"[1]。

方言文学的发展　中世纪晚期,随着欧洲各国民族意识的形成与教皇权威的衰落,拉丁语的一统天下被打破了,各地方言及方言文学开始流行起来。其实,法语、德语和西班牙语等在中世纪鼎盛期就已初步形成了,并分别出现了《罗兰之歌》《尼贝龙根之歌》《熙德之歌》等方言文学史诗。13 世纪时,意大利语也初具雏形。在英格兰,社会上层仍讲法语,官方文件与文学作品也使用拉丁语或法语,但一般民众则开始使用英语方言了。到 14 世纪,意大利语与英语作为本国方言,不仅在口头上而且在书面文学上也开始得到广泛使用。但丁的《神曲》与乔叟的《坎特伯雷故事集》便是这方面的代表。

但丁·阿利格里(1265—1321)是佛罗伦萨的政治家和诗人。他出身

---

[1]　约翰·赫伊津哈:《中世纪的衰落》,刘军等译,中国美术学院出版社,1997 年,第 139 页。

于律师家庭,具有丰富的宗教、哲学和文学知识,熟悉维吉尔、西塞罗、博提乌斯等古典作家的作品。他最早的作品是抒情诗《新生》,在诗集中,他对一心爱恋的理想恋人碧雅特丽丝的早逝表达了哀痛和恋慕之情。1302年,任佛罗伦萨行政官的但丁因政治斗争失败而被流放,此后至死也未能重返故乡。正是流亡生活开阔了他的眼界,激发了他的爱国热情,给他的文学创作注入了新的活力。流放期间,他写了《论俗语》《论世界帝国》《神曲》等。《论俗语》是最早的一部关于意大利语及其文体和诗律的著作。《论世界帝国》阐述了但丁的政治理想和主张。他认为人类需要和平,有必要建立一个统一的世界帝国,而罗马人有资格掌握这一尘世帝国的权力。这个一统天下的帝国及其君主的权力直接由上帝赐予而非来自罗马教皇,因而政教应该分离。这种思想在西方政治思想史上占有重要地位。长篇诗集《神曲》是但丁的代表作,描写了作者假托梦幻在古罗马诗人维吉尔引导下游历地狱、炼狱和在他昔日的恋人碧雅特丽丝引导下游历天堂的经过。全诗分"地狱""炼狱""天堂"三部分。在游历过程中,但丁既遇到了历史人物,也遇到了自己同时代的人。他在地狱中看到了倒埋在岩石里被火烧烤着的教皇和僧侣,并对教皇说:"你留在这里吧,因为你受到的刑罚是公正的。"炼狱中是一些罪恶较轻的人在那里修炼。天堂是一个充满光辉、欢乐和爱的地方,作者在那里看到了荷马、苏格拉底和柏拉图等大师。但丁在《神曲》中把教皇和一些神职人员打入地狱,而把荷马等古典作家升入天堂,表明了他对教会腐败的鞭挞和对古典文化的崇尚,具有人文主义思想的萌芽。但是,《神曲》在很多方面仍留有中世纪文学的烙印,也没有完全摆脱宗教的束缚,其立意明显表现出了对来世的重视。总的来说,但丁的作品仍以中世纪宗教信仰的方式来表达自己的情感,同时又具有人文主义思想的萌芽。《神曲》用意大利押韵韵文写成,后来成了意大利文学的典范。

杰弗里·乔叟(约1340—1400)是英国文学传统的缔造者,《坎特伯雷故事集》是他的经典之作。书中讲述了一群由伦敦到坎特伯雷朝圣的香客,他们当中有封建主、骑士、商人、教士、大学生、手工业者、农民等各阶层的人。这一故事集便是他们在前往朝圣的途中轮流讲的故事,每人所讲的故事几乎都反映了自己的职业和世界观,并且许多故事具有反对禁欲主义和歌颂个性解放的倾向,因而这些故事可以说是14世纪英国社会生活的一个缩影。乔叟的故事集用伦敦方言写成,并且采用韵文的形式,为近代英语的形成与发展奠定了基础。

中世纪后期涌现出来的方言文学,主要是面向世俗大众的文学,不再是为神学服务的宗教文学,因而就其内容与写作手法来说,具有自然主义的特征,按照事物的本来面目如实描写。这实际上也是中世纪晚期人们的田园理想在文学上的反映。

世俗教育的发展 中世纪学校教育的主要目的是培养教士。然而,从12世纪起,随着城市在西欧的兴起,适应世俗社会需要的世俗教育也在西欧兴起并发展起来。这时,进学校学习的人并非全都是为了当教士,有的人后来成了政府部门的文书,有的人是为了掌握经商所需的计算技能,而一些贵族子弟则把识文断字作为其身份与地位的标志。到13世纪,一些传授实用技能的学校如雨后春笋般地发展起来。这类学校从学生到教师都是世俗者,授课也逐渐放弃拉丁文而采用各国方言。这表明,教会已失去了对教育的垄断地位,这为整个西欧世俗文化的发展提供了前提条件。

14—15世纪,由于西欧资本主义萌芽和新兴资产阶级的崛起,世俗教育得到了飞速的发展。因为,资本主义生产的发展需要大批世俗人才,需要科学家和技术人员来改进生产,需要新兴手工工场的管理人员和财会人员,需要律师来维护资产阶级的利益,需要文学家和艺术家来丰富资产阶级的文化娱乐生活。所有这些,促使新兴资产阶级提出了世俗教育的口号。在14世纪的意大利学校,大学里主要学习法律与医学,中小学则以应用数学和语文(俗语)为主。据统计,1338年的佛罗伦萨,约有8000—10000名男女儿童在私立学校学习语文(俗语),1000—1200个学生在专门学校里学习商业应用数学,此外还有约500人在大学预科学习文法、修辞和逻辑。由于世俗教育的发展,西欧中世纪晚期的文化普及率有了很大提高。大约在1050年左右,西欧能识字的人数只占总人口的1%,而到1340年,佛罗伦萨能识文断字的人约占人口的40%,15世纪的英格兰识字者在总人口中的比率也达40%左右。世俗教育与世俗文化的发展,为文艺复兴的传播与发展提供了条件,也为宗教改革的深入奠定了基础。因为,宗教改革中提出的《圣经》权威与因信称义,必须以广大信徒自己能读懂《圣经》为前提。

二、文艺复兴运动

Renaissance(文艺复兴)一词来自于法语,意为"再生""复兴"。文艺复兴不能简单地理解为古典文化的复兴,它实质上是一场以古典文化复活为外衣的新文化运动,是当时欧洲社会经济与政治结构变革条件下的产物,是中世纪晚期欧洲世俗文化发展的必然结果,同时,它又反过来进一步加速了欧洲社会的变革。在这场运动中,代表新兴资产阶级的人文主义者在文学、艺术、教育、政治思想等方面冲破了基督教神学的桎梏,为资本主义思想文化体系的初步确立奠定了基础。这一运动的发展并非仅仅局限于人文学科领域,它对欧洲社会的影响是巨大的,人们在价值观念与生活方式等方面也发生了深刻的变化,这大大推进了欧洲社会的近代化转型。

早在文艺复兴时期,一些意大利人文主义思想家就开始把文艺复兴看做是欧洲文化史上一个新时代的开端。他们认为,古典学术与艺术自西罗马帝国衰亡之后就死亡了,但由于他们的努力,到他们所生活的时代又出现了复活与再生,因而他们所处的时代是一个不同于前一时期的新时代,是一个意大利的光荣和尊严复兴的时代。在意大利后期人文主义者乔治奥·瓦萨里的《艺苑名人传》中,首次使用了"文艺复兴"一词,他从艺术史分期的角度对文艺复兴做了大致的界定。到后来,伏尔泰在其《风俗论》中,也把文艺复兴作为一个新文化运动来加以考察。1860年,瑞士著名史学家雅各布·布克哈特的《意大利文艺复兴时期的文化》一书出版,他把"复兴"与"再生"的概念从文学艺术上引申到广阔的社会生活领域,奠定了近代关于文艺复兴概念的完整体系。此后,布克哈特在该书中所赋予的文艺复兴的概念和把文艺复兴作为欧洲近代史开端的观点,对学术界产生了广泛而深远的影响。20世纪初,一些西方学者曾对布克哈特的观点提出了挑战,强调文艺复兴时期欧洲社会的中世纪因素,抹煞中世纪与文艺复兴之间的界限,否认文艺复兴是新时代的开端,把它与加洛林文化复兴、12世纪文化复兴这些事件相提并论。但是,这些挑战并未能动摇布克哈特在文艺复兴研究中的地位,他关于文艺复兴的论断仍具有极强的生命力。当然,文艺复兴与中世纪之间的文化联系也是应该看到的,文艺复兴时代作为一个新旧交替的过渡时期,既有新的因素,也保留了大量中世纪的残余。但我们首先要看到的,是它变化的一面,这种变化奠定了此后欧洲社会发展的方向。

1. 人文主义的兴起与传播

意大利文艺复兴的社会文化基础　文艺复兴是在古典文化复兴的旗帜下开展的一场新文化运动,它首先发轫于意大利,是与意大利的具体历史条件分不开的。中世纪的意大利虽是四分五裂、政局动荡,但它是古代罗马的发源地和核心地区,它从古代罗马继承下来的遗产——城市、文明与罗马法,使得意大利具有了不同于欧洲其他地区的文化特性,并由此首先具备了人文主义诞生的两个基本条件——资本主义萌芽与古典文化的复活。

中世纪意大利的城市除威尼斯等极少数城市外,大多并不是凭空兴起的,而是古代罗马残留下来的城市在9—10世纪商业复兴影响之下的复活。由于意大利这种先天的条件,使得中世纪意大利政治生活的核心在城市而非封建领主的城堡。而且,意大利独特的地理位置及其工商业的发达,使得欧洲的资本主义萌芽与新兴资产阶级首先在意大利的城市中产生。以佛罗伦萨为典型的意大利工商业城市生活,比欧洲其他地区的社会生活具有更强的世俗性。城市的自由与工商业的繁荣,也给人们带来了从旧的束缚中解脱出来的新希望。这是文艺复兴首先发轫于意大利的现实社会基础。

意大利是古代罗马的统治中心,它受希腊—罗马古典文化的影响也最为直接和巨大。意大利不仅在其本土保存了大量古典文化遗产,如古典建筑、藏书丰富的王侯书室和教堂图书馆等,而且因其东西方经济文化交流的发达,而从拜占庭和阿拉伯获得了大量古典文化书籍。这是意大利古典文化复活所具备的得天独厚的条件。

意大利古典文化的复活首先是从罗马法的复兴开始的。意大利由于其罗马法传统及其商品经济发展对法律的需求,使得它成了欧洲罗马法复兴的中心。从12世纪起,意大利的法律工作者,从一般的公证人到著名的法学家,在社会上都享有较高的地位,受到人们的尊敬。民法律师在城市的政府机构中和君主们的宫廷里担任重要职务,教会法学者则受聘于教皇国。意大利文化界最杰出的人士都离不开从事民法和教会法的工作。对于法律的重视和研究,间接地助长了意大利知识分子的世俗化倾向,并且成为人文主义诞生的一个重要根源。因为,对法律的重视使得法律教育在意大利学校教育中占有非常重要的地位,使意大利的文化发展更多地倾向于为政府和管理部门的具体和实际的问题服务,而不是进行形而上学和神学的研究。这以波隆那大学最为典型。学生们在学习和研究罗马法的过程中,还要学习文法和修辞,以便为法庭的辩论服务。在老师和学生们的辩论中,他们经常引用古代罗马的范例,并且结合现实来发表议论,这就形成了运用古典知识来评论或抨击时政的风气,其中所蕴涵的精神,已具有人文主义精神的性质。到14—15世纪,随着资本主义萌芽和资产阶级的兴起,这种精神有了它的社会和阶级基础,借助古典文化复兴来进行反封建斗争的条件基本成熟了,文艺复兴运动便蓬勃发展起来。

因此,文艺复兴首先发轫于14世纪的意大利并非偶然。当代著名学者丹尼斯·哈伊指出:"我们首先应当记住过去我们曾经讲过的意大利舞台上的两个根本特征:城市和法律。欧洲其他任何地方都未出现过如此明显的城市发展时期。在欧洲其他任何地方的城市生活中,民法或宗教法也未占有过如此重要的地位。我们可以看出,这两个特征就其方向而言,使这里出现一个比其他地方更富于世俗性的社会。这两点构成了意大利半岛的各个部分在政治、社会和文化的发展上,所具有的某些先决条件的共同基因。"①

意大利人文主义 文艺复兴是在古典文化复活的旗帜下开展的一场新文化运动,其指导思想是人文主义(humanism)。② 既然文艺复兴披着古典文化的外衣,那么"人文主义"的出现也是与古典文化紧密联系在一起的。

在古代希腊,学校教育主要是文法、修辞、逻辑、算术、几何、天文、音乐这七门"自由人的学科"。到罗马时代,西塞罗提出了贵族的教育理想与文化理想,主张人们应该受到这七门学科的全面教育,并把这种全面教育称为"humanitas(人性)"。这种教育要求人从社会习俗和职业小圈子中解放出来,努力使人的行动、语言和著作真正表现他自己,表现他的精神和文化特征。这种以人为中心、强调人的个性与人的精神的思想,成为文艺复兴人文主义的思想渊源。15世纪时,意大利知识界普遍认为,彼特拉克的著作使人们从中世纪的黑暗和野蛮里看到了新时代的曙光,真正的诗歌和古代的智慧经过1000年的昏睡之后又复活了,布鲁尼就称赞说:"弗兰西斯科·彼特拉克是一个非凡的天才,是他首先发现和复活了早已泯灭的古代文化的华丽的风格。"这种复活实际上就是在新的历史条件下古典"人性(humanitas)"的再兴。15世纪末,意大利的学生把文法、修辞、历史、文学和道德哲学这些与古典学问有关的学科称为"人文学科"(studia humanitatis,英文为the humanities),把教授这些学科的老师称为"人文主义者"(humanista,英文为humanist)。但此时并没有形成独立的"人文主义"一词。到1808年,德国教育家F. J. 尼特哈麦在一次关于古代经典在中等教育中的地位的辩论中,用德文杜撰了"人文主义(humanismus)"一词。1859年,乔治·伏伊格特在其《古代经典的复活》一书中,首先将"人文主义"一词用于文艺复兴。接着,布克哈特在1860年出版的《意大利文艺复兴时期的文化》一书中也大量运用了"人文主义"一词。从他们对这一概念的运用来看,他们都把与古典文化复活有关的新态度和新信念称为"人文主义"。因此,从"人

---

① 丹尼斯·哈伊:《意大利文艺复兴的历史背景》,李玉成译,三联书店,1988年,第61页。
② 对于"人文主义"这一概念的内涵,学术界存在不同的看法。而且在我国,humanism 一词除译为"人文主义"外,还在不同情况下被译为"人本主义"或"人道主义"。

文主义"一词的渊源及其形成的过程来看,它是与古典文化紧密联系在一起的,是一种与中世纪的宗教思想相对立的世俗主义思想,是在复兴古典文化的基础上所形成的新兴资产阶级的人生观和世界观,其核心是从希腊罗马古典著作出发,强调人的价值和人的尊严,提倡个性解放与自由,反对以神为中心的封建神学体系。

意大利人文主义的奠基人是诗人弗兰西斯科·彼特拉克(1304—1374)。如果说但丁结束了过去,那么彼特拉克则开创了未来。彼特拉克崇尚古典文化,在其作品中开始把人的眼光从虚幻的来世转向真实的现世,歌颂尘世生活,重视人的价值,并把古典文化同中世纪传统对立起来,通过他的示范作用向人们展示了一种对待文学与人生的新姿态,成为意大利第一个人文主义者,被誉为"人文主义之父"。此后,在其影响之下,意大利涌现出了一大批杰出的人文主义思想家,如薄伽丘、达·芬奇、拉斐尔、米开朗琪罗、乔尔乔内、提香、马基雅维里、康帕内拉等,使得文艺复兴在意大利蓬勃开展起来。

文艺复兴时期的意大利人文主义者,尽管他们在政治、文学、艺术等各自的领域中表现出不同的思想特征和观点,但人文主义是其共同的思想倾向。意大利人文主义产生于以佛罗伦萨为代表的工商业城市之中,城市民主制度与市民世俗生活是其赖以存在的基础,一些西方学者把这种反映市民世俗文化的人文主义称为市民人文主义。其实,市民人文主义只是意大利人文主义思想中的主流。意大利人文主义思想具有以下几个特征。

第一,提出人为万物之本,主张研究人的生活,探讨人的本性,注重人的全面发展和培养完整的人。彼特拉克就主张把对人自身的研究放在首位,他说:"有的人对野兽飞禽和鱼类的事情知道得很多,对狮子头上有多少鬃毛,鹞子尾上有多少羽翎,水螅下沉时要打多少个旋涡,了如指掌……即使这些说法都是真的,对我们寻找幸福生活又有何用?我自问:知道飞禽、走兽、鱼蛇的特性,而对人的本性无知,不知道我们从何处来,到何处去,以及为什么生活,这到底有什么好处?"布鲁尼主张以人文主义文学和人文学科为手段造就完整的人。他说:"之所以称文学为人文学,就是因为它的目的是培养完整的人。"正是人文主义者呼吁人的全面发展和培养完整的人,使得意大利文艺复兴时期涌现出了一大批博学多才的"巨人"。

第二,否定神权,抨击教会腐败,反对禁欲主义,颂扬尘世生活。人文主义者对人性与人权的肯定,实际上就是对神权的否定,这种思想早在但丁的《神曲》中把教皇打入地狱就已露出了端倪。薄伽丘的《十日谈》通过现实主义的描写,对教会的腐败进行了猛烈的抨击与辛辣的讽刺。科卢乔·萨卢塔蒂(1331—1406)要求人们放弃禁欲过隐逸生活,热爱尘世生活。他说:"当你想从世界上逃走的时候,你就会从天堂里掉下来;而当你生活在尘世中的时候,你的心就可以进入天国。关心、爱护你的家庭、孩子、亲戚、朋友,以及包容一切的祖国,并为他们效劳吧!"布鲁尼认为,人离开了现实社会中的交往就不可能达到自身的完善,他说:"人是弱小的动物,仅靠个人的力量还不足以弥补自身的缺陷,只有置身于文明社会中才会使自己完善起来。"① 因此,人文主义者对世俗生活的歌颂,是与其培养全面的人这一思想紧密联系在一起的。

第三,崇尚理性,反对迷信,提倡科学,反对愚昧。中世纪是信仰的时代,人们迷信神学权威。而人文主义者高举理性与科学的大旗,不仅提出了对人自身的探讨,而且提出用科学的方法去探索自然的奥秘。布鲁诺为科学与真理而贡献出了自己的生命。人文主义者的科学态度还表现在提出了"争论是真理的筛子",主张通过争鸣来发现真理。

第四,崇尚古典知识与学术,重视历史、文学、语言学与修辞学。人文主义者通过对希腊罗马古典作品的搜集、整理、翻译和研究,从中发现了一个崭新的世界,并对这一世界中崇尚人性与自然的精神钦佩不已。瓦拉说:"这些作品之所以神圣,并不在于它们永远关闭了人们前进的道路,而是打开了人们前进的道路。"因此,古典知识与学问在当时成为时尚,人文学科成为人文主义教育的主要内容。布鲁尼曾在一篇论教育的文章中讲到:"非凡的才华只能从渊博的知识中产生。因此,需要广涉时事,博览群书。要研究哲学、诗歌、演说、历史以及其他方面的著作,从中汲取各方面的知识……此外,还必须进行不可忽视的文学方面的修养。"②

人文主义在欧洲的传播 意大利的人文主义思潮,从15世纪末叶开始越过阿尔卑斯山传播到欧洲北部地区。15世纪的欧洲北部国家,像意大利一样,人们也开始追求美好的世俗生活,关心家庭与公共事务,要求更广泛地参与社会生活。同时,在各国的文学与艺术中都表现出一种清新的现实主义,反神职人员的民间文学也到处流行。在教育方面,各国的传统教育走向衰落,神学博士的光辉时代已日薄西山,法学家们的地位则日益优越。这

---

① 以上引文分别出自加林:《意大利人文主义》,李玉成译,三联书店,1998年,第22—23、37、41页。

② 丹尼斯·哈伊:《意大利文艺复兴的历史背景》,李玉成译,第138页。

一切都表明,到 15 世纪晚期,欧洲北部地区已具备了接受人文主义的社会文化条件。

  意大利人文主义主要通过以下三种形式传播到阿尔卑斯山以北的地区:意大利的文学家和艺术家去欧洲北部、那里的学者到意大利访问、书籍与艺术品的流通。造成意大利人文主义者流散到欧洲各地的一个重要原因,就是意大利的政治分裂带来了战乱频繁,一些人文主义者便到法、英等国去找工作和生活,他们比在意大利更容易得到重用和提升。尤其在法国,法王对意大利内政的干涉,使得许多意大利学者作为政治流亡者聚结在法国宫廷。反过来,英、法等国一些学者也纷纷到气候温和、文化繁荣的意大利留学,当时居住在意大利的外国人当中,大多是以学习为名到意大利的绅士。此外,也有不少前往意大利各宫廷的使节和到罗马教廷访问的神职人员,他们在意大利逗留期间受到人文主义思想的熏陶,最后把它带回自己的故乡。意大利人文主义思想随着书籍传播到欧洲北部地区,主要应归功于 15 世纪中叶以后印刷出版业在欧洲的迅速发展。早在 12—13 世纪,西方已从阿拉伯人那里学会了中国的造纸术,大约在 1445 年,德国人约翰·古登堡开始使用铅活字印刷,促进了印刷出版业的兴盛,人文主义书籍得到广泛流传,人文主义思想也借此迅速传播开来。

  由于欧洲各国经济发展水平、政治条件、历史文化背景及地理位置的差异,它们接受人文主义的时间也先后不一。

  首先受到意大利人文主义思潮影响的,是与之相毗邻的德意志南部地区。在 15 世纪中叶以前,南德地区就有许多贵族青年到意大利留学,学习法学与医学,并把人文主义著作带回国内。同时,一些拉丁文书籍也被译成德文。到 15 世纪下半叶,一些新大学纷纷在德意志建立起来,其人文学院系明确表现出对人文主义的兴趣,大学成为德国文艺复兴运动的中心。因此,到 15 世纪末,人文主义已在德意志得到充分的发展。但是,在欧洲北部的斯堪的纳维亚各国,直到 1520 年还未受到人文主义的影响,只是在宗教改革运动兴起之后,新学术才渗入斯堪的纳维亚地区。

  尽管法国与意大利相距咫尺且交往较多,但法国的人文主义发展得比较迟。15 世纪下半叶,巴黎大学人文学院已经聘请了少数意大利人文主义者去充当希腊语教师,有些人文主义的教科书也已经代替了中世纪的拉丁文法。而且,巴黎的出版社从 1470 年开办起就刊印了一些人文主义方面的书籍。但是,意大利的新思想并未引起法国知识分子的兴趣,传统的、繁琐主义的求知方法仍在法国文化界占主导地位,大学生活的中心依旧是阿奎那派、司各脱派和奥卡姆派之间的激烈论战,以及一些传统的逻辑问题和形而上学问题的讨论。到 16 世纪初,由于人文主义在大学特别是在其人文学院中已产生了一个时期的作用,人文主义思想开始在法国流行起来。然而,由于法国的资产阶级力量较为弱小,王权与贵族势力强大,这就使得法国的人文主义者往往依附于王室与贵族,或者是由贵族知识分子所构成。例如,著名的人文主义团体"七星诗社",就是由一部分贵族知识分子所组成。在与法国毗邻的低地国家,人文主义思想也在 15 世纪末传播开来,并且培养出了伊拉斯谟那样杰出的人文主义者。

15 世纪末,在意大利的影响之下,西班牙知识界也显示出了对于人文学科的新兴趣。一些学者到意大利留学,也有一些意大利学者到西班牙讲学。在西班牙宫廷附设的学校里,为了提高王室成员的文化水平,开设了人文主义课程。到 16 世纪初,西班牙出版了不少人文主义的书籍,这反映了人文主义思想在西班牙的传播。葡萄牙与西班牙的情况差不多,在 15 世纪最后几十年间,已有一些意大利人文主义者到葡萄牙讲学,到 16 世纪初也出版了一些人文主义的著作。但是,在 16 世纪初的西班牙与葡萄牙文化中,人文主义并未占主导地位。

英国的文艺复兴运动也兴起得比较晚。在 15 世纪末叶以前,英国与意大利之间并没有任何重大接触,学术与教育依然遵循中世纪的模式。但是,从 15 世纪末叶起,英国的一些文法学校和大学开始出现了人文主义的教育方法,人文主义的学术观点也开始在英国站稳脚跟,尤其在牛津和剑桥,人文主义具有更大的学术性质。到了 16 世纪 20 年代以后,有关历史、政治、社会问题等方面的人文主义思想源源不断地输入英国,促使了英国文艺复兴的发展与繁荣。

人文主义者通过对古典著作的研究来颂扬人性,这是欧洲各国人文主义思想的共同特征。但是,由于意大利与欧洲北部各国存在着社会条件、文化背景等方面的差异,因而其间所表现出的人文主义思想也各有特点。意大利人文主义的主流是市民人文主义,它强调人性中的意志与情感,提倡积极活跃的世俗生活,并表现出新兴资产阶级那种极端个人主义。而在欧洲北部地区各国,人文主义却与基督教紧密联系在一起。欧洲北部地区的人文主义者把人文主义的治学方法应用到《圣经》与早期基督教著作的研究中,努力把人文主义研究与基督教研究协调起来。这样,在意大利以外的地方,人文主义打进了经院哲学的阵营,这两者互相渗透,使那里的人文主义在文艺复兴的外衣下依然保持着中世纪各学派的一些传统形态,西方学者把这种人文主义称为"基督教人文主义"。这种精通古典文学与宗教信仰相结合的代表就是伊拉斯谟。伊拉斯谟在这方面的一个重要贡献,就是他的希腊文《新约圣经》评注本和拉丁文译本,这两个版本在欧洲广为传播,使原来拉丁文译本的权威性受到怀疑,也为宗教改革提供了思想武器。基督教人文主义者对于教会腐败的抨击和改革教会的倡导,成为宗教改革的重要思想渊源之一。

人文主义教育 在15世纪末16世纪初的欧洲学校中,中世纪的传统依然存在。但是,在大量传统学术存在的同时,也明显显示出了新的人文主义的教学方法、教学内容与价值观念。人文主义者都非常重视教育,而且中世纪晚期发展起来的世俗教育也为人文主义教育提供了条件。因此,在文艺复兴的繁荣时期,人文主义教育得到发展,培养出了大批杰出的人文主义者,这反过来也进一步促进了文艺复兴运动的蓬勃开展。

在意大利,除原有的城市世俗学校外,一些开明君主又创办了一些新的学校,聘请人文主义的教师来教学,让他们的孩子同主要宫廷人员和市民的孩子一起在这里学习。其他国家也相继仿效,创办这种学校。文艺复兴时期的学校教育,除传统的"七艺"外,还增加了艺术、政治、历史、哲学等人文学科和古典语言文化的教育。人文主义者认为,学好拉丁文与希腊文是进入古代世界和了解古人思想殿堂的钥匙,因而古典语言文化的教育在人文主义教育中占有重要地位。人文主义的中心思想是强调人性,挖掘与培养人的潜在能力与创造能力,使人的能量发挥出来。而要达到这一目的,重要的手段就是教育。所以,人文主义者认为,教育是把人从自然的状态中脱离出来发现他自己的人性的过程。他们通过对古典作品的讲授,让学生从荷马与修昔底德、从维吉尔与西塞罗那里学到"人性"的含义。在英国,由于语法学校的广泛设立,使人文主义传统一直保持到20世纪中叶。

人文主义教育不同于中世纪教育的最大特点,就在于其注重人的实际能力的培养,为现实社会服务,培养出为世俗社会所需要的人才。无论是君主政体还是共和政体的国家,人文主义者都非常注重治国人才的培养。从15世纪开始,统治家族中的年轻人只具有骑士品质和精通武艺已经不能适应需要了,他们还需要精通艺术与文学,学会新的经世治国之道。人文主义教育培养出杰出统治者的典型便是英国女王伊丽莎白一世。

文艺复兴时期,随着人文主义教育的发展,也涌现出了一批杰出的人文主义教育家,其中最著名的是捷克的杨·阿姆斯·夸美纽斯(1592—1670)。夸美纽斯著有《大教学论》《母育学校》《论天赋才能的培养》《组织良好的学校条例》《青年行为守则》等,提出了一些新的教学原则,如按年龄分期进行教育的原则、循序渐进原则、系统性原则、直观性原则等,为近代教育学奠定了基础。夸美纽斯是近代学制和班级授课的创始人,学校的教学按学年来组织,每学年又分为几个学季,建立了放假制度和学日组织,同时,学校组织教学以班为单位,形成由低到高的班级教学。夸美纽斯成为近代资产阶级教育理论体系的奠基者,被称为"近代教育科学之父"。

2. 价值观念与生活方式的变化

价值观念的变化 15—16世纪,传统的骑士制度与骑士观念随着封建制度的衰落而日趋没落,基督教的禁欲主义也在商品经济发展的大潮中渐渐失去了它往日的光彩。在人文主义者的倡导下,人们的价值观念发生了巨大的变化,现世主义与个人主义成为人们追逐的时尚。

文艺复兴时期的西欧,由于商品经济的发展和资产阶级的兴起,基督教关于安贫乐道的说教已显得与现实生活格格不入了,人们开始追求财富与现世的享乐。意大利人文主义者阿尔贝蒂在他的《论家庭》一书中就表达了当时人们对待生活与财富的看法。他说:"人的欢乐不在于过闲散和无所事事的生活,而在于进行工作和活动。""一个人应当有三样东西:房子、土地和商店。"因为他认为,财富是友谊、名誉和权力的源泉,财富的日益增长是家庭幸福生活的重要组成部分,一个家庭应当修建和装饰自己的房子,拥有珍贵的书籍和健壮的马匹。在16世纪英国上演的一曲戏剧中,其中的一段台词反映了人们对于财富的崇拜:

> 金钱,这是大家的宠儿,一切欢乐的源泉;
> 金钱,这是医治一切苦闷的良药;
> 金钱,这是世人所珍藏的珠宝;
> 金钱,这是妇女所拜倒的偶像。[①]

可见,文艺复兴时期人们整日忙碌和勤奋劳作,并不像过去那样是为了灵魂的得救和来世的幸福,而是为了现世的利益。不仅如此,意大利人文主义者波焦·布拉乔利尼甚至提出:"金钱是国家的力量所在,赚钱应视为国家的基础和根本。"这实际上为后来的重商主义提供了思想基础。

---

① 施脱克马尔:《十六世纪英国简史》,上海外国语学院编译室译,上海人民出版社,1958年,第87页。

文艺复兴时期，人们对基督教的来世天堂观念日益淡漠，而对现世美好生活表现出了极大的热情。佛罗伦萨的洛伦佐·美狄奇写的一首诗就反映了当时人们的享乐观念：

> 多么美妙的青春啊！
> 然而只是一瞬间。
> 让我们唱吧！笑吧！
> 祝要求幸福的人幸福，
> 不要期待明天！①

文艺复兴时期的人们在追求尘世幸福生活的同时，也非常注重个人的荣誉，表现出了强烈的个人主义。阿尔贝蒂曾在他早年的一篇文章里赞扬过对荣誉的追求。另一个意大利人文主义者费奇诺曾说过："人们力求把自己的名字保持在子孙们的记忆中。他为过去从未享受荣光、不能在未来获得所有人民的尊敬而感到痛苦。"这种新兴资产阶级的个人主义，大大激发了人们努力向上、发挥个人才能及追求现世幸福的积极性，使社会出现一片生机勃勃、蒸蒸日上的局面，有利于西欧社会从中世纪向近代的过渡。

世俗生活的文明化　文艺复兴时期，由于西欧社会正经历着巨大的变革，社会经济的变化也带来了生活方式的变化，这种变化总的来说是人们的文明程度越来越高了。

在日常生活中，人们开始抛弃中世纪的粗俗举止，转而追求文雅与礼貌的行为方式。人文主义者认为，一个全面发展的人，除了具备各种专门的知识外，还应具有高雅的举止、整洁的服装和文明的谈吐，懂得各种社交礼仪。为此，一些人文主义者编写了各种各样有关社交礼仪与规范的手册，供人们学习与参考，这种手册在文艺复兴时期的上流社会中非常流行。例如，1530年伊拉斯谟出版了一本名为《男孩的礼貌教育》的小册子，受到广泛的欢迎，在出版后的6年时间里就再版了30多次。这种情况表明，这本小册子的主题正是当时人们追逐的时尚，它恰好满足了这种社会的需求。在《男孩的礼貌教育》一书中，伊拉斯谟对日常行为方式与社交生活中的有关礼仪进行了阐述，对于一个人日常生活中身体的姿势、手势、服饰、面部表情、擤鼻涕等都做了规定。例如，他劝告人们："坐在椅子上不要摇来摇去，这样做看起来是在偷偷地放屁，或者是想要偷偷地放屁。""人的目光应该柔

---

① 张椿年：《从信仰到理性——意大利人文主义研究》，浙江人民出版社，1993年，第110页。

和、真诚、宁静,而不应该空洞、冷漠或像阴险恶毒的人那样东张西望。""用帽子或衣服来擤鼻涕是农夫的做法,把鼻涕擦在手臂或臂肘上是鱼贩子的举动,把鼻涕擤在手上然后擦在衣服上也不好。应该把鼻涕擤在手帕里,而且应该转过身去,特别是当有尊贵的和重要的人物在场的时候,如果用手指擤了鼻涕,然后把它甩在地上的话,应该立即用脚蹭去。"①

文艺复兴时期生活方式的文明化,从人们就餐方式的变化也可反映出来。在中世纪早期的欧洲社会,可以说从国王到农夫都是用手来进餐的。后来在贵族阶级中出现了叉子,但也只限于用它来从公用的盘子里取食物。从16世纪起,叉子首先从意大利传到法国,然后又传入英国和德国。人们开始用它来做就餐的餐具。在文艺复兴时期关于日常行为与礼仪的书籍中,对于就餐礼仪的论述特别多,大多都有这些规定:必须坐在指定的位置上,不能把臂肘放在桌上;要表现出高兴的神情,话不要说得太多。就餐前必须洗手;就餐时不能摸鼻子、掏耳朵、搔痒;不要急不可待地去抓食物,想吃什么就用刀和叉来取;已经塞到嘴巴里的东西,不能再放回公用的盘里。不能用餐刀剔牙,也不要用桌布擦牙齿;不能把痰吐在餐桌上,或吐到餐桌对面,等等。

宗教生活的世俗化　表面看来,人文主义与宗教信仰是相互对立的。其实,人文主义者并不反对基督教信仰,他们只是反对教会与神职人员的腐化与堕落,要求改革教会。相反,一些人文主义者,尤其是欧洲北方的基督教人文主义者,普遍具有虔诚的宗教信仰。因此,文艺复兴时期的欧洲,宗教生活并未因人文主义的兴起而衰落,只是宗教生活发生了变化,变得日益世俗化了。宗教生活的世俗化并不是"非宗教化",而是宗教生活的普遍化和大众化,宗教生活与世俗生活的界线变得越来越模糊了,两者之间出现了相互渗透的趋势。

欧洲文艺复兴时期的宗教生活,是社会生活的重要组成部分。人们早晚祈祷,星期天做弥撒,人生大事都有相应的宗教仪式,每逢宗教节日举行集会与游行等等,宗教活动无所不在。在意大利,宗教活动甚至成了市民的交往娱乐活动。每到星期天,人们聚集在教区教堂,做完了弥撒,便三五成群地互相交谈,议论时政,交流信息,甚至洽谈生意。在一些重大宗教节日活动中,除进行集体游行外,还举行化装表演、戏剧表演、赛马和比武等。更有甚者,一些人借此机会兜售淫秽画片,而妓女则到教堂寻觅顾主。

---

① 参见诺贝特·埃利亚斯:《文明的进程》,王佩莉译,三联书店,1998年,第1卷。

文艺复兴时期宗教生活世俗化的另一个重要表现,就是注重宗教生活的外在表现形式。在佛罗伦萨,这种注重外在表达方式的宗教生活非常明显,教会的象征物和纪念物随处可见,街头巷尾都有基督殉难像和供着烛光的圣母像,小而残破的教区教堂和宏伟高大的修道院也比比皆是。每逢宗教节日,游行队伍中的圣迹、圣像、十字架、旗帜等各种象征性的纪念物,更是多得不可胜数。不仅如此,文艺复兴时期的人们还倾向于以宗教思想来解释日常生活中的一切事物,哪怕是自己所做的一件微不足道的琐事,也被赋予某种神圣的宗教含义。例如,一个叫亨利·苏索的神学家,把自己日常生活中的一举一动都加以神圣化。他每次喝酒时分五口喝,因为据说基督受难时身上有五处伤口,而酒象征着基督的血。他甚至吃苹果时,也先以三位一体的名义吃掉四分之三,然后又为了纪念"圣母给她赢弱的儿子耶稣一个苹果吃时的那种慈爱",吃掉剩下的四分之一,而且仿效基督连皮也一起吃掉。这种宗教观念的形式主义倾向,试图把每一宗教概念都具体化为某种形式,实际上损害了宗教信仰那种神秘而模糊的特性。不仅如此,这种形式主义倾向使得宗教礼仪日益烦琐并全面渗透到世俗社会生活之中。

文艺复兴时期宗教生活的大众化还表现在宗教节日繁多。如佛罗伦萨的宗教节日,除星期天外,每年有 40 个。锡耶那的宗教节日,一年之中有 75 天。

宗教生活世俗化的结果,正如赫伊津哈所指出:"所有生活中都充斥着宗教,这种情形达到了如此程度,以致人们时常会有看不到精神之物与俗世之物的区分的危险。如果,一方面日常生活的所有细节可以提升到一个神圣的水平,那么,另一方面,神圣之物由于和日常生活搅到一起而沦为平庸。"①

3. 人文主义的文学与艺术

人文主义文学 文艺复兴首先发生于文学领域,早在但丁的作品中就已显露出了人文主义思想的萌芽。但是,严格地说,彼特拉克才是意大利第一个人文主义的文学家,首先是他开创了文学领域的新局面。

弗兰西斯科·彼特拉克出生于佛罗伦萨一个公证人家庭,自幼接受古典文化教育,以诗文著称于世,1341 年曾获"桂冠诗人"称号。彼特拉克曾随父流亡法国,他一生中有 40 多年几乎都是在旅途中度过的,走遍了法国

---

① 约翰·赫伊津哈:《中世纪的衰落》,刘军等译,第 164 页。

和意大利。他曾在法国南部的普罗旺斯碰见一位年轻漂亮的女子——劳拉,并对她一见倾心。劳拉是一个骑士的妻子,1348年的黑死病夺去了她的生命。为了表达对劳拉的爱慕之情,彼特拉克用意大利语创作了366首抒情诗,这便是他的代表作《歌集》。《歌集》以描绘劳拉的美丽动人和表达作者的爱慕之情为主题,歌颂了现实人生的爱情与欢乐,表达了彼特拉克对现世幸福生活的追求。彼特拉克提倡用民族语言进行文学创作,他的诗歌作品,除《阿非利加》少数拉丁文诗集外,大部分都是用意大利语写作的,这大大丰富了意大利民族语言,并对整个西方近代诗歌的创作产生了重大影响。

意大利文艺复兴早期杰出的人文主义文学家除彼特拉克外,还有乔万尼·薄伽丘。薄伽丘出生于佛罗伦萨一个富商家庭,早年曾随父经商,到过不少地方。他在那不勒斯因得到国王赏识而进入了宫廷文人学者的圈子,并在此期间阅读了大量罗马古典文学作品。1340年他回到佛罗伦萨,曾在政府中任职,后又到佛罗伦萨大学任教,创作了大量诗歌和小说,其中以《十日谈》最为著名。《十日谈》是一部短篇小说集,其名称来自于作者在篇首中的这样一个介绍:1348年的佛罗伦萨,10个青年男女为了逃避黑死病,躲到乡间一所别墅里住了10天,他们以轮流讲故事来消磨时光,每人每天讲一个故事,10天共讲了100个故事,这本故事集故名《十日谈》。这100个故事大多以爱情为主题,塑造了各种不同社会阶层的人物形象。薄伽丘从人文主义的立场出发,认为性爱是人的天性,教会所宣扬的禁欲主义不可能泯灭人的这种天性。他在一个故事中讲到:一个男青年自幼便随父在修道院里当修士,从未见过女人。一天,他随父亲下山进城,一见到街上往来的女子便表现出了极大的兴趣,父亲告诉他说那是"绿鹅",而他却强烈要求父亲把"绿鹅"带回去"喂养"。对于教会神职人员,《十日谈》中写道:"我亲眼看见过成千个神父都是些色中饿鬼,他们调戏、勾引民间的妇女,这还不算,竟然还要诱奸那些修女;而正是这班人在礼拜堂的讲堂上声色俱厉地谴责这种行为。"许多故事对僧侣阶层的腐败、虚伪、贪婪、好色进行了深刻的揭露与辛辣的讽刺。薄伽丘的《十日谈》开创了欧洲近代俗语体短篇小说的先河,他与彼特拉克一道,在推动意大利文艺复兴的兴起与发展方面立下了汗马功劳,并对西方近代现实主义文学的发展产生了重大影响。

在意大利以外的欧洲地区,影响较大的人文主义文学家主要有伊拉斯谟、拉伯雷、塞万提斯和莎士比亚。

德西得利乌斯·伊拉斯谟(1469—1536)生于尼德兰的鹿特丹,曾在一个基督教兄弟共同生活会所属的学校读书,受过严格的基督教教育,后来又进了修道院当僧侣。但是,他精通拉丁文,还自学了希腊文,对古典作品有浓厚的兴趣,最后成了一名杰出的基督教人文主义者。伊拉斯谟曾游历过法国、意大利和英国,与莫尔等人有很深的交往。最后他定居德国,被人们称为"鹿特丹的伊拉斯谟"。伊拉斯谟善于用诙谐的笔调来讽刺当时教会与贵族的腐败、虚伪、愚昧与无知,代表作品是《愚人颂》。书中的主人公——"愚人"是一个懒惰而骄傲的女人,她行为放荡、言语粗俗,抨击与嘲笑僧侣们的腐败和愚昧。她说道:"基督教似乎是和某种愚蠢同类的,和智慧没有任何渊源","听他们在末日审判席前的申辩想必是妙不可言,一个要夸说他如何只以鱼为食,灭净了他的肉欲;另一个要强调他在世的时光大部分是在咏唱圣歌的礼拜寺中度过……又一个极力说他60年当中连碰与没碰过一文钱,除隔着厚厚的手套去摸不算。"伊拉斯谟还借"愚人"之口来反对禁欲主义,歌颂快乐的尘世生活:"如果你把生活中的快乐去掉,那么生活成了什么?它还配得上称作生活吗?"《愚人颂》出版后受到人们的欢迎,伊拉斯谟还在世时就曾再版27次,在德国宗教改革中起了解放思想的作用。

弗兰索瓦·拉伯雷(1494—1553)是法国著名人文主义作家。他出身于一个律师家庭,年青时在修道院学习,并参加方济各会成了一名修士。后来,他热心古典著作,提倡人文主义,被赶出修道院。然后他游历法国与意大利,当过医生,最终成为一个杰出的人文主义者。他用近20年的时间完成了一部5卷本的长篇小说《巨人传》。该书用浪漫主义的夸张手法描写了巨人国王卡冈都亚及其儿子庞大固埃的神奇故事,其中心思想是庞大固埃及其好友巴吕奇历尽艰辛访求"神壶"及最终得到"神壶"给他们的启示:"请你们畅饮,请你们到知识的泉源那里去……研究人类和宇宙,理解物质世界和精神世界的规律……请你们畅饮知识,畅饮真理,畅饮爱情。"这反映了人文主义者对于知识、真理和爱情的执著追求。拉伯雷所描写的巨人,实际上是当时人文主义者所歌颂的那种全面发展的人。他们一方面食量过人,纵情享乐,积极享受一切生活,另一方面又诚实善良,渴望个性解放,力求发挥个人才智。

米盖尔·德·塞万提斯·萨阿维德拉(1547—1616)是西班牙人文主义文学方面的代表人物,是文艺复兴时期西班牙最杰出的现实主义小说家。塞万提斯出身于一个没落贵族家庭,生活道路坎坷。他曾从军到意大利,在同土耳其人的战斗中失去左手,回国途中又被海盗掳至北非做了5年苦工。

被亲友赎回后,又因得罪权贵而数次被诬入狱,一直在贫困潦倒中度日。然而,他在意大利期间就受到人文主义思想的影响,成了一个人文主义者。他写了许多诗歌和剧本,代表作是长篇小说《堂吉诃德》。小说用骑士传奇的形式,描写了一个没落贵族的后裔堂吉诃德,因读骑士传奇入了迷,自己也决心当一名游侠骑士。他穿上祖上遗留下来的盔甲,骑一匹瘦马,手持盾牌和长枪,带上侍从以桑乔·潘沙,出门行侠仗义。他沉浸于幻想之中,把乡村旅店当做城堡,把风车当做巨人,把羊群当做军队,把理发匠当做武士等等,结果闹出许多笑话,自己也被弄得遍体鳞伤,临终时才觉悟过来。这部小说反映了西班牙从中世纪向近代过渡的社会现实,对堂吉诃德那愚蠢和荒唐行为的描写,实际上是对那些不顾社会现实而仍抱着旧的骑士观念不放的人的嘲讽,具有反封建的精神。

威廉·莎士比亚(1564—1616)是英国文艺复兴时期的文学巨匠,他的作品可以说代表了整个欧洲文艺复兴文学方面的最高成就。莎士比亚出生于英格兰中部斯特拉福镇的一个富裕市民家庭,少年时代在当地文法学校接受基础教育,13岁辍学经商,大概20多岁后到伦敦谋生。他在伦敦的剧院当过马夫、杂役和配角演员,后来从事戏剧创作,还成了戏院的股东。莎士比亚在30多岁就成了著名的剧作家和诗人,为我们留下了37部戏剧、154首十四行诗和2首长诗。

莎士比亚的戏剧可分为历史剧、喜剧、悲剧和传奇剧。他的历史剧和喜剧大部分是在1590至1602年间创作的。主要历史剧有《亨利三世》《理查三世》《约翰王》《亨利四世》《亨利五世》等,其中以《亨利四世》最具代表性。这部戏剧描写了亨利四世夺取王位后终日忧虑不安,引起了贵族的叛乱;太子亨利五世过去常常厮混于下流社会,改邪归正后平定了贵族叛乱,稳定了政局。这反映了莎士比亚人文主义的政治历史观:反对封建割据,主张由开明君主实行中央集权。莎士比亚的主要喜剧有《仲夏夜之梦》《温莎的风流娘儿们》《无事烦恼》《皆大欢喜》《第十二夜》《威尼斯商人》等。这些喜剧均以爱情为主题,歌颂青年男女为争取爱情和婚姻自由而进行的斗争,反映了莎士比亚主张个性解放的人文主义理想,也是对封建门第观念与旧道德观念的批判。

17世纪初的头十年是莎士比亚创作的辉煌时期,这一时期的主要作品是悲剧,代表作是《哈姆雷特》《奥赛罗》《李尔王》《麦克白斯》四大悲剧。《哈姆雷特》描写的是丹麦王子哈姆雷特为被害的父亲报仇,经过激烈的内心矛盾和犹豫之后,最终与敌人同归于尽。莎士比亚借哈姆雷特之口来表达其人文主义思想："人是多么了不起的一件作品！理智是多么高贵！力量是多么无穷！"但是，悲剧的结局也反映了当时的个人主义者软弱的一面。

莎士比亚晚年主要创作了一些传奇剧，如《辛白林》《暴风雨》等。这些作品的艺术性与思想性都不如前一时期。

绘画与雕刻 在基督教一统天下的中世纪，绘画与雕刻艺术大多以《圣经》故事为题材并服务于宗教主题，脱离现实生活，人物形象呆板并且公式化。随着文艺复兴运动的兴起，人文主义渗透到艺术创作之中，现实生活中的人物形象开始成为主要题材，注重人的现世生活与人的尊严，反映人的精神风貌。而且，文艺复兴时期的艺术家开始把艺术创作与自然科学结合起来，把解剖学、光学、几何学及透视原理等方面的知识运用于艺术创作之中，提高了艺术创作的技巧。

意大利的画家乔托·迪·波多涅（1267—1337）犹如诗人但丁一样，是中世纪与文艺复兴之间的桥梁。乔托的传世作品，主要有帕多瓦城内阿里纳教堂中36幅有关基督生平的系列壁画和《哀悼基督》《犹大之吻》《逃出埃及》等。他的作品并未能打破中世纪宗教题材这一传统，但他的表现手法与绘画技巧可以说给中世纪传统画上了一个句号。因为，在乔托的笔下，宗教人物形象中已开始渗透着世俗的思想情感，不再呆板和缺乏生气。在绘画技巧方面，他开创了用光线的明暗变化来表现人物的方法和透视方法，使人物具有立体感。因此，他被誉为"欧洲绘画之父"。

文艺复兴时期意大利现实主义绘画的奠基人是马萨乔（1401—1428），其传世作品主要有《失乐园》《纳税钱》等。他的作品取材仍主要来自于《圣经》，但所塑造的人物形象却是活生生的现实中的人。他还进一步发展了乔托的透视画法与明暗对照画法，使人物具有强烈的立体感和重量感。《失乐园》中的亚当与夏娃都是裸体形象，使他成为第一位在绘画中通过裸体和风景来表达人文主义生活理想的画家。

波提切利（1444—1510）是继马萨乔之后佛罗伦萨著名的画家，其代表作品《维纳斯的诞生》，取材于古典神话而非基督教传说，描绘了美神维纳斯诞生时的情景，反映了人文主义的审美情感。到16世纪，意大利文艺复兴已步入晚期，但绘画与雕刻艺术却出现了前所未有的繁荣，并且涌现出了三位杰出的艺术家——达·芬奇、拉斐尔和米开朗琪罗，他们被称为意大利文艺复兴的"艺术三杰"。

列奥纳多·达·芬奇（1452—1519）生于佛罗伦萨附近芬奇镇的一个

律师家庭，但他大部分时间都生活在米兰。他是一个多才多艺的文化巨人，恩格斯称赞他"不仅是画家，而且也是大数学家、力学家和工程师"。他在艺术方面的成就，以其《最后的晚餐》和《蒙娜丽莎》两幅画而闻名于世。《最后的晚餐》是为米兰圣玛利亚教堂画的一幅壁画，取材于《新约圣经·约翰福音》中犹大出卖耶稣的记载：在耶稣与十二门徒共进的最后一次晚餐上，耶稣对他们说："我实实在在地告诉你们，你们中间有一个人要出卖我。"十二门徒听了这话后非常震惊，不知耶稣指的是谁。达·芬奇以耶稣话音刚落这一瞬间每个人的心理反映为刻画对象，把每个人的表情惟妙惟肖地描绘了出来，惊讶、恐惧、愕然、愤恨、紧张等等，入木三分。《蒙娜丽莎》是一位少妇的油画肖像，画中人物的面部表情是这幅画的点睛之处：双眼和嘴角似动非动，隐若表现出微笑，给人以缥缈、恍惚与捉摸不定的感觉。这一描绘向人们展示出一位少妇的神秘内心世界，令人产生无穷的遐想。

米开朗琪罗·波纳罗蒂（1475—1564）是著名的雕刻家、画家、建筑师和诗人。他出生于佛罗伦萨附近的卡普莱斯镇，自幼爱好美术，先后进入画家多梅尼科·基兰达约的画室和洛伦佐·德·美第奇创办的美术学校学习，受到人文主义的熏陶，也表现出了艺术方面的卓越才能。米开朗琪罗在雕塑方面的代表作是《大卫》和《摩西》。《大卫》是一尊5.5米高的男子裸体大理石雕像，取材于《旧约·圣经》中所记载的古以色列国王大卫。这尊雕像所刻画的就是大卫在反对外族侵略的斗争中投入战斗前夕那一刹那的形象，表现出大卫那坚定、勇敢、机智与无畏的英雄气概。《摩西》是教皇朱理二世陵墓中的一座雕像，取材于《旧约·圣经》中的犹太民族英雄摩西。传说摩西在率领犹太人逃出埃及的途中，有人贪图金钱享乐而违反"摩西十戒"成为叛徒，摩西一怒之下摔碎了刻有十戒的法板，米开朗琪罗的摩西雕像就是刻画他此时的神态。摩西的形象栩栩如生，充满了生气和力量，显示了他智慧、刚毅和果断的气质。米开朗琪罗在绘画方面的代表作是《创世记》和《末日审判》。《创世记》是梵蒂冈西斯廷教堂拱顶上的一组壁画，全长40米，宽14米，主体部分是表现《旧约·圣经》中"创世记"的几个场面，以活生生的人体描写为主。《末日审判》是西斯廷教堂祭堂后面的大壁画，取材于基督教中耶稣基督再临人间对世人进行末日审判的故事。画面以威严正直的耶稣为中心，描绘了200多个不同姿势的裸体巨人形象。米开朗琪罗的雕刻与绘画作品虽是宗教题材，表达的却是人文主义的思想主题，通过塑造强健、善良的英雄人物形象来展示人体美与内心美，歌颂人的力量与伟大。

拉斐尔·桑西(1483—1520)出生于意大利乌尔比诺城一个艺术世家,父亲是一位宫廷画师,因而他从小就受到美术的熏陶,使他20多岁就成了一名著名的画家。拉斐尔虽然只活了37岁,但他却为后世留下了300多幅绘画作品,是一个多产的画家。拉斐尔擅长圣母画,如《草地上的圣母》《花园中的圣母》《西斯廷圣母》等,这些圣母不再是过去宗教画中那种呆板而神秘的圣母形象,而是美丽、温柔、充满母爱的世俗女性形象。《西斯廷圣母》中所描绘的圣母,怀抱耶稣从云端款款而来,要把自己的爱子献给人类,表现了一个平凡而伟大的母亲形象。拉斐尔受罗马教皇的邀请,从25岁起就担任了梵蒂冈宫殿壁画的主创,在其所创作的壁画中以《雅典学派》最为著名。这幅画以古希腊哲学家柏拉图兴办雅典学院为题材,描绘了古希腊哲学家、科学家、艺术家共聚一堂展开讨论的场面,苏格拉底、柏拉图、亚里士多德等52个不同的人物形象栩栩如生,人物多而不乱,整个画面既有个性的突出,又有总体的和谐统一。

从15世纪末叶起,当意大利文艺复兴开始走下坡路时,工商业繁荣的威尼斯却仍保持着文化的繁荣,并在艺术方面形成了拥有自己风格与特点的威尼斯画派。威尼斯画派的作品植根于威尼斯的商业都市生活之中,以其绚丽和谐的色彩来描绘威尼斯的奢华生活与自然风光。这一画派的主要代表人物有乔尔乔内和提香。乔尔乔内(1477—1510)的代表作是《入睡的维纳斯》,描绘了裸体的古典女神维纳斯安详地躺在草地上,进入了甜蜜的梦乡。优美的人体曲线与宁静恬逸的神态,给人以美的享受。提香·威契里奥(1477—1576)是乔尔乔内的师弟,但寿命要长得多,比乔尔乔内的影响更大,传世作品也更多(达一千多幅)。他的代表作主要有《圣母升天》《忏悔的玛格达林》等。《圣母升天》描绘了圣母马利亚在天使的簇拥与使徒的欢呼下升天时的情景,画中人物充满了世俗人生的精神风貌。《忏悔的抹大拉》取材于圣经故事中妓女抹大拉受耶稣感化后做了忏悔并皈依了基督教,画中少妇手抚胸膛,哀苦地仰望苍天。提香的画以其色彩丰富、和谐与光线效果而著称,尤其是他擅长金色色调,因此而被称为"金色提香"。

文艺复兴时期艺术的中心在意大利,但欧洲北部地区在这方面也取得了巨大成就,其中杰出的代表就是德国的阿尔布莱希特·丢勒(1471—1528)。丢勒曾在威尼斯旅居,从那里学会了绘画技巧中的比例、透视和立体感技术,成了一名杰出的画家。他也像意大利的人文主义画家那样擅长画各种自然景观与裸体人物形象,但又具有自己的风格,反映的是欧洲北方基督教人文主义的理想。他的铜版画《骑士、死神与魔鬼》生动地描绘了基督教人文主义理想中的骑士形象。另外,他的油画《四使徒》也非常有名,描绘了约翰、彼得、马太和保罗四使徒刚毅正直的形象。丢勒不仅在绘画方面颇有影响,在雕刻与建筑方面也卓有成就。

建筑与音乐 文艺复兴时期,在复兴古典文化的影响之下,建筑领域中也出现了古典主义倾向,古代罗马式建筑中的柱廊与圆顶技术及其形式重新得到广泛采用。然而,人文主义的建筑师们在复兴罗马式建筑的同时,也保留了中世纪哥特式建筑的一些因素,由此形成了一种具有折衷特征的"文艺复兴式建筑"。这种新风格的建筑大多以耳堂和中殿组成的十字交叉状平面建成,注重和谐与对称,水平线占主导地位。而且,厚实的墙壁、较小的窗户、半圆形的拱门、高耸的穹窿顶和明朗的圆柱,使建筑物显得端庄、稳重、雄壮,体现了这一时代的世俗主义理想。

文艺复兴式建筑首先出现于佛罗伦萨,但更广泛存在于罗马的建筑之中。由于朱理二世、利奥十世等教皇的支持,罗马成了文艺复兴式建筑艺术的中心,这里的圣彼得大教堂便是文艺复兴式建筑的杰作。在意大利以外的欧洲,建筑风格与意大利稍有不同,但古典风格与中世纪因素相结合这一特点并未改变。法国的卢浮宫是北方文艺复兴建筑艺术的典范。

文艺复兴时期的人文主义与世俗主义,不仅造就了欧洲各国造型艺术的新风格,而且也渗透到音乐领域,打破了中世纪宗教圣乐的垄断地位,使世俗音乐发展起来。在中世纪,音乐只是宗教仪式的附属品,但经过文艺复兴时期的发展,音乐最终成了一门独立的艺术。

早在14世纪,在意大利和法国就开始出现了一些牧歌、民谣等世俗歌曲。到15世纪,勃艮第公国成为欧洲音乐的中心,在这里出现了一种把法国、佛兰德尔、意大利等地音乐成分综合起来的音乐,声音和谐,旋律优美。16世纪时,欧洲音乐活动的中心由勃艮第转移到了法国北部和低地国家,并形成了法兰西—佛兰德尔风格,这种风格把法国音乐的优雅、佛兰德尔的复调技巧和意大利音乐的热情奔放融为一体。与此同时,器乐曲也得到了发展,还出现了"交响曲"这一名称。在佛罗伦萨,一些人文主义的音乐家把音乐与戏剧结合起来,创造出一种新的艺术形式——歌剧。意大利的帕莱斯特里那与佛兰德尔的罗兰·德·劳梭是文艺复兴时期著名的作曲家,他们创作的多声部合唱音乐达到了相当高的水平。

4. 文艺复兴时期的史学与法学

人文主义史学 文艺复兴时期的历史学在人文主义思潮的影响之下,

也出现了一种用古典传统来改革中世纪史学的新局面。中世纪史学在基督教宗教史观的支配之下,以《圣经》为信史,以教会史和犹太史为中心,以神的意志来解释历史演变的原因。随着文艺复兴运动的兴起,首先是意大利的人文主义者冲破了史学领域中的神学束缚。他们广泛搜集古典史学家波里比阿、普鲁塔克、塔西陀、李维等人的作品,通过学习与模仿这些古典史学著作,把其人文精神运用于历史研究之中,推动了人文主义史学的兴起。人文主义史学恢复了古典人本史观,以人的活动为历史的主体,记载的是人的历史,用人的活动来解释历史,并且怀着以史为鉴的目的,注重历史的垂训作用。著名的人文主义史学家有意大利的布鲁尼、比昂多、瓦拉、马基雅维里等。

列奥纳多·布鲁尼(1369—1444)是意大利第一位人文主义史学家。他曾任过教皇秘书和佛罗伦萨共和国的执政大臣,对佛罗伦萨的社会与政治生活有比较深刻的了解与认识,主要历史著作是12卷本的《佛罗伦萨史》,记叙了佛罗伦萨从建城起到1402年的历史。布鲁尼认为历史的主题是政治,而政治变化的原因在于人,因而强调人性和人的心理在历史上的重大影响,用世俗的眼光来解释历史,表现出了人本主义的历史观。

佛拉维俄·比昂多(1388—1463)是意大利史学家与考古学家。他在史学方面的代表作是《罗马衰亡以来的千年史》。该书共计31卷,叙述了从西哥特人攻陷罗马的410年至1440年的罗马史。他强调古典时代与文艺复兴时期之间历史的连续性,提出应把西罗马灭亡到文艺复兴这一千年左右的时间作为一个历史时期来研究,并把这一时期称为"中世纪"。此后,"中世纪"一词为西方学者所沿用并逐渐带有贬义,指古典文化与文艺复兴两个文化高峰之间的文化低谷时期,甚至成了"黑暗时代"的代名词。比昂多在考古学方面著有《著名的罗马》《复兴的罗马》和《胜利的罗马》三本书,使考古学作为学术上的一门学科确立了起来。

在历史学走出中世纪传统的过程中,与历史学密切相关的文献校勘学也发展起来,这方面的奠基者便是罗伦佐·瓦拉(1406—1457)。瓦拉的主要贡献在于其《关于君士坦丁赠予辨伪》一书对教皇的揭露。《君士坦丁赠礼》是教会的一份重要文献,认为教皇国的土地是4世纪的罗马皇帝君士坦丁赠予教会的,以此作为教皇拥有世俗权力的依据。瓦拉主要通过对这一文献中所使用的语言的考证,指出这份文献中的语法和术语有许多是从日耳曼语来的,有些名称在4世纪时根本不存在,因而这份文献是伪造的。瓦拉对被教皇奉为至宝的这份文献的怀疑与批判,对教皇的威信是一个沉重的打击。经后人进一步考证,教皇国的土地是8世纪的法兰克国王矮子丕平赠给教皇的,文献的伪造者把他换成了享有崇高威望的君士坦丁大帝。

16世纪,由于新航路的开辟带来了商路的转移,意大利开始丧失它在工商业方面的独特地位,经济走向衰退。与此同时,意大利的政治分裂与外来势力的干涉,又使得意大利各邦动荡不安。在这种情况下,一些人文主义者从现实政治需要出发来研究历史,试图从历史上找到一条富国强兵的道路,实现意大利的统一。这方面的代表人物就是马基雅维里。

尼科罗·马基雅维里(1469—1527)出生于佛罗伦萨一个破落的贵族家庭,自幼接受良好的人文主义教育,通晓拉丁文、古典文学与罗马历史。他在仕途上可以说是少年得志,29岁时便被提升为佛罗伦萨共和国最高行政机关"十人委员会"的国务秘书,负责共和国的外交和军事。但在1512年美第奇家族恢复在佛罗伦萨的统治之后,他曾身陷囹圄,以后便一直未能得到重用。政治上的失意反而使他有时间潜心于著述活动,促成了他学术上的成功,成了一名博学多才的人文主义思想家,在政治、军事、历史、外交、文学等方面都取得了巨大的成就。他的主要作品有:《君主论》《论提图斯·李维的前十卷》《战争的艺术》《佛罗伦萨史》等论著和喜剧《曼陀罗花》。《佛罗伦萨史》是马基雅维里在史学方面的代表作,记载了从4世纪日耳曼人入侵意大利到1492年佛罗伦萨的历史。他撰写这一历史著作的目的,是为了以古鉴今,寻求意大利的振兴之路。他在该书的第一卷末明确写道:"应该弄清楚的是,经过一千年的辛勤劳苦之后,佛罗伦萨竟然变得这么衰微孱弱,其原因究竟何在。"从历史的理性分析中,他认为各城邦内部的党派斗争和教皇的统治是造成意大利衰弱的原因。然而,衰弱的原因找到了,振兴意大利的方案却并未找到。他认为,意大利已今非昔比,罗马时代的"贤明君主"和"自由独立的人民"都已成为过去,现在意大利的君主是一些"昏庸的君主",意大利人是"一帮闹宗派的群氓",而且一些有识之士又"因为不幸的遭遇而无法效劳"。因而他最后得出结论说:"在兴衰变化规律的支配下,各地区常常由治到乱,然后又由乱到治。"这就陷入了历史循环论。尽管如此,马基雅维里以人的行为而不是以上帝的意志来解释历史的发展变化,在当时无疑具有进步意义,体现了人本史观。

近代商法与民法体系的初步形成 12—16世纪,在欧洲出现了一个罗马法复兴运动,它是随着西欧的商业复兴与城市兴起而产生的。实际上,这是在罗马法复兴的外衣下近代商法与民法体系的形成。

早在11、12世纪,随着欧洲商业的复兴与集市贸易的发展,商法概念已初步形成。它包括集市和市场的习惯法、有关贸易的海事习惯，以及城市和城镇本身的商法。从法律渊源上来说，欧洲商法的产生是罗马法有关商品经济方面的法律复兴、演化、发展的结果。从14世纪起，随着西欧商品经济的发展，商法与商事法庭也进一步完善起来。由于商法是适应贸易需要而产生的，因而伴随其体系的不断发展而具有跨越国界的普遍性。例如，1353年英国的《贸易中心城镇法》规定：每一贸易中心城镇的商人及其家人，在所有涉及贸易中心城镇的事情上都要由商法支配，而不是由国家的普通法支配，也不是由城市、自治城市或其他城镇的习俗支配。1473年英格兰大法官宣布，向他寻求救济的外国商人的讼案将在大法官法庭中由商法这种"世界通用的法律"来决定。① 各国世俗统治者也通过相互间的条约来保证商法的普遍性。如意大利各城市国家就互相达成协议：双方居民在对方有定居自由、拥有财产的自由和从事工商业的自由，设立商人法庭裁决双方公民之间的商事纠纷，等等。文艺复兴时期西欧这种具有普遍性的商法的发展，随着资本主义经济在西欧的兴起而发展成为近代资本主义意义上的商法体系。

文艺复兴时期，随着罗马法复兴运动的进一步发展，出现了一个新兴的法学派别——人文主义法学派。人文主义法学派在复兴古典文化的影响下，以人文主义思想为指导，在继承注释法学派与评论法学派的传统的同时，又克服了这两大学派中存在的缺点，尤其是克服了评论法学派那种不注重原始文献而任意曲解《民法大全》的倾向。他们既注重罗马法的实际运用，又重视对罗马法学家原始文献的校对修正，这就为古代罗马法与近代资产阶级民法之间架起了一座桥梁。在人文主义法学派的倡导下，西方法学界开始重视法律中的人性、人的权利及个人的平等与自由，强调法律中的公平与正义。这对近代资本主义法治观念的形成产生了很大影响。人文主义法学派的主要代表人物有意大利的阿尔恰托和法国的居亚斯等人。

在罗马法复兴的影响之下，早在13世纪，民法法系就在欧洲初具雏形。到文艺复兴时期，欧洲各国法律普遍受到罗马法复兴的影响，并且表现出一些共同特征。这主要表现在以下两个方面：(一)法学家从罗马人那里接受下来的社会应受法律规范调整的思想逐渐被各国所接受，形成了统一的法观念，法是社会关系主要调整器的观念在西欧各国确立起来。(二)形成了欧洲普通法，并且大多数西欧国家接受了以普通法为表现形式的罗马法。

---

① 哈罗德·J.伯尔曼：《法律与革命》，贺卫方等译，中国大百科全书出版社，1993年，第416页。

欧洲普通法是指法学家把罗马法的概念、原则、制度和精神运用于当时的社会实际,用以探讨和解决各种他们所面对的法律问题的规则和方法,由于它在所有罗马法复兴波及到的国家和地区都得到发展,故称之为普通法,亦即共同法之意。这是各大学、各学派研究和传播罗马法的产物。欧洲普通法有共同的、渊源于罗马法的法律思想和法律体系,共同的术语、概念和范畴,共同的法律教学和著述方式。欧洲普通法的出现是民法法系开始形成的一个显著特点。① 因此,在中世纪后期初具雏形的欧洲民法法系,经过文艺复兴时期新兴资产阶级法学家的发展,近代资本主义民法体系在欧洲基本确立起来。

文艺复兴时期,在罗马法精神的熏陶下,一个崭新的法学家阶层在西欧登上历史舞台,他们普遍被吸收到各国国王政府中担任司法或行政职务。在意大利和法国,罗马法学者在政治生活中非常活跃。就连在德国,1495年成立的帝国法院,也规定其法官的半数以上须是学过罗马法的人。

5. 文艺复兴时期的政治思想

人文主义政治学说 文艺复兴时期正是欧洲民族国家兴起的时期,新兴资产阶级为了建立统一的国内市场和进一步发展商品经济,主张消除国内封建割据,反对教皇对世俗政治的干涉。为此,他们往往与日益强大的王权结盟,主张建立统一的中央集权的民族君主国家。在这种条件下,一些人文主义者开始摆脱宗教神学的羁绊,否定神权政治理论,用人的眼光来考察社会政治问题,提出了代表新兴资产阶级利益的政治见解与政治学说,著名的代表人物就是马基雅维里与博丹。

马基雅维里不仅是一位历史学家,更重要的是一位杰出的政治思想家,他的政治学著作《君主论》在西方政治思想史上具有划时代的意义,他也因此而被誉为"近代政治学之父"。马基雅维里在1498—1512年出任佛罗伦萨国务秘书期间,主要从事外交与军事活动,这些政治实践这其日后的理论阐述奠定了基础。马基雅维里在《君主论》这部论著中提出,要把意大利从四分五裂的状态下拯救出来,建立一个统一的民族国家,就必须要有一个强有力的君主,而这个君主又必须具备狐狸和狮子的双重本领,"必须是一头能识别陷阱的狐狸,同时又必须是一头能使豺狼惊骇的狮子"。而且,为了国家的利益,君主不必拘泥于宗教与道德的束缚,可以为达目的不择手段,

---

① 蒋先福:《契约文明:法治文明的源与流》,上海人民出版社,1999年,第215—216页。

"君主如果能够征服并且保持自己的国家的话,他所采取的手段总是容易被人们认为是一种荣耀,并且将受到每一个人的称颂"。这样,在关于政治与道德的关系问题上,马基雅维里在西方政治思想史上第一次把政治与道德问题区分了开来。然而,马基雅维里的政治见解自问世起便遭到了许多人的非议,并长期为人们所误解。法国道德学家尼古拉·弗鲁门梭把那些玩弄权术、背信弃义、为达目的不择手段的人贬称为"马基雅维里主义"者。事实上,"马基雅维里主义"与马基雅维里的政治思想是有区别的,不能把他的政治思想统统归纳为"马基雅维里主义"。马基雅维里从人文主义的观点和立场出发,开始摆脱中世纪的神学政治观,"用人的眼光来观察国家","从理性和经验中而不是从神学中引申出国家的自然规律",是一种历史的进步,他把政治学从宗教与道德的束缚中解放了出来,奠定了近代政治学的基础。

让·博丹(1530—1596)是法国文艺复兴时期的政治思想家,近代国家主权学说的创始人。他曾当过律师,后来做了法王的检察官。他所生活的时代正是法国宗教改革的内战时期,天主教徒与胡格诺派之间的斗争十分激烈,给国家和人民造成了极大的危害。博丹反对内战,主张建立强大的中央集权国家,树立国家权威。为此,他提出了国家主权理论,由"主权"这一最高权威来捍卫国家的权力,维护国家的统一与安定。在《国家论六卷》一书中,他对国家主权理论做了系统的阐述。他提出,主权是国家的最高权威,是凌驾于公民和臣民之上的最高权力,它不受法律的限制与约束,而且是永恒的。这种权力包括立法权、宣布战争与和平的权力、任免官吏的权力、最高审判权与赦免权、课税权等等。同时,他进一步提出,作为主权的"国家"与实施这一权力的"政府"是不能等同的,应该区别开来。每一种国家形式中可以有不同的政府类型。主权是国家的灵魂与存在原则,无论政府形式怎样变化,国家主权是永恒的。波丹是系统论述国家主权学说的第一人,为正在日益兴起的欧洲民族国家创立国家权威奠定了理论基础,而且对近代西方国家学说的发展产生了巨大影响。

近代国家观念的出现　中世纪的西欧,由于采邑制的实行与层层分封,地方封建政权犹如国中之国,地方主义相当严重。另一方面,又由于罗马教廷的存在和基督教在欧洲的一统天下,基督教的救世主义也存在于每一个欧洲人的思想之中。因此,在中世纪西欧人的头脑中,"民族"与"国家"的观念微弱。然而,从14世纪起,随着西欧各国王权的不断加强,地方割据势力与罗马教廷的势力大衰,地方主义与普世主义也随之衰落下去,人们逐渐把情感与忠诚转移到国王及其代表的民族与国家。这样,从 14—17 世纪,随着西欧各国王权的强大和统一民族国家的形成,近代民族与国家观念逐渐形成了。

　　从中世纪晚期起,西欧各国方言文学的兴起和拉丁语垄断地位的被打破,表明各国民族语言与民族文化正在逐渐形成。到文艺复兴时期,这种趋势在人文主义者的倡导下进一步得到发展。各国民族语言的逐步确立,反映了各国民族意识与民族情感的逐渐强化,人们已经能够根据语言来辨识自己所归属的民族共同体,并对代表这一共同体利益的国家表示出一种特殊的感情。于是,近代国家观念出现了,与之相关的国家理论也应运而生。这方面的代表人物就是前面已作介绍的马基雅维里与博丹。他们对于国家学说的探讨,已经完全摆脱了中世纪政治学说中存在的那种道德论证与神学色彩,而是从人文主义的立场出发,用人的眼光来观察与分析问题,因而他们的理论已属于近代国家观念范畴。此后,荷兰的政治思想家雨果·格劳秀斯(1583—1645)从国际关系与国际法的角度对国家主权做了探讨。他在《战争与和平法》一书中提出,主权是一个国家的最高统治权,在处理国与国之间的关系时,应以基于正义与公理的国际法为基础,不得以强力解决,这样才能确保国家主权不受外来权力的干涉和侵犯。这是对博丹国家主权理论的发展。这种理论在现实政治实践中的具体应用,从欧洲 30 年战争之后缔结的《威斯特伐里亚和约》中体现出来。这一和约承认了欧洲各国的独立与主权地位,基督教的普世主义被抛开,罗马教皇统治下的基督教一统世界变成了一个个具有主权的独立国家。

　　近代国家观念的出现,还表现在"国家利益"观念的出现。当地方主义让位于民族国家观念之时,就产生了把国家当做一个整体并对这一整体的公共利益加以维护的观念,即"国家利益"观念。马基雅维里在《君主论》中提出了君主为了维护国家的利益,可以采取任何手段。另一位意大利思想家乔瓦尼·博泰罗于 1589 年写成了《论国家最高利益》一书,论述了统治者如何捍卫与增进国家利益。他赞同马基雅维里的观点,主张君主应该根据国家利益来采取行动。事实上,16 世纪欧洲宗教改革运动的发生,从经济的角度来考察,就是西欧各民族国家为了维护自己的国家利益,与罗马教廷发生的冲突,结果导致教会的民族化。

　　随着近代民族意识与国家观念的出现,近代意义的爱国主义也产生了。马基雅维里就是怀着对祖国的挚爱撰写出《君主论》一书的。他向君主献计献策的目的,是为了实现意大利的统一。他曾在写给一位朋友的信中说道:"我爱我的祖国胜过爱我的灵魂。"这充分表达了马基雅维里对祖国的热爱之情。英国的马尔卡斯特针对文艺复兴时期部分英国人"意大利化"的倾向,大声疾呼:"我爱罗马,但更爱伦敦。我喜爱意大利,但更爱英国。我熟悉拉丁语,但崇拜英语。"爱国之情溢于言表。

早期空想社会主义 文艺复兴时期,由于资本主义生产关系的产生,阶级关系也发生了变化。1378年佛罗伦萨的梳毛工人两次发动起义,预示了雇佣工人反抗资本家斗争的开端。在英国,资本原始积累所带来的圈地运动,造成了大量劳动人民的流离失所。社会的黑暗与下层人民的悲惨处境,促使一部分人文主义思想家产生了一种对于理想社会的渴望。在这种社会历史条件之下,出现了早期的空想社会主义思想家,代表人物是英国的莫尔和意大利的康帕内拉。

托马斯·莫尔(1478—1535)出生于英国伦敦一个律师家庭,在牛津大学受过良好教育,当过律师、议员、下院议长、副财务大臣、高等法院大法官等。他是一个基督教个人主义者,同伊拉斯谟是好友。在英王亨利八世进行宗教改革时,他坚持天主教权威,拒绝承认国王是教会的首脑,被判处绞刑。大约在1516年,莫尔发表了《乌托邦》一书,通过描述一个想象中的岛国,对当时英国社会的弊端进行了揭露和批判。"乌托邦"一词来自希腊语,意为"没有的地方"。该书分为两个部分。在第一部分中,莫尔借书中主要人物拉菲尔的讲话,对英国统治阶级各阶层及英国社会的黑暗进行了批评。他指责君主"乐于夺取新的土地,而不愿从事有益的和平活动"。贵族们"靠别人的劳动养活自己,敲骨吸髓般地盘剥在他们田地上做活的佃农"。他把当时英国的圈地运动比喻为"羊吃人"的运动。第二部分是对"乌托邦共和国这个最佳国家"的描绘。在乌托邦中,国家官吏都由选举产生,实行财产公有,没有剥削,没有贫富之分,人人劳动,每天工作6小时,其余时间从事文化娱乐活动。莫尔《乌托邦》是对刚刚诞生的资本主义的弊端所进行的揭露和抨击,这对后来的空想社会主义理论有很大影响,成为空想社会主义的奠基人。

托马斯·康帕内拉(1568—1639)是意大利杰出的空想社会主义者和爱国主义思想家。他出身贫苦农家,15岁做了多明我会修士,后来因反对阿奎那的学说而遭到宗教裁判所的迫害。他是一个爱国者,1599年密谋策划了一起反对西班牙统治的起义斗争,由于泄密而被捕入狱,在狱中长达25年。他的几部主要著作都是在狱中完成的,包括其代表作《太阳城》。《太阳城》采用对话的形式,揭露和批判了当时的意大利社会,描绘了一个理想国——太阳城。在他所构想的太阳城中,实行公有制和普遍的义务劳动制度,工作没有贵贱之分,每天只劳动4小时,其余时间从事学术、体育和文化娱乐活动。太阳城实行按"需"分配的原则,衣食住诸方面都实行"平均",穿同样的衣服,吃公共食堂,每三个月重新分配一次住房。太阳城的政治体制是政教合一的共和制,由"公民大会议"选举官员和监督政府。然而,不足的是,太阳城中最高领导人是被称为"太阳"的祭司,实行人祭制度,并且主张废除家庭实行公妻制度。

6. 近代自然科学与哲学的诞生

近代自然科学的诞生　文艺复兴是西欧从封建社会向资本主义社会过渡的产物,是新兴资产阶级为了顺应社会发展而建立资本主义文化体系的开端,它反映的是西欧社会一个变革的时代。因此,文艺复兴不应仅仅理解为文学艺术的复兴,而是一场包括科学技术在内的广泛的文化运动。在人文主义思想的影响之下,不仅文学艺术冲破了神学的桎梏,而且在自然科学领域也掀起了一场革命,产生了近代自然科学。

近代自然科学的诞生首先从天文学领域的革命开始,而掀起这场科学革命的人便是波兰的天文学家尼古拉·哥白尼(1473—1543)。哥白尼否定了长期以来在西方占统治地位并为教会所倡导的托勒密的地球中心说,提出了自己的太阳中心说,并把这一研究成果写成了《天体运行论》一书。这本书的出版使人类第一次认识了太阳系,确立了新的宇宙观。同时,这也动摇了基督教神学中关于上帝创世的学说,是对封建教会的沉重打击,使他成为第一个向神学挑战的近代科学家。此后,意大利天文学家乔尔丹诺·布鲁诺(1548—1600)继承和发展了哥白尼的太阳中心说,在其《论无限性、宇宙和诸世界》一书中弥补了哥白尼学说中的某些不足,纠正了哥白尼关于太阳是宇宙中心的观点,提出宇宙是无限的,它由无数星系组成,太阳系只是无限宇宙中的一个天体系统。布鲁诺由于其科学观点动摇了基督教神学体系,触犯了教会的权威,受到教会的迫害,最后被处以火刑。

布鲁诺死后,继续高举科学大旗的是开普勒(1571—1630)。这位长于占星术的德国人曾以其卓越的理论分析才能深得精于观测的丹麦天文学家第谷(1546—1601)的信任,开普勒成为第谷的学生并在第谷去世时得到了他的全部观测资料。依据第谷所留下的观测资料,开普勒提出了著名的行星运动三大定律:第一,行星运动的轨道是椭圆的,太阳在其中一个焦点处;第二,太阳中心与行星中心间的连线在轨道上所扫过的面积与时间成正比例;第三,行星在轨道上运行一周的时间的平方与其至太阳的距离的立方成反比例。开普勒的三大定律进一步发展了哥白尼的日心说,首次定量揭示了运动速度变化与轨道的关系,并发现运动速度的变化直接与作用力相连,这已经预示了牛顿力学的即将产生。

哥白尼和开普勒等都认为天体是运动的,但是天体究竟是怎样运动的问题并没有解决,这一任务落在了意大利天文学家与物理学家伽利略(1564—1642)的肩上,他曾因发明望远镜和进行著名的比萨斜塔实验而闻名。这位从医学转向物理学和天文学的比萨青年,从小球滚动实验中发现,物体运动并不像以前人们所认为的是一种匀速运动,而是一种匀加速运动,重物并不一定比轻物下落得快,外力停止,运动并不一定停止,这就是惯性原理。他还发现,由于惯性和重力的影响,物体运动的轨迹是抛物体运动,而且这种运动具有相对性。伽利略的这些成就写在了他的《关于力学和位置运动的两种新科学的对话与数学证明》一书中,为经典力学成为一门独立的学科奠定了基础。

对伽利略的经典力学加以发展并使经典力学成为一门独立学科的是英国著名科学家牛顿(1643—1727)。他是一位在许多方面都取得卓越成就的近乎天才的科学家,但是,使牛顿名垂青史的还是他在1687年出版的《自然哲学的数学原理》一书。在这部公认的科学史上的伟大著作中,牛顿提出了运动力学四大定律。第一个定律为:每一物体都始终维持其静止或等速直线运动状态,只有受到了外加力量的影响,才被迫改变这种状态;第二个定律为:运动的改变与外加力量成正比,与物体的质量成反比;第三个定律为:两个物体间的作用与反作用总是大小相等而方向相反;第四个定律是万有引力定律。这四大定律解释了为什么行星会围绕太阳沿椭圆轨道运行而不是直线运行,为什么地球在绕太阳运转和自转时其表面的物体不会抛落等当时人们难以承认的问题,使他成为经典力学的集大成者。

牛顿的发现为近代科学的发展奠定了全面的基础,但牛顿本人一直保持谦逊的本色,他在临终以前这样总结自己的生活与学术研究成果:他不知道在世人眼里他是什么样的人;但是在他自己看来,他不过像是在海边玩耍的孩子,为不时捡到一块比较光滑的卵石、一只比较漂亮的贝壳而喜悦,而真理的大海在他面前,一点也没有被发现。

近代哲学的诞生 中世纪的哲学——经院哲学是与神学一体的,它服务于基督教信仰,但是,从司各脱和奥卡姆开始,经院哲学走向衰落,出现了哲学与神学分离的趋势。文艺复兴运动爆发后,在人文主义思想的影响下,经院哲学受到了猛烈的攻击,出现了以自然和人类社会为研究对象的人文主义哲学。人文主义哲学继承了古代朴素的唯物主义和自发辩证法思想,并且吸收了文艺复兴时期新的自然科学成果,使哲学发展到近代哲学的新阶段。

然而,当哲学从神学中解放出来的时候,它并不是一脱离神学就发展成了一门独立的学科,而是在很长一段时间内与自然科学联系在一起,甚至可以说包含于自然科学之中。文艺复兴时期的哲学家往往出自于自然科学家。但是,近代科学的先驱者们在努力使科学与哲学摆脱了神学的束缚之后,又开始了把哲学从自然科学中分离开来的进程。到弗兰西斯·培根时,近代经验论哲学诞生了。

意大利天文学家布鲁诺也是杰出的唯物主义哲学家,体现其哲学思想的主要著作有《论原因、本原与统一》《论无限性、宇宙和诸世界》《论无量和无数》《论单子、数和形状》等。在宇宙观上,他提出宇宙是无限的,它无边无际,不生不灭,也没有形状。在物质观上,他认为事物最普遍、最基本的因素是一种不可分的最小的"单子",由它构成事物的"原子","原子"的结合与分解就构成各种事物。在认识论上,他认为人可以认识自然界,人的认识能力分为感觉、理性和理智三个阶段,感觉只能认识事物的表面现象,但它是认识的基础;理性能看到事物的真理,理智则可认识事物的内部联系。布鲁诺的唯物主义自然哲学,为近代经验论哲学和唯理论哲学的产生奠定了基础。

弗兰西斯·培根(1561—1626)是近代经验论哲学的创立者,其主要著作有《学术的进展》《新工具》《论科学的价值与增长》等。培根不仅积极提倡发展自然科学,提出"知识就是力量"的口号,而且还对经院哲学进行了揭露和批判,指出经院哲学是空洞无用的东西。他在欧洲近代哲学发展史上最先提出了一条唯物主义的认识路线,强调认识的来源是经验,主张把感性认识与理性认识结合起来。他提出,只有感觉经验与理性思维并重的人才是"真正的哲学工作者"。从这一认识论出发,他提出了经验归纳法,即通过对实验和观察所获得的感性材料进行归纳,从中得出科学的结论。对此,培根曾生动地比喻道,我们不应该像蚂蚁,只注意收集,也不应该像蜘蛛那样只注意从自己的肚子里往外吐丝,而应该像蜜蜂那样,既采集又整理,这样才能酿出甜美的蜜来。这种注重观察与实验,注重对感性材料进行分析归纳的方法,对当时自然科学的发展具有重要的指导意义。

笛卡儿(1596—1650)十分重视哲学对科学的指导作用。他说,人们可以找到一种实用的哲学,来代替那些没有用处的经院主义哲学,依靠这种实用的哲学,我们就能认识自然界的一切,从而成为自然界的主人。在哲学方法上,笛卡儿认为演绎法是一种十分重要的方法。

牛顿把归纳法和演绎法有机地结合起来,《自然哲学的数学原理》一书既有对以往大量研究事实的归纳,又从各种各样的归纳中演绎出新的结论。牛顿指出,在自然科学里,应该像在数学里一样,在研究困难的事物时,先采用分析的方法,然后再用综合的方法。虽然用归纳法得出的结论可能不是普遍的结论,但却往往是最好的结论。如果在许许多多的现象中没有出现例外,那么这种结论就有了普遍性。

三、宗教改革运动

中世纪晚期,随着西欧社会经济与政治结构的变化,作为封建精神支柱的天主教出现了危机。首先,教皇权威在日益强大的民族君主面前趋于衰微,以威克里夫和胡斯为代表的神学家从本民族利益出发,提出了教会民族化的主张。其次,教会的世俗化与腐败引起了广大教徒和部分神学家的不满,他们一方面要求改革教会,出现了改革教会的各种"异端"思想,另一方面他们又纷纷从教会之外去寻求精神的慰藉,出现了各种形式的宗教虔诚活动。第三,文艺复兴运动的兴起,代表新兴资产阶级利益的人文主义者对教会进行了猛烈的抨击,尤其是北方基督教人文主义者对于教会腐败的批判和改革教会的倡导,极大地推动了宗教改革的到来。在这种条件下,天主教会的改革已不可避免,最终于1517年在马丁·路德的倡导下掀起了一场轰轰烈烈的宗教改革运动。改革的结果,在欧洲出现了脱离罗马教廷的三大新教——路德宗、加尔文宗和安立甘宗。

宗教改革运动从本质上来说与文艺复兴一样,是新兴资产阶级在意识形态领域内开展的反封建斗争,斗争的目标是代表旧秩序的罗马教廷与天主教会,目的是为了建立适应资本主义发展和民族化的新教会。经过宗教改革,"世界性的宗教帝国让位于地方化、民族化的宗教组织;有形的宗教仪式崇拜让位于无形的精神信仰崇拜;世俗化的、政治化的教会结构让位于文化上的、思想上的教会结构"[①]。因此,宗教改革实现了基督教从中世纪向近代的过渡,在西方文化的近代化转型中占有重要地位。

---

① 朱孝远:《近代欧洲的兴起》,学林出版社,1997年,第323页。

1. 德国的宗教改革

德国宗教改革与路德宗的确立 15世纪末16世纪初德国的社会历史条件,决定了欧洲宗教改革首先发生于德国。从15世纪末叶起,尽管汉萨同盟已趋衰落,但德国的商业仍相当繁荣。在波罗的海南岸和多瑙河、莱茵河沿岸,有许多繁荣的工商业市镇。同时,在德国的采矿、冶金、纺织等行业中,已开始出现资本主义生产的萌芽。然而,德国政治上的分裂割据妨碍了经济的进一步发展。德国虽号称"神圣罗马帝国",但王权微弱,并没有形成统一的中央集权,全德国分裂成七大选侯、十几个大诸侯、二百多个小诸侯和上千个骑士领地。这种分裂割据的状况使得罗马教皇有机可乘,通过德国的教会组织甚至直接从德国敛取钱财。据统计,16世纪初,教皇每年从德国搜刮掠夺的财富达30万古尔登金币,德国也因此被称为"教皇的奶牛"。这种状况,随着德国民族意识的逐步形成,引起了以新兴市民阶级为代表的德国各阶层的不满,他们要求改革教会,实行教会民族化,消除教会中的腐败,建立"廉价教会"。而德国农民则把宗教改革与反封建斗争联系起来,不断发动武装起义。正是在这样的形势下,马丁·路德揭开了宗教改革的第一幕。

马丁·路德(1483—1564)出生于德国艾斯莱本镇的一个富裕市民家庭,1501年进入爱尔福特大学学习,在学校中受到奥卡姆主义的影响,开始对中世纪的阿奎那神学持怀疑态度。1505年,他获得了文学硕士学位,然后按照父亲的意愿去学法律,但他只学了三个月就突然离开学校进入了一家奥古斯丁派修道院当修士。不久,他又正式成了一名神父。路德的布道和主持弥撒受到人们的称道,同时也由于他知识渊博,1508年,他被聘为维登堡大学的教师。1512年,28岁的路德获得了神学博士学位,不久就成了维登堡大学的神学教授,主讲圣保罗和圣奥古斯丁的神学思想。对于《圣经》的学习与讲授,使路德逐渐形成了自己关于神学的一些新见解。同时,在爱克哈特神秘主义思想、胡斯的宗教改革思想和奥古斯丁的预定论的影响下,路德认为,人的灵魂的得救完全依赖于上帝的恩赐,这便是其后来"因信称义"思想的萌芽。

1517年10月,教皇利奥十世为了修造圣彼得大教堂,派人前往德国出售赎罪券,引起了当时维登堡大学神学教授马丁·路德的反对,他把自己的意见写成《关于赎罪券效能的辩论》95条,张贴于维登堡大教堂门口,此即著名的"九十五条论纲"。这个论纲引起了轰动,成为德国宗教改革的导火线。从此,一场大规模的宗教改革运动迅速席卷德国。

路德的行为受到了德国各阶层的支持,他也一下子成了德国的民族英雄。在萨克森选帝侯的保护下,路德与教皇的代表进行了公开辩论,他指出教皇并非上帝的代表,宗教会议的决议也可能犯错误,因而否认了他们的权威,公开走上了同教皇决裂的道路。1520年,教皇下令革除路德的教籍,焚毁他的著作,令他在60天内宣布放弃自己的观点。在这种情况下,路德连续发表了《致德意志民族的基督教贵族书》《教会的巴比伦之囚》和《基督徒的自由》三篇文章,阐明了他的宗教改革思想和政治主张。1521年底,路德把《圣经》译成德文,以其流畅易懂的文笔而大大超过了以往的德文译本,使他的译本广为流传,促进了《圣经》的大众化,同时也为德文的规范化奠定了基础。

以萨克森选帝侯为代表的诸侯支持路德的宗教改革,他们希望借宗教改革来巩固自己在各自领地内的势力。1525年,路德派教会首先在萨克森公国内建立起来。新教会在诸侯的控制之下,取消了过去的主教制度,增设一个宗教裁判所来领导教会,下辖若干教区。宗教裁判所的主要领导成员包括两个神学家和两个选举产生的执事,其人员往往由地方政府来确定,目的是为了保证政府对教会的领导。1529年,德皇查理五世在斯邦耶召开帝国会议,支持罗马教廷,压制宗教改革。由于天主教诸侯在会议中占多数,会议通过了谴责路德的决议。支持种德的诸侯为此联合起来向会议提出抗议,并向大会提交了一份正式的抗议书,他们由此而被称为"抗议者"。此后,凡在宗教改革中否认罗马教廷权威、主张改革的新教派都被称为"抗议者"(Protestants)或"抗议宗"(Protestantism),以别于罗马天主教。这样,一个新的教派——路德宗便在德国诞生了。1555年,查理五世与路德宗诸侯签订了《奥格斯堡和约》,确定了"教随国定"的原则,诸侯有权决定其臣民的宗教信仰,即"在谁的领地内,就信奉谁的宗教"。路德宗的合法地位由此得到确认。路德宗后来还传播到了丹麦、挪威、瑞典等北欧国家。

路德的神学思想与政治主张 路德的宗教改革与神学思想集中体现在其《致德意志民族的基督教贵族书》《教会的巴比伦之囚》和《基督徒的自由》三篇文章中。在这三篇文章中,路德提出了《圣经》高于一切、"因信称义"与建立"廉价教会"的主张。在《致德意志民族的基督教贵族书》中,路德推倒了罗马教廷借以保护其权力的三道"护墙",这三道"护墙"就是:属灵等级高于世俗等级、唯有教皇才有权解释《圣经》、除教皇外其他任何人无权召开改革宗教的公会议。路德指出,"一切信徒都是牧师",并无高低贵贱之分,每个人都可以与上帝直接沟通,每个人都可根据自己的信仰来解释《圣经》。同时,世俗权力也是来自于上帝,旨在改革教会的会议应由世俗政权来召开;教皇的权力如任命神职、税收等应加以限制,德国教会应置于一位"德意志总主教"的管理之下。他在文中呼吁:"教皇须让我国不再受他们的劫掠和搜刮,教须须交还我们的自由、权利、财产、荣誉、身体和灵魂,教皇须让皇权成为名副其实的皇权。"此外,他在该文中还提出了允许神职人员结婚、减少宗教节日、封闭妓院、改革大学神学教育等等。《教会的巴比伦之囚》一文主要体现了路德关于"廉俭教会"的主张。他提出,按照《圣经》的标准,圣事只有两种,即洗礼与圣餐。因此,那些不符合《圣经》的其他圣事应该被取消。在《基督徒的自由》一文中,路德提出,基督徒的自由分为现世与来世两个时期,人在现世具有两重性,完全的自由只有在来世中才能找到。基督徒在现世中的两重性即"精神的"属性和"肉体的"属性。基督徒在精神方面是"自由"的,"是全然自由的众人之主,不受任何人管辖",他只服从于上帝,而不服从世俗秩序。然而,在肉体上,"基督徒又是最驯服尽职的众人之仆,他受一切人管辖",因此他与其他人一样,应当服从世俗秩序,接受世俗权威与过世俗人的生活。路德实际上在此协调了基督徒生活中此岸与彼岸的关系,既给了他们精神信仰的自由,又给了他们过世俗生活的自由。路德在该文中阐述了其神学思想的核心——"因信称义"。他认为,基督徒之所以是自由的,是因为他们"因信称义",不再受善功律的支配,他们通过自己的信仰而与基督建立了新的个人关系。路德提出,灵魂的得救不是教会的工作,而是上帝的工作,是上帝把恩赐给了他的信仰者。因此,信徒不必依靠教会及其烦琐的宗教礼仪,而只凭对上帝的虔诚信仰就可以得到灵魂的拯救。他说:"只有信仰,并且有效地运用《圣经》,才能得救。"他号召信徒们通过信仰上帝去争取精神的自由。

"因信称义"是对天主教会所宣扬的"行为称义"的否定,这种思想也有利于培养新兴资产阶级的个人主义。因为,个人通过对《圣经》的理解与虔诚信仰便可获得灵魂的拯救,不再需要教会和教士的中介作用,这就把人们从教会繁琐礼仪的束缚中解脱出来,使灵魂得救成了个人的事情,给人以一种精神的自由。随着这种个人自由而来的,是一种新的责任与义务,即个人必须自己负责,靠自己的行动来体现人生的价值和意义。因此,这一宗教伦理所蕴涵的,是一种积极的人生态度。这种具有宗教情感的个人主义与文艺复兴中具有理性的个人主义结合在一起,成为早期资本主义发展的重要精神动力之一。

在政治上，路德从维护德国的民族利益出发，极力反对罗马教廷对德国的经济盘剥。同时，为了在与罗马教廷的斗争中取得德国王公们的支持，路德积极为世俗政权辩护，提出了两个王国的理论。在1523年发表的《论世俗权力》一文中，路德认为，上帝建立了精神的和世俗的两个王国。精神的王国是由基督领导的全体基督徒的王国，在这一王国中，一切基督徒都是平等的，相互之间充满着爱与互助精神。世俗的王国亦即世俗的政府，它是靠刀剑与法律来统治的，是上帝为了维持世俗秩序而建立起来的，世俗统治者的权力之"剑"来自于上帝神授。路德的这一主张实际上给世俗政府披上了神圣的外衣。

2. 加尔文的宗教改革

16世纪的瑞士是由13个小州组成的松散的联邦，名义上仍属神圣罗马帝国的一部分，但实际上具有独立地位。13个州中有6个农业森林州、7个城市州，苏黎世即是其中重要的城市州之一。瑞士各州拥有高度的自治权，有着浓厚的自由空气。同时，各城市州由于地处德、法、意三国商业活动的中介地位，工商业较为发达，并且从15世纪末叶起出现了资本主义手工工场的萌芽，市民阶级不断壮大，人文主义也得到发展，为瑞士的宗教改革提供了条件。这样，当瑞士的市民阶级与城市平民反对教会腐败的情绪日益高涨的时候，出现了加尔文在日内瓦的宗教改革。

约翰·加尔文(1509—1564)出生于法国北部的诺阳城，父亲是当地主教秘书。加尔文14岁时进入巴黎大学学习文科，1528年获得了文学硕士学位。此后，他在父亲的安排下到奥尔良大学学习法律，但他爱好古典作品，并深受基督教人文主义的影响。1531年，他回到巴黎，开始研究神学，不久改信了路德新教。1534年10月，加尔文被指控为宗教异端，被迫流亡瑞士。1536年初，他在瑞士的巴塞尔发表了《基督教原理》一书，阐述了其宗教改革思想。就在这一年，加尔文到了日内瓦，在当地宗教领袖纪尧姆·法雷尔的要求下，他留下来进行宗教改革。但是，改革开始不久，他们的工作就遇到了阻力，与城市委员会发生了矛盾，结果两人被逐出日内瓦。1541年，在日内瓦人民积极酝酿宗教改革的情况下，日内瓦城市委员会也决定进行宗教改革，加尔文又被请回日内瓦。此后，加尔文在日内瓦顺利地进行了宗教改革，确立起了宗教改革运动中的另一新教派——加尔文宗（又称归正宗）。

加尔文神学思想的核心是"预定论"。他认为，上帝是万能的造物主，掌握着世人的生死荣辱,对世上的每个人都预先做了永恒的判决。他说:"我们把上帝的永恒判决称之为预定,上帝根据这一判决,决定每一个人应该变成怎样。因为我们不是在同一状况下被创造出来的。有些人注定得到永生,另一些人却要永远罚入地狱。"那些注定得到永生的人就是上帝的"选民",而那些永远罚入地狱的人则是上帝的"弃民"。上帝通过圣灵直接启迪"选民",使他们产生得救的信心。"选民"在现世的使命,就是凭自己对基督的信心,按《圣经》的准则行事,在现实生活中有所成就,以彰显上帝的荣耀。所以一个人的成败与是否得救,不在于忏悔、善功与圣事礼仪,而是由上帝预定的。加尔文的这种"预定论"突出上帝的权威,与路德的"因信称义"一样,否定了教皇与神职人员的作用与权威。

在对于经济与道德的关系方面,加尔文打破了中世纪天主教的传统观念。他在1545年发表的《关于高利贷问题的回答》一文中提出,必须使基督教学说适应经济生活的需要。他认为,财富也是一种上帝的安排,一个人的经营才能是上帝的恩赐。因此,他承认商业方式的正当性,允许贷款可以有5%—10%的利息。

根据加尔文的"预定论",每一个基督徒都可以通过自己在现世的勤奋劳作与成功来证明自己是上帝的"选民"。因而,世俗的职业与个人的奋斗便被赋予了神圣的意义,它成了上帝意旨的体现,人生的价值和意义,也就在于遵循上帝这一旨意,通过现实生活中的个人奋斗与成功来表达对上帝的爱,彰显上帝的荣耀。这种把发财致富等世俗事务看成是上帝的恩赐与彰显上帝的荣耀的观念,符合新兴资产阶级进行资本积累和发展资本主义的要求,为新兴资产阶级追求利润提供了神学依据。恩格斯对此评价说:"加尔文教正适合当时资产阶级中最激进部分的要求。"

加尔文认为,人世间的幸福就是实践"福音书"中的教诲。因此,他把其神学思想运用于日内瓦的政治改革之中,希望建立一个人间的上帝之国,其结果是在日内瓦建立起一个政教合一的城市共和国。加尔文在1541年起草了一份《教会宪章》,创建了"长老制"教会组织。它规定,教会职务分为牧师、教师、执事和长老四个品位。牧师负责实行圣诫、圣礼和宣传新教;教师负责宣讲《圣经》;执事掌管教会的慈善机关;长老掌管教会和维持道德纪律与社会秩序。这四种神职人员都由信徒选举产生。"长老会"是教会的最高权力机构,从信徒中推选12人组成,直辖于市政会议。市政会议是负责管理行政与司法事务的世俗职能机构。这种长老制具有一定的民主性,受到资本主义发展较快的西欧各国的欢迎。

加尔文宗的教义与组织形式比路德宗更能适应资本主义发展的要求，因而在西欧地区传播更广泛，法国、英国、荷兰等地都有大量加尔文宗信徒。加尔文宗在法国称"胡格诺派"，在英国称"清教"。

3. 英国的宗教改革

15 世纪末至 16 世纪初，英国王权得到进一步加强，资本主义生产关系在工商业和农业等部门中得到了飞速的发展，英国的民族意识也不断增强。然而，掌握着英国三分之一土地的教会却仍听命于罗马教廷，教会搜刮到的一部分钱财，每年以岁贡的形式流入罗马教廷。在威克里夫的改革思想与人文主义思潮的影响下，英国人民普遍反对罗马教皇干涉英国事务，要求实行教会民族化。同时，日益强大的英国王权也不能容忍罗马教廷对英国的经济掠夺和对英国宗教事务的干涉。在这种社会历史条件下，英王亨利八世（1509—1547）顺应历史潮流，实行了自上而下的宗教改革。当然，英国的宗教改革经历了一个曲折的过程，从亨利八世开始，直到伊丽莎白一世统治时才最终确立起来。

亨利八世实行宗教改革的直接动因，是由于教皇迟迟不批准他的离婚请求。亨利八世与西班牙公主凯瑟琳的婚姻是出于英、西两国的政治联盟而缔结的，由于他们没有男性继承人，亨利八世提出离婚。但教皇慑于西班牙国王查理五世的势力，对于亨利八世的请求迟迟不予批准。1533 年，亨利八世以此为由公开与教皇决裂，并要求英国教会断绝与教皇的关系，承认他为教会的首领。第二年，在亨利八世的授意之下，英国国会通过了著名的《至尊法案》。法案规定：英王是英国教会的最高首脑，拥有召集宗教会议、决定教义、任命教职、施行圣事等权力；神职人员不再向教皇而是向英王宣誓，教会原交给罗马教廷的贡金一律上缴国王，凡拒绝承认英王为教会最高首脑者，均视为叛逆罪。从此，英国教会断绝了与罗马教廷的关系，这一法案实际上标志着英国民族教会——圣公会的产生。然而，尽管圣公会脱离了罗马天主教会，其教义、组织形式、礼仪等方面却并未改变，仅仅是实现了教会的民族化而已。因而，英国宗教改革比路德与加尔文的改革要保守得多。

1547 年，爱德华六世继承英国王位，继续推行新教政策。1549 年，英国国会通过《教会统一法案》，规定英国教会统一使用官方颁布的《祈祷书》。1552 年，国会又通过了《有关信仰的四十二条款信纲》，这一信纲成为伊丽莎白一世时代《三十九条信纲》的基础。

1553年，凯瑟琳·玛丽继位为英国女王，她是一名虔诚的天主教徒，于是在英国恢复了天主教的统治，并且对新教徒进行大肆迫害，她也因此有"血腥的玛丽"之称。

1558年，伊丽莎白继承英国王位。伊丽莎白在宗教信仰上倾向于路德宗，但她为了协调英国天主教徒与新教徒之间的矛盾，并未实行较为彻底的宗教改革，只是沿着亨利八世所开辟的道路前进。1559年，英国国会通过了《至尊法令》与《统一法令》两个文件。《至尊法令》规定，取消玛丽女王时期所确立的天主教会的合法地位，重新确立英王对教会的领导权，尊伊丽莎白女王为"英国宗教与世俗事务的最高统治者"。《统一法令》重申了爱德华六世时期所颁布的宗教法规。1563年，国会通过《三十九条信纲》，这个文件在教义上吸收了路德宗的"因信称义"说和加尔文宗的"预定论"，在组织形式、教会制度和圣事礼仪方面则保留了天主教传统。总的来说，这是一个较为温和的文件，试图调和新旧教势力之间的矛盾，神学主张介于路德宗与加尔文宗之间，圣事仪式则更多是采用天主教的，这在一定程度上促成了英国的宗教宽容局面。1571年，《三十九条信纲》被宣布为英国圣公会的官方教义，所有神职人员及牛津、剑桥大学的宗教教师必须签字遵守。这样，英国国教——安立甘宗便最终确立起来了，英国自上而下的宗教改革也宣告最终完成。

由于英国的宗教改革是由国王自上而下进行的，较之德国与瑞士的宗教改革更为保守，保留了大量天主教的残余。因此，当英国资本主义得到进一步发展、资产阶级力量不断壮大之时，它的保守性与落后性就显示出来了。加尔文宗更能适应资本主义发展的需要，英国的加尔文宗信徒也越来越多。这些加尔文宗信徒要求清除英国国教中的天主教因素，纯洁教会，因而被称为"清教徒"。1640年发生的英国资产阶级革命便是披着清教的外衣进行的。当然，尽管英国的宗教改革不彻底，但由于它实行了教会的民族化，在改革中没收修道院的土地出售给新贵族，这对于英国资本主义的发展是有利的。

四、地理大发现与新的世界文化格局的萌芽

14—17世纪，欧洲正处于一个变革的时期，经济上，商品货币关系迅速发展，资本主义蓬勃兴起；思想文化上，文艺复兴与宗教改革运动促成了思想的大解放，追求财富与现世享受的人生价值观念逐渐取代了中世纪追求

来世与禁欲的观念。在这种背景下,新兴资产阶级的拜金主义与中世纪残余的骑士精神结合起来,再加上新兴君权的支持,使欧洲走上了海外殖民扩张的道路。首先从事海外冒险与殖民扩张的是葡萄牙和西班牙。1486年,葡萄牙人迪亚士开辟了从西欧到非洲最南端(好望角)的航路。1497—1498年,葡萄牙人达·伽马绕过好望角到达印度,开辟了到印度的新航路。1517年,葡萄牙人到达中国,1553年占据了澳门。1492年,意大利人哥伦布在西班牙国王资助下发现了美洲,开辟了从欧洲到美洲的新航路。1519—1522年,西班牙国王资助的麦哲伦船队完成了环球航行,把欧、美、亚、非四大洲连接了起来。随后,西、葡、荷、英、法等国展开了疯狂的海外扩张与殖民掠夺。

西方国家的海外扩张也是其文化的扩张。西方殖民者在对外扩张的过程中,以炮舰为先导,一手拿枪,一手拿《圣经》,一方面大肆破坏与毁灭当地土著文化,另一方面又以基督教西化当地居民。在这一扩张过程中,天主教会的海外传教活动占有重要地位。天主教会因宗教改革运动使其在欧洲的势力范围大大缩小,便积极寻求向海外发展。传教士带着十字架和圣像,跟随探险队出现在每一块新占领的土地上。罗马教廷建立了一些开展海外传教活动的机构,如教皇格里高利十三世成立了"东方事务部",克莱门八世成立了"传教问题部",格里高利十五世建立了"传信部",乌尔班八世建立了"传信学院"等等。西方殖民者在美洲的文化扩张伴随着殖民军事征服而取得了成功,但在亚洲却遭到了东方传统文化的强烈抵制,进展缓慢。另一方面,欧洲的海外殖民扩张也给欧洲文化带来了影响。欧洲人的眼界开阔了,地理知识与生物知识也大大丰富了,而且在外来物质产品的影响之下,欧洲人的饮食结构与生活习惯也发生了一定程度的变化。因此,欧洲的海外扩张改变了世界文化的格局,多元性独立发展的世界文化走向了以西方文化为主导的新文化体系,这种体系虽带有殖民主义的性质,但促使了整个世界文化的近代化转型,也加速了欧洲文化自身的转型。至于欧洲文化的海外文化扩张对非欧民族的影响,我们将在第七章中详细论述。本节着重介绍的是非欧民族文化对西方的影响。

欧洲人进行海外殖民扩张的过程也是欧洲文化对外扩张的过程,因此这一过程给欧洲带来的不仅仅是经济上的重大影响,而且在文化上也给欧洲带来了一定程度的变化。

新航路开辟之后,海外一些新的食物品种传入欧洲,在一定程度上改变了欧洲人的饮食结构和生活习惯。欧洲人发现美洲之后,从美洲引进了一些新的作物,如玉米、土豆、西红柿、菜豆、木薯等。玉米在 16 世纪上半叶已开始在欧洲各地种植,尤其在一些经常发生饥荒的地方,玉米以其高产的优点而成为人们克服饥荒的主食,如在意大利的威尼西亚、法国的南部、罗马尼亚等地,玉米成为穷苦农民和城市贫民的大众食品。到 18 世纪,玉米的种植已风行欧洲。土豆对欧洲的影响也是巨大的,"这一新作物征服了欧洲的每一个角落,并产生了革命性的影响"[①]。在人口稠密的意大利,土豆的种植发展很快。到 17—18 世纪,土豆逐渐成为欧洲一些地区农民的主食。在饮料方面,巧克力、茶、咖啡从海外传入欧洲,对欧洲人的日常生活也带来了很大影响。巧克力来自墨西哥,1520 年就传入了西班牙,马德里居民以饮用添加肉桂的浓巧克力为一大乐趣。茶来自中国和印度,大约在 1610 年传入欧洲,到 17 世纪下半叶,英国、荷兰等地出现了饮茶之风。咖啡来自阿拉伯,1643 年开始在巴黎出现,随后几十年间,一些咖啡馆相继开张,喝咖啡也逐渐成为欧洲人的时髦。随着茶、咖啡等热饮在欧洲的流行,中国瓷制的饮具也像餐具一样,逐渐成了欧洲家庭中的常备器皿。

烟草的传入也对欧洲人的生活习惯产生了重大影响。烟草大概在 16 世纪中叶由美洲传入欧洲,并且由于它对土地的适应性强而迅速在欧洲普遍种植。欧洲人最初吸烟是由于他们认为它有治病的功效,可以用来治头痛和呼吸道疾病。但吸烟很快演变成为一种习惯,流行于欧洲社会的各个阶层中,人们称之为"神烟"。起初,欧洲各国政府和教会对抽烟的习惯进行指责,英国、瑞典、丹麦和教皇国还曾一度禁烟,但到 17 世纪末,出于财政税收的考虑,大多政府又转而采取鼓励措施。

地理大发现对欧洲的自然科学的发展也有一定的积极影响。远洋航行与探险大大丰富了欧洲人的地理学知识,使他们对世界有了新的认识与理解,打破了长期在欧洲占统治地位的托勒密传统。在地图绘制方面,1520 年,"阿美利加"这一名称代表新发现的美洲大陆第一次出现在欧洲人绘制的世界地图上。1569 年,麦卡托用投影法绘制了《根据航海资料修正描绘的新的和不断扩展的世界》,达到了相当高的水平。在地理学论著方面,德国的塞巴斯蒂安·明斯特尔于 1544 年出版了《宇宙结构学:概论》一书,这是第一部用德语向广大读者介绍世界的鸿篇巨制。欧洲人的海外旅行也促使了生物科学的发展。人们走出欧洲之后,发现了许多前所未知的植物和

---

① 费尔南·布罗代尔:《15 至 18 世纪的物质文明、经济和资本主义》(第 1 卷),三联书店,1992 年,第 194 页。

动物品种,大大激发了他们对于植物学和动物学的强烈兴趣。16 世纪中叶,欧洲人开始建立植物园和动物园,采集植物标本和解剖标本,并开始致力于植物和动物分类问题的研究。16—17 世纪,欧洲的植物学与动物学研究获得了一个长足的发展。至于东方文化对欧洲启蒙运动思想家的影响,将在下节叙述。

五、启蒙运动

从 17 世纪末到法国大革命前的约百年时间,被称为启蒙的世纪。它是近代欧洲社会各种因素逐步演进的结果。中古晚期欧洲商品经济的发展、文艺复兴和宗教改革促成的思维方式变化,尤其是 16、17 世纪的科学革命,为被称作"启蒙的"新世界观在这个时代的出现提供了必要条件;东方文化也为启蒙运动提供了思想的资源。

"启蒙"一词表达了这样一种认识:启蒙运动的领袖们将过去的时代看做是迷信而无知的时代,认为他们生活的时代才是批判精神和文明礼仪张扬的时代,人类终于从过去时代的黑暗走进了光明。对理性和进步的信奉是启蒙观念的显著特征。启蒙哲人们宣扬,人们不能仅凭信仰简单地接受事物,一切都必须经过理性的和批判性的检验才能接受,怀疑精神自此逐步取代了对传统权威的盲信;他们相信理性不仅能发现自然的规律,也能探究到社会的规律,人类凭借理性的力量可以实现持续的进步,前所未有地解放自己。这种观念对欧洲上层社会和城市资产者的思想文化产生了深刻的影响,为即将席卷北美和欧洲的革命提供了思想资源。更为重要的是,他们那种强调理性、个人主义和进步的思考方式,将为西方现代社会奠定思想基础,开创了今天西方世俗化社会的源头。

1. 启蒙运动

启蒙运动是继文艺复兴之后的第二次思想革命。从时间上说,启蒙运动开始于 17 世纪末,到 18 世纪末达到高潮。从范围上说,启蒙运动波及整个西欧和北美,但是,其中心是在法国。

启蒙运动的根源要追溯到 17 世纪末,从 1687 年牛顿的代表作《自然哲学的数学原理》问世到 18 世纪初,一些杰出的人士撰写普及科学思想、怀疑宗教真理、批评既有权威的作品,已经将科学革命所包含的怀疑和理性精神,演绎为一种新的观念,并传输给社会大众。

法国作家丰特内尔(1657—1757)以高超的技巧,将艰涩的科学成果通俗易懂地呈现给读者。在《关于多元世界的对话》(1686)一书中,他用一个贵妇人及其情人在星空下交谈的形式,阐述了哥白尼的宇宙观,并借此表明人类的思想有能力取得巨大的进步。此外,丰特内尔还暗中嘲讽教会,对教会的所谓绝对真理持怀疑态度,希望以明晰的科学思想取代偏执的宗教精神。

17世纪末法国最著名的怀疑论者是皮埃尔·培尔(1647—1706)。这位因路易十四宗教迫害政策而流亡荷兰的胡格诺教徒,猛烈抨击法国君主和天主教会的不宽容。在1697年出版的《历史批判辞典》中,培尔将理性和常识作为批判的标准,研究历史上的宗教信仰和宗教迫害。他宣称:"任何个别教条,无论它是什么,无论他是否由圣经的权威所提出,或者有什么别的来源,只要它和对自然理解的清晰肯定的结论相冲突,就是错的。"[1]培尔的怀疑论观点对18世纪的启蒙文人产生巨大影响,许多人借用他的批判怀疑主义思想攻击迷信和神学。

在英国,约翰·洛克1690年出版了其划时代的著作《人类理解论》,将科学的思维运用到人类心理的阐释中来。洛克提出思想来源于经验,现实的教育和社会制度在人格的塑造中发挥主要作用。他的这种实证心理学否定了人类生来就有先天的思想信条,也不相信启示是真理的可靠源泉。洛克的《人类理解论》是继牛顿的《原理》之后,为启蒙思想提供了又一启示性的来源。

在荷兰,格劳秀斯和斯宾诺莎(1632—1677)的国际法与天赋人权理论则为启蒙运动思想奠定了基础。格劳秀斯的主要著作为《论战争与和平法》,这是近代国际法的代表性著作,斯宾诺莎的主要著作为《神学政治论》和《伦理学》等。

到1715年路易十四去世之时,即将汇聚为欧洲新世界观的思想已大体形成,与此同时,教会和国家仍然顽固地维系着传统的信仰。但思想变革的潮流经过漫长的累积,已到了喷薄而出的时候。此后,西方部分知识分子以批判怀疑精神为基础,标举理性主义旗帜,开始就道德、政治、社会和经济等一系列问题进行重新思考。在这些知识分子看来,理性是人类社会和思想的向导,理性的阳光将驱散愚昧,照亮人类的理解力,这就是我们之所以将这场思想变革称作启蒙运动的原因之所在。

---

[1] Dennis Sherman & Joyce Salisbury, *The West in the World*, McGraw-Hill, 2006, p. 497.

启蒙运动的思想变革遍及欧洲和北美,启蒙阵营人才辈出,但正是在法国,启蒙运动达到了前所未有的高度。启蒙运动的思想家们被称为 philosophes,也就是法语"哲人"之意。孟德斯鸠是启蒙哲人中的伟大先驱者之一。他早年写下的社会讽刺作品《波斯人信札》,以巧妙的方式批判法国的专制和迷信,为自己赢得了崇高的声誉。后来他的兴趣转向历史和政治,以批判的目光审视政体问题。在 1748 年出版的《论法的精神》里,他通过对共和政体、君主政体和专制政体进行复杂的比较,创立了三权分立学说,对美国革命和法国大革命中的创设政体都产生了重大的影响。到 18 世纪 50—70 年代启蒙的高峰时期,法国出现了一系列名传后世的启蒙哲人和思想流派,其中包括睿智精明的伏尔泰、尖锐敏感的卢梭、热情洋溢的狄德罗,以及聚集在百科全书派和重农学派旗下众多的启蒙文人。此外,在启蒙文学理想吸引之下,还有数以千计聚集在塞纳河左岸的文学青年,他们祈望凭借自身的文学才华,能够出人头地,跻身"文学共和国"的公民行列。

在群星璀璨的法国启蒙思想家中,伏尔泰无疑是其中最灿烂的一颗,他不仅经历了法国启蒙运动的整个过程,而且在哲学、政治学、历史学、诗歌、戏剧等诸多领域都取得了辉煌的成就。法国著名传记作家安德烈·莫罗亚这样评价伏尔泰对 18 世纪法国的影响:"如果 17 世纪是路易十四的世纪,那么,18 世纪是伏尔泰的世纪,确确实实没有他人能够更好地体现那个充满生机、璀璨光辉的时代。正是在这个世纪,自然科学采用新的方法发展起来,伏尔泰热衷于一切科学,正是在这个世纪,宗教、君主政治和贵族制度经历了一个彻底变革,伏尔泰是一个伟大的改革者。此外,他用超群绝伦的横溢才华,捍卫了新的原则,他以最清晰、最使人愉快的风格表达了那个时代深受欢迎的思想。"①

启蒙运动还波及德国、俄国和美国。德国启蒙运动的代表为沃尔夫、莱辛、席勒、歌德等人,俄国启蒙运动的代表人物为拉吉舍夫、赫尔岑等,而在美国托马斯·杰斐逊、本杰明·富兰克林和托马斯·潘恩等都是著名的启蒙思想家。这就使得启蒙运动超出西欧的范围并在一定程度上成为一种带有世界性的思想解放运动。

启蒙哲人提出一系列新的思想原则,内容包罗万象纷繁复杂,但总体来看主要在宗教、政治和经济三个方面。

在宗教方面,启蒙哲人大力反对宗教狂热,倡导宽容。之所以如此,是

---

① 葛力:《十八世纪法国哲学》,社会科学文献出版社,1991 年,第 177 页。

因为他们拒绝接受上帝支配世界并任意决定人类命运的传统信仰,他们要寻求一个建立在理性批判为基础的世界。《百科全书》堪称是一部巨著,编者明确地声言"推翻那些导致理性无法站起的障碍",促进人类知识体系的进步和思维方式的改变。对于当时仍在发生的宗教专横和残暴,伏尔泰发出了"踩烂败类"的呼号。他的《哲学辞典》对教会和宗教迷信进行了广泛的抨击;在《论宽容》中,他对导致拷打并杀害新教商人卡拉斯(Jean Calas)的宗教不宽容予以了无情的批驳。但伏尔泰并不否认上帝创造世界,他与其他许多启蒙哲人相信存在着一位遥远的自然神,只是这位自然神在创世之后退开,允许世界按照自然法则自己运行,人类在其中有自由选择的意识和权力。

还有一些哲人则走向不可知论,既不否认也不肯定上帝的存在。而欧洲另外一些启蒙哲人则走得更远,他们在批判宗教之时,走向了无神论。霍尔巴赫在《自然体系》和其他著作中,认为人类完全是由外力决定的机器,上帝和不朽灵魂只是愚蠢的神话。英国启蒙哲人大卫·休谟也宣称:"基督教不仅从一开始就需要奇迹来支撑,而且直到现在,如果没有奇迹发生,一个理性的人是不会信仰它的。"①但像他们走向激进的无神论的思想家还是少数。

在社会政治方面,启蒙哲人们将自己的批判理性运用到社会政治的各个领域,重新评估传统的社会政治机制,为改革和完善社会作思想准备。洛克在《政府论》里,已将政府看做是统治者与被统治者之间的一种政治契约:人民为保护自己的生命、财产和自由权利,将一些个人权利让渡给政府;政府则受到严格的限制,如果它逾越了人民授予的权力范围,人民就有权利恢复自己原先的自由。法国的孟德斯鸠不仅赞同洛克的有限主权说,而且设计出一套具体的原则,也就是权力的监督和制衡,以遏制政府的暴政和维护人民的自由。卢梭超越了这种政治契约论,提出了更为激进的社会契约论,认为社会所有个人意愿集合形成的"公意",才是统治的最高准则。他相信应该由人民自已而非由国王或议会去制定法律。卢梭颇受争议的思想对后世的民主理论产生了巨大的影响。

但这里必须指出的是,无论是崇尚英国模式的孟德斯鸠、伏尔泰,还是宣扬人民集体意志的卢梭,启蒙哲人们都不是政治或社会的革命者,他们希望通过变革实现自己的社会政治理想,不倡导平民大众进行暴力革命。

---

① Dennis Sherman & Joyce Salisbury, *The West in the World*, p. 501.

在经济方面,启蒙思想家们在反思早期重商主义的弊端中,提出了"自由放任"的口号,也就是反对政府对经济的全面干预和控制。在法国,重农主义者宣扬说,经济也存在一套自然法则,那就是供给与需求。当政府对经济行为干预最小之时,这些法则运行得最好。1776 年,亚当·斯密出版了《国富论》,并立即成为自由主义经济学的圣经。斯密认为,在经济活动中,自我利益乃个人活动的动机。每个人都比任何政治家更清楚地知道自身的利益所在,因此,只要个人不违反正义法则,就可以自由地追求自身的利益。而君主的职责,就是监督人们的行为,将之引导到最适合社会利益的工作中去。

此外,启蒙哲人们的话题还涉及到犯罪和法律、社会教育、妇女地位和奴隶制等各个方面,希图以新的观念改变现状,引导人类走向文明开化。他们中的许多人,都是拥有杰出修辞能力的雄辩家,通过沙龙里优雅的谈话,将自己的思想散播到欧洲上层社会当中。巴黎的沙龙在 1740—1760 年代的启蒙高峰时期呈一时之盛,朗贝尔夫人、唐森夫人、若弗兰夫人、朱丽小姐主持的沙龙,是才子名流汇聚之所,也是外国使节大臣和名士淑女争相一睹为荣之地。富有的霍尔巴赫男爵的沙龙,甚至比凡尔赛宫的招待会更有吸引力。

在巴黎沙龙兴盛的同时,法国其他城市和一些外国城市,从柏林到费城,也举办了小型的沙龙聚会。此外,外省的学院、各种科学协会、读书会和共济会等新的机构,都是传播新思想的平台。这些被学者称作公共领域的交流平台,打破了现实社会的等级制藩篱,人们在其中可以自由地表达自己的思想,自由地讨论社会和政治事务,促成了一种共同的精神文化的形成。到 18 世纪的最后几十年,即便启蒙哲人的对立面——教士和君主政府,也开始受到启蒙思想的渗透。一些君主,如普鲁士的腓特烈大帝、俄国的叶卡捷琳娜女皇和哈布斯堡王朝的约瑟夫二世,都进行了一些"开明"的改革。更重要的是,启蒙思想改变了民众思考世界的思维方式,鼓励了变革的要求,并传播到世界世界各地,对即将发生的北美革命、法国革命和拉美独立运动都产生了深远的影响。

2. 东方文化与启蒙运动

在西方启蒙运动中存在一种奇特的文化现象,这就是,一些启蒙思想家特别是法国的启蒙思想家,对以中国和印度的文化为代表的东方文化表现出极大的兴趣。启蒙思想家对东方文化的了解主要是通过西方传教士对东方文化的记述以及传入西方的东方文化典籍。启蒙思想家根据自己的政治观点和哲学思想阐述和评论东方文化,或通过对东方文化的颂扬来论证自己对西方文化的认识,或通过对东方文化的批判来阐述自己对西方文化的观点。由于各自主张和观点的不同,启蒙思想家对东方文化的认识与评价也存在明显差异。

伏尔泰对东方文化推崇备至,对中国文化更是赞美有加。他在著名的历史著作《风俗论》中说,如果说有些历史具有确实可靠性,那就是中国人的历史。他认为,中国人把天上的历史同地上的历史结合起来了。在所有民族中,只有他们始终以日蚀月蚀、行星汇合来标志年代;我们的天文学家核对了他们的计算,惊奇地发现这些计算差不多都准确无误。其他民族虚构寓意神话,而中国人则手拿毛笔和测天仪撰写他们的历史,其朴实无华,在亚洲其他地方尚无先例。

伏尔泰还通过比较说明中国文化的优点。他说,不像埃及人和希腊人的历史著作,中国人的历史书中既没有任何虚构的东西,也没有任何所谓的奇迹,更没有任何得到神启的人物。这个民族从一开始写作历史时,就写得合情合理。伏尔泰又指出,当迦勒底人还只是在粗糙的砖坯上刻字的时候,中国人已经在轻便的竹简上刻字。伏尔泰还将欧洲文化与中国文化进行比较,他指出,当欧洲人还是一小群人并在阿登森林中踯躅流浪的时候,中国人的幅员辽阔、人口众多的帝国已经治理得像一个家庭那样井井有条。当中国人已经有了单纯、明智、庄严、摆脱了一切迷信和野蛮行为的宗教时,欧洲的祭祀性宗教仪式还没有出现。①

伏尔泰对中国历史文化的推崇加之他主张建立开明君主制度,使其很自然地走向对中国古代政治制度的赞扬。在其另一部著名历史著作《路易十四时代》一书中,伏尔泰对中国古代政治、法律制度和道德加以称颂。他指出:当高卢、日耳曼、英吉利以及整个北欧沉沦于最野蛮的偶像崇拜之中的时候,庞大的中华帝国的政府已经正在培养良俗美德,制定法律,并在伦理道德和治国理政方面,达到很高的水平。伏尔泰认为,在当时,除了中国的法庭之外,几乎其他任何地方的法律、宗教、习俗都是极度荒唐的。中国遵循最纯洁的道德教训时,欧洲正陷于谬误和腐化堕落之中。伏尔泰认为中国的康熙和雍正皇帝是"世上最公正、最有教养、最贤明的君主"。并极力赞扬中国的科举制度下的官员选任制度,认为这种制度可以把有德有识

---

① 伏尔泰:《风俗论》(上册),梁守锵译,商务印书馆,1996年,第74—77页。

的贤人选拔出来治理国家。①

伏尔泰还在《风俗论》一书中对印度文化大加称赞。他说,恒河附近的印度人可能是最早集合成为民族实体的人。在毕达哥拉斯以前,希腊人就远游印度求学。几乎全世界都还在用印度人发明的表示七个行星和七种金属的符号。连阿拉伯人也不得不采用印度人的数字。人们所熟知的最古老的民族波斯人、腓尼基人、阿拉伯人、埃及人早在远古时代便长途跋涉去印度经商,而印度却从来无所求于这些民族。

伏尔泰对东方文化的赞扬和推崇是对基督教中心论的一种打击,对东方文化以及其他地区文化的记述使得欧洲人扩大了历史的视野,《风俗论》对东方和其他非欧洲地区的历史和文化的阐述使伏尔泰被尊为"文化史之父"。但是,毫无疑问,伏尔泰对东方文化的称赞和推崇存在溢美之处,另外,伏尔泰对中国封建政治、法律、官员制度和道德的赞扬主要是为了批判法国当时严重存在的封建专制制度,这是伏尔泰推崇中国文化的根本目的。

孟德斯鸠在其著名的《论法的精神》中用比较大的篇幅论述中国的政治制度、法律、风俗等。他认为,中国人口众多,吃饭和穿衣问题十分重要,因此,中国皇帝都把节俭和勤劳作为一种美德加以提倡,皇帝本人也十分注意农耕活动,每年都要有一次亲耕的仪式,以鼓励人们从事农耕,并对从事耕种优秀的农民予以加官的奖励。孟德斯鸠认为,这是中国的良好风俗。

孟德斯鸠对中国的法律、风俗、道德和封建礼教给以充分的论述,他指出,法律和风俗是有区别的,而在中国,法律、风俗和礼仪乃至宗教都混合在一起。所有这些东西都是道德,所有这些东西都是品德,就是所谓的礼教。他认为,中国的统治者就是因为严格遵守礼教而取得了成功。在这种礼教下,对父母的孝敬延伸为对一切可以视同父母之人的孝敬,进而发展为对国家、皇帝、官员等的孝和忠。"礼教构成了国家的一般精神"。在这种礼教下,对国家的治理"是以治家的思想为基础"。人们生活上的一切行动都包含在这些礼教教条之中。

孟德斯鸠关于礼教在中国封建社会的作用和地位的论述不无道理,但是,他对中国当时礼教存在和发展的原因的论述则只是一种肤浅的解释。他认为,礼教在中国兴盛的第一个原因是中国文字的写法极端复杂,学文字就必须读书,而书中写的全是礼教,结果中国人一生的大部分时间都把精力全部用于这些礼教上了。第二个原因是礼教里面没有什么精神性的东西,

---

① 梁守锵:《伏尔泰笔下的中国》,载于《中山大学学报》1984年第3期,第109—114页。

有的只是一些经常实用的行为准则,这些实用的行为准则较之精神性的东西更容易理解、更容易打动人心。毫无疑问,这种解释并没有把握着问题的核心。

孟德斯鸠在政治上极力主张实行建立在议会制和三权分立基础上的立宪君主制。因此,尽管他对中国文化中的某些方面予以肯定,但是,对中国封建政治制度则基本上持批判的态度。他认为,中国是一个实行暴政的国家,中国政治是棍棒政治。他还指出,中国是一个专制的国家,它的原则是恐怖。① 启蒙思想家对中国和印度文化的论述表明,在近代西学东渐的同时,东方文化也对西方人发生了影响。

推荐阅读书目

1. 约翰·赫伊津哈:《中世纪的秋天》,何道宽译,广西师范大学出版社,2008年。
2. 朱孝远:《近代欧洲的兴起》,学林出版社,1997年。
3. 加林:《意大利人文主义》,李玉成译,三联书店,1998年。
4. 雅各布·布克哈特:《意大利文艺复兴时期的文化》,何新译,商务印书馆,1979年。
5. 彼得·伯克:《意大利文艺复兴时期的文化与社会》,刘君译,东方出版社,2007年。
6. 理查·斯托非:《宗教改革:1517—1564》,高煜译,商务印书馆,1995年。
7. 托马斯·马丁·林赛:《宗教改革史》(上册),孔祥民等译,商务印书馆,1992年。
8. 昆廷·斯金纳:《近代政治思想的基础》,奚瑞森、亚方译,商务印书馆,2002年。
9. 卡尔·贝克尔:《18世纪哲学家的天城》,何兆武译,三联书店,2001年。
10. 彼得·赖尔、艾伦·威尔逊:《启蒙运动百科全书》,刘北成、王皖强编译,上海人民出版社,2004年。
11. 王加丰:《扩张体制与世界市场的开辟:地理大发现新论》,北京大学出版社,1999年。

---

① 孟德斯鸠著:《论法的精神》上册,张雁深译,商务印书馆,1995年,第102、127—129、233、312—316页。

12. Debus, Allen. *Man and Nature in the Renaissance*, Cambridge University Press, 1978.
13. Hampson, Norma. *The Enlightenment*, London, 1982.
14. Mandrou, Robert. *From Humanism to Science*, Humanities Press, 1979.
15. Lindberg, Carter. *The European Reformations*, Blackwell Publishing, 1996.

第六章　近代西方文化的繁荣与突进

一、科技、工业革命及其对西方思想文化的影响

近代西方国家曾经发生过两次工业革命:第一次工业革命发生在18世纪下半叶至19世纪中叶,第二次工业革命发生于19世纪70年代至20世纪初。两次工业革命不仅极大地促进了西方国家社会经济的巨大发展,而且对西方思想文化产生了重大的影响。

1. 两次科技、工业革命的内涵

第一次工业革命　第一次工业革命首先在棉纺织业展开,然后扩及到其他领域。这次工业革命以蒸汽机和一系列机器的发明为主要标志,使得机器生产最终代替手工劳动,建立起现代工厂制度。

第一次工业革命虽然主要以应用技术的开发尤其是机器的发明为主,但基础理论方面的研究也取得了巨大的成就,这突出表现在热力学的出现、细胞学说的产生及进化论的提出。

蒸汽机的发明与改进需要热力学的理论并推动热力学的产生。早在瓦特的蒸汽机出现以前,已经有人在研究热能与动能的关系。至19世纪40年代,英国人焦耳(1818—1889)在前人研究的基础上,通过大量的实验,确定了机械功、电和热等不同能量之间的转化关系,提出了电流通过导线所产生的热量同电流强度的平方和电阻成正比,这就是著名的焦耳定律。至此,以能量守恒和相互转化为核心内容的热力学理论得以基本确立。

对生命现象的研究一直令人类孜孜不倦。细胞学说的出现则揭开了生命之谜。在17世纪60年代,许多科学家就开始了对细胞的研究。至19世纪30年代,伴随着显微镜的进步,人们对生物的观测也日益准确,细胞学说迅速出现。1831年,英国植物学家布朗在观察植物时发现了细胞核。1838年,德国植物学家施莱登(1804—1881)指出,细胞是一切植物结构最基本

的活的单位。次年,另一名德国动物学家施旺(1810—1882)将细胞学说发展到动物方面,他指出,不仅植物是由细胞组成的,动物也是由细胞组成的,一切有机体实际上都是由细胞组成的,生命的共性是细胞。

科学的发展使得上帝造物说越来越受到人们的怀疑,细胞学说提供了有力的证据,那么,地球上的生物是怎样发展起来的?物种是否会发生变化?这些问题成为人们探究的另一个主要问题。法国人罗比耐早就指出,生物物种构成一个完整的阶梯,物种进化就是沿着这一阶梯不断发展。1811年,德国人梅克尔提出一种物种可以从另一种物种进化而来的假说。1809年,法国生物学家拉马克(1744—1829)发表了著名的《动物学哲学》一书。他不仅指出一切生物都是从低级向高级发展演进,而且提出了"用进废退""获得性遗传"两项进化原则。所有这些观点为达尔文提出全面系统的物种进化论奠定了基础。

达尔文最初在剑桥大学学习神学,在听了地质学和生物学的课程后改学地质学和生物学,并在1831年参加了"贝克尔"号的环球科学考察。这次考察对达尔文来说极为重要,在历时5年的考察中,达尔文对各种各样的物种进行详细的观察,做了认真的记录。1842—1858年,达尔文用了16年的时间写成《物种起源》这部名著,最终形成了关于物种进化的系统学说。他认为,自然界中的生物物种是在不断地发展与变化着的,发展变化基本上是从低级到高级发展,物种进化与物种本身直接相关,更与自然环境关系密切,"物竞天择,适者生存"是自然界万物进化和发展的基本规律。几乎在同时,另一个英国人华莱士(1829—1913)也提出了进化论的观点,并将自己的论文寄给达尔文,两人的观点基本相符,从而证明了进化论学说的正确性。

第二次工业革命 西方国家第二次工业革命始于19世纪70年代,结束于20世纪初。该次工业革命的主要内容是,在科学技术进步的巨大影响下,西方国家开始产业结构的大调整,科学技术与社会生产的结合更加直接和紧密。科学技术的进步构成第二次工业革命的全部基础,因此,第二次工业革命常常又被称为科学技术革命。

近代晚期西方国家科学技术的进步首先表现在基础理论研究领域。物理学方面所取得的成绩为世人所瞩目,其中,电的研究最激动人心。法拉第(1791—1867)提出了著名的电磁感应原理,为电磁学的研究奠定了基础。19世纪末,英国科学家麦克斯韦(1831—1879)建立起电磁理论。电磁理论的研究促进了人们对光电现象的进一步探索。1879年,英国科学家克鲁克斯发现"冷光"现象。1895年,德国的伦琴通过对冷光现象的研究和实验发现了 X 射线,并立即引起了科学界的轰动。当时全世界几乎所有的报纸都对这一发现进行了报道,伦琴因此成为第一个诺贝尔物理奖的获得者。

X 射线的发现为人们进一步探索微观世界即物质成分提供了手段。1897 年,英国物理学家汤姆生发现了电子,揭开了电的物质构成。神秘之门一旦被打开,科学家们便迈向微观世界的殿堂。其中最重要的是放射性元素的发现。这些放射性元素所发出的射线究竟是什么?英国人卢瑟夫不仅揭开了这一科学之谜,而且还进一步探明:原子内部是空的,中间有个体积极小但质量极大的原子核,原子核周围有一个带负电荷的电子组成的壳。卢瑟夫的这一发现打破了原子实心论的传统认识,被当时的人们称为"人类自德谟克利特以来对物质这一概念的最重大的改变"。之后,众多科学家通过无数次的实验证明,一种元素不仅可以自然蜕变为另一种元素,而且可以通过人工方法改变原子核,从而把一种元素变成另一种元素。

实验物理学的巨大进步及惊人发现使传统的理论物理面临严峻的挑战。1905 年,26 岁的德国青年爱因斯坦(1879—1955)发表《论动体的电动力学》一文,提出了"狭义相对论"的观点,认为,时间和空间随物质运动而变化,质和量之间可以互相转化,某种物质的能量与该物质的质量成正比,质量和能量成为同一概念的两个方面,从而推翻了那种认为质量和能量是两种不同概念的观点。后来,爱因斯坦又提出广义相对论,认为时间和空间与引力场有关,引力场是由物质组成的。爱因斯坦的相对论打破了传统的观念,确立了现代理论物理学的基础。

化学领域的研究成果也很丰硕。门捷耶夫(1834—1907)的元素周期表成为这一时期化学研究进步的突出代表。他在其元素周期表中列出 63 种元素,中间的许多空白点是其预测可能存在的元素。据此,科学家们相继发现了镓、元、锗、氩、氦、氖、氙等化学元素。

生物学和医学研究也取得长足的进步。其中基因的发现是生命科学中的巨大成就。1879 年,德国人弗莱明发现了染色体。1904 年,美国人萨顿指出染色体与遗传因子相对应,成对存在,一个来自于母体,一个来自于父体。1906 年,英国人贝特森通过实验说明,几个遗传因子的确以某种方式联系在一起。1915 年,美国人摩尔根则证明,染色体是遗传因子的载体,1917 年,正式把遗传因子称为基因。19 世纪中期,人们通过研究发现,某些疾病是由于某种生物引起的,从而提出了微生物学的理论,1897 年,罗斯证明了疟疾及黄热病是由蚊子传染的。霍普金斯发现维生素是维持身体健康的主要东西。1902年贝里斯又发现了另一种与生命和健康直接相关的东西,这就是激素。

近代晚期科学技术进步的第二个表现,是应用技术开发取得了巨大的成就。主要资本主义国家在这一时期取得专利的应用技术之多令人吃惊。英国1880—1887年每年授予的专利为3万件,1908年为1.6万件。法国从1880年的6000件增加到1907年的12.6万件。德国从1900年的9000件增加到1910年的1.2万件。美国也从1880年的1.4万件上升到1907年的3.6万件。[①] 这些应用技术专利涉及到社会经济与生活的几乎所有方面。

电器方面的发明占有显著地位。1870年,比利时人格拉姆发明环状电枢。1873年第一台直流电动机问世。1882年,法国的德普勒发明远距离输电法。同年,爱迪生在美国建立第一个电站,并把所发出的电通过线路输往它处。1888年,交流电动机也出现了,电在社会生产和生活中的运用迅速地发展起来。1876年,美国的贝尔(1847—1922)发明了电话,并建立了第一个电话公司。1877年,爱迪生发明了录音器并由此制造出留声机、录音机和麦克风。1879年,爱迪生又发明了电灯,1893年,发明电影放映机。据统计,爱迪生及其助手共有1300种关于电器方面的发明,这使得19世纪末20世纪初有关电器的发明与爱迪生的名字紧密相连。此外,意大利人马克尼(1874—1937)于1896年发明了无线电。1906年,美国人费森登利用调幅波第一次实现空中播音。同年,另一个美国人德福雷斯特发明了三极管,用于放大信号,以增强收音和播音效果。

交通运输业的技术进步则导致了交通运输业的新革命。这一时期交通运输业方面的主要发明是汽油和柴油内燃机、电气化铁路、电车、汽车、蒸汽涡轮机轮船、汽车橡胶轮胎、飞艇用液体内燃机、飞机等。

此外,在化工、冶金、医疗技术等方面,人类也取得了惊人的成就。如合成橡胶和合成塑料、炸药、化学肥料等都是该时期科技革命的重要成果。

2. 科技、工业革命的影响

两次工业革命作为近代物质文化进步的重要标志,都使西方社会发生了重大变化。然而,两次工业革命所带来的影响,尤其是在思想文化方面的影响,则具有明显的不同,主要表现为:

---

① 博德:《资本主义史》,东方出版社,1985年,第134页。

(1)在经济思想方面,第一次工业革命建立起资本主义近代工业,资本主义经济的发展要求有一个自由的经济环境,于是,经济自由主义成为19世纪中叶西方主要资本主义国家经济思想的主要内容。经济自由思想的主要代表人是英国的亚当·斯密(1723—1790)和大卫·李嘉图(1772—1823)。经济自由主义的主要内容是,主张经济个人主义,强调财产的私人所有权和自由使用自己财产的权利,这种权利不应受到干预或侵犯。为了给资本主义经济提供一个自由发展的环境,国家的作用应该减少到最低的限度。个人拥有订立契约的自由权。坚持自由竞争和自由贸易的原则,反对任何形式的贸易保护或者垄断经营。

(2)第二次工业革命带来了资本主义经济更大规模的发展与更深层次的变化。自由资本主义的诸多弊端日益成为社会进步和经济发展的障碍,于是一种不同于传统自由主义的新自由主义在19世纪末逐步形成。新自由主义强调国家对社会经济与社会生活的积极干预,并主张建立有效的社会保障制度,解决社会问题,保证资本主义社会的和谐稳定发展。

在西方社会思想方面,第一次工业革命后西方国家政治和经济自由主义的兴盛,使得社会思想上形成明显的个人主义倾向,个人在政治和经济上是自由的,个人的成功是自己努力的结果,个人的失败主要也是自己造成的,与他人和社会并没有直接的关系,社会对个人并不承担什么责任,也没有什么义务,一切都要靠个人。达尔文的进化论学说提出后,"物竞天择、适者生存"的自然界生物进化观点,被一些人用于解释人类社会中个人的成败荣辱,从而出现所谓的社会达尔文主义。

第二次工业革命后,社会经济的发展与社会问题的加剧几乎同步进行,这不能不使人们对传统的社会思想进行反思,个人与社会究竟应该是一种什么样的关系?社会对个人是否应该承担责任和义务?社会问题的原因究竟主要应该由个人承担还是应该由社会承担?对这些问题的解释与说明,使得与极端个人主义相对立的一种社会思想在19世纪末20世纪初逐渐兴起,这就是西方集体主义思想。集体主义认为,社会是一个有机的统一体,在这个有机的统一体中,个人与个人、个人与全体紧密联系,互相影响,一个人的成功与失败对他人、对社会都有直接的影响,极端的个人主义是不存在的,也是有害于社会进步和发展的。集体主义关注公共的利益,主张加强政府的力量,并要求政府积极主动地干预社会经济与生活,建立行之有效的社会保障制度,实现社会全体成员的共同发展和共同幸福。①

尤其是一些有识之士开始对近代工业制度进行批判,并提出许多建立一种新社会的设想,如以法国的圣西门、傅立叶和英国的欧文为代表的空想社会主义者。马克思则最终揭开了资本主义生产的内在本质矛盾,并证明了资本主义必然为社会主义代替的必然性。

(3)在社会心态方面,第一次工业革命完成了从手工劳动到机器劳动的根本性转变,实现了资本主义经济对封建经济的彻底战胜。机器解放了人,使人能够摆脱繁重的手工劳动;机器带来了工厂制度,使人摆脱了手工劳动的无时间性,并使他们可能有更多的闲暇时间;机器带来了生产效率的极大提高,社会财富迅速增长,使人们有可能提高物质和文化生活水平;铁路使人们前往他处更加方便,将使人们可能领略以前难以见到的一切。人们对机器充满好奇,满怀希望,对机器将可能带来的美好生活充满幻想和憧憬。

总之,当工业革命刚刚开始的时候,西方人对机器可能带来的美好的明天充满了乐观和渴望。然而,机器的轰鸣声无情地粉碎了西方人的美梦,机器代替了手工劳动,却使劳动强度大大提高;机器增加了社会财富,却使失业、贫困等社会问题随之加剧;紧张的劳动、危险的劳动条件、庞大的失业队伍、不断增加的贫民数字、拥挤的城市住房、逐渐恶化的自然环境、对金钱的过分追求、传统道德的逐渐丧失等等,使得本来对机器充满希望的西方人陷入极度的失望和悲观之中。

第二次工业革命则使资本主义社会在 19 世纪末 20 世纪初进入一个充满矛盾的时代。在该时代,物质财富的发展与经济萧条并存;生活水平的提高伴随着贫困和堕落现象;缓慢进行的社会改革与迅速变化着的社会生活不相适应;民主思想的发展并没有根除专制主义;国际和平需要在武装状态下维持等。面对这样的社会现实,西方人表现出截然不同的情绪和态度。乐观主义者对当时社会非常满意,对 20 世纪充满希望,他们称赞 19 世纪给人类带来了新的秩序,使得世界上"所发生的一切事情似乎都充满了灿烂的曙光","谁能否认天空的太阳向着这些进步展颜微笑呢"? 悲观主义者却向人们描述了另一种世界,在英国文学家马修的笔下,当时的世界是:"一片黑暗的旷野,那里既无欢乐也没有爱,没有光明,没有自信,没有安

---

① 格林利夫:《集体主义的兴起》(W·H·Greenleaf, *The Rise of Collectivism*),伦敦,1983 年,第 20—27 页。

宁,没有办法解除痛苦。"美国作家亨利·亚当斯兄弟对新的世纪做出这样的预测:能源将耗尽,文明将衰退,除了进行一场野蛮的屠杀,或者退回到12世纪那种简单的信念中去,无法拯救文明。① 斯宾格勒的《西方的没落》则使这种悲观心态达到顶点,他断言:"古典主义的没落是我们知道得非常清楚、完整的,而另一个在过程和寿命上完全可与古典文化等量齐观的没落就是西方的没落。"② 于是,19世纪末20世纪初的西方社会心态中充满着悲观的情绪,人们怀疑一切,否定一切,在尼采和弗洛伊德的笔下,人重新变成失去理性的人,如同野兽一般,欲望代替了一切。人们陷入极度的彷徨和迷茫之中,"欧洲人失去了坐标,失去了普遍接受的文化标准,以及共同认可的关于人类和生活意义的观念,创造出一个迷茫的、破碎的、充满问题的时代,这就是20世纪"③。

在西方哲学思想方面,17世纪以来的科学革命以及第一次工业革命时期的科学技术的发展,进一步荡涤了封建神学思想,人们对物质世界和人类社会的认识逐步走向科学。唯物主义和辩证法逐渐兴起并发展成为19世纪前期哲学思想的主要潮流。第二次工业革命后,实用主义哲学成为西方哲学思想的主流,同时,各种反理性主义哲学开始出现。这一点将在本章第三部分进行详细的阐述。

二、近代西方政治文化的演变

西方近代政治文化是与封建政治文化相对立的文化,也是为西方资产阶级革命进行宣传和鼓动的新型文化,它适应西方资本主义和资产阶级革命的需要而出现,并随着西方资本主义和资产阶级革命的发展而发展。西方近代政治文化为西方资产阶级革命的发展和资本主义制度的建立奠定了理论基础,设计了政治蓝图。作为资产阶级革命的舆论准备,西方近代政治文化的三大重要组成部分——自由观、民主观和法制观,在西方资产阶级革命以前已经提出。资产阶级政治革命的发生和资产阶级政权的建立,不仅对形成中的西方政治文化进行了检验,而且推动着西方政治文化向前发展。

---

① 伯恩斯、拉尔夫:《世界文明史》(第3卷),罗经国等译,第346—348页。
② 斯宾格勒:《西方的没落》,齐世荣等译,商务印书馆,1963年,第29页。
③ 佩里:《西方文明史》(下卷),胡万里等译,商务印书馆,1993年,第294页。

1. 近代西方的自由观

自由观是西方政治文化的主要内容之一。从 17 世纪末 18 世纪初的启蒙思想家到 19 世纪末 20 世纪初的新自由主义者,都曾经对自由进行过系统、深刻的论述。由于历史条件的变化,西方的自由观有一个变化的过程。

启蒙思想家的自由观 对自由的呼吁和要求是启蒙运动的主要内容,几乎所有的启蒙思想家都曾经提出了自己对自由的认识和主张,并把对自由的要求作为反对封建专制统治,建立资产阶级近代政治文化的主要内容。启蒙思想家的自由观成为近代西方自由观的基础。

荷兰启蒙思想家斯宾诺莎高扬自由的旗帜,他不仅认为自由是天赋人权之一,而且特别主张思想和言论自由,并认为思想和言论自由是社会发展和科学进步的必要途径。而为了保护自由,人们应该做出一切努力,甚至牺牲生命。

英国启蒙思想家洛克将自由看做人类的自然权利之一,并认为自由是其余一切的基础。在洛克的眼里,自由高于一切,因此"法律按其真正的含义而言与其说是限制还不如说是指导一个自由而有智慧的人去追求他的正当权利"。但洛克并不提倡毫无条件的自由,而是认为自由是在"法律许可的范围内,随其所欲地处置或安排他的人身、行为、财富和他的全部财产的那种自由,在这个范围内他不受另一个人的任意支配,而是可以自由地遵循他自己的意志"[①]。

法国著名启蒙思想家卢梭将自由看做是人的天赋权利之一。在自由观方面,卢梭更加强调的是个人的自由,尤其是个人不受他人的压迫和支配。他认为,人们通过社会契约所建立的国家不是用于限制和破坏自由,而是为了更好地保护自由。为了实现和保护真正广泛的自由,必须制定法律,而法律既是实现自由的保证,也是对自由的一种必要的限制,故"惟有服从人们自己为自己所规定的法律,才是自由"[②]。可见,卢梭也认为自由是有限的。

孟德斯鸠更加强调自由的有限性。在《论法的精神》这篇不朽之作中,孟德斯鸠首先介绍了对自由的各种各样的理解和认识,并按照自己的理解给自由下了一个至今为人们所熟知的定义,他说:"在民主国家里,人们仿佛愿意做什么就做什么,这是真的。然而,政治自由并不是愿意做什么就做

---

① 洛克:《政府论》(下篇),瞿菊农、叶启芳译,商务印书馆,1982 年,第 16—36 页。
② 卢梭:《社会契约论》,何兆武译,商务印书馆,1982 年,第 23—30 页。

什么。在一个国家里,也就是说,在一个有法律的社会里,自由仅仅是:一个人能够做他应该做的事情,而不被强迫去做他不应该做的事情。"他还指出:"我们应该记住什么是独立,什么是自由。自由是做法律所许可的一切事情的权利;如果一个公民能够做法律所禁止的事情,他就不再自由了,因为其他的人也同样会有这个权利。"①

美国启蒙思想家托马斯·杰斐逊(1743—1826)强调言论、出版和信仰三大自由。他指出,在共和政府制度中必须尊重人们的言论自由,如果没有思想自由和表达思想的言论自由,人就会变成"肉的机器",而言论自由一旦丧失,政府就会走向暴政。杰斐逊认为,出版自由比言论自由更为重要,因为出版自由影响全国的每一个角落。对于信仰自由,杰斐逊认为,信仰纯粹是个人的事情,国家不应该干涉。

可见,启蒙运动时期的自由观具有如下的特点,即自由是人的天赋权利,因此,人们应该时刻关注、要求并保护自己的自由权利;对自由的追求和向往就是对封建专制制度的否定和批判,因此,启蒙思想家的自由观既是一种思想,又是一种武器。但是,启蒙思想家在一开始就十分注意和强调自由的有限性,这是为了防止由于自由的无限性带来新的专制从而实际上丧失自由。

旧自由主义者的自由观　第一次工业革命极大地影响了西方政治文化的发展与变化。工业革命解放了资本主义生产力,而资本主义经济的发展不仅要求一种更加自由的经济环境,而且要求一种更加自由的政治环境。在这种历史背景下,西方人的自由观发生了很大的变化,其突出特点是:更加强调给予个人尽可能的自由,尽量减少和避免对个人自由所施加的限制,这种自由观就是在整个19世纪上半叶一直支配着西方政治生活的旧自由主义。霍布豪斯把这种旧自由主义概括为以下九大要素:1. 公民自由;2. 财政自由;3. 人身自由;4. 社会自由;5. 经济自由;6. 家庭自由;7. 地方自由、种族自由和民族自由;8. 国际自由;9. 政治自由与人民主权。

这种旧自由主义理论体系和基本原则的奠基者就是约翰·斯图尔特·密尔(1806—1873)。在其《论自由》一书中,密尔将自由的概念概括为这样一句话:"自由在于一个人做他要做的事。"在其《政治经济学原理》一书中,他又对旧自由主义的基本理论和主张做了如下的概括:"简言之,自由放任主义将成为最普遍的原则,除非为了某些特殊的利益,否则,凡是背离这一

---

① 孟德斯鸠:《论法的精神》(上册),张雁深译,第154页。

原则的,都是有害的。"他的书也因之被誉为"维多利亚中期自由主义的指南"。①

密尔把自由划分为个人自由和他人自由两类,并认为个人自由才是真正的自由。可见,旧自由主义的基本原则是崇尚个人最大限度的自由,国家和政府要尽量少地干预个人的一切自由。

事实上,要想完全按照旧自由主义的这种原则行事是不可能的,而国家干预的例子在旧自由主义盛行的19世纪上半叶也屡见不鲜。因此也是在该时期,已经有人对它提出批评,而密尔本人就是其中之一。他一方面坚持传统自由主义的原则,同时又努力使它与新的社会现实结合起来,并对之加以修正。如密尔十分强调个人的自由,但他同时认为:"个人的自由必须制约在这样一个界限上,就是不使自己成为他人的妨碍。"②他坚持认为社会利益不能与个人利益发生矛盾,但他又指出,在某些情况下,公众的当前利益会通过忽视个人权利来实现。在《论自由》《功利主义》等书中,他也一直认为:"作为终极标准的功利必须是以人类的永久利益为基础的最广泛意义上的功利。"可见,密尔在坚持个人主义这一自由主义最高准则的同时,又注意到公共的利益。

密尔的思想和主张距新自由主义相去甚远,但已经明显不同于以往的旧自由主义者,密尔实际上是一个介于新旧自由主义之间的人物,因此,霍布豪斯认为:"他独自一人把新老自由主义之间的空隙连接起来。"③

真正对旧自由主义发起强大攻势的是托马斯·希尔·格林(1836—1882)。他的自由观有两大特点:一是自由是有限的,自由主义不是绝对的个人主义;二是自由是大多数人所共享的,不是少数人的自由。这种主张显然已经远远超出了密尔的主张,并与传统的自由主义有了很大的不同。

格林认为,既然自由是有限的和可以与人共享的,那么社会本身就应该关心每一个人的利益,使他们获得与他人同样的权利与自由。而为了实现每个人都幸福和普遍自由这一文明社会的目标,必须通过法律来实行一些限制甚至禁止。

格林还论述了实现和获得自由的主要途径。他认为,对于个人来说,获

---

① 莫甘:《牛津插图英国史》(K. O. Mogan, *The Oxford Illustrated History of Britain*),牛津,1984年,第466页。
② 密尔:《论自由》,程崇华译,商务印书馆,1982年,第13—59页。
③ 霍布豪斯:《自由主义》,朱曾汶译,商务印书馆,1996年,第53—57页。

得自由的主要办法是接受教育,因为若没有基本的知识和技术,社会中的个人就会像瘸子那样无法自由地发展自己的能力。而教育的实施有赖于国家。这样,格林的思想已经具备新自由主义自由观的主要方面,即有限制的自由、普遍的自由以及通过教育获得自由等。①

新自由主义者的自由观 在19世纪末20世纪初,人们对旧自由主义产生怀疑并进而走向否定,于是,新自由主义的观点便逐渐成为西方国家政治生活的理论基础。英国的新自由主义具有典型的代表性,其理论旗手是霍布豪斯(1864—1929)和霍布森(1859—1940)。新自由主义理论体系的内容十分丰富和复杂,但重新解释自由的概念,强调自由的有限性,提倡自由的共享性是其自由观的基本内容。

霍布豪斯是英国哲学家和社会学家,主要著作为《社会学原理》《发展和自由》等。在《自由主义》一书中,他对自由做了系统的阐述。他指出:"普遍自由的第一个条件是一定程度的普遍限制,没有这种限制,有些人可能自由,另一些人却不自由;一个人也许能够照自己的意愿行事,而其余的人除了这个人认为可以容许的意愿外,却无任何意愿可言。"因此,自由统治的首要条件是统治者也必须遵守明文规定的法律。而自由与法律之间并无根本的对立,相反,法律对于自由是必不可少的。法律可以使个人解除对可能受到的侵犯和压迫的恐惧,它是整个社会能够获得自由的方法。②

霍布森是英国经济学家和社会改良主义者,著有《帝国主义论》《贫穷问题》等著作。在考察了旧自由主义的特点与不足,并说明新自由主义产生的必然性后,他阐述了自己的自由观。他认为,自由的最主要内容是"机会平等"。因为一个人如果没有拥有与其同伴一样获得个人发展所需的一切物质与精神的手段,如果他不能为自己的福利与社会的福利做出自己的贡献,他就不能算得上是一个自由的人。而机会平等至少意味着一种平等使用国家土地、资本和其他工业资源的权利,任何一个人如果没有充分地拥有这一切,而把目标仅仅放在追求在生活和工作中的自我发展,他就不是真正自由的。因此,霍布森认为:"富于建设性的自由主义的主要方面应该是

---

① 格林:《关于自由立法和契约自由的演讲》(T. H. Green, *Lectures on Liberal Legislation and Freedom of Contract*,),转引自埃克莱希尔编:《英国的自由主义》(Robert Eccleshall, *British Liberalism*),伦敦,1978年,第180—182页。
② 霍布豪斯:《自由主义》,朱曾汶译,第9页。

致力于实现这些机会的平等。"①

英国新自由主义的积极实践者阿斯奎斯(1852—1928)则认为,自由本身的成长要依靠它所赖以生存的东西,自由在每一个时代都应该有一种新的更大的内容。而要实现真正的自由,人们就必须能够更好地利用他们的天才、机会、精力和生命。因此,教育、提供较好的住房、改善社会及工业环境,简言之,"一切有利于民族、社会和个人的效率的东西都是符合自由主义最近发展的主流与方向的"②。

可见,作为西方资本主义政治文化一个主要内容的"自由观",在近代历史上有一个发展和演变的过程。那种以崇尚个人的最大限度自由为基本原则的旧自由主义,随着时代的发展而逐渐过时,并为西方人所放弃,而主张自由的有限性、共享性以及为了社会成员的集体利益,国家应该对经济与社会生活实施广泛、积极、有效的干预的新的自由主义,逐渐为西方人所接受,并成为西方国家在19世纪末20世纪初进行社会改革的指导思想。

2. 近代西方民主理论的演进

民主观的变化构成近代西方政治文化的又一个重要内容。从启蒙运动时期天赋人权学说的出现到19世纪中期代议制政府在西方国家的普遍建立,西方国家的民主观同样经历了一个演进的过程,并逐渐形成了西方民主观的基本理论与学说,这主要包括天赋人权学说、社会契约学说、人民主权学说、权利制衡学说和代议制政府学说等几种主要的民主理论。西方资产阶级政治革命的要求,推动了民主制度的产生和发展,资产阶级革命运动及资产阶级政治统治的建立,不断地实践着民主制度,美国的《独立宣言》和法国资产阶级革命时提出的《人权宣言》,都对西方近代民主理论的发展产生了推动作用。

天赋人权学说 民主制度是资本主义制度的重要特征。这首先表现在资本主义制度强调人的权利,对人的权利的承认构成西方民主制度的基本方面。那么,人的权利来自于哪里?这是启蒙思想家首先应该回答的问题,也是启蒙思想家要想否定封建教俗权利,确立资产阶级民主权利所必须回答的第一个问题。启蒙思想家提出了近代自然法学说。他们认为,在国家

---

① 金:《自由主义的危机》(P. S. King, *The Crisis of Liberalism*),转引自埃克莱希尔编:《英国的自由主义》,第205—206页。
② 埃克莱希尔编:《英国的自由主义》,第188页。

出现以前，人类处于自然状态，在这种状态下，人是自由的，也是平等的，他们有自己的财产，这些都是人生来就有的权利，是自然的权利，是天赋的权利，只是在国家出现以后，人们才把这些交给了国家，这就是天赋人权的理论。

荷兰政治思想家格劳秀斯较早运用近代自然法理论提出天赋人权学说。他给人的自然权利做了如下的定义："自然权利是正当理性的命令，它根据行为是否和合理的自然相和谐，而断其为道德上的卑鄙，或道德上的必要。"他同时认为，自然法是固定不变的，就是神也不能改变它，这就否定了中世纪封建神学自然法理论，并将自然法理论建立在世俗的人的基础之上。在格劳秀斯的天赋人权观中，财产权已经成为人的主要的不可侵犯的自然权利之一。

英国启蒙思想家霍布斯的天赋人权观则明显强调人的平等权利。他认为，在自然状态下，人是平等的也是自由的，但这仅仅是一种自然的自由，这种自由往往会给他人带来不自由，因此霍布斯十分强调保护人的平等权利。

洛克发展了天赋人权的思想，在他的天赋人权思想中，生命权利、自由权利、财产权利和惩罚权利已经成为主要的内容。他指出，自然法教导着有意遵从理性的人类；人既然是平等的和独立的，任何人就不得侵害他人的生命、健康、自由或财产。洛克尤其重视自由权利和财产权利，并认为财产权是人的自然权利，这种权利不但不能被剥夺，反而应该受到有效的保护。

法国启蒙思想家卢梭的天赋人权观更加强调人的自由权、平等权和反抗的权利。他认为，人生来是平等的，平等权是人的自然权利。而私有财产的出现则是人类不平等的起源和基础，所以，卢梭指出，既然平等是人的天赋权利，那么人就有权利保护自己的平等权利；而为了保护自己的平等权利，人们可以使用一切手段包括暴力的手段，因此，反抗的权利成为卢梭的天赋人权学说的一大特征。

启蒙思想家的天赋人权理论明确指出，自由权利、平等权利、财产权利、反抗权利以及生命权利是人生来就有的自然权利，是不可剥夺的天赋权利。既然这些权利都是人的自然权利，那么，作为与以剥夺这些权利为主要特征的封建专制制度相对立的资本主义民主制度，就应该充分地体现并保护这些权利。

社会契约和人民主权学说 天赋人权学说解决了资本主义民主政治文

化中人的权利的问题。那么,资本主义国家的权利应该归谁所有?这成为近代西方思想家所必须解释的另一个问题。启蒙思想家提出了社会契约学说,试图通过社会契约学说来揭示资本主义国家的真正目的,并说明在资本主义国家中权利究竟归谁所有。在这方面,启蒙思想家存在明显的意见分歧。

格劳秀斯和霍布斯是较早提出社会契约学说的启蒙思想家。他们认为,国家是人们为了维护自己的利益通过订立社会契约而建立起来的,然而,人们在订立社会契约时,已将自己的全部权利出让出来并交给了国家。因此,国家的主权应该归君主,主张建立君主制的国家。

斯宾诺莎也主张社会契约论,但其学说具有两面性:一方面,他认为,即使在民主社会中,人民也应该尽量地将自己的权利交给国家,使国家拥有绝对的权利;另一方面,他又认为,人们在订立社会契约出让自己的权利时,并没有将自己的全部权力交给了国家,只是将自己的一部分权利交给了国家。而人民如果将自己的全部权利都交给了国家,那就等于支持建立专制统治。斯宾诺莎的社会契约学说中已经带有一定的人民主权的成分。

洛克进一步发展了斯宾诺莎的社会契约论中的人民主权思想。他更加强调人在自然状态下是自由平等的,并认为,人们在订立社会契约时只是出让了自己的一部分权利。人们出让的这部分权利主要有两种:一是保护自己和他人做他认为合适的事情的权利;二是对违反自然法的处罚的权利。人们把这两种权利交给他们所指定的人们来实施,并要求这些人必须按照社会所一致同意的目的来实施。洛克指出:"这就是立法权力和行政权力的原始权力和这两者所产生的缘由,政府和社会本身的起源也在于此。"

洛克还论述了国家政体的三种形式。他认为,立法权属于社会大多数成员的政体是民主制政体,属于少数人的政体是寡头制政体,属于一个人的政体是君主制政体。洛克坚决反对君主专制政体,赞成实行立宪君主制政体,并明确指出,国家的目的应该是保护人们的各种权利并为全体社会成员谋取社会福利。

洛克对西方民主理论的最重要的贡献是明确提出了人民主权的思想。他指出,国家的主权属于人民,人民在出让自己的权利时并没有将自己所有的权利交给政府,而是保留了一些重要的权利,如财产权、对政府的监督权和反对权。政府只是得到人们委托的一部分权利,因此,它并没有绝对的权威。人民才是国家主权的唯一拥有者,不管是立法或是行政机关,若违背人民的意志,人民就没有必要再服从这样的政府,更应该起来推翻这种政府,并订立新的契约,建立新的政府,以便更好地保护人民的权利并促进社会福利的发展。人民是政府的立法和行政工作是否合乎民众的利益的最终的裁定者,所以"当立法者们图谋夺取和破坏人民的财产或贬低他们的地位使其处于专断权力下的奴役状态时,立法者们就使自己与人民处于战争状态,人民因此就无需再予服从……人民享有恢复他们原来的自由的权利,并通过建立他们认为合适的新立法机关以谋求他们的安全和保障"①。

卢梭进一步发展了自斯宾诺莎开始提出的人民主权思想。他认为,国家是人民通过订立契约建立的,因此,人民才是国家权力的最终体现者,国家只是接受了人民的委托,国家的权力最终还是属于人民,国家的行为必须符合人民的意志。卢梭还认为,人民主权必须通过立法权属于人民来保证。由于立法权是人民主权的保证,因此,它应该是国家一切权力的中心,行政权只能从属于立法权。既然国家主权属于人民,那么,人民主权就是不可转让和不可分割的。基于此,卢梭甚至认为人民主权是不能代表的(即议员并不能代表人民),并反对将国家主权分割为立法权、行政权和司法权的主张。既然国家主权属于人民,那么他们就拥有对国家行为的评判权和反对权,当国家权力被滥用并危害到人民的意志和愿望时,人民就有权起来反对它,甚至可以通过革命推翻它。

社会契约论表明,国家是人们为了更好地维护和保障自己的各种权利和利益而出让自己的权利的结果,因此,国家的首要目标应该是维护和保障人民的权利并促进人民的福利的发展。人民主权学说则进一步说明了人民是国家权力的真正所有者,国家只是人民的意志的执行组织,并且明确了资本主义国家权力的最终目的问题,从而为资本主义民主制度奠定了又一理论基础。

分权制衡学说 怎样建立资产阶级的国家政权是西方政治文化的另一重要内容。西方资产阶级政治学家提出了分权制衡的政治学说,从而为资产阶级政权的建立提供了理论基础。

英国启蒙思想家洛克是西方分权制衡学说的奠基人。洛克认为,国家的权力应该分为三种,即立法权、执行权和外交权。执行权和外交权实际上可以合并为一种,即行政权,因此,洛克的分权学说实际上是两权分立。洛克认为,国家的主权属于人民,立法应该体现人民的意志,也是为了保护人民的权利和自由,所以,在民主国家中,立法权是最重要的权力。洛克指出,

---

① 洛克:《政府论》(下篇),瞿菊农、叶启芳译,第78—80页。

为了更好地保证人民的利益,立法权和执行权应该分立,因为"如果同一批人同时拥有制定和执行法律的权力,就会给人们的弱点以极大的诱惑,使他们动辄要攫取权力,借以使他们自己免于服从他们所制定的法律,并且在制定和执行法律时,使法律适合于他们自己的私人利益,因而他们就与社会的其余成员有不同的利益,违反了社会和政府的目的"。此外,他还十分强调人民对国家权力的制约作用,因为立法权和执行权无非都是人民委托给某些人的,因此,人民拥有对政府权力的制约权,所以"当人民发现立法行为与他们的委托相抵触时,人民仍然享有最高的权力来罢免或更换立法机关"①。

法国启蒙思想家孟德斯鸠是西方分权制衡学说的完成者。他将国家权力科学地划分为立法、行政和司法三种权力,并明确划分了这三种权力的职能范围:"依据第一种权力,国王或执政官制定临时的或永久的法律,修正或废止已制定的法律。依据第二种权力,他们媾和或宣战,派遣或接受使节,维护公共安全,防御侵略。依据第三种权力,他们惩罚犯罪或裁决私人讼争。"

孟德斯鸠还阐述了三权分立的原因。他说,当立法权和行政权集中在同一个人或同一个机关之手时,自由便不复存在了,因为人们将要害怕这个国王或议会制定暴虐的法律,并暴虐地执行这些法律。如果司法权同立法权合而为一,则将对公民的生命和自由实行权力专断,因为法官就是立法者。如果司法权同行政权合而为一,法官便将握有压迫者的力量。如果同一个人或是由重要人物、贵族或平民组成的同一个机关行使这三种权力,即制定法律权、执行公共决议权和裁判私人犯罪或争讼权,则一切便都完了。

孟德斯鸠不仅主张三权分立以便相互制衡,而且还认为立法权这一权也要分立,"贵族团体和由选举产生的代表平民的团体应同时拥有立法权。二者有各自的议会、各自的考虑,也各有自己的见解和利益。"在三种权力中,孟德斯鸠认为司法权在某种意义上可以说是不存在的。在立法权和行政权之间,孟德斯鸠更加强调行政权,并且认为行政权应该充分地制约立法权,而立法权则不应该过多地制约行政权。他指出:"如果行政权没有制止立法机关越权行为的权力,立法机关将要变成专制;因为它会把它所能想象到的一切权力都授予自己,而把其余二权毁灭。""但是,立法权不应该有对等地钳制行政权的权力。因为行政权在本质上是有范围的,所以用不着再

---

① 洛克:《政府论》(下篇),瞿菊农、叶启芳译,第89—92页。

对它加上什么限制。"①

美国启蒙思想家托马斯·杰斐逊进一步发展了分权制衡学说。杰斐逊的分权制衡理论主要表现在四个方面。第一,杰斐逊同样主张国家的权力应该划分为立法、行政和司法三种权力,因为若"把这些权力集中在同一些人手中,正是专制政体的定义"。第二,杰斐逊还认为,立法权也应该分开,并主张建立两院制的议会。第三,杰斐逊不仅主张通过三种国家权力的分立达到相互制衡的目的,而且提出通过国家与地方政府的分权更好地实施对权力的制衡,这是杰斐逊对分权制衡理论的最主要的贡献。第四,杰斐逊同样主张人民对国家权力的制约,并认为,如果政府的行为危害了人民的利益和意志,人民就有权将它推翻。

代议制政府学说 资产阶级应该怎样组成政府,这是西方民主政治的又一重要问题。代议制政府理论回答了这一问题。

美国启蒙思想家托马斯·潘恩较早提出了代议制政府理论。潘恩推崇共和政体,并认为共和政体应该和代议制形式自然地结合起来。他将古代的民主制称为简单民主制,并认为它只能在人口较少、面积较小的国家实施,而一旦人口和面积增加,它就不能适应社会的需要,于是,代议制就成为实现民主制度的有效途径。潘恩还进一步阐述了代议制的优越性:"代议制集中了社会各部分和整体的利益所必须的知识。它使政府始终处于成熟状态。它永远不年轻,也永远不老……而且正如政府所应当的那样,摆脱了一切的个人偶然性"②。

托马斯·杰斐逊也提出了自己的代议制理论。他认为,人民是国家主权的最终拥有者,资产阶级政权应该是人民统治,但是人民不是亲身,而是由他们的代表,即由每个成年的、精神正常的男子选出的代表进行统治。为了使代议制政府充分体现人民的意志,他认为应该采取三个方面的措施:第一是尽量扩大选举权;第二是规定并缩短议员的任期;第三是充分发挥人民对政府的控制和监督作用。

英国功利主义者边沁(1748—1832)的代议制政府理论,主要体现在他对英国议会改革的主张方面,其基本观点包括:成年识字的男子都有选举权;秘密投票;国会要每年改选一次;废除英国上院;议员必须真正代表选民的要求等。

---

① 孟德斯鸠:《论法的精神》(上册),张雁深译,第 155—161 页。
② 《潘恩选集》,马清槐译,商务印书馆,1987 年,第 244—246 页。

边沁的学生、英国著名自由主义者约翰·斯图亚特·密尔在其著名的《代议制政府》一书中,发展了以往关于代议制政府的理论,并使之系统化。他对实行代议制之原因的阐述,基本上与潘恩相似。[①] 密尔认为,所谓的代议制,就是全体人民或一大部分人民通过由他们定期选出的代表行使最后的控制权。他们必须完全握有这个最后的权力,人民是支配政府一切行动的主人。

密尔并不否认代议制也存在一些弊端:即代议机构的成员可能不一定完全代表民意,在代议制下,同一阶级的议员可能实行阶级或宗派立法。密尔认为,防止这些弊端出现的办法是,在议会中应使各阶级都能充分发表自己的意见。

密尔还对代议制下议会的职能、选举权做了具体说明。同时,他还阐述了代议制度下政府的某些原则,如政府应该实行个人负责制,行政人员应该实行任命制而不是选举制,重要的行政人员应该保持相对的稳定性等。

天赋人权学说、社会契约论、分权制衡学说和代议制政府理论,解决了资本主义制度下人民权利的来源、国家权力的来源及其目的、如何建立有效的资产阶级国家等一系列有关资产阶级政权建设的重要理论问题,成为近代西方政治文化的重要组成部分。

3. 西方近代法制思想

法制思想构成近代西方政治文化的又一主要内容。在资本主义社会历史发展进程中,西方资产阶级思想家提出了一系列的法制思想,这些思想对于推动西方国家的法制建设产生了重要的影响。

荷兰启蒙思想家斯宾诺莎曾经指出,在一个民主的国家中,法律是全民意志的体现,因此,每一个人都必须无条件服从。法律的执行者更应该做到公平执法,合法公平地保护每一个社会成员的权利。

格劳秀斯是近代西方国际法理论的奠基人。他指出,国际法是各国共同签订并公认的具有约束力的国际性规范,各个国家都应该遵守这种共同的规范,这是维持国家之间正常关系和秩序的必需。为了维护国际法的有效性,格劳秀斯还提出一些基本的国际法准则,如中立国原则、人道主义原则、保护妇女儿童原则以及对俘虏给予适当的待遇的原则等。

洛克以人民主权思想为基础,坚决主张实行法治,认为只有实行法治,

---

① 参见密尔:《代议制政府》,任瑄译,商务印书馆,1982年,第55页。

才能有效地保护人民的权利。国家应该制定法律并依照法律进行治理,不但普通民众而且法律的制定者和执行者也应该遵守和服从法律。

洛克还论述了法律与自由的关系。他认为:"法律的目的不是废除或限制自由,而是保护和扩大自由。这是因为在一切能够接受法律支配的人类状态中,哪里没有法律,哪里就没有自由。"①

法国启蒙思想家孟德斯鸠的法治思想对西方产生了重要影响。在《论法的精神》的开篇中,他指出:"从最广泛的意义来说,法是由事物的性质产生出来的必然联系。在这个意义上,一切存在物都有它们的法。上帝有他的法;物质世界有它的法;高于人类的智灵们有他们的法;兽类有它们的法;人类有他们的法。"可见,在孟德斯鸠看来,所谓法就是事物之间的本质联系,这就是孟德斯鸠对法的本质即"精神"的认识。

卢梭不同意孟德斯鸠关于法是事物之间的本质联系的观点。他认为,法是人民的公意的表现,是主权者的意志的体现,是用于保护人民的意愿和社会成员的利益的。但他也同样认为,人民自由的实现必须依靠法律,遵守和服从法律是获得和保有自由的必要条件,而法律的制定必须反映人民的公意,任何人(包括法律的执行者)都必须遵守作为人民公意之体现的法律。

卢梭主张建立一种法治社会,而做好立法工作则是建立法治社会的必要条件。为此,他提出了立法工作应遵循的原则:一是谋求人民的最大幸福原则;二是人民掌握立法权原则;三是专门人员制定法律的原则;四是顾及各种自然和社会因素的原则;五是立法的稳定性和灵活性相统一的原则。此外,卢梭还把法律划分为四种类型:即是宪法、民法、刑法和习惯法。

以康德和黑格尔为代表的哲理法学家都主张建立法治社会。康德是较早提出"依法治国"的西方思想家。黑格尔认为,好的法律可以使国家繁荣昌盛,而要实现法治,就必须做到两点:一是"法律必须普遍地为人知晓,然后它才有约束力"②;二是由法院依法公开行使审判权,因为公开审判不仅有利于保证审判的公正,而且有利于向民众宣传法律。

西方国家的法制建设就是随着社会的发展,并在上述思想的影响下逐步建立起来的。

---

① 洛克:《政府论》(下篇),瞿菊农、叶启芳译,第35—59页。
② 黑格尔:《法哲学原理》,范扬、张企泰译,商务印书馆,1982年,第224页。

三、19 世纪的西方哲学

19 世纪西方哲学是近代西方哲学的核心。德国古典哲学、法国实证主义哲学和美国实用主义哲学是 19 世纪西方资产阶级哲学的三大流派,而马克思主义哲学则以其鲜明的阶级性在 19 世纪西方哲学领域独树一帜,它们都对当时及后来的西方乃至整个世界的思想和文化产生了深远的影响。

1. 德国古典哲学

文艺复兴对人性的揭示,启蒙运动对理性的推崇,科学进步对自然现象的解释,英法资产阶级革命对封建势力的打击,特别是德意志统一大业的现实需要,推动了德国古典哲学的出现,并使其成为 19 世纪西方哲学中影响最大的哲学流派。德国古典哲学的主要代表是康德、黑格尔和费尔巴哈。

康德 康德(1724—1804)是德国古典哲学的始祖。这位出生在哥尼斯堡的古典哲学大师一生都未曾离开过自己的故乡,他在哥尼斯堡大学求学并终生任教于自己的母校。尽管长期生活困难甚至终生未娶,但他平静地思考出的那些哲学问题却震荡了整个西方哲学界。

康德前期主要研究自然哲学。他在《宇宙发展史论》中所提出的著名的宇宙形成的原始星云假说,打破了牛顿关于太阳系永恒不变的机械论自然观,认为宇宙天体处于不断的毁灭和形成的过程之中。他的这一学说是从哥白尼以来天文学领域所取得的最大进步。

1770 年以后,康德主要研究认识哲学,并建立起自己的批判哲学体系。康德说:"我们这个时代可以称为批判的时代。没有什么东西能够逃避这个批判的。"他的批判哲学是通过《纯粹理性批判》《实践理性批判》和《判断力批判》三大名著建立起来的。

康德的认识论是二元的。在他看来,知识是先天就有的,人们可以通过感性获得知识,这就是知性。但人们的感性只能获得有关现象世界的知识,而不能获得关于本质世界即"物自体世界"的知识,物自体世界是不可知的,是先于人们的经验的。康德认识论虽然存在着很多缺陷,但它却是对启蒙运动以来自然神论的否定,因此具有时代影响。

康德的道德哲学是建立在他的"绝对律令"概念上的,绝对律令是最高道德和伦理准则,它是普遍有效的,是一切立法行为的普遍原则。由此,康德提出了道德哲学的三条定律:第一,个人意志所遵循的原则必须符合普遍的最高道德准则;第二,以人为目的而不以他物为目的;第三,个人应该自律,使自己的行为与最高道德准则保持一致。在这里,康德的道德哲学保留了文艺复兴和启蒙运动以来西方哲学中以人为中心的特点。

康德的美学哲学建立在他的二元认识论和以人为中心的道德哲学的基础上,并以此将美的特征概括为四个方面:第一,不以利害关系判断美,美与否只取决于人的独立见解,不取决于对美是否有需求;第二,美具有普遍性;第三,美的无目的性;第四,美的必然存在性。

费希特(1762—1814)和谢林(1775—1854)是将康德的二元论哲学发展为纯粹唯心主义的哲学家。费希特是康德的学生,但他不同意康德对现象世界和物自体世界的二元划分,提出了"自我"和"非我"的概念,自我是认识的主体,非我是认识的客体。他认为,非我因自我的存在而存在,主体决定客体,主观决定客观,从而发展了康德的主观唯心论。

谢林则批判并否定了费希特关于"自我"和"非我"的概念,认为"自我"和"非我"是绝对的统一体,自然界是自我活动的结果,从而把德国古典哲学推向客观唯心主义。

黑格尔 黑格尔(1770—1831)曾任耶拿大学、海德堡大学哲学教授,并担任过柏林大学校长。黑格尔的认识哲学是客观唯心主义的,这集中体现在他的《精神现象学》中。黑格尔认为,存在一种"绝对精神"即绝对理念,这种绝对理念具有创造世界的能力,一切存在都是这种绝对精神的反映,绝对理念决定一切,这是一个从思维到存在、从存在到思维的认识圆圈。

但黑格尔的这种唯心主义哲学包含着一种"合理的内核",即辩证法思想。可以说,黑格尔对德国古典哲学中的辩证法思想进行了一次总结,这种辩证法思想在《精神现象学》中已经有所体现,并在《逻辑学》中得到了充分的表达。

黑格尔认为,思维和存在不能割裂,它们是一个矛盾的统一体,知识是一个发展的过程,真理是这种发展的结果,而发展则是通过否定实现的。这种否定并不是简单的抛弃,而是一种"扬弃"。否定是由于事物内在的矛盾引起的。这种运动和变化是从量变到质变的过程,质变就是"某物在质的方面过渡为与自己有区别的一般他物以及自己的对立面"。正是从这种辩证法思想出发,黑格尔又全面阐述了哲学中的另外一些重要问题,特别是真理与谬误、可能与现实、偶然与必然、必然与自由以及原因与结果等的辩证关系,从而使德国古典哲学中的辩证法思想达到顶峰,并对马克思主义哲学产生了重要的影响。

费尔巴哈 费尔巴哈(1804—1872)是黑格尔的学生,这位晚年曾经参加德国社会民主党的哲学家充满了叛逆精神,他不仅反叛了自己的老师,而且反叛了整个德国古典哲学中的唯心主义传统,建立了唯物主义的人本哲学。费尔巴哈的哲学思想经历了一个发展和转变的过程,最初他接受的是宗教神学教育,后来对启蒙思想家的理性哲学十分崇拜,最后发展为唯物主义人本哲学。这一发展过程是通过他对以往哲学的批判完成的。

费尔巴哈首先通过对灵魂不死学说的批判,完成了与宗教神学的决裂。他对康德的不可知论进行了批判,并认为事物的本质并非是不可知的。他通过对黑格尔客观唯心主义的批判,最终建立起自己的唯物主义哲学。

针对黑格尔的绝对理念论,费尔巴哈提出,人是自然界的产物,也是一切哲学活动的主体和中心。他讲道:"我的第一个思想是上帝,第二个思想是理性,第三个也是最后一个是人。神的主体是理性,而理性的主体是人。"这就是费尔巴哈的以人为本的哲学思想。

人的思维内容从何而来? 换句话说,人的知识从何而来,真理从何而来? 费尔巴哈认为,它并不像黑格尔所说的那样是绝对精神的产物,而是来自于客观的物质世界,是人的大脑对客观存在的反映,而黑格尔的错误就在于"把第二性的东西当做第一性的东西,而对真正第一性的东西或者不予理会,或者当做从属的东西抛在一边"[①]。费尔巴哈的这一观点彻底否定了德国古典哲学的唯心主义观点,从而最终建立起他的唯物主义哲学。费尔巴哈哲学思想中的这种"基本内核"后来成为马克思主义哲学的又一重要来源。

2. 法国和英国的实证主义哲学

实证主义哲学产生于19世纪初期的法国,在19世纪中期曾经是法国和英国主要的哲学派别。其基本特征是,认为世界的本质是人的认识难以解决的,因此,哲学主要应该解决的是"是什么"的问题而不是"为什么"的问题,主要应该研究各种事实与现象,而不是研究这些事实与现象的原因。实证主义哲学反对抽象的阐述,强调科学的实证,并且认为,这种科学的实证具有改造世界的能力。实证主义哲学在法国的代表是孔德,在英国的代表是约翰·斯图亚特·密尔。

---

① 《费尔巴哈哲学著作选集》,荣震华等译,三联书店,1959年,上卷,第77、247页。

孔德 孔德(1798—1857)曾经是法国著名的空想社会主义者圣西门的秘书,后与圣西门的学说决裂,创建一个实证哲学研究会,开始宣传自己的实证主义哲学。孔德实证哲学的思想体系包括实证主义哲学、政治学以及社会学等多个方面,这些实证主义思想集中体现在他的《实证政治》《实证哲学教程》以及《实证哲学体系或建立人道宗教的社会学论文》等著作中。

孔德的实证主义哲学的基本观点,是认为一切的本质属性都概括在"实证"这个词中,真正的实证精神就是用对现象的不变规律的研究来代替对现象的原因的研究,即是说,用研究"怎么样"代替"为什么"。他指出,既然实证对于认识事物是如此重要,那么在运用实证方法时就必须做到六点:即真实、实用、确定、精确、实证和相对,而只有具备这六点的实证才是科学的实证,才有实际的价值。

孔德宣称自己发现了一条认识发展的规律,即每一种知识都要经历三个不同的发展阶段:第一阶段为神学阶段,也叫虚构阶段。在该阶段,人们的思想具有自由性,但主要是以幻想为主,他们试图探究事物内在的本质属性,但因认识能力的限制而不能达到这一步,于是他们就转而求助于神。第二阶段为形而上学阶段,也叫抽象阶段。在该阶段,人们开始以抽象的概念即形而上学来解释事物内在的原因,并把这些抽象的概念当做绝对的知识和唯一正确的认识。第三阶段为科学阶段,也叫实证阶段,这是认识发展的最高阶段。在该阶段,人们不再向神求助,也不再用抽象的概念解释一切,甚至放弃了对事物的内在本性的无为探索,而主要探讨事物是什么,一切知识都建立在实证的、科学的事实的基础上。

这样,孔德不仅否定了启蒙思想家的自然神论,而且也否定了德国古典哲学的形而上学,留下的只是他所谓的实证哲学,并把这种实证主义哲学推向至高无上的地位,甚至把它当做一种宗教。

不仅如此,孔德还把实证主义用于解释社会历史现象。在社会历史领域,他把实证主义与进化论结合起来,建立了自己的社会学理论,即他所谓的社会物理学,并将其分为社会静力学和社会动力学两个部分。其中,前者主要研究社会关系,后者则主要研究社会发展的动力。他根据认识发展的三个阶段把社会发展也划分为军事阶段、过渡阶段和工业阶段,现在的工业阶段则是社会发展的最好阶段,思想和道德则是社会前进的动力。

孔德的实证主义哲学对19世纪中期的法国学术界产生了较大影响。法国的知识分子像文学家圣伯浦、泰纳和自然科学家贝尔纳等都接受并运用了实证主义哲学。泰纳在《艺术哲学》中强调,从事实而不是从理论出发,不提出教训,只寻求规律并证明规律,这与孔德的主张如出一辙。

约翰·斯图亚特·密尔 19世纪中叶,经验主义哲学在英国思想界占有主要地位。但该时期的英国经验主义已与休谟(1711—1776)的经验主义有了不同,其内容与主张明显受到法国实证主义哲学的影响,因此,这一时期的英国经验主义哲学常被作为实证主义哲学在英国的表现形式。美国哲学史家梯利曾对该时期英国经验主义哲学与法国实证主义哲学的共同点和区别做了如下的概括:"法国的实证主义与相近的英国经验主义有许多共同之处,这足以使某些历史学家认为后者是孔德运动的一个支派。二者有共同的思想倾向为特征:它们都强调事实和科学方法的价值,在原则上反对形而上学;目的都是要进行社会改革,以人类幸福和发展为伦理思想。实证主义者注意专门学科的方法和结果,致力于人类知识分类和系统化,而英国人则遵循其学派的传统,以法国人所忽略的心理学和逻辑为出发点,在那里寻求问题的解决。"[①]

英国经验主义和实证主义哲学的代表是约翰·斯图亚特·密尔,他的哲学思想受到了休谟的经验主义哲学、边沁的功利主义学说和孔德的实证主义哲学的影响。他与孔德保持经常的通信联系,并认为孔德的实证主义是时代的共同财产。其哲学著作主要有《逻辑学》《功利主义》《汉弥尔顿哲学研究》以及《孔德和实证主义》等。

密尔的哲学思想明显属于经验主义哲学。他认为,人类的一切知识都来自于经验,物质就是"感觉的恒久可能性","离开具有感觉的存在者的感觉的一切物质,只具有一种假设的、非实体的存在,他只是由于我们的感觉而产生的假定"。[②] 正是由于密尔仅仅承认经验在获得知识中的唯一性,他在逻辑学上便提倡经验归纳法,认为一切真理都是从归纳法中得来的,并详细地把归纳法分为契合法、差异法、剩余法和共变法四种,这种分类是对归纳法的一个贡献。

密尔在社会伦理学说上更多地体现出实证主义的倾向,并将边沁的功利主义与孔德的实证主义结合起来,融入自己的社会伦理学中。他认为,社会的目的是争取大多数人的幸福,而实现这种幸福的途径是尽量寻求社会发展中的共同点,即他所谓的"齐一规律",而这种齐一的规律是可以用自

---

① 梯利:《西方哲学史》(下卷),葛力译,商务印书馆,1979年,第287页。
② 全增嘏:《西方哲学史》,上海人民出版社,1985年,第439页。

然科学的方法去发现的。他认为,社会的齐一规律就是人的性格和行为的趋同性,要寻求这种趋同性就必须建立人性学。因此,如同孔德建立社会物理学,密尔提出建立人性学,并将人性学作为研究和发现人的性格和行为的趋同性即社会齐一规律的中介。

赫伯特·斯宾塞(1820—1903)也是英国19世纪著名的实证主义哲学家。他也强调人们主要应该寻求现象是什么,而不应探讨为什么是这种现象。他也将自然进化论引入社会领域,并认为其原理可以用于解释社会的进化。同时,他还提出社会有机体的理论,这对于英国的社会改革具有一定的影响。

3. 马克思主义哲学

马克思主义的诞生,是世界近代文化史上的重大事件。马克思主义哲学以其鲜明的阶级性而在19世纪西方哲学中独树一帜,它是无产阶级文化发展的理论基础。马克思主义哲学不是凭空想象出来的哲学,而是批判和继承人类以往哲学中的合理成分的基础上产生的,特别是在批判地吸收了德国古典哲学中的合理成分的基础上建立的。在黑格尔的哲学思想中,既存在唯心主义的本质又存在着辩证法的合理内核,在费尔巴哈的哲学思想中,既存在形而上学的缺点又存在唯物主义的基本内核,马克思和恩格斯批判了黑格尔哲学中的唯心主义的本质,同时吸收了它的辩证法的合理内核,批判了费尔巴哈哲学中形而上学的缺点,同时吸收了它的唯物主义的基本内核,并进一步加以改造,从而创立了辩证唯物主义哲学即马克思主义哲学。马克思和恩格斯将他们的哲学思想科学地运用于解释社会的发展与变化,进而建立了历史唯物主义哲学,最终完成了马克思主义整个哲学体系的最终建立。

马克思和恩格斯一生写下大量的哲学著作,这些著作为人类文化宝库增添了新的内容。在1844年的《神圣家族》中,马克思和恩格斯批判了黑格尔和鲍威尔的唯心主义观点,并首次提出了"历史活动是群众的事业"的思想。在1845年的《关于费尔巴哈的提纲》中,马克思突破了费尔巴哈和一切旧唯物主义的局限,首次提出了马克思主义哲学的实践观。在1846年的《德意志意识形态》中,他们较为系统地从正面论述了马克思主义的哲学原理,特别是历史唯物主义原理,从而标志着马克思主义哲学的基本建立。在1847年的《哲学的贫困》中,马克思批判了蒲鲁东和黑格尔的唯心主义辩证法,进一步论证了辩证法的客观性,并首次明确提出了"生产关系"的概念。1867—1868 年的《反杜林论》则是对马克思主义哲学的全面阐述和总结。

马克思主义是一种崭新的哲学，是无产阶级认识世界的科学的方法论。它是一种崭新的社会观，是无产阶级改造社会的思想指南。

四、近代西方文学

伴随着西方资本主义的发展，西方近代文学也逐步发展起来。无论从文学流派方面还是从文学成就方面，西方近代文学都在西方文学史上占有重要的地位，并构成西方近代文化的重要内容。

1. 启蒙文学

启蒙文学是近代西方文学的开端。启蒙文学的主要特点是：(1) 反对古典主义。古典主义文学的重要特点是为封建君主歌功颂德，启蒙文学则提倡自由平等，大力弘扬资产阶级道德意识，批判封建专制与陈规陋俗。(2) 寓教化于文学之中，倡导人性，宣扬理性，以现实生活为题材，以普通民众为主人公，以朴实明快的语言为表现手法，以宣传资产阶级价值观念为目标。(3) 立足社会现实，或批判封建制度，为资产阶级革命准备舆论，或揭露资本主义社会的弊端，为社会改革制造舆论。

在整个启蒙运动时期，西方各国文学家与思想家一样，高举理性主义大旗，以文学为武器，担负起启迪民众的历史使命，并形成了各种各样的启蒙文学风格，在英国主要是现实主义小说，在法国主要是哲理小说，在德国除了以"市民悲剧"为主要内容的正剧外，还出现了一场小资产阶级文学运动，这就是"狂飙突进运动"。

英国现实主义小说　英国启蒙文学的杰出代表是丹尼尔·笛福 (1660—1731)、约纳旦·斯威夫特 (1667—1745)、塞缪尔·理查逊 (1689—1761) 和亨利·菲尔丁 (1707—1754)。笛福的现实主义小说继承了欧洲流浪汉文学的传统，其代表作主要是《鲁滨逊漂流记》《辛格顿船长》和《摩尔·费兰德斯》。这些小说以宣传英国资产阶级的自强和奋斗精神为主题，这集中反映在《鲁滨逊漂流记》中。鲁滨逊是一位出身于小康家庭的青年，但他并不安于现状，而是充满冒险精神。他离家出走并在巴西做了种植园主，但他仍不满足，于是渡海到非洲从事黑奴贸易，以图发大财，中途不幸遇难漂流至一荒岛，并在这一荒岛孤独地度过了长达 28 年的艰难生活。在笛福的笔下,鲁滨逊就是英国资产阶级的化身,他们充满自强、奋斗和坚韧的精神,希望征服更多的殖民地,驯服更多的民族,攫取更多的财富。其作品神思妙想,使人如在阅读一个真实的故事。

斯威夫特的小说主要是批判英国资本主义社会的弊端,这在他的代表作《格列佛游记》中表现得十分明显。医生格列佛乘船出海,漂流到四个幻想的国度:小人国中的人看似侏儒实则十分凶狠,这里战争不断,司法腐败,金钱万能;大人国的人看似庞大实则十分善良,这里充分显示了秩序和责任;飞岛国是殖民地的象征;而在慧骃国中,马是富有理性的动物,人则失去了正常的理性。作者借以影射批判英国资本主义社会的弊病。

理查逊的小说则主要以婚姻家庭为题材,既批判金钱和等级婚姻,又批判婚姻的不自由。在《帕美拉》中,理查逊把帕美拉描写成一个待价而沽的18世纪英国中等阶层妇女的典型形象;而在《克莱丽莎·哈娄》中,他对女主人的不幸婚姻遭遇给予极大的同情。与笛福和斯威夫特不同的是,理查逊的小说仅通过对一个重要事件的集中、深刻描写,来揭示主人公的内心世界,并表达作者自己的思想,这就使得理查逊摆脱了欧洲流浪汉文学的传统。

菲尔丁是英国启蒙时代现实主义小说成就与影响最大的作家之一。菲尔丁同样以婚姻、家庭为其小说的主要题材,但他的小说则更多的是通过对主人公的婚姻遭遇的描述,向读者展现18世纪英国社会的历史画卷,因此,他的小说涉及的人物类型更多,描写也更细致,对社会的批判也更深刻。如在《汤姆·琼斯》中,作者通过汤姆·琼斯和苏菲娅为争取自由爱情而经历的种种磨难的描写,颂扬爱情自由,整部小说的49位人物涉及社会各个阶层。在最后一部小说《阿米莉娅》中,他在对阿米莉娅和布斯婚姻前后的不幸遭遇的描写中,再次向读者展示了一个英国当时社会的大舞台,社会各类人物都可在这其中找到自己的角色。

此外,英国启蒙文学家的主要代表还有罗伯特·彭斯(1759—1796),这位苏格兰诗人在《苏格兰人》中以诗歌的形式讴歌自由与平等。珍妮·奥斯丁(1775—1817)则在《傲慢与偏见》中极力歌颂爱情与自由。约翰·弥尔顿更以其《失乐园》《复乐园》和《力士参孙》将英国文学带进了启蒙时代。

法国哲理小说 哲理小说是法国启蒙文学的主要形式。它以小说的形式批判法国封建制度,提倡理性主义。启蒙思想家孟德斯鸠、伏尔泰、狄德罗与卢梭都是哲理小说的著名作家。孟德斯鸠的《波斯人信札》是法国第一部哲理小说,也是书信体小说的代表作。小说通过两位旅居法国的波斯青年与家人的通信,对法国当时的政治、社会、宗教等各个方面进行了批判性的评论,揭露了法国封建制度的黑暗和腐败。

伏尔泰最著名的三部哲理小说是《查第格》《老实人》和《天真汉》。在《查第格》中,伏尔泰通过对天真善良的青年主人公不幸遭遇的描写,揭露和批判了法国封建社会的黑暗,通过主人公度过灾难成为国王后,以一个哲学家的身份将自己的国家治理得井井有条,颂扬了开明君主制度。在《老实人》中,伏尔泰通过主人公在充满乐观的情绪下所遭受的种种磨难的描写,批判了在封建专制的法国那种盲目的乐观。在《天真汉》中,伏尔泰通过一位在印第安部落长大的法国青年回到欧洲后的种种经历,批判了当时一些人提出的回归自然的主张。

狄德罗在文学上主张以市民剧代替严肃剧,要求戏剧反映市民的生活,并写下了《私生子》和《一家之主》两部市民剧。不过,狄德罗的主要文学作品是《修女》《宿命论者雅克》和《拉摩的侄儿》。在第一部小说中,作者通过一位修女的自述,揭露和批判了封建教会的罪恶;在第二部作品中,通过雅克与主人的对话,批判了法国社会存在的弊端;而在《拉摩的侄儿》中,通过对音乐家拉摩的侄子这位既才华横溢,又玩世不恭者的描写和刻画,揭示了正在形成中的法国资产阶级的社会心态。

激进思想家卢梭以其《新爱洛绮丝》《爱弥尔》和《忏悔录》三部著名文学作品,对法国社会进行了强有力的批判,并表达了对自由与平等的热望。在《新爱洛绮丝》中,卢梭用书信体这种富有真实感的形式,对尤丽与音乐家普乐之间的爱情悲剧做了震撼人心的描写。在教育小说《爱弥尔》的开篇,他指出,出自造物主之手的东西都是好的,而一到人的手里就变坏了。他认为封建教育使人丧失了自然美德,应该对之加以改造。在其自传《忏悔录》中,他以自己为典型,剖析了封建制度压抑下人性的扭曲。

博马舍(1732—1799)是法国启蒙文学的又一著名代表作家。法国大革命的日益临近,使得博马舍的戏剧作品表现出更多的阶级冲突与现实色彩。在其姊妹剧《塞维勒的理发师》和《费加罗的婚礼》中,博马舍通过五个主要人物、两对人的爱情与婚姻,展现了法国封建势力的罪恶以及人民的反抗精神。因此,法国当时的国王路易十六十分害怕博马舍的这两部戏剧,说它嘲笑了几百年来一切应该被尊敬的事物,而拿破仑则认为这已经是正在行动中的革命了。①

德国的正剧与"狂飙突进" 启蒙运动时期德国正剧作家的著名代表是莱辛(1729—1781),《爱弥莉娅·迦罗娣》是其代表作。女主人公爱弥莉娅·迦罗娣的未婚夫被古斯特勒公爵杀害,公爵将爱弥莉娅骗入宫中,企图强迫她与自己结婚,爱弥莉娅的父亲及时赶到,为了保全女儿的贞洁,这位父亲忍痛亲手杀死了自己的女儿。莱辛通过此剧揭露并批判了德国封建势力的荒淫无耻。

18世纪70—80年代,德国文学界掀起了一场狂飙突进运动,运动因克林格尔的剧本《狂飙突进》而得名。"狂飙突进运动的作家们强调文学的民族性,要求发扬文学的民族风格;他们反对封建束缚,强调天才,强烈要求个性解放;他们还接受卢梭的返回自然的思想,歌颂理想化的大自然和淳朴的人民"。这场小资产阶级文学运动的著名代表是歌德(1749—1832)和席勒(1759—1805)。

歌德在其书信体小说《少年维特的烦恼》和哲理诗剧《浮士德》中,批判了德国封建伦理道德以及教会势力的残酷性,表达了追求个性解放与自由的强烈呼声。席勒在其著名的剧作《阴谋与爱情》中,通过贵族青年费迪南与平民女子路易丝为了追求爱情的自由而服毒自杀这一悲剧,抨击了封建制度的黑暗与罪恶。狂飙突进运动是由德国文学家进行的思想启蒙运动,该时代的每一部杰作都渗透了反抗当时整个德国社会的叛逆精神。

2. 浪漫主义文学

浪漫主义文学是19世纪初欧洲文学的主要内容。浪漫主义文学以抒发个人感情、表达个人的理想为主题,它是19世纪初欧洲社会发展现实在文学领域的表现。消极的浪漫主义者在残酷的资本主义社会现实面前感到无能为力,不敢对之提出批判,于是开始消极怀古,希望重新回到中世纪田园般的生活中去,甚至陷于个人幻想或神秘的宗教遐想之中,它主要流行于18世纪末。积极的浪漫主义者不是消极怀古,而是对资本主义社会给予有力的批判,并对社会革命给予热情的支持,对资本主义社会的改革充满了希望,它流行于19世纪初。

浪漫主义文学具有以下的主要特点:第一,对现实社会强烈不满,这种不满或通过对社会现实的批判来表现,这是积极的浪漫主义,或通过强烈的

---

① 朱维之、赵沨主编:《外国文学史》(欧美卷),南开大学出版社,1994年,第152页。

怀古意识得以表现,这就是消极的浪漫主义;第二,强调主观的作用、个人的影响,以抒发个人的感情与理想为主要目的;第三,对现实生活表现出一定的漠然,而对大自然充满无限的神往,尤其是对自然界中不平凡的现象着力描绘;第四,在表现手法上以尽可能的夸张与强烈的对比为主,并借以表达个人的理想与爱憎。

由于各国社会发展的差异,浪漫主义文学在欧洲各国发展的水平以及所采取的表现形式也不一样。德国浪漫主义文学中怀古情绪十分浓重,但海涅却表现出革命民主主义的精神。英国浪漫主义文学中以抒情诗为主要的内容。而法国浪漫主义文学的主要形式是小说。同时,在浪漫主义文学兴盛的时代,法国和英国的批判现实主义文学已经开始出现。

德国的怀古诗与海涅　18 世纪末 19 世纪初,德国仍然处于封建割据状态,资产阶级的力量相对弱小。在强大的封建势力面前,德国资产阶级表现得无能为力,德国文学家对德国的社会现实敢怒而不敢言,他们只好借助于对古代社会的依恋来表达对现实社会的不满,甚至充满大量的宗教色彩。

德国怀古诗人的著名代表是奥古斯特·施莱格尔(1767—1845)、弗里德里希·施莱格尔(1772—1829)以及诺瓦利斯(1772—1801)。施莱格尔兄弟曾经提出文学自由与反映个性的主张,但在德国却难以引起共鸣,他们不得不遁入怀古诗中,颂扬中世纪基督教统治下的封建宗法社会。诺瓦利斯在诗歌《夜的颂歌》中歌颂黑夜,否定现实的人生,陷入神秘的世界之中,在小说《亨利希·冯·奥夫特尔丁根》中,又把 13 世纪描绘成德国的黄金时代。

进入 19 世纪后,一批德国青年文学家出现在浪漫主义文坛,他们是布伦塔诺(1778—1842)、阿尔尼姆(1781—1831)以及雅克布·格林(1785—1863)和威廉·格林(1786—1859)两兄弟。这批德国青年文学家的作品带有一定的怀古成分,但他们不再以无为的怀古为主,而是努力收集德国民间文学,特别是民间歌谣和童话,以这种特殊形式的怀古寄托自己的思想与感情,表达自己对美好社会的向往,布伦塔诺和阿尔尼姆收集整理了《男童的神奇号角》,格林兄弟的《格林童话》都是在这样的背景下完成的。

海涅(1797—1856)以积极浪漫主义者的姿态出现在德国的文坛,并为德国批判现实主义文学打下了基础。在其政治诗《德国——一个冬天的童话》中,他将德国社会比喻成一个万物肃杀的严冬,并认为这样的天气必将结束,伪善的老一代正在逐渐的消逝,新的一代正在成长。但在当时德国的社会环境下,海涅难以直接、鲜明地表达这一思想,因此,在这部政治诗中,现实与幻想还交织在一起。1844年,德国西里西亚纺织工人大罢工,仿佛使海涅看到了改变德国社会的真正力量之所在,他以无限的敬仰之情,写下了《西里西亚纺织工人》一诗,使得海涅的文学思想开始明显地表现出批判现实主义的倾向。

英国的"湖畔派"与拜伦　"湖畔派"是英国第一代浪漫主义文学作家,其杰出代表是华兹华斯(1770—1850)、柯尔律芝(1772—1834)和骚塞(1774—1843)。他们因隐居在英国西北部湖区而得名。他们对英国的社会现实表示不满,如同德国怀古诗人那样,英国湖畔派诗人对中古农村田园生活着力歌颂并无限向往,对大自然的和谐给以极力赞颂,借此抒发自己的思想和感情。华兹华斯是该派的著名代表,他为英国浪漫主义诗歌的发展奠定了基础。华兹华斯提出,诗歌应该是强烈感情的自然流露,诗人在选择普通生活里的事件和情景时要给它们以想象力的色泽,使得平常的东西能以不寻常的方式出现于心灵之前。华兹华斯的抒情诗语言明快、朴实无华、生动形象、感人至深。其《丁登寺》和《序曲》都是脍炙人口的诗歌佳作。

柯尔律芝主张诗歌重在形象思维,强调体现人的想象力,这在他的《古舟之咏》中体现的最为明显。诗歌描写一个老水手在一次航行中因杀死一只信天翁而遭到上天的惩罚,他的船被风吹到赤道地区而变成死船,人们难以忍受痛苦而死去,老水手只好乞求上天的宽恕,一股风又把船吹到了岸边,老水手因此获救。

19世纪初,英国第二代浪漫主义诗人登上文坛,其著名代表是拜伦(1788—1824)、雪莱(1792—1822)和济慈(1795—1821)。他们以其短暂的人生为英国浪漫主义文学增添了无限的光彩。拜伦在他的诗歌中塑造了一个又一个冷严孤傲、倔强刚毅、与各种邪恶势力进行斗争的"英雄"。拜伦是一个民主战士,他对当时欧洲各国民族解放运动深表同情和支持,亲身参加了一些国家的民族解放运动,并战死在希腊民族解放运动的战场上。

雪莱的诗清新明快地描写自然万物,《云雀颂》就给读者留下不泯的印象,而在《被解放的普罗米修斯》中,雪莱又为读者塑造了一个为自由、理想而英勇战斗的形象——普罗米修斯。济慈的作品既有对现实社会的不满,也有对美的无限颂扬。前者主要通过历史题材加以表达,这集中体现在《伊莎贝拉》和《海披里昂》中,后者则主要表现在《夜莺颂》和《秋颂》之中。

法国的浪漫主义小说　18世纪末19世纪初法国大革命所引起的政治动荡,对文学产生了重要影响。大革命后法国进步与反动、复辟与反复辟、专制与民主的激烈斗争,使得法国浪漫主义文学表现出十分鲜明的政治色彩，可以说几乎所有的浪漫主义作家都是带着强烈的政治感情从事文学作品的创作。

法国浪漫主义文学早期代表是夏多勃里昂（1768—1848）。在政治观点上他拥护波旁王朝，深深缅怀封建社会的法国，对基督教社会更是怀念万分。在其小说《阿达拉》和《勒内》中，主人公都在宗教中找到了自己的归宿。斯塔尔夫人（1766—1817）则是一位带有自由主义倾向的作家。她把当时的欧洲文学分为南、北部两种文学，认为这实际上就是古典主义与浪漫主义文学的差别，并提出法国应该走浪漫主义文学的道路。在小说《黛尔芬》和《柯丽娜》中，斯塔尔夫人描写了两个爱情悲剧，表达自己对自由爱情的歌颂以及对社会偏见的鄙视。

法国浪漫主义文学的重要代表是维克多·雨果（1802—1885）。他的浪漫主义是积极浪漫主义，并将之发展为批判现实主义。雨果的大量作品直接取材于法国大革命，具有鲜明的政治性与现实性，他的《克伦威尔序言》被公认为浪漫主义的宣言书，而《悲惨世界》《巴黎圣母院》与《九三年》既是浪漫主义的代表作，又开创了法国批判现实主义文学的先河。在《悲惨世界》中，雨果以人道主义为精神原则、以工人冉阿让的悲惨生活为主线，向读者展示了拿破仑帝国后期到七月王朝时期法国政治、经济、社会生活的历史画卷，揭露了大革命后法国普通民众生活依然贫困的事实，表达了对法国资产阶级的强烈不满。在《巴黎圣母院》中，雨果通过对吉卜赛女郎爱丝米拉达和巴黎圣母院敲钟者卡西摩多的完整塑造，使当时法国社会几乎所有阶层的人物都登台亮相。卡西摩多丑陋的相貌下有一颗善良的心，而仪表堂堂、正人君子般的巴黎圣母院主教克罗德·弗罗洛的内心却龌龊不堪，这是对法国普通民众善良美德的颂歌，也是对法国所谓的上流社会的丑恶行径的无情鞭挞。雨果的作品如同雷鸣般轰响在天空，去唤醒人们心灵中一切美好的事物。

3. 批判现实主义文学

批判现实主义文学在 19 世纪中期出现并迅速发展，这既是该时期欧洲资本主义社会发展的结果，也是这种发展在文学领域的体现。其主要特点是：第一，对现实社会进行无情的揭露和批判，而且这种揭露和批判超过了以往任何一种文学流派，因而向读者展示了一个又一个更加宏大的社会生活场景；第二，在文学形式上以小说为主，题材则以社会现实生活为主；第三，在写作手法上注重对人物、景物的详细描写和刻画，并强调真实地再现典型环境中的典型人物。

法国的批判现实主义文学 法国是批判现实主义文学最发达的国家，而司汤达(1784—1842)则是把法国文学带进批判现实主义时代的最重要的人物。1823—1825年，司汤达发表了《拉辛和莎士比亚》这部美学论集，他主张文学必须适应时代发展的要求，必须"表现人民的习惯和信仰的现实状况"，只有这样才能感动同时代的人。该著作被文学界公认为批判现实主义的宣言书。司汤达的主要批判现实主义作品有《红与黑》《巴马修道院》和未完成的《红与白》等，其中《红与黑》成为司汤达最重要的批判现实主义文学作品。

《红与黑》反映的是法国复辟王朝时期的社会情况。于连是一个小资产阶级出身的青年，他一心一意想通过个人的努力和奋斗进入上流社会，但却都以失败而告终，于是他只好改弦更张，开始靠出卖感情、攀结权贵、迎合主子、结交情妇等来实现自己的目标。虽然他最终达到了自己的目的，但也为此付出了惨重的代价，以致最后被贵族与教士设下的陷阱害死。司汤达在对于连这一主人公进行全面塑造的同时，也涉及到社会各阶层人等，特别是对因复辟而重新得势的法国贵族进行了无情的批判，并透过贵族阶层的恐慌心理表明，革命仍然可能出现，贵族退出法国的历史舞台为时不远。

巴尔扎克(1799—1850)是法国批判现实主义文学的大师。他竭力主张文学应该反映社会生活，作家应该是同时代人们的秘书。巴尔扎克一生处于贫困之中，有时不得不为了偿债而夜以继日地写作，艰难困苦的生活使他对法国的社会现实有着一种特殊的感受，他要通过文学将一件件事情记录下来，为法国人留下一部用文学写就的历史，他的《人间喜剧》就是这种愿望的体现。

《人间喜剧》由90多部小说组成，涉及各类人物形象2000多个。巴尔扎克通过一件件事情、一个个人物，将法国社会尽收其中，深刻、全面地揭露和讽刺了法国当时的社会现实——金钱万能、敲诈勒索、投机倒把、贪婪吝啬、政治腐败、道德沦丧、尔虞我诈等等。这部《人间喜剧》实际上是由法国社会一个又一个悲剧组成的，因此，具有丰富的社会内涵。1832年的《夏培上校》中律师但尔维的道白，就道明了这一点："我亲眼看到一个父亲给两个女儿每年四万法郎进款，结果自己死在一个阁楼上，不名一文，那些女儿理都没理他！我也看到烧毁遗嘱；看到做母亲的剥削儿女，做丈夫的偷盗妻子，做老婆的利用丈夫对她的爱情来杀死丈夫，使他们发疯或者变成白痴，为的要跟情人消消停停过一辈子。我也看到一些女人有心教儿子吃喝嫖赌,促短寿命,好让她的私生子多得一份家私。我看到的简直说不尽,因为我看到很多为法律治不了的万恶的事情。总而言之,凡是小说家自以为凭空造出来的丑事,和事实相比之下真实差得太远了。"

福楼拜(1821—1880)是法国批判现实主义又一重要作家。其作品主要反映第二帝国时期法国的社会现实生活。福楼拜的作品强调社会环境对人物个性与生活态度的影响。其中《包法利夫人》是福楼拜批判现实主义文学的代表作。在《包法利夫人》中,福楼拜通过富农的女儿爱玛悲剧性的一生,特别是爱情方面的不幸的描述,说明了爱玛在爱情与婚姻方面一步步走向堕落完全是由于法国社会造成的。爱玛所住的外省的单调生活使其向往上流社会,上流社会的腐化糜烂使爱玛走向堕落,艰难的现实生活把她逼进欲望的深渊。福楼拜在这里通过对爱玛人生的描写,向读者展示了第二帝国上流社会的骄奢淫逸。

英国的批判现实主义文学 英国出现了一大批所谓的"英国国情小说"。著名英国文学专家王佐良先生对其特点做了如下概括,"读了狄更斯,人们会忘不了伦敦的雾、煤气灯和市民的特殊性格。读了萨克雷,人们会听到伦敦大商人怎样谈公债市场。读了勃朗特姊妹,人们会在梦里跟随她们在约克郡的荒原上同怒吼的狂风作斗争。"[1]

英国批判现实主义文学的著名代表是查理·狄更斯(1812—1870)。微贱的家庭出身、艰难曲折的生活经历,使狄更斯了解英国普通民众的疾苦,因此,他的作品主要反映英国下层人民生活的困苦,揭示英国极端的贫富不均,批判资产阶级对劳动人民苦难生活的漠不关心。他的作品实际上就是19世纪中叶英国普通民众的社会生活史。如狄更斯在《雾都孤儿》中对济贫院的描述,就是当时英国整个济贫法制度的真实写照。此外,狄更斯的代表作还有早期的《匹克威克外传》、中期的《董贝父子》和晚期的《荒凉山庄》。

威廉·萨克雷(1811—1863)是英国批判现实主义文学的又一个重要代表。他的作品主要反映英国上流社会的情况。《名利场》是萨雷克批判现实主义文学的代表作。小说通过对爱弥莉娅和乔治之间的罗曼史,以及对她的同学贝姬的钻营史的描写,深刻全面地揭露和批判了英国上流社会的丑恶一面。

此外,这一时期英国还出现了一些批判现实主义女作家,她们是夏洛

---

[1] 王佐良:《英国文学史》,商务印书馆,1996年,第277页。

蒂·勃朗特(1816—1855)、爱米丽·勃朗特(1818—1848)和乔治·勃朗特(1819—1880)三姐妹。夏洛蒂给后人留下了《简·爱》,爱米丽留下了《呼啸山庄》,乔治留下了《弗罗斯河上的磨房》,这些都是脍炙人口的作品。而盖斯凯尔夫人(1810—1865)的《马丽·巴顿》则是反映英国宪章运动的著名文学作品。

4. 流派纷呈的时代

在19世纪末20世纪初的西方文坛,各种文学流派纷纷出现,批判现实主义文学继续发展,自然主义文学逐步成为主要的流派,唯美主义文学、印象主义文学兴起,与此同时,无产阶级文学开始出现在西方文学的舞台上。

批判现实主义文学的继续发展 批判现实主义文学在19世纪末20世纪初继续发展,主要代表作家是都德(1840—1897)。他的作品虽然带有自然主义的倾向,但从总体上说是批判现实主义文学。其作品主要反映1870年普法战争后法国以及欧洲的社会现实,其中包含着对普鲁士军国主义的批判和浓重的爱国主义情绪,这一切都集中体现在《最后一课》和《柏林之围》等优秀作品之中。法朗士(1844—1924)是这一时期法国批判现实主义文学的又一代表人物。法朗士的作品主要反映法兰西第三共和国的社会现实,他在《当代史话》中揭露了第三共和国的政治腐败,在《克兰比尔》中批判了第三共和国司法的黑暗,在《企鹅岛》中则对第三共和国的社会弊端进行了全面的揭露和批判。

托马斯·哈代(1840—1928)的作品以农村题材为主,在《德伯家的苔丝》等反映英国农村社会生活的作品中,哈代揭示了资本主义的发展对英国农村带来的影响。另一位批判现实主义作家是苏格兰女作家艾捷尔·丽莲·伏尼契(1864—1960),她为后人所留下的不朽名著《牛虻》,歌颂了意大利民族统一运动,并塑造了一个革命者牛虻的光辉形象。

这一时期德国的批判现实主义文学也开始出现,冯达诺(1819—1898)和霍普特曼(1862—1946)是其著名代表。冯达诺在他的小说《沙赫·冯·乌特诺夫》《燕妮·特莱贝尔夫人》《艾菲·布利斯特》中,对德国的封建贵族、资产阶级和普鲁士社会伦理道德进行了有力的批判。霍普特曼的批判现实主义作品则主要是反映德国社会的阶级冲突,《织工》就是其中的代表作。

自然主义文学 自然主义文学与批判现实主义文学有着密不可分的联系,批判现实主义后期的作家大都带有自然主义的色彩。自然主义文学流派从其产生上说,明显受到 19 世纪中叶的科学主义、实证主义以及实验科学的影响,如自然主义文学的著名代表左拉(1840—1902)就是在阅读了贝尔纳的《实验医学研究导论》后为自己的文学思想找到证据,从而提出其自然主义文学的基本主张的。这集中体现在他的《实验小说》《戏剧中的自然主义》《自然主义小说家》等自然主义文学理论著作中。

左拉认为文学家应该像自然科学那样从事文学活动,用生理学揭示文学作品中人物动机的来源,用心理学分析和把握人物的内心活动,将生理学与心理学结合起来实现文学人物的行为与内心的统一。他还强调社会环境对人的影响,因为人非孑然一身,他生活在某个社会环境中。这样,左拉就明确表达了自然主义文学的基本原则,"一切活动旨在从大自然中获取事实,然后研究事实的机制,同时一切活动随环境和形势的变化对事实产生影响"①。

左拉的自然主义文学思想在他的文学作品中得到了充分的体现,他的传世名著《卢贡—玛卡尔家族》的另一个名字就叫《第二帝国时期一个家族的自然史和社会史》,左拉把写这部文学巨著的目的确定为:第一,以生理学新的发展为线索,用一种科学的方法,研究一个家庭的血统与环境的问题;第二,通过各种事实和情感,通过发生的各种事件的细节,研究整个的第二帝国时代,并描写这个社会时期。左拉用了 25 年的时间,写下 20 多部小说,从各个不同方面展示了卢贡—玛卡尔家族的血统史(自然史)与生活史(社会史),其中最著名的是《卢贡家族的命运》《妇女乐园》《小酒店》《萌芽》《巴丝卡尔医生》等。

法国自然主义文学的许多著名代表都以左拉为中心,他们经常在巴黎近郊左拉的"梅塘别墅"聚会,因此形成一个"梅塘文学派"。莫泊桑、阿莱克西等都是该派的代表人物。此外,爱德蒙·龚古尔(1822—1896)和儒尔·龚古尔(1830—1870)兄弟也是法国自然主义文学的著名作家。自然主义文学对英国产生了一定的影响,英国自然主义文学的主要代表是阿瑟·莫里逊(1863—1945)。在《陋巷的故事》等作品中,莫里逊对伦敦贫民窟做了详细的描述。

唯美主义文学 唯美主义文学是 19 世纪末 20 世纪初兴起于法国的又一个文学流派。唯美主义文学受到康德审美思想中"美的无功利性"的思想影响,同时对浪漫主义文学毫无用处的抒发自己的感情,对批判现实主义

---

① 皮埃尔·布吕奈尔:《19 世纪法国文学史》,郑克鲁译,上海人民出版社,1997 年,第 233 页。

文学起不到多大作用的批判等都失去兴趣,希望避开社会现实,追求一种文学家内心的美的世界,强调为"艺术而艺术",反对艺术的现实性、社会性以及审美活动的目的性。作家应该站在现实世界的外面,以冷漠的眼光、不带个人感情地描写世界。

唯美主义文学主要以诗歌的形式表达对美的追求,其著名代表是戴奥菲尔·戈蒂耶(1811—1872)和被称为"帕纳斯派"的诗人。戈蒂耶认为,只有毫无用处的东西才是真正美的,而所有有用的东西都是丑的。他在《莫班小姐》的序言中明确提出诗人应该"为了艺术而艺术"的观点,在《珐琅与雕玉》中,戈蒂耶写出了这样的诗句:"一切消逝。——唯有健壮有力的艺术能永恒。"

帕纳斯派诗人因《现代帕纳斯》这本诗集而得名,帕纳斯是古希腊神话里太阳神阿波罗和诗神缪斯的领地。帕纳斯派诗人的主要代表是李勒(1818—1894)和邦维尔(1823—1891),他们认为"诗人应该是严肃的思想家,有强盛的想象力,并能以大胆、长期推敲的创作形象进行构思。"

象征主义文学 象征主义文学首先出现在法国,然后影响西方其他国家。19世纪80年代,法国诗人让·莫里亚斯(1856—1910)发表《象征主义宣言》,这被看做是法国象征主义文学开始登上文坛的标志。其主要特点是,强调主观意识,反对描写客观的世界,认为客观世界只是人的主观世界的象征,因此,作家应该尽可能地反映自己的内心世界和灵魂。诗歌是象征主义文学的主要表现形式。一般来说,象征主义诗歌意境深邃、语言艰涩、若明若暗,甚至充满一种神秘感,这也正是象征主义诗人所追求的效果。法国象征主义诗人的早期代表是波德莱尔(1821—1867),他的《恶之花》被认为是象征主义诗歌的早期代表作。象征主义的著名代表是马拉美(1842—1898)、魏尔兰(1844—1896)和兰波(1854—1891)。马拉美认为一首诗就是一种神秘,魏尔兰则认为让读者进入梦幻般的世界是诗歌的真正意义。象征主义文学存在的时间不长,影响也不大。

无产阶级文学的兴起 以法国巴黎公社文学为代表的无产阶级文学的兴起,是19世纪末20世纪初法国乃至西方文坛的一种新现象。它以反映无产阶级的利益为目标,对资本主义社会予以无情的揭露和批判,表达了鲜明的阶级立场以及爱国主义与国际主义的精神。欧仁·鲍狄埃(1816—1887)是巴黎公社时期无产阶级文学的著名代表,他的《一八七零年十月三十一日》,号召巴黎人民赶快起来进行革命,拯救法国于危难之中。1871年6月巴黎公社失败后,鲍狄埃写下了著名的《国际歌》,号召全世界无产者联合起来,进行推翻旧世界的斗争。路易斯·密歇尔的《和平示威》,号召人们携起手来,反对和制止帝国主义战争。爱弥尔·特勒的《巴黎换一块牛排》,讽刺了法国资产阶级政府的卖国和投降等。以巴黎公社文学为代表的无产阶级文学,虽然尚不十分成熟,但却为20世纪无产阶级文学的发展奠定了基础。

五、西方近代艺术

1. 西方近代绘画与建筑艺术

巴洛克艺术 巴洛克在英文中为 barroco,它来自于葡萄牙语 barrueco 一词,其基本意思是"奇特形状的珍珠"。它作为一种艺术风格的代名词,在17世纪以后为西方艺术和文化界所广泛采用。

巴洛克艺术在欧洲艺术中早已存在。它首先兴起于17世纪的意大利,然后逐渐地影响到欧洲和美洲各国。它通过各种奇异的造型、宏大的柱廊、庄严的雕塑装饰以及富有宗教色彩的天顶画等,将天国与人间融为一体,使人们置身其中似在天国,置身其外又在人间。可见,巴洛克艺术反映了17世纪时欧洲资本主义与封建主义、宗教与世俗之间充满对立的社会现实。

巴洛克艺术并非是17世纪欧洲艺术的唯一流派,古典主义艺术在当时的欧洲依然十分流行。与古典主义艺术相比,它具有以下的特点:第一,巴洛克不像古典主义那样重视形式和内容的规范,而是比较自由地表达主体对题材的现实感受;第二,它不像古典主义那样重视整体美和统一美,而是把丰富性和多样性放在首位;第三,它也不像古典主义那样重视稳定和均衡,而是力图表现运动,是一种动感的艺术;第四,巴洛克不像古典主义那样强调对色彩和节奏的节制,而是夸张色彩和节奏的强度和对比度。①

巴洛克艺术主要表现在建筑和绘画中。17世纪巴洛克式建筑的著名设计师是洛伦佐·贝尼尼(1598—1680)和克里斯朵夫·雷恩(1632—1723)。前者设计了罗马圣彼得大教堂前的大柱廊和广场,后者设计了英国的圣保罗大教堂。巴洛克建筑的主要特征是,建筑物规模宏大、巧夺天工,装饰方面奢侈华丽,大量采用圆柱、圆顶、表现神话传说中的雕塑等古典主义成分。现在西方国家到处都可以见到巴洛克式的建筑,如法国的卢森堡宫、英国的圣保罗大教堂、维也纳等地的政府建筑以及俄罗斯圣彼得堡附

---

① 罗芃、冯棠、孟华:《法国文化史》,北京大学出版社,1997年,第73页。

近彼得霍夫的沙皇皇宫等。

17世纪巴洛克风格绘画的杰出代表是佛兰德尔人彼得·保罗·鲁本斯(1577—1640)、凡·代克(1599—1641)和西班牙的委拉斯凯兹(1599—1660)。鲁本斯被人们誉为欧洲画坛的"无冕之王"。他的画题材广泛,造型宏伟,以对生命力的赞颂为显著特点。他尤其善画与宗教有关的女性裸体,粉红色的肌肤与浓郁的宗教气息相得益彰。最能体现鲁本斯绘画风格的作品是其代表作《掠夺吕西普的女儿》,画面上奔腾的两匹烈马、抢婚的两名男子和被抢的两名女子都处于剧烈的运动中,创作出一种十分热烈的气氛和场面。他的作品还有《维纳斯和阿多奈斯》和《命运之神在纺纱》等。凡·代克善于画欧洲王室的肖像画,英国国王詹姆士一世和查理一世的肖像画是其代表作。委拉斯凯兹则是西班牙宫廷的画师。

尽管巴洛克艺术是17世纪欧洲艺术的主流,但在当时仍然有一些画家并不遵循这一艺术风格,而是表现自己特有的风格,并且取得了巨大的成就。荷兰画家伦勃朗(1606—1669)就是其中之一。他的画重在给人一种内心的反省,因此,他的画有许多是取材于宗教故事;同时,伦勃朗对社会生活也进行描绘,《解剖课》就是伦勃朗著名的作品。荷兰画家哈尔斯(1580—1666)更加注意对现实社会题材的创作,在他的笔下,面带傻笑的醉鬼、热情洋溢的歌手、遭受不幸的孤儿都曾多次出现。

罗可可艺术 罗可可(rococo)一词来自于法语,意为贝壳装饰,18世纪用它来泛指一种欧洲艺术的风格。它与巴洛克艺术有较大的不同。罗可可艺术主要表现为:注重建筑内部的华丽装饰,讲究豪华舒适,富有世俗生活的浓重氛围,为达到该目标而进行的室内装饰往往到了无以复加的地步。在建筑物外部造型与装饰方面,它不再强调高大宽阔的柱廊、庄严肃穆的雕塑以及望而生畏的宗教画面,而是突出建筑物的玲珑剔透、优雅美观。罗可可艺术在绘画方面的突出特点是,反映宗教生活题材的画明显减少,而反映世俗生活尤其是上流社会女性的绘画十分流行,女性裸体画成为罗可可绘画艺术的主要内容,如论者所言:"被称为罗可可的艳情艺术主宰着18世纪的前半期。它以上流社会男女享乐生活为对象,描绘全裸或半裸的妇女和精美华丽的装饰。路易十五的情妇蓬巴杜夫人、杜巴利夫人的情趣左右着宫廷,致使美化妇女成为压倒一切的艺术风尚。"[①]

罗可可艺术在18世纪的法国最为流行,这与当时法国社会的现实紧密

---

① 中央美术学院编:《外国美术史》,人民美术出版社,1990年,第130页。

相关。路易十五时代法国上流社会普遍形成一种追求享乐的时尚,而高雅的贵族气质、华丽的绅士服装、优雅的花园别墅、浪漫的贵族沙龙以及无数的舞会甚至男女偷情等等,都被认为是上流社会的标志和时尚。以追求奢华的现实生活为中心的罗可可艺术,就在这样的历史背景下迅速兴起。

罗可可式建筑的典型代表是法国凡尔赛的小特里亚农宫和波茨坦的无忧宫,此外,当时欧洲上流社会大量存在的各种沙龙更是罗可可建筑的代表作。罗可可绘画的著名画家是华托(1684—1721),他以描绘男女艳情而著名。在其《舞蹈》中,一对翩翩起舞的青年男女在周围的贵族青年的衬托下浪漫悠闲,充满情趣。在《发舟西苔岛》中,他描绘了一群情侣离开神话中的爱情岛乘船归航前的场面。布歇(1730—1770)是罗可可绘画的又一著名代表,他的画有反映社会生活方面的,如《巴黎的叫卖》,但更多的是宫廷画、沙龙的装饰画,其中以取材于宗教的女性裸体画为主,并将宗教故事中的裸体女性用极度世俗的笔调加以描绘,以迎合当时的社会时尚,如《维纳斯的胜利》《狄安娜出浴》等。

新古典主义绘画 在18世纪末,正当罗可可艺术还十分流行的时候,欧洲艺术家中的一些人已经对这种注重享乐缺乏思想的艺术风格提出异议,他们提出应该回到古典主义当中,强调绘画本身应该体现的思想性。这种流行于18世纪末19世纪初的古典主义,在艺术思想上追求理性,借绘画表达画家个人的思想,因此被称为新古典主义。从艺术领域上说,新古典主义艺术主要体现在绘画方面。从流行的区域上说,新古典主义绘画主要盛行于法国和德国。

德国艺术家较早对新古典主义绘画理论进行了概括,美术史学家温克尔曼(1717—1768)将新古典主义绘画的原则确定为"高贵的单纯,静穆的伟大"。新古典主义画家门斯(1728—1779)在《关于绘画之美和审美趣味的思考》中强调指出,审美趣味是评价绘画作品的重要标准,而蒂施拜因则在他的名作《歌德在坎帕尼亚》中实践了德国古典主义绘画的基本主张。

新古典主义绘画的最著名代表是法国的雅克·路易·大卫(1748—1825)。大卫的绘画中不乏弘扬单纯、静穆的作品,但从总体上说,他的作品更多地反映法国大革命时期的社会现实。他认为,美术是公民教育的一部分,它必须帮助人民获得幸福和灌输必要的道德,并且必须宣传政治的概念,所以"艺术不是目的是手段,为了援助某一政治概念的胜利"[①]

---

① 李浴:《西方美术史纲》,辽宁美术出版社,1980年,第434—488页。

大卫的新古典主义绘画生涯与大革命相始终,因为他本人就是大革命的积极参加者。在大革命前,他以《荷拉斯兄弟之誓》和《服毒的苏格拉底》呼唤自由,号召法国人起来革命。在大革命中,他又以《网球场宣誓》和《马拉之死》激励着法国人民进行革命。在拿破仑帝国时期,他以《拿破仑一世皇帝的加冕礼》和《授旗式》等称颂拿破仑的伟大,歌颂大革命的光辉业绩。在法国大革命后,他又以《库尔贝先生像》反映法国大资产阶级的内在本性。

法国新古典主义绘画后期代表人物是安格尔(1780—1867)和格罗(1771—1835),他们都是大卫的得意门生,并在他之后高举起法国新古典主义绘画的大旗。安格尔的绘画主要以描绘女性裸体为主,通过安静的女性裸体使人产生尊敬与沉思。他认为,安静是人体首要之美,同样,在生活中,明智为心灵的最高体现。《泉》和《土耳其浴室》就是全面体现其艺术思想的名作,西方艺术家也给予他很高的评价,认为"他的作品充满美的严肃性的特征,就他而言,美产生于形式的诗意……他的技艺在于表现安宁、尊敬与沉思。因此,他是一个真正的古典派"①。格罗的《拿破仑在埃伊劳战场》也是法国新古典主义绘画后期的著名作品,并对浪漫主义绘画大师德拉克洛瓦产生了影响。

浪漫主义绘画 浪漫主义绘画产生并流行于19世纪中期的英国和法国,它是一种与新古典主义相对抗的艺术流派。从艺术源流上说,新古典主义推崇古希腊和古罗马文化和艺术风格,而浪漫主义则从中世纪文化寻找其源泉;从手法上说,新古典主义轻视色彩,强调作品整体的均衡性和静感,使用水平和垂直的线条,而浪漫主义则重视色彩的作用,强调以色彩表达感情,重视作品所表现的动感,不注意作品整体的均衡性,甚至有意破坏作品的均衡性,突出作品局部的强烈的震撼力;从思想性上说,新古典主义强调作品所体现的是理性,而浪漫主义则强调艺术家及其作品本身的个性;从题材上看,浪漫主义不仅重视西方文化题材,而且也注重吸收东方文化题材。

浪漫主义艺术风格主要反映在绘画上,法国浪漫主义绘画则代表了该流派的最高成就。席里柯(1791—1824)的《梅杜萨之筏》宣告了浪漫主义绘画在法国的诞生。他以1816年法国梅杜萨号船出海遇难这一事件为题材而创作的这一不朽之作,用斜线和三角造型、黑白分明的色彩对比,描绘了遇难人员在海上漂流十多天后的绝望和期盼、求生和死亡、悲哀和等待等

---

① 郭华榕:《法兰西文化的魅力》,三联书店,1992年,第25页。

充满矛盾的复杂感情,给人以强烈的震撼。

德拉克洛瓦(1798—1863)是法国浪漫主义绘画鼎盛时期的著名代表,被西方艺术界称为"浪漫主义的狮子"。他曾受到后期新古典主义画家格罗作品的影响,其著名作品《希阿岛的屠杀》就是在观看了格罗的《拿破仑在埃伊劳战场》后创作出来的,但在《希阿岛的屠杀》中,德拉克洛瓦为了生动再现土耳其人对希腊人的大屠杀,使作品能够震撼人心,他采用了强烈对比的色彩、粗犷有力的线条、明暗分明的远景与近景,甚至半裸体的手法。《自由引导人民前进》是德拉克洛瓦最著名的浪漫主义作品,自由女神居中站立,她一手向前挥动着三色旗,另一只手紧握着枪,微微右转,面朝民众,正在引导法国人民为自由而前进,在她的旁边是各种各样的法国民众,有成年人,更有一个双手拿着枪的少年,他们有的倒在了血泊中,有的还在勇敢向前,而远处的天空一明一暗,强烈的对比使人犹如置身于为自由而战的场景之中。

英国浪漫主义绘画的著名代表是透纳(1775—1851),其作品以风景画为主。在风景画中,他比较注重用光线的明暗、云雾的浓淡以及空气的变化以达到良好的视觉效果。他创作的《海上的火》《贩奴船》就是这方面的杰作。

现实主义绘画与巴比松派 现实主义绘画兴起于19世纪初,盛行于19世纪中叶。从题材上说,它主要以社会现实生活为题材;从艺术形式上说,除了通常所说的绘画外,版画和漫画等更能简洁明了地反映现实生活的艺术形式占有重要位置;从艺术手法上说,现实主义绘画不像新古典主义绘画那样细腻入微,也不像浪漫主义绘画那样色彩鲜艳、对比强烈,而是突出粗犷,强调力量。

19世纪中叶,欧洲大多数现实主义画家都是当时正在进行的革命的支持者和参与者,因此反映阶级冲突、揭露社会弊端、讽刺资本统治、同情普通民众的作品占主导地位,同时也出现一批现实主义风景画家,即所谓的巴比松画派。从总体上来说,现实主义绘画在19世纪中叶欧洲各国都有发展,但也因各国的社会发展状况不同而存在着一定的差别。在法国,它主要以社会生活为主题,同时风景画也取得重大的成就。在英国,它主要表现在自然风景画方面。在德国,它主要反映当时的阶级冲突。

杜米埃(1808—1879)和库尔贝(1819—1877)是法国现实主义绘画的杰出代表。杜米埃亲身参加过1848年法国革命和巴黎公社革命,其绘画也与当时的革命运动紧密相连。七月革命时他创作了《七月英雄》和《立法大肚子》等作品;1848年革命时期,他创作了《法国人的最后一个国王路易·菲利普》《1848年的共和国》和《街垒中的家庭》等;第二帝国时期创作了《议会的面貌》《司法的象征》和《可怜的法国》等;巴黎公社时又创作了反映人民同反动势力进行斗争的作品。库尔贝的作品则以反映普通人的社会生活为主,借此表达对平民的同情和对社会的不满。《奥南的午餐》《奥南的葬礼》和《打石工》等就是这方面的代表作,而他在1853年创作的《浴女》,则一改安格尔笔下静穆裸女的形象,创作出了粗犷、结实而又充满活力的农村妇女形象。

以柯罗(1796—1875)和米勒(1814—1875)为主要代表的法国现实主义风景画家,经常聚集在巴黎近郊的巴比松从事创作,他们也因之被称为巴比松画派。柯罗的《春天树下的小道》、米勒的《拾穗者》都是法国巴比松画派的杰作。

英国现实主义绘画的重要代表是康斯坦布尔(1776—1837)。他以大自然为描绘的对象,用现实主义手法创作出一幅幅英国风景画,其作品色彩绚丽而又不失朴实,富有泥土气息与自然和谐的情调,其中以《干草车》《麦田》和《山谷田庄》最为著名。

德国现实主义画家的主要代表是门采尔(1815—1905)和珂勒惠支(1867—1945)。他们都以德国的社会现实为主题。门采尔参加过1848年德国革命,并为此创作了《三月死难烈士的葬礼》,他的《轧钢工厂》则真实地反映了统一后德国无产阶级的劳动与生活,被誉为"欧洲艺术中最早描绘无产阶级劳动的画幅之一"①。德国现实主义女画家珂勒惠支的作品,始终紧紧把握德国阶级斗争的脉搏,并反映德国普通民众生活的艰辛,《织工起义》《农民战争》《饥饿》《失业》《面包》《死亡》等就是这方面的著名作品。

印象主义画派 印象主义画派出现于19世纪60年代的法国,19世纪80年代兴盛于整个欧洲。当时,法国一些年轻的画家不满于法国画坛传统的题材和表现手法,同时对学院派绘画注重理性等也提出异议,他们要追求新的绘画表现手法,选择新的绘画题材,创作出不同于学院派的新作品。这批年轻的画家受到当时光学和色彩学的影响,开始注意用光和色的合理搭配进行绘画创作的尝试,从而产生了影响深远的印象主义绘画。

印象主义绘画的特点是,在取材上不再以历史和宗教题材为主,而是以下层社会普通民众的生活和自然风光为主。在表现手法上,它明显地分为

---

① 刘汝礼、张少侠:《西方美术发展史》(2),人民美术出版社,1990年,第436页。

前后两个时期。前期印象主义注重用光和色的作用,不再注意画面的统一性与纵深性,而是强调在特定时刻的光和色的作用下画家对客体的感觉和印象。因此,在印象主义绘画作品中,同样的题材在不同画家的笔下往往会产生截然不同的效果。如莫奈(1840—1926)和雷诺阿(1841—1919)曾经在同一时间一起到塞纳河边的一个浴场写生,并各自创作了几幅《河边浴场》,但俩人反映同一客体的作品存在明显的不同。后期印象主义的作品仍然遵从前期印象主义注重光和色的传统,在内容上也基本恪守前期印象主义以反映客观真实为主的遗训,但后期印象主义画家更加强调个人的主观感受,甚至完全按照自身的感觉从事创作,作品也主要是画家对某种客体的主观感觉的反映,而不是客体自身的真实再现。

前期印象主义绘画的主要代表是马奈(1832—1883)、莫奈、德加(1834—1917)、雷诺阿和毕沙罗(1830—1903)。马奈的《草地上的午餐》以强调光和色在绘画中的突出作用以及平涂手法,宣布了印象主义绘画的诞生,他的《奥林匹亚》表明马奈印象主义绘画思想的基本成熟。1874年莫奈展出自己的作品《日出·印象》,以暗红的光线、蒙蒙的水雾、灿烂的朝霞等描绘了一幅日出的印象。这幅空前的作品震动了艺术界,印象主义也由此而得名。莫奈十分重视不同光线、色彩以及空气对绘画的影响,他常常在不同时间到同一个地方观察同一个物体,以探索不同时间条件下光线和色彩对绘画的影响。德加的印象主义绘画作品以能够很好地把握对象在瞬间的动作而见长,他的《赛马》《系鞋带的舞女》《舞台上的舞女》等都是印象主义的传世佳作。雷诺阿却能够把传统绘画技法与印象主义绘画技法有机相结合,他的妇女画《车厢》《浴女》等集中体现了这一特点。

后期印象主义的杰出代表是塞尚(1839—1906)、高更(1848—1903)和梵·高(1853—1890)。塞尚强调描绘对象在特定的瞬间给画家留下的深刻印象,而不拘泥于前期印象主义所提倡的对象的真实性,他的《草地上的午餐》已经与马奈的同名作品明显不同,他的大量的静物画都以表现画家对静物的瞬间感觉为主,而他的《玩纸牌的男人们》则更多是表现画家自身的感觉。高更的绘画在表现画家自身的感觉时更进一步,他几乎是在凭自己的感觉作画,其作品可以说就是他的思想的反映,有时甚至带有神秘的色彩,这集中体现在他的《我们从哪里来?我们是什么?我们到哪里去?》以及《游魂》和《塔希提的年轻姑娘》等作品中。梵·高完全根据自己的感觉作画,这位英年早逝、终日自我反思、忍受巨大精神痛苦的印象主义大师,为我们留下了《向日葵》等象征着生命和活力的优秀作品,还为我们留下了

《吃土豆的人们》等不朽之作。

2. 西方近代音乐

17、18世纪的西方音乐　西方近代音乐形成于17世纪,代替中世纪以来传统复调音乐的歌剧是西方近代音乐形成的标志,而意大利歌剧则代表该时期歌剧的最高水平。蒙特威尔第(1568—1643)是17世纪上半叶意大利歌剧的著名代表人物,他创建了近代意大利第一家歌剧院,他创作的《奥菲欧》和《波佩阿的加冕礼》有力地推动了意大利歌剧的发展。17世纪末的斯卡拉第(1659—1725)创作了125部歌剧和许多清唱剧,使意大利歌剧得到了进一步的发展。在该时期,意大利歌剧的两大主要流派——威尼斯派和那波利派已经形成。前者继承蒙特威尔第的传统,强调歌剧的动感效果和舞台的华丽色彩,而后者则发扬斯卡拉第的风格,重视歌剧的抒情作用。到18世纪初,歌剧在意大利获得长足发展。1736年,歌剧院遍及威尼斯的每一个教区。与此同时,意大利歌剧还迅速传播到法国、奥地利和德意志等地区。

如果说17世纪的西方音乐是意大利的歌剧时代,那么,18世纪的西方音乐则是德国和奥地利的交响乐时代。巴赫(1685—1750)、亨德尔(1685—1759)、格鲁克(1714—1787)、海顿(1732—1809)和莫扎特(1756—1791)是18世纪西方音乐舞台上耀眼的明星。

巴赫出身于音乐世家,被尊为"德国音乐之父",其作品主要是教堂音乐。《马太受难曲》《约翰受难曲》和《马克受难曲》就是这方面的代表作。此外,他还创作了大量的管弦乐,最著名的是《勃兰登堡协奏曲》和《平均律钢琴曲集》。

亨德尔与巴赫同庚、同乡,他为后人留下了30多部歌剧和圣乐。同时,他还是一位音乐大使。他将德国音乐介绍到意大利,又把意大利音乐介绍给英国人,从而在这三个国家之间架起一座音乐的桥梁,因此,他在18世纪西方音乐史上具有重要地位,并被贝多芬称为"我们当中的最伟大者"。

格鲁克对西方近代音乐的最大贡献在于倡导改革歌剧中的音乐。他认为,歌剧中的音乐是为戏剧本身服务的,它不能冲淡戏剧本身的中心地位。

海顿的杰出成就在于交响乐的创作上,他也因之被誉为"交响乐之父"。他一生创作了大量的音乐作品,其中交响乐107部,弦乐四重奏68首,三重奏20首,三重唱128首,钢琴三重奏39首,钢琴奏鸣曲60首,钢琴协奏曲3首,风琴协奏曲5首,意大利歌剧15部。海顿的音乐作品奠定了交响乐结构术和风格的基本原则。

莫扎特被称为"音乐神童",这位3岁会弹钢琴、5岁会作曲子、7岁开始巡回演出、14岁指挥大型音乐会的音乐天才,一生都在为音乐和生活而奔波,从而为18世纪西方音乐史书写了壮丽的篇章。莫扎特一共留下600多部作品,其中奏鸣曲77首,交响乐52首,四重奏29首,协奏曲51首,嬉戏剧96首,歌剧22部。他的作品气势宏大,富有创造力。但是在歌剧理论方面,莫扎特与格鲁克完全相反,他坚决主张在歌剧中诗歌必须绝对服从音乐。《费加罗的婚礼》等就是莫扎特歌剧的经典作品。

值得指出的是,18世纪末的法国大革命对当时的法国音乐以及欧洲音乐产生了重要影响。法国大革命的爆发,极大地激发起法国人民的革命热情和爱国主义热情。为了鼓舞人民群众的斗志,号召人民保卫法国的民族独立,保卫法国大革命的胜利成果,当时的作曲家创作了大量激动人心的革命歌曲,主要有里尔作曲的《马赛曲》、梅雨尔作曲的《出征歌》、高赛克作曲的《7月14日》和《共和国的胜利》以及格雷特里作曲的《共和国的女代表》等,其中最著名的是《马赛曲》,歌声用铿锵有力的歌词,唤起人们的斗志:"起来,祖国的儿女们,光荣的日子来到了。"号召人们"武装起来,公民们,组成你们的队列,前进!前进!用污浊的血,灌溉我们的田地"。[①] 1795年7月15日,革命政府决定将《马赛曲》定为法国国歌。《马赛曲》不仅成为法国大革命时的著名歌曲,而且成为影响世界革命的名曲。

19世纪的西方音乐 18世纪的西方音乐比较强调音乐本身的美,因此被称为古典音乐时代。在19世纪,浪漫主义音乐开始兴起,它追求的是通过多种形式实现音乐对人的心灵的感动,抒发作曲家内心的感情。在该时期,德国和奥地利依然代表着西方音乐的最高水平,法国和意大利的歌剧也有进一步的发展。

贝多芬(1770—1827)是19世纪德国最伟大的音乐家。他一生都在与命运抗争,《命运交响曲》即反映了这位音乐大师对命运的深刻理解。他对革命英雄十分崇拜,这促使他为拿破仑写下《英雄交响曲》。他酷爱自由,反对专制,所以当他得知拿破仑称帝后便将《英雄交响曲》改为《英雄交响曲,为纪念一位死去的英雄而作》。他对大自然充满了无限的爱,并为此而创作了《田园交响曲》《月光奏鸣曲》和《热情奏鸣曲》。贝多芬忍受耳聋的痛苦,他遵循"发自内心才能进入内心"的原则,创作出了无数伟大的震撼

---

① 朱敬修:《外国音乐史》,河南大学出版社,1995年,第78页。

人心的作品。

舒伯特(1797—1828)是一位英年早逝的音乐家。在31年的短暂生命中,他为后人留下了634部作品。舒伯特追求个性,向往自由,他的大部分作品都是即兴创作的,有的甚至写在乡下小餐馆的菜单背面。他是一位富有诗人气质的音乐家,对诗歌有很高的理解力和鉴赏力,他为当时许多的著名诗人如歌德、席勒、海涅、缪勒等人的诗歌谱了曲。《野玫瑰》《春之信念》和《死神与少女》就是他的代表作。

门德尔松(1809—1847)是又一位英年早逝的音乐家。他十分推崇18世纪古典音乐。他创建了莱比锡音乐学院,并在学院音乐厅亲自指挥演奏古典音乐大师巴赫的《马太受难曲》。他创作了大量的交响乐和协奏曲,但是最有名的是他根据莎士比亚的《仲夏夜之梦》所改编的同名曲。

舒曼(1810—1856)最初学习法律,后转学音乐,想成为一名钢琴家,不幸手指损伤,只好改攻音乐创作。舒曼的作品多为钢琴曲,《狂欢节》《蝴蝶》《童年情景》和《交响乐练习曲》都是他的著名钢琴曲。除了从事音乐创作外,他还办报纸,从事音乐理论研究,并极力推荐音乐界的优秀人才和作品,舒伯特、贝多芬、肖邦、李斯特等都曾经得到过他的推荐或介绍。

瓦格纳(1813—1883)最初钟情于戏剧,后来他发现音乐更富有戏剧的场面而移情于音乐。他是一位集各种思想于一身的人物,这一特点在其音乐作品中也有所体现。在他的《特里斯坦与伏索尔德》中,可以发现叔本华悲观主义的情调,在他的《帕西发尔》中,又可以听到尼采哲学中"超人"的声音。他的歌剧以神话为题材,但在理论上,瓦格纳却主张将各种音乐艺术结合于歌剧之中,这体现于他的《歌剧与戏剧》等理论作品和《黎恩济》等歌剧作品中。

在19世纪末,德国和奥地利最著名的音乐家当为勃拉姆斯(1833—1897)和约翰·施特劳斯(1825—1899)。勃拉姆斯也推崇古典音乐,并认为音乐必须追求一种音乐本身的美,而不应该饰以其他形式的艺术加工,他努力继承从巴赫到贝多芬的古典音乐传统。正因为此,对古典音乐情有独钟的舒曼也极力推荐他。在音乐作品上,勃拉姆斯十分注意民间音乐的收集和整理,并把这看做是自己的音乐创作的源泉,《德意志民歌》等就是他艰辛整理出的作品,大量的交响乐曲、协奏曲、奏鸣曲等都是他按照严格的古典音乐传统创作的。

约翰·施特劳斯是世界音乐界公认的"圆舞曲之王",他的父亲老约翰·施特劳斯(1804—1849)已经是著名的圆舞曲创作家,小约翰子承父业将圆舞曲推至顶峰。他一生创作了400多首圆舞曲,其中《蓝色的多瑙河》《春之声》《美丽的五月》以及《维也纳森林的故事》都是圆舞曲的经典作品。

在19世纪,歌剧在意大利和法国得到了进一步的发展。在意大利,这要归功于罗西尼(1792—1868)和威尔第(1813—1901)。罗西尼通过自己的歌剧作品实现了意大利歌剧在19世纪初的复兴,并使整个欧洲再次感受到意大利歌剧的巨大震撼力。罗西尼带着他的歌剧作品到欧洲各国巡回演出,其中《威廉·退尔》一剧仅在巴黎就公演500多场。当时,巴黎万人空巷,人们争相领略意大利歌剧的无穷魅力。威尔第不仅把意大利民歌融入歌剧之中,而且还重视歌剧内容的更新,使之与意大利的社会现实相结合,赋予它以新的生命力。《伦巴第人》是富有现实性的歌剧作品,《茶花女》则是意大利民歌艺术与歌剧艺术结合的杰作。此外,唐尼采第(1797—1848)、贝里尼(1801—1835)、普契尼(1858—1924)和玛斯卡尼(1863—1945)等,都为19世纪意大利歌剧的发展做出了重要贡献。

19世纪法国歌剧的发展与柏辽兹(1803—1869)、古诺(1818—1893)以及比才(1838—1875)等人的名字紧紧相连。柏辽兹除创作歌剧外,还创作了大量的交响乐,《罗密欧与朱丽叶》是其代表作。古诺一生创作了12部歌剧,而他创作的《教皇进行曲》被选定为梵蒂冈教皇国的"国歌"。比才的歌剧名作《卡门》更是法国近代歌剧的经典。

推荐阅读书目

1. 佩里主编:《西方文明史》,胡万里等译,商务印书馆,1993年。
2. 查尔斯·辛格:《技术史》(第4卷),孙希忠等译,上海科技教育出版社,2004年。
3. 奇波拉:《欧洲经济史》(第3卷),商务印书馆,1989年。
4. 汤普森:《英国工人阶级的形成》,钱乘旦等译,译林出版社,2001年。
5. 钱乘旦:《第一个工业化社会》,四川人民出版社,1988年。
6. 约翰·斯梅尔:《中产阶级文化的起源》,陈勇译,上海人民出版社,2006年。
7. 约翰·麦克里兰:《西方政治思想史》,彭淮栋译,海南出版社,2003年。
8. 应奇:《从自由主义到后自由主义》,三联书店,2003年。
9. 罗素:《西方哲学史》(下卷),马元德译,商务印书馆,1976年。

10. 李赋宁总主编:《欧洲文学史》,商务印书馆,1999—2003 年。
11. 马德琳·梅因斯通、罗兰·梅因斯通、斯蒂芬·琼斯:《剑桥艺术史》(第 2 卷)钱乘旦译,中国青年出版社,1994 年。
12. Landes, David. *The Unbound Prometheus: Technological Change and Industrial Development in Western Europe from 1750 to the Present*, London, 1969.
13. Pollard, Sidney. *Peaceful Conquest: The Industrialization of Europe*, 1760 – 1970, Oxford Univ. Press, 1981.
14. Sylla, Richard and Gianni Toniolo eds., *Patterns of European Industrialization*, London, 1993.

第七章　西方文化的扩张与非欧民族传统文化的近代化转型

西方文化的扩张是伴随着西方资本主义经济的崛起及其经济体系的形成,特别是工业化进程中殖民扩张而展开的。自15世纪末地理大发现开辟了新航路之后,西方对外长达近四百年之久的殖民扩张,不仅是对非欧民族的军事征服和政治、经济控制,而且体现在与此目的相适应而持续进行的文化渗透。西方资本主义商业——工业文明对处在工业世界外围的大边缘带的冲击,一方面,导致了广大非欧民族原有的社会秩序与发展进程出现了突发性的崩坏和中断,使其生产力形态与产业结构由农业文明或游牧文明被强制性地逐步向工业文明转变;另一方面,也由此促使了非欧民族传统文化与西方资本主义文化在不断碰撞、交融和整合的基础上,程度不等地发生了向近代化的转型。

一、近代西方文化冲击下的亚洲文化

1. 碰撞与变异——印度传统文化的变异与印英复合型文化的产生

在亚洲,印度可谓是受西方文化冲击最早、影响最深的一个国家。从16世纪初到19世纪中叶,伴随着西方殖民势力的步步侵入和英国东印度公司在印度殖民霸权的建立,西方文化的影响日益加深,以致印度传统文化发生变异,并在与西方文化的冲突和交融中逐渐产生了英—印复合型文化。

基督教的传入与渗透　印度传统文化的现代转型,首先发轫于西方基督教文明在次大陆的输入与传播。一般认为,西方基督教传入印度是公元4世纪,主要通过来自西亚基督教移民和叙利亚传教士的媒介所致。早期基督教在入印之后,其宗教要旨、教徒的行为方式及活动范围等方面,在相当程度上发生了"入乡随俗"的变化与改造,使葡萄牙人在16世纪建立殖民统治之时,基督教徒已受到印度教徒很大的尊敬。

17—18世纪中叶,随着西方商业资本主义的扩张,基督教在次大陆的传播、扩展逐步得以西化,西方传教士来印的人数也相应增多。但与早期入印的传教士不同的是,这一时期很多传教士的使命,并不注重其传经布道的本职,而是作为其所属国及相关机构开展对印商贸活动过程中了解印度当地风土人情和进行语言交流的中介,以及为驻印商馆人员提供有关婚丧礼仪、子女受洗和祈祷活动等方面服务的"精神福利"。不少教士实际上还亦教亦商,成了"纳包布"①。这种现象反映了基督教(主要是新教)的世俗化倾向,它表明基督教作为西方社会在走出中世纪这一社会转型时代文化变迁的主体,在经过了合乎西方社会发展的"改革"后所形成的"新教伦理",已成为推动西方资本主义发展进程的"精神内涵",并连同资本主义的殖民扩张、商业冒险、契约与交易规则以及个人主义、功利主义等方面,一道融合为西方近代资本主义文化的重要内容和向外输出的思想依据。

基督教充当殖民主义工具的主要表征,是把西方殖民者的世俗扩张行径神圣化。当1758年普拉西战役英国侵占了孟加拉地区后,这时西方传教士出于为野蛮的殖民主义寻求合理的文化辩护,把殖民掠夺和征服,美化为上帝委托的一项道德使命,加大了对基督新教的传播力度,并且将其视为"普世意识"和"拯救"被他们认为是落后民族文明的有效途径与手段。

基督教在印度的传播,若仅从宗教角度和传教层面而论,传教士们不遗余力的传经布道,力图使印人改宗皈依的努力,总体上收效甚微。据统计,1832年全印度改宗基督教的人数为1266人,到19世纪50年代,达到91000多人。及至印度独立之后,基督教徒也仅占印度总人口的2%强。② 这是有原因的,首先是因为,基督教是典型的一神教,只准信仰上帝,排斥其他一切神明,这显然与信仰无数神明的印度教教义是相冲突的,也同较宽容的印度人的心灵是不相容的。其次,印度人内心普遍有一种追求超越现世的欲望,而基督教无法满足他们的这种愿望,同时他们也不喜欢基督教徒过于世俗的生活方式。正如甘地所说:"在印度,宗教的传教者被认为是从世俗欲望中解脱的人。从释迦牟尼时代至今,几乎所有印度宗教创建者都是苦行主义者,他们过着禁欲主义的严肃生活。渴望从俗世中解脱,往升佛界或天国。但是基督教传教士有妻子儿女陪伴,身居雅室,行有车食有肉,他们的生活太世俗化了,使人感到无法超脱。""所有这一切都使我厌恶基督教。"③

---

① Na bob,印地语"富翁"之意。
② 纪祖莹:《印度基本情况》,世界知识出版社,1959年,第11、14页。
③ 甘地:《甘地自传》,杜危、吴耀宗译,商务印书馆,1995年,第29页。

当然，他后来也受了基督教的影响，但那是他站在追求与体验"真理"的高度上，主动了解和贴近基督教徒，以力求消除宗教隔阂的"有意之为"。再次，近代基督教在印度的传播是与殖民征服和统治联系在一起的，而基督教徒又基本上站在殖民统治者一边，这样，长期的殖民统治带给印度人受奴役、受屈辱的心理阴影，不可避免地会使印度绝大部分民众自觉或不自觉地对基督教深存着发自其朴素民族情感中本能而复杂的、挥之不去的疑惧、反感乃至排斥。因此，就整个情况来看，当时基督教及基督教徒实与印度社会的主流保持着一定的距离。然而，由于传教士传教的方法在以宣讲教义、巡回布道和出版、散发宗教书籍为主的同时，辅以医疗和办学等活动，这样又势必会在一定程度上对启发民智，发展教育、卫生事业以及破除印度教陈规陋习等方面具有进步的作用。

宗教改革与社会改革的兴起　随着以基督教文化为核心的西方资本主义文明强有力的冲击和渗透，19世纪初期以后印度资本主义逐步产生并发展起来。到19世纪中叶印度民族资产阶级出现。这样，一批出身于地主和商业资产阶级家庭的知识分子阶层开始形成。他们在勇于吸纳西方文化有益成分的同时，深感其传统的宗教意识束缚着人们的头脑，阻碍了社会的进步。于是大胆提出并呼吁，改变那些不符合时代要求的宗教信条和陈腐习俗，以使之适应社会变化的客观需要。由此，宗教改革运动呼之欲出。

率先提出并领导宗教改革运动的代表人物，是印度近代伟大的资产阶级启蒙思想家、社会改革家、民族民主主义运动的先驱，后被尊为"近代印度之父"的罗姆·摩罕·罗易（1774—1833）。罗易出生于西孟加拉一个显贵的婆罗门家庭，早年受过十分良好的教育，对近代欧洲人文社会科学中的各派哲学、法学、经济学以及文学名著有过广泛的接触和探讨。青年时代曾在印度许多地方游历考察过，并且有过在英东印度公司任职的经历，这使他学识渊博，视野宽阔，思想敏锐。他认为，在印度之所以要进行宗教改革，原因主要有两点：一是印度教种姓隔阂，宗派林立，这种分离倾向妨碍着印度教徒的政治觉醒，也阻碍了近代印度民族国家的形成；二是各种清规戒律与繁文缛节束缚和压抑了人们的个性，使"他们不能从事任何艰巨的事业"。因此，罗易从资产阶级的民族民主思想出发，结合印度教经典的传统理论，倡导宗教改革和社会改革，以改变印度社会封建愚昧的落后状态。

罗易的主张奠定了印度宗教改革的基调，这就是倡导启蒙和力行社会改革。1815年，他在定居加尔各答后，潜心研究宗教理论，并在此基础上，躬身实践。首先，他反对正统的印度教信奉多神，崇拜偶像，沉迷于繁琐礼仪和墨守陈规,认为这种消极遁世、缺少活力和生气的状态,完全不符合进取精神和平等意识,也同社会的进步与发展背道而驰。为此,他以《吠陀》经为依据,同时摄取了基督教和伊斯兰教的一元论伦理思想,从而提出了自己以"一神论"为核心的宗教神学思想。他认为,宇宙间只有一个神——梵,梵是一种最高存在,是万物的创造者,故亦称梵天神。梵天神无形无体,是非人格化的、抽象的理性对象,人只要崇敬神即可悟到神,与神同在,因而用不着繁琐的礼仪和偶像崇拜,也无需由婆罗门祭司来传递神启,敬神的方式可简化为祈祷和默思。罗易的这种主张不仅打破了印度教的多神崇拜和繁文缛节,而且也冲击了婆罗门祭司至高无上的地位,为印度教改革提供了理论依据。其次,针对印度教内长期存在的萨提(即寡妇自焚殉夫)制、童婚、多妻、禁止寡妇再嫁以及种姓歧视等陋习,积极发起社会改革运动,提倡男女平等,反对种姓隔阂。再次,于1828年在加尔各答创立了近代第一个印度教改革团体"梵社"。该组织对以后印度的宗教、社会和政治革新做了大量的开拓性工作,特别是宣传新的宗教思想,兴办新型学校,普及世俗教育,传播西方科技,出版民族报刊,鼓励国民参政和推动司法改革等方面。尽管在政治主张上他的态度较为温和,但作为"开创现代印度的伟大先驱"(泰戈尔语),他第一个架起了从种姓、迷信和专制通向人性、科学和民主的桥梁。

在罗易的倡导和推动下,19世纪前半期,印度的宗教改革运动首先在占总人口3/4的印度教中展开。60年代以后,伊斯兰教(教徒人数约占总人口的22%)和锡克教也相继行动起来。

由于宗教改革是适应印度社会发展的需要,适应资产阶级利益要求而进行的,因此,伴随着改革的进程与深入,传统的框框必然会逐渐被打破,从而引出新的原则精神。在印度教改革中,除以一神论代替多神论、用内心崇敬取代烦琐祭礼外,还有以下三点原则和内容:第一,对所信奉的神学体系及其经典文献,不绝对化,而是根据现实生活并按照理性的原则进行取舍和解释。第二,主张积极行动,反对消极遁世,为社会服务,富有献身精神。第三,强调建立新的伦理道德观念。罗易在研究各种宗教经典时,除注意一神论的论述外,最关注的就是道德问题。1820年,他借鉴基督教《圣经》中有关道德的论述,发表了题为《耶稣的教训:安宁与幸福的向导》一书。书中强调人要有社会行为的道德感,对人要有同情心等资产阶级的人道主义精神。他还摘引了《圣经》中论述道德的精髓部分,用梵文和孟加拉文两种文本同时发表。很显然,这是把资产阶级的自由、平等、博爱的思想和道德原则引为教义,变成宗教信条来加以推行。① 可见,印度的宗教改革与社会改革是西方文化冲击的结果,也是印度民族独立运动的早期先声。

英语教育的引进与现代教育制度的确立 这是英国征服印度后,西方文化对印度的冲击和影响在教育领域里带来的最为明显与深远的变化。

18世纪后期,随着英国在印殖民统治进一步巩固,英印当局出于政治控制和经济掠夺的需要,以及加强对英属殖民地的改造,急需一批为殖民统治服务的能读会写英语的商业掮客和政府低级职员。为此,英国殖民当局把英语教育逐步引入印度,以适应时势的要求,现代教育制度也因此在印度确立。

1833年,在总督维廉·卡文迪什·本廷克(1828—1835)的支持下,就任印度总督府参事、法律委员和教育总监的麦考莱采取断然措施,决定在全印推行英语教育制度。1835年3月,英印政府通过了教育备忘录,声称:"英国政府的首要目的是要在印度人中间推行欧洲的文学和科学,所有拨作教育用途的资金,都只能很好地用于实施英语教育。"1844年,哈丁总督(1844—1848年)上任伊始又宣布,今后在印度实行文官考试制度,规定英印政府中所有公务人员的录用都必须通过英语公开考试。这个规定对于英语教育无疑是一个巨大的推动。此后英语教育也在小学引起了高度重视,这样,印度传统的教育制度渐遭轻视和消解。

1854年,英国国务大臣伍德制定了一个印度教育新方案,史称《急件》或《伍德文件》。这是英国政府第一次以立法形式制定的针对印度的教育政策。它第一次确立了印度从初级学校到大学的现代教育体系;第一次提出了推广现代学校的设想和鼓励私人办学(包括女子学校②)的措施;第一次规定了辖区内各省均设教育部,由政府指派督学人员的行政设置;并强调了教育必须是非宗教性的世俗理念。

《伍德文件》奠定了英属印度英语教育制度的基础,对印度近代教育的形成与发展产生了极为深远的影响。此后,印度的教育得到了一定程度的发展。1857年,仿照伦敦大学模式的印度第一所大学——加尔各答大学正式创立。紧接着又创立了孟买大学和马德拉斯大学,再往后是拉合尔大学和阿拉哈巴德大学等。与此同时,几所技术学校和医学校也建立起来,同样

---

① 培伦主编:《印度通史》,黑龙江人民出版社,1990年,第349—350页。
② 印度普通妇女接受正规的学校教育,始于1823年一些英国传教团先后在孟买和孟加拉开办的女子学校。

有较快发展的还有初级学校。至此,印度的现代教育制度得以确立。西方现代教育制度的确立,一方面造就了印度现代知识分子阶层的崛起与扩大,另一方面也唤起了不断接受西方自由、民主、平等思想与观念的印度新兴资产阶级和现代知识分子争取民族独立运动的兴起。

泰戈尔与印度近现代文学 殖民化的"双重使命"在冲击并打破了印度封闭式传统文化的同时,也孕育了印度新的开放型现代文化,且伴随着民族资产阶级的产生、成长及其民族斗争的发展而逐步成熟起来。

文学是现实生活的直接反映。当1858年整个印度完全沦为殖民地后,英国殖民者的统治与掠夺,印度社会的贫困与沦落,以及英印民族矛盾的加深与激化,这一切使得从19世纪中期不断崛起、且一度对西方文化相当膜拜的印度资产阶级和新兴知识阶层逐渐认清了英国统治印度的真正用意。他们突然发觉自己处在外来者统治下的社会、国家和人民是如此的可悲,于是,试图把这种可悲连同对本民族的忧患用各种文学的形式表现出来。这样,对殖民时代社会种种现实的直陈、揭露、批判、反思和维护民族尊严的自觉性,促使了从17世纪下半期开始萌芽的印度近代文学,到19世纪中期后,一改中世纪古典文学脱离实际的形式主义创作手法和体裁限制,向主要表现社会现实性和历史文化性的方向转化。与此同时,由英国带来的西方文化思潮,特别是英国浪漫主义诗歌和英法现实主义小说在印度的翻译出版,也影响了印度近代文学的发展。

孟加拉地区由于历史和地理方面的原因,经济和文化的发展先于印度其他各地,加之,又是深受英印复合型文化教育的印度知识阶层的诞生地,所以,富有民族主义思想的资产阶级知识分子的活动也比其他地区活跃。罗易的宗教启蒙改革和社会改革即发端于此,同时,他本人作为成就卓著的散文大师所提出的文学要为社会服务的口号,对当时印度的文学界产生了巨大的影响。此后,印度文坛不论是小说、戏剧还是散文、诗歌,无不深刻地反映并深化着这一主题。

在印度近代文学史上,罗宾德拉纳特·泰戈尔(1861—1941)可谓是最伟大的诗人和作家,也是获得诺贝尔文学奖的第一个东方作家。他出身于加尔各答一个极富文学和艺术教育的开明家庭,祖父和父亲都是著名的社会活动家、宗教改革家。1880年,泰戈尔开始了文学创作生涯。从1882年出版第一本诗集《暮歌》到1941年8月7日逝世的60年中,他创作勤奋,涉猎广泛,著述极丰,总共留下了50多部诗集、12部中长篇小说、100多篇短篇小说、20余部剧本、30多部散文作品、1500多幅绘画和2500多首歌曲,以及大量的书信和有关文学、哲学、政治、宗教方面的论著。印度国歌《向祖国致敬》的词曲也出自他手。上述作品的主题既有对殖民者专横暴虐的鞭挞,也有热烈颂扬爱国的激情,还有对封建礼教、宗教偏见、种姓对立、落后习俗的批判以及追求自由解放的理想,在一定程度上反映和展现了近代印度人民反殖反帝反封建斗争的时代精神。特别是在诗歌方面,他打破了孟加拉文学传统的诗歌格律,创造了新的韵律、新的格调和新的语言,既富民族特色,又具抒情诗意,且兼带神秘色彩和伤感情调。1913 年,他的抒情诗集《吉檀迦利》(为颂神的"献歌")由于开创了"兼备诗歌的柔美和散文的刚劲"这一韵律和谐的文体与诗风①,而被授予了诺贝尔文学奖。他本人也因此赢得了"诗圣"的美誉。另外,他的短篇小说也极具影响,并不逊于其诗歌成就。可以说,他的杰出才能和卓越成就,不仅使他本人跻身于世界文坛的前列,而且印度文学也因他而走向了世界。

诞生与勃兴——印度近现代科技的演进 从某种意义上讲,印度近代科学技术的产生是西方工业文明输入和影响的结果,是英国殖民统治不自觉的"建设性使命"的产物。因为英国为了保证在军事、行政和经济上对印度的控制,大量地引进了西方近代的科学技术,如测量学、三角和几何学、水文地理和地质学,并建立了几十个有关上述学科的科研机构。与此同时,印度资产阶级启蒙活动家也热衷于科学知识的普及和西式教育。通过抱着不同动机的人们的共同努力,19 世纪中期之后,印度各地先后创办了不少新式学校,特别是新型大学和学院,从而为近代科学技术的传播与发展提供了有利的条件。

印度近代科学研究是以 1784 年加尔各答亚洲学会的建立为开端的。在这个学会的带动下,1866 年创办了加尔各答印度博物馆,1820 年又建立了印度农业学会。1876 年建立的科学研究协会,是当时印度的重要科研中心。1907 年和 1908 年,先后在浦那和加尔各答建立了印度数学学会,首次发行学术刊物《数学季刊》。1924 年创建了地质矿产和冶金学会,1935 年又建立了印度科学信息协会,并出版月刊《科学与文化》。到 1940 年底,印度各地建立的各种学科的科学研究团体共有 38 个。②

由于现代教育制度的较早确立和各种学科的研究团体与机构的相继出

---

① 见瑞典学院诺贝尔委员会主席哈拉尔德·雅奈在 1914 年 1 月 24 日诺贝尔文学奖颁奖会上的《授奖辞》。
② 培伦主编:《印度通史》,黑龙江人民出版社,1990 年,第 660—661 页。

现,促进了印度近代科技研究工作的开展。印度科学家经过长期艰苦而巨大的努力,取得了相当大的成就,甚至在个别领域达到了世界先进水平。如在光学、声学和分子物理学方面的诸多研究和著述而闻名世界的著名物理学家拉曼博士(1888—1970),1928年因发现了具有重大理论意义的光的组合散射现象——"拉曼效应"而获得了1930年的诺贝尔物理学奖。此外,成就卓著的科学家还有在实验物理学和生物学方面取得突破性进展的鲍斯(1858—1937)、对汞化物研究有重大突破的拉伊等人。上述科研团体和机构连同科学家本人的成就,为独立后印度的科技发展奠定了良好的基础。

2. 裂变与整合——中国传统文化的近代转型和历程

以儒学为核心,包括其他多种复合因素的中国传统文化作为农业—宗法社会的产物,就其形成、成熟和发展的进程来看,由于起点高、定型早,加之历史的连续性、稳定性,以及所处地理环境的相对封闭性和内向性,因而在近代以前,虽曾先后经受了佛教输入、游牧民族入主中原、西域商人来华贸易等外部异源文化的冲击,但与周边文化的关系,总体上呈现出一种由较高势能向低势能的单向性辐射传播方式。①

这种格局到了明末清初,由于"西学东渐"逐步有所转变。从明万历九年(1582)意大利传教士利玛窦等人来华开始,到清乾隆二十二年(1757)实行闭关政策为止的大约200年间,随着以欧洲传教士为主体对西方文化的逐步传输活动,中西之间曾一度出现了文化对等的交往与汇合。然而到清中期,由于清政府实行了闭关锁国和文化专制政策,这种交往完全中断了。

及至1840年鸦片战争后,伴随中西文化因中西社会发展差距的拉大和西方殖民主义造成中国社会的半殖民地化,中国传统文化及其封闭格局在面对业已进入近代资本主义工业文明时代的西方文化的强力冲击下,终于一步步地发生了崩溃和裂变,并且不得不在应对纷至沓来的内外挑战的过程中逐渐地进行整合与转换。

近代中西文化的接触、碰撞、融会,就其内容、层面和过程来看,大体上先是物质接触,进而制度借鉴,最后是精神交往。西学的传入以及中国人对西学内涵的了解,也历经了一个始言技、继而言政、进而言教的过程。但这只是为了叙述的方便所做的大略划分,其实,西方不同层次文化的进入,有时是互相交错、并行不悖的。

---

① 萧功秦:《萧功秦集》,黑龙江教育出版社,1995年,第505页。

近代西方实用科学的传入及其影响 近代西方文化昭示于中国的,首先是其步入工业文明时代的先进器物。从1840年鸦片战争到1895年甲午战争前后的50余年间,主要是近代西人的实用科学传入的阶段。两次鸦片战争的惨败,使清政府和部分士大夫在领教了西人的"船坚炮利"之后,逐渐激起了对西方器艺的惊羡并开始逐步引进。其中,在19世纪60年代之前,以林则徐、魏源为代表的少数官员和学者,曾率先突破了传统的华夏文化中心观,开始了解和研究外部世界,并以此为起点,明确提出了"师夷长技"这一新的文化旗号及其经世主张。这种大胆探索异域地志的勇气和勇于"开眼看世界"的开明思想,可谓是中国近代意识产生的起点和较为理智地承认与接纳西方文化的开端。

从19世纪60年代初到80年代,随着洋务思潮的出现和洋务运动的展开,西方的军事工业和民用工业依次移入,一些代表着西方近代文明物质载体的诸如制造局、新学堂、新式海军、工矿企业以及外交机构和报馆书局等,纷纷在华以官办、官督商办、官商合办或商办等形式出现,这不仅引发了工业化因素在中国封建社会的萌生,而且也使得中国社会进入以围绕军事技术和机器工业来摸索西学的实践时期。"制器之学原以格致为阶",为了制器而不得不翻译西书和培养外语人才。故于1863年成立京师同文馆。随后两年,上海、广州也先后建起性质相类的广方言馆。京沪译馆所出之书虽以军制与制造为两大类,但其中的数学和声、光、化、电等西方自然科学理论与技艺亦渐入中国,成为"格致之学",被视为是西学的精华。近代著名的科学家徐寿、徐建寅、李善兰、华衡芳等科学事业都与译书有不解之缘。这样,设馆译书成为西学传输的一个重要渠道。另一个重要途径是开始派遣留学生出国学习。在容闳"以西方之学术,灌输入中国,使中国日趋文明富强之境"的倡议和主持下,从1872—1875年,清政府先后派遣了第一批120名幼童赴美留学。1877年,又派出40人分赴英国和法国学习。到1896年前,在国外的留学生总计已达200名左右。① 这些早期的留学生是西学的实际传播者,成为中西沟通的最好中介。由于洋务运动是清政府出于挽救自身统治而进行的自上而下的"自强"运动,因此,主导这一时期国人对待西学的态度和思想是"以中国之伦常名教为原本,辅以诸国富强之术"的"中体西用"说。这既是洋务运动的纲领,也是洋务实践的指南;既反映了当时以曾国藩、李鸿章、张之洞等为代表的洋务派督抚大员们的初衷,也体

---

① 于语和、庾良辰主编:《近代中西文化交流史论》,山西教育出版社,1997年,第64页。

现了以郭嵩焘、薛福成、冯桂芬、王韬、郑观应、马建忠等为代表的早期改良主义思想家的意旨,具有开新与保守的双重性质。尽管其目的是要"扶大厦之将倾",但在具体实践中所汲取来的西学知识却对中国传统社会与文化产生了深刻而持久的冲击——那就是新的观念不断借助于具体的事物和事例逐渐改变着人们世代沿袭的成见和信念。这一点恐怕是洋务运动的倡导者们始料不及的。

西方实用科学传入的第三个时期凸现于中日甲午战争以后。这是因为,首先,甲午战败,使过去清廷中曾经极力反对洋务运动的部分守旧之士开始接受了洋务派的思想与主张,从而减少了对西方"实用之学"引入的阻力;其次,根据《马关条约》的规定,外国在华投资设厂合法化,促使外国列强加大了对华资本输出的力度。同时也刺激了中国民族资本主义工业的勃兴和实业救国、商业救国等热潮的出现。从 1895 年到第一次世界大战期间,中国的民族工业不断有所发展。其中,纺织和面粉工业进展最快,重工业部门以及电力、交通和运输业也有较大发展。然而,由于这些企业总体上规模较小,机械化程度较低,加之投资经营者又大都来自买办、士绅和旧式商人,一般均无独立的政治地位,而且对外国资本和本国封建官府依赖性较强,这就使其在近代中国半殖民地、半封建的二元经济格局中,始终未能成为主导的经济形态。尽管如此,这种以工业化为核心的现代化因素的出现,还是预示并造成了中国"传统社会的崩溃以及无所归依的心灵惆怅"①。

西方社会政治学说的传播及其政体模式的变革与实践 西方的社会政治学说与学术思想在华大规模地传播,如从思想史、文化史的角度考察,始于 1895 年的甲午战争,它揭开了近代中国资产阶级新文化运动的序幕。②

维新运动是西方社会政治学说在中国传播的第一个时期。从 1895 年到 1898 年,以康有为、梁启超、严复、谭嗣同等为代表的、反映新兴资产阶级利益和愿望的维新派思想家,在承继洋务激进思潮的基础上,开始突破了物质与精神分割的"中体西用"的思维定式,第一次全面提出了富强之道不仅限于学习西方实用的科学与技术,还应包括其比较健全的政治制度和体制模式。康有为等维新派以西方自由、民主、平等的资产阶级观念及进化论和主权在民思想的近代国家学说为理论基础,先后建立了众多的学会、报馆和学校,以此作为他们宣传西政、倡导变法的舆论阵地,从而在相当程度上冲

---

① 艾恺:《世界范围内的反现代化思潮》,贵州人民出版社,1991 年,第 30 页。
② 彭明、程歊主编:《近代中国的思想历程》,中国人民大学出版社,1999 年,第 175 页。

击和改变了中国传统的价值观念和理论结构。

康有为(1858—1927)是维新运动的首倡者,他的主要成就表现为:发起"公车上书",撰著《新学伪经考》《孔子改制考》,组织强学会,从而在中国思想界引起了雷霆般的震动。但正如马克思所指出的:"一切已死的先辈们的传统,像梦魇一样纠缠着活人的头脑。"①虽然康有为的成名作《新学伪经考》和《孔子改制考》的出发点在于破除汉学与宋学所依据的古文经籍的正统地位,进而动摇其绝对权威。然而作为一个传统文化熏陶的儒生和新旧时代交替的士大夫,他还不敢公然反对古圣先贤,因而其引入西方的民权、议院、选举及平等之类的新制度和倡言维新变法的新思想与新主张,是隐蔽在"孔子改制"与儒家"公羊之学"的经典外衣下,在"中体"中偷运"西学",以复古的名义寻求解放。而梁启超(1873—1929)则在其师的基础上,侧重于"开启民智"的"新民"工作,他以如椽之笔在当时极具影响的《时务报》《湘报》《知新报》等各类报刊上发表了大量脍炙人口的文章,在提倡西方文化和宣传"人权平等"思想方面做了相当出色的工作。尽管他总体上也未逾越康氏"托古改制"的思想模式,但其不遗余力且持续不断地从事近代思想的启蒙和民族文化心理的重建努力,却整整影响了从"戊戌"到"五四"的好几代中国人。

严复(1853—1921)是近代中国启蒙运动先行者中系统研究和翻译西方资产阶级哲学社会科学代表著作的第一人,由此他获得了"西学圣人"的名望。严复对达尔文自然进化论、斯宾塞社会进化论、亚当·斯密政治经济学、密尔自由主义和孟德斯鸠法学等西方社会政治学说的迻译介绍,对19—20世纪之交的清末知识界影响深巨。特别是他站在一种危机意识的时代高度,根据救亡和变革的时代需要,慎重选择、有所侧重和有所取舍地对西方流行的进化理论进行介绍引入的同时,综合了赫胥黎和斯宾塞的进化论点,创建了自己哲学思想中独特的进化观:这就是承认优胜劣汰的进化法则,强调"与天争胜"的民族自决和传统文化的更新改造。这一思想成为求变维新的理论基石。从此,西方的自然观在东来之后,成了中国人独特的社会观,它不仅为中国社会呼唤着前所未有的社会制度,而且还带来了中国传统哲学思想的一场革命,并进而渐渐改变了人们精神领域中最难改变的东西——世界观。作为一个曾负笈英伦而对西方文化有切身体悟的学者,严复在对西方哲学社会科学富有创造性介绍的同时,还致力于中西文化的

---

① 《马克思恩格斯选集》(第1卷),人民出版社,1972年,第603页。

比较研究。在他看来,西方强大的根本原因,即"造成东西方不同的根本点,绝不仅仅在于武器和技术,也不仅仅在于经济、政治组织或任何制度设施,而在于对现实的完全不同的体察。因此,应该在思想和价值领域里寻找"①。也就是说,单纯引进西人的"汽机兵械"和"天算格致",仅为西方文明形而下之表征,而照搬人家的政治经济制度也难触其实质。关键在于学习西方的学术与文化,以"鼓民力、开民智、新民德",这才是根本之途。对此他精辟地指出,西方文明的命脉是:"于学术则黜伪而崇真,于刑政则屈私以为公。"②也即科学与民主;而其根柢则在自由,此乃中西文化之本质差异。故他将西方近代文明概括为"以自由为体,以民主为用"③。可见,严复的思想已将中国社会的变革引向了文化价值的层面,从而在中国近代思想史上具有划时代的意义。

对西方社会学说及其价值理念的引入和接受,不可避免地会导致对传统儒学秩序的怀疑、批判和叛离。严复以西方"自由"为参照而对中西文化一系列基本差异的揭示,如三纲与平等、亲亲与尚贤、孝道与公正、尊主与隆民等,实已隐含了深刻的文化批判。而谭嗣同则从"平等"的理念出发,激烈抨击封建专制制度和三纲五常的封建礼教,公开号召冲决俗学、君主、伦常、天等一切传统罗网。这确实击中了专制王权的要害,撼动了其赖以存在的基础。因此,谭嗣同对儒家封建礼教的批判,被视为是中国近代反传统运动的先声,它在"五四"的反孔教运动中得到了广泛的回响。

需要指出的是,维新派的思想中虽然包含了许多革新乃至激进的因素,但其形式却是传统的,新思想被穿上了今文经学的古老外衣,这种新旧之间的奇妙组合,恰好显示出近代儒学的尴尬境遇。所以,戊戌变法的失败,不仅标志着清末知识分子力图融会中西政治以建立西式君主立宪政体愿望的破产,也表明试图凭借儒家权威进行社会改良的范式与努力的最后失败。

辛亥革命前后是西方社会政治学说传入的第二个时期。到 20 世纪初期,随着中国社会半殖民地化的最终形成和社会经济中民族资本主义的进一步发展,中国社会的政治、经济、文化及生活的各个层面都处在动荡、分化、重建的变革之中,变化之大、程度之深是前所未有的。社会的巨变深刻

---

① 本杰明·史华慈著:《寻求富强——严复与西方》,叶美凤译,江苏人民出版社,1989 年,第 39 页。
② 《严复集》(第 1 册),中华书局,1986 年,第 1 页。
③ 同上。

地反映在文化领域的震荡上。可以说,这时期是近代80年文化领域中变化最剧烈的时期之一,是新学与旧学、中学与西学斗争和融合的转折点。封建的政治文化思想开始全面的瓦解,资产阶级文化初步形成和确立。所以,从这个意义上看,辛亥革命也是资产阶级启蒙的重要时期,它在一定程度上带有文化革命的性质。

作为中国民主革命的先行者,孙中山(1866—1925)开创民族国家走向新纪元的指导思想和理论体系,主要体现在其为中国第一个具有资产阶级政党性质的同盟会所撰写的"三民主义"纲领中。其中的民族主义和民权主义强烈地表达了中国民族资产阶级反对清朝封建统治,建立资本主义民主政治的愿望,以及力图"揖美追欧、旧邦新造"的政治理想和价值取向。

民族主义是孙中山政治革命的首要目标和建国准则。尽管其在辛亥革命的实际操作上更多具有狭隘的"排满"思想倾向,但其宗旨却在于强调推翻清廷,实现民族的独立、凝聚和统一。事实上,孙中山的民族主义是近代资产阶级国家观在中国的确立,以及一种新型的同共和制度相结合的多民族国家的统一格局的确认,是近代中国构建民族国家过程中的一个重大转折。

民权主义是孙中山政治革命的根本。它的核心是推翻君主专制,建立资产阶级民主共和国。在这方面,孙中山汲取了中国传统文化中"民为邦本""天下为公"的原始民主观念和"民贵君轻"的民本思想,同时采纳了欧美的社会契约论、人民主权论、天赋人权论,以及法国和美国的代议制模式。其中,在关于民主共和国的权力机关设置上,以孟德斯鸠《论法的精神》中首倡的"三权分立"说为基础,借鉴中国古代政治制度中对官吏选拔和监督的考试与监察制度,"独见而创获"地提出了有中国特色的立法、司法、行政、考试、监察"五权分立"制的民主共和国方案。由此可见,孙中山的民权主义是试图会通、融贯中西文化的产物。尽管这一思想在具体认识上由于对中国传统政治的理想化,而在许多方面仍流于中西比附,但其对西方政治学说更为明确的选择取向和借助传统又超越传统的思考方式,却比几年以前的维新派显然前进了一步。对此,列宁曾给予高度的评价,认为这是"充满了战斗的、真诚的民主主义。……是带有建立共和制度要求的完整的民主主义"[①]。

值得注意的是,辛亥革命时期政治上激进的革命派在文化问题上却较

[①] 《中国的民主主义和民粹主义》,《列宁选集》(第2卷),人民出版社,1995年,第291页。

为温和,这与文化上激进而政治上温和的改良派可谓相映成趣。孙中山在文化问题上坚持护存国粹的文化民族主义立场,主张光大中国道德传统,以弘扬民族主义精神。章太炎(1869—1936)则更是强调"用宗教发起信心,增进国民道德","用国粹激动种姓,增进爱国热肠"①。1905年,他与刘师培等人主持《国粹学报》,提倡中国"古学"的复兴。但他们并不排斥西方文化,而是把近代西方文化中的民主、自由、人权等许多价值和观念,根据他们对于古代经典的新解释囊括到中国的"古学"之内。这样,在他们眼中,"国粹"已不限于本土所固有的传统文化遗产,也包括从外面传入中国且适合中国需要的文化成果。② 孙中山、章太炎的文化民族主义是辛亥时期革命派共同的文化倾向。如果说改良派的方针是以文化变革来改造国民性,以为中国近代政治建设奠基的话,那么孙中山等革命派的方略则是以文化认同来动员民众以行反满民族革命。两者政治文化取向的歧异,实际上反映了双方对中国现代化模式探索的不同路向与选择。但不论是改良派还是革命派,其文化变革的主张与落脚点最终却殊途同归在制度层面的政治变革方面。

总之,20世纪初期是中国资产阶级思想家和知识分子通过大量引进、传播和吸收西方社会政治学说,使中西文化的冲突和融合发展到了一个制度借鉴与改造的新阶段。这是中国社会思想现代化的重要时期,它为后来的新文化运动做了初步的思想准备。

新文化运动与中西文化大论战 辛亥革命推翻了象征中国传统权威的皇权帝制,使中国社会结束了两千多年的王朝更替和治乱循环的历史基调与怪圈。然而,这场革命在本质上仍属于一次上层革命、城市革命。由于未触及到传统中国的社会结构(特别是广大的乡村社会)和缺乏进行与政治革命相适应的深层的文化与价值体系建设,以至导致了此后袁世凯对传统权威的滥用和军阀混战的大乱局。整个社会因此出现了教化衰微、纪纲松弛、家俗易变等情形的严重性。而这种严重性更由于传统士大夫阶层"只知苟且,只知规避责任,只知迎合意旨,只知从中取利,只知说假话,只知在夹缝中讨生活"的朽烂,以及以伦理道德为核心内容的儒学意识形态的衰败而终于演化成一场深刻的思想文化和价值危机。面对这种情况,从19世纪末尤其是1905年废除科举制后开始形成的以留学生为主体,到1915年

---

① 见《民报》(第6号),《讲演辞》。
② 余英时:《论士衡史》,上海文艺出版社,1999年,第278页。

后已有相当力量、且多从事于自由职业(记者、教师等)的新兴知识分子阶层，在国家命运与个人际遇双重不幸的痛苦下，利用民初政治对文化和经济控制的松懈而戏剧性地造成文化相对自由的有利时机，毅然担负起了重建价值体系的历史使命，新文化运动由此发端。

1915年9月，陈独秀在上海创办《青年》杂志(第二卷更名为《新青年》)，吹响了以民主和科学为主题的新文化运动的号角。这是因为在此以前，中国人对民主内涵的追求多注重和立足通过仿效西方来对传统政体进行改革，但均遭失败，新文化运动的发动者们最终认识到，"民主"不仅只是一种政体，而且还是一种与国民的"自觉与自动"相关的文化，是一种合乎理性的生存方式或生活态度。至于科学，伴随着近代西方实用科学持续引入而触发国人对科技知识的日趋尊崇，使得此时的知识界更为强调、认同提倡科学的思想，以科学的态度对待传统观念和一切社会问题，反对迷信，反对崇拜偶像。可见，新文化运动对民主和科学的倡导与定位，其精神实质既承继前人，又首次把两者紧密结合起来，视若舟车之两轮，将它们作为衡量一切社会现象的价值尺度，"认定只有这两位先生，可以救治中国政治上、道德上、学术上、思想上一切的黑暗"[①]。事实上，在新文化运动时期，陈独秀、胡适、鲁迅、李大钊、钱玄同等先进分子，正是高举起这两面旗帜，以西方资产阶级的民主自由、个性解放为思想武器，展开了对中国传统文化总结性的理性批判，尤其是对儒学伦理的文化批判，从而引发了"五四"时期激进的反传统主义思潮。

对儒学的文化批判和寻求价值观念的转换，其落脚点在于强调实现人的解放，使人能够"脱离大奴隶之羁绊"，完善"自主自由之人格"，做到"我有手足，自谋温饱；我有口舌，自陈好恶；我有心思，自崇所信"，凡事都要"听命各自固有之智能"来处理，而不是去"盲从隶属他人"[②]。也就是说，是要把传统上以天下、国家、家庭等共同体为本位的价值主体观转变为"以个人为本位"的价值主体观。而要实现这一转换，就必须对以宗法家庭、差序社会或专制国家为本位的传统价值观以及与此相适应的行为模式、伦理道德观念加以重新审定或批判。为此，思想家们在大力呼吁个性解放、个体自由、个人本位的同时，展开了对传统伦理道德观以及与之相应的国民性的全面清算。最先对此发难的是戊戌变法失败后流亡日本的梁启超。1902

---

① 陈独秀：《〈新青年〉罪案之答辩书》，《新青年》，第6卷第1号。
② 陈独秀：《敬告青年》，《青年》，第1卷第1号。

年,梁启超著《新民说》,一针见血地揭示了专制政体与国民奴性之间的关系,认为中国人"两千余年俯首蜷伏于专制政体之下",久而久之,逐渐"养成服从之习惯,深种奴隶之根性"。因此他提出祛除奴隶根性实现自我解放的思想。不仅如此,他还进一步提出,要根本改造国民素质,就是要使国民具有自由、自治、进步、自尊、合群、尚武、进取冒险的精神与权利思想、国家思想、义务思想等"新民"的新德性。而"五四"启蒙家则在此基础上进一步有所深入。这主要体现在对国民劣根性的揭露和批判上,其中最具代表性的当属鲁迅。鲁迅认为,造成中国落后的原因固然与反动统治者的妄自尊大、因循苟且有关,但更重要的还在于封建思想毒害下形成的广大群众"无希望""无努力""宁蜷伏堕落而恶进取"的国民性弱点。自1918年发表第一篇白话小说《狂人日记》起,他相继发表了《孔乙己》《药》《故乡》《阿Q正传》《祝福》等一大批白话小说,从中刻画了各种"病态社会的不幸的人们"的艺术形象。他体现了中国先进分子个体意识不断觉醒而产生的对国民性改造的紧迫感,以及在此基础上对传统旧文化加以扬弃,进而建立新文化的企盼与呼唤。

对建立新文化的呼唤引发了关于中西文化的激烈论战。事实上,围绕着中西文化的论战,自鸦片战争以后就一直延续不断。戊戌维新之前,绾接在"中体西用"之间,局限于"体""用"之界限;辛亥革命以后,随着欧风美雨的冲击和政治革命的荡涤,"用"的膨胀最终突破了"体"的界限,"中体"在已经体无完肤的情形下,随之出现"中西调和",新旧融合的论点,并成为"五四"时期以杜亚泉、梁漱溟、章士钊、辜鸿铭、吴宓等为代表的文化保守主义者的基本主张,且由此形成了与陈独秀等为代表的新文化派之间的激烈论战。双方的论战从1915年开始,一直持续到20世纪30年代前后。争论的问题主要涉及东西文化差异的比较、新旧文化关系的看待以及中国文化出路的选择。

新文化派代表陈独秀首先把东西文化说成是"古今之别"。1915年他在《法兰西与近世文明》一文中,依据进化理论,把人类的文明史划分为古代和近代两个时期,并从思想上对其特征做了说明。在他看来,"近世文明"的特征可概括为"一曰人权说,一曰生物进化论,一曰社会主义"。依此特征来观照东西文化,则"近世文化"唯"欧罗巴人之所独有,即西洋文明也";而东方的印度和中国这两种文明,尽管在生物时间上也属于"近世",但从文化进化的程度而言,未脱古代文明之窠臼,"犹古之遗也"。指出东西文化差异的实质在前者是"古之遗",后者是"近世文明",这是陈独秀在东西文化比较研究中的一次重大飞跃。

而文化保守主义者则认为东西文化是"中外(类型)之异"。1916年10月,杜亚泉(笔名伧父)在《东方》杂志上发表了《静的文明与动的文明》。文中比较了中西文明的诸种不同,如西洋人重人为,中国人重自然;西洋人之生活为向外的,中国人之生活为向内的;西洋社会团体林立,中国社会以个人为中心;西洋人重竞争轻道德,中国人重道德轻竞争;西洋社会以和平求战争,中国社会以战争求和平等等。据此他将西洋文明概括为"动的文明",而将中国文明概括为"静的文明",认为两者"乃性质之异,而非程度之差"。

由于对东西文化差异的性质认识不同,以至于双方对东西文化的优劣做出了相反的评判。其实,两者在区分东西文化的特点和方法上,大都以进化论为依据,从形式主义出发,并没有根本的区别。只不过是一个拥护西方,一个倾向东方而已。而且在五四前的论争,基本上还只是罗列一些现象,并没有接触到本质问题。

1919年五四运动的爆发,促进了新文化运动的高涨。随着对儒学、礼教鞭辟入里的揭露和对俄国十月革命所体现的西方文化的崭新含义的宣传,以五四运动为标志,新文化运动进入了激进的社会革命思潮勃兴的新阶段。在知识界空前的政治热忱下,各种社团和刊物、学说和思潮如雨后春笋般地纷纷出现。包括"五四"前出版的《新青年》《每周评论》在内,宣传新思想的刊物增加到400多种,各种社团约有300多个。这个时期,马克思、恩格斯的科学社会主义、克鲁泡特金、巴枯宁等各式的无政府主义、柯尔等人的基尔特社会主义、伯恩斯坦、考茨基的社会民主主义、欧文等人的合作主义,还有资产阶级上升时期的民主主义、人文主义、实用主义、新实在主义、生命哲学、新康德主义,以及帝国主义时期的哲学流派,统统被作为新文化和新思潮介绍进来。这些新思潮百家竞起、风云际会,加上杜威、罗素的来华讲学,更是形成了不可阻挡的思想新潮。

面对新思潮的激荡,文化保守主义者深感再恪守先前以静制动、以中御外的文化防线已无济于事了,于是便后退一步,转而在"调和"东西文化上大做文章。这样,从1919年下半年始,双方又围绕着如何看待新旧文化的关系再度展开论战。新文化派从新胜于旧、今胜于古、西方文化优越于中国固有文化的前提出发,主张破旧立新或弃旧图新。而文化保守主义者则反对把中西文化关系与新旧文化关系等同起来。他们的论据是:西方的物质文明和科学技术固然可以吸取,但中国固有的文明也有值得保护和应当发扬光大的内容,特别是中国的精神文明、道德文明,是最高尚最贵重的财富。因此,他们的态度是"一面开新","一面复旧",即"物质上应当开新,道德上应当复旧"。他们强调只有把东西文化"撷精取粹","熔铸一炉",才能成为"吾国新社会研治之基"。① 不难看出,这种新旧折衷的论调,其实就是"中体西用"的回潮与翻版。然而与早期的"中体西用"说不同的是,此时持此观点和态度者绝大多数或者在欧洲、日本留过学,或者在国外生活过一个时期,并不像清末顽固派对西方那样无知。他们对于东西文化的关系,最主要的是采用了新的哲学理论的形态,在"新"和"旧"的关系上,一改传统上将两者简单对立的是非判断思维,以新旧文化不可分割对立,只能自然演化、融为一体为理由,来否定进行新文化运动的必要。这的确涉及到了一些较为深刻和复杂的问题,无疑对新文化运动是一个重要的理论挑战。

新旧之争最后集中到了关于中国文化出路的选择问题上。由于一战之后,西方资本主义文明破绽百出,弊端丛生,从而引发了西方的信仰危机。对此,文化保守主义者在继续为中国固有文明进行辩护的同时,着力通过对西方社会种种病态的揭露和抨击,借以强调中国固有文明是消除资本主义弊病的唯一药方,是全世界都必然要走的唯一光明的"路向"。梁启超和梁漱溟是这种观点的主要代表。梁启超在1920年发表的《欧游心影录》一书中,根据自己在欧洲的耳闻目睹,认为西方的物质文明已经破产,必须用东方的精神文明去拯救。

继梁启超之后,梁漱溟也在1920年发表了《东西文化及其哲学》一书。该书接受并全面发挥了梁启超的观点,且把它归结成为一个新的命题:东方化还是西方化,也就是孔化还是欧化的问题。该书的特点是不局限于中西文化的比较,而是第一次以更广阔的视野把中国、印度与西洋三种文明放在一起加以对照,主要从文化渊源、人生哲学的角度分析研究。梁漱溟把欧洲文化、中国文化和印度文化,列为三种完全不同的"路向",认为欧洲和印度分别是"意欲向前"的路向和"意欲向后"的路向;而中国的路向,不同于前二者,它是"意欲自为调和持中为根本精神"的第二种路向。他认为,这是三种不同的文化,因为走的不是一条路,故其间没有什么先进落后之别。但他又认为这三条文化路向是可以做平行式调整的,建立在西洋哲学基础上的西方文化,现时已经弊端丛生,处于不得不由第一条路向转向第二条路向的时候了。因此他的结论是,人类文化将会发生"由西洋态度变为中国态

---

① 章士钊:《新时代之青年》,《东方杂志》,第16卷第11号,1919年11月。

度"的"根本改革",全世界都要走"中国的路,孔家的路",未来文化将是"中国文化的复兴",继之是"印度文化的复兴"。①

梁启超和梁漱溟的著作与看法在当时很有影响,它们可被视为儒学现代化的开路之作。中国现代思想启蒙的任务本是反儒学的,然正是在反儒学的高潮中却诞生了使传统儒学向现代转型的理论力作。虽然它的初衷是对新文化运动激烈反传统的一种保守的回应,但由于其中包含了对西方文化批判的审视,因而有其合理的内核。此后,呼应这一主张并以复兴儒学为职志的还有熊十力、冯友兰和贺麟等人,他们形成了"现代新儒学"的学术派别,对中国(乃至东亚地区)现代思想文化产生了持续不断的重要影响。

"五四"之后,新文化派也发生了分化,形成了西方文化派与马克思主义文化派。前者以胡适、吴稚晖、丁文江等人为代表;后者以陈独秀、李大钊等人为代表。由于两派对西方资本主义制度及其文化的认识与估价不同,从而在关于中国以至世界应该建立什么样的文化,应该走什么路等问题上态度迥然、主张各异,但是,在反对走中国固有的"东方文明"之路,反对走孔家之路,这一点上却是意见一致的。西方文化派的观点及其主张是站在资产阶级的立场上,从文化发展进程中存在着由低到高的共同趋势出发,他们认为,既然中国固有文化是旧文化,根本不适应现代社会的需要,而西方近代文化是新文化,比中国文化优越,那么,中国文化的出路当然只能是"西方化"而不是"东方化"或"中西文化的折衷调和"。也就是说,他们是倾向于接受"全盘西化"的道路。

而马克思主义文化派则在五四运动引来社会主义思想的过程中,通过对形形色色的各种社会主义学说的研究与甄别、传播与实践,并在俄国十月革命成功的历史条件下,最终转向了信奉马克思主义学说。这样,在东西文化论战的后期,他们走出了曾经崇拜并热衷宣传的西方资本主义文化阵营,开始以马克思主义理论为武器,对资本主义和封建主义同时进行革命性批判。他们旗帜鲜明地提出了反对封建宗法制度、反对帝国主义和殖民主义的思想,以及在此基础上建设社会主义新文化的主张。这不仅把"五四"以来文化问题的大论战推向了一个新的水平,而且在透彻地阐明文化问题、讨论极端重要的社会意义和政治价值的同时,预示了中国文化发展的方向。

总之,新文化派与文化保守主义者在上述三个方面争论的实质,是如何向西方学习以及如何对待中国传统文化的问题,从双方所持论据的学理上

---

① 梁漱溟:《东西文化及其哲学》,商务印书馆,1935 年,第 199—200 页。

看,应该说,都有其合理性,他们的不足点也正好交叉互补。中国传统文化的近代化历程正是在这种持续不断、跌宕起伏的冲突中实现新陈代谢,并且日趋成熟与繁荣。

3. 求变与转折——走向近代化的日本文化

中古时代,汉字和儒、佛以及中国的典章制度传入日本,使日本深受中华文化的影响,成为儒教文化圈的重要组成部分。然自近代以后,西人入侵,西学东渐,特别是1853年美国人用坚船利炮撞开了日本的大门,迫使日本放弃闭关锁国的政策,主动开始了从传统社会走向近代社会的历史性转折。与此相应,其民族文化也随之发生了向近代化的急剧而深刻的转变。

理论转换与变革意识的出现　善于学习外国文化是日本人的历史传统。在日本长达700年的封建时代,中国的宋明理学一直是其官方的正统思想和占主导的意识形态。然而到幕府末年,随着其国内农业生产力的不断提高和商品经济的持续发展,以及以荷兰为先导的西方国家的陆续东来,日本的知识界和众多思想家们已不同程度地意识到了民族危机的前兆。他们寄希望于社会的变革,因而纷纷不遗余力地从各自角度开列救世良方。其中,最具代表性的有"徂徕学""自然世"思想、"国学"及"洋学"。

"徂徕学"是荻生徂徕(1666—1728)创建的日本古学派的一个分支。它的基本主张是通过对正统的宋明理学的诘难与批判,而强调重视实证经验,从而肯定人的欲念和人的"作为"。尽管荻生徂徕的本意是要维护和挽救业已衰微的封建社会,但其思想无疑是对幕府封建统治精神支柱的触动和瓦解,并为后来的日本近代资产阶级思想提供了合理的因子。

相比之下,安藤昌益(1703—1762)的"自然世"思想,则具有浓郁的反封建色彩。作为代表农民阶级的思想家,安藤昌益从唯物主义的自然观出发,认为人类社会最初是既无贫富之差又无尊卑之别的太平"自然世",只是后来出现了"不耕贪食"之徒,社会才转变成充斥贪欲、盗乱、残杀的罪恶之世——"法世"。为此,他主张,不论是诸侯、武士、僧侣,还是农民、工匠、商人,人人都应当在各自分配的土地上"直耕",实现自给自足,以促进从"法世"转变为"自然世"。

而"国学"的兴起则是以商业资本家为其阶级基础,以城市知识分子为其思想代表,旨在反对儒佛、弘扬其本土神道的思想与主张。在当时日本的国学家们看来,日本人的日常生活和真情实感长期以来一直受到了儒佛思想的歪曲和束缚。因而,他们力主研究日本的古典文献,批判虚伪的"唐心"(即儒家思想或中国精神)和"佛心"(即佛教思想或印度精神),寻求和掌握"大和心"(即日本人真实的思想感情或日本精神)。从某种程度上看,这种主张具有批判日本封建社会的统治思想和要求恢复人性、解放感性的积极意义,但其中所蕴含的天皇至上的神道思想和日本优越论的观点,又给当时的封建制度粉饰上了合理的彩妆,也为后来的军国主义扩张侵略政策,提供了理论依据。[1]

至于"洋学",指的是从17世纪之后来自西方的有关医学、兵学、天文、地理、历史等方面的近代自然科学和社会科学知识。由于这些知识最先经荷兰人之手传入日本,故又称"兰学"。兰学的流传对日本知识界影响很大,不仅民间人士主动问学,就连幕府也在1811年专设了名为"蕃书和解方"的翻译机构。这使得在幕府末期的日本社会逐渐形成了一个倡导学习西方科学技术的知识分子集团。在学习、研究西方近代科学的过程中,洋学家们自然而然对东西方文化作了比较,结果,在价值取向上渐渐转向了对西学的膜拜和对汉学的疏离,主张开放国门,师从西方。而当1840年中国在鸦片战争遭到惨败后,这一倾向和呼请更加日盛。

总之,上述诸种思潮,不论是注重实证、强调变革、肯定人欲还是要求学习西方,都反映了幕府末期日本思想界的自变,它为后来明治启蒙思想的产生提供了思想资源和历史准备。

思想启蒙的兴起与变革主张的轨迹 幕府末期诸种思潮的涌动,孕育了近代日本社会变革的思想前奏,但由于时代的、阶级的局限和封建幕府的镇压,终究未成为社会变革的主流。然而,从19世纪50年代之后,随着日本近代社会的发展和资产阶级的逐步成熟,特别是西方殖民势力的渐次侵入,这一切导致了幕府统治的岌岌可危。对此,一部分资产阶级化的下层武士,在新兴工商业资本家的支持下,借助广大农民和城市贫民的力量,通过西南诸藩率先发起了声势浩大的倒幕运动,并最终于1868年建立了明治新政府,开始了日本历史上继"大化改新"之后的第二次社会大变革——"明治维新"。在这一过程中,一些先进的知识分子为了寻求日本的出路和力图从思想上加以配合,又掀起了一场资产阶级启蒙思想运动。

该运动在明治前10年即已展开,并一直持续到19世纪末。其倡导者是一批承继幕府末期思潮且热衷于宣传西方近代文化的启蒙思想家和团体。其中,在明治初年,主要以福泽谕吉(1835—1901)、西周(1829—

---

[1] 金明善主编:《日本现代化研究》,李玉成译,辽宁大学出版社,1993年,第138页。

1897）、中村正直（1832—1892）和加藤弘之（1836—1916）等人为代表；明治维新期间，主要以森有礼（1847—1899）为首的"明六社"发挥作用；稍晚的则是自由民权运动的理论家中江兆民（1847—1901）和枝木枝盛（1857—1892）。

这场运动首先以批判儒学、倡导"实学"为开端。这一点在幕府末期诸思潮中早有体现，但明治启蒙思想家在此基础上进一步有所创见。这表现在：其一，他们明确地把传统的佛儒思想划为高谈空洞的"虚学"，而把近代西方的物理、化学、经济、哲学等学问视为依据实象、专论实理的"实学"。这样，在他们眼中，"实学"的内容和范围就不再仅仅局限于自然科学领域，而是扩展到了社会科学领域。其二，他们以孔德的实证主义为理论依据，从强调知识的实证性和实用性出发，为"实学"赋予了与近代科学技术相联系的、旨在推动资本主义生产发展的唯物主义的世界观和以归纳法为主的认识方法论，从而为吸收、引进西方近代科学技术提供了必要与合理的哲学依据。

其次，提出进化发展的社会历史观，以寻求学习西方的历史必然性与现实合理性。由于明治启蒙思想家大多有过远涉重洋、出国留学或考察的经历，身受西方资产阶级思想的洗礼。因此，在历史观上，都持有进化发展的观点。西周模仿孔德的学说，把人文开化的过程分为神理学、超理学和实理学三个进化阶段。加藤弘之认为，人类社会的历史是按照生存竞争规律进化发展的。而在福泽谕吉眼里，人类历史是一个由低到高的无限进化过程。为此，他在其代表作《文明论概略》中提出了文明发展的三阶段公式：野蛮—半开化—文明，并深刻地把生产工具的革新和科学技术的进步当做文明发展的动力。但他同时又强调智慧（精神）是文明发展的重心和根本动因①，故其"文明史观"的实质是唯心的。在关于文明的历史作用和社会意义上，福泽认为，"文明既然是人类的规律，实现文明，当然是人类的理想"。因而，他把文明视为衡量社会历史发展与否的标准，"能促进文明的就是利就是得；反之，使文明退步的就是害就是失"。基于这种认识，他主张积极主动地学习、吸收西方文明，认为"以西洋文明为目标"是日本前进的方向。1866—1872 年，他曾先后译著了《西洋事情》《西洋旅行指南》《西洋衣食住》等书，大量介绍西方各国的政治、经济、文化、历史、科技和风俗。由于福泽的"文明史观"及其主张在当时的启蒙思想家中最富启蒙意义和广泛

---

① 福泽谕吉：《文明论概略》，北京编译社译，商务印书馆，1959 年，第 82 页。

的影响,因此,不仅成为明治时期"文明开化"的一面思想旗帜,而且对于推动日本资本主义现代化进程具有重要的指导意义,他也由此被称为是"日本的伏尔泰"。

再次,依据西方近代自由平等的政治思想,以民权意识促发政治的发展与变革。借助西方的"天赋人权"说是明治启蒙思想家们政治主张的基础,这一方面是基于对封建专制及其意识形态——儒家纲常道德、封建等级身份制和父权式封建家庭制的抨击与批判;另一方面是希冀借此宣传近代民主的国家学说和西方的政治体制,以鼓吹和推进政治的改革。应该说,这对日本后来资本主义上层建筑与经济基础的最终确立和完善,起到了积极的历史促进作用。然而值得注意的是,由于阶级立场的局限,他们的政治主张又存在着严重的缺陷和难以克服的矛盾。一是在平等观上,既承认人先天是平等的,但同时又肯定人后天具有不平等。如福泽所言:"若就现实情况而论,人间确实存在很大的贫富强弱与智愚之别。"①这等于反过来承认了不平等是合理的、必然的。二是在宗教观上,虽然他们大多持无神论观点,可在实践上却主张利用和普及宗教,使之成为教化民众的工具。三是在国家观上,一方面强调"天赋人权"和在此基础上的"主权在民"与"万民共治",但另一方面却又鼓吹国权主义,论证明治天皇专制主义国家的合理性。可见,明治启蒙思想家们的政治主张,还残留着诸多封建糟粕。正因为如此,明治维新后,日本仍保留了大量的封建残余,从而引起社会各阶层的不满。于是,从19世纪70年代初,又引发了以建立"民选议院"为中心、要求进行民主改革的自由民权运动。民权运动历时十余年,其主旨是提倡"民定宪法",反对"钦定宪法"。在此过程中,一些资产阶级自由主义政治团体和党派纷纷出现,其中,影响最大并得到人民群众支持的是1881年成立的自由党。部分自由党基层成员还曾联合农民,举行多次武装起义。但这导致了领导该运动上层集团的动摇、妥协和背叛,以至于民权运动最终并未取得真正的民主成果。自由民权运动的兴衰,也从一个侧面反映出日本近代资产阶级既革命又保守的两面性。

最后,强调并构建适应资本主义生产力发展的伦理道德观。在对带有禁欲、等级、蒙昧为特征的封建道德的尖锐抨击和猛烈批判的过程中,明治启蒙思想家通过介绍和吸收英国功利主义道德思想与18世纪法国启蒙道德思想,并在此基础上形成了一种以张扬人欲、实现平等、尊重知识为基本

---

① 福泽谕吉:《劝学篇》,群力译,上海外语教育出版社,1984年,第9页。

内容,以追求个人利益、快乐、幸福为原则和目的的资产阶级功利主义思想。

综上可见,以西方的近代思想为武器,以传统儒学和人性论为批判对象,大力倡导近代的实证主义和功利主义,为日本的"文明开化"呐喊,是明治启蒙思想运动的初衷与基本轨迹,日本明治维新的成功和文化的随之转型,在很大程度上正是得力于此。

"文明开化"的倡行与"脱亚入欧"的变奏 明治启蒙思想家的鼓吹得到了当政者的支持,于是便有了以西方国家为榜样、实现日本资本主义近代化的重大政策和动员民众学习西方科学和文化、实行社会变革的口号——"文明开化"的倡行。

实际上,这是日本在锁国之门被打开后基于客观形势的需要而做出的一种比较理智、主动的向西方学习的认识与选择,它直接体现在明治政府为"求知识于世界"的原则下所采取的一系列相关政策与措施。这样,"文明开化"涉及的内容自然相当广泛,不仅应包括在明治维新时期与政治、经济、军事、教育等项改革中有关学习西方国家方面的内容,而且也应包括在此期间西方资产阶级启蒙思想及其生活方式在日本的传播与影响等内容。由于其核心是强调学习西方,因此,从其内容的涵盖面及在日本社会形成的广泛影响来看,所谓的"文明开化",其实也可视之为日本明治时期近代化过程中的欧化现象。

1871年11月,明治政府派出以右大臣岩仓具视(1825—1883)为大使,参议木户孝允(1833—1877)、大藏卿大久保利通(1830—1878)、工部大辅伊藤博文(1841—1909)等人为副使的赴美欧考察使节团,成为"文明开化"正式启动的重要步骤。经过对美欧12国历时21个月的访问和考察,使节团看到了日本与西方各国的明显差距,因而在回国之后,陆续提出并进行了一系列影响深远的具体变革。其中,在经济发展方面,按照西方国家的模式,大力发展作为工业生产基础的煤铁工业和有利于国家资本积累的纺织工业,改组不利于经济发展的旧的政府机构,改变传统的生产和经营方式,以力求实现经济独立。在政体建设方面,最终仿效德国宪法,确立起以天皇为核心的立宪君主制。在教育方面,1871年设立文部省,1872年发布《学制令》,改革旧的教育制度和教学内容,移植西方学制和近代科技知识,广派留学生,普及初等教育,重视实业教育,发展高等教育。1877年建立了"东京大学",1878年又建立了"工部大学",但直到19世纪末大学教育基本上还属于奠基时期,发展较为缓慢。1918年颁布《大学令》后,大学数量增为五所,这就是包括前身为东京大学的"东京帝国大学"、1897年成立的"京都帝国大学",以及新成立的九州帝国大学、东北帝国大学和北海道帝国大学。这五所大学是日本高等教育的重点。与此同时,日本政府从1914年起创办传染病研究所,并以此为开端,逐年兴办各种科研机构,从而使科研事业不断发展起来。

在大力学习西方的过程中,随着西方近代科学技术、资本主义生产方式和政治、经济制度的输入,西方资产阶级的启蒙思想连同西方的生活方式也随之移入。如果说前者促成了一批宣传"文明开化"的启蒙思想家的出现和思想启蒙运动勃兴的话,那么后者则导致了西方生活方式在日本的传播与欧化风潮的扩散。而这又首先来自于明治政府自上而下的推动与引导所至。因为,事实上明治政府最初提出"文明开化"的初衷就是力图"脱亚入欧",以寻求达到和西方"文明诸国对等之地位",并进而取得与西方各国修改不平等条约的资格和能力。这其实就是推行"欧化主义"。鼓吹这种思想的代表人物是1879年就任外相的井上馨,他提出的口号是:"把我国变成欧洲化的帝国,把我国人变成欧洲化的人民。"[1]井上馨的主张得到了时任首相伊藤博文的支持。为此,伊藤内阁在1883年斥巨资兴建起开展欧化活动及接待外国要人的鹿鸣馆。并且宣布"断发脱刀",改革服饰,确立以西装为官服;鼓励吃西餐,束洋发,跳华尔兹;更有甚者,竟提出同西方人通婚以改造日本人种的主张。著名思想家和外交家森有礼也曾提议废除日本文字,建议使用罗马字母。由于这一切是明治政府通过国家权力的手段,以国家要员为楷模率先全面贯彻而起的,因此,形成了从明治元年(1868年)到二十年,在"文明开化"旗帜下全盘西化的倾向。

全盘西化的现象,反映了日本在明治二十年以前对现代化过程中因对"文明开化"与"西方化"的含义的区别缺乏透彻理解而出现了偏差。正如福泽谕吉后来所总结的那样,"外在的文明易取,内在的文明难求"。在他看来,"所谓外在的文明,是指从衣服饮食器械居室以至于政令法律等耳所能闻目所能见的事物而言。如果仅以这种外在的事物当做文明,当然是应该按照本国的人情风俗来加以取舍"[2]。为此,他批评政府不顾国情和国力以及国民的思想接受水平,一味地强调欧化主义和追求表面的西洋化,是舍本逐末和滥用财力。他主张对于外来文明的学习,"应该先攻其难而后取其易",认为"把次序颠倒过来,在未得到难者之前先取易,不但不起作用,

---

[1] 日高六郎等编著:《现代日本思想史》(第2卷),岩波书店,1987年,第104页。
[2] 福泽谕吉:《文明论概略》,北京编译社译,第12页。

往往反而有害"①。很显然,福泽之言意在是强调提高文明交流的水准。但从认识论的角度来看,其论点又不免有些偏颇,因为事实是:人们总是先为有形的"外在的文明"所吸引,遂起而效仿,然后方知不足,感到精神上、心灵上的震动,于是开始思想的交锋、哲学的沉思。换句话说,文明交流的方式和情景总要经过一个从有形跃向无形的嬗递过程与规律。就此而言,福泽的想法虽很是可贵,然却并不切合实际。尽管如此,其思想确实深刻折射出了当时日本思想界对全盘西化的批判与反思。正是这种批判与反思引发了反对欧化主义、要求推行复古的"日本主义"思潮的滥觞和力主走向"和洋折衷化"的路向。

"日本主义"是17世纪中叶由古学派先驱山鹿素行(1622—1685)首创,到18世纪经本居宣长(1730—1801)发展而披上名为"国学"外衣的一种复古主义思想。它的基本内容是:对内主张以日本的传统精神指导一切政治、经济、文化等建设;对外宣扬建立以日本为中心的国际统治秩序。在明治初期,这种复古主义的极端论者是曾被称为"维新三杰"之一的西乡隆盛(1827—1877)提出的"武政论"。"武政论"因主张建立完全士族统治的军国化国家体系,反对资本主义的进一步改革,终未得到明治政府的认可,结果西乡率军发动叛乱,1877年遭到镇压,西乡本人也在叛乱中死亡,"武政论"由此消散。这样,明治二十年代以后"日本主义"思潮主要呈现为"国粹保存"论,或称国粹主义论。"国粹保存"论的首倡者是哲学家三宅雪岭(1860—1945)。1888年他联络志贺重昂(1863—1929)等人创建了"政教社",次年出版了《日本人》杂志,极力宣扬"国粹论"思想,特别是极力强调树立"日本主义"精神和倡导"国粹主义"与"忠君爱国"的思想。"日本主义"思潮在明治维新时期总体上未占据主流意识,但其影响却很深远。从某种意义上讲,在当时乃至其后,这种意识实际上已渐渐渗透到了日本人的灵魂深处,并无时不体现在其国民情感和行为举止上。

到明治二十年代后,真正影响日本社会发展的主流意识是力主"和洋折衷"的思想。因为当人们总结此前现代化的经验教训时,逐渐形成并明确了这样一种看法,即实现现代化的目标,不能脱离日本的历史和社会实际,要做到现代化而不同化。也就是说,在积极学习、吸收和引进欧美先进国家的文化思想和科学技术及设备的过程中,应该结合本国的具体实情,以使其适合于日本的国力和需要,做到"和洋折衷化",进而实现日本化。

---

① 《文明论概略》,北京编译社译,第12页。

"和洋折衷论"的思想实则来自幕末洋学家佐久间象山(1811—1864)于1854年在《省諐录》中提出的"和魂洋才"的论点。该论点最初的含义是强调在学习西方科技这一"富强之术"的同时,应保有日本本土文化固有的伦理道德——"神国主义"思想。按照佐久间象山的解释,即"东洋道德,西洋技艺"。这与中国近代洋务运动时期提出"中体西用"的意图如出一辙。所不同的是两者对西方文化吸收和掌握的尺度各自有别,前者的"洋才"并不仅限于西方的科技层面,甚至西方的某些制度和思想后来也被视为"洋才"而加以接纳。换言之,是在"和魂"的层面里接纳"洋魂"的内容,从而在事实上包含了改铸日本文化内在之体的内容。而相比之下,"中体西用"中的"西用"一般未超出西方科技的范畴,至于西方的制度(尤其是政治制度)和思想则被视为"中体"的对立物和异端而加以排斥。① 由此,形成了双方历史命运的迥异。中国洋务运动失败,使"中体西用"开始受到批判。而日本明治维新推行的以富国强兵为中心的狭义近代化的成功,不仅使"和魂洋才"未遭受太多的批评与诘难,相反却逐渐发展为"和洋折衷"的调和模式,并进而不断向"和魂和才"的道路转化。事实上,"日本人一直是强烈地希望保留自己的文化、自己的生活方式、上下之间的特殊关系以及他们自己的家庭结构,同时还要建立一个具有可与西方国家相匹敌的力量的近代国家。这种愿望在明治维新时期已持续了整整一个多世纪。后来,无论在明治末年的日俄战争时,还是在把纳粹德国作为典范的军国主义时期;无论在世界大战中战败后国家处于崩溃的时期,还是今天当日本已成为经济巨人的时期,这种愿望都没有改变"。②

4. 复古与革新——近代伊斯兰文化的发展轨迹

19世纪,西方殖民强国完成了对广大伊斯兰地区的控制,西方先进的生产方式及其上层建筑政治思想和文化观念开始在伊斯兰社会传播,给伊斯兰传统文化以巨大冲击。③ 如何回应西方文化的挑战,关系到伊斯兰社会的生存与发展,并且成为伊斯兰世界各社会的核心问题。穆斯林中的一些有识之士,纷纷提出各种主张,以维护和振兴伊斯兰文化,从而引发了一

---

① 高宁、李卓主编:《日本文化研究——以中日文化比较为中心》,中国社会科学出版社,1998年,第69页。
② 刘天纯:《日本现代化研究》,东方出版社,1995年,第129—130页。
③ 伊斯兰教兴起于亚洲西部的阿拉伯半岛,后在西亚、北非、南亚、中亚和西南欧等地区得到广泛传播。为行文方便起见,我们把近代伊斯兰文化放在亚洲部分来讲述。

波又一波的"伊斯兰复兴运动"。从各种运动的本质来看,主要呈现两种趋向:一是回归《古兰经》的文化复古主义;一是革新伊斯兰文化的现代主义。① 近代伊斯兰文化的特色与轨迹正是在这种"复古"与"革新"的交互变奏中得以展现。

复古主义 18世纪后期,伊斯兰世界受到西方资本主义日益频繁的侵略,逐步沦为殖民地或半殖民地。伴随着殖民统治,西方的行为方式、价值观念等世俗文化在穆斯林社会渗透,并使穆斯林的社会生活日趋世俗化、近代化。为了摆脱异教徒的奴役和恢复被破坏了的伊斯兰教传统文化,一部分穆斯林知识分子和宗教界人士提出了"回到《古兰经》去",用伊斯兰教的原旨教义来净化社会、纯洁信仰,消除有悖于伊斯兰精神的外来影响。尽管他们的主张绝不是简单的回归,但由于是以伊斯兰教的黄金时代——麦地那哈里发政权和阿拉伯哈里发帝国鼎盛时期为榜样,来复兴伊斯兰教在社会政治生活中的地位,因而具有强烈的复古色彩,被称为复古主义。作为思潮,新苏非主义影响最大;而作为运动,则以瓦哈比运动、圣战者运动、赛努西运动最具代表性。

新苏非主义亦称新苏非教义,意在区别于中世纪苏非教义。苏非教义是伊斯兰教内部衍生的一种神秘主义教派,信徒自称"Sufi",即穿羊毛衣的人,故而得名。苏非教义注重对经典、教义"隐义"的解释和信仰,强调对玄义的亲身体验。12世纪形成派系,并成为中世纪伊斯兰教的主要宗派。近代伊斯兰复兴运动的主题之一,即是如何对待苏非主义传统。18世纪的社会变化,引起苏非教派分化,一批新苏非教团产生,他们提出了新的教义主张,被称作"新苏非主义"。新苏非教团主要有巴克利、提加尼、赛努西等,遍布伊斯兰世界。他们所宣扬的教义不尽相同:强调遵循伊斯兰教法,以《古兰经》、圣训为传经布道的根本依据,还可以"圣战"纯洁信仰;"真主是向导,一切皆来自真主";反对消极人生观,鼓励参与现实生活;简化宗教礼仪。新苏非主义对近代伊斯兰各国复兴运动产生了重大影响,直到伊斯兰现代主义兴起后,新苏非主义才逐渐偃旗息鼓。

瓦哈比运动是近代伊斯兰复兴运动的先驱。瓦哈比教派的创导者是穆罕默德·伊本·阿布杜·瓦哈布(1703—1792)。他出身于阿拉伯半岛的一个宗教学者世家,自幼随父学习经典,后来又游学四方。瓦哈布接受了伊本·泰米叶的宗教复古主义思想及罕百里派的主张,针对当时伊斯兰社会

---

① 金宜久主编:《伊斯兰教与世界政治》,社会科学文献出版社,1996年,第8页。

遭受"异端"奴役的苦难和存在的种种背离伊斯兰教信仰的现实,他提出了"恢复正教"和"回到《古兰经》去"的口号,主张恢复早期伊斯兰教时代精神与质朴风尚,严格遵循伊斯兰教的经、训教导,反对崇拜圣墓、圣徒及圣物,否认人与真主之间存在"中介",坚决禁止饮酒、吸烟、跳舞、赌博等奢侈浮华恶习。他希图通过倡导重振伊斯兰原教旨精神和发动"圣战",达到纯洁宗教、净化社会、抵御外辱、复兴伊斯兰社会的目的。瓦哈布的反对派据其名而贬称之为"瓦哈比教派(Wahhabism)","瓦哈比运动"由是得名,沿用至今。

瓦哈布的学说首先在阿拉伯半岛得到响应。伊本·沙特酋长不满伊斯兰社会的现状,决心实现"民族统一",因而积极支持瓦哈比教派的活动。他以其他穆斯林为"异端"作借口,在阿拉伯半岛发动圣战。1804年瓦哈比派攻占麦地那,建立起历史上第一个瓦哈比政权,直到1818年被推翻。但是,没过多久,瓦哈比派在利雅得附近又重建政权。1838年,费萨尔国王从埃及逃回半岛,继续领导瓦哈比运动。1849年埃及总督被迫撤走,瓦哈比从此恢复在阿拉伯半岛的统治。由于瓦哈比运动起源于伊斯兰教的发祥地,因而对穆斯林世界有着巨大影响。此后发生在印度的圣战者运动、北非的赛努西运动、印尼的巴德利运动等伊斯兰复兴运动,都能或多或少地看到瓦哈比学说的印记。所以,穆斯林思想家和诗人伊克巴尔(1876—1938)评价瓦哈比运动是"近代伊斯兰教第一次生命的搏动"[1]。

"圣战者运动"是在瓦哈比运动影响下发生在印度、印尼和西非地区的伊斯兰复兴运动。18世纪中叶后,整个印度逐步沦为英国殖民地,穆斯林失去了伊斯兰教王朝莫卧儿帝国的政治庇护,开始出现分裂。西方文化的冲击,导致伊斯兰社会道德沦丧、信仰危机。一批受过正统教育的宗教学者,不忍面对伊斯兰教的衰落,力图重振信仰、复兴宗教、挽救帝国。瓦利·乌拉是首要的代表人物。

瓦利·乌拉(1703—1762)生于印度的德里,是位博学多才的伊斯兰宗教学者。他面对穆斯林社会的衰变和帝国的危难,主张政府强化伊斯兰教法,要求"复归真正的伊斯兰教",号召穆斯林为了弘扬正道而对已经独立的马拉塔人进行"圣战"。他以著述和教学为生,其复兴伊斯兰的政治思想,集中体现在他的再传弟子艾哈迈德·巴雷莱维(1786—1831)发动的圣战者运动中。巴雷莱维于1807年加入瓦利·乌拉学派的核心组织,因其不

---

[1] 秦惠彬主编:《伊斯兰文明》,中国社会科学出版社,1999年,第114页。

遗余力地宣传宗教复兴,主张发动圣战而成为运动的主要领导人。他根据《古兰经》启示撰写的《正道》和他的弟子谢赫·伊斯玛仪以瓦利·乌拉的《一神论者之瑰宝》为蓝本而撰写的《信仰之坚振》,被视为指导此后圣战者运动的思想经典。圣战者运动也同瓦哈比运动一样,提倡一神崇拜,召唤民众遵从《古兰经》、圣训,做一个纯正的穆斯林。运动的目标就是要通过"圣战"实现瓦利·乌拉的宗教政治理想——建立伊斯兰教"正义国家"。1830年,巴雷莱维宣布对锡克教徒进行"圣战",他本人不幸"出师未捷身先死",运动最后以失败告终。残余圣战者虽然多次试图将运动继续下去,但都没能逃出被镇压的命运。1860年以后,印度伊斯兰复兴运动的主流选择了别样的形式。

赛努西运动是北非地区影响最大的一次伊斯兰复兴运动,它因赛努西教团而得名。教团的创始人穆罕默德·本·阿里·赛努西(1791—1859),出生于阿尔及利亚,在摩洛哥非斯的卡拉维因大学接受了正统的《古兰经》注释、圣训和伊斯兰教法的教育,并成为该校教师。他的宗教改革思想既受苏非教团和提尼加教团的影响,其原旨教义又与瓦哈比派一脉相承。他到处宣传伊斯兰教的大一统,主张回归《古兰经》,撒哈拉、突尼斯、利比亚等北非地区都留下了他传经布道的足迹。1837年,他在麦加创立赛努西教团。1843年,他率领一批信徒在昔兰尼加创建了集军事、生产、宗教生活为一体的社会组织"扎维叶"。这一组织的出现,在周边伊斯兰社会产生很大影响,到他去世时,"扎维叶"已达146个,遍及北非各地,信徒总数多至300万之众。赛努西运动的宗旨是要恢复伊斯兰教初创时期的朴素信仰,反对奢侈浮华,以"圣战"抗拒异教徒的侵犯,捍卫伊斯兰教的纯洁。

赛努西运动并没有局限于北非,赛努西教团不断派遣布道团前往西非、中非、西亚、南亚等地,因而其复兴伊斯兰的思想与实践流布穆斯林世界。赛努西运动后来成为伊斯兰社会反抗西方殖民侵略的重要力量,尤其在利比亚,被视为民族独立的象征。

总之,近代伊斯兰复兴运动中的复古主义思想和实践,在亚、非穆斯林世界广泛存在,它是伊斯兰社会政治经济结构变化在宗教文化领域的反映。"复古"意在维护伊斯兰社会的统一,因而复古主张中往往包含适应现代社会变迁的"改制"思想,在一定意义上,伊斯兰复古主义与现代主义可谓殊途同归。

伊斯兰现代主义 这是与复古主义相对应的近代伊斯兰复兴运动的另一种思潮与实践,大约形成于19世纪下半叶。伊斯兰现代主义者面对西方科学技术、政治思想和文化观念在穆斯林社会影响的日益扩大,主张通过有限度地把西方文化的优秀因子融于伊斯兰教传统,使它适应当代世界的需要。他们认为,现代化并未对正确理解伊斯兰教构成严重威胁,相反,现代的各种观念,如民主、理性、科学、宪法等在伊斯兰教义中早已存在。他们倡导的伊斯兰复兴,不是简单的回归早期伊斯兰教繁荣期的实践,而是更为积极地迎接现代化提出的挑战。伊斯兰现代主义的主要代表人物有阿富汗尼、穆罕默德·阿布杜和赛义德·阿赫默德汗。

哲马尔丁·阿富汗尼(1838—1897)被认为是现代主义的奠基人与泛伊斯兰主义的首创者,也是阿拉伯国家现代复兴运动的先驱。他出生于伊朗一个下层穆斯林家庭,从小接受了传统伊斯兰教的熏陶,专注伊斯兰哲学和苏非主义,一生辗转印度、阿富汗(曾出任阿富汗首相)、奥斯曼帝国、埃及、法国、俄国等地,传播革新思想。他试图用哲学的方式思考和解决现实问题,先后用波斯文发表了他的代表作《驳自然主义者》《人类幸福与痛苦的真正根源》《民族团结与统一的哲学和真理》等论文。1882年,他与弟子穆罕默德·阿布杜在巴黎共同创办了《坚柄》周报,宣传泛伊斯兰主义思想,呼吁全世界穆斯林的团结与统一。晚年因扶助奥斯曼苏丹阿布杜·哈米德二世推行其泛伊斯兰主义主张失败而被囚死于狱中。阿富汗尼现代主义思想的核心首先是要把传统宗教与科学和理性调和起来,从而使伊斯兰世界走出困境,实现近代化。他认为伊斯兰社会衰弱的根源首先在于伊斯兰教的僵化和停滞,因此,坚决反对复古主义。其次,他认为殖民主义之所以能成功地控制伊斯兰世界,是因为穆斯林社会的分裂,所以竭力强调团结的重要性,号召建立统一的伊斯兰教国家联盟。第三,他从伊斯兰社会辉煌的过去和现代西方社会的经验出发,强调伊斯兰社会要振兴,就必须学习科学技术。但他反对"西化",主张珍视伊斯兰的文化遗产。阿富汗尼的现代主义思想在伊斯兰世界影响深远,而他的泛伊斯兰主义,则为近现代阿拉伯民族主义的产生奠定了思想基础。

穆罕默德·阿布杜(1849—1905)出生于埃及尼罗河三角洲的一户贫苦农民家庭,少年时代即从经师习读《古兰经》,接受传统宗教教育。1866年进入开罗著名的爱资哈尔大学学习,两年后结识了时任该校教师的阿富汗尼,并成为阿富汗尼的忠实追随者,并从那时起萌生了爱国主义和宗教改革思想。大学毕业后,一度被官方委以《埃及大事》的总编,但仍不忘改革,最后因涉嫌参与1882年阿拉比起义而被判流放国外。1884年在巴黎与阿富汗尼合作创办《坚柄》,宣传伊斯兰改革和泛伊斯兰主义思想。1888年重返埃及,1899年被任命为埃及总穆夫提,成为伊斯兰教法的权威解释者。

阿布杜的伊斯兰复兴思想基本上是阿富汗尼的传承,只是他的改革实践更多地立足于埃及。他认为,埃及民族苦难的根源在于伊斯兰教丧失了早期的纯洁性,要恢复伊斯兰社会的活力,就必须清除一切异端邪说,回归伊斯兰教的本源——《古兰经》。他坚信《古兰经》没有不合理的内容,即使现代科学、哲学、理性、正义、平等乃至西方议会民主制度,也都可以在《古兰经》中找到合理的解释。因此,他积极倡导和实践教育改革,增设自然科学课程。他认为,学习西方先进科技文化,不但没有背离《古兰经》,相反,是对伊斯兰教精神在新时代的发扬光大。阿布杜这种调和宗教与科学的现代主义思想以及他领导的现代主义运动,在近代埃及、北非乃至穆斯林世界影响重大。

赛义德·阿赫默德汗(1817—1898)是南亚次大陆伊斯兰现代主义的创始人。他出生在印度德里的贵族家庭,从小受到良好的教育,青年时代曾在英国东印度公司供职,还担任过殖民政府的法官。他因在1857年印度民族起义中营救英国侨民有功,被破例赐封为爵士,从此平步青云,成为德里穆斯林民众的领袖。① 1864年,他在阿利加尔创办"科学协会",翻译、介绍西方的科学著作。1869年访英考察归来,创办《伦理改革者月刊》,宣传宗教、社会改革思想。1873年,他在英国殖民政府资助下,建立了"英国伊斯兰教东方学院",对穆斯林进行伊斯兰教和西方世俗文化教育,培养了大批伊斯兰现代主义运动的知识精英和政治骨干。1886年,他成立了"全印穆斯林教育会议",提出20项教育与社会改革目标,旨在提高穆斯林的教育水平。

阿赫默德汗的伊斯兰现代主义思想与实践,鲜明地打上他个人生活的印痕。他是一个穆斯林,却为殖民政府服务;既受教于伊斯兰教,又接受西方文化。因此,他的思想是伊斯兰教传统文化与西方现代文化的调和。他认为,伊斯兰教的经典精神是符合科学和自然规律的,要用自然主义观来解释《古兰经》,反对在对待伊斯兰经典上的任何墨守成规。他把印度穆斯林的贫困落后归因于因循守旧和愚昧无知,所以,竭力主张改革传统教育,并将伊斯兰复兴的希望寄托于穆斯林文化知识水平的提高。阿赫默德汗的革新思想在次大陆产生了广泛影响,但他的自然主义观却遭到了伊斯兰现代主义先驱阿富汗尼的批判,《驳自然主义者》的矛头就是针对阿赫默德汗的。

---

① 吴云贵、周燮藩:《近现代伊斯兰教思潮与运动》,社会科学文献出版社,2000年,第127页。

可见，伊斯兰现代主义作为近代社会思潮或运动，在不同的国家表现形式各异，但它们的基本目标大体相同，即复兴伊斯兰社会。其革新主张就是要在传统与现代之间寻找最佳契合点，以便在保持传统的前提下实现伊斯兰社会近代化。

近代伊斯兰复古主义和现代主义的交互作用，在不同程度上推动了伊斯兰社会的进步，演绎出近代伊斯兰文化的发展轨迹。复古主义虽然强调"回归《古兰经》"，但实际上是要寻求变革，只不过采取了一种"托古改制"的形式，各种运动最后都走上反帝反殖反封建的道路。现代主义则更多直接强调社会革新，用学习西方先进科学文化作为变革的主要手段。这两种思潮及其运动的结果，促进了伊斯兰社会的团结，传播了西方先进文化，为20世纪伊斯兰复兴运动做了准备。

5. 东学西渐——东方文化对近代西方社会的影响

在西方文化向东方扩张之时，东方文化也对西方社会产生了很大影响。纷至沓来的西方的商人、旅行家、外交官和传教士不仅向东方传播西方文化，而且也通过翻译、著述等向西方介绍古老东方的风俗和文化，于是，西方的汉学和印度学等的研究由此发端。① 其中，被誉为"欧洲第一汉学家"的英国传教士马礼逊和梵文研究的真正奠基者威廉·琼斯爵士等在向西方传播中国和印度文化方面贡献尤为突出。前者以汉译全版《圣经》和编辑巨著《英华字典》而闻名，后者以翻译《摩奴法典》与《沙恭达罗》，奠定近代比较语言学之基础而著称，并被称为"英国第一个研究过汉学的人"。本节主要以中国和印度文化的西传为例，简要说明东方文化对近代西方社会的影响。

启蒙运动时代西方社会的"中国热" 中国文化的西传导致了启蒙运动时代西方社会第一次研究中国文化热潮的出现。这次热潮所涉及的范围甚广。不仅启蒙运动的思想家大都受到中国文化的启示，从中摄取可资利用的证据以充实其理论，而且西方"罗可可艺术"的兴起和兴盛也受到了中国传统艺术的影响。关于中国文化对西方启蒙运动的影响，前文已做了论述(参见第五章"启蒙运动")。需要指出的是，除伏尔泰、孟德斯鸠外，其他

---

① 有关中国经籍之西传的具体情况，参见方豪：《中西交通史》(下)，第13章，"中国经籍之西传"。有关印度经籍之西传的情况，参见 A.L.巴沙姆：《印度文化史》，闵光沛等译，第34章，"印度与近代西方"。

思想家也多对中国文化怀有敬仰之情。如"百科全书派"的领袖狄德罗也盛赞中国历史悠久,文化发达,可与欧洲文明最发达的国家相媲美。著名的思想家卢梭则羡慕中国的文人占据着国家的要职,并对中国的行政与司法大加称颂。而法国"重农学派"的代表魁奈则以中国为范例,证明其经济学理论,并劝说西方人效法中国的教育、法律和租税制度。在启蒙时代的英国,威廉·坦普尔、塞缪尔·约翰逊、艾迪生、戈德史密斯等一大批杰出的知识界的人物,都曾对中国文化进行过评介。德国著名的哲人莱布尼兹醉心于中国儒学,并受启发而创立"二进位制"算法和"单子论"的哲学体系。这是东西方智慧相互撞击而产生出的硕果。德国著名诗人歌德亦是一位中国文化的崇拜者。他曾接触过中国的经籍,研读过许多古典文学名著,如《赵氏孤儿》《好逑传》《花笺记》《玉娇梨》《百美新咏》等等,阅读过许多西方人撰写的中国游记。他曾与友人谈起过阅读《好逑传》的心得,改编过《赵氏孤儿》,并在《浮士德》中对中国文明大力称赞。其实,他是在借赞美中国的道德礼仪来抒发自己对美好生活的向往。可以说,中国文化极大地影响了启蒙运动时期的西方思想家和文学家。当然,他们是从当时西方人的角度,依据理性这一尺度来衡量中国文化的。因此,我们切不可以之为中国传统文化的弊病作辩护。

在启蒙运动时代,一种新的艺术形式——罗可可艺术逐渐取代陈旧的巴洛克艺术而走向兴盛。而它的出现亦与"中国热"有密切的联系。因为在这一时期,新奇悦人的中国工艺品(如瓷器、漆器、丝绸绣品、室内装潢与装饰品等)、园林和绘画艺术通过各种渠道传入西方,从而为他们进行艺术上的变革以极大的启示。于是,一股仿效中国工艺美术之风迅速在西方各国蔓延开来。一位当时的西方人曾讲到,在这个时代,所有的玻璃灯罩上都画着一个奇异的中国人物,几乎所有的家具都仿照中国样式。其中,中国的古典园林和绘画艺术对之影响最大。西方各国的许多王侯公爵、文人墨客仿照中国的园林修建自己的居所。中国式的钟楼、石桥、假山、门窗及室内装饰尤为他们所喜好。而众多西方画家也采用了中国画的技法。如18世纪初法国著名的画家华托的《孤岛帆影》,纯然一股中国风味;伏伦特的《绿野长岛》仿佛使人置身于中国的江南水乡;英国的柯仁则擅长中国的水彩画等。中国的绘画还直接影响到了西方的印象画派。①

此外,西方人还推崇中国的科举制度,并提议采纳之。这对西方文官考

---

① 参见方豪:《中西交通史》(下),第14章,"中国美术之西传"。

试制度的确立产生了极大的影响。① 进入19世纪后,西方人对中国文化多持贬抑态度,这也多少影响了西方汉学研究的深入,但到20世纪初,以马克斯·韦伯、李约瑟等为代表的众多学者,开始以更为严谨的态度来研究中国文化,从而使中国文化真正为西方人所了解。

西方的印度文化热 当西方的中国文化热渐趋平息之时,一股研究印度文化的热潮又于18世纪末和19世纪初创作于西方各国,从而对浪漫主义的创作以启示。赫尔德和歌德对德文译本的《沙恭达罗》十分喜爱,歌德还准备改编此剧在德国上演,其《神与舞女》《贱民》则是依据印度传说写成的。席勒主张公正地评价印度文化,在他的许多诗中也显示出印度文化的痕迹。通过德国,印度文化还影响到英国浪漫主义运动的先驱。众多19世纪的西方著名文学家都受到了印度文化的影响,如雨果、拉马丁、罗曼·罗兰、托尔斯泰、惠特曼等。在艺术方面,印度的建筑和壁画艺术也给西方以影响,如英国布赖顿的王室亭阁,就是莫卧尔建筑的样品。

印度的哲学则对西方的先验论以极大的影响。叔本华就从《奥义书》中获得了灵知与启迪。他讲道:"那无与伦比的书触动人的灵魂深处。每一个句子都产生深刻、新颖的和崇高的思想,而高尚的、圣洁的和真诚的精神遍及全书。"② 美国的先验主义运动亦得益于印度教的哲学。这在该运动的代表人物爱默生的名诗《梵天》中得到充分的体现。西方印度学家对印度宗教典籍的翻译和研究,还直接促使一门新的学科的诞生,即比较宗教学。在这方面,马克斯·缪勒在继承前贤研究成果的基础上,继续不断地研究印度的宗教,尤其是对《梨俱吠陀》的详尽阐释,并最终成为比较宗教学的奠基人。他本人也曾说过,对其一生的学术影响最大的莫过于两部书,即《梨俱吠陀》和《纯粹理性批判》。而自19世纪后期以来,印度的宗教也为越来越多的西方人所信奉。

总之,西传的东方文化亦成为西方文化发展的一个源泉。尤其是在西方文化面临种种危机的20世纪初叶,许多西方思想家试图从东方文化中寻求医治的良方,这充分反映出东西方文化存在着互补性,所以任何忽视其他民族文化的做法都是不合时宜的。

---

① 参见邓嗣禹:"中国科举制在西方的影响",载中外关系史学会和复旦大学历史系编:《中外关系史译丛》(第四辑),上海译文出版社,1988年。
② A. L. 巴沙姆:《印度文化史》,闵光沛等译,第698页。

二、苦难中成长的非洲文化

关于非洲的近代,目前国内非洲史学界有两种划分法:一是按照非洲大陆本身发展的进程;二是依据整体世界历史的演进。但是,一般都采用了世界史的划分方法,即以资本主义生产方式在全球的发生、发展为标志。沃勒斯坦在《现代世界体系》中提出,从 16 世纪起,资本主义世界经济体系逐渐形成,也就从那时开始,非洲被纳入了该体系。这样,我们可以大体上确认非洲近代的开端。非洲近代的下限亦即资本主义世界经济体的确立,约到 20 世纪初。由于非洲的近代史是从西方殖民入侵肇始,所以,非洲近代文化深深地打上非洲近代史的悲欢烙印。

1. 近代初期非洲文化的基本类型

非洲大陆独特的地理和文明历程,形成了富有自己特点的文化。对于非洲文化的类型,美国著名人类学家 G. P. 默多克在其所著《非洲各族人民及其文化史》中基本上是根据生产方式来划分的。宁骚先生在参照他的研究成果的基础上,提出了非洲黑人文化的几种类型。[①] 这样,我们参照他们的研究成果,对非洲文化的类型大体做了如下划分:

第一种是狩猎—采集文化。这种文化具有原始社会人类生产生活的基本特征:狩猎和采集是获取生活资料的主要方式;生产工具仍以石器为主;虽有少量金属工具,但得自物物交换;农业和畜牧业尚没有出现;集团内部平等,共同劳动,共同消费;婚姻关系也多为一夫一妻制,等等。属于这一类型文化的,主要有俾格米人、布须曼人、博尼人、多罗博人等部族。

第二种是畜牧文化。这一文化的分布范围比较广,包括南部非洲、北非、东非及撒哈拉南缘地区。不同地区因自然环境的不同而存有差异。非洲南部的霍屯督人以单纯的游动性放牧长角牛和肥尾羊为主获取生活资料。生产工具一直以石器为主,直到 17 世纪学会锻炼铁、铜技术。婚姻关系实行居夫家及兄终弟及制,男孩随母姓,女孩随父姓,因此同一家庭同一性别的孩子的名字相同,只用附加的修饰词以区别长幼。社会组织是松散的部落制。北部非洲撒哈拉沙漠中部和东部的图布人、贝蒂人、扎加瓦人、卡沃尔人则以饲养骆驼、山羊和驴及兼营绿洲农业为基本生活资料获取方

---

① 宁骚主编:《非洲黑人文化》,浙江人民出版社,1993 年,第 14—22 页。

式,并从事沙漠商队贸易;实行父权制的婚姻及财产继承;社会分化复杂,贵族世系在社会生活中作用很大;信奉伊斯兰教,因而深受阿拉伯文化影响。撒哈拉南缘的富尔贝人主要饲养当地特有的瘤牛和没有瘤峰的恩达巴种牛,并用牛奶和奶制品与邻近农业社会交换,以此获取生活资料,与农耕部族形成共存共生关系;基本上过一种定居生活;婚姻关系实行一夫多妻制;社会分工以性别为主;社会分化为贵族、平民、奴隶和等外民;社会生活伊斯兰化。东非的尼罗特人也以养牛为主,有固定的游牧区,随雨季和旱季轮回;奶是主要食物,并有饮鲜牛血的习惯;保持了对自然和祖先崇拜的传统信仰;家庭按父系继承;社会分化不明显,社会组织以年龄划分等级。

第三种是农业文化。这是非洲本土文化的主流,广泛分布于非洲大陆。但是,不同的自然条件和人文条件,在耕作内容和方式上略有不同。居住于西苏丹地区的曼德人和塞内冈比亚人各族,锄耕农业在撒哈拉以南非洲各个农业社会中是最发达的。社会分工也较发展,手工业、商业、集市贸易普遍存在,出现了较大的城镇;社会分化严重,曾建立起强大的奴隶制国家;家庭以母系继承;信奉伊斯兰教,故阿拉伯文化影响广泛。尼日尔河流域的各部族热带锄耕农业发达,生产工具比较先进,织布、制革和金属加工等手工业发达,商业贸易繁荣,出现了各种类型铸币、纸币;采用阿拉伯字母创制了阿加米文字;婚姻关系实行吉里亚克式胞族制及环形氏族亲缘制度;社会分裂为不同等级,并形成发达的国家制度。沃尔特河流域和尼日利亚高原诸部族以锄耕农业为主,但耕作技术落后。手工业和商品贸易均不发达,社会分化不甚明显,婚姻普遍实行兄弟共妻和姐妹共夫,外来文化的影响很小或没有影响。非洲中部的中苏丹草原地带各族,农耕文化带有从热带雨林农业向草原农业过渡的特征,社会组织规模一般不大,多数部族在举行成年仪式时,不仅要损坏外生殖器,而且要摘除上门牙或下门牙。尼罗河中游地区的努比亚人、努巴人和希卢克人,则以灌溉农业和锄耕农业为主,家庭按父系或舅系继承,早期受地中海文化和黑人文化影响,后来又主要受到阿拉伯文化影响,曾建立过国家。几内亚湾及赤道两侧的广大地区,属热带雨林农业文化,包括了为数众多的部族,他们除了在风俗习惯上有所不同外,生产方式基本接近。热带锄耕农业是获取生活资料的主要方式,农作物和经济作物大致相同。社会分工比较简单,妇女在经济生活中起重要作用,大多数按父系继承,并按父系组织社会,只有中央班图各族按母系组织社会和财产继承。婚姻形态多实行一夫多妻、姐妹共夫,秘密社盟普遍存在。中古后期,几内亚湾地区开始受到欧洲文化和美洲文化的影响。

第四种是农牧混合型文化。班图人中迁徙各族由于受到两种文化的影响而普遍实行的一种生产方式，即一方面发展锄耕农业，另一方面重视畜牧业，因而其文化兼具两种类型文化特征。父权制大家庭是基本的社会形式，按父系继承子嗣和财产，大都举行成人仪式，社会分化不明显，语言和文化共同体的形成比较晚。这一文化类型的分布也较广，从非洲的东部南下，一直到南非的开普，凡班图人迁居之地，多为此类型文化。

第五种是多种文化混合型，即工业文化、农业文化、畜牧文化、商业文化等并存。这一类型主要在非洲大陆的南北两端，它是由于受到外来文化的影响而形成。北部地区受到伊斯兰文化和欧洲文化的影响，南部则是受到欧洲文化的影响。其特点：早期工业出现，城市经济繁荣，商业交往发达，但在远离城市的农村和边缘地区，依然保持了传统的农业和畜牧业，并形成彼此共生关系，社会风俗习惯、婚姻形态也呈现出复杂多样的特点。一句话，这种混合文化兼具了上述诸文化的特征。

非洲各种类型文化如果说在物质文化上存有差异的话，那么在精神文化的许多方面表现出同一性，其中，祖先崇拜对绝大多数非洲人的生活有巨大影响。加纳学者贝塔指出："我们非洲人与我们的祖先生活在一起。"①非洲史专家卡伦·扬这样说："若想探讨当地人对待上帝的看法，除了通过祖先占据的思想领域外别无他途"，"对那些住在偏僻村庄的非洲老年男女来说，没有祖先的存在和祖先的能力，他们每天每日的生活，或许我们可以不过分地说，他们每时每刻的生活就毫无意义了"。② 邵耶指出："非洲所有的各个部落群体都有向祖先奉献祭品的习惯。"③

祖先崇拜的基础是非洲人的灵魂观。非洲丰族人认为，灵魂一旦同肉体分离，就出现于亡灵世界，同已死去的亲戚朋友在一起，拥有自己的财务，过着同人间一样的生活，也会感到寒冷和饥饿；但死者的习惯和人间相反，走路往后退，把夜间叫做白天。为了让夜间来访的祖先找到食物，不能把饭吃得精光，也不能在黎明前洗涤餐具。班图人则把祖先亡灵看成家族的成员，在一切重要时刻都向他们求援，诸如出生、婚嫁、患病和家族团圆、求雨、播种、收获、捕鱼、狩猎和打仗等，都要乞灵于祖先。

为了达到与祖先亡灵的联系、交流，非洲传统社会形成了各种各样的祭

---

① 转引自李保平：《非洲传统文化与现代化》，北京大学出版社，1997年，第13页。
② 同上。
③ 同上。

祖仪式。比如丰族人，举行年祭前，酋长用占卜决定日期，然后通知所有成员并征收费用。酋长亲自主持祭礼仪式，程序包括祈祷、扮演某些重要的祖先跳舞、用大量的水和酒祭奠、供奉多种熟物和鸡、羊、阉牛等活的牺牲品。对每个祖先都要呼唤姓名召请，如有遗漏就会引起极其可怕的后果。凡献祭礼之人也要点名，以便在祖先因受到丰盛的供奉而给族体带来幸福时他们可以分享一份。因此，大家都尽可能多地奉献祭品，从而使祭品极度奢侈。① 阿散蒂人每3周祭祖一次，称作"休息"。祭祀时，每张小凳代表一位祖先，这些小凳一般就是祖先用过的遗物。祭祖仪式是：先把水洒在地上给祖先"洗手"，然后在每张小凳前摆上小盘子，盘里盛着酒和捣烂的芋头或芭蕉，名为"冥食"；还可能献祭一只羊，羊肠用来擦抹凳面及四周。参加礼仪的通常是要人和官员。②

祖先崇拜固然在地球上许多民族中存在，但在非洲文化中却赋予了更多更复杂的含义，几乎主宰了大多非洲人的精神世界，同时也成为非洲本土文化的一大特色。

此外，自然崇拜和图腾崇拜也是非洲人社会生活不可缺少的重要内容。祖先崇拜、自然崇拜和图腾崇拜构筑了非洲各类型文化共有的特质，是非洲本土文化繁衍不息的源泉，对非洲政治、经济、哲学、文学、艺术等影响深远。

2. 近代非洲文化的悲喜剧

根据近代非洲历史的演进轨迹，近代非洲文化大致可以划分为两个时期。前期约从16到18世纪，非洲文化基本上仍处于独立发展状态；后期约从19到20世纪初，西方文化随着帝国主义对非洲的瓜分而大规模渗透，非洲文化的正常进程被打断。

近代前期非洲文化 15世纪中叶以后，欧洲的殖民主义者开始进入非洲，但是，因为受到自然条件的制约，其规模都很小，且一般局限于沿海地区，没有对非洲产生多大的影响，非洲文化继续沿着自己的轨道独立发展，并出现了一个高潮期。这一时期的典型代表有豪萨文化、伊费—贝宁文化、阿散蒂文化、库巴文化、斯瓦希里文化和基督教文化。

豪萨文化是继桑海文化之后在西北非地区兴起。1591年，桑海帝国灭亡后，位于北非商路中心的豪萨城邦日趋兴旺，达到鼎盛。关于豪萨人的起

---

① 转引自李保平:《非洲传统文化与现代化》，第21—22页。
② 艾周昌主编:《非洲黑人文明》，中国社会科学出版社，1999年，第260页。

源,学界目前尚无定论。据传说,12世纪前后,豪萨城邦形成,13世纪接受伊斯兰教,并按伊斯兰教教义建立了政府和各种制度。因此,豪萨文化受伊斯兰文化深刻影响。豪萨文化的特征:农业比较发展,是基本的经济部门;手工业十分发达,劳动分工和生产专业化已经出现,产品种类多样,16世纪访问豪萨城邦的利奥报道说:当地有为数众多的工匠和亚麻布织工,这里制作一种古罗马人爱穿的皮鞋,这种鞋大部分销往廷巴克图和加奥。炼铁及铁器制作发达,行会组织已经产生,商业兴隆,集市商人、批发商人及商业经纪人等应有尽有。特别是妇女在经济活动中扮演重要角色,对外贸易日趋频繁。豪萨语得到了发展,不仅作为口语用于商业活动,其文字形式采用阿拉伯字母拼写成型后,开始作为书面语传播,流传下来的《卡诺编年史》就有用豪萨语书写的。因此,豪萨文化也可以说是豪萨—阿拉伯文化。

伊费—贝宁文化是约鲁巴人创造的。约鲁巴人生活在今尼日利亚一带,伊费和贝宁是他们建立的两个城邦国家,因此,在文化上相通,贝宁文化就是在伊费文化基础上发展起来的。16世纪以后的文化主要是贝宁文化。伊费—贝宁文化的特征表现为:生产工具是铁器;农耕比较发达;手工业发展水平较高,其手工制品在周边享有盛誉;商品交换繁荣,货币出现;社会生产开始分工,奴隶用于生产和生活等领域。活跃的经济,为艺术创作提供了条件,铜雕、石雕、木雕、象牙雕、赤陶雕等雕刻类艺术独树一帜。威廉·法格评论说:"在伊费文化中有一种奇怪现象,这种现象在世界文化史上极为罕见。纯自然派艺术与几乎是纯抽象派艺术在同一文化中共存。这种现象在欧洲古典文艺复兴时期也是不可思议的。"[①]贝宁文化中的象牙雕刻到18世纪依然长盛不衰,艺术风格表现为强烈的自然主义和写实主义。伊费—贝宁文化是约鲁巴人民对非洲乃至世界文化的重要贡献。

阿散蒂文化是居住在今加纳中部的阿散蒂人创造的。17世纪后期,阿散蒂人兴起,18世纪势力强盛。阿散蒂社会是母系社会,家族是基本的社会单位;家族之上是氏族,氏族之上是部落或称酋长领地。因为阿散蒂所居之地盛产黄金,黄金冶炼和加工业发达,纺织印染技术也比较突出。阿散蒂文化中的典型特征是对神灵的崇拜,尤其是祖先神灵。祖先生前用过的凳子,成为传递生者与死者之间信息的桥梁,因此,阿散蒂人的"凳子文化"在非洲文化中别具一格。王族与非王族都要供奉祖先的凳子,凳子的外形和功能是相同的,只是王族的更神圣威严。新国王在就职时,要向祖先的凳子

---

① 联合国教科文组织:《非洲通史》(第4卷),中国对外翻译出版公司,1994年,第297页。

欠身三次,人们凭这一仪式确认他与作为王国创始人的祖先建立了特殊的联系,国王因而成为神圣。凳子在阿散蒂人的社会政治经济生活中具有极其重要的地位。

库巴文化是刚果河流域库巴人的智慧结晶,是刚果文化的杰出代表。库巴人的口头文化特别发达,宫廷里有专设机构"莫阿里迪",负责记录当地大事和王室世系的传说。库巴人的工艺技术水平较高,他们制作的面具、鼓、头饰品、胭脂盒和酒杯等艺术品在刚果地区独领风骚。雕像艺术闻名于世,它不是简单模仿容貌,对头部进行了细致刻画,作品具有极其感人的纯朴、稚拙、粗犷的自然主义风格。雕刻国王像的传统始于17世纪的沙巴·博隆贡,他在位期间,库巴族王国达到鼎盛,为纪念自己的功绩,他请许多著名的雕刻家为他雕刻木像。现保存下来的有19座国王雕像,因此库巴人的国王雕像是历史的写照,也是史诗和传奇的象征。

斯瓦希里文化是以非洲文化为主,多种文化交融的产物。在历史上的很长一段时间里,一些西方学者认为这是外来文化。但是,迄今为止的考古发现,证明斯瓦希里文化绝对是东非本土文化。斯瓦希里文化在长期的发展过程中,明显地吸收了外来文化,包括波斯、印度、阿拉伯甚至中国文化。斯瓦希里语是斯瓦希里文化的最重要的标志。斯瓦希里语中的词汇有65%属于班图语,30%左右的词汇属于阿拉伯语的外来词。东非班图人在长期与阿拉伯人的商业交往中,阿拉伯人用阿拉伯字母拼写斯瓦希里语,斯瓦希里人也用阿拉伯文拼写自己的语言,终于形成了正式的斯瓦希里语。斯瓦希里文化中最具代表性的是文学。用斯瓦希里文书写的古代文献《古体杂诗赫列卡列》[①]。反映17—18世纪的斯瓦希里人的社会生活。

基督教文化是伴随西方殖民活动而进入非洲的。由于早期基督教文化主要是单纯以传教士来进行传播的,因此,除了在少部分地区有所收效外,在多数地区都是昙花一现,基本上对非洲文化没有什么影响。如1615年,刚果宣布放弃天主教;埃塞俄比亚则将天主教传教士驱逐出境。到18世纪,随着葡萄牙人在非洲传教活动的消退,基督教文化对非洲的渗透也就告一段落。不可否认的是,尽管西方基督教文化在非洲没有取得多大成效,但对非洲文化是一次冲击。

近代后期非洲文化　　进入19世纪,西方资本主义强国踏上工业化道路,非洲丰富的原材料和广大的产品销售市场,自然成为其争夺的场所。它

---

① 宋瑞芝主编:《外国文化史》,湖北教育出版社,1994年,第1033页。

们竞相采用暴力胁迫和文化影响两手,在非洲扩大势力范围,直至20世纪初将非洲大陆瓜分完毕,建立起各自的殖民统治。西方殖民者在非洲的入侵和推行殖民化,对非洲文化产生了正反两方面的影响。

殖民帝国英国的资产阶级自由派,提出了所谓对非"四C连祷词"方案,即通商(commerce)、传教(christianity)、文明(civilization)和殖民(colonization)。其目的就是要通过这四个步骤从经济、文化、政治上实现对非洲的殖民化。通商,即以合法贸易的幌子,向非洲倾销其工业品,掠夺当地的原料,从而摧毁非洲社会传统经济结构,使非洲经济从属于西方。传教,即以传播基督福音的方式,动摇非洲人对传统宗教的信仰,而信仰基督教"对非洲人来说,意味着放弃传统的服饰、权力、社会组织、文化、婚姻、医学等。……其后果是使黑人内心产生自卑感"①。文明,即通过开办工厂、创办学校、兴建医院等形式,把西方生产方式及其文化强行移植非洲。殖民,即使非洲沦为西方的殖民地,以达到最终奴役非洲人民的目的。法、德、意、比等殖民强国所采用手段与英国不尽相同。

西方殖民入侵和统治,对非洲文化的消极影响主要表现为:第一,野蛮的殖民侵略,使非洲人的生存构成威胁,大量人口惨遭不幸,文化发展的直接承载者被扼杀。据资料载,德军在镇压马及起义时,丧生于殖民者屠刀下及死于随后发生的饥荒中的人数,竟达30万之多。第二,非洲文化存在和发展的经济基础萎缩。由于西方殖民政策的作用,非洲传统的农业、手工业和制造业在西方工业品冲击下,日益朝殖民地经济演进。第三,西方文化在非洲的强制性拓展,使非洲文化的生存空间受到挤压。许多殖民国家推行不同形式的同化政策,他们利用创办学校和医院,培植西方文化因子。一些有识之士指出:西方人的殖民行动,好像"不过是一项军事和经济的冒险事业",但对非洲人来说,是"一场确确实实的极大变革,它推翻了整个古代的各种信仰和思想,以及古老的生活方式。它使整个民族面临突然的变化"。② 近代非洲史实证明了这一点。

然而,凡事总有两个方面。殖民统治者在非洲文化领域同样扮演了另外一个角色,即马克思所讲的"历史的不自觉的工具"。基督教传教士在非洲创办学校,传播西方文化,其主要目的是培养为殖民统治服务的奴化人才,但事与愿违,培养出来的非洲近代知识分子,他们把吸收的西方文化注

---

① 转引自艾周昌主编:《非洲黑人文明》,第315页。
② 联合国教科文组织:《非洲通史》(第7卷),中国对外翻译出版社,1991年,第1—3页。

入了非洲传统文化中。这批知识分子的大多数成为此后非洲非殖民化运动的先驱。19世纪末20世纪初,非洲出现了第一代民族主义者,著名的有塞内加尔学者布拉瓦、西非史学家塞缪尔·约翰逊、民族主义者霍顿等,其中爱德华·威尔莫特·布莱登是杰出代表。

布拉瓦通过收集口头传说和神话,从人种学、地理学和社会学的角度研究了塞内加尔历史,认为非洲有着自己的深厚文化渊源,在不久的将来它会重新崛起。约翰逊经过20年的努力,写成了《约鲁巴史》,试图将约鲁巴的历史与古代埃及、中东和希腊进行比较,以找出约鲁巴民族在世界民族中的应有地位。霍顿认为,必须把提高人民的物质生活水平作为目标,一旦殖民地的经济发展,独立的日子必将到来。他在自己的政治著作中,向西非人民灌输近代民族意识和爱国思想。

布莱登(1832—1912)被称为非洲民族主义之父。他一生反对种族主义,反对西方殖民非洲的活动,积极倡导"非洲个性"和"非洲人的非洲"民族主义思想。1872年,他在西非创办了第一份泛非刊物《黑人》,弘扬黑人文化,传播民族主义思想。他积极支持其他民族主义者创办反映非洲人社会生活的报纸:《西非记者报》《塞拉利昂每周新闻》《拉格斯每周纪事》等。他还写有大量著作:《从西非到巴勒斯坦》《基督教、伊斯兰教和尼格罗人种》《非洲问题及其解决方法》《欧洲人到来之前的西非》《非洲人的生活和习俗》等。他的一整套非洲民族主义的哲学思想,成为20世纪非洲民族主义运动的理论基础,1900年诞生的泛非主义,就是这一理论的继承者和实践者。

当黑人文化在南部艰难成长之时,北部伊斯兰文化也在西方文化的冲击下掀起了改革运动。埃及的于里·塔哈塔维和流亡埃及的阿富汗尼是这场改革的先驱,他们利用伊斯兰的语言大量传播维新思想。塔哈塔维认为:"法国大革命的思想是出于意思的源头;对国家的忠诚是宗教信仰的一种表达。"①在他们的思想影响下,埃及著名宗教学者穆罕默德·阿布杜创立了伊斯兰现代主义学派。他主张消除伊斯兰教传统的清规戒律,从《古兰经》和可靠的"圣训"中寻求相当于现代思想的因素,并把欧洲科学技术文化融化在伊斯兰教的基本教义中,使宗教能够适应现代社会的发展。阿布杜的学生里达是20世纪初伊斯兰现代主义的主要代表人物,但他更倾向于复古和保守。

---

① 转引自宋瑞芝主编:《外国文化史》,第1042页。

总之,近代西方在非洲的殖民统治使非洲传统文化遭受摧残,正常的发展道路被扼阻;同时,西方文化在非洲的传播又为非洲文化注入了科学的因素,促使非洲传统社会朝现代社会变轨,19世纪产生的民族主义思潮和20世纪的民族独立运动,本质上就是非洲文化革新在社会政治经济领域的反映。

三、异军突起的近代美洲文化

1492年,哥伦布到达美洲,西方殖民者开始了对美洲的殖民扩张。美洲土著印第安人的文明遭到了毁灭性的打击。到17世纪中叶,整个美洲已成为欧洲的殖民地。西方殖民者在征服美洲的过程中,一方面对印第安人进行疯狂的掠夺、奴役和屠杀,另一方面又把欧洲基督教文化移植到美洲。因此,西方殖民扩张后逐渐确立起来的美洲文化,是通过文化的碰撞与融合而形成的一种新文化体系,它以欧洲文化为主体,同时夹杂着美洲印第安人的文化和非洲黑人文化的成分。在这里,我们主要介绍北美兴起的美国文化和中南美洲的近代文化。

1. 独特的美国文化

多元的美利坚文化特质 美利坚民族是一个后起勃发的民族,其文化史非常短暂。从其民族独立算起,至今只有200多年历史。更何况,一个民族政治上的独立并不等于其民族文化随之建立。任何后起的年轻民族要建立起独立的民族文化,一般都要经过一个吸收、整合、发展和创新的继承衍生过程。独立的美国文化的形成尤其要经过这样一个历程。霍华德·蒙福德·琼斯写道:"美国文化是由旧世界和新世界两种伟大力量相互作用而形成的。旧世界向新世界投射丰富、复杂和矛盾的一整套习惯、力量、实践、价值和设想,新世界则将这一切加以接受、更改,最后或者扬弃,或者融化到本身的发明之中。"[①]美国民族文化之成型阶段主要是在19世纪。20世纪则是美国现代文化繁荣昌盛、独领风骚于世界文化之林的时期。

美国文化之所以能在如此短时期内跻身于世界文化之林,这与其独特的民族性格分不开。美利坚民族是一个具有开拓精神、追求实用的民族。众所周知,美国是一个移民国家。生活在这一块大陆上的居民都是在不同

[①] 卢瑟·S.利德基主编:《美国特性探索》,龙治芳等译,中国社会科学出版社,1991年,第14页。

的时期来自世界不同的地方。即使被认为美国真正主人的印第安人,经过考古发现,也是亚洲的蒙古人种移民而来。故美国被公认为一座民族"大熔炉(melting pot)",全世界不同的民族和种族在这里被"冶炼"成美利坚民族大家庭中的一员。不可否认,他们初来乍到时,其文化习俗、语言结构、文学模式等在很长一段时间里仍受原居住地文化的影响。即使随着社会发展,最后被融合为一个美利坚民族整体,但共性中依然凸现各个民族的文化个性。如非洲的黑人文化、亚洲的黄种人文化、拉丁美洲的西班牙后裔文化和印第安人文化等,都是在以白人为主流的美利坚文化中对自身民族传统文化保留得相对完美的亚文化群体。这一历史事实从客观上决定了美国文化的多元性特征。

虽然美国人的祖先都是在不同的时期来自不同的国家、不同的社会阶层、说不同的语言、信不同的宗教,但从求同存异的角度看,我们可以发现,他们中间还是有许多共同的地方。作为一个以移民为主的民族,其最明显的特点即是其冒险精神和不满足于现状、追求自由平等的民主精神。美国人的祖先们背井离乡,或寻求宗教信仰自由,如英国的清教徒;或为生活所迫,如契约奴、苦难的华工等;或追求发财致富,如欧洲那些贵族业主和商人,等等。这些人各自抱着不同的目的,依靠简陋的航海工具冒险来到这块新大陆,在这块处女地上创业,寻求自由,谋求财富。在这里,他们尽其所能,积极进取,以圆共同追求的"美国梦"。这是他们能够共存的亲和力和凝聚力,也是美利坚民族形成的基础。而为了生存,在这块广袤的土地上,无论是穷人抑或富人,他们都必须自力更生,追求实用。基于此,美国民族的基本性格和价值观是以个人主义和实用主义为主。他们追求机会均等、公平竞争、物质至上等等,这些精神体现了美国民族的朝气。从某种程度上可以说,这是美国社会迅速发展的人性保证。这种精神在美国实用主义哲学上得到了充分体现。故此,了解美国民族文化的兴起和发展,主要要从其文学和哲学思想两方面着手。

美国文学的兴起 美国社会文化的基础是盎格鲁—撒克逊文化,因为美国毕竟是在英国13个殖民地的基础上建立起来的,在很长一段时间里,美国文化受英国的影响较大。殖民地人民一直习惯到英国的诗歌、小说、戏剧及散文中去寻找他们文学表达的标准。正如美国当代著名史学家丹尼尔·布尔斯廷曾言:"在整个殖民地时期,美国的书籍基本上全部是从英国进口的。"然而,随着13个殖民地脱离英国而独立,文化上的民族主义呼声越来越强烈。1789年,诺亚·韦伯斯特发表《论英语》,呼吁建立一种美国统一的、与英国英语有所区别的美式英语,并吁请作家们担任这一传播角色。故而民族文化建立之最基本表象是构建民族语言和民族文学。

美国民族文学从启蒙到最终建立经过了一个多世纪,就如欧洲近代文学发展史一样,它也经历了从启蒙文学到浪漫主义文学再至现实主义文学这样一个演变过程。

早在殖民地时期,美国文学基本上只是一些欧洲探险家们写的关于美洲新大陆的游记、日记和家信,"没有小说和戏剧"。而且,由于受清教思想的影响,这些作品在题材和风格上带有浓厚的宗教色彩,充满宿命论观点,故有"清教文学"一说。作者大都是清教徒,根据地在美国东北部的新英格兰地区。在这些清教徒笔下,一切社会生活现象都是上帝或神的旨意。在他们心目中,美洲是上帝所选,欧洲殖民者是上帝选民,新英格兰是新大陆的圣地。而欧洲人在新大陆的扩张和杀戮是在执行天命。这无疑是在为欧洲,尤其是为英国的殖民扩张事业摇旗呐喊。清教文学中最主要的代表人物是乔纳森·爱德华兹(1703—1785)。[1]

不过,随着英国殖民统治的加强,殖民地作家在讴歌英国的殖民事业的同时,另有一些作品表达了对英国殖民统治的不满,反映了北美殖民地人民的民族意识觉醒。如彼德·福尔杰(1617—1690)在1675年出版的长诗《时代的镜子》中,猛烈抨击英国在北美所推行的种种政策。[2] 此外,1676年,一位无名诗人创作的《培根墓志铭》热情歌颂了北美第一次农民起义领袖纳萨尼尔·培根,称他为"战神和智慧之神的化身"。

真正体现北美殖民地革命精神,是在美国独立战争期间出现的启蒙文学。启蒙文学中的代表人物有三位:本杰明·富兰克林(1706—1790)、托马斯·潘恩(1737—1809)和托马斯·杰斐逊(1743—1826)。

如果说乔纳森·爱德华兹是清教主义宗教狂热最典型的象征,那么富兰克林就成了美国启蒙运动,即理性时代的象征。[3] 富兰克林的代表作是其《自传》和《穷理查历书》(另译《格言历书》)。作者在《历书》中,提出了一整套指导原则,摘录了大量箴言、警句、谚语、名言等,"生动地概括了新兴资产阶级关于实用哲学、伦理观念、创业持家、治学待人、为人处世等价值标准和道德原则"。如"自助者天助之""勤勉乃幸运之母""时间就是生

---

[1] 罗伯特·斯皮勒:《美国文学的周期》,王长荣译,上海外语教育出版社,1990年,第9页。
[2] 朱虹等编著:《美国文学简史》(上册),人民文学出版社,1978年,第6—8页。
[3] 罗伯特·斯皮勒:《美国文学的周期》,王长荣译,第11页。

命""不要出卖道德去买财富,也不要出卖自由去买权力",等等。这些言论"对他同时代人一直起着醒世箴言的作用"。

最具鼓动性的启蒙文学作品,是资产阶级民主思想家潘恩在1775年美国独立战争爆发伊始所发表的两部小册子——《常识》和《危机》。在《常识》里,潘恩鼓舞北美人民为独立自由而战。而在革命遭受挫折的时候,潘恩又发表了一系列题为《危机》的战斗檄文。这些作品结构严谨,思想性强,语言生动,节奏明快,富有感染力,被认为是美国早期优秀散文的典范。①

美国独立战争期间最富思想性的启蒙文学作品是杰斐逊的《独立宣言》。与潘恩文化水平不高相比,杰斐逊出生于名门望族,大学毕业,被认为是美国独立战争领导人中"最有学问的学者兼政治家"②。《独立宣言》的重要性不仅仅在于它蔑视英国国王,宣布独立,更在于它从总体上阐述了人权原则:人生而平等,人人享有不可侵犯的生存、自由与追求幸福的权利,政府统治必须获得被统治者的同意,人民有权在政府无视人民意志滥用职权时推翻它。《独立宣言》是美国文学史上最优秀的政论文之一,它充分体现了杰斐逊的文风:语言精练、结构严谨、说理清楚、逻辑性强。斯皮勒认为:"杰斐逊是英语文体的大师,他用词铿锵有力、充满信心与真诚。"③

上述三位启蒙大师的作品,对唤醒新兴资产阶级的人文精神和一个新兴民族的反抗精神,对建立独立的美利坚民族文学具有一定的促进作用。由于这些作品毕竟出自三位政治活动家之手,所以,严格地讲不能算作普通意义上的文学作品。

真正意义的美国文学诞生于美国独立战争胜利、美利坚合众国成立之后。独立战争以后新兴的美国,处于生机勃勃的资本主义上升时期,工业的发展、西部的开发、铁路的兴建、各种文化设施的出现,都在向世人展现一幅美好的图景,美国人民对自己的国家充满希望,对自己的民族充满信心,对这样一个发展的时代将给每个人带来的机会深信不疑。在这样的历史环境下,美国文学很自然地进入了19世纪持续达半个世纪的浪漫主义时代。

美国浪漫主义文学可以分为前后两个时期。前期浪漫主义文学的主要特点是以创建美利坚民族文学为主要内容,文学作品以美利坚民族的历史、

---

① 王锦瑭:《美国社会文化》,武汉大学出版社,1996年,第273页。
② 罗伯特·斯皮勒:《美国文学的周期》,王长荣译,第16页。
③ 同上书,第17页。

传说、风土人情和自然风光为题材,其主要作家为华盛顿·欧文(1783—1859)、詹姆斯·费尼莫·库帕(1789—1851)和艾伦·坡(1809—1849)。

华盛顿·欧文是美国第一位职业作家,被当时英国人称为"一个真正作家的美国人",故有"美国文学之父"之称。其代表作主要是《见闻札记》《瑞普·凡·温克尔》以及《睡谷传说》等。欧文的作品往往以殖民地时期的生活为背景,把一幅幅美国"童年"的图景勾勒出来,风格上既有欧洲18世纪式的诙谐,又有美国式的活泼,同时渗进19世纪英国流行的浪漫主义怀旧之情,开始体现当时美国民族文化的日益高涨。而库帕则以三部长篇小说开创了美国小说史上的三种小说形式,这就是以《间谍》为代表的历史小说,以《开拓者》为代表的边疆小说,以《水手》为代表的航海冒险小说。他反映美国西部开发的小说更是脍炙人口。其中《开拓者》就是其边疆系列小说《皮袜子故事集》中的一部。如果把边疆文学看做是美国民族文学的特色的话,那么,库帕就是美国民族文学真正的开拓者。艾伦·坡是一位集诗歌、小说和文学评论于一身的作家,他的诗歌和小说都带有一定的象征主义的色彩,这在他的《乌鸦》《钟声》等诗歌以及他的短篇小说集《述异集》中得到明显的反映。

后期浪漫主义文学受19世纪40年代出现的超验主义的影响,强调人可以超越自我的经验直接去感受真理,以集中表现和宣扬人的个性、智慧、意志、能力、创造力以及自由为主要特征。其著名代表是拉尔夫·爱默生(1803—1882)、纳萨尼尔·霍桑(1804—1864)和瓦尔特·惠特曼(1819—1892)。

爱默生是19世纪美国著名的文学批评家、诗人、一代哲学大师。其思想和理论核心是超验主义,而超验主义正是美国浪漫主义文学的理论基础。他的代表作有《论自然》《论自助》和《论美国学者》等。其中《论美国学者》堪称"美国思想上的独立宣言"。作者大力提倡美国作品要描写美国的主题、歌颂美国的事务、树立美国的风格。爱默生由此而被认为是理论上呼吁建立美国民族文学的第一人。"美国的浪漫主义也随着他成为一种成熟的思想与感情体系,深深扎根于本国土地。"①霍桑是美国最伟大的浪漫主义小说家,其代表作长篇小说《红字》对当时美国宗教、法律和卫道士的虚伪,进行了尖刻地揭露和嘲讽。惠特曼是19世纪美国最伟大的诗人,其代表作是《草叶集》,作品以19世纪美国物质进步为素材,热情讴歌美国资本主义

---

① 罗伯特·斯皮勒:《美国文学的周期》,王长荣译,第38页。

的成就,体现出鲜明的民主色彩以及乐观向上的情绪,充满对自然、人生、劳动、自由、民主、革命等的歌颂之辞,在美国浪漫主义文学史上占有重要地位。斯皮勒认为,《草叶集》是"一本新型的书,标志着浪漫主义文学运动的结束及美国文学史上新时代的开始"①。

所谓"新时代的开始",指的是现实主义文学的开始。在美国,现实主义文学紧随浪漫主义文学繁荣起来。由于在浪漫主义文学成型之际,现实主义文学已经具有举足轻重的地位,故美国现实主义文学也有前期和后期之分。前期即19世纪40至50年代兴起的以斯托夫人(1811—1896)为代表作家的废奴文学;后期则是19世纪下半叶以马克·吐温(1835—1910)为代表的批判现实主义文学。

废奴文学是美国在解决了民族独立问题之后,美国南北之间经济、政治、社会矛盾逐渐尖锐在文学上的反映。废奴文学中成就与影响最大的是斯托夫人。她的《汤姆叔叔的小屋》是美国废奴文学的杰作。小说对揭露南方奴隶制的黑暗、推动人们起来同奴隶制进行斗争发挥了重要影响,并在某种程度上加速了南北战争的爆发。林肯总统称斯托夫人为"引发这场战争的小妇人"。

废奴文学只是美国批判现实主义文学的一个支派,仅限于对南方黑奴制进行揭露。事实上,文学上对美国现实进行全面的揭露则始于南北战争以后。从此,现实主义开始替代了浪漫主义,成为美国文学的主要流派。

19世纪后期美国批判现实主义文学的著名作家有许多,其中最著名、最具代表性的是马克·吐温。马克·吐温原名塞缪尔·朗荷恩·克莱门斯,美国"第一位出生于密西西比河以西地区的主要作家"。马克·吐温的作品颇丰,以揭露美国民主与自由的虚假为主要内容,以辛辣的讽刺为表现手法,对南北战争后美国政治与社会的黑暗进行了多方位的揭露和抨击。其中,有对虚伪民主的嘲弄,如《竞选州长》;有对谋求横财暴利的讥讽,如《镀金时代》;有对虚伪庸俗的社会风气、陈腐呆板的学校教育的揭露,如《汤姆·索亚历险记》;有对种族歧视的鞭挞,如《哈克贝里·费恩历险记》;还有对殖民主义的谴责,如《19世纪对20世纪的欢迎辞》等。马克·吐温的作品不仅思想上颇具深度,而且其语言风格和写作技巧在美国文学史上也是划时代的。马克·吐温不仅突破了英国对美国文学的影响,而且打破了美国东部地区对文学的垄断,这是美国文学真正繁荣的表现。后来,由于

---

① 罗伯特·斯皮勒:《美国文学的周期》,王长荣译,第84页。

欧·亨利(1862—1910)、杰克·伦敦(1876—1916)和西奥多·德莱塞(1871—1945)等作家的努力,批判现实主义文学一直繁荣到20世纪,与美国现代文学一起,跻身于世界文学之林。

美国实用主义哲学的出现 美利坚民族是讲究实用的民族,抽象的思辨与空谈不是美利坚文化的风格。因而,体现在哲学思想方面就是实用主义哲学。这种哲学流派的基本观点和特征是:"把确定的信念作为出发点,把采取行动当做主要手段,把获得实际效果当做最高目的。"信念的确定是为了行动,行动的目的是为了取得实际的效果。因此,实用主义哲学反对一切抽象的思辨,注重实用的效果,强调行动的重要性。

实用主义哲学产生于19世纪末的美国绝非偶然,这既与美利坚民族文化的特殊性密切相关,也与当时美国社会的发展紧密相连,同时还与19世纪中叶出现并流行于欧洲的实证主义哲学不无关系。由于美国基本上是一个移民国家,而来自于欧洲等地的大量移民都抱有各种各样的实际目的,这就使得美利坚文化从一开始形成就具有一种追求现实效果的实用特征。南北战争使美国完成了国家真正的政治与经济的统一,美国资本主义经济获得了迅速发展,这为美国人提供了一个更加有利的追求现实利益的机会。在这种现实下,对社会财富或政治地位的追求以及这种追求是否成功,就成为判断个人价值的一个重要标准。成功是主要的目标,为了成功就要行动,而行动来自于坚定的信念。19世纪中叶,欧洲实证主义哲学以及功利主义思想,对美国实用主义哲学的出现产生过重要影响。实证主义哲学对抽象思辨的批判,对科学实证的提倡等都为实用主义哲学家所接受。功利主义者对追求人类幸福的强调,也成为实用主义者强调追求实际效果的重要思想来源之一。

美国实用主义哲学家主要有三位代表:创始人是查理·皮尔士(1839—1914),而在理论上成熟的是威廉·詹姆斯(1842—1910),到了约翰·杜威(1859—1952),实用主义哲学已发展到登峰造极的地步。

皮尔士首先是一个自然科学家,然后才是一个实用主义哲学家。他一生的大部分时间主要从事自然科学研究与教学,在物理学、化学、科学史以及逻辑学等方面都有很深的造诣。正是由于皮尔士在自然科学方面的成就,才使他具备了以科学实证精神建立实用主义哲学的条件。1871—1874年期间,皮尔士在哈佛大学组织了一个名为"形而上学俱乐部"的哲学协会,并于1872年在俱乐部做了一个哲学学术报告,后经修改,整理成《信念的确立》和《怎样使我们的观念清晰》两篇论文。在这两篇论文中,皮尔士首次提出了实用主义之基本原理:观念的意义在于它所引起的行动和产生的效果。他提出,知识、观念是否清楚明白、是否有意义,就要看它能否引起实际效果,即看它对人是否有实用价值。这就是以实用效果来确定观念意义的所谓"效用原理"。人们认为这套理论标志着实用主义的诞生,皮尔士由此被认为是实用主义哲学的创始人,而"形而上学俱乐部"则被认为是实用主义哲学的诞生地。但是,他的实用主义哲学仅仅处于创建阶段,还没有形成完整的哲学体系。这一工作留待詹姆斯和杜威去完成。

詹姆斯是19世纪末美国实用主义哲学的著名代表。他早年一直从事医学和心理学研究,后来从事哲学研究,他将皮尔士提出的实用主义原理系统化,从而完成了实用主义哲学完整体系的建立工作。其哲学理论代表作是1907年发表的《实用主义》。詹姆斯对实用主义哲学的系统化首先表现在,他将作为英国经验主义、法国实证主义和美国实用主义之基础的经验主义彻底经验化,建立起彻底经验主义。如果说以前的经验主义、实证主义乃至实用主义中还残存一些非经验所能解释的东西,詹姆斯则使所有的一切都变成了经验的产物,知识是经验的积累,感觉的对象即实在也是经验的产物,对象之间的关系也是经验,整个世界就是一个经验的世界。詹姆斯对他的这种彻底经验主义做了如下的表述:只有能以经验中的名词来解释的事物,才是哲学上可争议的事物;事物之间的关系与事物本身一样都是直接的具体的经验对象;经验的各部分靠着关系连成一体,这些关系的本身也是经验的组成部分。在这种彻底的经验主义指导下,詹姆斯关于实在的观点也是纯粹经验主义的。在他看来,一切实在的基础和起源都是主观的,他说:"实在的实在,由它自己;实在是什么,却凭取景;而取景如何,则随我们。"①

詹姆斯提出了"有用就是真理"这一实用主义的典型真理观。如果说皮尔士在其"实在就是有效"的思想中已经暗含了有效也就是真理的论点,詹姆斯则明确指出了有用就是真理。他说:"它是有用的,因为它是真的,或者说,它是真的,因为它是有用的。"他认为,真理就是为了满足人们的需要,"科学中的真理就是使我们得到最大限度的满足"②。詹姆斯的真理观否定了真理的客观性以及在一定时期的绝对性,在詹姆斯看来这并没有什么,因为他本来就认为真理完全是由人的产生而到世界上来的。

---

① 詹姆斯:《实用主义》,陈羽伦、孙瑞禾译,商务印书馆,1979年,第124—125页。
② 梯利:《西方哲学史》(下卷),葛力译,第339页。

在阐述和传播实用主义方面，杜威所起的作用超过了詹姆斯。① 是杜威把实用主义推广到政治、道德、教育和社会问题等各个领域，系统地发展了皮尔士、詹姆斯的实用主义哲学思想，并把自己的哲学称作"实验主义"或"工具主义"。杜威一生著述颇丰，发表论著 36 部，论文 900 多篇。其代表作有《学校与社会》《达尔文对哲学的影响》《我们这样思想》《哲学的改造》《经验与自然》等。

杜威的实用主义理论基础是他的经验自然主义或称"自然主义的经验论"，这实际上是詹姆斯的彻底的经验主义的翻版和衍生。杜威把"经验"解释为有机体和环境的一种"交涉"活动。在其"交涉"活动中，有机体不仅被动地适应环境，而且对环境起作用。其结果是，环境所造成的变化又对人的机体及活动起反作用。行动和反作用之间的这种密切关系便形成了"经验"。杜威认为，人的问题实则是一个经验问题，人适应环境的活动是连续的，只有行动与感受联系在一起才能形成经验。而人的"认识本身就是一种行动"。正如此，杜威认为在经验中，物质和精神、自然和经验是融为一体的，自从人产生以后，自然是存在于经验之中的。

同时，杜威把自己的实用主义称为"工具主义"，认为知识的对象是工具性的；思想是人应付环境的工具；真理是有效用的工具等。杜威还认为，与其他所有的工具一样，概念、理论的价值不在于它们自身，而在于它们所造成的结果中显现出来的功效。工具本身无所谓真假，只有有效或无效、恰当或不恰当、经济或浪费的区别。总之，真理就是效用，效用是衡量一个观念或假设的真理性的尺度。上述观点充分体现了实用主义重视行动和效果的基本思想。杜威不仅提出学说，而且还本着实用主义精神，把他的"经验"理论和"工具主义"思想直接运用到美国中小学教育改革中去，对开发学生的智力和能力、培养一批实用性人材起到很大的促进作用。杜威于 1919—1921 年间在中国 11 个省市巡回讲学，其实用主义教育思想对中国教育也有较大影响。

上述实用主义哲学思想是对美国民族精神的高度概括，是美国知识分子对世界文化的杰出贡献，在某种程度上顺应了 20 世纪人类社会物质化、求实惠的发展潮流。

---

① 王元明：《行动与效果：美国实用主义研究》，中国社会科学出版社，1998 年，第 18 页。

2. 混合的拉丁美洲文化

拉美文化的欧洲化 新航路的开辟和新大陆的发现,使得西方殖民主义者大规模涌入拉丁美洲。欧洲殖民者尤其是西班牙、葡萄牙殖民者,不仅根据宗主国的需要在拉丁美洲殖民地建立起政治、经济、宗教制度,而且将西方文化传入拉丁美洲,这样,拉丁美洲原有文化的历史发展进程就被西方殖民主义者的入侵所打断,拉丁美洲的文化进入殖民地时期。

拉丁美洲殖民地文化的一个突出特点,是欧洲化特别是西班牙化和葡萄牙化。西班牙和葡萄牙殖民统治者为了实现控制拉丁美洲殖民地的政治目标,将宗主国的政治制度移植到拉丁美洲各殖民地,建立起殖民地的统治机构,并在宗主国政府中设立专门机构,负责拉丁美洲殖民地事务。西班牙殖民统治者在拉丁美洲殖民地建立了四大总督区,并在西班牙政府中设立西印度事务院,葡萄牙也在拉丁美洲殖民地设立系统的政治机构。拉丁美洲各地原来的政治组织形态被彻底打破,取而代之的是一套西方的政治组织形式。

为了从经济上控制和掠夺拉丁美洲殖民地,西班牙和葡萄牙殖民当局,不仅按照宗主国的经济制度在拉丁美洲实行封授土地制度,建立起一个个规模庞大的庄园,而且根据宗主国的经济利益在拉丁美洲建立起有利于剥削殖民地的农业、商业、矿业经营制度,宗主国可以生产的产品,严禁殖民地生产,宗主国不能生产而市场销售又好的产品,要求殖民地进行单一性生产,殖民地的一切商业往来严格受制于宗主国。拉丁美洲殖民地经济原来的发展过程被打断,代之而来的是适应宗主国经济利益的新的经济组织制度。

随着欧洲殖民主义者的入侵,殖民地原有的宗教信仰也被打破,大批欧洲传教士来到拉丁美洲地区进行传教活动,将基督教传入拉丁美洲,其中重要的教派为圣方济各派和耶稣会派。传入拉丁美洲的基督教依然按照欧洲基督教的传统建立起各类教会机构,西班牙国王被罗马教皇授予管理西班牙在拉丁美洲殖民地一切宗教事务的权利,西班牙教会当局在西属拉丁美洲殖民地一共建立了10个大主教区和38个主教区。为了严格控制殖民地教徒的宗教信仰,欧洲殖民统治者还把宗教裁判所制度也在拉丁美洲地区建立起来。当然,欧洲基督教组织还在拉丁美洲殖民地推行什一税,并且直接建立起教会地产,以掠夺拉丁美洲殖民地的社会财富。

殖民统治者还在拉丁美洲大力宣扬欧洲文化。殖民统治者在拉丁美洲建立各级学校作为传播欧洲文化的主要基地,大学和各种学院的发展速度尤其快,其中西班牙殖民统治者建立的墨西哥城大学和利马大学是最早、最有影响的大学。大学中讲授的主要课程是西班牙语、文法、经院哲学、神学等欧洲文化的基本内容,同时也讲授一些科学与医学知识,接受大学教育的主要是白人殖民统治者和印第安人贵族。为了从文化上控制拉美殖民地,各级学校均由教会机构管理,教师也大都由教士担任,同时,殖民统治者还建立起严格的书报检查制度,将拉丁美洲文化的发展限于宗主国允许的范围之内。拉丁美洲原来的文化受到欧洲文化的强有力冲击,逐渐朝着欧洲文化的特性发展。

混合的拉丁美洲文化 近代拉丁美洲文化的另一个特点,是其混合性,这是一种多种文化成分并存、各种文化混合发展的文化。近代拉丁美洲文化发展的这一特点,是与拉美社会结构密切相关的。欧洲殖民主义者的入侵、奴隶贸易活动、外来民族与印第安人的交流等使得拉丁美洲社会结构发生了重大变化,在拉丁美洲存在多种社会群体,其中主要的有半岛人①、土生白人、印欧混血人、黑欧混血人和印黑混血人等,其中半岛人和土生白人的社会地位最高。作为殖民者统治,他们大量地保存了欧洲文化的传统,严格按照欧洲社会准则行事,形成一种白人文化。印第安人虽然是被征服者,其文化受到欧洲文化的冲击,但是,印第安人传统文化仍然保存下来,印第安语在一些学校得以讲授,其生活习俗也没有多大改变,西方殖民统治者甚至对印第安文化给予一定的保护,这样,在拉丁美洲印第安人文化依然存在。黑人在拉丁美洲处于社会的最低层,但是,作为非洲黑人文化基因的携带者,拉美黑人仍然保存了非洲黑人的文化特性,从而形成黑人文化。此外,各种混血人群的文化也都有各自的特色。这样,随着殖民统治的发展,拉丁美洲就形成了一种混合文化。

拉丁美洲文化发展是多种文化碰撞和交流的结果。印第安文化和黑人文化毫无疑问是在与白人文化的顽强斗争中保存下来的。同时,印第安人和黑人特别是印第安贵族对西方文化也有意识地吸取,一些印第安人部落首领及其家人经常穿戴西班牙式服饰,并将其子弟送进白人学校学习。西班牙殖民统治者对非欧洲文化表现出一定程度的宽容,例如西班牙殖民统治者就为土生白人、印欧混血人以及印第安人建立了专门的学校,这也有利于拉丁美洲混合文化的形成。

---

① 指西班牙政府派来的殖民官员。

拉丁美洲近代早期文化成就主要反映在历史学与文学方面。来到拉丁美洲的欧洲人尤其是西班牙人，撰写出一些有关拉丁美洲历史的著作，这一时期拉丁美洲著名的历史学家和史学著作有：巴尔德斯撰写的《西印度通史与自然史》、卡萨斯的《西印度史》以及托尔德西拉斯的《西班牙人在诸岛屿和海岸大陆上的成就史》。此外，还出现了一些专门记载和叙述拉丁美洲古代传统文化的历史著作。例如，萨阿贡撰写的有关拉丁美洲古代阿斯蒂克文化的《新西班牙实事通载》，贝纳万特的《新西班牙印第安人史》，阿科斯塔的关于印加文化的《印第安人自然与道德史》以及韦加的《印加评论》等。这些历史著作对于保存和传播拉丁美洲传统文化产生了重要的影响。

如同历史学一样，拉丁美洲殖民地早期文学也以西班牙人的文学创作为主，文学创作的题材大多集中在歌颂西班牙人在征服拉丁美洲过程中的所谓英雄行为和成就，文学作品的作者也多为直接参加殖民征服的西班牙战士。这种征服文学的主要作品有：德尔卡斯蒂略的《新西班牙征服史》和埃尔西利亚的叙事史《阿劳坎人》等，这些作品为后人留下了西班牙殖民者征服拉丁美洲的历史过程的重要文献。拉丁美洲本地人也开始从事文学创作，德奥尼亚的《被驯服的阿鲁科》表达了作者对自己故乡的热爱之情。拉丁美洲殖民地早期文学的重要代表还有门多萨、卡维埃德斯、梅德拉诺以及著名的女作家德拉科路斯等。门多萨的《说谎的人》以及德拉科路斯的抒情短诗都达到较高的艺术水平，甚至受到欧洲文学界的重视和赞誉。

拉丁美洲殖民地早期报刊的兴起是其文化发展的又一表现。18世纪拉丁美洲各国已经出现报刊，19世纪拉美的报刊在殖民统治当局书报检查制度的夹缝中顽强地发展，主要的报刊有1722年创办的《墨西哥报》、1790年创办的《利马报》以及《秘鲁使者报》等，这些报刊在传播西方文化，唤起拉丁美洲人民的独立、自由意识方面起到了重要的作用。

19世纪初，浪漫主义文学在拉丁美洲开始兴起，它在拉丁美洲的流行时期主要是19世纪30—90年代。拉丁美洲浪漫主义文学的鲜明特点是文学的浪漫主义与政治的民族主义紧密结合，浪漫主义服务于民族主义，拉美浪漫主义作家用自己的笔做武器，积极投身于独立运动之中。在这一时期中，拉美各国都出现一批浪漫主义文学家。阿根廷浪漫主义文学的奠基人是埃斯特万·埃切维里亚，他在1838—1840年间写作的短篇小说《屠场》是其最重要的代表作。在这篇作品中，埃切维里亚假借一个屠场的场景讽刺了拉美历史上最残暴的独裁者之一罗萨斯的暴政。何塞·马莫尔的《阿玛利亚》是阿根廷文学史上的第一篇长篇小说,也是当时著名的浪漫主义作品。该小说以一对年轻人的爱情故事为主线,表达了作者对祖国的无比热爱以及对独裁者刻骨仇恨的思想感情。1836年,墨西哥成立了文学研究会这一组织,强调民族主义、反西班牙种族主义以及弘扬墨西哥民族文化,目标是"实现文学的墨西哥化,将墨西哥文学从其他所有文学形式中解放出来,并赋予它本民族的全部特色"①。曼努埃尔·阿尔塔米拉诺的《蓝眼盗》和《山区里的圣诞节》是墨西哥浪漫主义的著名作品。此外,浪漫主义文学还在智利、巴西等地发展起来。拉丁美洲浪漫主义文学运动,是19世纪拉美民族独立运动重要组成部分。

19世纪后期,浪漫主义在拉美各地仍然存在,在秘鲁和厄瓜多尔等地甚至发展很快,但是,富有革命性的拉美浪漫主义文学时代基本上已经过去。现代主义文学、现实主义文学以及自然主义文学开始出现,拉丁美洲文学流派逐渐分化,并因而复杂化。现代主义文学主张放弃浪漫主义文学的斗争性,使文学回归到真正的纯文学的轨道上来。现代主义文学家要求从文学的形式、内容以及所表达的情感等方面对拉美文学进行革新,实现文学的现代化,鲁本·达约是这一时期拉丁美洲现代主义文学的重要代表。另一些人则认为,在拉丁美洲独立后的新形势下,文学应该以反映变化了的拉美社会现实为主,从而出现了现实主义文学。现实主义文学揭露了拉美种植园主的剥削行径,反映普通民众的艰难困苦,同时抨击唯利是图的社会风尚。卡纳的《爱情中的算术学》和《无用的想法》等,是拉丁美洲现实主义文学的代表作。

由于受到西方殖民主义与帝国主义国家长期的控制,近代拉丁美洲文化的发展相对比较缓慢。但是,拉丁美洲在文学、艺术等方面所取得的成就是拉美文化史上的重要篇章,尤其是浪漫主义与民族主义相结合的文学作品,成为近代拉丁美洲文学发展的重要成就。

四、融入世界的澳洲文化

1. 澳洲的发现

在英国殖民主义者进入澳洲大陆以前,澳洲大陆基本上是一个与其他大陆文明隔绝的大陆。在这块几乎不为其他地方的人们所知的土地上,土

---

① 凯茵:《拉丁美洲史》(Keen, *A History of Latin America*),波士顿,1992年,第250页。

著人依照自己的历史发展进程,创造和培育着澳洲文明。对于这块神秘的大陆人们始终怀着渴望了解、希望发现的心情,早在古希腊时代,欧洲人就已经出现了对澳洲即"未知的南方大陆"的种种推测。但是,由于当时并不具备远洋航海的条件,这种推测也只能是一种推测而已。

15—16 世纪,航海技术的发展、天文地理知识的增加、人们对地球认识的进步,特别是欧洲殖民主义者对所谓富饶的东方的财富的渴求,引发了对世界历史进程产生重大影响的航海探险,目的是发现通往东方的航路,发现为人们所未知的大陆。从此,宁静的澳洲大陆开始成为欧洲殖民主义者急切希望发现的地方。16 世纪初,葡萄牙殖民主义者就开始组织对传说中的"黄金岛"也就是"未知的南方大陆"的探险,并声称发现了南方大陆,但是并没有准确的史料记载。西班牙为了同葡萄牙展开竞争,也开始组织对未知的南方大陆的探险,但是,当这些探险活动受到挫折后,葡萄牙和西班牙殖民主义者基本上放弃了发现未知的南方大陆的计划。

17 世纪,荷兰对未知的南方大陆继续进行探险活动。1605 年 11 月,荷兰人威廉·扬茨率领的"杜夫根"号探险船进行航海探险,第二年,扬茨到达并登上澳洲,但当时他并不知道这就是欧洲人一直要发现的"未知的南方大陆"。回国后,他向东印度公司详细地报告了当地人们的生活情况。此后,荷兰殖民主义者又多次派出航海探险队,逐渐弄清澳洲大陆西北海岸的情况,并于 1665 年宣布占领南方大陆的西部,取名为新荷兰,但是,由于并没有在这一地区发现传说中的黄金,荷兰殖民主义者认为南方大陆无利可求,放弃了对南方大陆的进一步探险。

荷兰殖民主义者放弃对南方大陆的探险后,英国殖民主义者开始了对这一大陆的探险和勘测活动。英国对南方大陆的探险活动最初是由著名海盗丹尼尔进行的,1688 年和 1699 年丹尼尔先后两次对南方大陆进行探险,并留下了《新荷兰航海记》等记述澳洲大陆有关情况的重要著作,书中将澳大利亚描绘成一个不毛之地,这与荷兰探险者的记述基本一样,因此,在其后的数十年中,欧洲对澳洲大陆的探险热开始冷却。澳洲在欧洲殖民主义者的心目中是一个自然环境荒凉、土著居民野蛮的毫无价值的大陆,直到 1768 年,英国海军与皇家地理学会派出的探险队进行考察之后,这种观点才有所改变。这次探险的领导者是库克,探险队成员由海军成员、水手和科研人员组成,探险队乘坐"努力"号于 1769 年 4 月到达塔希提岛,10 月到达新西兰,宣布由英国占领新西兰,1770 年到达澳洲大陆的东海岸,探险队登岸进行了详细的考察活动,并宣布英国占领这一地区,后来又把整个澳洲大陆东部取名为"新南威尔士"。考察的结果表明,澳洲大陆并不像人们所认为的那样,这里有各种各样的植物、优良的港湾,土著居民处于原始生活状态,他们皮肤黝黑,使用石制、木制或骨制工具,依靠渔猎为生,拥有自己的语言。库克于1771年回到英国,完成了这次重大意义的探险考察。库克对澳洲大陆的探险与此前历次探险活动,使得欧洲人终于获得了关于澳洲大陆的整体情况,并改变了欧洲人对澳洲大陆自然环境、社会发展进程等方面的片面认识,为欧洲人特别是英国人向澳洲大陆殖民准备了条件,同时也为澳洲大陆结束与世隔绝状态、融入世界文明发展的总体潮流提供了条件。

2. 澳洲多元文化的初步形成

在欧洲人特别是英国人来到澳洲以前,澳洲土著人已经在创造和发展着属于自己的文化。当时,澳洲土著人的语言正处于形成时期,各土著地区的语言尚未统一,作为文化发展和传播的重要载体的文字也没有形成。澳洲土著人还没有形成真正意义的宗教信仰,但是对图腾的崇拜已经形成并且十分流行,不同部落的土著拥有自己不同的图腾,如同其他地区的早期人类的图腾信仰一样,澳洲土著的图腾大多数是与自己的部落或氏族的生存和发展紧密相关的动物或植物。原始信仰的另一个方面是对巫术和灵魂的信仰,澳洲土著人同样如此,他们不仅相信巫术具有神奇魔力,而且认为人无论在活着或是在死后都有灵魂的存在。澳洲土著人这种原始的信仰不仅影响着他们的日常生活,而且反映在他们的文化之中。反映或服务于图腾崇拜、巫术、灵魂迷信等的神化传说、舞蹈以及绘画艺术成为澳洲土著文化的重要方面。这些神化传说大多是关于死亡、洪水以及月亮的内容,因为澳洲土著人认为,月亮与死亡直接相关。澳洲土著人的舞蹈主要服务于图腾崇拜仪式与巫术实施仪式,在这些原始宗教仪式上,土著人往往通过一种将歌舞结合在一起的"科罗波利舞"来表达对本部落或氏族的图腾的虔敬之情以及对巫术效果的企盼。澳洲土著人的绘画艺术达到较高的成就,绘画艺术种类至多,可以说,澳洲土著人几乎在他们能够利用的一切物体上从事绘画创作,在绘画技术的有些方面达到很高的水准,例如,澳洲土著人所做的透体画不仅画出动物的外形,而且画出动物的骨骼和内脏,堪称世界艺术史上的奇迹。澳洲土著人的绘画艺术当然也主要是反映图腾崇拜一类的内容,但是也有一些反映土著人口社会生活场面如渔猎场面的作品。

澳洲土著人的文化发展被英国人的到来打断。库克对澳洲的探险考察结果再次引起英国人对澳洲的殖民价值恢复信心,北美独立战争的胜利使得英国失去了一大块重要的殖民地,国内大量的被判处流放的犯人等待寻找新的流放地。于是,新发现的澳洲大陆很快成为英国罪犯新的合适的流放地,1788年,第一批英国犯人被运到澳洲大陆,从此揭开了澳洲白人文化的时代。

19世纪中叶以前,澳洲大陆的白人主要是英国人,而且主要是英国犯人。此外还有一些管理人员,英国以外的欧洲白人比较少,其他地区的人口几乎没有进入此地,因此,澳洲大陆一开始建立起来的白人文化是英国文化。19世纪中叶,澳洲大陆发现金矿,掀起一场大规模的淘金热,大批欧洲人与非欧洲人来到澳洲大陆。就英国人来说,这一时期来澳洲大陆的主要已经不再是罪犯,而是希望能在澳洲大陆发财致富的自由移民。就欧洲人来说,来澳洲大陆的主要是德国人、法国人、希腊人、意大利人等。此外,澳洲大陆临近的亚洲人如中国人、印度人也大量来到澳洲大陆,他们主要是充当开采金矿的劳工。澳洲人口的民族构成发生重大变化。

澳洲大陆金矿的发现和开采对澳洲大陆经济、政治和文化都产生重要的影响。以金矿开采和养羊业为主的澳洲大陆经济的发展,使得澳洲英国人的政治独立意识不断增强,澳洲大陆英国人要求自治的呼声不断高涨,并在1901年建立起澳大利亚民族国家。大量非英国的欧洲人和亚洲人的涌入,不仅使澳洲大陆白人文化多元化,而且使澳洲文化多民族化。在这里,既有土著人文化,又有欧洲白人文化,还有亚洲黄种人文化,其中欧洲白人文化占主导地位,在白人文化中,英国文化又居于支配地位。欧洲人为了掠夺澳洲大陆的财富,对澳洲土著人进行大规模的屠杀,甚至推行整个部落或民族的灭绝政策。例如,塔斯马尼亚人就是在这一时期被欧洲殖民主义者彻底灭绝的,幸存下来的土著人或者逃亡到环境恶劣的内陆深处,或者集中居住在被欧洲殖民当局划定的特别居留地。澳洲土著文化遭受严重的摧残,白人文化逐渐成为澳洲文化的主流。

随着欧洲人对澳洲移民的增长,欧洲教会的势力特别是英国教会势力也进入澳洲。传入澳洲大陆的主要是新教与天主教,这两大教派在英国本土上的纷争也就延伸到了澳洲大陆。它们在澳洲分别建立自己的教堂,宣讲自己的教义,并在澳洲人口中拥有各自的信徒,新教在城市资产阶级、商人、制造商、银行家中拥有广大的信徒,而天主教则在小资产阶级以及工人中具有重要的影响。教会控制澳洲的教育,并直接导致澳洲教育的分裂与混乱。为此,殖民统治当局不得不在19世纪中叶颁布法令,宣布在澳洲各殖民区实行免费的、义务的和非宗教的教育,澳洲大陆的教育开始走上世俗化。

可见，到 19 世纪末，澳洲大陆的土著文化日益让位于白人文化，澳洲文化原来的发展进程被打断，开始融入西方文化，并加强了与世界其他地区的联系。与此同时，澳洲 20 世纪多民族文化发展的特点也基本上开始显露出来，澳洲文化的快速发展时代就要来临。

推荐阅读书目

1. 维尔·杜伦：《东方的文明》，李一平等译，青海人民出版社，1998 年。
2. 郁龙余等：《印度文化论》，重庆出版社，2008 年。
3. 汤用彤：《印度哲学史略》，上海古籍出版社，2006 年。
4. 陈旭麓：《近代中国社会的新陈代谢》，上海人民出版社，1992 年。
5. 郑大华：《晚清思想史》，湖南师范大学出版社，2005 年。
6. 鲁斯·本尼迪克特：《菊花与刀——日本文化诸模式》，黄学益译，中国社会科学出版社，2008 年。
7. 内藤湖南：《日本文化史研究》，储元熹等译，商务印书馆，1997 年。
8. 艾周昌主编：《非洲黑人文明》，中国社会科学出版社，1999 年。
9. 李剑鸣：《美国的奠基时代》，人民出版社，2001 年。
10. 董小川：《美国文化概论》，人民出版社，2006 年。
11. 郝名玮、徐世澄：《拉丁美洲文明》，中国社会科学出版社，1999 年。
12. 刘文龙：《拉丁美洲文化概论》，复旦大学出版社，1996 年。
13. Beard, Charles and Mary Beard, *The Rise of American Civilization*, New York, 1954.
14. Craig, Albert M. et al. *The Heritage of World Civilization*, Second Edition, Macmillan Publishing Company, 1990.
15. Gilbert, Erik. *Africa in World History*, Prentice Hall, 2004.

第八章　资本主义文化的困境与苏联社会主义文化的兴起

18世纪后期至19世纪中叶的工业革命,使资本主义文明在"产生了以往人类历史上任何一个时代都不能想象的工业和科学力量"①的同时,也日渐显现和暴露出难以克服的内在矛盾与危机,特别是到19世纪末20世纪初,这种矛盾空前激化,逐步演化成人与自然、人与社会、人与人之间的对抗,并深刻地反映到文化层面上,形成了作为西方近代哲学思想基础的理性主义的式微,以及在此基础上非理性主义哲学思潮的滥觞和精神分析学说的风行,进而深刻地影响到文学艺术等各个领域。与此同时,曾经作为资本主义发展最薄弱环节的俄国,在经历了"十月革命"后,兴起了社会主义文化。②

一、非理性主义思潮的缘起及其冲击波

19世纪末20世纪初资本主义的文化矛盾和危机,主要体现为理性主义面临着非理性主义的挑战。理性主义是近代资产阶级哲学的旗帜,也是传统西方哲学特别是近代认识论的基本点。它源自古希腊的本体论哲学,并经文艺复兴以来的近现代知识论哲学,以及以黑格尔哲学集大成的逻辑思辨哲学这三大阶段后,深植于西方哲学的传统基础中,且在近代成了西方思想的主流。理性主义的出发点和落脚点是试图寻找普遍有效的真理、知识、理性,借以控制、改造自然、社会和人的思维,试图找到和凭借恒常不变的理性本质和规律来把握事物,决定事物的价值和意义。在资本主义上升时期,理性不仅被看做科学的基础,也被看做参透人生奥秘,构造社会理想

---

① 《马克思恩格斯选集》(第2卷),第78页。
② 由于篇幅的限制,我们把苏联文化作为社会主义文化的代表来描述,并着重介绍20世纪上半叶苏联文化的发展状况。

的唯一工具。通过理性,资产阶级宣告了资本主义制度和资产阶级本身存在的合理性和进步性,并进而把资本主义的民主、自由、人权等价值理念视为人类社会发展的最终归宿。为此,在资本主义上升时期理性主义哲学在文化上表现的特征,基本上是和谐的、乐观的、进取的。这反映在当时的小说、诗歌、戏剧中。理性的、科学的、逻辑的方法,始终是近代资本主义哲学和文化的指南。

到了19世纪中期以后,资本主义文明所暴露出的种种矛盾与危机,使得人们曾经向往的美妙的理性原则和理性社会被残酷的现实所摧毁。这表明,资本主义迅速发展的经济、科技、社会文明,并没有在文化的深层解决价值取向、知识系统、意识形态以及生活方式的矛盾和危机。可以说,西方社会在进入资本主义生产关系后,一直面临着不断发展的社会系统(包括经济体制和政治制度诸方面)和日益衰落的生活世界(包括个人生存意义、精神心理需求)之间的尖锐冲突。这种尖锐的冲突,勾勒出资本主义社会比比皆是的强大的社会机器和渺小的个人存在形成鲜明反差的荒诞图景。事实上,到19世纪后期,西方各式各样的现代派文学作品已把这一荒诞图景表现得淋漓尽致:有对上帝及救世主的莫名其妙的等待(《等待戈多》),有对个人存在及世界存在的内心作呕式的体验(《厌恶》),有对捉弄人的荒唐规则的命运般的服从(《二十二条军规》),还有对人生意义如西西弗斯劳作式的徒劳追求(《西西弗斯神话》),等等。资本主义正是以政治、经济上稳定和繁荣这种"形式上的合理性",掩盖了其在文化及人生价值上的"实质上的不合理性"。故此,当尼采发出"打倒理性"这一令人震颤的呐喊时,其所表现的话语就不再是梦呓癫狂之言,而是以片面而怪异的形式,表达了现代西方资本主义社会人们对自己异化的存在状况的不满和抗争。

1. 非理性主义哲学的滥觞

非理性主义哲学肇始于德国唯意志主义哲学创始人叔本华(1788—1860)和丹麦神秘主义哲学家、存在主义的先驱克尔凯郭尔(1813—1855)。

叔本华是和黑格尔同时代的哲学家,曾受聘担任过柏林大学的讲师,后因与黑格尔竞争失败而退出讲坛,闭门从事著述。其主要著作有《作为意志和表象的世界》《论自然意志》《伦理学的两个根本问题》等。叔本华的哲学思想主要源于康德,特别是康德的意志高于理性的思想,还有柏拉图的理念论和印度佛教哲学的悲观厌世主义。像康德一样,叔本华也把世界分为"自在之物"的世界和"现象"的世界,不过他认为自在之物就是"意志",而现象则是"表象"。因此,他宣称:"世界是我的意志","世界是我的表象"。他称意志是世界的"内在的涵蕴和本质",是每一事物的"存在自身",是每一现象的"唯一内核"。它没有可见性,也没有客观化,只是一种"不能遏止的盲目的冲动",因此又叫做"生存意志""生活意志"或"生命意志"。在他看来,意志作为世界的本体不能为理性所认识,理性的对象是现象世界,理性所达到的科学知识并不能发现事物的本质。理性只是意志的奴仆、工具,是为满足人的意欲服务的。不是通过理性,而是只有通过直觉才能达到绝对真理。据此,他得出了其悲观主义的人生哲学。他认为,人的欲求无穷无尽,永远不会满足,因此,人生在本质上是"一个形态上繁多的痛苦"。而摆脱痛苦的根本方法就是灭绝意欲,否定生命意志。这样,他用意志论代替了黑格尔的泛理性主义本体论,以人生悲观主义代替了近代哲学的理性乐观主义,以艺术的直觉代替了近代哲学的科学理性和思辨理性。总之,是将人的欲望和意志升华为本体论、认识论和人生哲学的基础和核心。从某种程度上讲,叔本华的唯意志论是从一个侧面反映了1848年革命失败后德国资产阶级和小资产阶级悲观、失望的情绪。

相比之下,克尔凯郭尔的理论则不如叔本华那样系统,不过他更倾向于主张直接以个人的情绪、体验和信仰去压倒一切理性和逻辑的思考,并且把孤独个人的存在作为哲学的基础,强调真理的主观性,认为人的孤独、恐惧、空虚是启示人的存在,并进而同上帝直接交往的唯一途径。

叔本华和克尔凯郭尔的理论开创了现代西方非理性主义的先河,使得西方近代哲学的发展发生了向现代哲学的转化。但是他们生活的时代,资产阶级尚存在对理性和进步的乐观主义精神,及对科学合理性的信仰。因此他们的学说受到了冷遇。到了19世纪六七十年代,随着资本主义社会矛盾的进一步暴露,马克思主义的广泛传播和工人运动的兴起,资产阶级从整体上由进步转为保守。对理性的失望,苟且偷安,逃避现实成了当时资产阶级的精神时尚,于是,叔本华的哲学才渐渐受到了人们的青睐。然而,资产阶级毕竟不甘接受其所揭示的消极悲观的历史命运,而是需要一个既接受理性主义失败的命运又能使他们的精神振作的哲学,尼采哲学则顺应了这一潮流,满足了资产阶级的精神渴望。

尼采(1844—1900)既是叔本华哲学的继承者,也是叔本华哲学的批判者。这位头大、斜眼、时常被偏头痛困扰、并富有神经质的牧师之子,以其独特的生命体验、富有穿透力的洞察和极具敏感、偏执并引起纷争的思想,使之成为资本主义矛盾激化时代的矛盾化身和西方文明的"诊断者"。他的思想在深刻地影响了20世纪西方哲学思潮、文艺思潮和社会思潮的同时,也影响到了东方,从而形成了非理性主义的"冲击波"。可以说,20世纪的每个人,多多少少都感受到了它的热浪。他为后人留下了《悲剧的诞生》(1871)、《查拉图斯特拉如是说》(1885)、《善与恶的彼岸》(1886)、《道德的谱系》(1887)、《权力意志——重估一切价值的尝试》(1885—1889,未完成)和自传《瞧! 这个人》(1888)等一系列著作。

尼采的思想深受叔本华的影响,但他在接过叔本华非理性主义旗帜的同时,又试图抛弃其悲观厌世、否定人生的悲郁态度。他从达尔文生存竞争的学说出发,把叔本华的生命意志发展为权力意志,并在此基础上提出了"超人"哲学的理论,从而赋予了唯意志论以社会达尔文主义的内容。

具体说来,首先在意志建构世界上,他虽继承了叔本华关于生命意志是世界本体的理论,但又进一步提出,生命意志的本质不是单纯求生,而是"权力意志",即表现、创造、扩张自己,发挥权力的意志。他认为,这种意志不仅存在于一切自然事物中,更存在于一切生命之中。对此他宣称:"这个世界就是权力意志","你们自己也是这个权力意志","权力意志只有凭反抗来表现"①。这表明,在尼采构造的权利意志的世界里,人与世界的认知关系完全消融到人与世界的价值关系之中,一切哲学范畴都变成了价值范畴,人类的一切知识和科学不是取决于它自身的合理性和正确性,而在于它对追求权力意志满足的有用性。

其次,在关于西方文明的评判和价值观念上,他崇尚自然主义,反对理性主义。在《悲剧的诞生》中,他通过对古希腊神话中日神和酒神的比较,认为日神阿波罗代表的幻想、理性和道德与酒神狄奥尼索斯代表的本能、激情和疯狂,是蕴涵着两种类型不同的人生价值和文化心态,后者的冲动比前者更深刻、更真实,更能体现人的生命意志。基于这种认识,他提出对西方传统的思想文化、道德观念等"一切价值重新估价"。"重估一切价值"实际上是其全部哲学的出发点和中心。在他看来,西方传统道德的精神支柱"上帝死了"。在这里"上帝之死"所透出的语境,其实是在宣告以上帝或理性派哲学的绝对理性为基础的基督教和理性派传统哲学的终结;而价值重估则在反映了资本主义社会现实和社会理想的巨大冲突的同时,深刻地反映出19世纪资本主义的价值和信仰危机。由此,尼采也就成了资本主义罪恶的告发者了。他的思想代表了资产阶级精神贵族对传统资产阶级民主主

---

① 弗里德里希·威廉·尼采:《权力意志》,张念东等译,商务印书馆,1996年,第235页。

义理想的反叛。

再次,关于其"超人"的理论。尼采认为生物具有动物、人和"超人"三个阶段的三种生存形式。"超人"是生物的最高形式,是"人类的精华"。他认为要想成为"超人"需经历三种境界:一是要像骆驼那样忍辱负重,坚韧不拔,顽强进取,去寻找生命的绿洲。二是要像狮子那样勇猛无畏、肆无忌惮地推翻旧的价值体系,砸烂旧的世界。三是要像婴儿那样,返璞归真,无拘无束地进行价值创造。只有第三种境界,才是尼采超人所追求的。可见,超人是尼采在"上帝已死"后对人类的期望及其人生理想的归宿。

尼采本人和他的超人理想本身是一个悲剧,他害怕遭人误解,但又确实受到误解。不过,无论是对其诟病也好,赞扬也好,有一点却是无可置疑的,那就是他始终是20世纪最有争议的人之一。

20世纪初,推动西方非理性主义思潮进一步发展的代表人物是法国哲学家亨利·柏格森(1859—1941)。柏格森对非理性主义的发展,是他在尼采学说基础上所形成的"生命哲学",也称"直觉哲学"或"直觉主义"。自1896年他的《物质与记忆:身心关系论》一书发表,使其一举成名后,从此,他便以教授的身份在其早年就读的巴黎高等师范任教,1900年又进入了全法最高学术机构——法兰西科学院,直到1921年正式退休。1927年,他作为哲学家,还以"丰富而生气勃勃的思想以及表达的卓越技巧"而荣获当年的诺贝尔文学奖,成为第一位生前获此殊荣的非理性主义哲学家(第二位是让·保罗·萨特)。他的著述除其成名作外,还有《时间与自由意志》(法文原名《论意识的直接材料》)、《形而上学导言》《创造进化论》《绵延与同时性》以及《道德和宗教的两个来源》等。

与尼采一样,柏格森也反对理性主义关于认识过程和主客观关系的理论,而代之以非理性的直觉认识和"生命创化论"的观点。他认为,宇宙间真正实在的东西不是物质,而是纯粹意识的流变,这种流变是连续的、不可分的,它变化无穷,川流不息,又相互交融,合为一体,呈现出一种"绵延"性。意识的绵延不能循环,不能预测,没有目标,不受任何约束,因而是绝对自由的,永远创新的;意识的绵延有一种原动力,那就是好比喷泉般的生命冲动,它内在于意识,使意识作用于物质、战胜物质,由此,生命的运动是一种创造与进化。生命冲动是宇宙万物之根本,它不能通过理性而得到认识,只有凭直觉才有可能有所感受。理智可以认识物质世界,形成科学,具有使用(实用)价值,但并不反映实在,不是真正的真理;只有直觉才能把握意识的世界,形成哲学,揭示实在,因而是真理,但没有实用价值。为此他强调,真正的科学也必须以直觉的真理作为依据,并认为,在直觉中科学与哲学将实现统一。由于柏格森的著作具有严谨的、希腊式的典雅风格以及完美无瑕的文体,加之这种风格和文体中又糅进了神秘的非理性主义思想,因此,不但对艺术家产生了巨大的吸引力,而且曾在法国思想界引起轰动,甚至出现狂热。这也就难怪连纳粹分子一度占领法国后,也不得不对他抱有一种莫名其妙的尊敬,从而使他在法兰西最黑暗的1941年安然的离世。

2. 精神分析学说的兴起与风行

19世纪末20世纪初的非理性主义,是与当时西方资产阶级对社会现状不满而又悲观失望,甚至与冒险盲动的情绪相联系的。不正常的病态社会,导致了人内心深处普遍出现压抑、郁闷、狂躁、人格分裂等精神层面的种种病状,正是这种特定的社会历史环境,引发了精神分析及其学说的出现。而与此同时,由于西方关于人的心理生活的传统观念已濒临崩溃,加之当时自然科学方面的新发现和新成就,又明显地暴露出了机械论和自然主义对人的本性揭示的缺陷,这一切更使精神分析学说迅速风行起来,并进而使心理学从哲学中彻底分离出来,成为一个独立的学科,且从此广泛而深刻地影响到人类社会生活的方方面面。

所谓精神分析(或称心理分析),起初只是一种关于治疗人的神经系统疾病的方法,也是一种研究心理功能的技术,以后在此基础上逐渐形成了一种心理学的理论,成为现代心理学的一个重要学派。到了20世纪20年代,这个理论逐渐扩展至除心理学之外的医学、人类学、历史学、文学、艺术、宗教、道德等各个领域,并由一种无意识的心理学体系发展成为无所不包的人生哲学。

奥地利著名精神病学家兼心理医生西格蒙德·弗洛伊德(1856—1939)是精神分析学说的创始人。他于1856年5月6日出生在奥地利莫拉维亚的一个犹太籍商人家庭。少年时期,因受达尔文进化论的影响,开始对探索生命的奥秘发生了浓厚的兴趣。为此,1873年被保送到维也纳大学医学院学习,1881年获医学博士,次年转业成为医生,从此正式开始从事精神病的治疗和研究工作,并且在医疗实践的过程中逐步创立和形成了被称之为"弗洛伊德主义"的精神分析学说。

该学说是在接受了叔本华和尼采的非理性主义哲学的影响,以及布伦塔诺、莱布尼兹和赫尔巴特的某些概念与观点,通过结合自身的临床试验观察,着重研究人的本质的自然成分,剖析人的心理欲望、内心世界、行为目的,探究文化与社会教育对形成人的精神生活和心理反应的意义。从而依此构建了以无意识的心理结构、本能说的人格理论和"泛性论"的弗洛伊德主义等为主要内容的精神分析理论。

无意识的心理结构是弗洛伊德精神分析学说——"深度心理学"理论的基础和核心。他通过对歇斯底里症状的观察和研究发现,人的心理和意识并不等同,心理活动大部分是无意识的产物,而自觉的意识活动只是心理活动的一小部分。对此,他曾有一个比喻,认为在人的精神生活中,意识好比是露出海平面的冰山的尖角,而无意识则像隐匿于水底下的巨大冰块。基于这种认识,于是他把人的心理分为三个层次,即处于表层的意识、处于中层的前意识和处于深层的无意识(也有译成下意识和潜意识),这构成了他的"深度心理学"理论。在弗洛伊德看来,"意识不是心理的实质,而是心理的一个属性,一个不稳定的属性,因它是旋即消失的,消逝的时间比存在的时间要长"①。人的大部分时间是受前意识和无意识控制。前意识是意识和无意识之间的一个边缘部分,它是由贮存在记忆中可以回忆起来的经验构成,其主要功能是阻挡无意识进入意识之中。前意识与意识没有根本的界限,它随时都可以进入意识的状态。而无意识则是指包括所有被压抑的、不得进入意识的冲动和欲望。虽然这些东西是人的行为的动力,但由于社会规范的约束,难以为社会、他人甚至自我所接受,也不能通过正常的形式得到释放,因此往往被压抑到无意识中,以神经癔症和梦魇等形式来表现,来寻求满足。弗洛伊德很重视和强调无意识(即潜意识)的作用,认为这是"填补意识知觉的空白"和"通向心理奥秘"的探照灯,是人类加深认识自身心理活动本质的圭臬。故他将之视为其精神分析的基础与核心。这是弗洛伊德对心理学做出的重要贡献。因为,达尔文的进化论使人看到自己仍拖着动物的尾巴,而弗洛伊德的潜意识理论则使人看到了人正常意识背后存在无意识的阴影。因此,当他的学说提出后,人们最初的惊讶就像第一次看到上帝的背影一样。

本能说的人格理论,是弗洛伊德晚年进一步对其无意识的心理结构理论加以系统化和完善后,将之转化为人格的动力结构的分析理论。在《自我与本我》一书中,弗洛伊德提出人格是由本我、自我、超我三部分组成。其中,本我是人对应于无意识的一种神秘的、原始的、本能的欲望冲动,它处于人格结构的最深层,其核心是"里比多"(Libido),即性本能;自我则相当

---

① 见弗洛伊德:《精神分析引论》,高觉敷译,译序,商务印书馆,1986年,第VII页。

于意识和自我意识,处于人格结构的表层,是从本我中分离出来的高级心理活动,它代表理性和机智,并监督和控制着本我的欲望;超我,即"良心"的我,它代表宗教、道德等外在的社会强制和自我理想,界于本我和自我之间,起着平衡调节的作用。弗洛伊德认为,这三部分相互协调,形成了正常的人格,而相互冲突则导致不正常的人格。

"泛性论"是弗洛伊德理论中最有争议也备受攻击的内容。因为他是在令人敏感、忌讳"性"问题上构筑起他的理论大厦的。在弗洛伊德眼里,人的一切均可归因于性的问题。他断言,性本能的压抑和升华是一个人从出生到衰老具有支配性的行为。据此,弗洛伊德不但把性本能作为说明精神病形成的根据,而且也把它当做探索人类社会和文化形成、进步的钥匙。他确信,被人们视为纯洁、高雅的艺术是来源于人的炽热情欲的升华,是原有的本能释放途径受阻后本能转移的结果。为此,他从古今一些作家和艺术家的生平及其作品中寻找到理论的依据。如认为莎士比亚的《哈姆雷特》、达·芬奇的《蒙娜丽莎》以及《岩间圣母》中所体现的恋母情结主题,等等。由此出发,他进而提出:"宗教、道德、社会和艺术之起源都系于俄狄浦斯情结上。这和精神分析的研究中认为相同的此症结构成了心理病之核心不谋而合。"[①]如此一来,他对性本能的作用和范畴的认识,便由原先仅限于心理学的层面而拓展到了社会科学的诸多领域,从而得出了"泛性论"的结论。这样,他就把其精神分析理论提到了哲学——人类学的高度,因此形成了"弗洛伊德主义"。

弗洛伊德主义打破了理性主义的藩篱,肯定了非理性因素在人的行为中的作用,从此,开辟了无意识和深层心理研究的新领域。他把需要、动机、人格的研究提到首位,开创了动力心理学、人格心理学和变态心理学等方面研究的新纪元。但其把无意识和性本能的作用过分夸大,并视之为支配人的全部活动,甚至用来作为解释社会和文化进步的主要根据,则是片面和不准确的。

弗洛伊德的学说对20世纪的西方文化影响很大,不仅现代主义文化的每个角落能找到他的影子,而且直接哺育了许多流派的现代主义文学艺术,特别是超现实主义和意识流小说。在科学史上,西方学者把他与牛顿、达尔文并称为三大科学巨人;在文化史上,又把他和马克思、爱因斯坦并称为对

---

① 弗洛伊德:《图腾与禁忌》,杨庸一译,中国民间文艺出版社,1986年,第192—193页。

世界历史具有划时代影响的三个最伟大的犹太人。① 1936 年,当他 80 寿诞时,托马斯·曼、罗曼·罗兰、茨威格、弗吉尼亚·伍尔芙等 191 位世界文化名人联名献给他一份礼物,以表示世界文化界对他深深的敬意。然而两年后,纳粹德国攻入了奥地利,弗洛伊德成了希特勒的俘虏。后经国际心理学组织以及他的病人和崇拜者的奔走与极力营救,他和他的全家才得以流亡伦敦。1939 年 9 月 23 日,深受创伤的老人在伦敦逝世,终年 83 岁。留给后人的是其一生流传甚广的大量著作,主要有:《梦的解析》《性欲理论三讲》《心理分析导论》《精神分析引论》《图腾与禁忌》《群众和人类自我的分析》《自我与本我》及《文明与不满》等。

弗洛伊德的学说后来为他的追随者所发展,并分化为许多支派。其中著名的有他的两个学生、奥地利精神病学家阿德勒(1870—1973)的个体心理学派和瑞士心理学家荣格(1875—1961)的分析心理学派。前者把弗洛伊德学说与唯意志主义结合起来,使之尼采主义化;后者把它和生命哲学结合起来,使之柏格森主义化。

到 20 世纪 30 年代中期以后,由于资本主义世界陷入严重的经济危机,精神病发病率剧增,这促使一些学者主张除性欲因素外,社会文化等方面的因素也是精神病产生的重要原因,于是又有了以弗洛姆(1900—1981)等人为代表的、其中心在美国的新弗洛伊德主义。

二、20 世纪上半叶的西方现代派文学与艺术

20 世纪上半叶,从西方肇始进而蔓延全球的两次大规模世界战争,是资本主义各种矛盾和危机空前激化的结果。战争的罪恶伴随着经济的大萧条,给整个世界带来了血腥和深重的灾难,人类颤栗在动荡、对抗、分裂和苦难的呻吟中。在这个过程中,西方传统的精神文明和价值观念被冲垮了,悲观主义浪潮席卷欧洲,非理性主义思潮大行其道。叔本华和尼采的哲学成为西方社会的精神支柱,弗洛伊德的精神分析学说占据了社会心理的主流。这一切,昭示和萌动了反映现实社会的文学、艺术等方面的思想内涵、表现主题和创作形式的深刻变动,尤其是统括在"现代主义"旗帜下的西方文化的变奏。与此同时,电影的发展和电视的出现,使影视艺术作为大众传媒的手段和文化交流与扩展的工具,开始展现了这时期风云激荡的社会画卷,并

---

① 阿海:《二十世纪西方文化史掠影》,北京师范学院出版社,1991 年,第 52—53 页。

进一步把人们的生活带入了更广阔的空间,成为推动文化发展的新基点。

1. 现代派文学

20世纪上半叶的西方文坛呈现出两大主流:其一是现实主义文学;其二是现代派文学。前者承继了19世纪批判现实主义的文学传统,以资产阶级的人道主义为思想武器来剖析社会,揭露和抨击资本主义社会中的丑恶,并出现了像肖伯纳、高尔斯华绥、罗曼·罗兰、托马斯·曼、杰克·伦敦、毛姆、莫里亚克等一大批杰出的作家。而后者则是以非理性主义思潮为旗帜,通过否定和反叛传统的法则秩序,怀疑和不满西方文化、文明,放弃对人的思索中理性主义、乐观主义的态度,希望重新寻找人在宇宙中的位置、使命,并且以反对现实主义的姿态出现来批判现存社会和体现自己的抗争。因此,对西方社会造成的震撼和影响较前者更大。特别是其运用变形、象征、怪诞、意识流等手法所创造出的形态各异的艺术世界,以及创作出的包括诗歌、小说、戏剧、音乐、电影、绘画、雕塑、舞蹈等不同艺术门类在内的大量文艺作品,揭示了资本主义丑恶之外的荒诞和理想在现实被化作的不可名状的虚无,以及人内心的孤独与困惑。可以说,现代派文学是20世纪出现于欧洲的非理性主义文学的总称。它萌芽于第一次世界大战之前,鼎盛于两次世界大战之间,到六七十年代后渐趋没落。在西方现代文艺思潮中,现代派文学可谓树旗最早,影响最广,支派也最纷繁。其中,在20世纪上半叶主要有:以法国为中心的超现实主义文学,以美国为中心的后期象征主义文学和"迷惘的一代"文学,以英国为中心的意识流文学,以及以德国为中心的表现主义文学等等。

超现实主义文学 这是20世纪20年代在西欧,特别是法国流行的一个文学派别。最初在瑞士以"达达主义"面目出现。"达达"表示"无所谓""毫无意思",1916年,罗马尼亚诗人查拉在瑞士成立的一个文艺团体以此为名。1919年,查拉又到巴黎组织了一个文艺团体,他发表了一篇《宣言》,称:"自由、达达、达达、达达,这是忍耐不住的痛苦的嚎叫,这是各种束缚、矛盾、荒诞的东西和不合逻辑事物的交织,这就是生命。"[①]同年,该团体的成员之一,法国青年诗人、医生布勒东(1896—1966)等人创办了《文学》杂志,鼓吹"下意识的写作经验"。1920年,布勒东在维也纳会见了弗洛伊德,并成为弗氏学说的忠实信徒。1922年,由布勒东提议,召开了一次"明确方

[①] 转引自文化部教育局编:《西方现代哲学与文艺思潮》,上海文艺出版社,1987年,第232页。

针和保卫现代精神"的国际会议,把超现实主义国际化,进一步提出在催眠入睡、半醒状态下写作的文艺主张,并改造了《文学》杂志,公开和达达主义创始人之一查拉决裂,自成营垒。1923 年,达达派一蹶不振,从此崩溃。1924 年,追随超现实主义主张的文学家在巴黎聚会,于当年 10 月创立了超现实主义研究室,并借著名文学家法朗士逝世之际,发表了一篇批判传统文学主张的文章《一具僵尸》。11 月,布勒东发表了《超现实主义宣言》,并创办了《超现实主义革命》杂志,从此超现实主义运动进入高潮。

《超现实主义宣言》否定了现实主义与传统小说,明确提出了超现实主义的定义。它指出,超现实主义敌视一切道德传统,认为它是平庸、仇恨的根源,而小说之所以成为文学的宠儿,是因为它适应了读者要求合乎逻辑地反映生活的追求。超现实主义正是要打破这一切,追求"纯精神的自动反映,力图通过这种反映,以口头的、书面的或其他任何形式来表达思维的真正活动。并在不受理智的任何监督,不考虑任何美学上或道德思考的情况下,将这思维记录下来"[①]。为了达到这种纯精神的自动反映,他们强调潜意识,强调梦幻,提倡写"事物的巧合"。他们认为清醒的、理智的、符合逻辑的思维活动是已经受到资本主义文明毒化了的精神,只有潜意识、睡眠状态或偶合情况下的思维活动才是还未受到外界干扰的纯精神。他们提出诗人要听从潜意识的召唤,要写梦境,写事物的巧合,并提出适应这种要求的创作方法——自动写作法。为此,他们在咖啡馆、电影院等公共场所寻找、搜集人的思维的原始状态,并在此基础上进行创作。1930 年,布勒东又发表了《超现实主义第二宣言》,进一步重申其运动的原则:反抗的绝对性、不顺从的彻底性和对规章制度的破坏性。

超现实主义的作品,人物的思想感情是虚无缥缈的意象,使用的是潜意识性的语言,梦幻中的文法,因为他们所攻击的对象正是被他们喻之为"堕落的社会现象"——语言和小说的体裁。这就违反了生活的逻辑和常规,故其作品令人感到费解而生畏。

到 30 年代,由于国际形势风云变幻,尤其是法西斯力量的抬头,使阶级矛盾和斗争日益尖锐化。为此,超现实主义发生了分化。不少骨干或参加了法国共产党,或应征去西班牙参战,几乎只剩下布勒东一人还在坚持着。于是,该运动走向低潮,但并未终结。第二次世界大战中,布勒东到了美国和马塞尔·杜尚一起重新开展超现实主义的宣传活动。1946 年他回到法

[①] 见《中国大百科全书》(第 1 卷),外国文学,第 192 页。

国后,继续创办杂志,多次举办国际超现实主义作品展览,并发表广播讲话,进行创作。超现实主义后期活动虽然没有当初20年代那样的声势,但其影响还是波及到了欧洲其他国家和北美、中美、南美等地,并且吸引了一批青年作家和画家,参加超现实主义国际展览的达14国之多。

超现实主义为现代派文学开创了道路。超现实主义作为一个文学流派,实际存在的时间并不很长,但作为一种文艺思潮,作为一种美学观点,其影响却十分深远。

后期象征主义文学 后期象征主义文学是象征主义文学在20世纪20年代的延续与发展。象征主义文学是西方现代文学中出现最早、持续时间最长、影响最大的一个分支。它最先流行于19世纪后期的法国,后波及欧美各国。主要表现在诗歌创作中。1857年,法国诗人波德莱尔(1821—1869)发表的著名诗集《恶之花》,以惊世骇俗的象征手法,恶意地"歌颂"了巴黎这座绽放在"地狱"边缘带病的"罪恶"之花,从而给法国乃至西方诗坛"带来了新的战栗"(雨果语),成为欧洲公认的象征主义文学的先驱。但"象征主义"这个名称的正式出现,是1886年9月15日在巴黎《费加罗报》上由法国诗人莫雷亚斯发表的《象征主义宣言》一文中确定的。同年,法国诗人勒内·吉尔(1862—1925)和玛拉美(1842—1896)也分别发表了《声调论》和《前言》两篇文章。这三篇文章互为补充,相辅相成,奠定了象征主义的诗歌理论,正式形成了象征派。

象征派在理论上主张,现实世界是虚幻的、痛苦的,而"另一个世界"——精神世界则是真的、美的。诗歌的目的就在于要揭示这"另一个世界"。为此要求摆脱自然主义描写外界事物的倾向,努力描绘精神生活,探求内心的"最高真实"。这看似又回到了以倡导抒写个人感情为重点的浪漫主义的老路上了。但象征派的抒写个人情怀和浪漫主义的抒情是大异其趣的,因为它抒写的不是日常生活中的肤浅的喜怒哀乐,而是内心某种不可捉摸的隐秘和抽象意象的理想美。因而,象征派重视和强调形象思维,把内心世界,通过暗示、联想等象征性诗句来表达人的微妙复杂的心理感情,以使诗歌产生出一种半明半暗、恍惚迷离,联想难测甚至悲观颓废的特殊情调和风格。另外,在艺术手法上,它讲究音乐性、雕塑美和形式工整,特别是强调音韵的内在和谐和运用波德莱尔《交感》诗中所说的"味、色、音互相应答"的"交感"手法。因此,许多象征派诗人的散文诗都写得很有特色。象征派早期的代表人物继波德莱尔之后,主要还有法国的玛拉美、魏尔伦(一译魏尔兰,1844—1896)、阿瑟·兰波(1854—1891)和比利时诗人、剧作家梅特林克(1862—1949),其中,梅特林克的代表作《青鸟》还获得了1911年的诺贝尔文学奖。

象征主义在20世纪20—30年代又有后期象征主义之称。后期象征主义无论在形式上还是内容上,都承袭了前期的格调,主要代表人物有爱尔兰诗人、剧作家叶芝(1865—1939),流落在英国的美国诗人托马斯·史登斯·艾略特(1888—1965),法国诗人保尔·瓦雷里(1871—1945),德国诗人莱纳·马里雅·里尔克(1875—1926)和西班牙诗人、剧作家加西亚·洛尔伽(1898—1936)。

艾略特是后期象征主义诗人中最重要的一位。他的诗歌具有浓厚的宗教色彩和神秘主义倾向。但他提出的寻找"客观对应物"以表现情绪的方法,即以一套事物、一串事件来象征暗示的手法,对现代派诗歌和理论都产生了巨大的影响。1929年他发表的长诗《荒原》,至今被认为是20世纪欧美现代诗歌的里程碑。《荒原》全诗共五章,诗中借用有关圣杯的传说,用象征主义的手法,把第一次世界大战后的西方社会巧妙地象征为"荒原",把伦敦称为"败坏了的房子",把现代人比作"稻草人""空心人","他们发出的干燥的声音,沉寂而无意义,就如风吹干草,或者像干燥的地下室里老鼠的脚踩过破碎的玻璃"。在诗的最后一章"雷霆的话"里,诗人以上帝的名义告诫人们接受天主的制约,并以雷声轰鸣、万物枯死的荒原渴望春雨降临为暗示,鼓吹皈依宗教以求得死而复生,暗示出要用上帝之手来拯救西方社会这块"荒原"。艾略特的诗歌对西方诗坛很有影响,他本人也在1948年获得了诺贝尔文学奖。

瓦雷里的诗倾向于描写内心的真实,着重反映感性与理性、灵与肉、变化与永恒、生与死的冲突等哲理问题。其诗作《海滨墓园》,从对大海和太阳的礼赞开始,联系人生的短暂多变,对墓园和死亡大发感慨,最后重新回到对生活、对大海的激情的歌唱。在诗中,诗人由衷地抒发了他所认为的西方社会,既是乐园又是墓园这样一种恢复和听从人的自然本能行事的田园思想情感。

里尔克的诗善于运用洗练的口语和新奇的形象,表现对人生和宇宙的深刻玄想。他在其《命运》这首诗中,把妇女象征为"国王在赌场上拿起来的一只酒杯",形象而又深刻。表现妇女的命运可以运用多种手法,但里尔克完全抛弃传统的手法,借酒杯的命运和价值象征西方世界中的妇女,不能不认为他在后期象征派诗歌中赋予了象征的社会意义。

值得一提的是西班牙诗人洛尔伽。他的作品虽然具有明显的后期象征主义色彩，但他同时又大量吸收了西班牙民间诗歌的特点，并且充满了民主精神和高尚的理想主义情怀。不仅如此，他还热心地投身到自己祖国的反法西斯斗争中。为此，在1936年惨遭法西斯主义的杀害。他不但是西班牙伟大的诗人，而且也是西班牙人民的民族英雄。

后期象征主义的诗歌代表了两次世界大战之间西方诗歌的最高成就，其影响一直延续到二战之后。

"迷惘的一代"文学 这是第一次世界大战后出现在美国的一个文学流派。不过，它不是一个有组织、有共同纲领的团体。该名词源于侨居巴黎的美国女作家格特鲁德·斯坦因。她有一次指着海明威等人说："你们都是迷惘的一代。"1926年，海明威把这句话作为他的长篇小说《太阳照样升起》的一句题词，于是"迷惘的一代"成了一个文学流派的名称。

"迷惘的一代"作家的共同点是厌恶帝国主义战争，却又找不到出路。他们在第一次世界大战爆发时，大多是20岁左右的年轻人，当时他们在美国政府"拯救世界民主"口号的蛊惑下，怀着民主的理想，奔赴欧洲战场。但当他们目睹了人类空前的大屠杀后，发现战争并不是他们原来设想的那种英雄的事业，所谓的"民主""光荣""牺牲"都是骗人的东西。战争的苦难，普通士兵的厌战，给他们的心灵中留下了难以医治的创伤。因此，他们的作品反映了这些思想感情，表现出伤感、悲苦、迷惘和迟疑的心态。

厄内斯特·海明威（1899—1961）是"迷惘的一代"的代表作家。他生于医生家庭，做过新闻记者，也曾到欧洲打过仗，负过重伤。1922年开始写作，早期作品有《三个短篇和十首诗》（1923）和《在我们的时代里》（1924）等短篇小说集。从1926年起，开始陆续发表长篇小说《太阳照样升起》（1926）、《永别了，武器》（1929）、《有的和没有的》（1937）、《丧钟为谁敲响》（旧译《战地钟声》，1940）等。其中，《太阳照样升起》是他发表的第一部重要的长篇小说。这部小说描写了一战后一群参加过战争的青年流落巴黎的生活情景。女主人公波瑞特·艾希丽是英国人，战争中失去了亲人；男主人公杰克·巴恩斯是美国记者，战争中因下部受伤而失去性爱能力。杰克和波瑞特相爱，但无法结合。战争给他们带来生理上和心理上的创伤，他们对生活感到迷惘、厌倦和颓丧。这部作品表现了第一次世界大战后青年一代的幻灭感。由于小说写出这一代人的失望情绪，故该小说成了"迷惘的一代"的代表作。《永别了，武器》的主题也是反对帝国主义战争的。在小说里，海明威用近乎麻木的语气描绘了战争对个人幸福的摧残。

除了战争题材外，海明威还写过不少以斗牛、渔猎为题材的"硬汉子性格"的小说。特别是中篇小说《老人与海》(1952),通过老渔夫桑提亚哥同象征厄运的鲨鱼的斗争故事,表述了"你尽可以把他消灭掉,可就是打不败他"这样一种勇敢面对失败的、人的本质上的精神伟大。该小说使他在1954年获得了诺贝尔文学奖。海明威的文风简洁明快、清新自然,善于从感觉、视觉和触觉着手来刻画人物,是一位开一代文风的语言艺术大师。他的一生历经坎坷、命运多舛,因而其作品在具有"迷惘的一代"文学的悲凉基调的同时,更透露和充溢着一种悲怆的基调——悲观中的英雄主义。而他的自杀(1961年7月2日)也再一次印证和捍卫了他悲怆的英雄主义的内在气质——从不轻言失败。

需要说明的是,"迷惘的一代"最初不仅指曾经参加过一战的美国作家,也包括没有参加过欧战,但对前途感到迷惘和悲观的20年代的不少欧洲作家,例如司各特·费茨杰拉尔德、艾略特和托马斯·沃尔夫等。

表现主义文学 兴起于20世纪初,盛行于20—30年代,以德国、奥地利和美国为中心。它是第一次世界大战后欧洲一些作家在个人和社会、和平与暴力、现实与未来等矛盾交织的苦闷中,希图通过文学上的标新立异,以求得解脱的产物。其显著特征是情节离奇怪诞,语言形式奇特,以及人物不成比例。因为在表现主义眼里,文学这面社会、人生的镜子,不再只是平面镜,而是凸面镜、哈哈镜。在这面镜子里,每个人,高的矮的、胖的瘦的等等个性特征都消失了,都变形了,都面目全非了。而唯一真实地存在着的、永恒的、不消失不变形的,只有人的精神。所以,表现主义要求和强调作家凭借自己的主观精神去进行内心体验,而不注重外部的形貌。为此,表现主义文学标榜,在"最切实的核心中去探寻世界",进行重新创造,反对对世界进行复制。

这一文学流派中最有影响的代表人物有德国戏剧家恩斯特·托勒(1893—1939,代表作《群众与人》);美国著名戏剧家尤金·奥尼尔(1888—1953,代表作《毛猿》《琼斯皇帝》《奇异的插曲》等);以及奥地利作家弗朗茨·卡夫卡(1883—1924)。

卡夫卡是表现主义运用于小说创作中最有成就的杰出代表。其主要作品有长篇小说《美国》(1912—1914)、《审判》(1914—1918)、《城堡》(1922)和短篇小说《变形记》(1912)等等。其中,《美国》是他模仿狄更斯的现实主义手法,通过描写青年卡尔在美国流浪的遭遇,展现了美国社会贫富悬殊、劳资对立的现象以及都市一隅中社会渣滓的活动场景。作者没有到过美国,作品反映的是他虚构的带有普遍性的资本主义世界。《审判》描写了一个银行职员无端遭到逮捕并莫名其妙地被处决这一看似荒诞但确实存在的社会现实。《城堡》是一部典型的表现主义小说。故事讲述了一个名叫 K 的人应聘做城堡的土地测量员,但他想尽了所有的办法也无法进入城堡,只是在城堡属下的村子里留下了一道道凄苦屈辱的生活印迹。在小说中,城堡看似是卡夫卡笔下一个绝对孤立的符号,但实际上则暗指是整个国家机器的缩影。而同城堡对立、失败的主人公尽管毫无古典悲剧英雄的色彩,但他作为一个孤独存在的人,却是一个面对看似空洞之物却又无可奈何,并且内心充满了虚幻、恐惧和猥琐的弱者。而《变形记》则写了一个小职员一天清早突然变成了一只甲虫,因此失去了职业,成为家庭的累赘,最后在寂寞和孤独中死去。小说深刻而生动地揭示了资本主义社会人与人之间关系的冷漠,表现了人的异化现象和恶果。卡夫卡笔下的主人公,几乎都是小资产阶级及其知识分子,是他们之中受欺压、受凌辱的弱者。这些小人物勤勤恳恳工作,却得不到应有的报偿;他们对社会愤愤不平,但又无力反抗。他们孤独、苦闷、恐惧和内疚。这些变态心理是奥匈帝国窒息的政治空气和资本主义经济畸形发展的产物,第一次世界大战结束以来更有所发展,因而卡夫卡的作品得到了广泛的共鸣,被认为是具有划时代意义的杰作。

意识流小说 意识流,严格地说并不是一个文学流派,而是泛指文艺创作中一种与传统的写实方法不同的描写手法,是象征主义在小说领域的发展。它兴起于 20 世纪初,首先发端于爱尔兰、英国和法国,随后风行于欧美,从而开创了法、美新小说流派的先河。

意识流小说是在现代哲学特别是现代心理学的基础上形成的。"意识流"的概念最早是美国心理学家和实用主义哲学的创始人威廉·詹姆斯所提出。他认为,人的思维活动并不像休谟说的那样,由分离的、孤立的和零散的方法进行的,而是一股斩不断的"流"①,是以"思想流""主观生活之流"和"意识流"的方法进行的。为此,他强调意识的非理性和无逻辑。同时还认为人的过去的意识会浮现出来与现在的意识交织在一起,这就会重新组织人的时间感,形成一种在主观感觉中具有直接现实性的时间感。法国哲学家柏格森强调并发展了这种时间感。他强调过去的经验对现在的影响以及两者的有机统一,提出了心理时间的概念。他们的学说对意识流方法产生了很大的影响。不过,对意识流文学影响最大还是弗洛伊德提出的人的本能和无意识、下意识的作用的理论。特别是弗洛伊德给文学家和艺

---

① 詹姆斯:《心理学原则》,引自《西方现代派研究》,北京大学出版社,1981 年,第 187 页。

术家提出的——表现人的心理生活中本能与理性的永不休止的斗争的命题,已成为"意识流"小说的突出标志。

由此来看,意识流的主张就是要突破现实主义的束缚,深入到人的意识之中,探寻潜意识的奥秘,并以内心独白、自由联想等手段显示这一意识流动的轨迹。故而意识流小说强调以描写人物丰富的感情和复杂的内心世界为目标,并不注重环境描写和人物行动的客观性以及故事情节的连贯性与完整性,一切要为人物的意识流动服务,放手让人物的意识流动起来,无论流向什么方向和目的,一切都听之自然。这就使得在作品结构上出现了新奇的样式:过去与现在可以时序颠倒,现实与虚幻可以交替出现,人物可以自由放任地联想,不受时空限制。因而,意识流的手法与结构并不纯粹是写作技巧和形式方面的问题,而是涉及到对人的意识和心理的理解和解释的问题。它是从现代心理学对人的观念中派生出来,为表现这种人的观念服务的。对此,美国小说家、文艺理论家亨利·詹姆斯(1843—1916)将之称为"心理现实主义"。意识流小说家们正是根据上述这些理论,用内省的方式来探索心灵深处,用主观世界的直觉或象征的表现来代替对于客观世界的反映,大胆地打破了传统小说的时间顺序,采用把过去、现在和未来三者凌乱颠倒、相互渗透的手法,来达到一种戏剧性的艺术效果。

意识流小说的最早尝试者,当推法国象征派诗人杜亚丹1887年出版的小说《月桂树被砍掉了》。一战前夕,法国作家马赛尔·普鲁斯特(1871—1922)的多卷集意识流小说《追忆似水年华》开始出版。20年代以后,爱尔兰的詹姆斯·乔伊斯(1882—1941)发表了《尤利西斯》,英国的弗吉尼亚·伍尔芙(1882—1941)发表了《黛洛维夫人》《到灯塔去》《海浪》,美国作家威廉·福克纳(1897—1962)发表了《喧嚣与愤怒》,等等。这些小说被公认为是意识流小说的"经典作品"。

普鲁斯特是意识流小说的鼻祖之一,他在1909年开始构思的《追忆似水年华》这部小说,主要描写了"我"在感到虚度了年华之后对从前生活的一系列回忆。作品真实地再现了19世纪末20世纪初法国上层社会贵族阶层的没落与颓废,以及第一次世界大战期间资产阶级政府的腐败无能。整部小说的故事没有连贯性,中间经常插入各种感想、议论、倒叙甚至离题的叙述,结构犹如一株枝桠交错的大树。它没有情节,也没有进展、高潮和结局,唯一展现的是人物的内心世界与生活的真实。

乔伊斯被西方誉为20世纪最伟大的小说家、现代派文学巨匠、意识流小说创作的先驱。他创作的《尤利西斯》是意识流小说最富代表性的作品。

小说主要描写了都柏林三个居民在1904年6月16日这一天从早到晚的经历。作者运用了内心独白、自由联想和瞬间感受等手法,把他们丰富而复杂的几十年生活历程在10多个小时展示了出来:广告商布鲁姆多年前痛失了儿子,而妻子又因他性机能衰退对他不忠,他虽默默地接受了这一现状,但在众人面前又感到羞愧难当、苦闷异常;青年艺术家斯台芬总觉得对母亲有过情欲和爱怜而对不起父亲。在母亲弥留时,又拒绝顺从她在宗教上的要求,成了终身的内疚;而作为布鲁姆妻子的毛莱则是一个肉欲享乐主义者,终日沉湎于情欲之中。作品通过对这三个人物支离破碎的人格和混乱、猥琐的欲念的描写,向人们展示了资本主义物质文明下的精神生活的堕落和不可救药。同时也展示了爱尔兰的历史,构成了一部百科全书式的生活图景。在小说中作者将人物的所见、所闻、所感不加任何评论地直接描述了出来,让读者自己去感受和品味。为了体现这一创作意图,乔伊斯在语言运用的方式上进行了创新,并且大胆摒弃标点符号,引进奇特的新词和外来语,以增强艺术表现力和人物的鲜明个性。不过,作品中那些违反现代人们语言交际规范的表达方式,读来较为晦涩、陌生,似有隔世之感。

意识流小说在20世纪上半期多受到某些责难,并且未引起重视。直到第二次世纪大战以后才得到承认和广为流传。20世纪60年代后,创作这类小说的作家越来越多,这种方法也在一定程度上逐渐成为现代小说的一种传统创作手法,而且还大量地运用在影视艺术等方面。

2. 现代艺术的新发展

现代派美术的发展 现代派美术是指产生在20世纪初以来的那些既不同于以往传统美术,又不同于现代现实主义美术的各种流派。它起源于19世纪末以法国画家保罗·塞尚(1839—1906)、高更(1849—1903)和荷兰画家梵·高(1853—1890)为主要代表的后期印象派,以及由法国画家修拉(1859—1891)等人创立的新印象派。由于后期印象派和新印象派的绘画大都呈现出线条粗犷、笔触宽阔、形式夸张、色彩明快、并富于装饰味这一欧洲前所未有的画风与格调,因而对当时的美术界影响很大。特别是塞尚以其"人加自然"的艺术观和独特、豪放的艺术手法,使之成为西方"现代艺术之父"。这样,受后期印象派和新印象派的影响,20世纪上半叶,西方画坛陆续出现了野兽派、立体派、未来派、表现派、达达派、超现实主义派、抽象主义派和超级现实主义等等。

西班牙画家毕加索(1881—1973)和法国画家勃拉克联手创立的立体

主义画派,是一战前产生的最有影响的画派之一。该画派采取一种按结构重新组建物体形象的方法体系,力图通过各个面的形态组成完整的、真正的、立体的形象。1907 年,毕加索在法国创作的油画《亚威农少女》宣告了立体主义画派的诞生。1937 年,毕加索还用立体主义方法结合象征寓意方法创作了著名油画《格尔尼卡》,揭露了法西斯的侵略暴行。

超现实主义和抽象主义是两次世界大战之间西方风行的两大主要画派。超现实主义作为一种文艺运动,不仅体现在文学上,而且也表现在美术上,这就是力图以所谓超现实、超理想的梦境、幻觉、自由联想等心灵直感作为艺术创作的源泉,以便在画板上表现出超越现实世界之外的彼岸世界——无意识世界。为了达到这个目的和效果,超现实主义绘画采用了多种多样的表现手法,其中最主要的是两种:一种是把互不相关、无内在和外在联系的东西,以不合理的形式重新组合并列在一起,从潜意识的梦幻状态去阐释其中的含义;另一种则是不受逻辑支配,自由地、随意地、松散地进行思维和创作,以展现奇幻的超现实世界。这样一来,就造成了其画面表现的内容往往或暗示隐秘、模糊不定,或形象怪异、令人迷离,从而具有一种神秘的气氛。西班牙画家乔纳·米罗(1893—1983)和萨尔瓦多·达利(1904—1989),是超现实主义画派最具独创性和代表性的主要人物。

米罗出生于手工艺人家庭,1907 年进入巴塞罗那美术学院学习,1918 年,首次举行个人画展。1919 年到了巴黎后,参加了超现实主义运动,两次世界大战期间创作了许多的风景和静物画。他的作品色彩鲜艳、形体自由,不受空间、时间的约束,充满了神秘、稚拙的幻想和形象化的隐喻,具有浓郁的诗情。不过,因多采用了"涂鸦"式的方法,故而又常令人很是费解。

达利早年受教于马德里美术学院,1925 年开始展出作品,1929 年移居巴黎,深受毕加索和超现实主义画风的影响,后成为风格独具的超现实主义画家。他的作品具有典型的表现无意识的特点。如他在 1931 年所画的《记忆的永恒》,清晰的物体没有条理的放置着,好像用面粉做成的软而扁平的挂表,从树枝上、表匣上,落到了一个横躺在地上的长着睫毛的幼芽上,那个幼芽实际上是个形体被歪曲了的人头。达利说,这是他"准确地纪录"他的潜意识而画出来的。1935 年创作的《燃烧着的长颈鹿》,在恐怖、可怕的背景上,画着两个骷髅似的人体架子,由铁条支撑,在身体的一些部位上,还画着铁钉耙子,远处一只长颈鹿正在燃烧着。这其实是表现了作者对现实的恐怖不安与无可奈何的心情。

抽象主义画派 20 世纪初出现于欧洲,两次世界大战期间有所发展,50

年代达到高潮。它是一种反对用具体形象反映现实,而主张用抽象的语言——颜色和几何图形来表现艺术家主观心灵的美术流派。它最初发端于俄国,创始人是康定斯基(1866—1944)。康定斯基最先在莫斯科大学学习法律,后又入慕尼黑皇家学院学习美术,毕业后在德国从事美术活动,长期活跃于德国和法国的美术界,是20世纪前半期最伟大的艺术家之一。他在1910年所写的《论艺术的精神性》著作,奠定了抽象表现主义艺术的理论基础。为此,他被认为是"抽象艺术之父"。他的抽象作品虽多以几何图形为主,但也有不少非几何图形,并且充满热情的色彩。因而属于"抒情的"的抽象表现主义或者叫"热"抽象表现主义。

除了康定斯基外,抽象主义画派在20世纪上半期的代表人物还有俄国人马列维奇和荷兰画家蒙德里安。其中,蒙德里安最初曾是立体派的一员,1914年以后转向了纯粹的抽象创作。蒙德里安的作品中几乎没有任何可以被称为形体的东西,而只有由横线和竖线组成的格子,色彩也较为单调和灰暗,故通常被称为"冷"抽象表现主义。

抽象主义在西方绘画中自现代派美术产生后就一直存在和发展着,特别是到了第二次世界大战后,又进一步形成了"塔希主义"(源于法语"弄污"一词)或"动作画派"。

现代实用艺术的成型　在20世纪上半期西方艺术的变化中,与现代派绘画交相辉映的是——艺术的实用化和技术化,从而出现了包括在现代设计、现代工艺和现代建筑等的艺术化在内的实用装饰艺术的诞生和发展。

"包豪斯革命"是这一现代实用美术崛起的重要体现。它是由德国著名建筑师和教育家格罗比乌斯(1883—1969)及其同仁,以德国魏玛国立包豪斯建筑艺术学院为阵地而倡行的,力主在建筑和工艺美术领域中将艺术和技术相结合的运动。

格罗比乌斯出生于建筑世家,1903—1907年先后在慕尼黑工学院和柏林夏洛滕堡工学院学习建筑,1910年与人合伙在柏林开设了建筑事务所。1911年参加德意志制造联盟后,受企业家委托,设计了法古斯工厂和德意志制造联盟科隆展览会大厦。他的设计结构新颖,形式简洁,为此赢得了广泛的声誉。1919年,被萨克森—魏玛公爵任命为魏玛萨克森大公国工艺学校和造型艺术学校这两所学校的校长。不久,他将这两校合并为魏玛国立包豪斯建筑艺术学院,并充任院长。在他的领导下,包豪斯学院奉行了一种新的工艺美术哲学,这就是倡导和力行艺术与技术的相结合。因为他认为,造型艺术的固步自封,只有通过使建筑师、画家和雕塑家与工匠之间进行相互的、有意识的协作和配合才可有所突破,"艺术家和工匠并不存在根本的区别"。为此,他在包豪斯学院实施了全新的建筑设计教育。首先,是让学生必须接受6个月的观念训练,以培养学生有一种对构思、设计、材料及其方法等方面包豪斯式的能力。为此,他曾聘请了康定斯基、达利等许多现代派艺术家来校任教。其次注重手工工艺如陶瓷、纺织物和彩色玻璃设计。他的主要教学原则是:建筑师、工艺师必须接受实际工艺训练,熟悉建筑材料和工作程序。再次,要求学生把学习和生产结合起来,并让其把主要精力投入到学院的工场中去。这套教学方法使得包豪斯的学生具有了极强的创造能力,并且为该校赢得了国际声誉。1925年,包豪斯迁往德梭,1933年被纳粹封闭。此后,该校大部分师生散落到世界各地,大多流亡到了美国。格罗比乌斯本人也于1937年到了美国,并且担任了哈佛大学建筑学院院长。1947年,他通过创办建筑师联合事务所,继续保持着在现代建筑业中的领导地位。

格罗比乌斯和包豪斯建筑艺术学院在艺术上的成就,不仅表现在建筑和工艺美术领域中引入了崭新的观念,而且创立了现代建筑的原则。这就是强调把建筑物结构的内在规律和各种新型建筑材料的特性结合起来,以解决实用功能作为建筑设计的首要问题,抛弃烦琐装饰,注意发挥现代建筑本身的美学特征。这种原则后来被称为功能主义。功能主义建筑是20世纪上半叶实用艺术成型的突出表现。

"风格派"也是20世纪上半期引人注目的一个实用艺术流派。所谓"风格",其实是指一种对艺术新形式的追求。其中,在建筑艺术上,20世纪20年代由风格派的代表人物、建筑师G.T.里特弗尔德(1888—1964)设计完成的荷兰乌德勒支的施劳德别墅,通过把包豪斯和稍后在欧美流行的建筑风格相融合,从而使该别墅形成了在欧美被称为有"国际风格"的建筑式样——不对称的结构。简洁的精确壁面,呈单调的立方形,平屋顶常自拐角处挑出,在连续不断的水平支板间开有大窗,没有一点花纹雕饰和其他装饰,显而易见的体块给人以坚实感,使墙体从承重和受制于巨大的空间下解放出来的骨架结构,能够使建筑师感受到明畅的情调和无重负的外观。这种式样以后在欧美广为流行。

现代实用艺术反映了现代主义文化的一大特征——文化的世俗化和大众化;同时也显示出艺术的发展将会借助与技术的结合这一发展趋向。20世纪60年代兴起的波谱艺术和超级写实主义就反映了这一趋势。

影视艺术的诞生与成熟 在20世纪,没有任何一门艺术比得上能满足人们不同层次审美欲望的影视艺术对人的影响更大的了。

1895年12月28日,是电影的诞生日。这一天,两个来自法国里昂的摄影师路易·卢米埃尔(1864—1948)和其兄弟奥古斯特·卢米埃尔(1862—1954)正在巴黎卡布辛大街的一家"大咖啡馆"地下室的印度沙龙里,用他们一年前在爱迪生等人发明的电影机器的基础上研制成功的,并于次年3月22日获得拍摄和放映电影专利的世界上第一架比较完善的电影放映机,向花了五分钱的人们公开放映着他们拍摄的每部仅有1分钟的影片——《工厂的大门》等。片中那些头戴羽帽、腰系围裙的女工们和推着自行车匆急奔走的男工们,以及一辆马车载着厂主驶进工厂,然后工厂大门被关闭起来的一系列画面,交叉重叠,连续闪动,栩栩如生,令观者惊叹不已,并引起巨大轰动。至此,那些曾经长久萦绕在人们脑海中的念头、幻想、神话,经过科学家们长期不懈的努力,在先后完成了幻灯、幻盘、诡盘、走马盘、活动视镜、摄影枪、光学镜、光学影戏机和电影视镜等发明的基础上,终于一步步用光影记载的形式转化为现实。从此,电影时代开始了,卢米埃尔兄弟成为公认的"电影之父"。

不过,在卢米埃尔兄弟时代,电影基本上还只是普通的活动照片,既无情节,也没声音。影片的长度很少超过20米,放映时间一般也不超过两分钟。属于一次拍成,还没有真正的蒙太奇可言。所反映的都是现实生活中的场景,如火车进站、工厂放工、车辆往来等。这些确立了此后欧洲电影写实主义的传统。

真正使电影成为一门艺术并具有戏剧效果的,是法国人乔治·梅里爱(1860—1938)和美国人戴维·沃克·格利菲斯(1875—1948)。梅里爱对电影艺术的贡献,是他发现了特技摄影技术,而格利菲斯则是运用了蒙太奇手法。其中,有趣的是,梅里爱发现特技摄影的技术纯属偶然。事实上,当这位已经营过十多年剧院的富商和魔术师在巴黎亲眼领略了"大咖啡馆"的第一次电影放映后,惊奇之余便也开始投资其中。1896年的一天,当他正在拍摄街景时,摄影机突然发生了短暂的故障,胶卷被卡住了,而摄影机仍在继续转动,这时一辆公共马车正驶入现场。等到故障排除后,他惊奇地发现,胶片中拍出的公共马车忽然变成了一辆运灵柩的马车。原来,就在胶片卡住的刹那间,运灵柩的马车恰好来到了公共马车的地方。这一偶然的错误对梅里爱来说,简直如同"牛顿的苹果"一样,启发他创造了在电影中可以随心所欲地把影片里的任何人与物进行转替的特技技术。在此基础上,1914—1922年,美国导演和制片人格利菲斯运用各种不同摄法,特别是特写镜头、平行动作镜头的交叉剪辑,以及蒙太奇手法拍摄和导演了具有艺术性和故事性的《一个国家的诞生》《党同伐异》《赖婚》等多部影片,从而使其不仅享有"电影艺术之父"的称号,而且成为美国好莱坞技术主义传统的创始人和真正代表。后来,苏联电影大师爱森斯坦等人,又进一步把电影蒙太奇手法更加完善。这样,到20世纪20年代,电影成了人类创造出继诗歌(文学)、音乐、舞蹈、美术(绘画和雕塑)、建筑和戏剧这六种艺术之后的"第七艺术"。

然而,直到1927年之前,电影艺术一直是无声和黑白的。电影史上把这一阶段称为"默片时代"或"无声片时代"。尽管如此,这种新兴的、有形、闪动、逼真的艺术还是以其喜闻乐见、贴近生活的特点和魅力赢得了大众广泛的青睐,从而使它在成为艺术的同时,也具有了明显的商业和娱乐性质。1904年,由美国人埃德温·鲍特拍摄的美国第一部西部片《火车大劫案》,是第一部最赚钱的电影。影片历时8分钟,描述了一伙胆大妄为的匪徒,为非作歹,抢劫银行,后遭到警察的穷追猛捕。该片不仅首创了电影制作中的剪辑手法,而且还有一个颇为精彩的噱头,即在片头推出一个大胡子强盗把枪口对准观众平射的特写镜头。这个镜头使该影片很有卖座率,人们一遍又一遍的花8分钟看这部电影,为能被大胡子强盗射击数次而过瘾满足。《火车大劫案》的巨大成功,为电影艺术在20世纪迅速发展提供了充足的理由,也促使了1913年美国"好莱坞"的出现和随后一批电影明星的涌现。

查理·卓别林(1889—1977)无疑是20世纪最负盛名的电影艺术家之一。他的影片代表了整个无声片时代的最高艺术成就。他扮演的那个蓄一撮小胡子、头戴小礼帽、脚穿大皮鞋、短衫肥裤、手持细长手杖的富有喜剧性的流浪汉形象,家喻户晓,流传甚广。人们看他的影片不仅能够捧腹大笑,而且还能在笑声中涌出同情弱小的善良泪水。卓别林用自己最有力的形式——影片以及片中各类喜剧人物的悲剧命运,深刻地讽刺和批判了资本主义制度给人带来的可悲、可笑和无奈,以及资本主义制度的恶瘤——法西斯主义。正因为如此,他的著名影片《城市之光》《摩登时代》和《大独裁者》等,在给他带来了极高声誉的同时,也使他赢得了世界人民的普遍尊敬。

20世纪20—40年代,是电影艺术的成熟期。也是电影从无声走向有声,从黑白转向彩色,由小规模、低技术制作形成大规模、系列化和专业化制作的转变时代。1925年,美国电话和电报公司所属的贝尔实验室投资数百万美元,终于解决了有声电影的关键技术——音画同步的问题。1926年组建不久的美国华纳兄弟电影公司率先购买了该技术,并在当年的8月6日推出了世界上第一部音画同步的配乐影片《唐璜》,不过只有音乐,没有对白。1927年10月23日,华纳公司第一次拍摄成功了有声响、对白、音乐和歌唱的有声电影《爵士歌王》。该片主要表现了当时已在美国走红的轻歌舞剧演员艾尔·乔生,如何从一个犹太教堂歌咏班领唱的儿子成长为成功的舞台明星的不平凡经历。当乔生在唱歌前插入的第一句"好听的还在后头呢"的台词,通过与影片同步发出后,身临其境的观众如痴如醉。第一部有声影片就这样在美国出现了。华纳公司由此获得了巨额利润,并一跃成为好莱坞最兴旺的制片公司。到1935年,第一部彩色影片《浮华世家》拍摄成功,标志着彩色电影的问世。至此,电影作为一门现代综合艺术,日臻完美起来,真正向人们展示了一个完整的世界。与此同时,从20世纪20年代开始,大大小小的电影公司在经过了激烈的竞争后,剩下了8家大公司称雄影坛并席卷欧美,几乎完全占领了世界电影市场。这8家大公司是:米高梅、派拉蒙、华纳兄弟、20世纪福克斯、雷电华、联美和哥伦比亚等。这些电影王国产生的专业化分工、制片人专利及明星制度,使好莱坞电影在技术主义的传统下不断发展,在几十年中形成了类型各异、名目繁多的电影。如故事片中的西部片、枪战片、歌舞片、喜剧片、恐怖片、科幻片、灾难片、侦探片、战争片、体育片等;非故事片则有新闻片、广告片、纪录片、科教片、风景片等;还有迪斯尼的动画片。不同的时期生产不同的影片,诞生不同的明星,引起人们一个又一个的热潮。其中,在20世纪上半期涌现的一批世界级电影的明星,除卓别林外,主要还有葛丽泰·嘉宝、费雯丽、英格丽·褒曼、克拉克·盖博等。

电影给人带来了愉悦;电影使人眼界开阔;电影使人更加直接地认识和了解世界。

就在电影以其迷人的魅力征服世界的同时,另一位与其相伴而生的姊妹——电视也在20世纪二三十年代问世了。

1928年,当"伟大的哑巴"——无声电影刚刚开口一周年的时候,电视发展史上也出现了一个划时代的大事——美国纽约31家广播电台进行了世界上第一次电视广播试验。尽管由于当时显像管技术尚未完全过关,整个试验只持续了30分钟,收看的电视机也只有10多台,但此举却宣告了作为社会公共事业的电视艺术的问世,揭开了电视新时代的序幕。此后,美国无线电公司雇用了已发明显像管专利的年轻科学家佐里金继续研究和试验,终于在1933年研制成了全电子图像广播系统,至此,电视机正式诞生了,电视艺术从此方兴未艾。

英国广播公司捷足先登,最先使电视和文艺发生了关系。1936 年 11 月 2 日,首次开办每天 2 小时的电视广播,并通过电视转播舞台上演出的实况或播电影。这使得当时价格还相当昂贵的电视在英国中上层家庭开始有所普及,如 1937 年,该公司播映英王乔治五世的加冕大典时,当时英国已有 5 万观众在观看电视了。直到 1939 年,第二次世界大战爆发,英国政府决定在战时停止播放电视节目时,英国大约已有两万家庭拥有了电视机。值得注意的是,就在电视作为一种充当媒介技术的同时,一种属于电视自己的崭新艺术也相应地出现了,其标志就是 1937 年英国亚历山大电视台播出的世界上第一部电视剧《口含鲜花的男人》。这表明,英国在电视艺术方面最初走在了世界的前列。

而作为最先对电视进行试验的美国,其民众正式接触电视则是到了 1939 年。二战期间曾一度禁止生产电视机。但到战后其发展速度超过了英国,1949 年,全美大约有 100 万部电视机。到了 1958 年,全国已有 523 家电视台,而拥有电视机的家庭已达到 4700 多万。相比之下,直到 1950 年,全世界的大多数国家都还没有开始生产电视机和播放电视的事业。

然而,仅仅半个世纪,电视就以其惊人、飞速的发展走进了寻常百姓的家庭,电视艺术也从黑白电视时代、彩色电视时代、现在又向多路广播时代前进了。今天,电视对人们的影响已难以估量,特别是它以其传播的及时性、形象纪实性和观众参与性这三大特性,不仅成为大众获取信息、了解天下、了解社会的窗口与渠道,而且还是普及各类知识、享受生活娱乐、进行舆论监督的途径与工具。电视已经改变和正在改变着人类的生活方式。

三、苏联社会主义文化的形成

俄国近代文化的兴起,始于 17 世纪末 18 世纪初由彼得一世拉开的争取西化改革的历史进程中。近代教育的出现以及受启蒙思想影响下近代文学艺术的产生与发展,使得 18 世纪成为俄国近代文化奠基的时代。到了 19 世纪,由于俄国经济与社会发展中没有也不可能解决发展资本主义和封建君主政体之间的矛盾,因而蕴藏了深刻地危机。反映在文化层面上,就是批判现实主义文学艺术的勃兴与各种新思潮的涌动。及至"十月革命"后,俄国选择了西方的"叛离"思想——马克思主义作为指导思想,并且在批判地继承了俄罗斯优秀传统文化的基础上,逐步创立起具有崭新内涵的社会主义新型文化,从而形成了在西方资本主义文化出现危机与困境的同时,社会主义文化的兴盛。

1. 18 世纪的俄国文化

17 世纪的俄国是一个文化十分落后的国家,文化和教育只是俄国贵族享有的特权。当时的俄国,既缺乏教师又缺乏书籍,绘画只是描绘一些贵族的头像,音乐主要是在宫廷上演意大利或法国的歌剧,建筑依然比较落后,莫斯科根本无法与西欧的巴黎和伦敦等城市相比。17 世纪末 18 世纪初,沙皇彼得一世(1682—1725 年在位)的改革,对近代俄国文化的发展产生了重要的影响。彼得一世重视发展教育,建立世俗学校,要求所有贵族子弟必须接受学校教育,他主张学习西方先进的科学技术和生活方式,鼓励俄国贵族子弟到西方国家去学习或考察,鼓励科学技术发明和创造。彼得一世的改革为 18 世纪俄国文化向前发展奠定了基础。可以说,18 世纪是俄国近代文化开始兴起与奠基的时代。

这首先体现在教育的发展上。这是 18 世纪俄国近代文化兴起和发展的必要条件。继彼得一世之后,叶卡特琳娜二世(1762—1796 年在位)也曾经制定了一个教育发展计划,尽管这一计划并未全面贯彻实施,但俄国各级学校的数量还是有了明显的增加。由于教师比较缺乏,大量的西欧人来到俄国从事学校或家庭教育,外语教学特别是法语教育成为当时俄国教育的一种时尚。上流社会聘请法国教师,用法语教授俄国贵族青年阅读法语教科书,结果"从 18 世纪中期起,在上层贵族社会,法语甚至开始代替了俄语。……早在彼得一世时已经开始的对西方的崇拜,至此变成了上层社会对一切外国人奴颜婢膝的风气"[①]。

其次表现为古典主义文学的产生和发展,这是 18 世纪俄国近代文化发展的突出成就。俄国古典文学承担起启蒙文学的使命,强调道德和理性,表现出对传统宗教的反叛和对俄国社会的揭露与批判,从而为 19 世纪俄国批判现实主义文学的兴起和繁荣奠定了基础。

18 世纪中期,俄国文学的著名代表人物是苏马罗科夫(1717—1777)、特列嘉科夫斯基(1703—1768)、赫拉斯科夫(1733—1803)。俄国文学的启蒙使命在他们的身上表现得比较明显。苏马罗科夫是俄国 18 世纪中叶古

---

① 潘克拉托娃主编:《苏联通史》(第 2 卷),山东大学翻译组译,三联书店,1975 年,第 137—138 页。

典文学的代表,他以创作历史悲剧而著称于俄国文坛,并创作了大量的喜剧和寓言,《霍列夫》是他的著名悲剧作品。他的作品对俄国社会进行了揭露和讽刺,并被改编成戏剧在剧院上演。特列嘉科夫斯基主要从事外国文学的翻译和在俄国的介绍工作,他翻译的《爱岛之行》被认为是俄国第一部印刷品非宗教小说。赫拉斯科夫的作品主要是对俄国社会的批判,他的《罗斯记》被现代俄国文化史学家评论为可堪与伏尔泰的《亨利亚德》媲美的作品。①

冯维辛(1745—1792)和杰尔查文(1743—1816)是18世纪末俄国文学的著名代表。他们的作品着重关注俄国的社会现实,接近于现实主义文学。冯维辛在他的喜剧《旅长》和《纨绔少年》中塑造了贪得无厌、刁悍泼辣的旅长太太、愚蠢恶毒的普罗斯塔科娃、粗鲁不堪的斯科季宁和懒惰无知的米特罗方奴什卡等人物形象。他们都是俄国当时社会人物的体现。杰尔查文是最富现实主义的诗人,他不仅通过简化诗歌语言而对俄国诗歌的改革做出了巨大贡献,而且通过自己的大量诗歌对俄国社会进行批判,《费丽察颂》《神》《权贵》等都是他的著名作品。而卡拉姆津(1765—1826)则是18世纪后期俄国文坛的一位感伤主义作家。他因对俄国当时的社会现实感到不满与无奈,而陷入感情的痛苦之中。他的作品着力描绘人物的内心情感,《可怜的丽莎》是他的感伤文学的代表作。

再次是从18世纪中期以后,俄国的民族戏剧和音乐开始出现并逐步有所发展。沃尔科夫对俄国民族戏剧的产生做出了重要的贡献。他不仅是当时颇有名望的演员,而且还成立了一个票友社,并在1756年在彼得堡建立了"俄罗斯悲剧喜剧院",邀请苏马罗科夫担任剧院院长,沃尔科夫因此被尊为"俄罗斯戏剧之父"。汉多什金、马亭斯基和福明对俄罗斯近代音乐的发展贡献不凡,他们不仅收集俄罗斯民歌以便为俄国近代音乐寻找源泉,而且创作了俄国自己的歌剧作品,如马亭斯基的《彼得堡的集市》和福明的《巫师磨房主》等。

2. 19世纪的俄国文化

进入19世纪,随着俄国资本主义经济的发展,俄国社会发生了重大变化,从而推动了俄国近代文化的向前发展。其中,在文学方面的发展及所取得的成就,代表了19世纪俄国近代文化的最高水平。

---

① 苏联科学院历史所列宁格勒分所编:《俄国文化史纲》,商务印书馆,1994年,第237—241页。

19世纪俄国近代文学的发展主要呈现出三个特点:第一,鲜明的政治性。19世纪俄国大多数文学家都具有比较鲜明的政治立场,他们对俄国的农奴制度、沙皇专制制度以及俄国的落后状态表示不满。为此,他们中的一些人直接建立或参加了各种政治组织,宣传民主思想,他们利用文学进行政治斗争,并从事政治文学的创作,其中,一些激进分子受到沙皇政府的迫害,或作品遭到查禁出版,或作家本人遭受监禁、流放。赫尔岑(1812—1870)在谈到19世纪俄国文学的政治作用时,这样说道:"对于没有政治自由的人民来说,文学是唯一能够使人们听到其愤怒和良心的呼声的讲坛。"别林斯基(1811—1848)对俄国沙皇专制政府的书报检查制度予以了无情的嘲讽,他说:"命里注定我像狗那样叫,狼那样嚎,而环境却要我像猫那样咪咪叫,像狐狸那样摇尾乞怜。"①俄国文学中明显体现出的政治性是19世纪俄国社会反对沙皇专制制度及农奴制度、要求实现俄国政治民主化等在文学中的反映。

第二,批判现实主义。这是19世纪俄国文学发展的主流。俄国社会的严酷现实促使19世纪的文学家们很快走出感伤主义和浪漫主义文学,迅速走向批判现实主义文学的创作。当时俄国社会现实生活中的一切,为批判现实主义文学的发展和兴盛提供了广泛而又深刻的创作题材,他们或者批判俄国政治制度的专制与腐朽,或者批判俄国农奴制度的残酷与落后,或者反映俄国下层人民生活的悲惨与痛苦,从而使这一世纪的批判现实主义文学成为俄国社会现实的历史画卷。正如车尔尼雪夫斯基(1828—1889)在其著名的《艺术与现实的审美关系》一书中明确地指出的,"一切艺术作品的第一个作用,普遍的作用,是再现现实生活中使人感到兴趣的现象",并且在"再现生活以外……说明生活……对生活现象下判断"。②

第三,在欧洲近代文学史上占有了独特而又重要的地位。当19世纪初西欧文学还在浪漫主义文学中徘徊时,俄国文学已经显示出它的现实主义特点;当19世纪中叶批判现实主义文学成为西欧文学的主流时,俄国的批判现实主义文学也处于繁荣时代;当19世纪末批判现实主义文学在西欧逐渐衰落时,俄国的批判现实主义文学依然是主要的文学流派。19世纪俄国批判现实主义文学作家人数之多、作品数量之广、持续时间之长是西欧批判

---

① 安·米·潘克拉托娃主编:《苏联通史》(第2卷),山东大学翻译组译,第353—362页。
② 车尔尼雪夫斯基:《艺术与现实的审美关系》,周扬译,人民文学出版社,1979年,第100—103页。

现实主义文学所难以相比的。

19世纪30—40年代,是俄国批判现实主义文学形成的时期,也是一大批批判现实主义的作家涌现的时代。普希金(1799—1837)便是俄国19世纪前期批判现实主义文学的著名代表。这位与十二月党人有过联系、遭受过流放之苦的俄国诗人,在19世纪初从浪漫主义走向批判现实主义文学,并以其作品鲜明的现实性、政治性而被誉为"俄罗斯诗歌的太阳"。他的《自由颂》号召人们起来反对沙皇统治,他的《乡村》痛斥俄国地主,他的《鲍利斯·戈东诺夫》描绘沙皇的可恶,他的《叶甫盖尼·奥涅金》被称为俄国批判现实主义文学的奠基作品,他的《黑桃皇后》《上尉的女儿》和《渔夫与金鱼》等小说至今历久不衰。莱蒙托夫(1814—1841)的《悼诗人之死》借对普希金之死的哀悼表达对沙皇制度的强烈不满,并因此而遭到流放。他的《当代英雄》《童僧》《假面舞会》和《恶魔》都是很有影响的现实主义文学作品。果戈理(1809—1852)也是这时期俄国批判现实主义的代表人物。他的作品在运用讽刺手法批判俄国社会现实方面可谓是达到了无与伦比的程度,《钦差大臣》《死魂灵》《旧式地主》等作品,展现了俄国社会统治阶层一个又一个的嘴脸。赫尔岑在看了《死魂灵》后这样评论:"《死魂灵》震动了整个俄国,现代的俄国需要这样的控诉,这是一只妙手写出的一部病史。"①

19世纪后期,俄国的批判现实主义文学获得了进一步发展,主要代表人物有屠格涅夫(1818—1883)、冈察洛夫(1812—1891)、陀思妥耶夫斯基(1821—1881)等等。其中,屠格涅夫的《猎人笔记》《贵族之家》《罗亭》《前夜》和《父与子》反映了俄国农奴制即将废除前的社会现实。冈察洛夫的《奥勃罗莫夫》描写了俄国农奴主的寄生生活,被誉为是对俄国整个农奴制的判决书。而陀思妥耶夫斯基(因参加政治性组织而曾被判处过死刑)的《穷人》《双重人格》《地下室手记》《罪与罚》《白痴》《卡拉马佐夫兄弟》等作品,则深刻地揭示了19世纪后期俄国可怕的社会贫困以及资本主义发展引起的个人、社会和家庭的道德堕落与人的性格分裂和精神迷惘的种种现状。萨尔蒂柯夫—谢德林(1826—1889)不仅对地主官僚予以揭露,而且对新兴的资产阶级也进行批判,他的《一个城市的历史》《戈洛夫略夫一家》和《波舍洪尼耶的往昔》等作品,生动地描绘了俄国农奴制度解体时的情景。

列夫·托尔斯泰(1828—1910)是19世纪末20世纪初俄国最伟大的批判现实主义作家。他的作品对俄国革命前夜的状况予以生动地描绘和深刻

---

① 潘克拉托娃主编:《苏联通史》(第2卷),山东大学翻译组译,第369—370页。

地剖析,展现了俄国大规模革命运动即将来临时期的社会情况。他以《战争与和平》《安娜·卡列尼娜》和《复活》而饮誉世界文坛,并受到列宁的高度评价:"作为俄国千百万农民在俄国资产阶级革命快到来的时候的思想和情绪的表现者,托尔斯泰是伟大的。"①契诃夫(1860—1904)也是19世纪末20世纪初俄国批判现实主义文学的一个著名作家。他的作品以诙谐、幽默的文字执行着对俄国社会进行讽刺和批判的使命,《套中人》《第六号病室》和《变色龙》都是鲜明地代表契诃夫文学风格的脍炙人口的作品。俄国批判现实主义文学的发展,极大地影响了19世纪俄国的农奴制改革和其他社会改革,从而推动着俄国社会的向前发展。

19世纪俄国绘画艺术也在现实主义的旗帜下取得了重要成就,许许多多的画家用自己的手和笔描绘了一幅幅19世纪俄国社会现实的历史画卷。布留罗夫(1799—1852)、维涅吉安诺夫(1780—1847)和费多托夫(1815—1852)是19世纪前期俄国著名的画家。布留罗夫的《庞贝城的末日》被誉为俄国画坛的黎明,而《耶稣显圣于民间》更是他耗费20年的心血之作。维涅吉安诺夫的《打谷场》表现了俄国农村社会生活的场景。费多托夫的《贵族的早晨》《年轻的寡妇》都是批判现实主义作品,《少校求婚》更使他荣获院士的称号。

19世纪下半叶,俄国画坛出现了一个"俄罗斯巡回展览画派",该画派不满于传统的风格和当局的无理规定,要求创作的自由,其纲领主要是坚持艺术必须有思想性和内容,艺术的基础必须是艺术的现实主义。巡回展览画派的创始人和重要代表是克拉姆斯科伊(1837—1887)、比罗夫(1833—1882)和列宾(1844—1930)。克拉姆斯科伊在人物肖像画方面的成就十分突出,他创作的列夫·托尔斯泰、萨尔蒂柯夫—谢德林等肖像画,都是肖像画的重要作品。比罗夫的《一个农民的葬礼》《三马车》《巴黎捡破烂的人》以及《溺死的女人》都是批判现实主义的名作。列宾的作品更是极尽对俄国社会的批判,他的《伏尔加河上的纤夫》《伊凡雷帝与儿子伊凡》《宣传者被捕》和《不期而至》,成为19世纪俄国批判现实主义绘画的代表作。

19世纪俄国音乐艺术也有了一定的发展。19世纪前半期,俄国音乐家开始根据俄罗斯民歌创作自己民族的歌剧与交响乐,格林卡(1804—1857)对俄国民族歌剧与交响乐的产生与发展做出了重要的贡献。《伊凡·苏塞宁》(原名《为沙皇献身》,1939年改词更名)是他创作的俄罗斯第一部民族

---

① 《列宁选集》(第2卷),人民出版社,1972年,第371页。

歌剧,《西班牙序曲》和《卡马林斯卡亚》是他创作的俄罗斯民族交响乐的代表作。柴可夫斯基(1840—1893)对格林卡在俄罗斯音乐史上的奠基作用给予了高度评价,他认为,整个俄罗斯交响乐派都发端于格林卡的《卡马林斯卡亚》。达尔戈梅兹基(1813—1869)的《美人鱼》和《石客》也是这一时期著名的俄罗斯歌剧。

19世纪60年代以后,俄国音乐界出现一个名为"强力集团"的组织,其目的是努力创作出更加优秀的俄罗斯民族音乐作品,巴拉基诺夫(1837—1910)、斯塔索夫(1824—1906)和穆索尔斯基(1839—1881)是强力集团的代表人物。穆索尔斯基的《鲍里斯·戈东诺夫》和《霍万斯基叛乱》、鲍罗廷(1833—1887)的《伊戈尔王子》以及里姆斯基-科萨科夫(1844—1908)的《五月之夜》《白雪公主》等,都是19世纪后期俄罗斯民族歌剧的代表作。不过,在交响乐和歌剧等方面,19世纪俄国古典音乐最具代表性的音乐家当推柴可夫斯基,他的《意大利随想曲》《1812年序曲》《第六交响曲》(也称"悲怆交响曲"),歌剧《叶甫盖尼·奥涅金》《黑桃皇后》,以及三部舞剧《天鹅湖》《睡美人》和《胡桃夹子》等作品十分著名,至今仍是各类国际大型音乐演奏会保留的经典名曲。

3. 苏联社会主义文化的建立

十月革命开辟了俄罗斯文化的崭新时代,社会主义革命文化的建立和发展是20世纪初世界文化的重大变化。当十月革命还在进行的时候,布尔什维克已经开始了建立社会主义革命文化这一划时代的伟大工作。十月革命胜利后,苏维埃政权立即采取措施加速社会主义文化的建立,这些措施主要有以下几个方面:

第一,保护和继承俄罗斯传统文化。俄罗斯文化经历长期的发展积累了悠久的传统文化,以列宁为核心的布尔什维克和苏维埃政权,十分注意保护和继承俄罗斯传统文化,在革命时期,布尔什维克党中央多次发布告示,要求在革命过程中既要彻底摒弃沙俄时代俄国反动统治的文化糟粕,又要保护好俄罗斯的民族传统文化。当时,俄罗斯的许多历史文物、文化设施、优秀作品等都被合理地保存下来。正如列宁所强调指出的:"无产阶级文化应当是人类在资本主义社会、地主社会和官僚社会压迫下创造出来的全部知识合乎规律的发展。"[①]在这种方针的指引下,新生的苏维埃政权批判

[①] 《列宁选集》(第4卷),第348页。

地继承俄罗斯一切优秀的传统文化,并注意对旧时代过来的知识分子进行思想改造,使他们能够在新的历史条件下为建立社会主义文化而工作。

第二,大力发展教育事业,为社会主义文化的建立提供充分的人才资源。苏维埃政权颁布法令,建立各级各类学校,在广大工人、农民和军队中进行扫除文盲工作。到20世纪30年代末,全国在校学生已经达到3500万人,教师达到123万人,技术学校3730多所,在校生100多万人,有1300多万人接受了中等教育。

第三,大力发展各族文化,建立起多民族的社会主义文化。十月革命以前,俄国各少数民族的文化十分落后,有些少数民族甚至没有自己的语言和文字,文盲率之高令人吃惊,如塔吉克人的文盲率为99.5%,吉尔吉斯人为98.4%,亚库特人99.3%,土库曼人为99.3%,乌兹别克人98.4%。为此,苏维埃政权大力发展民族教育,40多个少数民族有了自己的文字,学生人数在土库曼较之革命前增加了14倍,在塔吉克斯坦增加了38倍,在乌兹别克斯坦增加了39倍。各民族的文化得到重视和发展,从而为社会主义文化的建立和发展奠定了坚实的、统一的基础。

第四,建立社会主义文化组织,指导和推动社会主义文化的建立和发展。早在1919年12月,苏维埃政权中已建起了一个关于科学家的专门委员会,除了帮助科学家解决生活困难,还帮助他们转变思想观念,为社会主义革命和建设做贡献。1922年建立的"革命俄罗斯画家联合会",将大批富有革命热情或对革命持支持态度的画家团结在一起,为繁荣社会主义的绘画艺术共同努力。20世纪20年代中期,"苏联电影业之友协会"成立,捷尔任斯基任协会主席。1934年,"苏联作家协会"成立,高尔基当选为协会主席,协会明确指出:"社会主义现实主义作为苏联文学与苏联文学批评的基本方法,要求艺术家从现实的革命发展中真实地、历史地和具体地描绘现实。同时,艺术描写的真实性和历史具体性,必须与用社会主义精神从思想上改造和教育劳动人民的任务结合起来。"[①]

通过上述一系列措施,到20世纪40年代,社会主义文化在苏联建立起来并取得了重要的成就。苏联社会主义文化有别于以往的各种文化,它是无产阶级的文化,为无产阶级革命和无产阶级专政服务;它是社会主义的文化,为社会主义革命和建设服务;它是多民族文化的统一体,为苏联多民族文化的共同发展服务。

---

① 朱维之、赵澧主编:《外国文学史》(欧美卷),第458页。

苏联社会主义文化的巨大成就首先表现在文学领域。社会主义现实主义文学成为苏联社会主义文学的主流。这种文学的主要内容是批判和揭露俄国资本主义社会的衰落、腐败以及复杂尖锐的社会矛盾,揭示社会主义革命的深刻社会根源与历史必然性;描绘社会主义革命的艰难、曲折和波澜壮阔的革命斗争场面,歌颂为社会主义革命事业英勇斗争的英雄人物,为社会主义革命服务;反映苏联社会主义建设的艰巨历程,赞扬苏联社会主义建设的巨大成就,为社会主义建设服务。这些崭新的主题,促使苏联社会主义文学迅速发展起来,并且造就了一大批优秀的无产阶级文学家和具有重要影响的文学作品。

马克西姆·高尔基(1868—1936)是苏联社会主义文学的建立者和重要代表。这位出身于社会下层的著名作家,在文学道路上经历了一个变化的过程。19世纪末,高尔基写过一些浪漫主义作品,如《马卡尔·楚德拉》《伊则吉尔老婆子》和《鹰之歌》等,这些作品反映出高尔基对俄国社会的不满和对自由、民主社会的向往。但是,从主流上讲,高尔基主要是一个现实主义的作家,这集中表现在他对各种各样的下层民众生活的描绘的作品——《叶美良·皮里亚伊》《切尔卡什》和《马莉娃》等,长篇小说《福马·高尔杰耶夫》标志着高尔基现实主义文学创作的基本成熟。20世纪初,俄国革命形势的发展使高尔基将文学的笔锋转向革命,并创作了《海燕》《小市民》《底层》和《母亲》等作品,不仅描绘了革命形势山雨欲来的情景,而且积极参加十月革命后的"文化革命"运动,配合苏维埃政权建立社会主义革命文学,创作了大量的反映社会主义革命和建设的作品,他的《童年》《在人间》《我的大学》三部曲相继完成,而《阿尔达莫诺夫家的事业》更是社会主义现实主义的代表作。高尔基在文学创作的道路上尽管出现过彷徨,写过《不合时宜的思想》等文章,但是,他仍然是苏联社会主义革命文学的奠基人。

马雅可夫斯基(1893—1930)是苏联著名的社会主义革命诗人。1915年他创作的《穿裤子的云》,表明诗人开始转向革命现实主义。他亲身参加过十月革命,并创作了《革命颂》《向左进行曲》等歌颂革命、激发人们斗志的大量诗作。革命胜利后,诗人怀着对社会主义革命和建设的满腔热情,创作一大批反映社会主义革命和建设的诗作,《一亿五千万》和《好》便是这方面的优秀作品。他还创作一系列关于文艺问题的诗作,为建立社会主义革命文艺而呐喊,《给艺术大军的命令》《给艺术大军的第二号命令》等,都是其社会主义革命文艺理论的重要作品。著名长诗《列宁》以叙事诗的形式描绘了伟大的无产阶级革命家列宁光辉的一生，成为马雅可夫斯基不朽的革命诗作之一。

肖洛霍夫（1905—1984）是苏联社会主义革命文学的又一个著名代表。这位出生于哥萨克家庭的平民文学家，以哥萨克人的生活和他们在革命斗争过程中的重要变化为主要题材，创作了大量的文学作品。《顿河的故事》使肖洛霍夫步入文坛；《看瓜田的人》通过一个家庭中的政治对立反映了哥萨克社会的尖锐矛盾；《死敌》反映了十月革命前后哥萨克阶级对立的尖锐化；《道路》则反映了哥萨克人对自由的渴望和追求；而长篇巨著《静静的顿河》更成为苏联社会主义革命文学的杰出作品。

此外，苏联社会主义革命文学的著名作家和作品还有阿·托尔斯泰（1882—1945）的长篇小说三部曲《苦难的历程》，红军作家法捷耶夫（1901—1941）的《毁灭》《青年近卫军》，奥斯特洛夫斯基（1904—1936）的《钢铁是怎样炼成的》。这些作品的创作和出版，为苏联社会主义文学的形成和发展做出了重要的贡献。

美术紧紧围绕着社会主义革命和建设这一核心，创作了大量的作品。反映革命领袖和重大斗争的题材，一直是苏维埃艺术家创作的重点，在这一方面，纪念碑艺术作品占有重要的地位。马特维耶夫1918年创作的《卡尔·马克思纪念碑》、托姆斯基创作的《基洛夫纪念碑》、梅尔库洛夫创作的《列宁纪念碑》以及穆希娜创作的《工人和集体农庄女庄员》都是纪念碑艺术的代表作。反映革命历史题材的绘画是社会主义绘画艺术的主要内容，布洛兹基的《1917年列宁在普基洛夫斯基工厂的演讲》《列宁在斯摩尔尼宫》，杰伊涅卡的《保卫彼得格勒》，格列柯夫的《投奔布琼尼部队》以及沃特金的《政委之死》都是重要的作品。肖像画的创作也取得了很大成就，格拉西莫夫的《列宁在讲台上》、涅斯切洛夫的《科学院士巴甫洛夫肖像》、冈查洛夫斯基的《梅尔霍利德肖像》等，是肖像画的著名作品。20世纪30年代苏联艺术家还创作了一大批反映社会主义建设的作品，库普林的《巴库·油田》、彼门诺夫的《新莫斯科》，是这一方面的代表作。

电影艺术也在十月革命后开始发展。20世纪30年代前半期，苏联拍摄出第一批有声电影，如《进入生活的通行证》《伊万》和《迎展计划》。接着，一大批反映历史和革命题材的电影拍摄完成，《彼得大帝》《苏沃洛夫》等历史题材电影和《恰巴耶夫》《童年》《在人间》《列宁在十月》《列宁在1918年》等革命题材的电影，都是苏联社会主义电影艺术的代表作品。

在音乐艺术方面，《为苏维埃政权而斗争》《布琼尼进行曲》《送行曲》

和《红军之歌》等一大批革命歌曲的创作完成,激励着人们投身到社会主义革命和建设的洪流之中。交响乐、歌剧和芭蕾舞剧也取得了很大的成就,尼·米雅斯科夫斯基(1881—1956)的交响乐曲、普罗科菲耶夫(1891—1953)的芭蕾舞剧《罗密欧与朱丽叶》,都是苏联社会主义革命音乐的杰出作品。

苏联社会主义文化是人类历史上一种全新的文化,它的出现和发展为世界文化史增添了新的内容,苏联社会主义文化在很短的时间内取得了俄国时代所未取得的成就,而且与西方资本主义文化相比也毫不逊色,苏联社会主义文化的建立和发展,开始了世界文化史上资本主义文化与社会主义文化竞争发展的局面。

推荐阅读书目

1. 丹尼尔·贝尔:《资本主义文化矛盾》,赵一凡等译,三联书店,1989年。
2. 都鲁兹:《解读尼采》,张唤民译,百花文艺出版社,2000年。
3. 米切尔·布莱克:《弗洛伊德及其后继者:现代精神分析思想史》,陈祉妍等译,商务印书馆,2007年。
4. 徐曙玉等编著:《20世纪西方现代主义文学》,百花文艺出版社,2001年。
5. 林骧华编著:《西方现代派文学评述》,上海人民出版社,1987年。
6. 葛鹏仁:《西方现代艺术·后现代艺术》,吉林艺术出版社,2000年。
7. T. C. 格奥尔吉耶娃:《俄罗斯文化史》,董茉莉、焦东建译,商务印书馆,2006年。
8. 周尚文、叶书宗、王斯德:《苏联兴亡史》,上海人民出版社,1993年。
9. Adams, Laurie Schneider. *A History of Western Art*, Fourth Edition, McGraw Hill, 2005.
10. Jackson J. Spielvogel. *Western Civilization: A Brief History*, Fourth Edition, Wadsworth Publishing, 2008.

第九章　二战后科技革命与世界文化的新发展

第二次世界大战后,世界文化的变化与发展是在以科技革命为主导的经济与社会发展以及由经济一体化趋势而带来的全球化浪潮中展开的。随着以原子能、空间技术和电子计算机等为代表的高新科技革命的掀起及其对文化各个领域的渗透,社会经济与文化的互动加速,世界文化的发展日益呈现出全球化与多元化的趋势。

一、战后科技革命的新浪潮

1. 战后科技革命的兴起与发展

战后科技革命兴起与发展的前提　自近代以来,人类社会发生过三次科技革命。第三次科技革命于20世纪40年代兴起,并在战后以迅猛的速度向前发展,其主要标志是原子能、空间技术和电子计算机的广泛应用。它的发展经历了两个阶段:20世纪40—60年代为第一阶段,在此期间,核技术、电子计算机技术、空间通讯技术逐渐走向成熟;70年代以来为第二阶段,即人们通常说的新技术革命阶段,这一阶段中的以微电子技术为核心的新兴技术群引起了当代科技领域的巨大变革。

社会背景　战后科技革命的产生和发展有着深刻的内在发展机制和广阔的社会经济、政治背景。

第一,现代科学理论和各种技术科学的发展,为这场革命奠定了科学基础。当代许多尖端技术如激光技术、超导技术、基因重组技术等,全是在现代科学理论的基础上产生和发展起来的。

第二,传统技术和产业发展的局限性及负效应,为战后科技革命特别是新技术革命的出现提供了契机。战后西方发达国家利用科技,进入了所谓战后"黄金时代""物质消费社会"。但是,这一繁荣景象的产生是以近乎耗竭原材料和能源、造成严重的环境污染和生态破坏为代价的。在这样的背景下,标志着新技术革命成果的信息技术、电子计算机技术、生物技术、新材料技术、新能源技术等应运而生。

第三,战后苏美两个超级大国在全球范围内为争夺霸权而在军事上、经济上展开的激烈竞争,也给科技革命的发展以强烈的刺激和推动。

第四,发达国家之间争夺国内外市场谋求经济霸权的争斗,说到底就是科学技术的竞争。科学技术的领先地位将直接成为称霸世界的先决条件。在这种情况下,各大国纷纷调整战略,以抢占科技制高点。这无疑进一步推动了科学技术革命的发展。

战后科技革命的主要内容 二战后科学技术革命的主要内容,包括信息、新材料、新能源、生物、航天、海洋等方面。信息科学是有关信息产生、获取、识别、转换、组织、储存、处理、显示、控制和利用的学科。它以微电子技术和计算机技术为基础,涉及到传感技术、光导纤维技术、多媒体技术、集成电路技术、人工智能技术和网络技术等一系列科学技术。信息科学技术的发展将彻底改变我们的工作、学习、购物和生活方式。

新材料是战后科技革命的重要基础,是开发新能源、发展空间技术和微电子技术的基本保证。现代材料科学研究涉及到研究对象的结构、合成、性能、制造加工以及实用过程五个方面。当代材料科学技术重点发展的材料是:超导材料、塑料合金材料、磁性材料、高性能复合材料、精细陶瓷材料、半导体材料等等。

新能源的基础研究、开发和利用,越来越成为新技术革命时代的当务之急,成为可持续发展的必不可少的基本保证。新能源研究的主要内容是:太阳能的利用、原子能的利用、生物能源(又称绿色能源)的利用、地能、风能、海洋能等的利用。新能源的开发和利用,对解决大气污染问题、防止生态破坏、缓解运输压力、节约非再生性能源等具有非常重要的意义。

战后分子生物学的迅速发展,对生命现象的认识跃进到一个崭新的阶段,特别是分子遗传学和工程科学的结合,开辟了一个全新的生物技术领域,成为推动世界新技术革命的重要力量。近十年来又受到物理学新思潮的影响,复杂系统特别是脑的发育的研究受到很大重视;同时,分子遗传学的前沿已从原核生物转向高等真核生物的基因结构及其表达调控深入到发育和神经系统的研究。由于 DNA 重组、单克隆抗体、DNA 快速序列分析等新技术的应用,在上述两个领域已取得重大发展,正酝酿着向高层突破。人类社会所面临的一系列重大问题,如人口、食物、资源、环境、健康等,都对生物科学技术寄予极大的希望。

航天技术,又称空间技术,是一项研究和实现如何进入太空和利用太空的技术,是一门综合性很强的现代技术。主要涉及三个领域:航天器的研制和空间飞行制导、空间开发利用、空间科学研究。航天技术对军事、通讯、科学研究、资源考察以及气象观测和研究等有着极为重要的意义,人类将飞出狭隘的"地球村",开辟太空新领域。

海洋技术是现代各项海洋开发基本技术的总称。人类利用海洋已有几千年的历史。从 20 世纪 60 年代起,海洋开发事业发生了一个战略性的转变,人类开发海洋的活动已在海底、海面和海空全面展开,进入一个综合、立体开发的新时代。海洋技术的开发和利用,将使海洋成为人类生活的第二故乡。

战后科技革命的基本特征 与以往的科技革命相比,第二次世界大战后科技革命具有如下几点特征:

第一,技术科学化,科学技术化。战后科技革命的一个突出特征,就是全面体现了科学对技术的主导作用。科学革命成为技术革命的前导,科学成果渗透到技术的各个领域成为技术发展的关键,使技术越来越科学化。在技术科学化的同时,科学技术化的趋势也日趋加强,正是二者紧密结合、相互作用,才推动着科学技术的迅猛发展。

第二,科技群体化。如果说在前两次科技革命形成的科技体系中,各项科技间的联系还较为松散的话,那么战后科技革命无论从数量上还是规模上都是空前的,各种科技间出现了极强的群体性。发展中的横向关联性、综合性、交叉性极为突出。现代科学技术的纵深及多领域跨越交叉发展,已促成了许多新的科学技术群的建立。

第三,科技智能化。第二次世界大战后科技革命中所出现的新技术,特别是电子计算机以及微处理机技术,已使机器从机械化走向智能化,机器已不再仅仅是代替人手和节省人的体力的工具了,数控机床、机器人、无人工厂等,既替代了人的部分体力劳动,也解放了人的脑力劳动。机器体系已进入了一个智能化的新阶段,其功能大为提高。

第四,技术生态化。近代以来,由于工业化和科技革命的推进,社会生产力有了极大的提高。然而,与此同时,人类也加快了开发自然的步伐。从第一次工业革命对水力、风力和木材等再生性资源的开发与利用,到第二次工业革命对煤、石油、天然气等不可再生性能源的开采与消耗,大自然千百万年积储的各类资源和能源被人们过度地索取和支配。因此,人与自然的关系从和谐转向了对立,甚至发生了尖锐的冲突,资源稀缺、环境污染、生态不平衡,已成为困扰人类生存与发展的可持续性的重大难题。现代科技革命注意到了人与自然和谐共存的重要性,它具有保护和改善生态环境和人类生活环境、使对自然界的利用和再生走上良性循环的轨道、为人类的生存和发展带来良好效益的特征。

第五,高新技术产业化。战后涌现出来特别是20世纪70年代以后的科技,由于其研究、开发的成果迅速和商品化生产相衔接,带来了高经济效益,并且,它能向经济社会各领域广泛渗透,因而具有高新技术产业化的特征。高新技术产业化,是推动一个国家的社会经济发展的重要力量,是解决人类所面临的许多困境的有利手段。

2. 战后科技革命的影响

知识经济时代的来临　从20世纪60年代开始,西方发达国家一些经济学家、社会学家和未来学家就当时的社会生产发展和产业结构变化的特征,提出了"知识产业""后工业社会""信息社会""知识价值社会"等概念。

1996年,以发达国家为主要成员的经济合作与发展组织(OECD)首次在国际组织文件中使用了"知识经济"这个概念。对知识经济做了这样的定义:知识经济是建立在知识和信息的生产、分配和使用之上的经济,是一种"以知识为主导的经济"。在经合组织成员国中,以知识为基础的经济成分的产生,如信息产业、通讯产业、软件产业和电脑产业等知识产业占到了整个国民生产总值的60%以上。知识经济的基本内涵是知识的经济功能得到充分的发挥。知识经济的特征有以下几点:

第一,知识经济是可持续发展的经济。1972年,在米都斯的《增长的极限》报告中,第一次阐明了地球有限论的思想,开创了一种全新的思维方式,用发展概念取代了增长概念。这便是可持续发展的思想基础。而知识经济就是一种自然资源节约型的经济。知识的发展虽然不是完全不需要消耗自然资源,但其发展更主要的是依赖知识资本。同时,知识资源具有近似无限性的特征,即它在被使用过程中,不但不会被消耗,反而会由于计算机和通讯网络技术的飞速发展而不断地丰富、更新。

第二,知识经济是以无形资本投入为主的经济。谁拥有知识谁就拥有财富。美国微软总裁比尔·盖茨多年位居世界富豪榜首,他靠的是什么?既不是土地,也不是工厂设备,而是知识、技术、经营头脑和软件知识性产品。世界银行于2005年底公布的"2000年国别财富报告",以2000年数据为基础,统计分析了近120个国家的财富构成基础。结果发现,越富庶的国家,有形资本所占比率越低,无形资本所占比率越高。① 目前,美国高新技术产业的无形资本已经远远超过了总资本的60%以上。

第三,知识经济是促进世界经济全球化全面形成的经济。知识经济必然要以世界经济全球化为背景,同时也赋予世界经济全球化以巨大的推动力。作为知识经济核心内容的信息技术、信息产业的迅速发展,是全球化经济体系得以形成的基础。信息革命可以使资本等市场要素在全球范围内迅速转移到最有利可图的市场,从而在比过去短得多的时间里形成新的世界经济增长点。于是,市场的高度开放和信息的自由迅速流动二者互为因果,成为全球化向高级阶段推进的决定性条件。西方著名学者罗西瑙指出,全球化的首要动力就是知识及其创新能力,"正是通过喷气式飞机、计算机、地球卫星以及许多其他发明,比以往更迅捷和安全的跨越空间和时间,传输着人员、商品和观念","一句话,正是知识促进了地区、民族和国际共同体的相互依赖。这种相互依赖性之大是空前的"。

第四,在知识经济中,扮演重要角色的是服务业。这里所指的服务业是一个广义的说法,是与知识经济发展相关联的服务行业。如软件供应、网络服务和专门从事信息提供、汇集发布和更新的信息服务等。这些服务业的崛起给经济飞跃注入了新的活力因素。在20世纪80年代,OECD净增的6500万个工作岗位中,劳动力就业的95%是由服务业提供的。

现代网络生活的形成　　1991年3月,当美国国家科学基金会将因特网私营化后,这个基金会当时根本没有想到网络居然在提高生产力上发挥了如此巨大作用,不仅极大地促进了信息与商业的跨国流动,而且空前地改变了财富创造以及人类生活与思维的方式。

那么什么是网络呢？这可以从三个层面来理解:第一,网络是一种新工具,它大大改变了我们的生活和工作方式;第二,网络是一种创新式摧毁力,它对传统的各个领域产生冲击,扰乱各产业生态,促成产业重新洗牌。也就是说,互联网不仅是你是否使用的问题,而是它将改变人和企业的命运;第三,网络是社会资源重组的工具。目前,人类越来越通过互联网重新分配几乎所有的社会资源,包括财富、权利、话语权、影响力等等,形成了日益强大的网络经济。可以说,这是社会经济进入信息化时代后引发的包括与互联网相关产业发展以及以互联网作为一种基础平台对整个经济发展产生革命

---

① 朱相远:《树立现代财富观——重视非物质无形资产财富的价值》,《北京观察》,2006年第6期。

性变革的新的经济模式。① 1999年10月,美国得克萨斯大学的研究报告显示:1992—1999年,互联网经济增长68%,年产值将达到5070亿美元,成为第一大产业。② 而2001—2007年,又经历了连续7年的超过20%的年增长率,终于在2008年由于遭受1929年以来最为严重的金融危机重创增速降至为12%。③ 但这一行业的发展趋势从长期来看仍是比较乐观的。

由于互联网正已成为第四媒体,传统媒体行业受到网络的强烈冲击。人们开始越来越远离报纸,越来越走近网络。新媒体将造就新人类、新话语和新的生活方式,并将最终成为社会主流。网络的迅猛发展,使人们日益感到抢占传媒市场的紧迫性。

在不久的将来,互联网会融入我们的日常生活,成为我们的硬盘、软件库,成为我们工作生活中不可缺少的工具和途径。互联网会把我们疏而不漏地绑在网上,挣脱它,我们就会感到极大的不便,我们的生活节奏、工作理念和休闲方式都将有别于传统,互联网将教会我们新的活法。

然而,网络世界所产生的种种社会问题也开始大量地暴露出来。所谓网络社会问题,是一种在网络社会的运行中所产生的被人们普遍而广泛地感受和认识到的网络病态社会现象,它造成的后果,不仅妨碍了网络社会中大部分或一部分网络行动者的正常的社会生活轨道和秩序,而且也对整个网络社会生活造成较大影响,并在一定程度上影响网络社会正向变迁过程的形成。网络社会问题有这样几种典型类型:网络犯罪、网络病毒、网络色情、网络黑客、网络沉溺等。网络社会问题的出现及其泛滥,已引起了世界各国广泛而普遍的关注和重视,并导致了相应的社会控制行动的展开。但是,由于它的特殊性,如虚拟性、全球性、瞬时性和异地性等因素的存在,各国政府在对网络社会问题的控制上,还远远无法像对现实的社会问题那样进行有效的管理。如何对网络社会进行有效而适度的控制和管理,已成为一个全球性的课题。

与此同时,也产生了网络经济泡沫。这是世界经济发展到以信息处理为核心的网络经济阶段经济泡沫相应的演变形式。④ 在市场经济作用下,资产的虚拟市场价格偏离其内在价值,产生泡沫,是不可避免的;同理,在网

---

① 薛伟贤、冯宗宪:《网络经济泡沫解析》,《财经研究》2004年第1期。
② http://newt.com. Staff Writer, CNET News: U. S. Internet economy grew by 68% in first quarter.
③ 数据来源:杨晓白:《美国互联网发展现状与展望报告》,http://www.echinagov.com。
④ 薛伟贤、冯宗宪:《网络经济泡沫解析》,《财经研究》2004年第1期。

络经济时代,虚拟市场的货币和信息通过互联网以空前的传递速度和规模展开,由此促成网络经济泡沫,更有其必然性。纳斯达克指数的大幅度起伏可以清楚地证实这一点。但是,如果这种泡沫一旦失去严格监管和控制,导致恶性膨胀,最终必然使全球经济陷于崩溃边缘。2007年由美国次贷引发的衍生资本的恶性膨胀继而导致全球性超大规模的金融危机,就是放松监控从而导致泡沫急速膨胀的结果,其教训极为惨重。

信息技术和网络经济的发展,把世界联为一体,使资本、技术、知识和信息在全球极其迅速地流通和交流,从而大大地提高了劳动生产率,创造了越来越丰富的物质财富。但与此同时,它也进一步把世界推向贫富分化的鸿沟。1997年举行的世界银行和国际货币基金组织年会的资料显示,1965年世界上7个最发达国家的人均收入,是7个最贫穷国家的人均收入的19倍,到1995年这一差距扩大到38倍。无怪乎有人把这种做法称作为"新殖民主义"。世界上最富的20%的人群和最穷的20%的人群相比,1946年的收入差距是46倍,1990年是60倍,1997年是86倍(最富的20%的居民占有全球GDP的86%,而最穷的20%的居民只占有全球GDP的1%)。1998年全球用于购买商品和服务的开销近24万亿美元,其中最富的20%的人群消费占86%,最穷的20%的人群消费占1%,相差依然是86倍!① 如何改变这种不公正、不合理的国际经济秩序,尽快缩小贫富差距,这是我们时代面临的一项繁重的历史任务。

现代文明的综合症 现代科学技术的发展在为人类带来福祉的同时,也打开了潘多拉盒子。现代科学技术使人类社会日趋文明,但并没有消除愚昧、贫困和战争。现代社会思潮中人本主义流派,以其理性和勇气对物质高度发达的社会进行理论上的批判,但也有一些社会现象、思潮则走上了消极的、极端的、变态的,甚至邪恶的道路。

嬉皮士便是一个"在反叛的自我意识的推动下,开始了通向未知天地的旅程"(诺曼·梅勒)。嬉皮士的精神核心是"干你自己的事,逃离社会去幻游"。他们要打破传统的一切生活方式,他们要标新立异。他们热衷于褪色的牛仔裤、念珠、手镯等装束,留着长发、蓄着胡须,远离家庭,组织"群居村",实行财产、子女乃至性爱的公有制。这样的组织在20世纪60年代中期,多数存在于旧金山和洛杉矶,至70年代,美国共有200多个群居村,

---

① 陈嘉珉:《当今世界贫富差距有多大?》,http://news.cnfol.com/080307/101,1594,3879477,00.shtml(2009年12月25日访问)。

成员约 4 万人。

"嬉皮士"希望通过随心所欲、无拘无束的放荡与自由自在的生活方式,找回在高度发达的现代社会中丧失的永恒的、原始的情欲和文化创造的冲动力,以摆脱人类陷入的精神危机,达到"文化超越"的理想。这种生活方式的最极端体现,就是严重的吸毒行为。尽管嬉皮士现象后来烟消云散,但这种社会潮流留下了不少消极的、破坏性的东西,如吸毒、性解放等,依然影响着西方社会。

现代邪教是现代社会生活中的一大毒瘤,它对社会的危害力和破坏性极强。反人类、反社会、反科学,是一切邪教组织的基本特征和丑恶本质。据不完全统计,目前全世界共有邪教组织 3000 多个,信徒数千万人。现代邪教利用传统宗教无力慰藉高度物质文明背景下精神的失落,拼凑东西宗教和各种形形色色教派乃至巫术的思想及仪式,充斥着神秘主义和封建迷信。大多数邪教组织打着宗教的幌子蛊惑人心,用"世界末日""信教可以治病和避灾"等歪理邪说,蒙骗人们入教,煽动信徒崇拜,在教内建立一个独立王国,使教主成为从精神到物质上的最高的统治者。一些邪教在宣扬迷信和个人权威的同时,显露出越来越明显的政治目的;如利用某些热点问题,煽动民族情绪。还有些邪教,不断制造恐怖事件,甚至走向疯狂的自毁的极端。邪教是世界各国面临的一大社会问题,打击邪教,不仅是受邪教危害国家的紧迫任务,而且也是国际社会的共同责任。

二、战后西方文化的新发展与新趋势

第二次世界大战结束以后,西方社会发生了一系列引人注目的变化。首先是科技革命对人的生活的各个方面、人的社会关系以及人类的前途带来了深刻的影响。其次,科学技术与物质生产的发展促使了西方的物质生活水平大大提高。与此同时,物对人的支配和人们的精神压抑则进一步加剧了。再次,随着国际社会主义力量的壮大、发展以及第三世界的崛起,对西方资本主义提出了新的挑战,马克思主义的影响日益扩大。所有这些,都引起了西方文化的新变化与新发展。

1. 哲学的新思考

战后西方社会的新变化反映在哲学上,就人本主义思潮而言,一方面是 20 世纪上半期出现的那些流派仍在继续发展与流行,但表现形态发生了变化,又出现了一些新的流派,如存在主义、法兰克福学派、新托马斯主义等。另一方面,则是反人本主义的哲学流派——结构主义与后现代主义的产生和盛行;以及力图"调和"西方哲学与马克思主义的"西方马克思主义"各流派的形成。加之,科技革命使科学哲学从逻辑主义、批判理性主义到历史主义的演变等内容,这一切构成了战后西方哲学发展的新动向与新思考。

存在主义 两次世界大战使西方人的热情和对未来的信心埋葬在废墟里,西方社会陷入了双重危机——信仰和科学的危机。存在主义正是在这双重大崩溃中看到了自由的曙光,在各种幻想破灭的信仰废墟上寻求人的存在的真谛。正因为如此,存在主义在20世纪20年代的德国兴起,四五十年代盛行于法国,由于它顺应了一种时代的趋向,迎合了一种历史心境,故其影响一直延续到了七八十年代。

从存在主义哲学的直接思想先驱克尔凯郭尔,到存在主义的奠基者海德格尔直至萨特,尽管他们的思想差异很大,但一个贯穿始终的主题把他们连接在一起,这就是对人的沉沦和生活异化的焦虑,对个体的强调和对真实自我的渴望。面对危机时代个人生存价值和意义的沦丧,存在主义则把个人的存在作为哲学的首要问题。

法国存在主义大师萨特(1905—1980)从存在先于本质出发,开始了对丢失自我、陷于迷狂的生灵的拯救。萨特认为,存在分"自在的存在"和"自为的存在",前者是指物的存在不依赖它同他物的关系,它是自己存在的,是没有目的、没有原因、没有理由、没有必然性和偶然性,也就没有意义。所以,自在的存在是荒谬的。萨特对世界的这一规定不是从世界的物质属性上考虑,而是人对世界的体验。人面对的世界是一个偶然的、荒诞的、使人烦恼、孤独、厌倦、恐惧和绝望的世界。自为的存在是自我的世界,是与自在的存在完全相反的存在,它是非存在,或者说是虚无,它总是不断地超越自身去同世界和他人打交道,它总是追求它现在不是的东西,意即人总是在超越现在,趋向未来。萨特把人的自为的存在归结为意识的存在,主观性的存在。从胡塞尔现象学的意向性概念出发,强调意识是能动的,它总是趋向某一物的意识。也就是隐去一切其他物的意识。隐去其他物的过程就是虚无化的过程,人正是在这种虚无化中揭示世界上事物存在的意义。人的这种超越性和能动性过程就是价值创造过程,它赋予自己和世界以新的意义。而这种否定、超越和创造过程是永无止境的,这就决定了人的存在始终处于一种悬而未决的状态,焦虑、烦恼、苦闷、迷惘、困惑甚至绝望始终伴随着人。萨特认为,人就是通过体验这些感受而认清自己真正的存在。

由于人首先是存在、露面、出场,然后才说明(规定)自身(本质),人之初,是空无所有,也就是绝对自由,是后来人按照自己的意志创造、选择他自身。人的存在的空无所有规定了人的绝对自由性,而人的绝对自由又规定了人必须自我选择,即便是不选择也是选择不选择的一种选择。每个人所成为的那个样子,都是他所选择的结果。"懦夫是自己造成懦弱,英雄是自己造成英雄。"①

可见,在萨特那里,自由是绝对痛苦的。由于人的选择完全是由自己自主决定,因此,这个自由意味着责任。这种把所有的责任都压在个人头上的自由,使得人始终处于一种试图逃避而又无法逃避的两难困境之中,这种个人的自由必然是痛苦的。同样,人的绝对自由性又使得人成为孤独的、排他的个体。人完全由自己独自探索、独自选择,而不囿于任何既定的价值观念和思想体系,更厌恶一切人际关系。但由于人又存在于自然、社会和他人之中,每个人都以自我为中心,这样,他人对自己来说就是异己的力量,这种力量会限制自己的选择,扼杀自己的个性和挫伤自己的尊严。所以"他人就是地狱"②。人就是在这个荒诞的世界中,在这个尔虞我诈的社会里,咀嚼着孤独、烦恼、痛苦和绝望的滋味,并在这种体验中领悟出存在的价值和人生的真谛。

萨特哲学的魅力来自于一种精神:它貌似悖论的论述实际是要说明世上绝没有什么绝对的价值,人应该自己创造自己的存在。萨特哲学的精髓在于那种在悲观中含有乐观、在绝望中怀有希望的积极意义。尼采就是在不断的奋斗、疯狂的追求自我中倒下的壮士。在这点上,萨特深受尼采的影响。

尽管存在主义影响日渐减弱,但萨特精神却没有消失。20世纪60年代以来法国兴起的结构主义等新哲学的代表人物,他们的理论与萨特大相径庭,有的甚至对立的,但他们基本上都置身于时代的洪流,有一种顽强地表现自己、改造世界的责任感和探索科学与真理的渴望。

结构主义 在结构主义看来,人并不是生活在自然之中,而是生活在文化之中。说得极端一点,人是生活在符号系统之中,生活在语言之中。于是就有了一种耸人听闻的说法,人是被囚禁在"语言的牢房"之中。那意思是

---

① 萨特:《存在主义是一种人道主义》,引自《超越挑战与应战》,上海文艺出版社,1988年,第102页。
② 萨特:《禁闭》,引自《当代外国文学》,1980年创刊号,第38页。

说,语言不仅使人成其为人,使自然成为文化,而且,语言简直就是人的一种宿命,没有人能够摆脱它。如此看重语言和文化的关系,进而希望借助语言学家索绪尔(1875—1913)建立的结构主义语言学模式和符号原理,去探索各种人类文化现象的奥秘,发掘那深藏在人类文化背后的最一般的结构及其无意识的基础,则是结构主义的基本信念和明显特征。

结构主义作为一股学术思潮取代存在主义,成为巴黎思想界的正宗,是在20世纪60年代前后形成的。过去人们被告知世界是充满偶然性的、荒诞的、令人作呕的;如今据说面对的是井然有序的世界,一个音乐总谱的世界(列维—斯特劳斯语),或是一个符号陈列的世界(拉康语)。它像是一首既有主旋律又有和声的乐曲。在这场结构主义大合唱中,有五个人最为著名,他们是文化人类学家列维·斯特劳斯、精神分析学家拉康、文化思想史家福柯、文学批评和符号学家巴尔特以及马克思主义学者阿尔都塞。人称"结构主义五巨头"或"巴黎五巨头"。

列维—斯特劳斯(1908—2009)是第一个成功地将语言学模式运用到社会学和人类学领域的结构主义大师。他力求在零散、混乱的文化现象后面去寻找本质上类似于语言的结构。其结果,亲属关系、婚姻制度、烹调习惯、图腾象征以及神话传说,都是像语言那样具有结构系统,在其深处都隐藏着人类的无意识基础。列维—斯特劳斯认为,人文科学知识是具有客观性,具有普遍意义和严格方法的理论科学,人们有可能科学地客观地认识人类文化之中的内在结构。这种客观性来源于深藏于人类语言和文化之中的无意识的先验结构,它不以个别的主体为转移,因而被称为"没有先验主体的康德哲学"。其理论后果就是一种明显的反人道主义和反历史主义。这些观点在福柯的《词与物》中,以"人已死"的极端形式表达出来。

拉康(1901—1981)作为精神分析学家,也力图用结构主义语言学来阐述弗洛伊德的精神分析学,尤其是无意识学说。他最著名的一个结论是,"无意识的语言具有一种语言的结构",研究语言的结构可以启发我们理解无意识的结构。他的另一个著名结论是,"无意识是他者的话语",这不是说无意识的话语是与我对立的另一个人的心理世界,而是说,在无意识中我们确认了他人的存在。因为无意识的语言结构是个人之间的共同的结构。与列维—斯特劳斯研究无意识在文化中的表现相反,他专注于无意识本身的逻辑,因此,他们从心理的内部和社会的外部为结构主义的理论奠定了基础。

福柯(1926—1984)一向拒绝"结构主义者"的头衔。但他充满结构语言学术的著作和风格使他当然地被列入结构主义大师之林。福柯在20世纪60年代从词与物的关系上研究文化思想史的"考古学",希望发现决定各个时期人类文化思想的基本构成原则或知识总体,即"知识类型"。于是,主体、人被移出了系统和结构之外,人消失了,主体消失了。"在某种意义上,我们就这样又重回到17世纪的观点,但有一个如下的区别:我们不是用人,而是用无作者思想,无主体知识,无同一性理论来代替神。"①这样,就将结构主义反主体、反历史的观点推到了极端。也预示了福柯由结构主义到后现代主义的转换。

巴尔特把结构主义语言学模式运用到许多文化符号领域,诸如时装、脱衣舞、拉辛式悲剧、土豆与牛排等等。他最擅长的还是文学批评。他从事叙事语式的结构分析,把列维—斯特劳斯和结构分析模式扩展到文学领域。

阿尔都塞被列入结构主义者,在于他用结构主义方法对马克思的重新解读。他最著名的有"对症读解法",即透过文字表面症候挖掘深层含义的理解方法,并以此解读《资本论》。

但是,结构主义有它明显的问题。首先,在文学领域,结构主义虽然打破了作品间的界限,却没有打通与现实联系的路径。整个文学体系的结构是封闭、自足的,与社会生活、历史环境毫无联系。作品与作者也无联系,这实际上是一种放大了的新批评。其次,结构主义固守语言学中两项对立的区分,将语言系统视为一个稳定的结构,一个等级森严的系统,语言失去了应有的活力。最后,结构主义总是设想在具体的作品之外有一个超然的结构,它决定着具体作品的意义,成为结构主义活动追求的中心。这些问题是结构主义方法中固有的矛盾,正是这些问题,预示了它的结构的自我消解的可能性。

后现代主义 20世纪60年代末,正当结构主义高奏凯歌,向一切知识领域挺进的时候,一股被称为"后现代主义"的哲学思潮出现。后现代主义通常是用来指那些对结构主义的基本原则持批判态度的结构主义的反叛者,他们的典型战略就是利用结构主义本身的一些缺陷,将其推向极端,让其自我颠覆。所以,这股思潮有时又称后结构主义或解构主义。

德里达(1930—2004)的消解哲学被作为后现代主义的典型代表。德里达宣称,语言并不像结构主义所想象的那样是一个二元对立的稳定结构,

---

① 福柯与莎波萨尔的谈话,引自布洛克曼:《结构主义》,李幼蒸译,商务印书馆,1980年,第13页。

也没有一个超然于作品之外的结构去决定作品的终极意义。一切企图寻求最一般结构和最终意义的工作都是"逻各斯中心主义"的残余,应予以抛弃。德里达认为,能指(即一个有声意象)、所指(即概念)与意义必须分开。所指是一个符号,它通过上下文获得自己的意义;能指、意义所表示的并非是某种一成不变的对象,它们仅仅是一种痕迹,随着语言情景的变化而处于无休止的流变中。他由此发明了一些奇特的词来拆除或消解这个结构。

福柯、巴尔特等也都从结构主义转向后现代主义。福柯从批判结构主义的理性主义着手,转向尼采式的虚无主义。如果说德里达认为语言不是认识存在,以及对存在没有终极解释的观点,从根本上反对了确定性、终极性真理的理论,从而为主张多元论或无中心主义提供了理论依据,那么,福柯则以对文化现象的不同侧面的探讨,否定了认为历史发展有常数、本质、稳定性和连续性的那种具有总体性和系统性特征的历史进步论理论。在福柯看来,历史发展实际上只是在认识范围内的结构交替,不同时期的历史认识具有不同的知识类型,这些各不相同的"知识类型"之间,并没有必然的连续性的进步关系。所以,研究历史就不必再追溯历史发展中的各种因果性和必然性。巴尔特则从注重对作品本身结构分析转向对文本的开放性的推崇,从对作者的"敬重"转向宣称"作者已死",从而将读者提到文学的中心地位。

就哲学而言,消解哲学不仅瓦解了结构主义的基础,也动摇了整个西方哲学的大厦。对这样一个充满激进和虚无色彩的思潮,文学理论家特里·伊格尔顿曾一语道破其政治动机:"后结构主义就是1968年那种兴奋和幻灭,斗争和平息,狂欢和遭难的大起大落的产物。由于无法砸碎国家的结构,后结构主义倒发现可以将语言的结构颠覆。"①在这个意义上,后结构主义似乎在做着一件前人未做过的事。

在后现代个体看来,变化、不稳定、多样性、无序、非一致性和不确定性,乃是这个世界的正常状况,也是真实人生的普遍处境。后现代个体抛弃了对确定性的寻求,告别了生存之根的执著,消解了现代主义者对家园的诗意憧憬。在后现代个体视野中,寻求永恒、一致、稳定、有序和怀恋家园只是某种自欺欺人的迷梦和乌托邦式的幻象。拉康认为,人的"全部经验都反对把'自我'作为在按现实原则组建的'知觉——意识'系统中居于中心地位的东西来研究"。福柯则把人也消解成一个碎片:人只是一个语言的存在,

---

① 特里·伊格尔顿:《文学理论导论》,载《外国文学报道》1986年第1期,第58页。

一个经济的存在,或者,一个生物的存在。人的自我已经遭到肢解,传统的主体、统一的自我已成为明日黄花、过眼烟云。

消解了自我实际上也就放逐了人生理想、目的和意义,逃避了人的责任。随着对责任的消解,后现代个体给这个世界,给他们自己的生活都涂上了浓厚的游戏色彩。按照德里达的解释,游戏是一个无限替换的没有中心、没有本原的过程。后现代个体就是凭借这种游戏去面对那表面化的、转瞬即逝的、扑朔迷离的世界。从这点来说,后现代主义是否陷入虚无主义? 这股狂澜是文明的闪耀抑或没落?

西方马克思主义 西方马克思主义产生于20世纪20年代初期,是第一次世界大战以后欧洲资本主义先进地区无产阶级革命失败的产物。[①] 问世于20年代初的卢卡奇(1885—1971)的《历史与阶级意识》、柯尔施(1886—1961)的《马克思主义和哲学》和葛兰西(1891—1937)的《葛兰西政治著作选集》等,是早期西方马克思主义的代表作,故卢卡奇、柯尔施和葛兰西是公认的西方马克思主义创始人,他们力图探索出一条与列宁主义不同的适合西方国家的社会主义道路。战后西方马克思主义得到了较大的发展,出现了存在主义马克思主义、新实证主义马克思主义、弗洛伊德马克思主义和结构主义马克思主义等各种派别。20世纪60年代西方马克思主义在发达资本主义国家广泛盛行,以法国"五月风暴"为代表的1968年西欧、北美的学生造反运动,就是把它作为"思想武器",抨击当代资本主义社会。20世纪70年代以来,鉴于发达资本主义国家的新变化,引起了西方马克思主义的深刻反思,尤其是1989年苏东剧变后,西方马克思主义呈现出新的理论探讨热。

西方马克思主义派别众多,但基本上有两大类型:即人本主义和科学主义。它们都致力于揭露当代资本主义的种种弊端,批评僵化的社会主义模式的种种缺憾,主张重新考察当代资本主义的重大历史和现实问题,提出对马克思主义进行新的解释。

在马克思主义的旗帜下强调人的主体性地位,提出"人本学"理论是西方马克思主义的重要内容之一。借助西方的文化传统和当代文化思想,突出强调马克思早期思想中有关异化、主体、目的性等人本主义理论,并以此为依据揭露资本主义社会对人性的压抑和扼杀。法兰克福学派主要代表马尔库塞(1898—1979)就把发达富裕的西方资本主义社会的人称作"单面

[①] 佩里·安德森:《当代西方马克思主义》,余文烈译,东方出版社,1989年,第10页。

人",是被高生产的社会迷惑而陷入"虚假的消费"从而颠倒了人和物关系的异化了的人。当然,西方马克思主义的异化观与马克思的异化观有很大的区别,前者指文化心理上和日常生活中,而后者主要指经济上受剥削而导致的异化。

西方马克思主义者从他们的"人本学"直接推出了"新"的革命理论。认为革命不仅仅是政权革命、经济革命,而且还有文化革命、人的心理本能结构上的革命。认为以往一切革命之所以没有实现人的真正解放,都是由于人的本能结构的病态没有得到真正改变。"只有创造条件,把性欲、生活本能从破坏本能的优势中解放出来",才能"使自由、和平、幸福的现有可能性化为现实"。① 美国的嬉皮士运动以及法国的"五月风暴"等学生造反运动都深受这种思想的影响,而1968年西欧、北美学生造反运动的失败,实际上也标志着这套革命理论的破产。

与此同时,西方马克思主义者又批判斯大林的"极权主义",批判苏联社会主义社会轻视人的价值和尊严的行为以及在苏联模式影响下的马克思主义教材体系忽视人的主体性地位和作用的倾向,强调马克思主义理论必须以人为中心,必须重视人的意识、目的和价值,社会主义必须解放人的个性和全面发展人的才能。

诚然,西方马克思主义者在批判苏联模式的社会主义以及在对待马克思主义上有过激、有偏颇甚至背离,但值得肯定的是西方马克思主义者的探索,在对当代资本主义现象的分析批判方面,在突破被僵化了的马克思主义理论形态、整齐划一的社会主义模式论等思维方式上做出了重要的贡献,同时对人们研究分析现代西方社会的新情况、新问题,对马克思主义在当代的发展提供了相当重要的思想材料。

2. 文学艺术的新视点

战后西方科技、经济与社会的发展为现代西方文学艺术的发展提供了新的基础、内容和土壤。特别是第二次世界大战给人们心灵造成的创伤和随科技革命与经济发展后物对人的精神压抑的加剧,以及生态危机、自然资源危机、社会心理危机等社会危机的日益加深,使得西方社会在20世纪上半叶滥觞的非理性主义思潮,逐渐让位于加强对人的关注与研究的人本主义思潮。受其影响,于是现代派文学艺术开始出现了在思想主题、表现形式

---

① 马尔库塞:《当代工业社会的攻击性》,转引自《哲学译丛》1978年第6期。

和创作手法等方面的变化,从而形成了文学艺术的新视点。

荒诞派戏剧 荒诞派戏剧是欧美战后最有影响的戏剧流派,20世纪50年代兴起于法国,后流行于德国、英国和美国,60年代统治西方剧坛。荒诞派戏剧的主要代表作家有法国的尤金·尤奈斯库、塞缪尔·贝克特、阿瑟·阿达莫夫和让·热内,英国的哈罗德·品特和美国的爱德华·阿尔比等。

荒诞派在艺术上带有强烈的象征性。它并不反映具体的事件、叙述具体的经历和命运,甚至没有具体的背景,而是建立了一个和现实平行的隐喻性的世界。它完全背离了传统戏剧的一切基本规律:没有情节和结构;没有鲜明的、栩栩如生的人物性格,却充满了破碎的舞台形象;人物的语言也十分荒诞;常常通过非理性的、夸张的方式,利用各种舞台手段来反映主题。

"荒诞"不是通常意义的荒谬可笑。而是指缺乏意义。当"上帝死了"以后,人不知所措,他的一切行为变得没有意义,荒诞无用。荒诞派作家通过剧本和舞台大谈人生的荒诞性和社会生活中的孤独感、恐惧感和压抑感,在这些戏剧中,人物登场时胡言乱语,行为荒诞不经,各自用非理性、非逻辑的心理去感知世界,以此展示当代新戏剧最深刻的内涵,曲折地反映了战后一代人从内心深处对现实生活感受到的荒诞和虚无。

如果说,战后西方的社会现实为荒诞派戏剧的产生和发展提供了肥沃的土壤,那么,存在主义哲学则是这种戏剧的思想渊源。这种思想实质主要涉及人在一个毫无意义的世界里试图为其毫无意义的存在找出意义来的努力。尤奈斯库的《秃头歌女》最能反映荒诞派戏剧这方面的思想内容。《秃头歌女》无所谓剧情。一对夫妻闲谈一些毫无意义、缺乏逻辑的话,扯到他们有个朋友叫华特森的人死了,一会儿说"他死了有两年了",一会儿又说"一年半前去送过葬",后又说"死了四年了,还热乎乎的"。他们又说华特森夫妇很像,居然一样,以致人们分不清"谁是谁"。还说华特森的儿子、女儿、叔父、姑妈等统统叫一样的名字,有一样的外貌。尤奈斯库的意思显然是在表现个人的本质已经消失在群体中,无法确认了。更怪诞的是,夫妇俩的宾客在他们家攀谈时,居然有一对男女似曾相识,觉得曾在一起住过、一起睡过,还有个两岁的女儿,这时,他们恍然大悟:原来他们俩是夫妇!作者用这种极其夸张的手法说明,连夫妇之间也难以相互认识、沟通,人与人之间的疏远和隔膜到了何种程度。然而,依靠逻辑推理好不容易才得出的他们是夫妇的结论是否可靠呢?结论也是不可靠的。在这个世界上,人与人之间的关系是如此荒诞不经,不可理解。

贝克特的《等待戈多》是一出含义深刻的哲学剧。它从不同的平面上突出了西方人的幻灭感,突出了没有意义、没有目的的生活之无休止的循环。两个孤独的流浪汉日复一日地等待着戈多,但是戈多是什么?谁也不知道。通过一系列不断重复的动作、语言,表现了人的处境的单调、刻板以及它们的没有尽头的重复。这出戏的寓意可以说是:什么也没有说,什么也没有发生。当然,戏剧的中心是等待,以此人们可以领悟出其背后的深刻而积极的思想,即在绝望中也当怀有希望。这是荒诞派戏剧的积极价值所在。

"黑色幽默"小说 20世纪60年代,美国作家弗里德曼把一些怪诞离奇,异帜独树的作品编了一本选集并取名为《黑色幽默》。从此,"黑色幽默"不胫而走,且成为一个新的文学流派。其主要作家有约瑟夫·赫勒、库尔特·冯内古特、托马斯·品钦、约翰·巴思、特里萨·塞恩、詹姆斯·珀迪和弗里德曼等等。

"黑色幽默"作为一种新的美学形式,是明显地属于喜剧范畴,但它有深刻的悲剧含义。"黑色幽默"嘲笑的是丑恶、疯狂、变态、荒谬、绝望和不幸,而且它往往是自我嘲讽。嘲讽发展的根源在于现代社会的价值观念发生了深刻的危机,原来的崇高神圣的价值观念瓦解了,这就使早已不那么天真的阅世者发出了有失恭敬的嘲笑。美国在战后经过"迷惘的一代""垮掉的一代"后,从幻想中醒悟过来,失掉了目标和方向。而当"天真状态结束"后,喜剧精神迅速发展,这正是"黑色幽默"所以兴盛的社会根源。

"黑色幽默"小说在多方面展示当代资本主义社会的"荒谬"与"疯狂"。赫勒以抨击军国主义和官僚体制著称,他在《第二十二条军规》中辛辣地嘲讽了资本主义社会"井井有条的混乱"和"制度化了的疯狂"。书中的布莱克上尉,为了巩固自己的地位,竟在一夜之间发起了一个忠诚宣誓运动:所有官兵取实物、买东西、领饷甚至理发等等都得签上忠诚誓约,还要不断地唱《星条旗》。还有个"检阅狂"军官,白天死劲地训练士兵,晚上还要指挥老婆操练。而所谓的"第二十二条军规"则是一种任意作弄和摧残人的乖戾的力量,是那种统治着世界的残暴和专横的象征,是一种灭绝人性的官僚体制的象征。这些深刻地反映了麦卡锡主义恐怖时期的喧闹、暴虐和美国现实社会的荒谬。

"黑色幽默"是一种把痛苦与欢乐、异想天开的事实与平静得不相称的反应、残忍与柔情并列在一起的喜剧,是以丑角的冷漠对待意外、倒退和暴行,是一种阴沉、无奈和绝望的幽默。在品钦《伊色弄到了一个鼻子的差事》的故事里,作者把可怕的疤痕比做具有美感的锦缎和浮雕,面颊上有一个舌头可以探出的洞口,居然还被作者形容成一张额外的嘴巴,并无情地说这位伤病员再也讲不了悄悄话。这种幽默残酷到了令人震惊的程度。在"黑色幽默"中,悲剧的内容受到喜剧的处理,痛苦和不幸也成了开玩笑的对象,而且是以极端残酷冷漠的方式进行。

从"黑色幽默"小说的那些光怪陆离的寓意中,可以明显地看出它身受存在主义哲学的影响,这也就是为什么"黑色幽默"传给读者的总是那么一种悲观主义和神秘主义的情调,总是那么一种对于历史的"忧虑和幻灭的感觉",总是那么一种"妄想狂般的恐惧",以及在纷繁杂乱的世事面前的"永久的困惑"。

波普艺术 波普艺术(Popular)产生于20世纪60年代,它首先是对美国的抽象的表现主义的一种悖逆。[①] 波普艺术家力求通过生活中最大众化的事物,把观赏者和创作者都融于生活之中。在波普艺术家那里,任何一件物品、任何一个对象都可以成为艺术品。在特殊的组合中结合起来的东西,仿佛丧失了自己的意义而获得了新的品质。

波普艺术家的主要代表有安迪·沃霍尔、利希滕斯坦和理查德·林德纳等。沃霍夫善于以家喻户晓的电影明星、总统肖像和牛肉面条汤组成画面,其代表作是《一百个罐头》。它展示了层层叠叠100个放在超市货架上的罐头,具有奇特的艺术效果。利希滕斯坦则擅长于把通俗连环画、邮票上的图像加以放大,形成巨幅图像。

林纳德是美国当代著名的画家,他一直致力于表现现代美国社会大都市的繁华生活和机器文明,其绘画具有浓厚的商业气息和所谓的大都市的现代风格。林纳德的《相会》在整个波谱艺术中是一幅关键性的作品。这幅画带有自传性和隐喻性,它企图表现不同时代的欧洲人来到纽约,跟美国化了的姑娘"露露"相会,因而产生出一种对陌生环境所具有的新鲜而神秘的感觉。为了渲染这种"神秘"的新鲜感,林纳德不仅在画面上安插了一只巨大的猫,而且还特意使露露所穿的那件紧身胸衣画有猫样的花纹。在西方民间传说中,猫一直被认为是一种带有独立不羁精神和神秘感的动物。而这个"猫女郎"则成为波普艺术极富特色的象征物之一。1963年,纽约现代艺术博物馆举办了"美国画家展览会",展出了包括"露露"在内的林纳德的许多作品,标志着波普艺术登上了大雅之堂。

如何看待波普艺术,历来是大相径庭。有的认为波普艺术不过是赝品,是冒充为广大群众所容易理解的艺术。有的认为波普艺术是没有思想内涵

---

① 基霍米洛夫:《现代主义诸流派分析与批评》,王庆璠译,中国文联出版社,1989年,第359页。

的纯商业形象,是令人不快的游戏。而波普艺术家自己则声称:波普艺术的无思想性正是作者的思想表现。但不管怎样,"波普艺术是适应美国人的实用主义生活态度和拜物主义思潮而产生的。波普艺术通过对现代'机器文明'的夸张表现,刻画了这个物质丰富而精神空虚的世界。这固然是对消费文化的批判,同时也是对整个美国社会传统价值的否定,在一定程度上,它与摇滚乐等这一类艺术具有同等的性质,也起着同样的作用。"①

摇滚乐 摇滚乐起初是一种被称为节奏布鲁斯的黑人音乐。它的兴起与战后黑人运动的蓬勃发展、黑人文化日益得到承认有关,也与生活在战后富裕社会中的白人青少年开始厌倦于传统的音乐、不能认同父辈们的鉴赏标准,需要一种全新的音乐来抒发他们的感情和感受、来诠释人类和世界的愿望有关。

布鲁斯强烈的节奏与青少年精力充沛、好动的特性相吻合,无拘无束的表演形式与他们的逆反心理相适应,歌唱的题材与他们所关心的问题紧紧相连(诸如性解放、奇装异服、开快车、漫游、吸毒等)。这一切都为音乐领域的一个新纪元——摇滚时代的来临做好了铺垫。

摇滚乐的先驱是电台音乐节目主持人艾伦·弗雷德。是他把节奏布鲁斯推向了大雅之堂,并把它命名为"月亮犬的摇滚舞会",是他使摇滚乐成为美国社会通俗音乐的主流,成为一种新浪潮。弗雷德使黑人音乐进入全美国社会,进而流传全世界。而摇滚乐的进一步发展则是由白人歌星来推动。哈利以一张《狂人发疯》的唱片成功地成为有史以来进入全美排行榜的摇滚唱片。然而,哈利的致命弱点是缺乏超级摇滚歌星所应有的那种高亢的激情和富有性感的气度。

普莱斯列的出现标志着摇滚时代的真正来临。他是摇滚乐历史上第一位真正的超级歌星。他以其个人魅力吸引了无数的男女崇拜者,每当他穿着打褶的夹克和喇叭裤出现在舞台上,台下就会出现一阵骚动。他那对富有传奇色彩的鬓角,一双颇具闺秀风采的大眼睛,以及伴着节奏的扭胯摇摆,引起歌迷们的癫狂。他的《伤心旅店》《全都重新安排》《监狱摇滚》等唱片,醉倒了大批美国人特别是青少年。普莱斯列被誉为"摇滚乐之王"。对摇滚乐的发展影响重大的还有贝里、小理查德、多米诺、刘易斯、艾弗利兄弟等。

20世纪50年代末,正当美国对早期摇滚乐的痴迷有所淡化之时,英国

---

① 庄锡昌著:《二十世纪的美国文化》,浙江人民出版社,1996年,第222页。

却用这种音乐再一次感染了美国。英国以"披头士""滚石""何许人""赫尔曼的隐士们"等摇滚乐小组"入侵"美国,在美国掀起了又一次摇滚乐高潮。"他们有一种孩子般的活力,一种青春的激动,一种富有生命的快乐,一种对虚伪和矫饰的令人高兴的回避"。① 他们创作的题材大部分是爱情的,也有涉及反战、反暴力、要求自由的。他们的歌声影响了一代人的艺术趣味、生活方式甚至政治态度。摇滚乐后来有了很大变化,它与其他乐种相结合,形成新的混合物。

3. 女权主义文化思潮

女权思想和女权运动是随着资本主义的开启而萌发。最早系统地阐述女权思想的是 17 世纪英国的艾丝泰尔。法国大革命后,巴黎出现了妇女俱乐部,著名的妇女活动家玛丽·戈兹发表了第一个"女权宣言",主张自由平等的权利不能仅限于男性。1848 年,在纽约州召开了美国第一届妇女权利大会。1859 年,英国第一个女权组织成立了"促进女性就业协会",其领导人是著名的第一代妇女活动家、妇女运动的经典著作《为妇女权利辩护》的作者沃斯通克拉夫特。19 世纪后半期掀起了妇女运动的第一次浪潮,到 20 世纪初达到了高潮。

妇女运动的第一次浪潮的主要目标是为妇女争取选举权、就业权和受教育权。运动的影响不仅限于西方社会,在东方国家如中国也产生了广泛的影响。

妇女运动的第二次浪潮兴起于 20 世纪 60—70 年代。范围之广、影响之大是空前的。在这次运动中,妇女研究在学术机构登堂入室,发展为一个具有专业水准的学科,吸引了大量的研究者和学生,极大地改变了妇女在社会上的形象和地位。

妇女运动的第二次浪潮的基调是要消除两性差别,并把这种差别视为造成妇女对男性从属地位的基础。西蒙·波伏瓦的《第二性》对妇女运动的第二次浪潮起了推波助澜的作用。波伏瓦用大量哲学、心理学、人类学、历史和文学等事实材料证明:女性自由的障碍不是其生理条件,而是政治和法律的限制造成的。她的最广为人知的观点就是:一个人并非生来就是女人,而是变成女人的。费尔斯通的《性的辩证法》认为,生育生理机制是妇女受压迫的根源。只有重建生育生理机制,妇女才能最终获得解放。弗里

---

① 陶辛:《流行音乐手册》,上海音乐出版社,1998 年,第 53 页。

丹的《女性的奥秘》成为妇女运动第二次浪潮兴起时最为杰出的美国自由主义的代表作。用一句最响亮的话语来概括它的主题就是：对家庭妇女的形象说一声"不"！

妇女运动的第二次浪潮规模宏大，涉及了各主要发达国家。至20世纪70年代末，仅英国就拥有了9000多个妇女协会。1966年，美国成立了西方最大的妇女组织——全国妇女组织，由弗里丹任主席，其宗旨是：献身于这样一种信念，即妇女首先是人，像社会中的其他人一样，妇女必须有机会发展她们作为人的潜能；立即行动起来，使妇女充分参与到社会主流上去，享有真正平等伙伴关系的一切特权和责任。到80年代末，全国妇女组织已拥有15万成员，176个分会。还有其他群众性的妇女组织为争取妇女平等权利、推动妇女解放运动做出了很大贡献。1979年，第34届联合国大会通过了《消除对妇女一切形式歧视公约》，这是妇女运动的一个重要文件。许多国家陆续成立了有关机构，从事维护妇女权益事宜。

在这次运动中，出现了各种女权主义的理论流派。自由主义女权主义是最早的女权主义理论流派，其思想可追溯到启蒙运动和法国大革命。这一理论提倡理性，向传统的权威质疑。主张人人生而平等，在自由主义的思想传统中，平等主要被解释为机会均等。因此，自由主义女权主义的基本立场首先被表述为一种社会正义的观点：在一个公平的社会里，每个成员都应该得到发挥自己潜力的机会，男女两性应当拥有同等的竞争机会。反对对妇女实行保护性立法，或给妇女特别的保护性待遇，因为这样就等于承认妇女的弱势地位，而且有损于公正及公平竞争的原则。早期自由主义女权主义最主要的代表人物是沃斯通克拉夫特、米尔和斯坦顿。

社会主义女权主义产生于20世纪70年代左右。它站在平等的立场上，认为妇女在生活的一切方面和系统中处于不利的地位。这不是个人能力的原因，而是历史和社会的原因造成的。因此，要改变妇女的不利地位，也不能仅仅靠个人的努力和所谓"公平竞争"，而是要为妇女争取特别的保护性立法，以及各种救助弱势群体的特殊措施，以此争得同男人平等的地位。并认为，妇女要取得最终的解放，离不开同阶级压迫展开斗争。它很注意妇女在家务中所付出的无酬劳动，认为这是使妇女沦为二等公民的一个重大原因。它的目标之一是为妇女争取家务劳动的补偿和实现家务劳动社会化。其主要代表是美国的米歇尔、加拿大的本斯通和莫顿。

社会主义女权主义同马克思主义女权主义比较接近，但还是有区别的，前者经济决定论因素较少，而且与马克思主义女权主义所坚持的阶级压迫是最基本的压迫形式不同,社会主义女权主义认为男权的压迫同阶级压迫一样,二者都是最基本的压迫形式。

激进女权主义的主要理论倾向在于强调妇女在生理上的特征,它不仅认为妇女的生理特征——其中最值得重视的是生育能力——是使其陷于不利地位的主要原因,而且认为妇女的生理特征是优越的,尽管它长期以来一直处于受贬低的地位。激进女权主义最主要的理论建树是父权制理论。

激进女权主义认为国家只是父权制压迫的工具,父权制在所有的社会中运行,其力量远远超过了正规的权力制度,超越了阶级和种族的界限。它在人们的童年就开始以社会教化的形式灌输给他们,通过教育、文学和宗教等手段的强化,使人们将其融化在心灵深处。有些妇女因此而仇恨自我,否定自我,接受了自己是二等公民的观念。可以说,妇女所受的性别压迫绝不亚于经济压迫、阶级压迫、种族压迫和民族压迫。要改变妇女受压迫的状况,就要破坏性别角色的分工,尤其是要消除使妇女处于屈从地位的生理差异,即完全改变传统的生育和哺乳方式。费尔斯通的结论就是:妇女解放要靠"生物革命",要通过避孕技术、试管婴儿、人工授精及无性繁殖等科技进步的手段。激进女权主义后来走向鼓吹排斥男性、把男性当做敌人的极端。

后现代女权主义是伴随着西方国家进入后工业社会而出现的一个崭新的理论流派。后现代女权主义理论以其独有的解构主义思路,用"本质主义""普遍主义"的话语几乎否定了上述所有传统的女权主义理论。它的理论极具颠覆性,它不仅要颠覆男权主义秩序,而且要颠覆其他女权主义流派据以存在的基础。在后现代女权主义者眼中:首先,整体变为碎片。因为自然、人性既非固定不变,也非普遍相同,"去中心化"已成为必然;也意味着我们生存的空间充满了差异,不仅男女、女性内部都有差异,而"差异构成未来关系","平等"就是"相同","相同"是相对的,差异才是绝对的,从而后现代女权主义基本上否定了传统女权主义的"男女平等"的概念。其次,深度变为平面。后现代女权主义声称"深度的消失""过去的历史感的消失",从而消解了以往任何力图追溯妇女受压迫的根源、并对其受压迫的经历和原因做本质化阐释的理论。最后,一元变为多元。后现代女权主义强调用多元和综合建构的社会认同概念取代单一的"女性"和"女性气质的性别认同"的概念,希望人们摆脱本质主义的两分法立场,即把某些特征归结为"男性气质",将某些特征归结为"女性气质"。她们视性别概念为其他许多概念中的一种,同时关注阶级、民族、年龄等问题;认为社会性别论的内涵已经扩大,不仅是性别差异,也包括种族、国家、阶级等同女性解放有关的领域。因此,任何对造成两性不平等原因的单因素分析,在她们看来都是不完善的。多因素的分析、多元的论述、多元的风格以及女性本身呈现的多元取向的价值观和行为方式,将取代以常规为中心的单元体系。①

除以上几种主要的女权主义理论流派外,还有许多其他的流派,如生态女权主义、文化女权主义、女同性恋女权主义等等。各种流派充满了矛盾,没有统一的思想。但在眼花缭乱的纷争中,依稀也能寻找到一条较为明晰的女性主义思潮的自身发展历程。这就是,伴随社会从"前现代——现代——后现代"的变迁,女性主义在由"男女一样——男女不一样——超越性别界限"的变动思潮中发展着自己。这是一个由低层次向高层次、由粗糙向高雅、成熟的变动。

4. 现代西方史学的新发展

在19世纪,西方史学走向了全面专业化发展的道路。不仅历史学本身的学科体系得以确立,而且各级各类的历史学教育也普遍建立起来。但在19世纪末20世纪初,以兰克为代表的近代西方传统史学却面临着严重的危机。于是一些敏锐的思想家和历史学家展开了对传统史学的批判。德国的兰普雷希特、美国的鲁滨逊和法国的贝尔等历史学家,以及斯宾格勒、汤因比和克罗齐等历史哲学家,从不同的角度对以兰克为代表的传统史学模式发起了猛烈的攻击。正是在这种批判声中,现代西方新史学诞生了。

现代西方新史学在20世纪上半叶取得了初步发展,并在20世纪后半期逐步取代传统史学,确立起了一种新的史学范型,从而最终实现了从传统史学向新史学的"路标转换"。现代西方新史学流派纷呈,其中尤以法国的"年鉴学派"、西方马克思主义史学和美国的社会科学新史学派影响最大、成就最为突出。在此,我们仅介绍法国的年鉴学派。

法国年鉴学派的创始人是吕西安·费弗尔和马克·布洛赫。他们于1929年创立《经济和社会史年鉴》,倡导总体史和跨学科研究,并以实际的研究来实现其这一目标。1946年《年鉴》杂志更名为《经济·社会·文明年鉴》,这反映出年鉴学派将历史研究的范围进一步扩大到了人类的精神领域。1947年,费弗尔创建"高等研究实验院"第六部(经济和社会科学部),这是一个以史学研究为核心,并综合其他社会科学的跨学科研究中心。该部集合了一大批史学家和社会科学家的精英,它不仅成为法国新史学的基

---

① 《女性主义哲学及其未来———种方法论的研讨》,《南京大学学报》1999年第2期。

地,而且还培养出了无数新史学的后备人才。1975年,"高等研究实验院"第六部成为一个独立的实体,从而标志着年鉴派史学的跨学科研究体系完全确立起来。同时,以年鉴学派为代表的新史学潮流也急剧地向各高等院校、学术组织、出版机构、新闻媒体、甚至国家教育当局等扩散,从而使其影响迅速传播到各领域。

年鉴派史学范型的演进大致经历了三个阶段。年鉴学派第一代代表人物费弗尔与布洛赫,致力于新的史学范型的创立;而从战后至60年代以布罗代尔为代表的第二代年鉴派的史学家,则通过具体的史学实践,进一步更新和完善年鉴学派的理论与方法。布罗代尔的《菲利普二世时期的地中海及地中海世界》《15至18世纪的物质文明、经济和资本主义》等论著,则继续了第一代年鉴史学家倡导的总体史的研究,尤其是他所提出的长时段的理论,从历史的时间性层次,深刻揭示了新史学与传统史学的本质差异,从而深化了人们对新史学的认识。在20世纪70和80年代,肖努、勒华拉杜里、孚雷、勒高夫等第三代年鉴派史学家,则致力于史学新方法的开拓,并注重研究心态层次的历史。法国年鉴学派以其巨大的成就迅速成为当代法国史学的主流,同时它也是当代国际史学一个影响深远的流派。

概而言之,现代西方新史学有如下几个突出的特点。首先,与传统的叙述史学不同,它是一种"面向问题的史学"。它强调历史学家作为认识主体在史学研究中的决定作用,并致力于探明历史事件发生的原因。其次,它倡导总体史,并强调在历史研究中采取跨学科的研究方法。于是史学研究的新方法,如计量史学、心理史学、新社会史等纷纷出现。再次,它致力于拓宽历史研究的范围与领域。人类社会的方方面面都成为历史研究的对象。一些新的领域,如妇女史、心态史、想象史等被开拓出来。现代西方史学的新发展,也是人类文化发展的多样化在史学领域的反映。

三、第三世界文化的勃兴与世界文化的多元化

西方的殖民统治和两次世界大战,唤醒了殖民地人民的民族意识,民族解放运动在亚、非、拉广大地区此起彼伏,汹涌澎湃。战后,一个又一个殖民地半殖民地国家赢得独立。这些新独立的国家,基于相同的历史遭遇和面临的共同的发展问题,团结到一起,在国际舞台上"用一个声音说话",反对新老殖民主义和霸权主义,成为一支新兴的力量,被国际社会冠以"第三世界"。第三世界所在的国家和地区在历史上曾创造了光辉灿烂的文化,只

是到近代,由于西方资本主义殖民入侵,才被破坏了原有的社会秩序与发展进程。民族的解放和国家的独立,为民族文化的复兴和繁荣创造了条件,第三世界文化正是在这一历史背景下勃发生机的。

1. 第三世界文化的勃兴

勃兴的动因 首先,民族国家的独立,极大地提高了民族自信心和自尊心。第三世界各国亲历了殖民统治的罪恶和帝国主义战争所造成的灾难,不再相信所谓的"西方文化优越"论,开始对自己民族文化满怀信心,希望从民族文化中找到促进国家和平与发展的精髓。所以,独立各国都特别重视对传统文化的保护和优秀文化遗产的继承与弘扬。

其次,科学技术革命的推动,使第三世界换发文化青春。第二次世界大战引发了战后新一波科技革命,计算机和信息技术的应用,大大便利了文化的传播,传统文化因此在社会生活的各个领域再现活力。比如汉语的计算机化,使中华民族的优秀文化在更广阔的范围内发扬光大。

第三,全球化浪潮进一步密切了世界各国的文化交流,促使不同文化相互吸纳,第三世界文化注入了新的文化因素,传统文化的合理内核被革新,并成为世界文化整体中的一个有机组成部分。

第四,生产力的现代化驱使第三世界文化现代化和富有生机。生产力的现代化,关键是人的现代化。因为人是生产力的代表,而人同时又是文化的承载者,所以,第三世界各国努力推进现代化,其结果必然是人们传统观念和行为方式的现代化,同样也就推进了文化的现代化。当前,第三世界国家的现代化蓝图,无不打着各自特色文化的鲜明烙印。

第三世界文化的突出特征 第三世界国家的政治文化,在建设国家的道路选择上表现突出。印度最重要的政治文化的代表是尼赫鲁主义,它宣扬在社会主义的旗号下走"中间道路",主张政教分离和世俗主义,在国际事务中执行不结盟政策。东南亚则朝着政治民主化和社会开放化方向发展,以新加坡为典型,积极奉行多元政治文化,把"民主社会主义"作为变革现状的政治理想。中国宣布走社会主义道路,用马克思主义在中国革命与建设实践中形成的毛泽东思想和邓小平理论,作为指导有中国特色社会主义现代化事业的发展方向。西亚的伊斯兰各国在政治文化上推行改良,传统的宗教政治世俗化,按西方的政治制度模式建立世俗政府。非洲大多数国家建立了民主共和制,不少国家宣布奉行不同于苏联和中国的"非洲社会主义",尼雷尔在坦桑尼亚实行的乌贾马社会主义最为代表。科特迪瓦等选择了自由资本主义道路,政治生活资本主义化。拉丁美洲各国由于独立比较早,受宗主国影响也较深,一般都走上资本主义道路,如巴西、墨西哥等。只有极少数国家选择了社会主义,古巴建立社会主义制度,把马列主义作为指导政治生活的经典。当然,第三世界的政治文化远比上述复杂得多,这是因为第三世界的传统文化丰富多彩,它们必然作用于政治生活,从而使第三世界的政治文化多种多样。

在宗教文化上,宗教在第三世界国家占有突出地位,亚洲还是世界主要宗教的发源地,因此,宗教对社会生活的影响根深蒂固。但这些教派与传统的生产方式密切相关,生产方式的任何变化都会动摇其存在的基础。由于战后独立的广大第三世界国家纷纷制定各种政策,引进西方先进的科学技术,努力推进工业化,这样,传统的宗教文化越来越不适应时代的要求,宗教改革不可避免。以保守的沙特阿拉伯为例,一方面学习西方文化,另一方面致力于发扬伊斯兰文化,开国君主伊本·沙特为了适应现代社会提出了一种开明的瓦哈比理论:对于任何新事物,只要和伊斯兰精神不相抵触,即便《古兰经》上没有明文规定,也可以接受。非洲的传统宗教文化受到基督教和伊斯兰教文化的影响,《圣经》已被译成 528 种非洲黑人各族的语言,几乎所有的非洲国家都把圣诞节和复活节作为自己的全国性节日。拉丁美洲的宗教文化主要是天主教。战后世界的巨大变化,使传统宗教失去了魅力,于是,1968 年,革新宗教的解放神学理论诞生,一批具有革新思想的教会人士积极投身到拉美的政治运动中,进行变革社会的实践,并对拉美社会产生了重大影响。

在文学艺术上,第三世界文学创作的一个共有特点,是运用现实主义手法表现现实生活。第三世界翻天覆地的社会变革,为文学艺术创作提供了丰富的背景条件。文学创作硕果累累:埃及著名作家纳吉布·迈哈福兹一生共创作了 46 部小说,1959 年创作的《我们胡同里的故事》引起巨大的社会反响,他的作品被译成多种文字,1988 年获得诺贝尔文学奖。沙特阿拉伯著名女作家沙拉米·卡里玛·苏阿黛创作了许多反映沙特妇女生活的作品,《沙特姑娘的觉醒》在伊斯兰世界影响广泛。哥伦比亚的加西亚·马尔克斯代表了拉美文学的最高成就,他创作的《百年孤独》震撼世界文坛,他本人也因此被授予 1982 年度诺贝尔文学奖。

电影作为现代艺术在第三世界发展迅速。印度从 20 世纪 70 年代起,每年用印地语、孟加拉语、泰米尔语等 30 多种语言生产 700 多部影片,产量一直居世界第一位,被称为"电影王国",《流浪者》《大篷车》等影片享誉全球。

第三世界的音乐、舞蹈、绘画等艺术创作,在继承传统的基础上,融入了现代技艺。特别是非洲、拉美的音乐、舞蹈,具有世界性影响,巴西的桑巴舞曲和源于非洲的迪斯科舞等,风靡全球,成为世界艺术文化的瑰丽奇葩。

总之,由于政治上的独立和生产方式的转变,第三世界文化获得了新的发展,呈现出复兴和繁荣的局面,为多元整合中的世界文化增添了灿烂的篇章。

2. 世界文化的全球化与多元化

毫无疑问,在世界历史上,由于自然和人文环境等方面的差异,形成了多种多样的文化,如东方文化、西方文化、阿拉伯文化、美洲文化等等,而且不同的文化又都基本上按照固有的轨迹独自演进。然而,进入20世纪下半叶,随着科学技术的进一步发展,世界各地区之间的交往越来越密切,特别是信息技术的进步与广泛使用,极大地推动了世界文化的全球化。

首先,经济文化全球化。第二次世界大战结束,引发战后新一波科技革命,计算机技术被广泛运用于经济领域,从而强化了世界各地的经济联系和相互依赖,促进了生产、经营、消费的全球化,不同地区的人参与同一的经济活动,经济观念日益趋同。其次,政治文化全球化。政治是经济的集中表现。经济的全球化改变了人们传统的世界观,旧的政治信仰被革新,思想空间大大拓展,人文关怀走出了狭隘的地域界限,如人权、民主、自由等渐趋成为全球性关注的政治问题。第三,科技文化全球化。现代科学技术的一个突出特点就是它的世界性,网络技术使越来越多的科技发明和创造,比以往任何时候都更加迅速地在全球传播,为人类共享,且超越时空的限制。第四,文学、艺术全球化。文学艺术历来被看做是民族社会生活的精神反映,科技革命驱动下的民族经济、政治文化的全球化,自然而然地作用于文学艺术。诸如好莱坞的电影走俏世界,巴黎的时装风靡全球,凡此等等。世界文化的全球化已不可逆转。

但是,我们必须同时看到,世界文化的全球化是在各种文化发展极不平衡的状态下进行的,这使得各民族国家和地区文化的特殊性与独立性也得到了空前的关注。因此,世界文化的全球化必然是共性与个性、同一性与多样性的交织,正是在这一意义上,才有"只有民族的,才是世界的"的文化命题。换句话说,没有民族文化,也就无所谓世界文化。如果说世界文化的全球化源于自身质的规定性的话,那么民族或地区文化也有自己内在的运行逻辑。所以,世界文化的全球化和多元化是两种相伴而生的趋势。世界文化的全球化继续迅猛发展,参与全球化的不同主体文化对自身特点确认与强调越来越突出,世界文化的多元化同样难以扼阻。

总之,全球化趋势作为世界历史发展的一个新阶段,包含着统一与多样、整合与分化、世界化与本土化等各种矛盾,因此,世界文化不可避免地呈现全球化与多元化的双重特征。

推荐阅读书目

1. 吴国盛:《科学的历程》,湖南科学技术出版社,1995年。
2. 汪民安、陈永国、马海良主编:《后现代性的哲学话语——从福柯到赛义德》,浙江人民出版社,2000年。
3. 西蒙娜·德·波伏娃:《第二性》,陶铁柱译,中国书籍出版社,1998年。
4. 徐浩、侯建新著:《当代西方史学流派》(第二版),中国人民大学出版社,2009年。
5. 于沛主编:《20世纪的西方史学》,武汉大学出版社,2009年。
6. 哈佛燕京学社主编:《全球化与文明对话》,江苏教育出版社,2004年。
7. 罗兰·罗伯森:《全球化:社会理论和全球文化》,梁光严译,上海人民出版社,2000年。
8. Gutmann, Amy, *Multiculturalism Examining the Politics of Recognition*, Princeton University Press, 1944.
9. James, Harold, *The End of Globalisation: Lessons from the Great Depression*, Harvard University Press, 2001.
10. Mittelman, James H., *The Globalization Syndrome: Transformation and Resistance*, Princeton University Press, 2000.

主要参考书目

一、中文参考书

1. 艾哈迈德·爱敏:《阿拉伯—伊斯兰文化史》,纳忠等译,商务印书馆,1982年。
2. 艾周昌主编:《非洲黑人文明》,中国社会科学出版社,1999年。
3. 安田朴:《中国文化西传欧洲史》,耿昇译,商务印书馆,2000年。
4. 巴沙姆:《印度文化史》,闵光沛等译,商务印书馆,1997年。
5. 保罗·卡特里奇主编:《剑桥插图希腊史》,郭小凌等译,山东画报出版社,2005年。
6. 北京大学哲学系外国哲学史教研室编译:《古希腊罗马哲学》,商务印书馆,1982年。
7. 陈炎:《丝绸之路与中外文化交流》,北京大学出版社,1996年。
8. 杜继文主编:《佛教史》,中国社会科学出版社,1991年。
9. 恩格斯:《家庭、私有制和国家的起源》,《马克思恩格斯选集》(第4卷),人民出版社,1972年。
10. 方豪:《中西交通史》,岳麓书社,1987年。
11. 费尔南·布罗代尔:《15—18世纪的物质文明、经济和资本主义》,施康强、顾良译,三联书店,1992年。
12. 菲利普·李·拉尔夫等:《世界文明史》,赵丰等译,商务印书馆,1998年。
13. 芬利主编:《希腊的遗产》,张强等译,上海人民出版社,2004年。
14. 冯天瑜等:《中华文化史》,上海人民出版社,1990年。
15. 格鲁塞:《近东与中东的文明》,常任侠译,上海人民美术出版社,1981年。
16. 哈里斯:《埃及的遗产》,田明等译,上海人民出版社,2006年。

17. 汉尼希、朱威烈等著:《人类早期文明的"木乃伊"——古埃及文化求实》,浙江人民出版社,1988年。

18. 郝名玮、徐世澄:《拉丁美洲文明》,中国社会科学出版社,1999年。

19. 黄秉泰:《儒学与现代化:中韩日儒学比较研究》,孙尚扬等译,社会科学文献出版社,1995年。

20. 基托:《希腊人》,徐卫翔、黄韬译,上海人民出版社,2006年。

21. 金寿福:《永恒的辉煌——古代埃及文明》,复旦大学出版社,2003年。

22. 金宜久主编:《伊斯兰教史》,中国社会科学出版社,1990年。

23. 勒纳等:《西方文明史》,王觉非等译,中国青年出版社,2006年。

24. 李浴:《西方美术史纲》,辽宁美术出版社,1980年。

25. 林惠祥:《文化人类学》,上海文艺出版社,1991年影印本。

26. 林榕年主编:《外国法制史新编》,群众出版社,1993年。

27. 林耀华:《原始社会史》,中华书局,1984年。

28. 刘蔚华、赵宗正主编:《中国儒家学术思想史》,山东教育出版社,1996年。

29. 刘文鹏:《古代埃及史》,商务印书馆,2000年。

30. 罗芃、冯棠、孟华:《法国文化史》,北京大学出版社,1997年。

31. 罗竹风:《宗教通史简编》,华东师范大学出版社,1990年。

32. 纳忠等:《传承与交融:阿拉伯文化》,浙江人民出版社,1993年。

33. 宁骚主编:《非洲黑人文化》,浙江人民出版社,1993年。

34. 佩里主编:《西方文明史》,胡万里等译,商务印书馆,1993年。

35. 秦惠彬主编:《伊斯兰文明》,中国社会科学出版社,1999年。

36. 沈之兴、张幼香主编:《西方文化史》,中山大学出版社,1997年。

37. 斯塔夫里阿诺斯:《全球通史》,吴象婴、梁赤民译,上海社会科学出版社,1992年。

38. 苏珊·伍德福特等:《剑桥艺术史》,罗通秀、钱乘旦等译,中国青年出版社,1994年。

39. 唐逸主编:《基督教史》,中国社会科学出版社,1993年。

40. 梯利:《西方哲学史》,葛力译,商务印书馆,1995年。

41. 童正恩:《人类与文化》,重庆出版社,1998年。

42. 涂厚善:《古代两河流域的文化》,商务印书馆,1964年。

43. 威尔·杜兰:《世界文明史》,幼狮文化公司译,东方出版社,1999年。

44. 文化部教育局编:《西方现代哲学与文艺思潮》,上海文艺出版社,1987年。

45. 渥德尔:《印度佛教史》,王世安译,商务印书馆,1987年。

46. 沃尔夫:《剑桥插图罗马史》,郭小凌等译,山东画报出版社,2008年。

47. 吴国盛:《科学的历程》,湖南科学技术出版社,1995年。

48. 雅各布·布克哈特:《意大利文艺复兴时期的文化》,何新译,商务印书馆,1991年。

49. 雅克·勒戈夫:《中世纪的知识分子》,张弘译,商务印书馆,1996年。

50. 伊迪丝·汉密尔顿:《希腊方式——通向西方文明的源流》,徐齐平译,浙江人民出版社,1988年。

51. 伊恩:《重构古埃及》,颜海英译,外语教学与研究出版社,2007年。

52. 约翰·赫伊津哈:《中世纪的衰落》,刘军等译,中国美术学院出版社,1997年。

53. 张椿年:《从信仰到理性——意大利人文主义研究》,浙江人民出版社,1993年。

54. 张延风:《西方文化艺术巡礼》,中国青年出版社,1998年。

55. 赵敦华:《基督教哲学1500年》,人民出版社,1994年。

56. 朱狄:《艺术的起源》,中国青年出版社,1999年。

57. 朱龙华:《罗马文化与古典传统》,浙江人民出版社,1993年。

58. 朱天顺:《原始宗教》,上海人民出版社,1978年。

59. 朱维之:《希伯来文化》,浙江人民出版社,1988年。

60. 朱维之、赵澧主编:《外国文学史》(欧美卷),南开大学出版社,1994年。

61. 庄锡昌总主编:《世界文化史》,浙江人民出版社,1999年。

二、英文参考书

1. Arnold, Thomas and Alfred Guillaume ed. *The Legacy of Islam*, Oxford, 1931.

2. Ayres, R. U. *Technological Forecasting and Long-Range Planning*, New York, 1969.

3. Boardman, John. *The Roman World*, Oxford University Press, 1988.

4. Bongard-Levin, G. M. *Ancient Indian Civilization*, New Delhi, 1985.

5. Cary, M. *A History of the Greek World*, London, 1972.

6. Chiat, M. J. and K. L. Reyerson, *The Medieval Mediterranean: Cross Cultural Contacts*, Northern Star Press, 1988.

7. Dawson, Christopher. *The Formation of Christendom*, New York, 1967.

8. Farrington, B. *Greek Science*, Baltimore, 1961.

9. Geanakoplos, D. J. *Medieval Western Civilization and the Byzantine and Islamic World*, Lexington, 1979.

10. Goucher, Candice and Linda Walton, *World History: Journeys from Past to Present*, Routledge, 2008.

11. Greenleaf, W. H. *The Rise of Collectivism*, London, 1983.

12. Grotz, G. *The Greek City and its Institution*, London, 1929.

13. Hollister, C. Warren, J. Sears McGee, and Gale Stokes, *The West Transformed: a History of Western Civilization*, Fort Worth: Harcourt College Publishers, 2000.

14. Hskins, C. H. *The Renaissance of the Twelfth Century*, Cambridge, 1927.

15. Keen, Benjamin. *A History of Latin America*, Boston, 1992.

16. Kramer, Samuel Noah. *Cradle of Civilization*, New York Time-Life, 1967.

17. Mogan, K. O. *The Oxford Illustrated History of Britain*, Oxford, 1984.

18. Morris, Ian and Barry B. Powell, *The Greeks: History Culture, and Society*, 2nd ed., Prentice Hall, 2009.

19. Reisinger, F. P. E. and R. Wagner, *The Culture of Ancient Greece and Rome*, Boston, 1926.

20. Sarton, George. *Introduction to the History of Science*, New York, 1975.

21. Sherman, Dennis and Joyce E. Salisbury, *The West in The World*, 2nd ed., McGraw Hill, 2006.

22. Stearns, Peter N. *World History in Brief: Major Patterns of Change and Continuity*, Longman, 1999.

23. Tarn, W. W. *Hellenistic Civilization*, London, 1952.

24. Toynbee, A. J. *Civilization on Trial*, New York, 1946.

25. Toynbee, A. J. *Hellenism*, Oxford, 1959.

26. Williams, Thomas Rhys. *Cultural Anthropology*, New Jersey, 1990.

后 记

自改革开放以来,我国与世界各国的经济文化交流日益加强。与此同时,随着全球经济一体化步伐的加快,社会经济与文化互动的加速,不同文化之间相互影响的增强,高校学生迫切要求了解世界各国的文化,兴起了一股"文化热"。正是为了适应这一需要,自20世纪90年代起,我们就开设了"世界文化史"课程,并在该课程的建设上进行了探索。

1999年,笔者主持申请的《世界文化史》项目经专家评审,被上海市教委确定为普通高校重点课程建设项目,并得到了世界银行贷款的资助。不久,笔者与国内高校数名学者合作,出版了《世界文化史》。[①] 在撰写和修改该书过程中,我们得到了庄锡昌、王斯德、陈崇武、金重远、袁传伟、张广智、萧功秦、黄洋等多位专家学者的热情帮助和悉心指点。他们不辞辛劳,于百忙之中认真仔细地阅读了书稿,在高度评价该书的优点和创新之处的同时,还提出了不少有价值的修改意见。上海师大高惠珠教授、华东师大出版社的王子奇先生和周洁女士对书的出版给予了很大支持。该书出版后,山东大学顾銮斋教授、复旦大学陈新教授和山东师大毛锐教授等在报刊杂志上发表评论,对该书提出的"多元一体"的世界文化概念和作者们力图打破"西方中心论"、以全球的眼光描述人类文化历程的努力做了充分肯定,也提出他们对进一步编纂好世界文化史的建议。诸位专家学者这种一丝不苟的敬业精神深深地打动了我们,激励着我们在学术道路上不断进取。

此后,我们在课程建设上继续努力,取得了一些新的认识与成果。2004年,笔者与徐善伟教授合作撰写了《论世界文化的"多元一体性"》一文[②],进一步阐述了我们对世界文化的本质以及如何处理民族、国家、区域文化与整体世界文化之关系的看法。同年,笔者主讲的"世界文化史"课程被评为上海市精品课程。《世界文化史》出版后,我们又发表了与教学内容相关的

[①] 裔昭印主编:《世界文化史》,华东师大出版社,2000年。
[②] 裔昭印、徐善伟:《论世界文化的"多元一体性"》,《光明日报》2004年2月10日。

多部著作、译著和多篇论文①,这些科研工作使我们对人类文化发展历程的认识进一步深入,也使教学内容更加丰富。

光阴似箭,转眼间我们撰写的教材出版已经十年。在教学和科研的实践中,我们感到有必要对该书作一定的修改,在北京大学出版社岳秀坤编辑的大力支持下,《世界文化史》(增订版)得以出版。在这一版中,我们对序言和第二章、第三章、第五章的部分小节做了较大修改。同时,我们还在每一章开列了阅读参考书目,以供读者进一步学习与研究之用。

本书是国内高校数名从事文化史教学和科研工作的学者集体劳动的结晶,全书的撰写具体分工如下:

裔昭印:导言(与徐善伟合作)、第一章;第二章第四、五节;第三章第二、四节;后记。

陈　恒:第二章第一、二节;第三章第一、五节。

王廷洽:第二章第三节;第三章第三节;第四章第一节1、2。

徐善伟:第二章第六节、第七节2;第四章第二、三、四、五节;第七章第一节5。

刘文明:第二章第七节1;第四章第一节3;第五章一、二、三、四节。

丁建定:第五章第五节;第六章;第七章第三、四节(其中第三节1与肖华锋合写);第八章第三节。

赵鸣歧:第七章第一节1、2、3;第八章第一、二节。

巨永明:第七章第一节4、第二节;第九章第三节。

倪稼民:第九章第一、二节。

全书的统稿由裔昭印负责,徐善伟和赵鸣歧参与了统稿工作。

我们深知,要在有限的篇幅中较全面地描述人类几百万年的文化发展历程绝非易事,只能竭尽所能,力争在吸取中外学者研究成果的基础上,写

---

① 徐善伟:《东学西渐与西方文化的复兴》,上海人民出版社,2002年;巨永明:《文明交往论:解析全球化的新路径》,《世界历史》2003年第3期;王廷洽:《中华文明通史图鉴》,上海人民出版社,2004年;倪稼民:《当代全球化背景下文化的归宿》,《齐鲁学刊》2004年第5期;裔昭印:《全球视野下的世界文化史编纂》,《学术研究》2005年第1期;《我们应当怎样建构世界史》,《世界历史》2006年第1期;《如何在历史研究中超越"东方主义"》,《史学理论研究》2008年第3期;陈恒:《希腊化研究》,商务印书馆,2006年;译著:《历史是什么》,商务印书馆,2007年;刘文明译:《什么是全球史》,北京大学出版社,2009年等。

出一部有特色的世界文化史著作。但由于我们学术水平的限制,本书有的地方写得还不尽如人意,我们真诚地希望借本书修订出版的机会,广泛地听取意见,以便在再版时继续加以修正。

在《世界文化史》(增订版)修订出版过程中,责任编辑做了大量工作,上海师范大学的洪庆明博士给我们提供了不少帮助,笔者的研究生石慧也参与了一些具体工作。尤其要指出的是,在"世界文化史"课程建设和教材编写过程中,上海师范大学的校、院领导和教务处给予了很大支持,中国社科院世界历史研究所的于沛研究员等学者向学界推荐我们编写的教材;南开大学、东北师范大学、华中师范大学、西北大学、郑州大学、湖南师范大学、中央民族大学、曲阜师范大学、海南师范大学、山东艺术学院、上海戏剧学院、上海师范大学等20多所大学和上海社会科学院等研究单位把我们编纂的《世界文化史》作为教材和考研阅读书目。在此,我们要向为《世界文化史》的第一版和增订版的出版和发行提供帮助的所有专家、学者、同仁、朋友和师生表示由衷的感谢。

裔昭印
2010 年夏